中国经济学探索丛稿

政治经济学

第一卷

李文溥 ◎著

中国财经出版传媒集团
经济科学出版社
Economic Science Press
·北京·

本书获得国家社科基金重大项目“需求结构转换背景下提高消费对经济增长的贡献研究”（15ZDC011）、教育部人文社科重点研究基地重大项目“中国跨入高收入经济体的增长动力研究”（19JJD790009）的资助。

自 序

《中国经济学探索丛稿》收集了我自20世纪80年代初在大学任教以来至2023年的大部分论文及文章。[①] 书名如此，因为这是文集全部文章的共同主题。研究中国经济，回答中国社会经济现实提出的问题，当然可以形成学理性的逻辑体系。但是本人自忖没有这个能力，至今也仍然缺乏这个自信。因为，这是一项需要所有以中国经济学为志业的学者——甚至是几代学者——长期不懈地集体努力才可能完成的浩大工程。而且现在似乎也还不到能够形成理论体系的时候。作为个人，只能力所能及地对这四十余年来中国改革开放中出现的一些问题做些探索，力图在理论上进行解释，找到答案与解决对策。这些努力，如能为中国经济学学科理论体系的形成提供一些思想素材，已属功不唐捐。当然，文集只是对中国经济学诸多探索之一，它尽管汇集了笔者数十年的探索成果，但仍然只是丛稿。丛者，长短不一，议题驳杂，应时而作，遇事而论，如灌木丛生，虽意在回应春天，奉献些微绿意，但却无力成荫一方；稿者，非定论也，尽管大多已经发表，而且此前亦曾在各种论坛及相关场合报告，征求意见，讨论切磋，反复修改，部分调研报告、政策咨询报告提交后，也曾获有关部门首肯，转为政策实践，不无社会经济效益，但它们仍应继续修改完善，甚至否定。天底下哪有一成不变，不能发展完善但最终仍将被证伪，被新思想、新理论所取代的思想？哪有什么悬之国门，不能增损一字的文章？[②]

诚然，中国经济学与中国地理学、中国考古学一样，只是世界范围一般经济学的组成部分之一，但其本身仍然是由众多子学科组成的领域广泛、问题无穷的复杂学科体系。浸淫其中的学者即使终生努力，所能深究有所获者，也极其有限。取沧海一粟，已非入宝山空返。学者自当术业有专攻，孜孜以求，十

---

① 尚未收入本文集的还有：（1）担任教育部人文社会科学重点研究基地——厦门大学宏观经济研究中心主任期间，主持中国宏观经济季度模型（CQMM）课题组所发布的历年春秋两次中国宏观经济预测与分析报告，其中，2006～2016年的报告已结集为《走向经济新常态——2006—2016年中国宏观经济预测与分析》（上、下），2017年在人民出版社出版，因此，历年在《厦门大学学报》（哲学社会科学版）上发表的春季、秋季预测报告压缩版也就不再收入本文集；（2）历年向中央及省市政府部门提交的内部政策咨询报告中的大部分，遵循不公开发表的规定，不收入本文集；（3）经济学随笔；（4）各类序跋；（5）个别论文及文章，经建议暂不收入。

② 文集中文章最早写于20世纪80年代，为保持历史原貌，收入本文集时悉依原貌，读者从中不难看出其时代烙印及个人思想、学识上的局限。

年磨一剑，方有望探骊得珠。笔者惭愧。四十年来，焦点屡有漂移。原因之一是最初从事的国民经济计划学①——彼时通用教材是中国人民大学出版社1983年版的《计划经济学》——在改革开放中很快就被淘汰。我连计划经济学的感觉还没有找到——尽管在80年代初，作为这门课的主讲教师，曾是厦门大学计划统计系教学效果最好的教师②——就学科失业了。营生没有了，可日子还得过啊。只能自谋生路，到处打杂，成了“灵活就业者”。归纳一下这几十年的研究轨迹，大致是，从80年代至90年代中后期，较关注转轨经济学及政治经济学；90年代至21世纪头几年，侧重政治经济学、产业经济学（产业结构理论和产业组织理论）及地方经济发展；③ 90年代后期至今，逐步转向中国宏观经济理论与政策。尽管不同时期各有重点，但在时间上又相互重叠，彼此共存。其所以如此，当然与改革开放进程及不同时期中国社会经济发展提出的问题有关，与笔者对中国经济社会发展的关注点和兴趣有关。马修·阿诺德（Matthew Arnold，1822—1888）说：文学的最终目的乃是“一种对生活的批评”。弗·雷·利维斯（F. R. Leavis，1895—1978）从不相信所谓的“纯文学”和文学的超然独立性。他一再申说真正的文学兴趣也是对人生与社会的兴趣，它没有也不可能有明显的疆界。④ 形而上的文学尚且如此，形而下的经济学就更不用说。经济学研究，对笔者而言，最终目的也是“一种对生活的批评”，源于对人生与社会的兴趣，它没有也不可能有明显的疆界。当然，这也与个人的因缘际会密不可分。“灵活就业者”的特点是有活儿就干。只能活儿挑你，轮不到你挑活儿。缺点是到处打下手，劈柴担水烧火扫院子，不免杂学旁收，有失专精；好处是干百家活，吃百家饭，广泛涉猎，有时也能得点杂交优势。只是如此几十年，积累下来的文稿若仅以时间为序编辑，不免显得芜杂。因此按专题略为分组，曰政治经济学卷、宏观经济学卷、产业经济学卷、福建经济学卷。当然，这也是剪不断、理还乱。在编辑时，对某篇文章到底应该收入哪一卷，往往踌躇再三，进进出出，几经斟酌，仍不知如何是好。至于各卷中诸文，则大致按照发表时间倒序排列，但如系同一主题的系列论文，则仍按照发表时间先后顺序排列。因为近期的论文，论题或更接近读者的兴趣；同一主题的系列论文，以写作时间先后顺序排列，更能看出笔者思考的进展。如此是否合理，还请读者评判。

---

① 这是笔者大学本科毕业留校任教时系里指定的工作。

② 由于本门课程师资青黄不接，笔者是厦门大学1977级本科毕业生中最早承担专业主课的教师。其时，为整顿教学秩序，各门课程的主讲教师资格均由学校认定，颁发主讲教师聘书。时任校长田昭武先生为当时仅是助教、本无主讲资格的我颁发了主讲教师聘书，据闻是当年全校唯一的一份。

③ 今天看来，产业结构理论及政策就学科归类而言，应属于发展经济学，但是，长期却被认为是产业经济学的主体。这说明，中国经济学界对经济学的认识，也在不断发展中。

④ F. R. 利维斯：《伟大的传统》，袁伟译，生活·读书·新知三联书店2002年版，第10页。

一

马克思和恩格斯在《德意志意识形态》中曾说过，“我们仅仅知道一门唯一的科学，即历史科学”。[①] 经济学也是如此。从广义上说，所有的经济学都是政治经济学。[②] 但是，文集还是分出了一个政治经济学卷。在这一卷中，笔者主要讨论了从计划经济向市场经济的转轨、[③] 市场经济与对外开放之间的联系、市场机制的形成、政府主导型市场经济的转型，以及经济全球化及其对中国经济发展的挑战、国有企业改革、政治经济学学科体系建设及相关的理论问题，等等。

国有企业是计划经济的核心。文集中对计划经济向市场经济转轨、市场经济与对外开放之间的联系、市场机制的形成、政府主导型市场经济的转型等问题的探讨，看似与国有企业改革并无直接关系，但事实上都无法绕开国有企业改革问题。此外，文集中还有一些论文直接以国有企业改革为题。20 世纪 90 年代初，笔者承担的第一个国家社科基金课题，就以国有企业改革为题。[④] 改革开放以来，国有企业改革一直为经济学界高度关注。国有企业改革是否到位决定着中国市场化改革的成败。我的博士导师吴宣恭教授引领我走上了对政治经济学、对国有企业改革的研究之路。[⑤]

长期以来，在国有企业能否作为市场经济微观基础的讨论中，不少论者一直力图证明国有企业也能取得与非国有企业一样甚至更高的企业经营效率。然而，国有经济的根本性质在于其产权的全民性以及由此决定的必须以社会利益为其运营的首要目标。对此，马克思、恩格斯曾多次强调。E. F. 舒马赫（E. F. Schumacher）也指出：“如果国有化工业所追求的目标恰好和资本主义生产所追求的目标一样狭隘，只是为了有利可图而无其他，那么，公有制就确实没有任何有力的理由要存在。……国有化面临的真正危险就在于此，而不在任何想象到的无效性。”[⑥] 而对不同产权制度的委托代理成本分析则证明：国有企业的委托代理链条长，委托代理成本高，在市场经济的竞争性领域并不存在比较优势。因此，从计划经济向市场经济转轨，必须按照国有经济的产权性质特

---

① 《德意志意识形态》，引自《马克思恩格斯文集》（第一卷），人民出版社 2009 年版，第 516 页，注 2。

② 当然，这只是笔者的看法。

③ 部分讨论体制转轨的论文，因其与宏观经济调控体系的改革相关，则归入宏观经济学卷。

④ 结题成果：李文溥，《国有经济优化配置论》，经济科学出版社 1999 年版。

⑤ 吴宣恭、李文溥：《全民所有制实现形式的比较研究》，载《经济理论与经济管理》1992 年第 6 期。

⑥ E. F. 舒马赫：《小的是美好的》，刘青山译，商务印书馆 1984 年版，第 182 页。

征，进行国有资产配置领域的战略性调整，建立国有经济的市场经济配置格局。①在这一战略性调整过程中，必须按照市场经济的规范进行国有企业改革，对于危困国有企业，一般而言，破产优于兼并。② 实践证明，20 世纪 90 年代国内一度盛行的股份合作制，仅仅是中小国有企业改制的一种过渡形式。③

恩格斯曾经指出："科学的发生和发展一开始就是由生产决定的。"④ 科学"在更大的程度上依赖于技术的状况和需要。社会一旦有技术上的需要，则这种需要就会比十所大学更能把科学推向前进"⑤。科学如此，理论亦然。改革开放推进了中国社会经济发展与体制变革。改革开放和经济发展向既有政治经济学理论提出了一个又一个问题。它推动解放思想，实事求是，用实践检验真理。它前所未有地促进了对既有政治经济学理论的反思。

传统社会主义政治经济学理论体系的直接来源，是 20 世纪 50 年代初苏联科学院经济研究所编写的《政治经济学教科书》⑥。长期以来，我国经济学家似乎没有注意到它与联共（布）党内斗争的关系。⑦ 然而，这却是理解《政治经济学教科书》理论体系的钥匙。正是因此，《政治经济学教科书》作为苏联 20 世纪 20 年代末至 50 年代初计划经济实践的理论总结，具有强烈的辩护性及主观唯心主义色彩。笔者通过对《政治经济学教科书》形成与联共（布）党史关系的研究，以及对《政治经济学教科书》理论体系的剖析，指出这一理论体系的伪科学性。⑧ 先师胡培兆先生在 80 年代曾对有计划按比例发展规律做过研究，撰文证伪了它。⑨

---

① 李文溥：《论国有产权的结构调整》，载《财贸经济》1993 年第 12 期；李文溥：《国有产权比较优势领域及其制度选择》，载《国有资产研究》1994 年第 1 期；李文溥：《国有产权的基本制度规定国有企业不能以利润最大化为改革的终极目标》，载《中国经济问题》1995 年第 4 期；李文溥：《国有经济主导作用实现形式探讨》，载《经济学家》1996 年第 6 期；李文溥：《论国有经济配置领域的战略性调整》，载《江汉论坛》1999 年第 9 期；李文溥：《国有经济优化配置论》，经济科学出版社 1999 年版；李文溥：《战略性调整的目的——建立国有经济的市场经济配置格局》，载《深圳特区报》1999 年 11 月 16 日理论版。

② 李文溥：《危困国有企业，破产还是兼并?》，载《中国工业经济》1997 年第 8 期；李文溥：《按照市场经济的规范进行国有小企业的改革》，载《福建学刊》1997 年第 4 期。

③ 李文溥：《股份合作制改制四则》，载《厦门商报》1997 年 12 月 12 日至 12 月 20 日。

④ 恩格斯：《自然辩证法》，中共中央马克思恩格斯列宁斯大林著作编译局译，人民出版社 1971 年版，第 162 页。

⑤ 恩格斯：《致瓦·博尔吉乌斯》，引自《马克思恩格斯全集》（第 39 卷），人民出版社 1982 年版，第 198 页。

⑥ 苏联科学院经济研究所：《政治经济学教科书》（上、下），中共中央马克思恩格斯列宁斯大林著作编译局译，人民出版社 1955 年版。

⑦ 李文溥：《斯大林〈政治经济学教科书〉的政治经济学研究》，载《社会科学》2006 年第 3 期。

⑧ 笔者至今仍然认为，此文与《计划经济理论中的基本经济规律》，属于笔者最好的政治经济学论文之列。

⑨ 胡培兆：《"国民经济有计划发展规律"并不存在》，载《中国经济问题》1986 年第 1 期。

中国经济的市场化实践，在否定苏联《政治经济学教科书》理论体系的同时，呼唤着“中国经济学”。然而，它却不可能一蹴而就。它建立在中国市场经济成熟实践的基础上。正在转轨的中国经济，正在变动的体制形态，难以提供充分的、稳定的体制运行实践以满足系统的理论抽象之需。因此，目前而言，进行理论体系构建的主客观条件还不具备。笔者尽管对中国经济学的分析前提、研究方法、经济分析中的效率评价标准与价值评价标准等问题，曾略作探讨，① 但今天看来，至多是为后人准备了一点思想素材。

二

历史的吊诡有时真是匪夷所思。尽管《国民经济计划学》与《宏观经济学》是两股道上跑的车，但研究对象却有一定相似性。这也许奠定了笔者此后与宏观经济研究的不解之缘。不过，最初的研究动力，却出于教科书《计划经济学》与改革开放以来市场化改革实践之间的矛盾。对宏观经济调控的最初关注，今天看来，更多属于转轨经济学范畴：在商品经济条件下，政府应如何管理国民经济？笔者在20世纪八九十年代之交的研究结论是用系统的经济政策调节取代指令性计划。② 除了收入本文集的论文之外，与先师罗季荣先生合著的《社会主义市场经济宏观调控理论》比较系统地阐述了当时的认识。③

再度与宏观经济研究相遇，是受命组建厦门大学宏观经济研究中心并申报教育部人文社会科学重点研究基地。即使到了21世纪初，在一个远离全国政治经济中心的边陲海岛上的大学里组建宏观经济研究中心，无论是教育部还是评审专家都不太看好。更何况厦门大学此前并不以规范意义上的宏观经济研究见长。评审专家一再劝告：或者更名国民经济管理研究中心，或者尽快引进海归博士。可是，我们认为，宏观经济研究，更为新世纪的中国经济所需。虽然当时海归者寥寥，专业对口更是难事，但是，正如恩格斯所言，只要有需求，供给就会产生。“技术在很大程度上依赖于科学状况，那么科学状况却在更大的程度上依赖于技术的状况和需要。**社会上一旦有技术上的需要，则这种需要**

---

① 李文溥：《论经济分析中的效率评价标准与价值评价标准》，载《经济研究》1996年第12期；李文溥：《论中国特色现代经济学的分析前提》，载《中国经济问题》1998年第2期；李文溥：《论经济学分析的两种理论逻辑前提》，载《经济学家》1998年第4期；李文溥：《理性经济人假定的制度规范性分析》，载《厦门大学学报》（哲学社会科学版）1999年第1期。

② 李文溥：《经济政策的目的与手段》，载《厦门大学学报》（哲学社会科学版）1991年第3期；李文溥：《建立社会主义市场经济的经济政策学》，载《中央财政金融学院学报》1993年第6期；李文溥：《从“三结合模式”到系统的政策调节》，载《江海学刊》1993年第3期，等等。

③ 罗季荣、李文溥：《社会主义市场经济宏观调控理论》，中国计划出版社1995年版。

就会比十所大学更能把科学推向前进。”①

实践证明，中国宏观经济研究当然需要受过现代经济学规范训练的海内外学术新人，但扎根中国大地，深切了解中国社会经济运行，更是根本和基础，且更为重要。我们一边改革研究生培养模式，普开“三高”课程，培养一代学术新人；② 一边集合一批现代经济学基础较好的青年教师，展开中国宏观经济研究。

首先，研制中国宏观经济季度模型（China's Quarterly Macroeconometric Model，CQMM），持续追踪研究中国宏观经济运行，③ 多次在北京，以及新加坡、德国、日本、澳大利亚、英国等地发布中国宏观经济预测与分析报告，把握经济运行脉搏，使我们发现了20世纪90年代中后期以来中国宏观经济运行的特征：政府主导型经济，地方政府片面追求GDP增长，通过扭曲要素比价，竞相吸引投资，依赖劳动密集型产品出口拉动经济增长。适逢我国于2001年加入了世界贸易组织，出口剧增推动了经济高增长。财政收入增长速度更持续高于经济增长速度。但是，由于它建立在压低劳动力、土地、资源环境等国内要素价格的基础上，因此，在实现高速增长的同时，居民收入增长却严重滞后于经济增长。居民收入占GDP的比重不断下降，我国成为世界各类经济体中居民收入占GDP的比重最低的国家。④ 国民经济分配结构严重失衡，内需不足。经济增长只能依靠出口拉动，投资推动，形成了高出口、高投资、低消费的“两高一低”粗放型经济增长模式。⑤ 这一宏观经济运行的特征引起我们浓厚的研究兴趣。文集的宏观经济卷、产业经济卷、福建经济卷都有不少论文从不同角度讨论了这一问题。⑥ 居民收入占比下降的重要原因，一是各级政府为实现经济高增长，有意压低国内要素价格以吸引投资。劳动者无法与资方就劳动报酬进行集体谈判。劳资力量对比的失衡导致劳动者尤其是农民工的劳动价格严重偏低。二是长期的金融管制导致居民财产性收入的增长与居民资产的增长严

---

① 恩格斯：《致符·博尔吉乌斯》，引自《马克思恩格斯选集》（第四卷），人民出版社1972年版，第505页。着重号是原有的。

② 参见李文溥：《厦门大学经济学研究生教育改革的实践与探索》，载《中国大学教育》2007年第6期；李文溥：《也谈经济院系三高热》，载《经济学家茶座》2007年第6辑。厦门大学经济学院的研究生培养模式改革始于2004年，笔者主持了这项改革。当年研究生培养模式改革后毕业的博士生，已经成为厦门大学宏观经济研究领域的中坚力量。

③ 参见李文溥等：《中国季度宏观经济模型的开发与应用》，载《厦门大学学报》（哲学社会科学版）2007年第4期；李文溥：《走向经济新常态——2006—2016年中国宏观经济预测与分析》（上、下），人民出版社2017年版。

④ 李文溥、陈婷婷：《自有住房服务消费重估与中国居民消费率修正》，载《吉林大学社会科学报》2018年第3期；李文溥等：《迈向高收入经济的增长动力转换》，人民出版社2019年版，第1章。

⑤ 龚敏、李文溥：《论扩大内需政策与转变经济增长方式》，载《东南学术》2009年第1期。

⑥ 笔者主持的国家社科基金重大项目“扩大国内需求的宏观经济政策研究（08&ZD034）”集中研究了这一问题，其研究成果参见李文溥、龚敏等：《论要素比价、劳动报酬与居民消费》，人民出版社2013年版。

重不成比例。与此同时，城市住房、教育卫生等又使居民负担日益沉重。然而，对于过低工资所导致的国民收入分配结构失衡，不少人却认为这有利于保持劳动密集型产业的国际竞争优势。事实上，工资与劳动力成本是一回事吗？工资上升必然导致劳动力成本上升吗？不，这完全是一个理论误解。工资是劳动者的单位劳动时间（年、月、日或小时）的报酬，然而，劳动力成本却是生产单位产品所耗费的劳动力成本。两者固然有密切关系，但是，在劳动生产率提高的前提下，两者的变动趋势可以完全不同。我们通过计算相对单位劳动力成本（relative unit labor cost，RULC），发现由于劳动生产率的更快提高，在劳动力工资提高的同时，我国制造业单位产品劳动成本在21世纪的前十年仍然保持下降趋势。与中国主要竞争对象国的国际比较发现：中国在相对单位劳动力成本上仍然具有较大竞争优势。[①] 这使我们理直气壮地提出：现阶段应当逐步提高制造业的工资水平，并由此展开了对提高居民收入、增加居民消费、纠正要素比价扭曲，改变国民经济分配结构失衡的一系列研究。[②] 在这些研究中，对刘易斯二元经济模型中不变工资假定的研究不仅具有现实的政策含义，而且可能具有超越中国经济学的理论意义。它在方法论上指出，劳动工资是一个宏观经济问题，刘易斯的二元经济模型用局部均衡的思路，仅仅考虑劳动力市场供求得出的结论是不能成立的，必须应用社会再生产理论的思路，在加入产品市场均衡的条件下考虑劳动工资与市场出清问题。一旦从整个社会再生产角度考虑，加入了产品市场均衡约束，无论是封闭经济还是开放经济，无论是大国还是小国，劳动工资水平都必须随着经济增长而逐渐上升。其次，经济史的实证研究发现，不仅中国，所有经济体在工业化过程中都曾经或者将会遇到这一问题。包括发达国家和发展中国家在内的世界数十个国家的劳动工资长达数十年甚至两百年的统计数据证实，所有国家在工业化进程中，在农村劳动力向城市转移过程中，劳动工资水平都是逐渐上升的，没有一个国家的统计数据能够支持刘易斯二元经济模型的不变工资假定。最后，经过60年的研究，国际学术界也发现了刘易斯之说值得怀疑，但是，用现代经济学的方法证伪它，在我们的论文发表之时尚未看到。我们的这一研究，从理论及经济史的实证角度，证明了刘易斯的不变工资的假定从而其二元经济模型是不能成立的。[③] 至于金

① 王燕武、李文溥、李晓静：《基于单位劳动力成本的中国制造业国际竞争力研究——兼论劳工工资的上涨空间》，载《统计研究》2011年第10期；李文溥、郑建清、林金霞：《制造业劳动报酬水平与产业竞争力变动趋势探析》，载《经济学动态》2011年第8期。

② 参见李文溥、龚敏等：《论要素比价、劳动报酬与居民消费》，人民出版社2013年版。

③ 李文溥、熊英：《"刘易斯拐点"的一个理论证伪——基于产品市场的视角》，载《经济研究》2015年第5期；李文溥、熊英：《二元经济中的不变工资》，载《学术月刊》2015年第6期；Gollin，Douglas，"The Lewis Model：A 60 - Year Retrospective"，*Journal of Economic Perspectives*，2014，Vol. 28，71 - 88.

融管制导致居民财产性收入偏低，其对居民收入占比下降的影响，国内外研究也较少关注。我们的研究发现，财产性收入偏低也是中国居民收入占比偏低的重要原因。1992～2012年，利率管制政策导致居民损失的财产收入平均占GDP的3.35%，因此导致的最终消费下降平均约为当年GDP的2.13%。[①] 国际比较研究发现：1992～2012年初次分配中，中国居民收入占国民收入的比重平均比美国和日本低了25.32%和16.76%，其中，中国居民财产收入在国民收入中的比重比美、日两国分别低了15.62个和3.36个百分点，而劳动报酬占比则分别低了12.84个和12.77个百分点。中美两国居民收入占比差异有61.69%是由财产收入差异引起的，中日两国居民收入占比差异有18.74%是财产收入差异造成的。金融管制是居民收入占比偏低的重要原因之一。[②]

这些说明，统计指标的国际比较，是一个相当复杂的学术问题。尽管时至今日，中国的统计体系已经从计划经济时代的物质产品平衡体系（the material product system，MPS）转为国际通用的国民经济核算体系（system national accounts，SNA），但是，各国统计制度的具体差异，仍然是直接应用相同统计指标进行国际比较可能误导研究的重要原因。因此，从80年代一直到近年，对统计指标的内涵、外延及其计算方法的国际比较，一直是笔者关注的问题之一。[③] 正确地理解和使用统计数据，使之尽可能地接近事实本身，在经济研究中是相当重要的。[④]

2008年国际金融危机爆发，2010年中国人均GDP达到4550美元（按当年汇率换算），根据世界银行的分类标准，进入中等偏上收入经济体。尽快越过中等收入陷阱、成为高收入经济体，成为中国2010年之后的重要发展目标之

---

① 李文溥、李昊：《利率管制与居民财产收入占比下降》，载《吉林大学社会科学学报》2015年第6期。

② 李文溥、李昊：《中国居民的财产收入状况分析——中、美、日的比较研究》，载《财贸经济》2016年第8期。

③ 李文溥：《试析MPS与SNA国民经济综合指标的换算对比》，载《统计研究》1987年第5期；李文溥：《产品实物总量的国际比较》，载《统计研究》1989年第5期；李文溥：《我国现阶段社会总供需统计口径的界定》，载《西安统计学院学报》1990年第3期；李文溥：《用于宏观经济指标国际比较的经济指数》（译作），载《经济资料译丛》1993年第4期；李文溥、林毓鹏：《福建省城市化水平：测量与分析》，载《福建论坛》2000年第11期；李文溥、陈永杰：《中国人口城市化水平与结构偏差》，载《中国人口科学》2001第5期；李文溥、孙建国：《电力行业技术效率和全要素生产率增长的国际比较》，载《中国经济问题》2003年第6期；王燕武、李文溥、李晓静：《基于单位劳动力成本的中国制造业国际竞争力研究——兼论劳工工资的上涨空间》，载《统计研究》2011年第10期。谢攀、李文溥、龚敏：《经济发展与国民收入分配格局变化：国际比较》，载《财贸研究》2014年第3期；李文溥、李昊：《中国居民的财产收入状况分析》，载《财贸经济》2016年第8期；李文溥、陈婷婷：《自有住房服务消费重估与中国居民消费率修正》，载《吉林大学社会科学报》2018年第3期；等等。

④ 十分感谢厦门大学计划统计专业的统计学训练。翁礼馨、黄良文、钱伯海、吴矶端、俞大纲、钟琪生、林鸿庆、黄沂木、陈仁恩、颜金锐、伍元耿、郑自治等先生所传授的各门统计、计量知识，我至今仍受用不尽。

一。世界经济发展史的众多事实及研究证明：从低收入经济体走向中等收入经济体与从中等收入经济体向高收入经济体的发展，面临着不同的经济发展问题，经济增长的动力也与此前大不相同。

2012 年，中国第三产业增加值占比 45.5%，首次超过第二产业（45.4%）。2020 年，该比重进一步提高到 54.5%，平均每年提高 1.125 个百分点。2011 年，第三产业首次成为三次产业中就业比重最高的产业（35.7%），到了 2019 年，中国一二三次产业的就业占比依次为 25.1%、27.5%、47.4%，服务业就业比重平均每年提高近 1.5 个百分点。中国出现了明显的经济服务化趋势。

为什么如此？因为经济发展，人均收入水平提高，导致居民需求结构发生变化。当一个国家经济发展到中等偏上收入阶段，向高收入阶段过渡时，居民需求结构会发生较大变化。我们发现，随着中国进入中等偏上收入经济体，开始向高收入经济体过渡，中国居民的消费能力和消费观念发生了明显的改变。物质产品消费之外，越来越追求更高端的服务消费，如健康、便捷的生活，优质的教育、娱乐、文体产品等，由此触发了近年来健身、娱乐、旅游、智能设备、互联网以及信息产业的高速发展。在实物消费方面，对产品质量的要求越来越高。以往居民出国旅行购物，多以奢侈品及耐用消费品为主，现在则已逐渐囊括日常生活用品，说明随着收入水平的提高，国内部分居民的需求偏好已向发达国家的普通居民趋近。为了判定这样的需求结构转换是否具有发展阶段性意义，我们曾对美国、日本、韩国等国在类似经济发展阶段的居民需求结构变化趋势进行分析，发现在这一阶段，居民消费开始从以实物消费为主转变为服务消费与高质量的实物消费并重，并逐渐向服务消费为主转变，是一种普遍的规律性现象。①

市场经济条件下，居民消费结构变化是推动供给结构调整的强大动力。正是由于进入中等偏上收入阶段之后，居民消费结构发生变化，导致了中国在 2010 年之后，服务业增长速度持续超过第一、第二产业，出现了经济服务化趋势。正因如此，世界银行曾指出：从低收入经济体走向中等收入经济体与从中等收入经济体向高收入经济体的发展，面临着不同的发展问题，增长的动力也与此前有所不同。2010 年以来，中国经济增速持续下降，除了国际经济周期的因素，增长阶段的转换也不容忽视。传统的依靠外需以及投资需求驱动的经济增长模式面临严峻挑战，亟须寻求新的增长动力。这个新的增长动力，就是居

① 参见厦门大学宏观经济研究中心课题组：《需求结构升级转换背景下的供给侧结构性改革》，载《中国高校社会科学》2016 年第 5 期。

民消费结构转换催生的经济服务化趋势。①

W. J. 鲍莫尔（W. J. Baumol）曾认为：到了以服务业为主的发展阶段，劳动力不断从进步部门向非进步部门转移，整个国家经济增长速度将逐渐变为零，这就是著名的鲍莫尔成本病与增长病，简称“鲍莫尔病”。

鲍莫尔病是一个国家的服务业成长为该国占GDP及就业人口比重最大的产业也即经济服务化阶段可能会产生的一种现象。那么，是不是一个国家发展到一定阶段，就必然会出现经济服务化呢?

答案是肯定的。国际经验表明，在大规模工业化进程基本结束之后，服务业比重将持续提高，逐渐成长为三次产业中产出及就业比重最大的产业。当今世界上所有发达国家，服务业占GDP的比重都在70%以上，也即它们早就进入了经济服务化阶段。

那么，应当如何看待经济服务化和“鲍莫尔病”呢？从2016年开始，我们把注意力转向了它们。目前为止的研究结论是，经济服务化是人均收入达到一定水平之后必然产生的趋势。当今世界所有发达经济体，服务业产出不仅在三次产业中占比最大，而且一般占GDP的70%以上。中国要从中等收入经济体向高收入经济体以至发达经济体过渡，经济服务化是必然趋势，而且，2010年之后已经开始进入这一阶段。近十余年来中国三次产业构成的变化趋势证实了这一点。因此，要不要经济服务化是一个伪命题，真问题是如何面对这一社会经济发展到一定阶段后必然出现的客观趋势。

经济服务化是否必然导致“鲍莫尔病”？首先，即使有，也不能因此拒绝经济服务化。因为，居民消费需求正在转向服务产品。社会生产不能不满足居民的需求。市场经济条件下，凡不考虑市场需求的供给一定是无效供给，一定被市场抛弃。居民消费需求是市场的初始需求。在封闭经济条件下，居民消费需求之外的所有市场需求，无论是投资需求还是公共产品需求，在正常情况下，最终都来自于居民消费需求，是居民消费需求产生的引致需求。满足市场需求，首先必须满足居民消费需求。或问，能否通过大量出口制造业产品，继续维持较高的制造业占比，不实行经济服务化呢？不可能。因为，国际收支平衡要求大量出口的同时必须大量进口。居民对服务产品有大量需求，国内不去生产，只能导致大量进口国外服务产品。这些年来，中国在产品贸易上保持大量顺差的同时，服务贸易上始终存在大量逆差，这是我国产业结构不合理、制造业比重偏高、服务业发展滞后在进出口结构上的反映。

① 笔者主持的国家社科基金重大项目“需求结构转换背景下提高消费对经济增长的贡献研究（15ZDC011）”研究了这一问题。参见李文溥等：《迈向高收入经济的增长动力转换》，人民出版社2021年版。

其次，经济服务化未必一定导致“鲍莫尔病”。今天世界上最发达的经济体，都是服务业占比高达70%以上的服务化经济体，它们的人均GDP也即劳动生产率都在世界经济中位居前列。发达经济体的实践说明经济服务化并不一定导致国民经济效率下降，产生“鲍莫尔病”。

为什么不会？首先，应明确，鲍莫尔的这一结论，是距今半个多世纪前得出的。此后，国内外学界做了大量研究，结论不太一致。我们认为关键是鲍莫尔的看法不够全面，所做的假设有问题。他没有从社会再生产循环的角度看待服务业与非服务业之间的关系，而是将服务产品仅仅视为最终消费品，忽视了服务产品同时也是其他产业的投入品，或者说中间消耗。由于忽视了服务业与其他产业之间的互动关系，结果认为，当服务业就业比重上升、其他产业就业比重下降时，服务业由于无法像制造业等其他产业那样实行大规模机械化、自动化流水线批量生产，其劳动生产率增长相对缓慢，两者加权平均，当然就导致随着服务业就业比重上升，人均GDP增速将不断下降，并趋同于服务业生产率增速的悲观结论。

然而，鲍莫尔似乎忘记了亚当·斯密的分工理论：“凡能采用分工制的工艺，一经采用分工制，便相应地增进劳动的生产力。各种行业之所以各个分立，似乎也是由于分工有这种好处。一个国家的产业与劳动生产力的增进程度如果是极高的，则其各种行业的分工一般也都达到极高的程度。”[①] 人均收入进入中等偏上收入水平之后的经济服务化，是社会分工进一步细化导致服务业——无论是生产服务业还是生活服务业——的不断形成和迅速发展，说社会分工细化导致了服务业发展，却会降低整个经济效率，岂不等于说亚当·斯密的分工理论不成立吗？因此，经济服务化是否会出现鲍莫尔病，需要观察的不是孤立的服务业的劳动生产率增长是否慢于制造业的劳动生产率增长，相反，是整个国民经济的劳动生产率是否随着经济服务化而继续提高。我们的研究证明了以科教文卫为代表的现代服务业发展，将增加人力资本积累，促进经济长期持续增长，这在人口逐渐老龄化、劳动力总量开始下降的今天，也就显得格外迫切了。[②]

三

大凡在20世纪80年代开始从事经济学研究，尤其原先从事国民经济计划

① 亚当·斯密：《国民财富的性质和原因的研究》（上卷），郭大力、王亚南译，商务印书馆1974年，第7页。

② 王燕武、李文溥、郑建清：《经济服务化、人力资本积累与高质量增长》，载《东南学术》2021年第2期。

学研究的学者，很少不涉猎产业经济学尤其是产业结构理论与政策的。① 原因之一是，改革开放后，随着经济市场化，计划经济体制下的经济管理手段——指令性计划逐步取消。然而，当时的实际经济运行远未转轨至市场经济，不具备应用规范的财政、货币政策调控经济运行的可能；与此同时，宏观经济学、微观经济学等刚被介绍到国内，其理论与当时的中国经济现实差距较大，尚难成为现实的经济分析工具。一时间，经济管理部门以及经济学者，尤其是研究国民经济管理的相关人士有点像是孙悟空丢了金箍棒。恰逢此时，杨治先生的新作《产业经济学导论》介绍了日本的产业结构政策，② 一时风靡经济学界。笔者也未能免俗，曾在《社会主义市场经济宏观调控理论》一书中辟专章予以介绍。1988 年，《日本的产业政策》在国内出版，日本学者对日本产业政策的实证研究引起了笔者的思考：小宫隆太郎等的实证研究证明，日本的产业结构政策基本无效，③ 中国的产业结构政策的实际效果如何呢？

笔者得出初步研究结论，已是产业经济学引进中国近20 年的21 世纪初了。毕竟实证研究需要较多的事实观察和较长的统计样本。尽管验证的范围仅限于福建，方法也较简单，但基本证实了产业结构政策是无效的：当地的产业发展走向与政府多年来的产业结构政策导向是相反的。④ 原因在于，即使是在中国这样的政府具有较大资源配置能力的转轨经济（所谓政府主导型市场经济）中，开放条件下的市场力量也远远大于政府。通过对地方经济发展的长期观察，笔者发现，至少在福建这样原本经济比较落后，没有什么工业的沿海开放地区，产业的生发，往往具有偶然性。其产生与当地的物质资源并没有太多关系。区位条件、资源禀赋相近的地区，尽管当地政府提出的产业发展战略、主导产业规划大致相近，但所形成的产业结构却往往大相径庭；相反，区位条件、资源禀赋差距较大的地区，却可能发展出同类产业。然而，有趣的是，无论是经济发达的特区，还是原先的内地山区小三线城市，抑或是沿海县市，一旦根据国内外市场需求形成了本地优势产业，其生命力则极其顽强。这些看似并无多大技术先进性，属于当地政府急欲淘汰的“传统产业”，历经几个五年规划，不仅没有被淘汰，相反，所占比重却越来越高了。⑤ 这是现有产业结构理论难以解释的。经过多年观察与调研，笔者的结论是，人力资本可能是决定一个地区产业结构最重要的因素。产业人力资本赋存是一个地区工业生产要素

① 从今天的眼光看，产业结构理论与产业结构政策并不属于产业经济学，应当属于发展经济学领域。

② 杨治：《产业经济学导论》，中国人民大学出版社 1985 年版。

③ 小宫隆太郎等：《日本的产业政策》，黄晓勇译，国际文化出版公司 1988 版。

④ 李文溥、陈永杰：《经济全球化下的产业结构演进趋势与政策》，载《经济学家》2003 年第 1 期。

⑤ 李文溥：《无形之手 vs 有形之手》，载《经济学家茶座》2019 年第 4 期（总第 86 辑）。

系统中最稳定的成分，它既是产业的进入门槛，也是其退出的障碍，它决定了当地产业生存发展的稳定性。然而，本地产业相对稳定，并不意味着没有技术进步，产业并不升级换代，而是技术进步体现为产品不断更新、品质不断提升、生产技术不断换代，也即产业升级更多在产业内进行。这其实是现实中产业升级换代的主要方式。就常态而言，本地产业升级并不主要体现为产业间梯次转移，而主要体现为产业内技术升级换代，产品推陈出新，产品附加值上升，原因就在于产业人力资本赋存改善是一个边际改进过程。产业人口的人力资本提升，主要来自干中学。产业人力资本赋存整体稳定而不断边际改善，决定了产业进步更多是渐进的。产业人力资本不断边际改善反过来又增加了本地产业发展的稳定性，产业人力资本边际型改善和产业渐进式进步，两者形成了相互推动的自加强机制。① 当然，这些初步研究结论还有待更多实证研究进一步检验。

产业经济卷的另一部分是对产业组织理论的讨论。这一研究缘于 1997 年的亚洲金融危机，也与笔者 1998～1999 年的欧洲访学之旅有关。

亚洲金融危机爆发之前，中国正以大力度的紧缩政策抑制 90 年代中期爆发的严重通货膨胀。亚洲金融危机与国内的紧缩政策叠加，中国经济很快地从通胀转为有效需求不足，增长率一路下滑。适逢其时笔者有机会到欧洲访学，自然十分关心经济全球化对国家宏观经济政策效果的影响。对国内经济及本轮扩大内需的政策效果、全球化中的欧盟经济的观察以及文献研究，使我形成了两个相联系的看法：第一，经济全球化正在抽走民族国家实行凯恩斯需求管理政策的基础；② 第二，应当以竞争政策应对经济全球化带来的挑战。③ 前者主要体现在政治经济学卷中的讨论经济全球化及其对宏观经济政策、产业结构政策影响的论文中。

竞争政策属于产业组织理论的应用。因此，回国之后，我主持翻译了施马兰西（Schmalensee）和威利格（Willig）主编的《产业组织经济学手册》，④ 同时，组织博士生进行产业组织理论尤其是反垄断经济学的研究。这些论文也就

---

① 李文溥：《产业结构与人力资本赋存》，载《经济学家茶座》2021 年第 1 期（总第 89 辑）。

② 李文溥：《经济全球化及其宏观经济政策影响》，载《厦门大学学报》（哲学社会科学版）2000 年第 3 期；李文溥：《市场与组织的平衡被打破之后》，载《东南学术》2000 年第 4 期。

③ 李文溥等：《东南圆桌：经济全球化与中国经济发展》，载《东南学术》2001 年第 1 期；李文溥等：《经济全球化、市场经济、竞争与竞争政策——竞争政策五人谈》，载《东南学术》2002 年第 4 期。但实事求是地说，其时我对竞争政策的理解是相对肤浅的，一直到近年，理解才有所深化。参见李文溥等：《从经济特区到自由贸易区——论开放推动改革的第三次浪潮》，载《东南学术》2015 年第 1 期；李文溥：《中国经济发展道路七十年的艰辛探索》，载《南国学术》第九卷第 4 期（2019 年 10 月）。

④ 理查德·施马兰西、罗伯特·D. 威利格：《产业组织经济学手册》（第 1 卷、第 2 卷），李文溥等译，经济科学出版社 2009 年版。

构成了产业经济学卷的第二篇。比较遗憾的是，不久就受命牵头组建厦门大学宏观经济研究中心并申报教育部人文社会科学重点研究基地，研究重点转向宏观经济学。但是，经济全球化及竞争政策的研究，对于笔者理解开放条件下的中国宏观经济运行及调控是极有帮助的。多年的研究经历使笔者深刻体会到，书到用时方恨少。宏观、微观以及经济学的学科分类固然有必要，但是，面对中国经济运行，探索其机理机制，回答现实经济运行提出的问题时，学者的知识储备不应受到专业的限制。

四

在文集中，福建经济卷的篇幅仅次于宏观经济卷，如果将其他卷中涉及福建的部分全部编入，甚至可能是四卷中篇幅最大的。这当然与笔者始终生活在福建有关。但更主要的原因可能是笔者一向认为，社会科学研究始于对社会现象的观察与调查研究。陆游说：“古人学问无遗力，少壮工夫老始成。纸上得来终觉浅，绝知此事要躬行。”① 笔者今亦年届古稀。学问是否有成，不敢讲，但是，些许所知，固然不能说纸上得来的没有——读书使我获得新的思想资源、新的思维方式、新的观察视角、新的研究方法，然而，印证和检验它们，却不能不依靠社会观察和社会调查，它是第一手从而更重要的知识来源。“只要这样按照事物的真实面目及其产生情况来理解事物，任何深奥的哲学问题——后面将对这一点作更清楚的说明——都可以十分简单地归结为某种经验的事实。”② 当然，这也许是因为笔者是计划统计专业出身，专业训练属于应用经济学范围，抽象思维能力有限，难以凭空想象，不得不严重依赖社会观察和社会调查，讲究脚踏实地，眼见为实，方能有所感悟，从而发现问题提出问题。福建是笔者长期生活、工作之地，民事民情民俗民风，每日每时每刻都是笔者观察的对象，比较熟悉。做社会调查，走出校门家门就可以了。不仅方便省事而且经济实惠。笔者长期任教厦门大学，近水楼台先得月，做本地调研，机会也多。因而以福建经济为题的文章也就多一些。它们大多是笔者立足福建，进行社会观察和调查研究的产物。尽管我上大学前曾是知青，下乡多年，像高尔基那样在“我的大学”里摸爬滚打了十余年，但每次调研仍然大有所

---

① 陆游：《冬夜读书示子聿》，引自《陆游集》（第三册），中华书局1978年版，第1065页。

② 《德意志意识形态》，引自《马克思恩格斯文集》（第一卷），人民出版社2009年版，第528页。当然，在高度重视经验分析、实践检验的同时，应当注意，与此同时，形而上学的超验分析，即从经验出发回溯与反思使经验之所以可能的先验条件仍然是必要的。只有通过这样的形而上学思维分析确立起来的原则或原理在理论上才是普遍的，在实践上才是可靠的，可以指导人的实践活动的。

获。社会调查使我接触到鲜活的经济现象，感受到社会发展的脉动，看到了许多书本报刊媒体上难以看到的世态百相，弄明白了很多单靠读书看报听新闻难以弄明白的事情，不断地更新而且深化了对中国社会经济的认识。调研不仅产生了针对特定问题的调查报告、政策咨询报告，而且成为笔者诸多理论研究的灵感、论文的选题。读者不难从文集各卷中相近题材的调查研究报告、政策咨询报告、论文中发现之间的联系。正是通过社会调查，笔者发现，国有中小型企业之所以在市场化进程中发生严重的经营困难，是由于国有企业不是竞争性领域有竞争力的企业制度形式。尽管市场有需求，但国有企业也难以在竞争中胜出。① 正是通过社会调查，以及随后的统计分析、数据改算，笔者在第五次全国人口普查数据公布之前就发现，如果以常住城市人口衡量，② 那么，中国的人口城市化进程就不像一些学者认为的那样严重滞后于工业化进程；相反，长期实行侧重发展小城市的策略，却导致我国三次产业结构的严重失衡。城市化是工业化的需要，因此，中国应当根据工业化和非农产业化的发展需要，实行发展大中城市为主的城市化战略。农业农村现代化并不以农村城镇化为前提，因此，不宜把小城镇建设作为农村农业现代化的手段、城镇化的主要战略方向。③ 正是通过调研及相关研究，笔者发现，刘易斯二元经济模型的不变工资假定不能成立，“刘易斯拐点”并不存在。世界各国在工业化进程及经济增长过程中，劳动者的工资水平都呈上升趋势，若非如此，一个国家的市场将无法出清，社会再生产将无法持续进行下去。④ 正因为多年多地多次的长期观察和调查研究，笔者发现，产业结构具有高度稳定性。产业升级主要体现为产业内升级。其重要原因在于人力资本系统才是产业的核心资产，在于人力资本的专用性及稳定性。因此，政府的产业结构政策常常徒费心力，浪费资源。⑤ 这些发现，大多难以从书本上直接得到。因此，笔者对多年来提出问题、提供条件，并给予调研方便的有关部门和单位，尤其是曾组织了包括百家民营企业调查、百村调查、百名社科专家老区行等多项全省社科研究力量共同参与的大型社会调查及各项专门调查的福建省社科联，始终心存感激。社会观察和调查研

① 李文溥、王挺：《有市场为什么无法生存？——对宁德地区国有茶厂的案例研究》，载《福建学刊》1997 年第 4 期。

② 这是笔者自己设计计算的。有趣的是与第五次人口普查的统计口径是一致的。因此，估算结果与事后公布的第五次全国人口普查数据非常接近。

③ 李文溥、陈永杰：《中国人口城市化水平与结构偏差》，载《中国人口科学》2001 第 5 期；课题组：《促进城市化物质表现与实质内容的协调发展》，载《东南学术》2000 年第 5 期。

④ 李文溥、熊英：《“刘易斯拐点”的一个理论证伪——基于产品市场的视角》，载《经济研究》2015 年第 5 期；李文溥、熊英：《二元经济中的不变工资》，载《学术月刊》2015 年第 6 期。

⑤ 李文溥：《产业结构与人力资本赋存》，载《经济学家茶座》2021 年第 1 期（总第 89 辑）；李文溥、陈永杰：《经济全球化下的产业结构演进趋势与政策》，载《经济学家》2003 年第 1 期。

究，为我的学术研究不断注入源头活水，也形成一些有价值、被采纳，事后被证明是正确的政策研究报告。遗憾的是限于思想解放程度、眼界见识、学养学力，没能做得更好，提出更多更有价值的政策建议。书生报国，原非易事，院校学者参与政策咨询，意在验证研究，志在回报社会。笔者认为，在研究基础上，或形成政策咨询报告，或者参与决策咨询，或为党政干部授课，都只是大学教师日常工作——知识生产的延伸——知识应用的一部分，一种方式而已。它与教师上课、写报刊时评或经济随笔的功能大致相当，不过是一种知识传播、科学普及和文化启蒙工作。当然，从事调查研究和政策咨询，笔者亦收获良多。政策咨询与政策实践，不是理论与实践的关系，不存在后者检验前者的功能。政策咨询者唯有秉持知之为知之，不知为不知，一切以民为本的初心，实事求是，坚持真理，直抒胸臆，方得始终。

五

本文集是笔者职业生涯学术工作的一个总结。这 40 余年的学术工作，于今看来，如果还有些价值，首先应感谢 1977 年恢复高考，它使笔者在辍学近 12 年之后，再次走进课堂。在枉担了“知识青年”虚名 10 年之后，[①] 抓住青春尾巴，成为知识青年。作为“老三届”中为数不多的幸运者，不仅接受了大学教育，而且留校任教，继续学习，从事学术研究，这实在是上天眷顾。因此，本文集（以及其他著述和译著）是交给当年恢复高考决策者的一份答卷，是对当年决策恢复高考者的致敬。在世界各地，大学都处于社会生活的边缘地带。在中国，这几十年来，大学教师的生活在相当程度上仍然是单调、平淡、寂寞，甚至清贫的。但是，“‘生命的力量在生活赋予的广阔空间中的卓异展现。’这是希腊对幸福下的一个古老的定义。这是充满生命活力的信念。在整个希腊历史中，这种生命的信念始终充盈着人们的心灵。它将希腊人引上了许多从前人没有走过的道路，但却没有将他们引向霸权和屈服之路。”[②] 笔者心仪这样的定义，将之引为自己的信念。大学教师这份职业也给予了其他职业的生活所难以赋予的“广阔的空间”。

感谢厦门大学，感谢厦门大学计划统计专业，它使我经由统计学走进了经济学领域。经济学是人文社会学科中最接近科学的学科。以统计为主要手段的实证研究方法，使这一学科领域的学者有可能更加重视经验研究，重视理论联

① 笔者 1969 年 1 月下乡时，只上过一年初中，实际受教育年限为 6 年，相当于小学毕业。所谓“知识青年”，实在愧不敢当。

② 依迪丝·汉密尔顿：《希腊精神》，葛海滨译，华夏出版社 2014 年版，第 18 页。

系实际，更倾向于用事实验证理论，做到有几分证据，说几分话。改革开放以来，经济学成为国内人文社会科学各学科中进步最快的学科之一。这在很大程度上是它有更多的实证研究机会、可能和需要，这使它更加脚踏实地，更多地用经验研究去证实自己的理论猜想，用社会经济发展实践检验自己的研究结果，不但不再唯书唯上，而且有可能通过经验研究创新理论。

感谢《光明日报》1978 年 5 月 11 日发表的特约评论员文章《实践是检验真理的唯一标准》，以及随后的思想解放运动，这使我从多年的精神枷锁中逐渐挣脱出来，知道思想不能验证思想。任何思想产品，都只不过是思想产品而已，都必须平等地、无例外地接受逻辑的检验、实践的检验，经受历史的考验。

感谢众多师友学生。其中许多人就是文集中一些文章的共同笔者，当然，有更多的师友的名字未出现在文集中，但我对他们抱有同样的感激之情。我从各位老师那里得到经济学启蒙，在此后学术生涯中，更是受益良多。和众多师友学生的彼此切磋，相互砥砺，不断激励我探索新问题。没有他们，就不可能有文集中的这些文字。与此同时，也应当感谢那些发表和出版了我这些文字的报纸杂志和出版社的编辑们。① 当我们刚刚走上学术之路时，正是思想解放的春风催开了百花，形成百家争鸣的时代，众多国内最好的学术期刊和出版社，并非不知“始生之物，其形必丑”，但却看到其中闪烁的思想火花，愿意给这些初生牛犊的稚嫩之作以一席之地。他们的慧眼、宽容和鼓励，使一代学术新人得到激励，得以在春天里成长。

最后，但却最重要的：感谢内子。在这 40 年里，做一个致力于学业的大学教师，生活上的清贫，事业上的顿挫，平民百姓必须面对的诸多日常无奈，加之从事人文社会科学特有的风风雨雨，凡此种种，皆难避免。作为大学教师的妻子，并不是一件容易的事。然而她却始终给予无声的支持，默默地相濡以沫至今，这是值得衷心感谢的。感谢家人。他们大多并不从事学术工作，更未必懂得我的专业，但却始终关心关注支持着我的研究。因此，这部文集首先是献给内子、孩子和家人们的。当然，这也不过是秀才人情。书籍一旦出版，首先是属于读者，属于社会的。

是为序。

李文溥

2023 年 12 月 18 日

① 笔者的相当部分论著是在经济科学出版社出版的，多年来得到了赵树林、莫霓舫、金梅、沙超英、齐伟娜、赵蕾、初少磊、尹雪晶、赵芳、王珞琪等众多编辑的诸多帮助和支持，在此一并致谢。

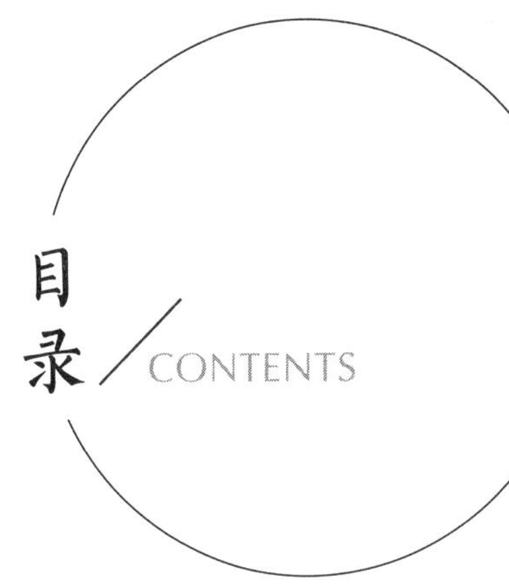

001 第一篇

中国经济发展道路七十年的艰辛探索 003

论市场经济与对外开放：基于中国实践的经济史考察 019

从经济特区到自由贸易区

——论开放推动改革的第三次浪潮 038

论政府主导型市场经济转型 050

从开放走向市场

——沿海开放地区经济体制转轨的一个案例研究 067

先行先试、先发优势与领先发展

——厦门特区改革开放经验之探讨 081

调整积累资金流向，发展新的经济增长源 098

101 第二篇

经济全球化与中国经济发展 103

建立全球化的利益与负担的合理分配机制 115

市场与组织的平衡被打破之后

——对经济全球化的组织协调问题的思考 119

经济全球化及其对宏观经济政策的影响 132

经济全球化与全球视角的经济学 142
正确把握“市场导向”与“国家导向”之间的关系
——由“东亚奇迹”到“东亚金融危机”引起的思考 148
从中国—东盟经贸关系发展看“一带一路”建设 156
“一带一路”建设与构建国内国际双循环的新发展格局 177
应对中美贸易摩擦升级应加快经济增长动能转换 194
东北亚经济一体化：中日韩贸易相互依存关系分析 197
国际直接投资与国际经济利益及国家安全 208

217 第三篇

国有经济配置领域的战略性调整与国有资产管理 219
当前国有资产管理的中心任务是国有经济配置领域的战略性调整 231
战略性调整的目的
——建立国有经济的市场经济配置格局 236
论国有经济配置领域的战略性调整 240
危困国有企业，破产还是兼并? 250
有市场为什么无法生存?
——对宁德地区国有茶厂的案例研究 258
按照市场经济的规范进行国有小企业的改革 265
关于发展股份合作制的几点思考 272
股份合作制改制四则 275
遵循市场经济发展的一般规律推进国有经济改革 280
国有经济主导作用实现形式探讨 283
国有产权的基本制度规定国有企业不能以利润最大化为改革的终极目标 293
论国有经济在实现市场经济宏观调控中的作用 296
国有制经济改革与社会主义市场经济 304
社会主义产权理论的新探索
——读刘诗白的《产权新论》 310
国有产权比较优势领域及制度选择 314
论国有产权的结构调整 324
充分发挥政府在培育市场主体中的作用 334

全民所有制实现形式的比较研究 339

347 第四篇

现代经济学的研究方法 349
传统发展观的政治经济学渊源分析 376
中国经济学与中国经济问题研究
——王亚南《中国经济原论》读书札记 386
理性经济人假定的制度规范性分析 395
建立中国特色的现代经济学需要新的分析假定 404
中国特色现代经济学的分析前提 413
论经济分析中的效率评价标准与价值评价标准 429
论经济学分析的两种理论逻辑前提 438
国家经济调节理论 447

479 第五篇

发展繁荣哲学社会科学事业，推进我省全面建设小康社会进程
——福建省哲学社会科学事业发展情况调研报告 481
保护原始森林与营造人工林 504

第一篇

中国经济发展道路七十年的艰辛探索*

1949 年新中国成立后，在寻求适合本国国情的经济发展道路上进行了艰辛的探索。从初期的多种经济成分并存、以商品经济为主的新民主主义经济，逐步转向以生产资料公有制为基础的计划经济，再通过改革开放，又逐步转向有中国特色的社会主义市场经济。现在，中国正在从中等偏上收入经济体向高收入经济体以致发达经济体过渡，实现中华民族的百年复兴。此时，从经济史及经济思想史的角度，回顾一下 70 年来的艰辛探索历程，总结经验与教训，是有学术意义的。

一

任何社会实践，都是自觉不自觉地建立在一定的思想观念基础上的。从新民主主义经济到计划经济，再转向社会主义市场经济，蕴含着观念上的重大变化。

人是社会性动物，相互往来、彼此协作是生存的必要条件。人类社会始终面临着如何处理人与人之间关系的问题。计划与市场，从经济社会学角度看，可以视为处理人际交往、协作关系的两种方式——组织与交换。前者是一个基于统一产权基础上的“命令—服从”系统，以纵向联系为主；后者是基于独立产权基础上的自愿交换，以横向联系为主。在远古时代，氏族部落内部基本上是一种以血缘为纽带的组织经济，但在部落之间，则不时会出现某种交换关系。这种偶然的物物交换，形成了最初的市场交换关系。从原始的氏族部落到近代的资本主义企业，组织经济作为一种微观经济的组织方式，是一直延绵存

---

* 本文原载于《南国学术》2019 年第 4 期。

续并有所发展的；同样地，从原始的氏族部落时代一直到近代资本主义市场经济形成，商品生产与交换在世界各地也都不同程度地存在着。在一些地区（例如，古希腊的地中海沿岸地区），一些时代（例如，中国的两宋、明清），商品经济都已相当繁荣；海陆丝绸之路，14～15 世纪的航海大发现说明，在前资本主义时代，世界贸易就已经相当发达，世界市场正在逐步形成之中。市场竞争，必然产生财富集中、两极分化、贫富不均、垄断及不正当竞争等一系列社会经济弊病，因此，批评甚至否定市场经济的声音一直不绝于耳。早期的空想社会主义者在批判市场经济的基础上，形成了最早的计划经济设想，如莫尔（T. More，1478～1535）的"乌托邦"、康帕内拉（T. Campanella，1568～1639）的"太阳城"、傅立叶（C. Fourier，1772～1837）的"法郎吉"、欧文（R. Owen，1771～1858）的"新和谐移民区"等。① 类似的乌托邦设想，在 18 世纪初的北美殖民过程中还有人付诸实践，但最终都失败了。②

德国思想家马克思（K. H. Marx，1818～1883）曾充分肯定资本主义市场经济在人类社会发展进程中的巨大作用："资产阶级在历史上曾经起过非常革命的作用。""资产阶级在它的不到一百年的阶级统治中所创造的生产力，比过去一切世代创造的全部生产力还要多，还要大。自然力的征服，机器的采用，化学在工业和农业中的应用，轮船的行驶，铁路的通行，电报的使用，整个大陆的开垦，河川的通航，仿佛用法术从地下呼唤出来的大量人口——过去哪一个世纪料想到在社会劳动里蕴藏有这样的生产力呢？"③ 当然，作为一个社会历史发展阶段，它也必然为更高级的社会形态所替代。但是，马克思、恩格斯（F. Engels，1820～1895）在谈及未来的社会形态应当是怎样的时候，一向十分谨慎，竭力避免不切实际的空想。针对有人提出在革命成功后应该首先采取什么措施的问题，马克思的答复是："现在提出这个问题是不着边际的，因而这实际上是一个幻想的问题，对这个问题的唯一的答复应当是对问题本身的批判。""在将来某个特定的时刻应该做些什么，应该马上做些什么，这当然完全取决于人们将不得不在其中活动的那个既定的历史环境。"④ 尽管如此，在关于未来的社会形态问题上，马克思、恩格斯还是借鉴了空想社会主义者的设想，认为取代资本主义市场经济的将是在生产资料社会占有基础上的计划经济。可

---

① 托马斯·莫尔：《乌托邦》，商务印书馆 2018 年版；康帕内拉：《太阳城》，商务印书馆 1995 年版；傅立叶：《傅立叶选集》，商务印书馆 2004 年版，第 1～3 卷。

② 丹尼尔·布尔斯廷：《美国人：开拓历程》，生活·读书·新知三联书店 1993 年版，第 3 章。

③ 《共产党宣言》，引自《马克思恩格斯文集》（第二卷），人民出版社 2009 年版，第 33、36 页。

④ 马克思：《致费迪南德·多梅拉·纽文胡斯》，引自《马克思恩格斯全集》（第 35 卷），人民出版社 1976 年版，第 152 页。

是，作为历史唯物主义的创立者，他们头脑清醒，一再强调这一想法不应当束缚后人的手脚，“无论如何，共产主义社会中的人们自己会决定，是否应当为此采取某种措施，在什么时候，用什么办法，以及究竟是什么样的措施。我不认为自己有向他们提出这方面的建议和劝导的使命。那些人无论如何也会和我们一样聪明”①。显然，如果承认“那些人无论如何也会和我们一样聪明”，那么，必然的结论是：生活在未来社会中的人们对于他们所生活的社会各方面，是有着更多发言权的。

即使是在资本主义发展的早期阶段，市场经济在推动生产力迅速发展的同时，也显现出了它的弊端，社会主义运动因此风起云涌。作为替代资本主义市场经济的社会主义经济将如何运行，一直是经济学界关心的话题。20 世纪二三十年代，以泰勒（Fred. M. Taylor，1855～1932）、巴洛内（E. Barone，1859～1924）、兰格（O. R. Lange，1904～1965）等为一方，与米塞斯（L. H. E. V. Mises，1881～1973）、哈耶克（F. A. V. Hayek，1899～1992）、罗宾斯（L. C. Robbins，1898～1984）等展开了一场关于计划经济可行性的理论大论战。米塞斯认为，在社会主义经济中，为指导资源分配，需要建立经济会计制度，进行经济核算，但是，在取消了市场交换及市场价格的计划经济中，不可能进行理性的经济计算，从而也就无法实现理性决策，因为在没有竞争市场的情况下，无法形成均衡价格。兰格承认，制定国民经济计划，需要进行经济计算；但是，在没有市场的情况下，可以通过模拟市场，用试错的方法，进行计划经济所需要的经济计算。罗宾斯认为：“在纸面上，我们能设想这个问题用一系列数学计算来求解……但实际上，这种解法是行不通的。它会需要在几百万个预计数据的基础上列出几百万个方程，而统计数据又根据更多百万个各别计算。到解出方程的时候，它们所根据的会计信息会已过时，需要重新计算它们。根据帕累托方程，可能实际解决计划问题的提法，只说明提出这种主张的人不了解这些方程意味着什么。”哈耶克认为，知识可以分为“编码知识”（coded knowledge）和“意会知识”（tacit knowledge）。在市场经济中，个人从事经济活动，主要依靠意会知识，它只能个人利用，无法加总使用，因此，计划经济在知识与信息的利用上明显处于劣势。② 然而，这场大讨论的成果，由于 1929～1933 年的世界经济大危机而被搁置了。

① 恩格斯：《致卡尔·考茨基》，引自《马克思恩格斯文集》（第十卷），人民出版社 2009 年版，第 455～456 页。

② 奥斯卡·兰格：《社会主义经济理论》，王宏昌译，中国社会科学出版社 1981 年版；A. 哈耶克：《个人主义与经济秩序》，北京经济学院出版社 1989 年版。

第二次世界大战结束后，不仅推崇国家干预的凯恩斯（J. M. Keynes，1883～1946）经济学成为西方市场经济国家政策思想的主流，而且，研究和试行国民经济计划化也一度成为发达市场经济国家政学两界的时髦，英、法、日等国都在全国范围实行了程度不等的指导性计划；但是，通过对法国、日本从战后一直到20世纪70年代末编制的国民经济计划在经济社会发展中的作用的研究发现，其作用是不大的，而且在不断递减。到了20世纪60年代，法国的“计划工作却降低到这样的地位，即为政府及某些工业部门提供相当有用的讲坛。不论在政府本身的投资计划方面，或在工业部门承担的义务方面，都没有做出任何具有约束力的决定；在工资方面也是如此”①。小宫隆太郎也指出：日本战后编制的国民经济计划，仅仅是关于经济政策问题的各种意见的一个汇编而已。首先，从私营部门看，经济变量很难预测，尤其是在日本这种经济严重受国际经济情况变化影响的国家，而且，政府对私营部门的经济活动也没有什么有效的政策工具；从国营部门看，在私营部门的主要变量偏离国民经济计划时，让国营部门死抱住计划不放是无意义甚至是有害的，这样会打破国营部门与私营部门之间的平衡。其次，议会一般不审议批准跨年度的政府预算与投资和财政计划，这就使跨年度的计划没有实行的财力保障；就政府负责财政支出的部门大藏省而言，也厌恶长期财政计划。因此，无论是私营部门还是政府部门，“谁也不把国民经济计划看作是一个严格的、有约束的必须为政府所遵循的计划”②。法国、日本等市场经济国家实行国民经济计划的实践表明：（1）以非国有的独立市场主体为主的市场经济，是无法实行有约束力的国民经济计划的，更不用说取消市场交换，以指令性计划为特征的国民经济计划了；（2）对于实行对外开放，深度参与国际市场分工与竞争的经济，政府也难以制定和实行有约束力的国民经济计划；（3）在开放的市场经济条件下，过分强调国民经济计划的约束性、可执行性、指令性，也未必有利于社会经济的健康发展。

在一些西方国家尝试在市场经济条件下实行国民经济计划的同时，相关研究也纷纷展开。其中值得一提的是获1972年诺贝尔经济学奖的“阿罗不可能性定理”（阿罗悖论）的研究。它最初是源于对计划经济能否在民主政治体制下实现社会福利最大化的研究，试图为国民经济的统一计划奠定伦理基础。然

① E. S. 柯申：《对克劳德·赛贝尔这一章的评论》，引自莫里斯·博恩斯坦编《东西方的经济计划》，商务印书馆1980年版，第229页。此前的第六章是克劳德·赛贝尔撰写的《法国的计划工作》。

② 小宫隆太郎：《日本的计划工作》，引自莫里斯·博恩斯坦编《东西方的经济计划》，商务印书馆1980年版，第231～274页。

而，严格的数学推导却得出了相反的结论。阿罗不可能性定理证明，从社会成员的个人偏好出发，无法推导出一个兼容的社会福利函数。这就否定了在全社会范围实现社会福利最大化的国民经济计划的可能，[①] 从而推动了对政府经济政策的实证研究与规范研究，逐渐形成了以公共选择理论、社会选择理论研究为主要内容的新政治经济学（又称经济政策理论）这一新的经济学分支学科。

二

选择计划经济还是市场经济，是新中国成立后在经济体制上面临的重大抉择。

“没收官僚资本归新民主主义经济国家所有”是新民主主义革命的三大纲领之一。新民主主义革命的胜利，使原属国民政府的国家资本全部转为国有资产，也使政府官吏的私人资本部分地转为国有资产。从统计数据看：（1）1949年，国有工业固定资产占全部工业企业固定资产的80.7%。在全部工业总产值中，国有工业产值比重为26.2%；大型工业产值中，国有工业比重为41%；在生产资料生产（包括手工业）中，国有工业占48%，国有企业拥有全部发电设备容量的72.3%，电力产量的58%，原煤产量的68%，生铁产量的92%，钢产量的97%，机器及机器零件生产的48%，水泥产量的68%，棉纱产量的49%。（2）1949年，全国有私营工业12.3万余户，生产总值68余亿元，占全部工业总产值的63.2%，棉纱的46%，棉布的40%，面粉的80%，卷烟、火柴的80%。（3）在商业中，私营经济占比较大。1950年，私营商业共有402万户，占全国商业总户数的98%，商品销售额占全国商业机构批发额的76%，零售额的85%。（4）在交通运输业，铁路运输基本上是国营，公路运输以私营为主，私营经济完成的货物周转量和客运周转量分别占78.93%和48.16%。水路运输，私营经济仅占31%。（5）在金融业，由于较早实行了社会主义改造，到1950年6月，国家银行和公私合营银行已经掌握了存、贷、汇的绝大部分业务。[②]（6）占工农业产出约70%的农业，仍然以个体经济为主。

① 肯尼思·阿罗：《社会选择与个人价值》，四川人民出版社1987年版。

② 武力：《中华人民共和国经济史（上卷）》，中国时代经济出版社2010年版，第81页；国家统计局：《中华人民共和国国民经济统计提要（1949—1979）》，第46页；《国民经济统计报告资料选编》，统计出版社1958年版，第8页；中国社会科学院经济研究所：《中国资本主义工商业的社会主义改造》，人民出版社1978年版，第89页。

多种经济成分并存的新民主主义经济，面临着多种发展的选择空间。它既可以继续在多种经济成分并存的基础上发展商品经济，即市场经济，也可以从此向计划经济过渡。刘少奇等人曾经提出，在一定时期巩固和发展新民主主义经济，确立新民主主义秩序。然而，这一意见到1953年在宣传贯彻过渡时期总路线的高潮中被否定了。①

由于马克思、恩格斯、列宁（Ле́нин，1870～1924）等对资本主义市场经济的批判，对共产主义社会的设想，加之当时被视为"老大哥"的苏联自1928年起就实行了计划经济，在取得了社会进步的同时确立起了大国地位，这些背景导致中国在20世纪50年代向计划经济转轨，就是十分自然的事情了。

计划经济的重要体制前提是对全社会生产资料的社会占有。可是，按照马克思、恩格斯的设想，生产资料的社会占有建立在生产力高度发达、高度社会化和专业化分工的基础上。恩格斯指出，由社会公开地和直接地占有生产资料的前提是：这些生产资料就其内在性质而言是"已经发展到除了社会管理不适于任何其他管理的生产力"②，也即对这样的生产力，其他任何管理方式都将比社会管理的效率更低；因此，"国家不得不承担起对生产的领导。这种转化为国家财产的必然性实现表现在大规模的交通机构，即邮政、电报和铁路方面"③。在随后的脚注中，恩格斯进一步指出："我说'不得不'，因为只有在生产资料和交通手段真正发展到不适于由股份公司来管理，因而国有化在经济上已成为不可避免的情况下，国有化——即使是由目前的国家实行的——才意味着经济上的进步，才意味着在由社会本身占有一切生产力方面达到了一个新的准备阶段。"④ 也就是说，即使生产的社会化程度超出了个别资本所能容纳的范围，也可以考虑用股份公司作为这些社会化的生产的组织形式；只有到了连股份公司也不适于管理，国有化在经济上已经成为不可避免的情况下，国有化才意味着经济上的进步。显然，无论是1917年、1928年的苏俄或是1950年的中国，整个社会的生产力，无论从个别还是整体上看，都远未达到马克思、恩格斯所设想的那个水平，而是基于其他考虑。⑤ 其中最重要的现实原因是：为了尽快建立国防工业体系而向重工业倾斜。

---

① 毛泽东：《批判离开总路线的右倾观点》，引自《毛泽东选集》（第五卷），人民出版社1977年版，第81～82页。

② 恩格斯：《反杜林论》，引自《马克思恩格斯选集》（第二卷），人民出版社1972年版，第319页。

③ 同上，第317页。

④ 这里的"目前的国家"指的是资产阶级国家。

⑤ 如果不是这样，那么1978年之后的市场化取向改革就无法理解了。

俄国1917年“十月革命”之后，在城市实行了大规模的生产资料国有化；在农村则顺应农民的要求，由个体农民占有土地，实行家庭经营。1928年，为实行第一个五年计划，在农村推行了农业集体化。集体农庄主席是国家干部，集体农庄名曰集体经济，实际上是纳入国家指令性计划管理的准国有经济。全面的国有制经济和准国有制经济，为整个国民经济实行指令性计划管理，运用工农产品价格剪刀差及低工资等手段限制消费、增加积累、集中全社会资源倾斜发展特定产业，奠定了所有制基础。

20世纪50年代，中国从新民主主义经济转向计划经济的现实需要，也主要是为尽快建立国防工业体系而需要优先发展重工业。陈云在《关于第一个五年计划的几点说明》中指出：“按照五年计划，国防工业是很突出的。为了实现发展国防工业的计划，很多民用工业就必须跟上，而且跟得很吃力。有些民用工业，实际上也是为了配合国防工业而建立的，比如有些特殊钢厂、化工厂等。这种情况的存在，是由于外国是在已经发展了的工业水平上搞国防工业，而我国工业落后，基础太差，但又必须迅速地发展国防工业。这样，就不可避免地要采取目前的办法。”[①] 由于要将尽可能多的资金倾斜投入重工业，不能不通过工农产品剪刀差，将农业剩余转为工业利润，将全部工业利润转化为国家财政收入，由国家统一支配，投入特定领域。为了实现这样的工业投资计划，显然，依靠独立市场主体之间通过市场进行等价交换、自愿交易是不可能的。因此，必须进行所有制改革，将原来的多种经济成分转变为国家能够下达指令性计划，直接调拨、分配的国有及准国有制经济。

在中国，1949年之后，国家首先接管了官僚资本及外资控制的城市工商企业、主要金融机构，形成了最初的国有制经济，但是，这仅仅是局部而非整个国民经济的国有化和准国有化，不足以实行计划经济。因此，1952年开始实施“一五计划”之后，就首先实行了主要农产品的统购统销。[②] 统购统销的实行，极大促进了农业集体化运动，并为城市私营工商业的公私合营创造了前提。而农业集体化与城市私营工商业公私合营的完成，为全面实行计划经济创造了必要的所有制基础。人民公社化之后，公社干部是上级派来的国家干部，生产大队、生产队的生产经营和产品销售以及收入分配均由公社批准，实现了农业经济的国有化（国营农场）与准国有化（人民公社）。全

① 陈云：《关于第一个五年计划的几点说明》，引自《陈云文选》（第二卷），人民出版社1984年版，第235~245页。

② 陈云：《实行粮食统购统销》，引自《陈云文选》（第二卷），人民出版社1984年版，第203~217页。

社会的国有及准国有化，为运用指令性计划统一分配全社会的资源创造了体制基础。

从理论模型看，计划经济优于市场经济。在计划经济体制下，社会经济体系与政治行政体系是融合在一起的，遵循相同的运行规则，而社会文化体系又依附于政治行政体系。因此，从理论上说，计划经济作为社会经济的组织形式，是有可能囊括整个社会的全部活动的。市场经济却不可能。市场失败的存在，决定了不可能将全社会所有经济活动都按照市场交易方式进行组织，更何况其他非经济活动。但是，计划经济的假定前提在现实经济中却无法得到满足。它在现实中必然遇到这样的问题：（1）组织目标与个人目标之间的差异。组织越大，个体目标与组织目标的差异就越大；组织越大，组织内部通过发言、讨论、协调等缩小个人目标与组织目标之间差异的成本也就越大，以致最后成为不可能。在全社会有多个组织，个别组织并不包括全体社会成员的情况下，个人可以选择退出组织，以解决个人目标与组织目标差距过大的问题；但是，计划经济是一个在一国范围内囊括了全体社会成员的唯一组织，它使退出成为不可能，久之，必然导致成员以消极抵制代替退出，从而极大地降低了组织的效率，而且具有强烈的传染效应。（2）信息利用不充分与信息传输失真。在市场经济中，微观经济主体从事经济活动主要依靠和运用意会知识，如在哪里可以买到最便宜的商品、找到最合适的合作伙伴等；编码知识尽管也很重要，但在人们所用的全部知识中占比较小，其作用是次要的。① 在计划经济中，人们主要利用编码知识，无法利用意会知识。它的信息传输基本上是纵向的，并且与计划任务下达及考核相联系，这就导致信息扭曲和失真，从而使决策失误。（3）对一个国民经济的全部需求及产出进行投入产出平衡计算，是一项计算工作量极其巨大的工作。借鉴苏联国民经济平衡表，里昂惕夫（W. Leontief，1906～1999）早在20世纪50年代初就研制成功了“投入产出表”，但时至今日，限于资料收集及计算能力，所能编制的投入产出表的部门数量仍然有限，而且不可能年年编制；然而，国民经济的产品如果按品种、规格计算，几乎是一个无穷大的数，社会大众对它们的需求又无时不在变化之中，这显然超出了可能的数据收集及计算能力。至于建立在此基础上的统一计划管理，其复杂性更是超出了人们的想象。（4）“阿罗不可能性定理”所揭示的计划经济的伦理学基础缺失。

① 否则，就很难理解，为什么相同文化程度者，事业成功程度相距甚远；同样白手起家，有些低学历者反而比有些高学历者在商业上更成功。

当然，不能认为随之而来的“大跃进”及“三年困难时期”是实行计划经济的必然结果，但毋庸讳言，在市场经济条件下，这些原本是可以避免的。可是，由于实行了计划经济，加之领导者主观意志论盛行，导致了长期的资源分配扭曲、经济结构经常失衡、大量的无效投资与无效劳动，使得经济实际增长缓慢，尤其是满足人民生活需要的产品与服务增长缓慢，形成了严重的短缺经济，大部分基本消费品多年只能实行低水平的配给制供应。

其实，在完成了农业集体化与城市私营工商业的公私合营，初步建立计划经济之后，尤其是“大跃进”失败之后，计划经济的弊病就已经为毛泽东、刘少奇、周恩来、陈云、邓小平等主要领导人，以及彭德怀、张闻天等所察觉，并有所反思，有所批评，有所调整。毛泽东针对公社化运动中出现的不讲经济核算、大刮平调风、侵犯社队财产权等问题，提出“价值法则是一个伟大的学校”，检讨了自己在郑州会议上的失误：“‘旧账一般不算’这句话，是写到了郑州讲话里面去了的，不对，应改为旧账一般要算。算账才能实行那个客观存在的价值法则。这个法则是一所伟大的学校，只有利用它，才有可能教会我们的几千万干部和几万万人民，才有可能建设我们的社会主义和共产主义。”[①] 针对公社化、“大跃进”中出现的诸多问题，刘少奇、周恩来、陈云、邓小平等也都提出相应的政策调整思路。经过三年（1962～1965 年）的调整，国民经济逐步得到恢复。但是，在当时的国内外环境下，领导集体还没有认识到，问题的根源在于，模仿苏联建立起来的计划经济体制不适合中国国情；而是认为，是由于头脑发热，主观主义错误，没有实事求是地实行计划经济。因此，更多是通过组织阅读斯大林主持编写的《政治经济学教科书（社会主义部分）》来寻求答案，尽管对该书不无批评。[②] 究其根源，在于把市场经济等同于资本主义经济，这导致了在传统的政治经济学理论中认定社会主义经济只能是计划经济的思维定势。

但是，在学术界，还是出现了突破这种思维定势的思想者，其中以顾准、孙冶方为代表。顾准运用马克思经济学的方法与基本范畴，深入分析考察单一公有制经济条件下是否必须存在商品生产与商品交换这一自马克思主义诞生以来一直没有解决的问题。他的研究令人信服地证明：即使在单一公有制条件下，只要存在着消费者主权及经济核算，就必然存在商品生产与商品交换。商

---

① 毛泽东：《价值法则是一个伟大的学校》，引自《毛泽东文集》（第八卷），人民出版社 1999 年版，第 34 页。

② 毛泽东：《读苏联〈政治经济学教科书〉的谈话》，引自《毛泽东文集》（第八卷），人民出版社 1999 年版，第 103～148 页。

品经济的一系列范畴和规律，就必然存在而且发挥作用。[①] 受顾准的启发，孙冶方也于1956年在《经济研究》第6期发表《把计划和统计放在价值规律的基础上》一文，认为即使是在计划经济条件下，价值规律也仍然是存在并发挥着调节生产的作用的，指出：“通过社会平均必要劳动量的认识和计算来推进社会主义社会生产力的发展，——价值规律的这个重大作用，——在我们社会主义经济中非但不应该受到排斥，而且应该受到更大重视。”[②]

三

平心而论，在当时的国际环境下，优先发展重工业，尽快建立国防工业体系，是有一定的现实必要性的。但由于中国的计划经济实践，使得资源分配及经济运行效率比较低，人民群众的生活水平改善不大，因此，当“文化大革命”结束后，有关部门试图重新回到“文化大革命”前的计划经济体制中，通过“工业学大庆”“农业学大寨”来推动经济发展、实现四个现代化时，遭到一些基层群众的抵制。1978年冬，安徽省凤阳县小岗村的“大包干”（包干到户），不过是当时各地农村此落彼起的众多改革浪花中的一朵。[③] 随着家庭联产承包责任制席卷中国农村，计划经济的农业农村基础被废弃，为中国经济的市场化改革奠定了基础。

与农村的改革浪潮几乎同步，1979年7月，中共中央、国务院同意在广东省的深圳、珠海、汕头和福建省的厦门试办出口特区；次年5月，这4个出口特区改称为“经济特区”，成为促使中国城市经济市场化改革的催化剂。当然，最初广东、福建的领导提出设立“特区”，并非是否定计划经济，转向市场经济的有意之笔，但在外部世界是市场经济大海的条件下，对外开放，必然向市场经济接轨；引进外资，就是请来了经济市场化的向导。向市场经济开放使特区经济迅速腾飞，推动了1984年开放14个沿海港口城市以及随后的一系列改革开放措施。1992年，邓小平再次视察深圳、珠海等地，指出“计划多一点还是市场多一点，不是社会主义与资本主义的本质区别。计划经济不等于社会主

① 顾准：《试论社会主义制度下的商品生产和价值规律》，引自《顾准文集》，贵州人民出版社1994年版，第11~61页。

② 孙冶方：《把计划和统计放在价值规律的基础上》（第2卷），引自《孙冶方全集》，山西经济出版社1998年版，第13页。

③ 李文溥、焦建华：《从开放走向市场——沿海开放地区经济体制转轨的一个案例研究》，载《中国经济史研究》2008年第4期。

义，资本主义也有计划；市场经济不等于资本主义，社会主义也有市场。计划和市场都是经济手段。社会主义的本质，是解放生产力，发展生产力，消灭剥削，消除两极分化，最终达到共同富裕"①。彻底否定了将计划经济等同于社会主义经济的传统教条，否定了对计划经济的传统价值判断。1992 年 10 月，在党的第十四次代表大会上，将经济体制改革的目标确定为"社会主义市场经济"。

党的十一届三中全会前后展开的"实践是检验真理的唯一标准"的大讨论，为学术界解放思想、实事求是提供了宽松的政治环境，中国经济学家们因此为改革开放、发展社会主义商品经济提供理论支持进行了大胆探索。他们立足于中国实际国情，基于马克思经济学的探索，得出了应当重视价值及价值规律、发展商品经济的丰硕成果，使得 1984 年 10 月党的十二届三中全会通过《中共中央关于经济体制改革的决定》有了理论支撑。它突破了把计划经济与商品经济对立起来的传统观念，认为商品经济的充分发展是社会经济发展不可逾越的阶段；提出了计划经济是公有制基础上的有计划的商品经济，必须自觉运用价值规律；提出了所有制改革、价格双轨制、企业承包经营责任制等促进计划经济向商品经济渐进过渡的可行政策措施。此后的思想解放，理论更新，更是对改革开放产生了重要的推动作用。"纵观中国改革的整个历程，可以说，从 20 世纪 80 年代中期以后每一次重大的推进，都与我们对现代经济科学认识的深化有关。经济学在中国市场制度建设中起了重要作用。"②

中国经济市场化的进程呈现的是一种渐进式特征。尽管双轨制导致了计划内与计划外两轨之间的"寻租""官倒"等腐败现象的产生，但是，双轨制符合转轨过程中人们知识更新的渐进特点。它实现了体制转换与人民群众知识更新的基本同步，保障了转轨的平稳进行。这不能不说是中国经济体制转轨实践及其理论总结对世界范围经济学的一个重要贡献。

经济市场化决定性的转折点发生在 20 世纪 80 年代后期，农村联产承包责任制的推行与城市经济体制改革，在促进经济高速增长、提高人民收入水平的同时，悄然改变了国民收入的分配结构。国民收入分配结构的改变，是中国经济体制从计划经济转向市场经济的关键。这是"人民群众创造历史"这一唯物史观在中国经济体制转轨中的生动体现。他们用看似微不足道的个人行为，使经济增长的大部分收入增量，转化为个人收入增量。他们的个人努力形成合

---

① 邓小平：《在武昌、深圳、珠海、上海等地的谈话要点》，引自《邓小平文选》（第三卷），人民出版社 1998 年版，第 373 页。

② 吴敬琏：《经济学家、经济学与中国改革》，载《经济研究》2004 年第 2 期。

力，一点一滴、一步一步地改变了国民收入的分配格局——使居民部门的收入占比上升，政府部门及企业部门的收入占比下降，国民经济剩余从政府部门所有为主逐步转为居民部门所有为主（见图1）。这不仅打断了“国民经济剩余—财政收入增量为主—国有投资—国有企业—建立计划经济新基础”这一计划经济扩大再生产的链条，而且形成了“国民经济剩余—居民收入增量为主—银行储蓄—社会投资—多元所有制结构—市场经济新基础”这一市场经济扩大再生产的链条。国民储蓄从政府部门为主转为居民部门为主，标志着中国国民收入的分配结构从计划经济型转向了市场经济型，奠定了1992年中共中央决定将经济体制改革的目标确定为社会主义市场经济的经济基础。它使20世纪90年代初短暂的计划经济回潮难以为继，使1994年开始的国有企业改制、国有经济配置领域的战略性调整、国家财税体制的大调整成为大势所趋。

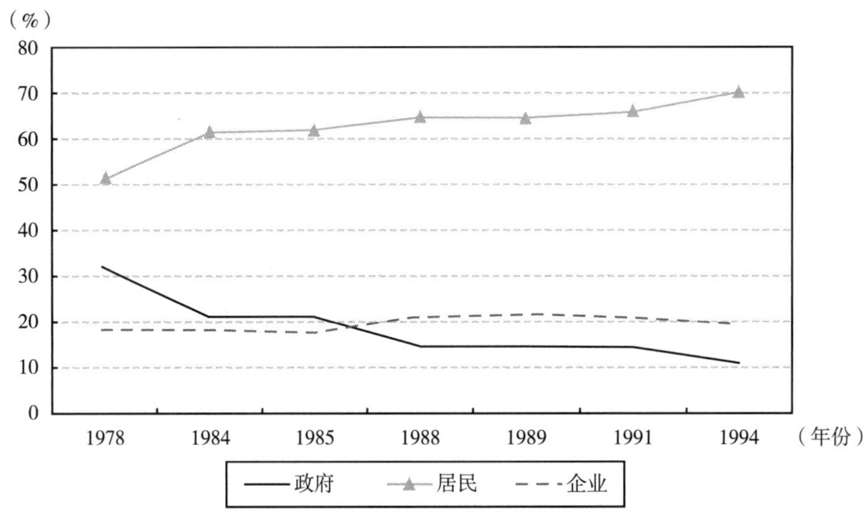

图1　1978～1994年国民收入最终分配格局的变化

资料来源：根据《新中国55年统计资料汇编》整理。

从20世纪80年代初启航的改革开放，虽然几经曲折，但仍势不可当。到了世纪之交，已经初步形成了市场经济要求的多元所有制结构，基本形成了商品市场、要素市场、金融市场、劳动力市场等所组成的市场体系及货币政策与财政政策为主的宏观经济政策调控体系，为使市场在资源分配中起决定性作用和更好发挥政府作用奠定了体制基础。1997年，亚洲金融危机爆发，中国第一次启动了以扩大内需为主的宏观经济调控，标志着中国社会总供需矛盾的主要方面已经从计划经济时代的有效供给不足转向了市场经济时代的有效需求不足。其所采取的宏观经济政策手段，也标志着市场经济型的宏观经济调控体系初步形成。

四

数百年的世界经济发展史证明，市场经济无论是从深度还是广度上都还在不断发展之中。党的十八届三中全会通过的《中共中央关于全面深化改革若干重大问题的决定》指出："经济体制改革是全面深化改革的重点，核心问题是处理好政府和市场的关系，使市场在资源分配中起决定性作用和更好发挥政府作用。"发展中国的市场经济，需要秉持"实践发展永无止境，解放思想永无止境，改革开放永无止境"的理念，继续探索前行。

从市场经济发展的历史过程看，从地区市场到国内统一市场再到世界市场，是市场经济发展的一般规律。市场广度与深度的扩大，总是不断地为市场经济优化资源分配创造新的空间。2001 年，中国加入世界贸易组织，这是世界对中国 20 年来市场化取向的改革开放的高度肯定，也使中国有了在更大市场范围参与国际经济竞争及在更多经济领域优化资源分配的机会。2000 年，中国的人均国内生产总值（GDP）为 7942 元（959. 4 美元），位列世界第 133 位；加入世界贸易组织十年后，中国的人均 GDP 达到 4550. 4 美元，进入中等偏上收入经济体之列；到了 2018 年，中国人均 GDP 为 9770. 85 美元，在世界 185 个国家中排名第 68 位。①

市场经济的资源优化配置空间是全世界，必然对外开放，而计划经济只能在闭关锁国的条件下运行，即使可以实现资源分配最优，也只能是局部最优。局部最优永远小于等于（≤）全局最优。因此，坚定地走对外开放、融入世界的市场经济之路，是中国实现现代化的必经之路，也是实现中华民族伟大复兴这一百年中国梦的唯一选择。

然而，从地区市场到国内统一市场再到世界市场，不仅是市场空间的拓展、资源优化配置领域的扩大，同时也是一个市场规则逐渐接轨、渐渐统一的过程。而融入世界，不能不了解世界经济的发展大势。20 世纪 80 年代中期以来的经济全球化新特征是，国际经济联系从以国家为基本单位的国际贸易，逐步向跨国公司直接、间接控制下的全球生产一体化发展。1985 年以来，世界范围外商直接投资迅速增长。公司内贸易、产业内贸易、服务贸易在国际贸易中的比重不断上升。这是跨国公司在全球范围配置生产力，实现生产环节在全球

① 根据历年《中国统计年鉴》及世界银行数据库有关数据计算。

分散布局，对散布在全球的生产过程进行集中控制的一个映射。这标志着社会生产力正在冲出民族国家的藩篱，逐步转化为全球一体化的生产力。它必然与民族国家、国内统一市场形成的社会经济关系、经济管理体制发生矛盾。这个矛盾，从市场与组织的关系表现为：20 世纪 30 年代以来逐步形成的以民族国家为基础的凯恩斯宏观经济管理体系与以国内市场为活动领域的企业之间的平衡，被日益以全球为活动范围的市场力量打破了。全球化的市场力量以跨国公司为代表，对以凯恩斯需求管理为代表的民族国家宏观经济管理体系提出了四方面挑战：（1）全球化市场力量的发展使各国财政政策空间日益缩小，对宏观经济的调控能力不断减弱；（2）全球化市场力量的发展逐步剥夺了各国的货币政策自主权；（3）全球化的市场力量极大地限制了各国实行国民收入再分配的政策空间；（4）经济全球化使各国的产业结构政策、贸易政策趋于无效。① 由于任何时代的经济正常运行都是建立在与该时代生产力性质和水平相适应的市场与组织关系的某种平衡基础上的，而社会经济的发展又往往体现为既有平衡的打破及随后新平衡的形成，在市场与组织的关系中，市场主要体现为竞争，组织更多表现为协调。竞争激发创新精神，优胜劣汰激励人们打破既有的秩序与平衡，寻求新的发展空间。

近代世界经济史证明，市场经济在打破中世纪长期的经济停滞、创造出前所未有的社会生产力进步的同时，也迅速扩大了收入分配差距，激化了社会矛盾。然而，社会是一个分工合作体系，“由于社会合作，存在着一种利益一致，它使所有人有可能过一种比他们仅靠自己的努力独自生存所过的生活更好的生活；另一方面，由于这些人对由他们协力产生的较大利益怎样分配并不是无动于衷的（因为为了追求他们的目的，他们每个人都更喜欢较大的份额而非较小的份额），这样就产生了一种利益的冲突，就需要一系列原则来指导在各种不同的决定利益分配的社会安排之间进行选择，达到一种有关恰当的分配份额的契约。这些所需要的原则就是社会正义的原则，它们提供了一种在社会的基本制度中分配权利和义务的办法，确定了社会合作的利益和负担的适当分配”②。在迄今为止的市场经济发展中，基本上是国家作为组织者承担了在社会范围按一定原则分配社会合作的利益和负担的责任。因为，在一个有相互竞争、追求各自利益的国民组成的社会中，只有通过国家的权力垄断，才能有力地保障和

---

① 李文溥：《市场与组织的平衡被打破之后——对经济全球化的组织协调问题的思考》，载《东南学术》2000 年第 4 期。

② J. 罗尔斯：《正义论》，中国社会科学出版社 1988 年版，第 2 页。

平的共同生活，并从而实现社会进步。① 在欧洲，现代民族国家的形成基本上是与资本主义市场经济发展、国内统一市场出现、民族国家国民经济体系的形成联系在一起的。由于现代民族国家的形成并承担起市场经济运行的制度保障、公共物品提供和收入再分配功能，才使市场经济在民族国家的制度框架下得以正常发展。

然而，市场竞争所具有的活力使它从来不能始终局限于某种地域或现存的制度框架之内，正如它在数百年之前冲破了中世纪的封建领主和行会的限制一样。在19~20世纪之交，市场经济就企图冲破民族国家的限制，在全球范围实现自己。然而，它却导致了市场与组织之间的关系失衡，它是19~20世纪之交的经济全球化过程被第一次世界大战所中断，并在随后数十年从开放退回闭关从而最终导致第二次世界大战的重要原因之一。两次大战之间的经济大萧条，各国以邻为壑的关税壁垒战，使世界经济从走向经济全球化又退回到以民族国家疆域范围为主的相对隔绝的国民经济体系。这说明，当技术进步使市场力量有可能在全球范围配置生产力、创造更多的财富时，社会却不能提供与之相适应的组织形式，在利益创造与分配之间予以协调，建立新的平衡。各国各社会阶级之间的利益争夺，剧烈冲突，无法协调，最后只能导致开放向闭关的倒退。

第二次世界大战之后，国际经济的发展方向可以说是对两次大战以及之间各国经济政策实践反思的结果；20世纪80年代中期以来的经济全球化，更是战后国际经济发展的必然结果。无独有偶，它再次体现为市场力量的创新冲破了既有的制度安排，打破了民族国家范围的市场与组织的平衡。人们不禁要问：它的发展前景如何？是否可能像上次经济全球化那样，再次爆发冲突，重新回到相对封闭的民族国家经济体系状态？

经济学的基本原理和战后的世界经济发展实践都可以证明，退回闭关锁国不是一个好的政策选择。如果说，19~20世纪之交建立在产业间分工基础上的经济全球化退回到闭关锁国的民族国家经济体系，已经导致了重大效率损失，那么，从目前建立在产业内分工、公司内贸易基础上的经济全球化倒退回去，不仅损失更大，而且其可能性也是值得考虑的。

从关税及贸易总协定到世界贸易组织，是国际社会寻求与经济全球化现实相适应的经济制度安排的一个缩影。从“临时适用”的协议到根据《维也纳条约法公约》正式批准生效的具有独立法人资格的国际经济组织，从仅仅管辖部分货物贸易到将货物、服务、知识产权以及与贸易相关的投资统一纳入管辖范

① 霍布斯：《利维坦》，商务印书馆1995年版，第17章。

围，从允许选择性参与协议到必须“一揽子”接受世界贸易组织的协议，从仲裁的各方一致接受方能生效到只有各方一致同意方能被否决，可以看出，国际社会在建立一个与全球化现实相适应的贸易政策框架，协调成员国间贸易政策，共同管理全球贸易上的共识和努力。它使贸易成为当今国际经济活动中比较有章可循的一个领域。

问题在于，仅有贸易制度的安排是远远不够的。因为，经济全球化与经济国际化的最大区别是贸易之外的国际经济联系的迅速发展，投资、生产、金融、就业、收入分配等领域的全球化，使过去国家所承担的大部分经济调控职能都出现了程度不等的问题。相应的政策、制度真空，必须在国际范围予以填补。显然，如此巨大的制度建设，没有各国政府的通力合作是不可能的。遗憾的是，至今各国政府的经济调控合作是有限的，无法满足经济全球化的组织协调、利益分配的需要。例如，关于抑制国际金融投机活动，只要各国共同对外汇交易征收1%的交易税，就可以基本抑制汇率投机而不影响正常，即为跨国投资和进出口所需的外汇交易，而且使各国相对独立的货币政策成为可能。①但是，却因各国政府的不合作而无法实行。国际经济制度创新合作的进展缓慢，与难以达成一个国际分工合作的利益与负担合理分配的共识有关。

应当承认，近二三十年来，国际社会在形成与市场力量的经济全球化相适应的组织与协调机制上，一直在探索和努力。这集中体现在，通过制度安排，协调各国财政货币政策的同时，超越边境政策思维，实现国与国之间的经济运行机制的逐步统一，让市场力量在不同国度都面对相近的制度安排，从而无法在不同经济运行机制之间实现套期获利，以实现市场与组织之间新的平衡。经济运行机制的统一，当然离不开各国间的协调，但更重要的是机制与机制之间的市场竞争与优胜劣汰。因此，对于走向世界，寻求建立人类命运共同体的中国而言，要跨越中等收入水平，尽快迈入高收入经济体之列，向发达经济体过渡，就要融入世界，进一步让市场在资源分配中起决定性作用。这是一个既能更好更充分地理解世界，也让世界更好更充分地理解中国的过程。在这一过程中，如何更好地发挥政府作用，积极参与经济全球化的组织、协调机制的建设，在建设人类命运共同体中承担应有的责任，作出相应的贡献，是一个值得高度重视、认真研究并付诸实践的重要课题。

---

① 这就是著名的托宾税（Tobin tax）。由美国经济学家、1981年诺贝尔经济学奖得主詹姆斯·托宾在1972年的普林斯顿大学演讲中首次提出。他建议对现货外汇交易课征全球统一的交易税，旨在减少纯粹的投机性交易。当然，对于这一政策建议，有不同的意见。

论市场经济与对外开放：基于中国实践的经济史考察*

一、问题的由来

改革开放是党的十一届三中全会以来的基本国策，它决定了1978年以来中国社会经济的发展方向，是这一历史时期的基本标志之一。习近平总书记指出："1978年，在邓小平先生倡导下，以中共十一届三中全会为标志，中国开启了改革开放历史征程。""40年来，中国人民始终敞开胸襟、拥抱世界，积极作出了中国贡献。改革开放是中国和世界共同发展进步的伟大历程。中国人民坚持对外开放基本国策，打开国门搞建设，成功实现从封闭半封闭到全方位开放的伟大转折。"①

1978年是中国从封闭半封闭转向全方位开放的历史转折点。这一认识，不仅见诸于中央领导的讲话以及中共中央有关决议和文件，② 也是近40年来中国学术界的主流意见。

然而，对于这个多年来视为共识的判断近年来似乎出现了不同意见。例如，唐闻生认为"中国改革开放始于一九七八年，但中国开放源头应从一九七二年二月二十八日中美签署《上海公报》算起。"③ 江小涓认为：中国自1949年起就始终是对外开放的。④ 孙玉琴等认为1949～1978年为封闭与半封闭的有

---

* 本文原载于《中国经济史研究》2023年第6期，共同作者：焦建华。

① 习近平：《开放共创繁荣 创新引领未来——在博鳌亚洲论坛2018年年会开幕式上的主旨演讲》，载《人民日报》2018年4月11日。

② 改革开放这一概念的形成、完善是一个历史过程。但以1878年为起点，是有据可查，而且也符合历史事实的。关于改革开放概念的历史演变参见胡国胜：《中国共产党"改革开放"概念的历史演变与话语建构》，载《教学与研究》2018年第12期。

③ 赖海隆：《唐闻生：中国开放源头始于一九七二年》，中新社，2008年11月9日。

④ 江小涓：《新中国对外开放70年：赋能增长与改革》，载《管理世界》2019年第12期。江小涓有时也认为对外开放从1978年开始，如《对外开放：争议问题再讨论与未来展望》，载《经济研究参考》2020年第2期。

限开放，1972～1978 年是对外开放的准备期，1978 年后才是自主对外开放，是真正的对外开放。然而，其所主编的《中国对外开放史》却认为中国的对外开放始于西汉。[①] 孙玉琴的不同说法存在着明显的内在矛盾。

中国的对外开放到底始于何时，值得研究。因为，如果始于 1972 年，那就意味着，对外开放可以是计划经济的一个选择；如果认为中国自 1949 年就一直是对外开放的，那意味着计划经济始终就是对外开放的。对外开放不仅与市场经济兼容，而且与计划经济也兼容；如果认为中国的对外开放始于西汉，则意味着，对外开放是一个超越社会经济关系的纯物质或技术性的概念，人类历史任何时期不仅都可以而且都是对外开放的，对外开放相容于任何经济制度。

如此一来，“以中共十一届三中全会为标志，中国开启了改革开放历史征程”，“成功实现从封闭半封闭到全方位开放的伟大转折”，岂不成了伪命题？既然人类历史上的任何时期、任何经济制度，不仅都可以，而且都是对外开放的，将改革与开放并列，作为一个时代的特征，就不对了。说十一届三中全会以来，中国仅仅进行了经济改革，岂不更准确？然而，回顾 1978 年以来的历史，似乎并非如此。

有感于此，本文拟从理论及经济史的角度对对外开放进行探讨。

二、对外贸易与对外开放：概念辨析

对于中国对外开放不同起始年份的看法是以各自不同的对外开放定义为背景的。因此，必须明确对外开放的定义。

对于对外开放，有人认为它“绝不是，也不可能只是一个经济概念”[②]。不能只理解为资金、技术等经济方面的往来，还应包括政治、文化、教育、体育和军事等方面的交流，[③] 要从发展战略、历史趋势和客观状态三方面内容统一认识，才能理解对外开放作为发展战略的全部内涵。[④] 但是，1978 年以来的“改革开放”或“对外开放”，核心内容是经济层面上的，限于论题，本文仅

---

① 孙玉琴等：《中国对外开放史》，对外经济贸易大学出版社 2012 年版；陈波：《新中国开放发展思想的演进研究（1949—2019）》，经济科学出版社 2019 年版。

② 冯特君、王晓峰：《对外开放与今日中国》，中国人民大学出版社 1991 年版，第 4 页。

③ 王庸金：《我国对外开放五十年》，载《改革与战略》1999 年第 5 期。

④ 卢静：《对外开放：国际经验与中国道路》，世界知识出版社 2011 年版，第 17 页。

从经济学角度探讨对外开放。有人认为，对外开放就是一国由于国内经济的发展与需要，突破了封闭隔绝状况，在商品、资本、技术、人才、信息等方面进行国际间交换的一种经济联系方式；[①] 其在新时期表现为生产的国际化、国际贸易的全球化、金融的全球化、政策协调的国际化和信息、人员跨国流动的自由化。[②] 我们认为这些只是意见和说法，作为概念，需要更严谨的定义。

对外开放始于 1972 年的主张者认为：1972 年尼克松访华，签署了具有里程碑意义的中美《上海公报》。从此，中国逐步向世界打开了大门。这里所说显然不是经济学概念上的对外开放。因为，尼克松访华之后，中国的经济体制及运行方式——不论是国内经济还是对外经贸——都没有发生任何变化。决策层对计划经济与闭关锁国有所反思，初步认识到要实行改革开放，是 1978 年底，[③] 正式在中央文件中确立对外开放作为我国新时期的基本国策，是 1982 年。[④] 两者都跨越了 1976 年 10 月这个历史转折点。因此，说对外开放始于 1972 年，至少在经济上不能成立，即使说“中国开放源头应从一九七二年二月二十八日中美签署《上海公报》算起”，也不能成立。某国总统来访甚至两国建立外交关系，能否导致对方国家政治、经济、社会、文化上的对外开放，不是本文的研究内容。但是，看一下其他国家的情况，不无启发。英苏建交于 1924 年，美苏建交于 1933 年，苏联并不因与英美建交而改变其政治经济社会文化体制。相反，在此期间，苏联结束了新经济政策，开始实行第一个五年计划，推行农业集体化，使本国经济全部转入计划经济。对外开放，是一个主权国家自主的政策选择，尽管外因对它不无影响，但从来不是决定因素。

认为对外开放始于 1949 年甚至西汉的观点，是从经济角度定义的。但是，仍需予以辨析。

一个国家是否需要进出口商品、服务，首先是一个本国生产能力结构与消费需求结构的匹配问题。即使在自然经济条件下，基本上自给自足的家庭农户也存在着部分交换需要。考古学研究指出：早在公元前 3000 多年，文字尚未诞生的新石器时代，商品交换就在亚洲大陆不同部族之间出现了。在二里头和二里岗早期国家时代，“金属制品的生产和流通也促进了社会复杂化的发展。

---

① 学界对对外开放的界定也一般包括商品、货币资本、科技、人员和信息等方面的内容，如王志平认为，按照客观规律办事，把我国社会主义商品经济与世界商品经济挂钩，充分利用国际市场（包括商品市场、货币与资本市场、科技和信息市场、劳务市场）上的各种有利因素和条件，促进我国经济发展和现代化建设。王志平：《关于对外开放的几个认识问题》，载《上海经济研究》1985 年第 2 期。

② 卢静：《对外开放：国际经验与中国道路》，世界知识出版社 2011 年版，第 17 页。

③ 李强：《突破“禁区”，为四个现代化大干贸易》，载《经济导报》1978 年 12 月 20 日。

④ 胡国胜：《中国共产党“改革开放”概念的历史演变与话语建构》，载《教学与研究》2018 年第 12 期。

金属饰品、工具和武器显然在青铜时代受到珍视。贵族阶层对这些物品的需求，导致其对相关资源和贸易路线的控制，从而进一步促进了跨地区的交流”①。“中华文明并不是孤立演化的。在2000多年前连接古代中国王都和罗马帝国的洲际贸易路线（19世纪以来被称为‘丝绸之路’）被开通之前，中国与其周边地区的交流就已发生了。”② 15世纪的地理大发现，尤其是18世纪英国工业革命以后，世界范围的贸易往来日益频繁，世界越来越成为一个统一的整体，各国之间的经济联系日益普遍，马克思、恩格斯指出：“各民族之间的相互关系取决于每一个民族的生产力、分工和内部交往的发展程度。这个原理是公认的。然而不仅一个民族与其他民族的关系，而且一个民族本身的整个内部结构都取决于它的生产以及内部和外部交往的发展程度。”③ “资产阶级，由于开拓了世界市场，使一切国家的生产和消费都成为世界性的了”，“过去那种地方的和民族的自给自足和闭关自守状态，被各民族的各方面的互相往来和各方面的互相依赖所取代了”④。在这样的时代，即使是闭关自守的计划经济国家，也必须参与以使用价值交换为目的的国际经贸往来，苏联在其存在的70多年里，在实行严格的计划经济时期，就从来就没有中断过进出口。苏联的工业化更是严重地依赖从欧美各发达国家的成套设备进口，为此不仅大量出口谷物、木材和石油，还通过兴办全苏外宾商品供应联合公司，从国内百姓手中大量收购艺术珍宝和沙皇金币、宝石、钻石、珠宝等，用于进口设备。⑤ 计划经济时期，中国不仅与苏联等东欧国家有广泛的经贸往来，同时也始终积极地与英国、荷兰、日本、缅甸、印度等非计划经济国家展开经贸往来。

这种经贸往来，不仅是商品、服务的进出口，也包含了资本、技术、人才与信息方面的交流。⑥ 随着从西方国家大量进口成套设备，大批的欧美技术专家参与了苏联的工业化建设。计划经济时期，我国不仅从苏联、东欧，而且从日本、德国等国进口了大量成套设备、技术专利，这些国家也根据引进合同，派出了大批技术专家提供技术服务。同期，我国与一些计划经济国家还合办了一些中外合资企业，如1951年成立，发展至今的中波合资轮船运输公司（现名为中波轮船股份公司），如中苏金属公司、中苏石油公司、中苏民航公司和

① 刘莉、陈星灿：《中国考古学》，生活、读书、新知三联书店2017年版，第362页。

② 同上，第27页。

③ 《德意志意识形态》，引自《马克思恩格斯选集》（第一卷），人民出版社2012年版，第147页。

④ 《共产党宣言》，人民出版社2018年版，第31页。

⑤ 叶列娜·亚历山德罗夫娜·奥索金娜：《苏联的外宾商店：为了工业化所需的黄金》，生活、读书、新知三联书店2020年版。

⑥ 孙玉琴等：《中国对外开放史》（第三卷），对外经济贸易大学出版社2012年版。

中苏轮船公司等。[1] 因此，从对外经贸往来的物质内容上看，计划经济与非计划经济时期，1978 年之前与之后，并没有太大差别。

从对外经济联系数量上看，即使在计划经济时期，中国经济的贸易依存度也不低于其他大国。1979 年，我国的外贸依存度（进出口总额/GNP）为 12.39%，其中出口依存度为 5.55%，进口依存度为 6.84%。同年，美国与印度的外贸依存度分别是 16.86% 和 14.32%。[2] 可见，即使与同期的非计划经济国家，无论是发达国家还是发展中国家相比，中国的外贸依存度差距都不大。中、美、印都是幅员广大，人口众多的大国，它们的外贸依存度比较接近，说明对外经贸往来的强度主要是由资源禀赋和物质技术而非对外开放与否所决定的。

但是，有对外经贸往来并不等于就是对外开放。任何国家和地区，由于本国生产与本国需求结构上的不匹配，都存在着与国外物质交换的需求。当今世界，尤其如此。但是，对外开放并非如此。如果对外开放是基于本国生产与需求结构上的不匹配而产生的物质交换需求，那么，对外开放就不能成为一种政策选择。反之，一个国家与其他国家存在着物质交换（进出口）与否或进出口的数量规模大小，都不能证明其是否对外开放了。

能够与改革并列，成为开创一个新的历史时期的基本国策的对外开放，是一种政策选择、经济体制安排。作为政策选择和经济体制安排，对外开放之所以与改革连在一起，成为 1978 年这个伟大历史转折的标志，是因为经济体制是一个统一整体。一国在国内经济领域实行何种政策、何种体制，它在对外经济领域也就必须实行相匹配的政策和体制。前者决定了后者，后者从属于前者。

“交换”和“组织”是人类发明的处理社会成员互动关系的两种制度类型。市场经济和计划经济是在整个社会经济层次上与之对应的两种资源配置方式。计划经济的特征在于实现全社会的单一科层化，用行政指令指挥整个社会经济活动。为了实现统一计划，计划经济必须禁止企业间的自主交易。如果允许自主交易，企业就面临着两种选择：是完成国家下达的计划任务还是企业间的自主交易？后者即使是在完成国家下达的生产任务之后进行，也不能允许。因为，如果允许自主交易，必然诱使企业偏向计划外生产，久之势必侵蚀计划经济，最后使之瓦解。国内企业间的自主交易尚且如此，更何况与国外的自主

① 吴文珑：《从引进到赎回：新中国初期的中苏合资企业》，载《中共党史研究》2013 年第 3 期。

② The World Bank, World Development Report 1981 National and International Adjustment. Washington, DC, 1981, pp. 138 - 139, 148 - 149.

交易？因此，计划经济必然闭关锁国。但是，本国资源禀赋结构、生产能力结构与需求结构之间的缺口又决定了必须与国外进行物质交换。因此，实行贸易统制与贸易垄断就成为计划经济的必然选择。现实做法是成立直属计划当局的垄断经营的外贸公司，按照国家制定的进出口计划，收购出口产品，统一出口，统一进口。所有进出口的价格涨跌、收支盈亏都与国内企业无关。这样，就切断了国内企业与国际经济的直接联系，既实现了所必需的与国外的物质交换，又保证了国内企业能在一个封闭的经济环境里完成国家计划。这就是计划经济条件下的闭关锁国。计划经济条件下，为了实现国民经济按计划运行，必须通过贸易垄断，切断国内经济与国外经济的直接联系。但这并不意味着没有对外贸易。然而，计划经济下的对外贸易，仅仅是使用价值的交换，并没有对价值、价值增值和利润的追求。它尽管存在对外贸易，但还是封闭经济。

封闭是计划经济的应有之义，一个从属于计划经济的体制概念。反之，对外开放是一个与市场经济相联系，从属于市场经济，与之共生共存的概念。因此，改革必然与开放相联系，与开放并称。这也就赋予改革明确的概念规定性：改革是以市场经济为取向的。

市场经济要求对外开放。马克思与恩格斯在《共产党宣言》中就以大量篇幅描述了诞生于中世纪末期的新兴市民阶级如何为追逐利润而扩大生产，拓展贸易，从本地市场迈向世界市场，他们走出国门，奔走于世界各地，不断开拓市场，通过扩大市场，增加需求，推动工业革命，技术变革，增加供给，彼此循环往复，逐渐使一切国家的生产和消费都变成世界性的，不断地把整个世界经济都转变为市场经济。使“过去那种地方的和民族的自给自足和闭关自守状态，被各民族的各方面的相互往来和各方面的相互依赖所代替了”①。

市场经济天然地要求对外开放，是因为市场经济产生于新兴市民阶级对利润的追逐，是一种为价值增值而进行的生产与交易行为。由于是众多新兴市民阶级成员的行为，因而是一种企业甚至个体商户的行为，它们通过市场竞争而获利，为了能够低买而高卖，它们必须在更大市场范围寻找更低价格的要素供给，通过扩大市场来增加需求。通过在更大的市场范围内优化资源配置，实现最大的价值增值，是参与市场竞争的厂商的内在要求。不断地拓展市场的广度和深度，增加需求，发展供给，是以价值增值为目的的商品生产，从而市场经济的内在要求。市场经济必然是对外开放的。因此，市场取向的改革必然要求对外开放。

---

① 《共产党宣言》，人民出版社2018年版，第30~33页。

因此，可以从经济学角度定义对外开放。对外开放是一国市场经济关系在对外经贸领域的延伸，是一国为保障独立市场主体平等地参与国际市场竞争而做出的一系列制度安排。对外开放的关键是经济体存在大量的独立市场主体，它们自主地在国内外市场竞争经营，追逐最大限度的价值增值。根据这一定义，可以得出结论，中国的对外开放不是从西汉开始的。因为，在封建王朝时期，中国主导的经济方式不是市场经济。考古学研究发现，在二里头及二里岗早期国家时期，国家或部族之间的交换就是一种国家或政权的行为。[①] 其目的在于使用价值的交换。

三、从贸易统制走向封闭经济：1949～1978年

近代中国“是在列强炮舰政策的压力下被迫开放的”，“外国的侵略使中国在不平等的条件下开放”，[②] 被动地卷入了西方列强主导的世界范围的市场经济，“一步一步地变成了一个半殖民地半封建的社会”[③]。一直到太平洋战争爆发后，中国长期坚持的抗战赢得了举世尊重，为废除历史上的不平等条约创造了条件，实现了主权的初步独立。因此，1949年以前，中国对外经济关系的重点是争取主权独立与确保国家权益。这一历史背景深刻影响了新中国的政策选择。

在党的七届二中全会上，毛泽东就指出：“人民共和国的国民经济的恢复和发展，没有对外贸易的统制政策是不可能的。”“对内的节制资本和对外的统制贸易，是这个国家在经济斗争中的两个基本政策。”而且，这不是一个短期临时的政策。“只有待经济上获得了广大的发展，由落后的农业国变成了先进的工业国，才算最后地解决了这个问题。而欲达此目的，没有对外贸易的统制是不可能的。”[④]

1949年2月，中共中央在《对外贸易的决定》中提出：“对外贸易应由国家经营和管制。目前国家尚不能经营的某些贸易，以及由私人经济无害或害处

---

① 刘莉、陈星灿：《中国考古学》，生活、读书、新知三联书店2017年版，第362页。

② 胡绳：《论中国的改革和开放》，引自《胡绳全书》（第三卷上），人民出版社1998年版，第116页。

③ 毛泽东：《中国革命和中国共产党》，引自《毛泽东选集》（第二卷），人民出版社1991年版，第589页。

④ 毛泽东：《在中国共产党第七届中央委员会第二次全体会议上的报告》，引自《毛泽东选集》（第四卷），人民出版社1991年版，第1433页。

不大的某些贸易，应该在国家管制之下允许私人经营。”[①] 1949 年 10 月，中央贸易部成立（后改组为对外贸易部），统一管理全国的对外贸易工作，“实行对外贸易的管制，并采用保护贸易政策”（“共同纲领”规定）。外商企业先后退出外贸领域或被收购。1950 年外商直接经营的进出口贸易总额为 4996 万美元，1951 年降为 1591 万美元，1952 年降至 524 万美元，仅占对资本主义国家贸易总额的 6.52%、1.70%、0.96%。[②] 外资企业基本退出了中国的对外贸易。对于私营外贸企业，政府采取许可证制度、保护关税、海关货运监督等措施加强管理，并推行公私合营。据统计，1950 年，私营进出口占外贸总额的 33.12%。[③] 1952 年，国营占 92%，私营占 8%。私商只限于对资本主义国家贸易，约占对资本主义国家贸易额的 50%，并以出口为主。[④] 1953 年，国家开始了对私营工商业的社会主义改造，加强对进出口货物、外汇管控，对私营进出口商采取转业与“包下来”的方针，将他们逐步纳入国家资本主义轨道。从此，私营进出口商已不再是独立的市场主体。国家垄断的外贸体制基本形成。1956 年，资本主义工商业改造完成后，实行国营外贸公司和公私合营外贸公司合署办公，中国的进出口业务完全由国营外贸专业总公司及其分公司经营，形成了管理与经营合一的高度集中的对外贸易体制。[⑤]

与此同时，1953 年，根据社会主义过渡时期总路线（“一化三改”）安排，对农业、手工业和资本主义工商业实行社会主义改造。到 1956 年底，“三大改造”完成，独立自主的市场主体不复存在，对外开放失去了它的微观基础。同时，自上而下地建立了计划经济体制，国民经济转入计划经济体制轨道，外经活动由国营公司垄断。此时，尽管中国的对外贸易仍然存在，但是，国内各经济单位与国外的直接经济联系被切断了。国际市场变化、价格波动，对国内企业的生产经营决策及盈亏不产生任何影响。计划经济实现了其正常运行所必需的封闭。

---

① 中共中央文献研究室、中央档案馆：《建党以来重要文献选编（1921—1949）》（第 26 册），中央文献出版社 2011 年版。

② 中国社会科学院、中央档案馆：《中华人民共和国经济档案资料选编：1949—1952 年（对外贸易卷）》，经济管理出版社 1994 年版，第 205、238 页。

③ 编写组：《中国对外贸易基础知识》，中国财政经济出版社 1962 年版，第 33 页。

④ 孙玉琴等：《中国对外开放史》（第三卷），对外经济贸易大学出版社 2012 年版，第 48 页。

⑤ 1952 年 8 月，对外贸易部成立后，按照各大类商品分工经营原则，对原专业进出口公司进行调整，原中央贸易部所属茶叶、丝绸、畜产、矿产等专业公司划归外贸部领导，经营对外贸易且兼营国内贸易，中国进出口公司专营对外贸易业务。对外贸易部还先后分别成立专营对外贸易业务的中国机械进口公司、中国五金电工进口公司（后改组为中国五金进口公司）、中国技术进口公司、中国仪器进口公司、中国土产出口公司、中国粮谷油脂出口公司、中国食品出口公司、中国陆运公司和中国海运公司（后改组为中国对外贸易运输公司和中国租船公司）。这些专业进出口公司及其分公司承担中国所有的进出口业务。

四、从封闭经济走向对外开放：1978 年至今

实行计划经济的后果，已为众多研究所揭示，在此不赘述。这里仅以中国对外贸易总额占世界贸易比重来看封闭自守的后果。1953 年，中国对外贸易总额为 23.7 亿美元，占世界贸易总额的 1.5%。1960 年降至 1% 以下，1970 年为 0.7%，1975 年为 0.8%，1977 年再降至 0.6%。[①] 1978 年，中国出口贸易仅占世界的 0.76%，在世界出口贸易中排第 31 位，低于韩国、新加坡、巴西和中国香港。[②] 出口贸易的世界占比下降，并非因为中国不需要外汇。相反，外汇紧缺，已经成为制约中国经济发展的重要瓶颈，贸易占比下降，说明 1949～1978 年，近 30 年的封闭自守和计划经济使中国与发达国家的差距不是缩小了，而是扩大了，"经济上的差距不止是十年了，可能是二十年、三十年，有的方面甚至可能是五十年"[③]。

（一）从封闭自守走向对外开放的思想前提

任何重大的体制变革，尽管有特定历史背景，是时代的需要，但是，面对着相同的社会经济问题，决策者的价值倾向、对问题的认识，政策选择，仍然极其重要。

1976～1977 年，面对濒临崩溃的国民经济，尽管高层意识到中国经济出现了严重问题，但政策取向却大为不同。有人要坚持"文化大革命"路线，继续抓纲治国。纲者，无产阶级专政下继续革命理论也，阶级斗争也；有人认为是"文化大革命"破坏了既有计划经济，要拨乱反正，把被"四人帮"颠倒的是非再颠倒过来，"调整、改革、整顿、提高"新八字方针，基本思路是完善计划经济，回到"文化大革命"前去；有人则开始反思"文化大革命"前的计划经济的成败得失，认为必须改革开放。邓小平指出："从 1957 年下半年开始，我们就犯了'左'倾的错误。总的来说，就是对外封闭，对内以阶级斗争

① N. Lardy, China in the World Economy. Institute of International Economics, 1994, p. 2.

② 编写组：《中国对外贸易经济概论》，中国财政经济出版社 1980 年版，第 116 页。

③ 《邓小平文选》（第二卷），人民出版社 1994 年版，第 132 页。

为纲，忽视发展生产力，制定的政策超越了社会主义初级阶段。”① 邓小平将“左”的错误首先归结为“对外封闭”。1977 年 9 月，邓小平指出，我们已经损失了 20 年，“不搞关门主义，不搞闭关自守，把世界上最先进的科研成果作为我们的起点，洋为中用，吸收外国好的东西，先学会它们，再在这个基础上创新。那末，我们就是有希望的”②。1978 年 3 月，邓小平会见挪威外交大臣努特·弗吕登伦时指出，战略上，我们的观点明确得很。我们对自己有清醒的估计，我们实现四个现代化，需要同西方世界合作。③

反思不仅需要回顾，而且需要横向比较，需要睁眼睛看世界。闭关锁国不仅严重束缚了经济发展，而且僵化了人们的思想。“文化大革命”后的中国迫切需要再次睁开眼睛看世界。1977 年开始，中央领导人多次出访。1978 年 2 月，国家计委提出“有计划地组织干部到国外考察”，以考察美国、西欧和日本等发达资本主义国家，以及改革中的东欧国家为主。如谷牧为团长的西欧五国考察团、李一氓为团长的南斯拉夫与罗马尼亚考察团等，④ 各地各部门也多次组团考察发达国家。出访之前，高层尚未充分意识到计划经济体制存在问题，也意识不到对外开放的重要性。⑤ 考察团实事求是地报告了发达国家情况，引起高层思想震动与转变，⑥ 促进了对外开放的启动。

1978 年 5 月展开的真理标准大讨论有力地冲破了长期“左”倾错误思想的束缚，为对外开放奠定了思想基础。大约在 1978 年 5 月，邓小平对于实行对外开放的“决心已经下定”，“他正在思索和考虑的不是‘要不要开放’，而是‘怎么搞对外开放’的问题”。⑦ 1978 年 7 ~ 9 月，国务院务虚会系统讨论了与国外经济合作问题。⑧ 国务院全国计划会议确立了“从那种不同资本主义国家进行经济技术交流的闭关自守或半闭关自守状态，转到积极地引进国外先进技

---

① 《邓小平文选》（第三卷），人民出版社 1993 年版，第 269 页。

② 冷溶、汪作玲：《邓小平年谱（1975—1997）》（上），中央文献出版社 2004 年版，第 210 页。

③ 同上，第 287 页。

④ 分别派代表团到英国、法国和日本访问的建议是李先念首先提出的。《学习外国经验与探索中国自己的建设道路》，载《百年潮》2002 年第 11 期。

⑤ 《学习外国经验与探索中国自己的建设道路》，载《百年潮》2002 年第 11 期。

⑥ 1978 年 7 月 6 日至 9 月 9 日的国务院务虚会可以清晰看出高层的思想变化，并在此次会议和稍后的全国计划会议上达成对外开放的一些共识。曹普：《谷牧与 1978—1988 年的中国对外开放》，载《百年潮》2001 年第 11 期；于光远：《我亲历的那次历史转折》，中央编译出版社 1998 年版，第 67 ~ 71 页。

⑦ 谷牧：《小平同志领导我们抓对外开放》，引自《回忆邓小平》（上），中央文献出版社 1998 年版，第 156 页。

⑧ 李先念亲自主持了会议，他的总结报告全面探讨了引进技术与引进项目中的原则与措施等，首先提出了积极到国外访问的意见。李先念：《在国务院务虚会上的讲话》，引自《李先念文选》，人民出版社 1999 年版，第 332 ~ 336 页。

术，利用国外资金，大胆地进入国际市场”的政策。[①] 1978 年 10 月 10 日，邓小平会见联邦德国新闻代表团时首次正式提出“实行开放政策”这一概念，“现在是我们向世界先进国家学习的时候了”，“关起门来，固步自封，夜郎自大，是发达不起来的”，“要引进国际上的先进技术、先进装备，作为我们发展的起点”。[②] 决策层的思想转变推动了政策调整。外贸部长李强 12 月 15 日在香港向世界宣布了我国外贸、外资政策的重大转变：“今天我们做贸易有了很大转变，采取了很多灵活的做法。不久以前，我们在外贸上还有两个‘禁区’，第一，政府与政府之间的贷款不干，只有在银行与银行之间的商业贷款；第二，外商在中国投资不干。最近，我们决定把这两个‘禁区’取消了。基本上，国际贸易上的惯用的做法都可以干。”[③] 此后，中国对外贸与外资实行世界通行规则，“惯用的做法都可以干”。随后，党的十一届三中全会提出“在自力更生的基础上积极发展同世界各国平等互利的经济合作，努力采用世界先进技术和先进设备”[④]。

（二）对外开放：再造市场主体

计划经济下的封闭自守，建立在公有制基础上的国营外贸公司垄断，切断了国内各经济单位与世界经济的直接联系。对外开放是一国市场经济关系在对外经贸领域的延伸，是一国为保障独立市场主体平等地参与国际市场竞争而做出的一系列制度安排。因此，从封闭自守走向对外开放，关键是再造直接从事国际经贸活动的独立市场主体。

近 30 年的贸易统制和计划经济，不仅使市场经济的微观基础——独立自主的市场主体荡然无存，而且使改革开放之初的国人普遍缺乏从事市场经济活动的知识，更不用说参与世界市场经济活动的经验。市场主体的缺乏，参与国际市场竞争的经验几乎空白，是决定实行对外开放之后面临的最大实践困难。由于知识更新是渐进的，因此，对外开放也只能逐步推进。

---

① 马齐彬等：《中国共产党执政四十年》，中共党史资料出版社 1989 年版，第 431 页。

② 从谈话可以看出，“开放政策”是德国新闻代表团根据邓小平的谈话内容总结出的概念，邓小平予以肯定：“你们问我实行开放政策是否同过去的传统相违背。我们的作法是，好的传统必须保留，但要根据新的情况来确定新的政策。”参见《邓小平文选》（第二卷），人民出版社 1994 年版，第 132 ~ 133 页。

③ 李强：《突破“禁区”，为四个现代化大干贸易》，载《经济导报》1978 年 12 月 20 日。

④ 《中国共产党第十一届第三次全体委员会公报（一九七八年十二月二十二日通过）》，载《人民日报》1978 年 12 月 24 日。

1. 在地域上，实行从四个特区向沿海部分城市，再向部分沿海地区，最后推广至全国的渐进开放过程

1979 年 7 月 15 日，中央决定在深圳、珠海、汕头、厦门试办经济特区，扩大广东、福建两省外贸权限。1984 年初，邓小平先后视察了深圳、珠海和厦门特区，不仅作出判断“我们建立经济特区的政策是正确的”，要求“特区要办的更快些更好些”，而且决定进一步扩大对外开放地区。5 月，国务院扩大深圳等特区范围，开放天津、上海等 14 个沿海港口城市。10 月，党的十二届三中全会通过《中共中央关于经济体制改革的决定》，将对外开放确定为我国的“长期基本国策”。

经济特区和沿海港口城市的开放与成就促进了沿海地区经济发展战略的形成。1985 年，国务院开辟长江三角洲、珠江三角洲和闽南三角地带等为沿海经济开发区。1987 年 10 月，党的十三大报告指出：“当今世界是开放的世界。我们已经在实行对外开放这个基本国策中取得了重大成就。今后，我们必须以更加勇敢的姿态进入世界经济舞台，正确选择进出口战略和利用外资战略，进一步扩展同世界各国包括发达国家和发展中国家的经济技术合作与贸易交流，为加快我国科技进步和提高经济效益创造更好的条件。”① 1987 年底，国务院将长江三角洲、珠江三角洲和闽南三角地带由原来的“小三角”扩大为“大三角”，完全开放珠江三角洲、闽南三角洲和长江三角洲。1988 年 3 月，国务院正式确立了沿海地区发展外向型经济的战略决策，② 将沿海经济区扩大到山东半岛、辽东半岛以及河北、广西等沿海其他地区；设海南省，并将海南省辟为全国最大的经济特区。1989 年，国务院批准福建省在沿海地区设置台商投资区。至此，我国开放了全部沿海地区。

1990 年，国务院开放浦东，带动整个长江流域的经济发展。1991 年，批准上海外高桥、深圳福田、沙头角、天津港设立保税区，发展保税仓储、保税加工和转口贸易。同年，国务院确定了沿边开放政策，宣布开放满洲里、丹东、绥芬河和珲春 4 个北部口岸。1992 年，所有内陆省会城市与自治区首府对外开放，实行沿海开放城市政策；正式开放吉林珲春、黑龙江绥芬河、黑河、内蒙古满洲里、广西凭祥与东兴等 13 个沿边城市。此后，又陆续开放了一大批符合条件的内陆县市。2000 年后，对外开放进一步扩大到西部地区。加入

---

① 中共中央文献研究室：《十三大以来重要文献选编》（上），人民出版社 1991 年版，第 23 页。
② 同上，第 160 页。

WTO 后，中国形成了沿海、沿江、沿边与内陆地区相结合的东西南北中全方位、多层次的对外开放格局。

2. 大力吸引外商投资，既引进了新的市场主体与竞争主体，也促进了国内市场主体的再度兴起与发展

1979 年，我国开始采用国际通行的方式利用国际资本，尤其是外商直接投资。1979 年 7 月，全国人大五届二次会议通过了《中外合资经营企业法》，一周后即付实施，这是新中国第一部利用外资的法律，它以法律形式向世界宣告：欢迎外商来华投资。至 1981 年底，经批准举办的中外合资经营企业有 48 家（不包括经济特区举办的 35 家）。[①] 到 1982 年，我国对外借款协议金额累计达 135 亿美元，建设项目 27 个，签订举办中外合资企业合同 922 个，协议金额 60 亿美元。[②] 此后，吸引外资数量不断增加。1987 ~ 1991 年全国吸收外商投资协议金额 331.6 亿美元，实际使用外资金额 166.8 亿美元。1992 年，实际吸收外资首次突破 100 亿美元，达到 110 亿美元。此后，我国连续 28 年吸引外资居发展中国家首位，2020 年超过美国，居全球之首。加入 WTO 后，跨国公司已将中国作为对外投资的首选地。截至 2019 年 12 月，中国累计设立外商投资企业达 100.2 万家，累计实际使用外资金额达 2.29 万亿美元。[③] 大量外资进入中国设立企业，成为国内市场主体，带来大量的知识、技术与人才，其运营与管理成为国内企业就近学习与模仿的版本，促进了国内市场主体的再度兴起与发展，推动国内各种制度安排日益与国际接轨，与市场经济接轨，推动了我国社会主义市场经济体制的建立与逐步完善。[④]

3. 打破对外贸易的国家垄断经营，再造对外贸易的多元市场主体

引进外来市场主体之外，更重要的是再造本国直接从事国际经贸活动的独立市场主体。与多数突变式转轨的经济体不同，中国的市场化与对外开放是渐进的。因而，中国直接从事国际经贸活动的独立市场主体的再造与它们有所不同，体现为从中央统一管理的外贸公司垄断，到中央各部委、地方分权，中央各部委及地方所属国有企业参与国际经贸活动，到国内独立市场主体参与国际

---

① 汪一鹤等：《中外合资经营企业》，上海社会科学院出版社 1984 年版，第 93 ~ 94 页。

② 国家统计局：《中国统计年鉴（1988）》，中国统计出版社 1989 年版，第 559 页。

③ 中华人民共和国商务部：《中国外资统计公报 2020》，中华人民共和国商务部官网，2021 年，第 2 页。

④ 李文溥、焦建华：《从开放走向市场——沿海开放地区经济体制转轨的一个案例研究》，载《中国经济史研究》2008 年第 4 期。

市场竞争，最终发展成为参与国际市场竞争的主体的三步走过程。

首先，改革外贸管理机构，下放外贸管理权和经营权。1979 年，中国开始改革外贸行政管理机构，[①] 1982 年成立了对外经济贸易部，专门行使对外经贸行政管理职能。1979 年 7 月，中央决定试办经济特区，扩大广东与福建两省外贸权限，两省有权安排和管理本省对外贸易。1981 年，外贸行政管理权下放扩大到京、津、沪三个直辖市和山东、辽宁、广西等沿海省份。1988 年 5 月，为全面推行对外贸易承包经营责任制，国务院授予直辖市、沿海省、自治区的外经贸部门审批权，它们可以批准成立从事本地区进出口业务的外贸企业，并授予外贸经营权。另外，还相继扩大了地方对外资企业审批权、配额及许可证的分配权，对外贸行政管理实行分级制，外经贸部对外贸经营由直接管理转为间接管理。从 20 世纪 80 年代中期开始，国家大幅度减少指令性计划，实施指导性计划。据世界银行统计，1986 年，中国出口贸易的 60% 受指令性计划控制，20% 受指导性计划控制；进口贸易的 40% 由指令性计划控制，30% 受外汇分配机制的调控。到 1992 年，受指令性计划控制的进口商品占进口总额的比重降至 18.5% 。[②] 到 1994 年，实现了汇率并轨，所有的指令性计划全部取消，国家只对外贸企业进出口总额、出口收汇和进口用汇下达指导性计划。2004 年，即中国加入 WTO 后的第三年，国家全面放开外贸经营权，对外贸易从特殊行业变成了普通行业，按照国际通行规则管理对外贸易。

其次，成立由工贸公司、综合性贸易公司和隶属于不同部门的外贸公司及各类服务公司组成的外贸公司，并向民营企业开放外贸领域，打破对外贸易国家垄断经营的状况，促进外贸企业相互竞争，形成多元市场主体。

第一阶段，主要是各中央部委外贸公司的兴起，计划体制下独占外贸体制开始松动。1978 年，国务院批准一机部成立中国机械设备出口公司，成为我国第一个工贸结合的试点企业。此后，航空部、科技、教育、文化、卫生和体育等部门及相关学会、协会都成立了经营某类产品的进出口公司。国务院先后批准了 19 个中央部委成立进出口公司，如中国机械设备出口公司、中国航空技术进出口公司、中国冶金进出口总公司、中国原子能技术进出口公司、中国长

① 1979 年成立了进出口管理委员会和外国投资管理委员会，以加强对进出口、外汇平衡、引进技术和利用外资的管理。1980 年，原属对外贸易部管理的海关管理局改为中华人民共和国海关总署，直属国务院领导；原属对外贸易部的全国商品检验总局改为中华人民共和国进出口商品检验局，作为国务院下属的一个机构，委托对外贸易部代管。1982 年，对外贸易部、对外经济联络部、国家进出口管理委员会和外国投资管理委员会合并，成立对外经济贸易部。

② 孙玉琴等：《中国对外开放史（第三卷）》，对外经济贸易大学出版社 2012 年版，第 309 ~ 310 页。

城工业公司、中国电子技术进出口公司、中国北方工业公司、中国船舶工业公司、中国丝绸公司等，外经贸部所属的专业进出口公司的业务因此为其他部委所属进出口公司所分享。另外，特区的三资企业也自动获得本企业产品的出口权和所需设备、中间产品和原材料的进口经营权；少数大型企业，如武钢、首钢等开始直接经营外贸业务。计划经济时期国家垄断经营的外贸体制开始松动。

第二阶段，省级外贸公司大量兴起。1984 年 9 月，国务院通知，允许其他部委成立各自领域的进出口公司，允许广东、福建、北京、天津、上海、辽宁等省市分别成立外贸总公司，开展贸易活动。另外，具备条件的国内大中型生产企业也开始获得自营进出口权。1978 年，中国从事对外贸易的只有少数几家全国性的专业外贸公司，它们有各自负责的贸易商品与范围，在其经营范围内实行独家垄断。1986 年，全国有外贸经营权的企业已达 1200 多家。[①] 据统计，从 1979 年下半年到 1987 年，全国共批准设立各类外贸公司 2200 多家，其中广东 810 多家，福建 200 多家。[②] 中央部委和地方性贸易总公司尽管仍然是国有企业，但它们的出现推动了国家独占外贸体制的瓦解。当然，国家对外贸的管制并未完全解除，除特区的外资企业外，国内外贸公司全都是国有企业。1992 年以前，国有外贸企业出口占比高达 83%。[③] 但是，十多年的对外开放，已形成了国有专业公司、地方公司、工贸公司、生产企业和“三资”企业并存的格局。它们相互独立，推动了外贸领域的市场竞争。

第三阶段，民营企业获得外贸经营权，逐步成为外贸进出口主力军。1992 年之后，更多的生产企业获得外贸经营权。到 1996 年底，全国有外贸经营权的企业已有 1.2 万家，此外还有 14.5 万多家外商投资企业拥有自营进出口权。[④]但是，日益壮大的民营经济，尤其是私营经济仍然被排除在外，外贸主体过于单一的传统模式没有从根本上改变。1998 年，全国民营经济中规模以上工业企业总产值为 17358.20 亿元，参与出口的民营企业有 5669 家，出口金额达 111.9 亿美元。[⑤] 但是，它们不能自营出口，只能充当国有外贸企业的货源单位，向外贸部门提供出口货源或通过外贸代理等方式间接地参与对外贸易。随着加入 WTO 谈判的不断进展，国家逐步向民营企业开放外贸领域。1999 年

---

①④ 张幼文等：《面向世界：中国对外开放的战略选择》，高等教育出版社 1999 年版，第 88 页。

② 沈觉人：《当代中国对外贸易（上）》，当代中国出版社 1992 年版，第 72 页。

③ 孙玉琴等：《中国对外开放史》（第三卷），对外经济贸易大学出版社 2012 年版，第 362 页。

⑤ 尤宏兵：《民营企业出口的现状、发展环境与扩大出口对策》，载《经济问题探索》2001 年第 8 期。

1月，外经贸部首次批准私营企业自营进出口，[①] 分两批批准了61家民营企业的自营进出口权，主要集中在沿海地区。1999年，民营企业占全国工业生产总值的比重为36.4%，该年民营企业直接出口额6.3亿美元，仅占当年全国出口总额的0.32%，进出口额仅占全国进出口总额的0.51%，[②] 2000年以来，我国连续3次（2001年[③]、2004年[④]、2008年）降低申请自营进出口权的私营企业的注册资本额度，降低私营企业进出口经营资格的门槛。越来越多的民营企业进入了对外贸易领域。2002年12月，全国共有50205家自营进出口企业，拥有自营进出口权的私营企业达10605家，占总户数的21.2%。2004年7月1日，修订后的新《外贸法》“允许自然人从事对外贸易经营活动”，全面放开外贸经营权，外贸行业进入了完全意义上的市场竞争。2008年完全废除对非公经济进入外贸领域的限制，民营经济在外贸领域强劲发展。据统计，民营企业2004年出口突破1000亿美元，达到1010.4亿美元，增长68.6%，高于平均出口增幅33.2个百分点，高于国企出口增幅57.2个百分点。[⑤] 2006年，民营企业出口额达2139.3亿美元，占全国出口总额比重的22.1%，首次超过国有企业，成为我国出口的第二大市场主体。[⑥] 2015年，民营企业出口占全国出口总额比重的45.2%，首次超过外资企业，成为出口主力军。[⑦] 2019年，民营企业进出口占我国外贸总值的42.7%，超过外资企业2.9个百分点，成为我国第一大外贸经营主体，民营及外资企业的进出口总值占当年全国外贸总值的82.5%。积40年改革开放之功，中国对外经贸领域初步实现了从计划经济下的贸易统制、国家垄断向市场经济下的多元市场主体竞争经营的转化。2020年，民营企业进出口并未因新冠疫情受阻，占外贸总值比重进一步上升到46.6%。

---

① 1998年10月1日，外经贸部以1998年第一号部长令的形式发布了《关于赋予私营生产企业和科研院所自营进出口权的暂行规定》，1999年1月1日正式施行。

② 国家统计局官网。

③ 为了基本符合WTO规定，2001年7月，外经贸部降低了对民营经济外贸领域的准入限制，并将审批制改为登记和核准制，申请外贸流通经营权的企业和自营进出口权的生产企业的注册资金不能低于500万元（中西部为300万元）。

④ 根据加入WTO的协议，我国逐步废除了很多与WTO不相符合的法律法规。一是全面放开外贸经营权，放开个企与私企外贸经营权，经营权由审批制转向登记制，各类企业都可以自主按照我国对WTO履约的规定开展进出口业务；二是降低贸易壁垒，逐步向自由贸易转变；三是汇率机制，2005年改革人民币汇率形机制，人民币汇率的决定机制改变和波动范围扩大，开始施行浮动汇率制。2007年为保护截止期，2008年全面放开。

⑤ 商务部国际贸易经济合作研究院：《2005年中国商务发展研究报告》，中国商务出版社2005年版。

⑥ 黄孟复：《中国民营经济发展报告（2006—2007）》，社会科学文献出版社2007年版，第91~92页。

⑦ 王钦敏：《中国民营经济发展报告（2015—2016）》，中华工商联合出版社有限责任公司2017年版，第183页。

对外开放促进了我国经济迅速增长，不管是对外贸易，还是对外直接投资，均取得显著成就，中国在世界经济中的地位大大提高。1978 年，中国进出口贸易占全球贸易份额还不及 1%，到 2000 年，中国进出口贸易总额占世界贸易总额的 7.3%，居世界第 7 位。2010 年，中国对外贸易总额达到 2.97 万亿美元，成为了世界第一出口大国。2020 年，中国货物贸易进出口总值 32.16 万亿元，创历史新高，出口占全球比重升至 15.8%，所占出口份额接近第二名（美国，8.8%）、第三名（德国，8.4%）之和。我国对外投资大量增加。1992 年，党的十四大报告提出“积极扩大我国的对外投资与跨国经营”。1997 年，党的十五大提出了“走出去”战略，我国大型国有工商企业对外投资开始增加。加入 WTO 后，我国对外直接投资稳步发展，各类企业纷纷走出国门。2002 年，中国对外直接投资存量为 299 亿美元（非金融类），居世界第 25 位。2020 年中国对外直接投资 1537.1 亿美元，同比增长 12.3%，流量规模首次位居全球第一。截至 2020 年末，中国 2.8 万家境内投资者在国（境）外共设立对外直接投资企业 4.5 万家，分布在全球 189 个国家（地区）。中国对外直接投资存量高达 2.58 万亿美元，次于美国（8.13 万亿美元）和荷兰（3.8 万亿美元），在全球外国直接投资中影响力不断扩大，流量占全球比重连续 5 年超过一成，2020 年占 20.2%，存量占 6.6%。①

（三）对外开放领域逐步扩大，开放水平持续提高，从以制造业为重点转向以服务业为重点

加入 WTO，使中国的对外开放进入了一个新阶段。通过履行“入世”承诺，中国的对外开放水平不断提高。在制造业领域，外商投资准入限制不断缩减，基本实现全方位的对外开放。2017 年版《外商投资产业指导目录》显示，在制造业 31 个大类、179 个中类和 609 个小类中，对外资完全开放的已有 22 个大类、167 个中类和 585 个小类，分别占 71%、93.3% 和 96.1%。② 2020 年版全国外资准入负面清单显示，我国在农业、采矿业、制造业、服务业等领域开放的负面清单已减至 33 条。③

服务业成为加入 WTO 之后我国重点开放的领域。截至 2007 年，我国“入

① 中华人民共和国商务部、国家统计局、外汇管理局：《2020 年度中国对外直接投资统计公报》，中国商务出版社 2021 年版，第 3～4、6 页。

② 《中国制造业开放层次不断提高》，载《人民日报》（海外版）2018 年 5 月 17 日。

③ 《外资准入负面清单再“瘦身”》，中国政府网，2020 年 6 月 25 日。

世”时对服务贸易领域的开放承诺已全部履行完毕。[①] 此后，先后颁布开放服务贸易领域的法规和规章，涵盖金融、分销、物资、旅游和建筑等几十个领域，通信、会展、旅游、国际货运代理、专业商务服务（会计、审计、资产评估）等以往开放程度很低的行业。[②] 2010 年，我国为境外服务商提供《服务贸易总协定》12 个服务大类 160 个分部门中的 10 大类 100 个分部门的市场准入机会，开放范围已接近发达国家平均水平。至此，中国加入世界贸易组织的所有承诺全部履行完毕。[③] 2015 年，国务院颁布了促进服务贸易发展与开放的法规，明确推进金融、教育、文化、医疗等服务业领域有序开放，放开育幼养老、建筑设计、会计审计、商贸物流等服务业领域外资准入限制，探索对外商投资实行准入前国民待遇加负面清单的管理模式，提高利用外资的质量和水平。[④] 此后，商务部还会同相关部门颁布了服务业发展重点领域目录，2017 年出台《服务贸易发展“十三五”规划》《国际服务外包产业发展“十三五”规划》等，在全国范围内复制与推广自贸试验区对外商投资实行准入前国民待遇加负面清单管理模式，鼓励引进全球服务业跨国公司，加大服务业的开放度。迄今为止，我国绝大多数领域已经开放，甚至连比较敏感的金融自由化领域已部分开放。资本项目账户虽然尚未完全开放，但是，经常项目账户已完全开放。2021 年，我国对外开放的优先领域已经是贸易便利化、投资、电子商务、环境、政府采购等领域。

如果比较一下今日中国之对外经贸活动与 1978 年之前的对外经贸活动，何谓封闭自守，何谓对外开放，想必是不言自明吧？

五、结论

改革开放是中国划分 1978 年前后两个不同历史阶段的里程碑。对于改革始于何年，似乎至今并无太多分歧。然而，本以为同样不应产生歧义的对外开放始于何年，不想竟有如此重大的分歧。

这不是坏事。它使我们发现，对于对外开放，无论是经济学理论还是经济

① 《中国切实履行加入世贸组织承诺》，新华网，2018 年 6 月 28 日。

② 夏杰长、姚战琪：《中国服务业开放 40 年——渐进历程、开放度评估和经验总结》，载《财政问题研究》2018 年第 4 期。

③ 国务院新闻办公室：《中国的对外贸易》（白皮书），国务院新闻办公室网站，2011 年 12 月 7 日。

④ 《国务院关于加快发展服务贸易的若干意见》，中国政府网，2015 年 12 月 14 日。

史的研究，确实存在着一些疏漏，关键在于：没有明确地界定作为物质交换的对外贸易和作为制度安排的对外开放，而且关于1978年何以称为改革开放起点的学理性探讨很少，因而导致了不同意见的出现。在现代社会经济条件下，任何一个国家或地区，都无法拥有它所需的一切物质资源，生产其所需的全部产品，因此，为了实现正常的社会再生产过程，都必须与国外进行贸易，这是现代社会生产的物质性所决定的。但是，与国外的物质交换可以在不同的经济制度安排下进行，既可以在切断本国各经济单位与外部世界直接联系的情况下，由国家垄断对外贸易，它以使用价值交换为目的，并不重视价值增值；也可以在市场经济条件下，由独立市场主体自主地参与国际市场竞争，以价值增值为目标，通过对外贸易实现资源在全球范围的优化配置。两种制度安排下固然都可以实现对外贸易，但其资源配置效率的高低及其对本国经济发展的影响，显而易见。

根据这样的定义，我们简略梳理了1949年至今的对外经济关系史。发现，1978年之前与1978年之后，确实存在着明显且巨大的不同。其标志性区别是：前一阶段，以使用价值交换为目的，并不重视价值增值，不存在多元独立市场主体的自主对外经贸行为，而后者，是多元独立市场主体自主参与国际市场竞争以优化资源配置，以价值增值为目标。

在这70年的历史里，我们看到了两个不同的历史进程。在前一个阶段中，实行了计划经济下的国家垄断对外贸易和封闭自守，而在后一个阶段中，尽管意识到必须实行对外开放，但是，为了再造对外开放的微观基础——多元市场主体，经历了整整30～40年的努力![①] 抚今追昔，怎不令人感慨万千?！不由得让人想起一位哲人的名言：历史的经验值得注意……

① 如果以2008年完全废除对非公经济进入外贸领域的限制为标志，是为30年，如果以2019年民营及外资企业的进出口总值占当年全国外贸总值的82.5%为标志，是为40年。

从经济特区到自由贸易区*

——论开放推动改革的第三次浪潮

一

改革开放至今，中国初步实现了从计划经济向市场经济的转轨。在中国经济转轨过程中，对外开放起了极为重要的推动作用。在全面深化改革的今天，新一次的对外开放浪潮仍将产生重大推动作用。

1976年，中国结束了“文化大革命”，国民经济濒临崩溃边缘，大部分人均收入及基本消费品拥有指标低于1965年甚至1957年水平。[①] 恢复与发展经济，改善人民生活，实现国家富强，成为社会共识。与此同时，结束了多年对外封闭之后，中国惊讶地发现，相比外部世界，中国的经济发展严重落后了。有关当局深切感受到对外开放的重要性与急迫性。

1979年4月，广东省委向中央提出在深圳、珠海、汕头等地划出一块地方实行特殊政策，单独管理，设立类似国外的出口加工区，初步命名为“贸易合作区”。1979年7月15日，中央正式批转广东、福建省委《关于对外经济活动实行特殊政策和灵活措施的两个报告》，决定“关于‘出口特区’，先在深圳、珠海两市试办，待取得经验后，再考虑在汕头、厦门设置”。1979年12月的第一次特区筹建专题汇报会议上，首次提出“经济特区”的概念。1980年3月，国务院采纳广东建议，正式将原拟的“出口特区”更名为“经济特区”。1980年8月，五届全国人大常委会第十五次会议审议并批准公布了《广东省经济

* 本文原载于《东南学术》2015年第1期，共同作者：陈婷婷、李昊。

① 参阅《十一届三中全会以来重要文献选编》（上），人民出版社1982年版，第104～139页。

特区条例》。

事实上，早在中央和广东省酝酿、筹备把深圳、珠海建成外贸出口基地之时，交通部香港招商局与广东省就向中央提出在宝安县蛇口建立工业区。[①] 1979 年 1 月，中央正式批准设立蛇口工业区。1980 年 8 月，批准设立深圳、珠海、汕头、厦门 4 个经济特区。

中国的经济特区自设立之初，就与国外的出口加工区有较大差异。原因在于：其他设立出口加工区的国家和地区，都是市场经济体，不少已加入关贸总协定，它们设立出口加工区，主要是利用境内关外的便利条件，开展加工贸易及转口贸易，区内区外都是市场经济，并无本质区别。而中国的经济特区却是计划经济中的一块体制飞地。尽管就其初衷而言，只是设想：（1）在有限范围内实行对外开放，学习国外先进技术与管理经验；（2）引进国内短缺的资金，利用国内廉价的土地和劳动力，加工出口，增加外汇收入。但是，要吸引外国直接投资（FDI），发展加工贸易，经济特区就不能不借鉴国外，实行与当时国内不同的经济体制，以适应 FDI 企业的经营管理需要。特区设立之初即明确规定：特区经济以市场调节为主，实行适应市场经济的管理体制。这就不可避免地与当时全国范围的计划经济体制形成鲜明对照。由于条件限制，经济特区又不能像国外的出口加工区那样设在境内关外。境内关内，特区与普区、市场与计划，两种体制就近比较，相互交错，因此产生了设计者始料不及的效果：对外开放的飞地成为了中国城市经济体制改革的试验田，把中国引向了市场化改革之路。[②]

特区设立以后，利用自身的区位优势和特殊政策、灵活措施，大力引进外资、先进技术和管理经验，大胆尝试与国际接轨、以市场为主的经济管理方式，有效地调动了发展经济的积极性。FDI 不仅带来了国内短缺的资本，有效地利用闲置的土地和劳动力，而且带来了先进的技术与经营理念和管理方式。特区经济迅速取得了计划经济条件下难以想象的高速增长。1979～1984 年，特区年均经济增速为 23.17%，是同期全国平均增速的 2.42 倍。

经济特区以市场调节为主的社会经济管理方式，对外开放促成的观念更新、思想解放，尤其是所带来的高速增长，在实践检验真理的思想解放运动大背景下，对传统计划经济以及原有的正统价值观念形成巨大冲击。众多省市因

---

① 武力：《中华人民共和国经济史》，中国时代经济出版社 2010 年版。

② 我国在深圳、厦门等地设立经济特区的初衷是利用这些地区与港澳台侨的历史联系，开展加工贸易，挣取当时国家极为紧缺的外汇，并非有意识地通过办特区进行改革开放试点，特区要为改革开放进行政策试点的思路基本上是 1984 年邓小平视察 4 个特区后才形成的。

此跃跃欲试，纷纷要求在本地设立经济特区。主张市场化改革的专家学者，在特区实践中找到了支持，但是，主张坚持计划经济为主的部分论者，却从特区发展中看出了潜在危险：市场竞争必然冲垮计划经济的一统天下，企图刹车，提出特区不能再增加，经济发达地区不能办特区。广东、福建现有的特区关键是总结经验。围绕经济特区的争论其实与当时正准备进行的城市经济体制改革密切相连，争论的深层次背景是：中国究竟应当走对外开放的市场经济之路，还是继续实行闭关锁国的计划经济？

主张市场取向改革的有关中央领导及广东、福建的主要领导坚持前者，但不足以平息争论，扭转局势。直至1984年初，邓小平同志视察深圳、珠海和厦门特区，充分肯定了特区三年多来的实践，方才扭转了特区逆水行舟的困难局面。邓小平不仅对“经济特区能不能办，该不该办”明确表态，而且指出：设立经济特区对于整个中国的改革开放具有重要的示范引领意义。特区应当成为对外开放的窗口与经济改革的试验田，应当将特区实验成功的政策推广至其他地区，推动中国经济市场化。他指示：“除现在的特区外，可以考虑再开放几个港口城市，如大连、青岛。这些地方不叫特区，但可以实行特区的某些特殊政策。还要开发海南岛。”1984年5月，中央进一步开放14个沿海港口城市，在大多数沿海开放城市兴办经济技术开发区，把厦门经济特区扩大到全岛，并实行自由港的某些政策。扩大了珠海、汕头经济特区的范围。1985年初，又决定把珠江、长江三角洲和闽南厦、漳、泉三角地区开发为沿海经济开发区。1987年4月，对海南建省办特区进行可行性论证，开始筹备把海南岛建设成全国最大的特区。1988年4月13日，七届全国人大第一次会议决定设立海南省，建立海南经济特区。至此，中国创办了五个经济特区：深圳、珠海、汕头、厦门和海南，开放了大多数沿海城市与地区，形成了一个由东向西梯度开放的改革开放格局。

1992年春天，邓小平再次视察南方，对十年来的争论做出总结：“对办特区，从一开始就有不同意见，担心是不是搞资本主义。深圳的建设成就，明确回答了那些有这样那样担心的人。特区姓‘社’不姓‘资’。”邓小平的南方之行促使中国确定了社会主义市场经济的体制改革目标。①

1979年1月创办的经济特区，启动了1978年以来中国经济的第一波对外开放，它所推动的城市经济体制的市场化改革，与发端于安徽凤阳的农业联产

① 《在武昌、深圳、珠海、上海等地的谈话要点——1992年1月18日—2月21日》，引自《邓小平文选》（第三卷），人民出版社1993年版，第370~383页。

承包责任制一起，奠定了1992年春开始的中国向社会主义市场经济体制转轨的坚实基础。这是开放推动改革的第一次浪潮。

二

从办经济特区到1992年春确定向社会主义市场经济转轨，对外开放引导中国经济改革走上了市场化之路。然而，开放推动改革的第一次浪潮所推动的市场化转轨似乎不是决策者以致所有参与者一开始就目标明确的刻意行为，而是市场与计划两种体制竞争优胜劣汰的结果。始于1995年的中国申请加入世界贸易组织（WTO），就其初衷而言，更多是打开中国参与国际经济竞争与合作的大门，引进外资，扩大出口，开始似乎也没有十分明确的经济体制改革用意。但是，它在扩大开放的同时，推动了市场化转轨的第二次浪潮，它用全国范围的制度化的对外开放实现了整个中国从计划经济向市场经济的初步转轨。

作为关贸总协定的创始缔约国之一，中国早在20世纪80年代就开始申请恢复中国的关贸总协定缔约国地位。[①] 但是，中国加入WTO的申请，直到1992年10月党的十四大确立建立社会主义市场经济的总体目标之后方才进入正式谈判阶段。加入WTO，意味着中国实行国际社会认可的市场经济制度，这就要求中国进行更深层次、更宽领域的对外开放和经济改革。然而，直至正式签署加入WTO协定之前，国内一些部门与学者对于加入WTO可能给中国产业带来的冲击始终颇为担心。出于对经济安全、产业安全的考虑，保护民族工业、拒绝进一步开放、限制跨国公司投资之说一直是有市场的。加入WTO谈判，不仅对外谈判艰苦，而且国内始终存在各种阻力与反对之声。

经过15年艰苦谈判，中国于2001年底加入WTO，它使中国的对外开放进入了一个新阶段：从政策性开放转向了制度性开放，由此前有限范围有限领域的市场开放，转向全方位市场开放；由此前的自我开放，转变为与WTO成员之间的双向开放；由此前试点为主的政策性开放，转变为在法律框架下的依法开放。“入世”12年来的实践证明，它极大地拓展了中国经济发展的空间。2001～2013年，中国GDP年均增速10.09%，人均GDP增速9.49%，人均

① 1982年12月，外经贸部会同有关部门向国务院提出我国应申请恢复关贸总协定的席位，1983年1月，国务院回复同意。1986年7月10日，我国正式提出恢复关贸总协定缔约国地位申请。

GDP 从 1042 美元提高到 6807 美元，在世界 200 个国家的人均收入排名中从第 129 位上升至第 93 位，跨入了中等偏上收入国家组，进入了从中等偏上收入向发达经济过渡的新阶段。原本担忧加入 WTO 将危及其生存的民族工业不仅没有因加入 WTO 而被打垮，相反，在参与国际经济竞争中日益强大起来，且不断发展。联合国贸易和发展会议（UNCTAD）的相关数据显示，2001 年，中国的货物出口占世界货物总出口的 4.30%，货物贸易顺差 225.45 亿美元。2013 年，中国成为世界最大的货物出口国，货物出口占世界货物总出口的 11.74%，货物贸易顺差上升至 2590.15 亿美元。中国成为了产量世界第一的制造业大国。加入 WTO，不仅使中国经济走出了 1997 年亚洲金融危机导致的增长低谷，进入了 21 世纪头 10 年的高增长期，成为世界第二大经济体，而且极大地推动了中国的经济市场化的进程。“入世” 10 余年来，以制造业为代表的竞争性领域基本上形成了非国有经济为主体的多元经济结构（见表 1），为市场经济奠定了坚实的产权制度基础。

表 1　2001～2013 年中国工业所有制结构　单位：%

年份	国有及国有控股企业总产值占比	非国有企业总产值占比	国有及国有控股企业固定资产投资占比	非国有企业固定资产投资占比	国有及国有控股企业就业占比	非国有企业就业占比
2001	44.4305	55.5695	—	—	44.8975	55.1025
2002	40.7839	59.2161	—	—	40.1566	59.8434
2003	37.5395	62.4605	—	—	36.5263	63.4764
2004	34.8147	65.1853	0.57755	0.42245	33.6438	66.3562
2005	33.2844	66.7156	0.515037	0.484963	30.0836	69.9164
2006	31.2425	68.7575	0.480075	0.519925	27.9936	72.0064
2007	29.5391	70.4609	0.44464	0.55536	26.1391	73.8609
2008	28.3674	71.6326	0.430271	0.569729	24.9995	75.0005
2009	26.7421	73.2579	0.446489	0.553511	23.2217	76.7783
2010	26.6051	73.3949	0.423276	0.576724	22.2238	77.7162
2011	26.1808	73.8192	0.356759	0.643241	20.109	79.891
2012	—	—	0.341392	0.658608	19.0664	80.9336
2013	—	—	0.330773	0.669227	14.6735	85.3265

资料来源：根据 CEIC 数据库数据计算。

在经济的市场化程度上，无论是全国还是东、中、西部地区，都有了很大提高。原先较为封闭、市场发育水平较低的西部地区 2009 年的市场化指数也已基本达到东部地区 2000 年的水平（见表 2、图 1）。

表 2　中国区域市场化指数

年份	全国	东部	中部	西部	东北地区
2000	4. 28	5. 70	4. 04	3. 25	4. 14
2001	4. 64	6. 67	4. 08	3. 29	4. 40
2002	5. 02	7. 06	4. 48	3. 61	4. 91
2003	5. 50	7. 53	5. 08	4. 08	5. 25
2004	6. 10	8. 09	5. 79	4. 62	5. 97
2005	6. 12	7. 98	6. 19	4. 57	6. 02
2006	6. 57	8. 51	6. 68	4. 93	6. 46
2007	6. 92	8. 94	6. 96	5. 25	6. 76
2008	7. 18	9. 23	7. 27	5. 45	7. 12
2009	7. 34	9. 56	7. 45	5. 42	7. 32

注：区域市场化指数采用作者计算全国市场化指数的方法计算。

资料来源：樊纲、王小鲁、朱恒鹏：《中国市场化指数——各省区市场化相对进程（2011 年度报告)》，经济科学出版社 2011 年版。

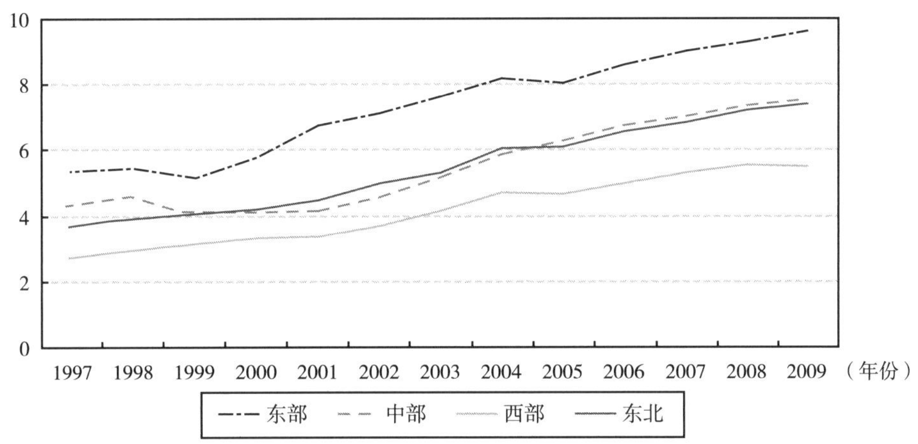

图 1　中国区域市场化指数变化趋势

资料来源：根据表 2 数据绘制。

三

“实践发展永无止境，解放思想永无止境，改革开放永无止境。”加入WTO 并非中国改革开放的终点。中国的经济体制市场化转轨虽然已经历时 36 年，但是至今仍未完成。《中共中央关于全面深化改革若干重大问题的决定》指出：“当前，我国发展进入新阶段，改革进入攻坚期和深水区。”政府主导型市场经济虽然比计划经济前进了一大步，造就了巨大的经济成果，但其固有的体制弊病随着经济发展水平的提高而日趋明显，政府主导型的“中国经济模式”难以实现从中等偏上收入向发达经济过渡的发展方式转型。“经济体制改革是全面深化改革的重点，核心问题是处理好政府和市场的关系，使市场在资源配置中起决定性作用和更好发挥政府作用。”

从政府主导型市场经济进一步转向现代市场经济，其关键及基本难点在于政府如何自我限制其权力边界，让市场在资源配置中充分发挥决定性作用。改革开放 36 年的历史经验证明，既得利益和体制惰性往往使体制内的自我改革受到重重阻力，难以成功。市场化改革如能借助对外开放的外部冲击，将有力地克服体制内的阻力与惰性，推动改革加快步伐。因为，中国经济体制改革的目标是建立社会主义市场经济，而外部世界是市场经济占统治地位，开放与改革是同向互补的。开放所引进的外部市场冲击，将比体制内的自主改革具有更强大、更持久的力量，它不存在内部自主改革进程中必然产生的改革疲劳症和懈怠，更能打破体制内既得利益集团的改革阻力，更能克服社会既有思想意识、文化习俗所形成的价值否定与行为惰性，更能坚韧和持久地推进体制转轨。因为：

第一，对外开放提供了向现代市场经济转轨所需要的制度性知识外溢；

第二，对外开放提供了强大而持久的外部竞争强制，迫使原有的体制向现代市场经济转化；

第三，对外开放为改革提供了巨大的市场化转轨收益，为更快地向市场经济转轨提供了必要的资源支持。①

1978 年以来，兴办经济特区而掀起的第一次对外开放浪潮和加入 WTO 而掀起的第二次对外开放浪潮对中国经济市场化转轨都产生了巨大的推动作用。时至今日，当中国经济发展进入新阶段，改革进入攻坚期和深水区之时，是否仍然需要开放助推改革一把，帮助改革顺利攻坚，尽快越过深水区？对外开放是否仍将像当年设立经济特区和加入 WTO 一样对改革产生强大的推动作用？这一次的对外开放浪潮将以何种形式出现，如何实现其作用呢？

四

在 WTO 框架下基本上完成了货物贸易自由化谈判之后，世界范围新一轮

① 李文溥、焦建华：《从开放走向市场——沿海开放地区经济体制转轨的一个案例研究》，载《中国经济史研究》2008 年第 4 期。

的贸易自由化随之就展开了。始于2001年11月的世界贸易组织多哈回合的谈判因发达国家与发展中国家的对立陷入僵局之后，为了推进服务贸易自由化，美国、欧盟等发达国家和地区推进了“跨大西洋贸易与投资伙伴协议（TTIP）”“跨太平洋伙伴关系协议（TPP）”等多边谈判，旨在绕过WTO，推进新一轮的贸易自由化。

TPP与TTIP致力于建立面向21世纪的、综合性的、高标准的国际贸易规则体系。TPP谈判涉及的国际贸易新规则主要包括两类：一类涉及新议题和新水平，主要包括：管制的一致性、国有企业的竞争中立原则，以及在电子商务和中小企业等方面的新规则，目的在于消除成员国国内监管制度的差异导致的“边境内贸易壁垒”（behind-the-borderobstacles）；另一类则对现有深度一体化协定中已经涉及的内容提出了新的标准，主要有知识产权保护、原产地规则、服务业开放领域的高标准、高标准的环境和劳工规则等。① TTIP的新规则一方面关注对美国和欧盟本身的经济关系非常重要的管制协调问题，② 另一方面关注在全球层面非常重要但不一定是欧美之间存在的问题，其他经济体进入欧美市场需要受这些新规则的约束。两大经济体希望通过制定相应标准，为全球贸易和投资活动确立标准。

TPP与TTIP就其思路而言基本一致：在WTO所达成的降低关税、货物贸易自由化基础上，进一步推进涉及国内政策的、要求更高市场开放度和规范性更高标准的国际贸易规则，以适应以经济全球化下全球价值链生产为代表的新的国际贸易模式。

有论者认为：“TTIP-TPP所制定的新贸易规则和市场准入制度在很大程度上是想将中国排斥在外，通过增加贸易和投资壁垒削弱我国竞争力，压缩我国在国际贸易和投资领域的战略空间……将极大削弱人民币参与国际结算的能力和潜在空间，使人民币国际化进程再添变数……通过知识产权、劳工原则、原产地原则等制度设计，降低并弱化由于经贸合作和技术扩散给我国带来的可能收益，为我国从制造业大国向制造业强国转进设置障碍。”主张另起炉灶，针锋相对。③

毫无疑问，TPP与TTIP是适应经济全球化下全球价值链生产的要求，为推

① 东艳：《全球贸易规则的发展趋势与中国的机遇》，载《国际经济评论》2014年第1期。

② 双方监管方式的差异以及由此产生的行政负担，已成为美欧贸易发展面临的最大障碍。研究表明，监管差异带来的额外成本相当于10%~20%的关税保护水平。由于非关税贸易壁垒，欧盟出口到美国的烟酒附加成本平均超过14%，美国出口到欧盟的烟酒要面对平均超过50%的附加成本。欧盟化工行业要承担相当于超过100%的附加关税，是在美国当地生产的3倍多。

③ 吴伟：《美国推动“两洋经贸框架”的动向及对我国的挑战》，载《中国财政》2013年13期。

进涉及国内政策的、要求更高市场开放度和规范性更高标准的国际贸易规则而进行的努力。同时，发起者希望通过这两个协议成为新的国际贸易规则的主导者，也是不争的事实。当年在关贸总协定、WTO 中，以美国为首的发达国家在规则制定中也是居主导地位的，这当然是由于美国、欧盟等发达国家和地区的政治经济整体实力所决定的，但不是中国拒绝的理由。TTIP-TPP 包含了世界上大多数发达经济体，这些经济体的经济总量约占世界经济总量的 60%，是中国主要的贸易对象国。中国作为开放经济，没有理由不与这些经济体往来。既然要与之往来，就不能不考虑 TTIP-TPP 将达成的新规则，择善趋利而从之；必要时，与之谈判，争取符合中国最大、长远、根本利益的制度安排。当年如此，现在如此，今后仍应如此。然而，更为关键的是必须认真思考 TTIP-TPP 所制定的新贸易规则与我国目前正要大力推进的全面深化体制改革在方向上是否相容。

《中共中央关于全面深化改革若干重大问题的决定》（以下简称《决定》）指出了我国在发展进入新阶段，改革进入攻坚期和深水区阶段的主要改革目标、任务和主要措施。《决定》指出：

“国家保护各种所有制经济产权和合法利益，保证各种所有制经济依法平等使用生产要素、公开公平公正参与市场竞争、同等受到法律保护，依法监管各种所有制经济。”

“改革市场监管体系，实行统一的市场监管，清理和废除妨碍全国统一市场和公平竞争的各种规定和做法，严禁和惩处各类违法实行优惠政策行为，反对地方保护，反对垄断和不正当竞争。”

“建立公平开放透明的市场规则。实行统一的市场准入制度，在制定负面清单基础上，各类市场主体可依法平等进入清单之外领域。探索对外商投资实行准入前国民待遇加负面清单的管理模式。”

“完善金融市场体系。扩大金融业对内对外开放，在加强监管前提下，允许具备条件的民间资本依法发起设立中小型银行等金融机构……完善人民币汇率市场化形成机制，加快推进利率市场化，健全反映市场供求关系的国债收益率曲线。推动资本市场双向开放，有序提高跨境资本和金融交易可兑换程度，建立健全宏观审慎管理框架下的外债和资本流动管理体系，加快实现人民币资本项目可兑换。”

“加强知识产权运用和保护，健全技术创新激励机制，探索建立知识产权法院。打破行政主导和部门分割，建立主要由市场决定技术创新项目和经费分配、评价成果的机制。”

“放宽投资准入。统一内外资法律法规，保持外资政策稳定、透明、可预期。推进金融、教育、文化、医疗等服务业领域有序开放，放开育幼养老、建筑设计、会计审计、商贸物流、电子商务等服务业领域外资准入限制，进一步放开一般制造业。加快海关特殊监管区域整合优化。”

“加快自由贸易区建设。坚持世界贸易体制规则，坚持双边、多边、区域次区域开放合作，扩大同各国各地区利益汇合点，以周边为基础加快实施自由贸易区战略。改革市场准入、海关监管、检验检疫等管理体制，加快环境保护、投资保护、政府采购、电子商务等新议题谈判，形成面向全球的高标准自由贸易区网络。”①

对照一下不难发现，《决定》关于深化经济改革与进一步对外开放的基本思路、主要措施与当今世界范围正在酝酿形成的新的国际贸易规则在方向上是一致的，与 TTIP-TPP 并无本质矛盾。中国要形成面向全球的高标准自由贸易区网络，显然，在这个网络中不应当漏掉 TTIP-TPP。应用单国 CGE 模型的政策模拟分析表明：综合考虑增长、经贸、就业、产业发展等因素，中国加入 TPP（P12 + C）、“中日韩 - 东盟”自贸区（10 + 3）、中日韩自贸区（CJK），经济影响都是正面的，P12 + C 在经济上的促进提升作用甚至要大于后两者。②

自由贸易区是我国发展进入新阶段，改革进入攻坚期和深水区所面临的新的对外开放机遇。实行管制一致性规则，有利于按照国际标准，实行准入前国民待遇加负面清单的管理模式，强制性地改造现存的不利于市场在配置资源中起决定作用的政府管理制度；实行国有企业的竞争中立规则，有利于国家保证各种所有制经济依法平等使用生产要素、公开公平公正参与市场竞争；加强知识产权保护，实行高标准的环境和劳工规则，是促进科技创新与技术进步、产业升级换代、结构调整、经济发展方式转型的重要方式；实行服务业开放领域的高标准，有利于推进金融、教育、文化、医疗等服务业领域有序开放，放开育幼养老、建筑设计、会计审计、商贸物流、电子商务等服务业领域外资准入限制，将通过外部强制，使目前发展相对落后、发展潜力大、改革滞后、市场化水平较低的服务业尤其是自然垄断性行业扩大开放，引入竞争，推动改革。可以预见，接受国际贸易新规则体系，形成面向全球的高标准自由贸易区网络，有利于通过外部强制和国际竞争，克服体制内既得利益的阻扰和体制惰

---

① 报载：“中国已完成与东盟（亚细安）、新加坡、巴基斯坦、智利、秘鲁、哥斯达黎加、新西兰、冰岛和瑞士等 12 个国家和地区的自贸谈判，正在谈判的还有中国与挪威、中日韩自贸区等六个自贸协定。此外，中国还在推进‘一带一路’（丝绸之路经济带和 21 世纪海上丝绸之路）的建设。”《三大自贸区八天取得突破 中国对外自贸区战略明显提速》，载新加坡《联合早报》2014 年 11 月 20 日。

② 吴润生、曲凤杰：《跨太平洋伙伴关系协定（TPP）：趋势、影响及战略对策》，载《国际经济评论》2014 年第 1 期。

性，推动改革。

如何利用以自由贸易区为代表的新的对外开放机遇？历史的经验值得注意。首先，应当处理好自由贸易实验园区与自由贸易区的关系。正如当年的经济特区，自由贸易实验园区本身并不是目的，而是在全国范围全面实行自由贸易区政策的改革试验田。设立自由贸易实验园区的目的在于为全面深化改革和扩大开放探索新途径、积累新经验，而后向全国推广。因此，推动全面深化改革的关键不在于在全国设立多少个自由贸易实验园区，而是像邓小平同志那样，在看到了经济特区的改革实践证明市场化的改革方向正确之后，马上将特区的成功实践转化为政策，向全国推广。应当尽快地在全国范围全面推广自由贸易实验园区的成功实践，在960万平方公里的国土范围内形成体制统一、政策一致、面向全球的高标准自由贸易区网络。根据这一观点，我们认为，限于WTO的规定，现有的境内关外的自由贸易实验园区设置与当年不甚规范的境内关内的经济特区相比，显然更不利于体制改革的效应传递；仅限于自由贸易实验园区内的改革实验如不能尽快向园区外推广，其意义极为有限。因此，应当采取更为主动的改革精神，审视一下目前世界范围正在形成的自由贸易区规则，哪些是根本无须在境内关外的自由贸易实验园区实验，就可以在全国范围推行的？笔者以为，管制的一致性、国有企业的竞争中立原则、知识产权保护、服务业开放、环境和劳工规则、统一的市场准入制度、负面清单管理模式等，至少目前就可以在国内着手实施。其次，加入WTO的一个成功经验就是用外在的制度性强制实现国内经济的市场制度规范化，以破釜沉舟式的勇气，接受国际市场的竞争考验。实践证明，正是签署了加入WTO议定书，接受了国际条约的法律约束，才由此大大推进了中国市场经济的制度化进程；正是由于开放了市场，中国的制造业在激烈的国际竞争中不仅站稳了脚跟，而且在十年之间，产量及出口占比都跃居世界第一位。

以经济特区为代表的第一次对外开放浪潮推动中国走上了市场化之路，以加入WTO为代表的第二次对外开放浪潮推动中国初步实现了从计划经济向市场经济的初步转轨，我们有理由期望，以自由贸易区为代表的第三次对外开放浪潮将推动中国越过改革的攻坚期和深水区，建成发达的现代市场经济，实现百年复兴的中国梦。也许需要的仅仅是当年一样的改革决心、破釜沉舟式的前进勇气，以及打破既得利益格局的大无畏精神。

参考文献

[1]《当代中国的计划工作》办公室：《中华人民共和国国民经济和社会发展计划大事

辑要（1949—1985）》，红旗出版社 1987 版。

［2］《邓小平文选》（第三卷），人民出版社 1993 年版。

［3］樊纲、王小鲁、朱恒鹏：《中国市场化指数：各地区市场化相对进程报告——2011》，经济科学出版社 2011 年版。

［4］李文溥、焦建华：《从开放走向市场——沿海开放地区经济体制转轨的一个案例研究》，载《中国经济史研究》2008 年第 4 期。

［5］陆燕：《美欧加速推动跨大西洋贸易与投资伙伴关系协定谈判的动因》，载《国际贸易》2013 年第 7 期。

［6］《十一届三中全会以来重要文献选编》，人民出版社 1982 年版。

［7］石广生：《中国加入世界贸易组织知识读本》（一、二、三、四），人民出版社 2002 年版（2011 年版）。

［8］吴润生、曲凤杰：《跨太平洋伙伴关系协定（TPP）：趋势、影响及战略对策》，载《国际经济评论》2014 年第 1 期。

［9］吴伟：《美国推动“两洋经贸框架”的动向及对我国的挑战》，载《中国财政》2013 年第 13 期。

［10］武力：《中华人民共和国经济史》，中国时代经济出版社 2010 年版。

［11］杨继绳：《邓小平时代》，中央编译出版社 1998 年版。

［12］张小琳、姚新超：《服务贸易自由化的争议与中国的发展趋势》，载《国际经济合作》2013 年第 5 期。

［13］《中共中央关于全面深化改革若干重大问题的决定》，人民出版社 2013 年版。

论政府主导型市场经济转型*

一

以2008年的国际金融危机为标志，中国经济进入了一个新的发展阶段。这一点，在危机爆发当年，或许尚未被清楚地意识到，因此有四万亿投资计划，企图在短期恢复危机前的经济增长势头。然而，危机爆发至今的经济运行态势说明，国内经济严重的结构性失衡、深层次的体制性矛盾，使得外部经济情况即使好转，中国经济也难以继续沿着既有发展道路发展下去。

到目前为止，可以观察到中国经济发展的一些新的特征。

（1）经济增长减速。1978～2008年，中国经济年均增速为9.94%。2002～2007年为11.92%。然而，进入2010年以来，预期增长率已经降至7%～8%。中国经济进入了次高增长阶段（见图1、图2）。

（2）国民经济结构失衡。危机前，高投资、高净出口、低消费的“两高一低”结构失衡不断加剧，危机爆发后，高净出口不再，出口对经济增长的贡献率急剧下降，但是，高投资、低消费不仅依旧而且进一步发展（见图3）。

（3）产能过剩，民间投资增长缓慢，投资拉动经济增长的边际效率下降。多年奉行的高投资政策，使制造业严重产能过剩（见图4）。加之其他投资领域尚未充分对民间资本开放，民间投资空间有限，投资增长缓慢。过分依靠国有投资保增长，投资拉动经济增长的边际效率逐步下降。[①]

---

* 本文原载于《东南学术》2014年第1期，共同作者：李昊。

① 厦门大学宏观经济研究中心CQMM课题组：《中国宏观经济预测与分析——2013年秋季报告》。

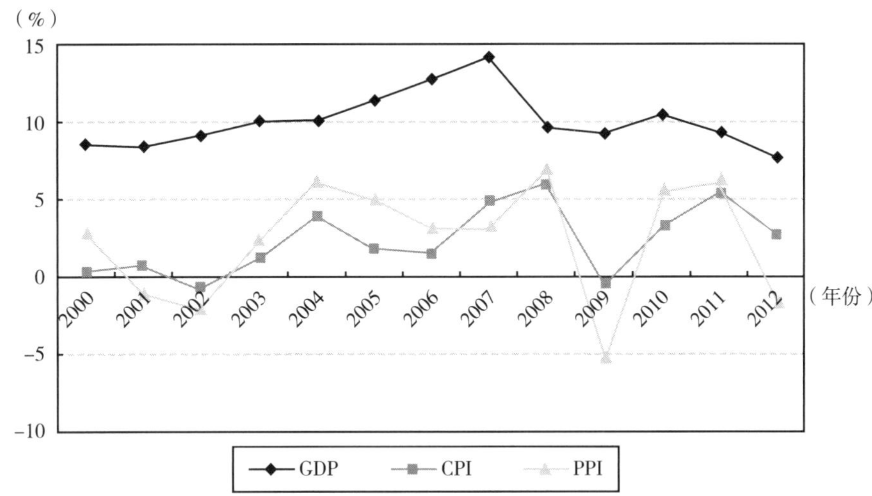

图1　中国经济增长率（2000～2012年）

资料来源：整理自CEIC数据库。

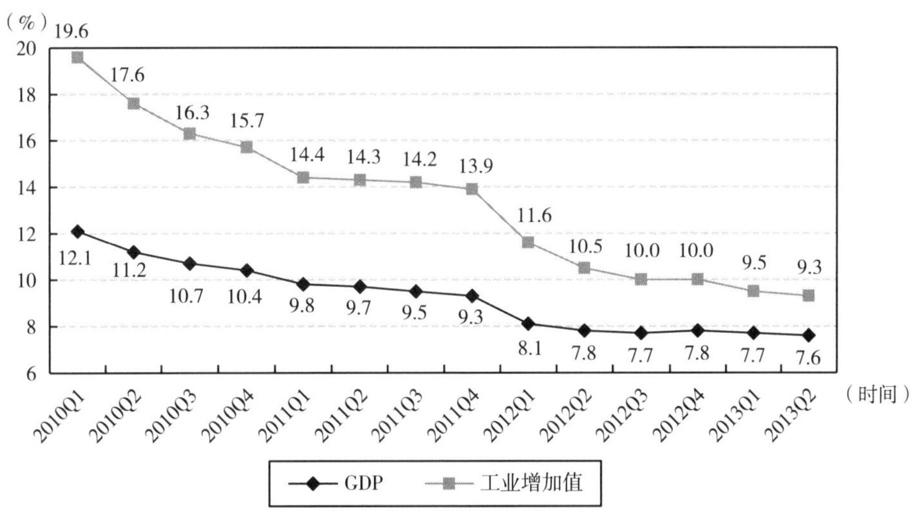

图2　GDP及工业增加值增长率（2010年第一季度至2013年第二季度）

资料来源：厦门大学宏观经济研究中心CQMM课题组，《中国宏观经济预测与分析——2013年秋季报告》。

（4）居民消费增长缓慢。在粗放型经济发展方式没有根本转变、收入分配差距尚未缩小、社会保障体系没有明显改善之前，居民消费增长难以乐观。2008年以来，我国为保增长而扩大投资，导致居民消费占比进一步下降（见图3）。

（5）政府主导型市场经济的微观基础难以维持。政府主导型市场经济的微观基础是要素比价扭曲。要素比价不能随着人均收入水平提高、要素相对稀缺程度变化而相应调整，导致了国民经济结构严重失衡。当外部市场因危机而急剧萎缩时，社会再生产出现实现困难，经济增长率急剧下滑。即使外部市场有所恢复，这一再生产方式也因要素比价扭曲所导致的收入分配差距扩大、社会矛盾加剧而难以持续；因过分压低土地、劳动及国内储蓄资金等要素价格而抑制自主创新、技术进步与产业结构演进。

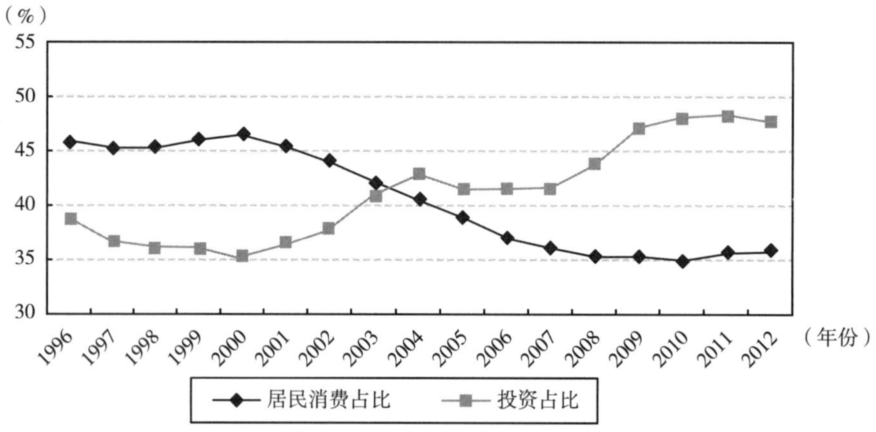

图3　投资及居民消费占比

资料来源：整理自 CEIC 数据库。

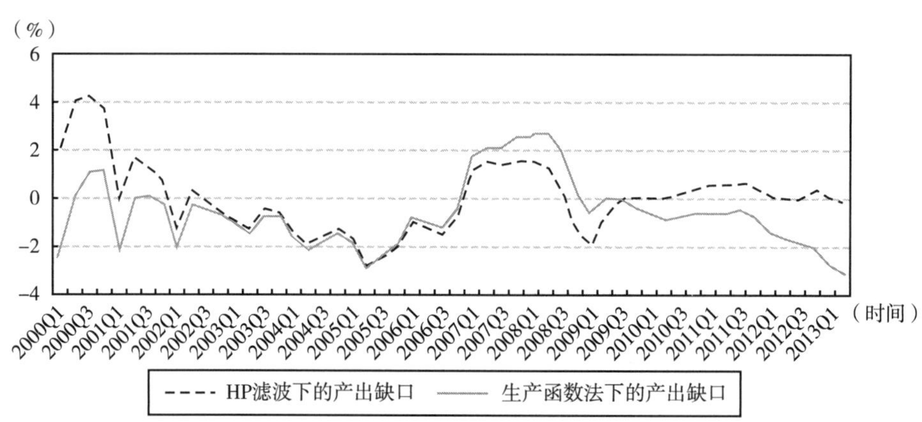

图4　中国的产出缺口

资料来源：厦门大学宏观经济研究中心 CQMM 课题组，《中国宏观经济预测与分析——2013 年秋季报告》。

（6）政府主导型经济宏观调控管理方式渐趋失效。政府主导型经济最初以追求经济增长为主。高增长必须高投资，高投资以财政收入高增长为实现前提。久之，政府在追求增长中发现，高增长不仅是政绩，而且有巨大物质利益。追求增长的目标也就更为功利，更为自觉地追求财政收入增长，追求财政收入超经济增长。追求自身利益最大化，使政府规模不断膨胀，权力范围不断扩张，逐渐侵蚀市场经济空间，抑制市场竞争与自主创新活力。然而，财政收入显然不可能长期大幅度地超经济增长。在持续15年的财政收入增速大幅度超经济增长之后，2013年上半年出现了逆转；以垄断为基础，低存款利率、高利差为重要手段，强迫储户补贴银行的金融管制政策逐渐遭到了居民抵制，大量储蓄存款转向体制外循环。民间融资及影子银行规模不断扩大以及财政收入增幅回落，一定程度上意味着既有的政府主导型宏观调控管理方式正在失效。

二

2008年的国际金融危机是引发这一变化的外部冲击，但是，决定这一重大变化的内因却更早地孕育，逐渐形成和发展。

观察1978年以来我国国民收入分配结构的变迁轨迹，可以发现，在改革开放至今的35年里，20世纪90年代中后期是一个转折点。1978年，中国实行计划经济，当年的国民收入分配结构充分体现了计划经济的特点（见图5）。当时人均GDP水平下，占国民收入50.5%的居民收入基本上只够维持低水平的日常生活消费，几无剩余可言。每年新增的居民储蓄不过20多亿元，占整个国民经济储蓄的比重极低，几乎可以忽略不计。[①] 国家财政收入集中了有限国民储蓄的绝大部分，从而保证了国有经济也即计划经济的再生产。

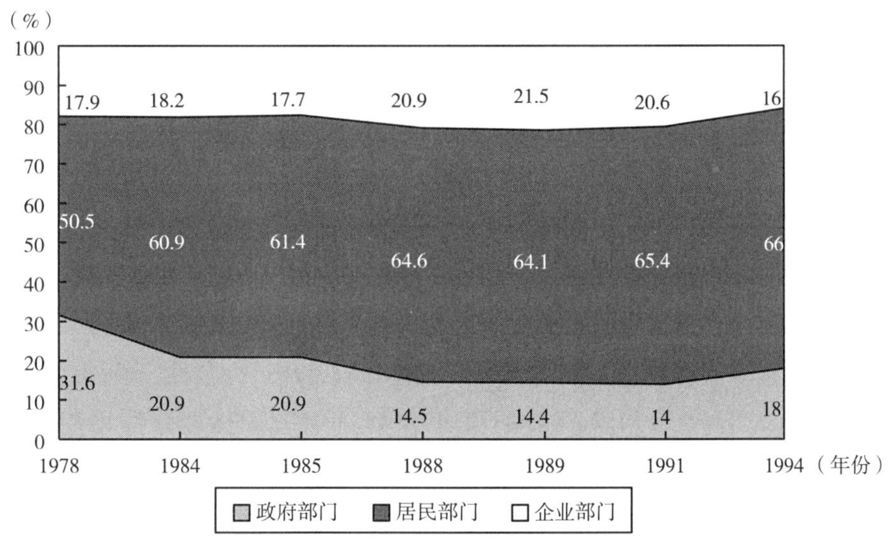

图5　1978～1994年中国国民收入最终分配格局

资料来源：整理自CEIC数据库。

① 1978年新增居民储蓄存款29亿元（此前则更少），占当年资本形成总额的2.1%。

市场化改革使国民收入分配格局发生巨大变化。1994年，居民收入占比上升至66%，企业收入降至16%，政府收入下降至18%，期间一度甚至下降至14%左右（1988~1991年）。这一变化初步奠定了市场经济型的国民收入分配格局：大部分国民储蓄从计划经济体制下的国家财政收入转变为居民收入，从而计划经济失去了它的社会再生产基础。观察世界各主要市场经济体的国民收入分配结构，可以发现，居民收入占GDP 70%以上，是市场经济国家的基本分配格局。但是，中国国民收入分配结构在初步接近市场经济体国民收入分配结构之后，却发生了结构逆转。如图6所示，居民部门收入占比从最高年份的69%（1997年）回落至58%（2008年）。企业部门收入占比从最低年份的12%（1992年）回升至23%（2008年），政府部门收入从最低年份的14%（1991年）回升至19%（2011年）。

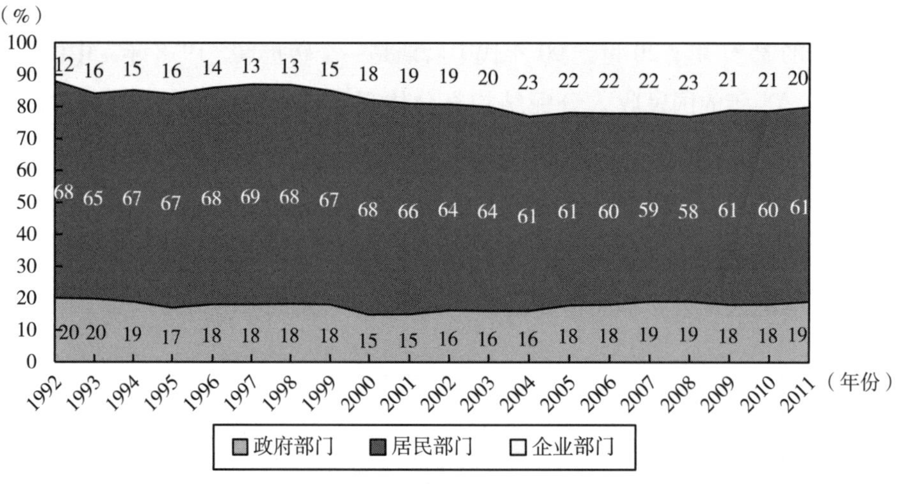

图6 1992~2011年中国国民收入最终分配格局

资料来源：整理自CEIC数据库。

居民部门收入占比下降，主要源于劳动报酬占GDP比重持续下降。1978年，劳动者报酬占比为49.66%，之后逐渐提高，1984年达到53.57%，其后缓慢回落至1989年的51.51%，1990年为53.42%，1995年以后逐年下降，2007年降至39.74%。2008年以来，劳动报酬占比开始回升，但仍较大幅度地低于1978年（见图7）。

劳动者报酬占比下降的同时，还出现了劳动力市场分化，市场竞争行业与垄断性行业、垄断性行业内部不同部门间的收入差距扩大。不同行业间的变动趋势如下。

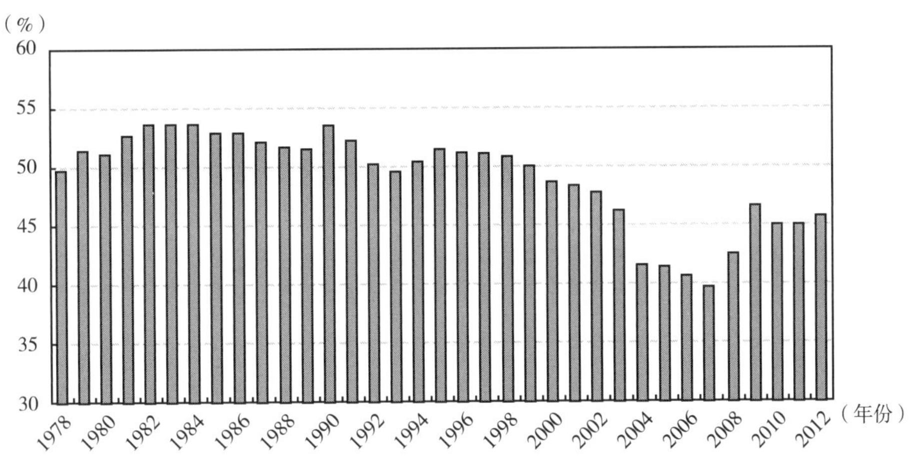

图7　中国劳动者报酬占GDP的比重

资料来源：李文溥、龚敏等，《论要素比价、劳动报酬与居民消费》，人民出版社2013年版，第10章。

（1）竞争性行业内部行业收入差距缩小，1994～2001年，竞争性行业平均工资变异系数基本维持在0.20左右，随后在波动中缓慢下降。2002～2010年，缩小到0.173（见图8）。

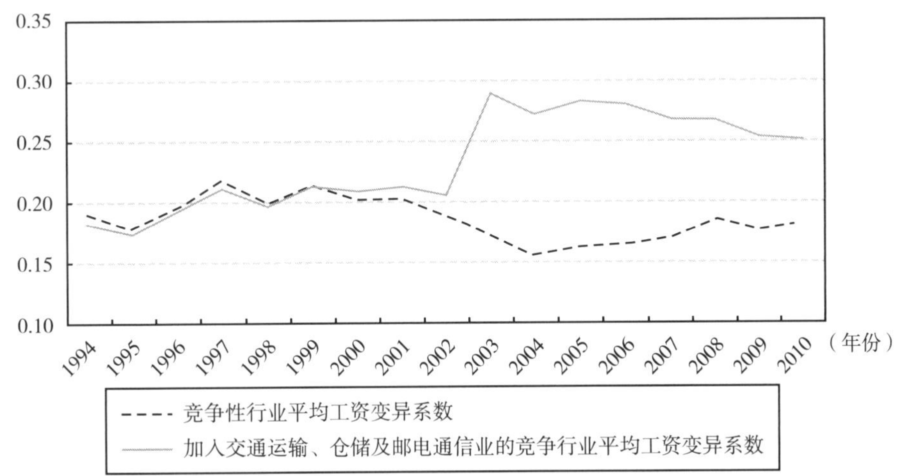

图8　竞争性行业内部平均工资收入差距演变

资料来源：李文溥、王燕武、郑建清，《劳动力市场分化与行业间工资差距变动趋势研究》，载《山东大学学报》2013年第5期。

（2）垄断性行业内部收入差距出现了相反趋势。1994～2002年，垄断性行业内部的平均工资变异系数始终比较稳定，而且总体上低于竞争性行业，仅为0.15左右。从2003年起，垄断性行业内部的收入差距迅速扩大。到2010年，平均工资变异系数超过0.3，比2002年扩大了近一倍。这说明，垄断性行业内部的劳动力市场近10年来进一步地非市场竞争化了（见图9）。

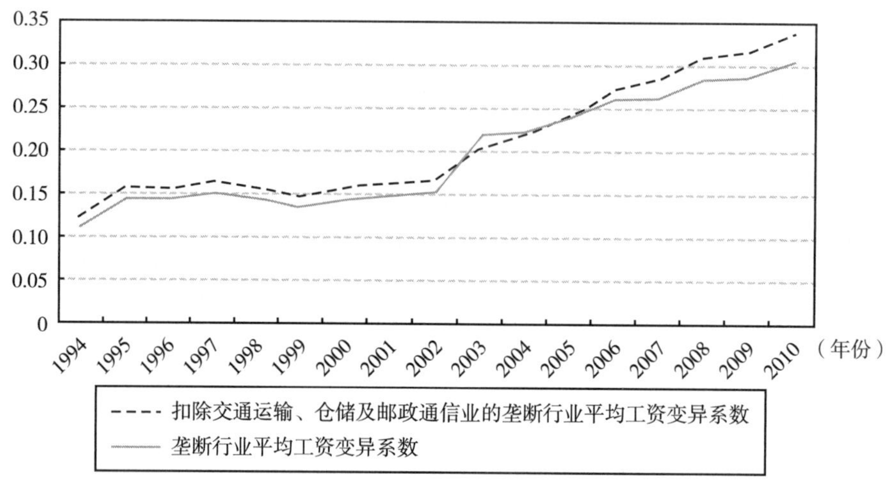

图9　垄断性行业内部平均工资收入差距演变

资料来源：李文溥、王燕武、郑建清，《劳动力市场分化与行业间工资差距变动趋势研究》，载《山东大学学报》2013年第5期。

（3）同期，垄断性行业与竞争性行业之间的平均工资变异系数也在不断扩大，由1994年的0.16扩大到2009年的0.26（见图10）。

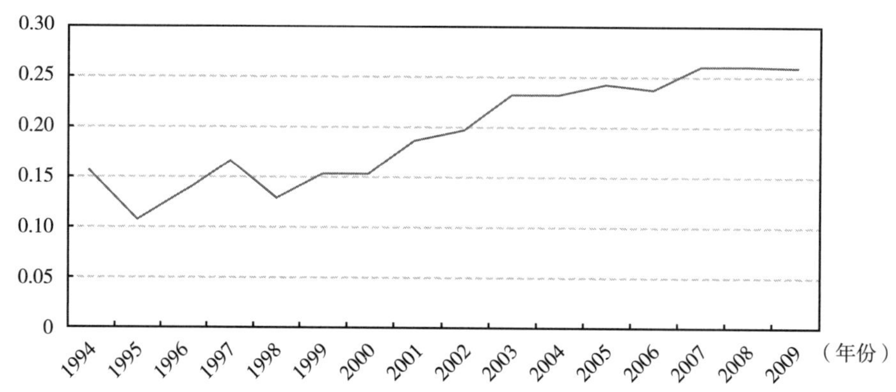

图10　垄断性行业与竞争性行业的平均工资收入差距演变

资料来源：李文溥、王燕武、郑建清，《劳动力市场分化与行业间工资差距变动趋势研究》，载《山东大学学报》2013年第5期。

（4）农村部门收入远低于城镇部门收入，城乡各行业之间收入差距明显，持续扩大（见图11）。

劳动力市场并没有随着1992年向社会主义市场经济转轨逐渐统一，相反，却出现了城乡及不同行业间的市场分隔与碎片化。

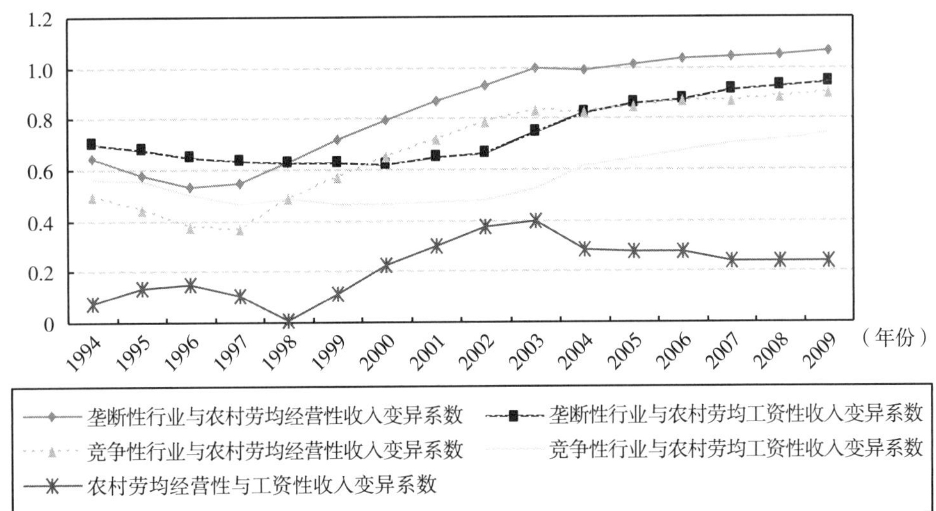

图 11　城乡各类行业收入差距趋势变动

资料来源：李文溥、王燕武、郑建清，《劳动力市场分化与行业间工资差距变动趋势研究》，载《山东大学学报》2013 年第 5 期。

由于住房、医疗卫生、教育、社会养老等领域的体制改革过多地将责任转移给居民个人，社会保障体制建设滞后，其他居民投资渠道极为有限而且高风险，尽管居民收入增长缓慢，居民储蓄实际利率为负，居民储蓄率却不断上升（见图 12）。

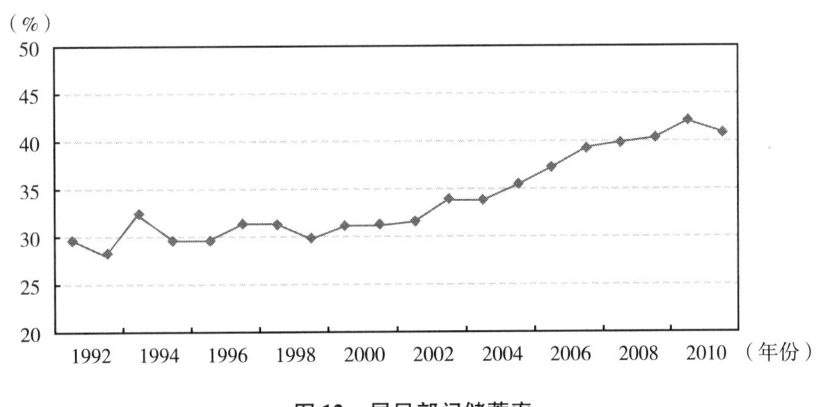

图 12　居民部门储蓄率

资料来源：整理自 CEIC 数据库（根据资金流量表实物表数据计算，居民部门储蓄率 = 居民部门总储蓄/居民部门可支配总收入）。

这种情况下，居民消费对经济增长的贡献率势必日趋下降。增长只能依靠投资与出口推动。

三

国民收入分配与消费是社会再生产过程的结果。因此，其成因只能从社会再生产过程以及决定社会再生产过程的社会经济体制中寻找。我们曾经指出:①导致这一社会再生产结果的主要原因有：

（1）以 GDP、财政收入增长最大化为目标，以要素比价扭曲为微观基础的投资驱动、出口拉动，资本倾斜、利润驱动的赶超型发展战略；

（2）以出口劳动密集型产品为导向的粗放型经济发展方式；

（3）政府主导型市场经济体制。

其所导致的社会再生产循环如图 13 所示。

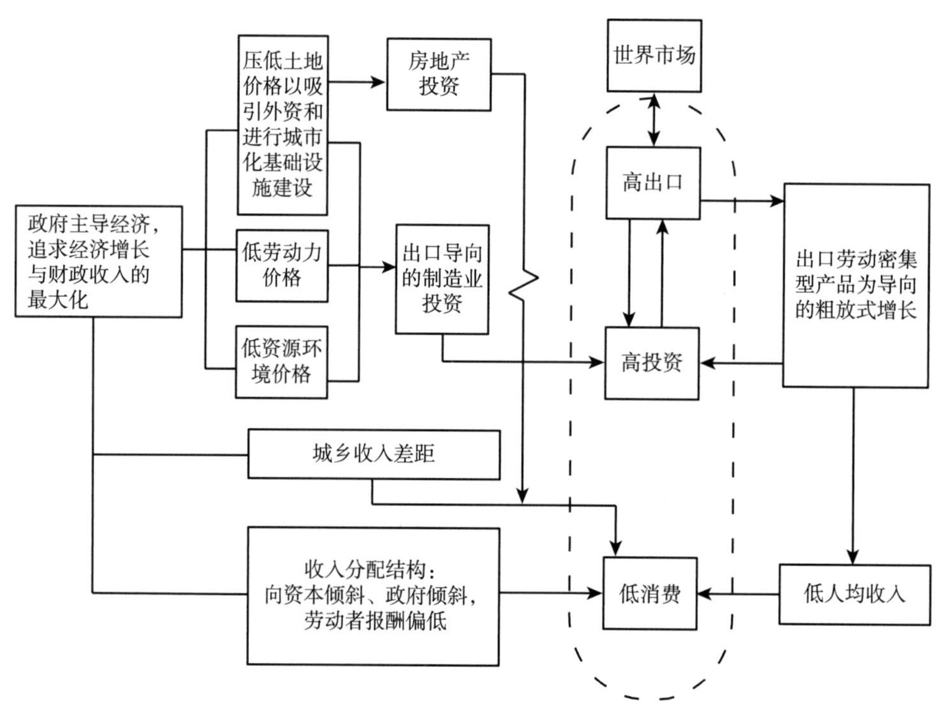

图 13　粗放型经济发展方式的社会再生产循环

资料来源：李文溥、龚敏，《出口劳动密集型产品为导向的粗放型增长与国民收入结构失衡》，载《经济学动态》2010 年第 7 期。

① 李文溥、龚敏：《出口劳动密集型产品为导向的粗放型增长与国民收入结构失衡》，载《经济学动态》2010 年第 7 期。

当然，在否定这一经济发展方式时，不能历史虚无主义地否认它的历史贡献与曾有的价值。出口劳动密集型产品为导向的粗放型经济发展方式在经济发展的早期阶段，符合当时的资源赋存结构，发挥了既有的比较优势，对促进经济高速增长起了重要作用。然而，历史的辩证法就是如此：粗放型经济发展方式所推动的高速经济增长提高了人均收入水平，使资源的赋存结构、要素相对稀缺程度从而经济的比较优势发生变化。在正常的市场经济条件下，要素比价变化将推动经济发展方式自发地及时转变，但是，在政府主导型市场经济中，它却无法自动产生。因为，奉行 GDP 主义的政府一旦在追求经济增长中更为现实、功利地追求财政收入最大化，必然固守以经济建设为中心的方针，拒绝随着经济发展需要，逐渐从市场退出；相反，却通过固化及进一步扭曲要素比价，剥夺劳动力、土地、储蓄资金、环境与资源所有者，补贴投资者，继续推行出口劳动密集型产品为导向的粗放型经济发展方式，追逐自己的利益最大化。久之，必将导致国民经济结构失衡，收入分配差距扩大，权钱交易、贪腐滥权、社会不公，社会矛盾逐渐累积。

在这一过程中，不同的制度安排对国民收入分配变化趋势影响极大。1978 年至 1983 年，推行联产承包责任制，使农民一度获得了大部分农业增产的收益，90 年代中期之前的城市经济体制改革，是在不改变国企职工终身制前提下进行的。尽管改革使国企的生产效率提高，产出增长，但是，在中央与地方、政府与企业、企业与职工的收益分配博弈中，前者总是处于相对不利地位，收益分配因此大幅度向职工倾斜。“工资侵蚀利润”导致了国企每况愈下。1988 年以前，国企亏损面一般不超过 20%，1995 年达到 40%，1998 年上升至 47.4%，第一次出现了全部国企净亏损 78 亿元。[①] 因此，尽管国民收入分配格局的变化方向有利于发展市场经济，但是，变化方式却不能被认同，也难以持久。90 年代中期的分税制改革与国有经济战略性调整，显然是对这一不规范变化的回应。尽管这一制度调整，就初衷而言，未必要使国民收入分配格局逆转，但诸种社会力量的合力，却导致了始料未及的国民收入分配格局重大变化。

变化之一：中小型国企与大型国企不同的改革路径，导致了“利润侵蚀工资”与“工资侵蚀利润”的趋势分化，使劳动者收入占 GDP 的比重下降，行业间收入差距扩大。“放开搞活中小型国有企业”“下岗分流，减员增效”使竞争性领域中小国企及集体企业员工失去了终身制。20 世纪 90 年代后期，数

① 吴敬琏：《当代中国经济改革教程》，上海远东出版社 2010 年。

千万名国企职工下岗。[①] 在劳动力市场供大于求、劳资双方集体谈判机制缺失、各级地方政府为实现高增长而争相向资本利益倾斜的情况下，竞争性领域的劳动者沦为劳动力市场上的弱势群体。以往的“工资侵蚀利润”如今变成了“利润侵蚀工资”。劳动者收入增长严重滞后于经济增长与劳动生产率的提高速度（见图 14），劳动者收入占比逐渐下降（见图 7）。

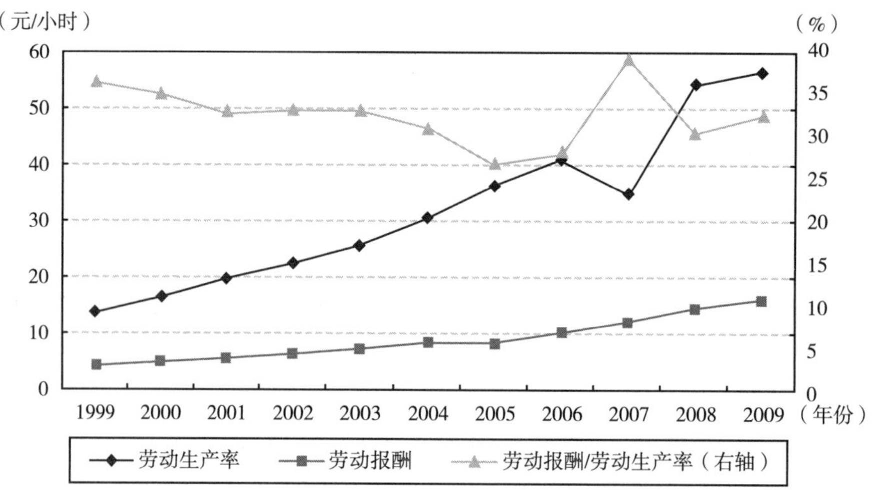

图 14　中国制造业小时劳动报酬与劳动生产率

资料来源：李文溥、郑建清、林金霞，《制造业劳动报酬水平与产业竞争力变动趋势探析》，载《经济学动态》2011 年第 8 期。

与此同时，少数留存的大型国企在能源、原材料、交通、通信等国民经济上游行业形成了强大的垄断优势。这些国企依托其垄断地位获得了巨额利润，而且留存于企业内，由它们自行支配。这些国企在收入分配上延续了此前国企普遍存在的“工资侵蚀利润”现象，不断扩大了与竞争性行业、垄断性行业之间以及行业内部、企业内部的收入差距。有所不同的是，这些国企现在可以倚仗其垄断地位，将竞争性领域创造的收入、居民收入、国有资源的巨额租金无偿地转为自己的收入，掩盖其经营不善与生产低效率了。[②]

变化之二：分税制改革使中央财政收入占财政总收入比重从 1994 年起大幅

① 20 世纪 90 年代中期，亏损国企约占国企总数的一半，整个国有部门连续数月净亏损。1997 年亚洲金融危机更使国有部门雪上加霜。政府实施了以“下岗分流，减员增效”为主要内容的“三年脱困”（1998 ~2000 年）计划，数千万名国企职工因此下岗。

② 国务院国有资产监督管理委员会（以下简称“国资委”）成立于 2003 年 3 月。国资委建立和实施了央企的绩效薪酬制度，并通过在海内外经理人员市场上公开招聘央企高管，间接推动了央企高管薪酬水平的大幅度提高。我们的研究发现：垄断性行业内部的收入差距是从 2003 年起明显扩大的。参见李文溥、王燕武、郑建清：《劳动力市场分化与行业间工资差距变动趋势研究》，载《山东大学学报》2013 年第 5 期。

度上升，地方财政收入占比急剧下降（见图 15）。中央与地方财政收入格局的变化使得地方政府通过多种方法另辟财源。为争取更多财力的诸多努力，推动了财政收入增长大幅度超越经济增长，财政收入占比不断提高（见图 16）。[①]

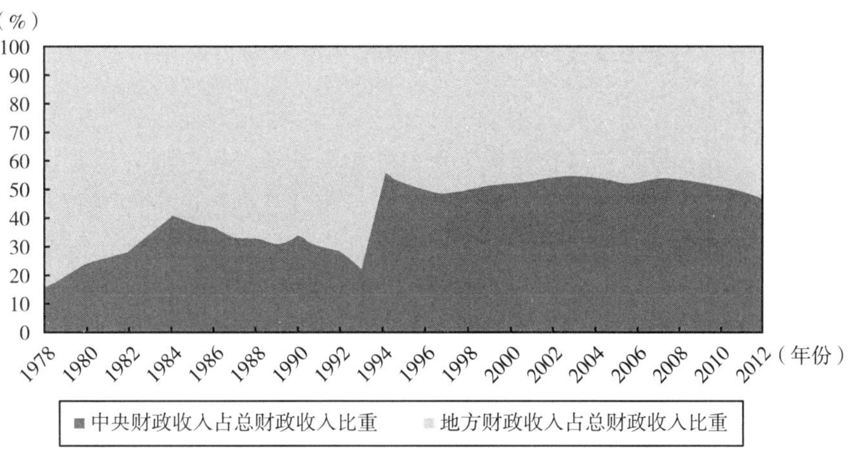

图 15　改革开放以来中央、地方财政收支比例变化

资料来源：整理自 CEIC 数据库。

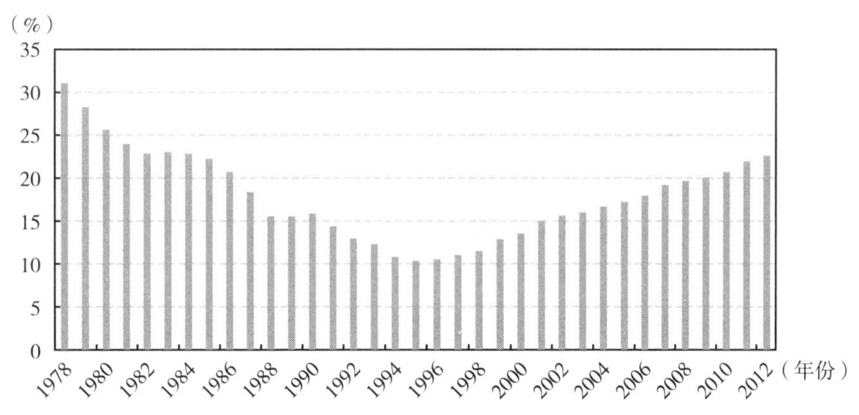

图 16　财政收入占 GDP 的比重

资料来源：整理自 CEIC 数据库。

四

在计划经济向市场经济渐进式转轨的经济体中，政府主导型市场经济可

① 需要指出：现在的财政收入口径比 1978 年的财政收入口径小得多，如果按照 1978 年的财政收入口径计算，2010 年我国政府的收入比重为 40.5%，比 1978 年还高 9 个百分点。

能是一种必要而且合理的过渡安排。因为，在计划经济中，政府是社会经济生活中的唯一自觉主体。如果不是它自觉选择了从阶级斗争为纲向以经济建设为中心转移，全社会不可能平稳地实现这一过渡。全社会转向经济建设，政府必然成为经济建设的主角。因为，在当时，不存在可以承担这一任务的独立市场主体。在转轨的特定阶段，政府作为经济建设的主角是历史的必然选择。

但是，无论是政府以经济建设为中心还是经济建设以政府为中心，都是市场化初期阶段，市场主体缺失、弱小，无法承担其社会角色条件下的不得已替代选择。政府是政治行政组织，不是市场主体，以非市场主体履行市场主体的职责，从根本上说，是角色功能上的错配。必然导致用行政手段组织经济活动，为了政绩不计经济成本。在特定地区、特定领域，政府总是唯一的存在。政府作为市场主体参与经济建设，容易导致管理者与竞争参与者的角色混乱，难以妥善处理与其他市场主体的关系，也难以使其他市场参与者相信它在履行政府管理职能时的公平公正。

财政收支在相当程度上反映了政府在市场经济运行中的行为轨迹变迁。

1997～2012 年，扣除物价变化后，我国财政收入的年均增长率超过经济增长率 5.5 个百分点，财政收入占比迅速上升（见图 17）。

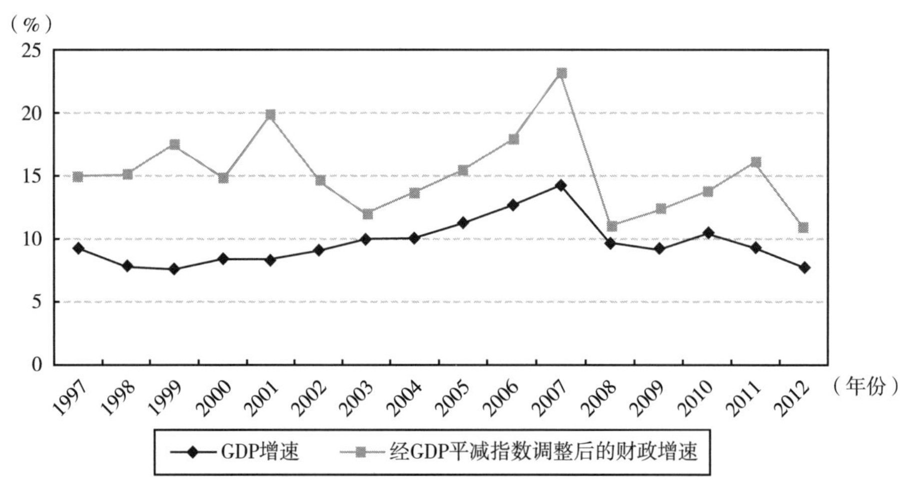

图 17　1997～2012 年财政收入增速与 GDP 增速

资料来源：厦门大学宏观经济研究中心 CQMM 课题组，《中国宏观经济预测与分析——2013 年秋季报告》。

2010 年，我国政府收入占 GDP 的比重超过 40%（见表 1），高于 1978 年约 9 个百分点。根据国际货币基金组织公布的 2010 年各国政府财政统计数据，即使不包括国企未上缴利润,[1] 中国政府收入占 GDP 的比重也已超过美国、韩国、新加坡等发达国家。

表 1　　2007～2010 年中国政府所能支配的总收入

年份	GDP	政府总收入								
		公共财政收入（万元）	预算外收入（万元）	政府性基金收入（万元）	国有资本经营预算收入（万元）	社会保险基金收入（万元）	合计（万元）	占 GDP 比重（%）	国有企业利润（万元）	加入国有企业利润占比（%）
2007	265810	51321.8	6820.3	10737	140	8729	77748.1	29.2	16200.0	35.3
2008	314045	61330.4	6617.3	14985	444	10805	94181.7	30.0	13335.2	34.2
2009	340903	68518.3	6414.7	18351	989	12780	107053	31.4	15606.8	36.0
2010	401513	83101.5	5794.4	36785	—	17071	142751.9	35.6	19870.6	40.5

资料来源：厦门大学宏观经济研究中心 CQMM 课题组，《中国宏观经济预测与分析——2013 年春季报告》。

进一步考察财政收入构成可以发现，自分税制改革之后，地方各级政府热衷于通过各种税收外途径（目前主要包括非税收入、政府性基金收入、社会保险基金收入和国有资本经营收入等）获取收入。仅就财政收入而言，1994 年分税制改革以来，非税收入占财政收入比重逐年上升：由 1994 年的 5.4% 上升到 2012 年的 14.2%，提高了 8.8 个百分点（见图 18）。目前，地方财政收入约有 20% 来自非税收入。2000 年，仅有 17.91% 的政府收入来自土地及与土地相关的税收，2010 年上升至 47.4%。

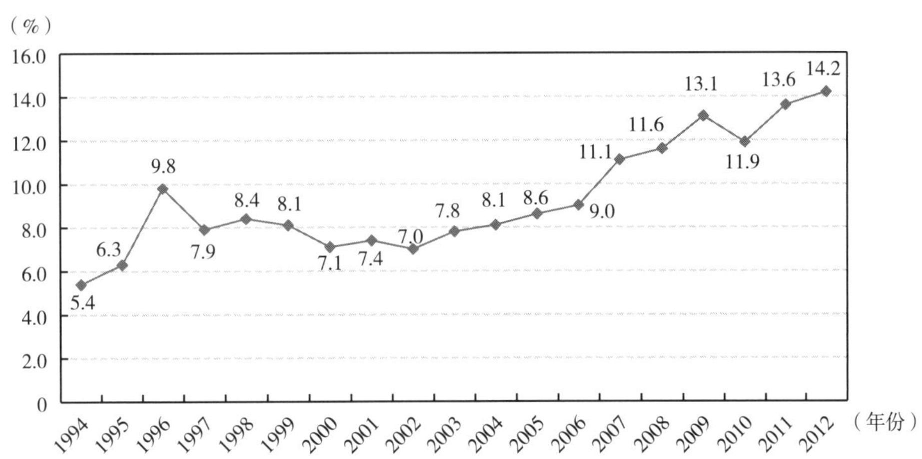

图 18　非税收入占财政收入比重变化趋势

资料来源：整理自 CEIC 数据库。

[1] 它是国家的所有者权益，当然应视为政府应收而未收的收入流量。

财政收入迅速增长，使公务员的收入水平绝对、相对地提高了。1994 年之前，公务员平均工资水平还落后于企业职工，1994 年之后，公务员无论是平均工资增速还是工资绝对水平，都超过了企业职工。[①]

与此同时，政府机关人均行政管理费用支出迅速上升。1994～2006 年，我国人均 GDP 年均增速为 9.77%，然而，扣除物价变动之后的政府人均行政管理费用年均增速是 20.24%。[②] 超过同期人均 GDP 增速一倍以上。这尚且不包括政府办公楼等行政管理设施的投资（见表 2）。

表 2　国家机关、党政机关和社会团体人数及实际平均行政管理费

年份	行政管理费（万元）	增速（%）	人均行政管理费（元）	增速（%）	人均 GDP 增速（%）
1994	68306.2	—	6612.4	—	11.81
1995	85101.6	24.59	8167.1	16.55	9.73
1996	109444.1	28.60	10013.2	13.39	8.86
1997	132183.9	20.78	12093.7	14.64	8.18
1998	161317.5	22.04	14705.3	17.34	6.80
1999	204929.0	27.03	18596.1	25.69	6.69
2000	275719.1	34.54	24974.6	36.75	7.58
2001	348807.3	26.51	31681.0	27.23	7.52
2002	413439.5	18.53	38459.5	19.59	8.35
2003	463563.2	12.12	40450.5	7.30	9.34
2004	531470.6	14.65	45424.8	15.29	9.43
2005	639719.1	20.37	52738.6	13.75	10.66
2006	745916.3	16.60	60398.1	14.19	12.05
年均增速	—	22.04	—	20.24	9.77

资料来源：李文溥、龚敏等，《论要素比价、劳动报酬与居民消费》，人民出版社 2013 年版，第 22 章。

财政支出中用于民生支出的比例却相对偏低。2007 年，美国预算收入约 40%、日本约 60% 用于转移支付项目，是同期中国的 2.14 倍、3.27 倍；美国、日本的政府再分配支出占 GDP 比重分别为 12.4% 和 20.7%，分别是同期中国的 3.1 倍和 5.2 倍。[③] 2013 年上半年，财政收入增速下滑，一般公共服务支出累计增速比 2012 年同期回落了 3.8 个百分点；然而，教育、科学技术、文化体育与传媒、医疗卫生、社会保障和就业总支出等与民生相关的支出增速却回落

① 李文溥、龚敏等：《论要素比价、劳动报酬与居民消费》，人民出版社 2013 年版，第 22 章。

② 2006 年之后，由于统计口径变动，无法继续计算政府的行政管理费用。

③ 李文溥、龚敏等：《论要素比价、劳动报酬与居民消费》，人民出版社 2013 年版，第 4 章。

了 6.2 个百分点（见图 19）。

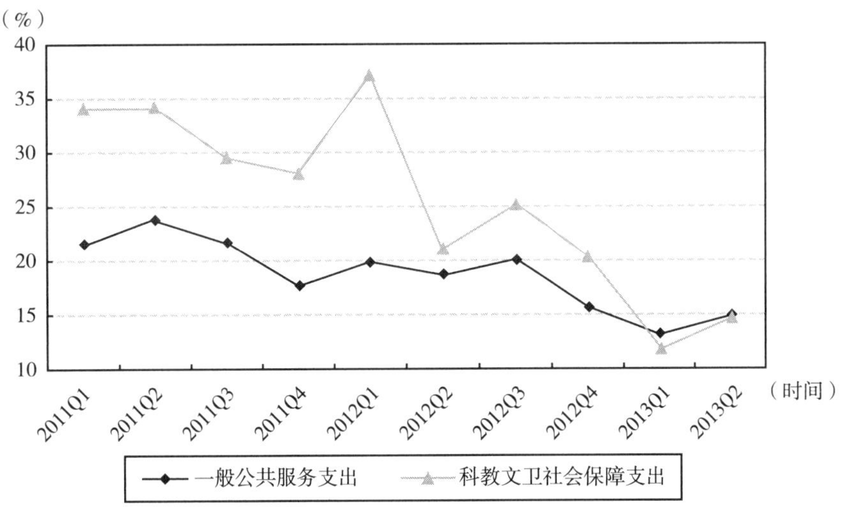

图 19　狭义民生公共财政支出季度累计同比增速

资料来源：厦门大学宏观经济研究中心 CQMM 课题组，《中国宏观经济预测与分析——2013 年秋季报告》。

五

政府主导型市场经济是一种不稳定的经济体制状态——尽管前几年颇有些论者不遗余力地宣传“中国模式”，试图证明政府主导型市场经济优于一般的市场经济，值得向陷入国际金融危机的各发达市场经济国家推广——但是，其过渡的方向却不是唯一的。政府主导型市场经济从计划经济转变而来，因此，退回到计划经济，在理论上也是一种可能的选择。然而，这也就意味着必须重新回到居民收入只能维持日常基本生活消费、居民储蓄接近于零的计划经济型国民收入分配结构。因为只有国民储蓄全部转化为财政收入，方能维持国有经济的社会再生产，才能形成计划经济的所有制基础。这一点或许是大力主张回到计划经济的论者没有想到，也不愿意以身先行先试的。告知了这一点，相信绝大多数走出了这个体制的亿万百姓将坚决拒绝走回头路。如此也就剩下唯一的选项：向现代市场经济过渡。

这一过渡的关键是政府。

其所以如此，从观察政府型主导市场经济向现代市场经济过渡的主要任务，可以得出这一结论。

第一，从政府主导型市场经济向现代市场经济过渡，必须实现经济发展目标的转变。转变经济发展方式，调整国民经济结构失衡，从根本上说，就是要从政府主导、以实现 GDP 和财政收入最大化、体现政绩为目标的强制增长转向市场主导、以提高人民生活质量为目标的包容性增长。

第二，从政府主导型市场经济向现代市场经济过渡，要实现政府工作重心从以经济建设为中心向以公共管理与提供公共服务、公共产品为中心转变。市场经济以分立的知识利用为前提，因此，在宪法与法律框架下，各个社会主体根据自己的社会角色及任务，通过多元化的方式实现各自的社会追求，是社会持续健康稳定发展的基础。全社会不应当以某项任务为中心。政府是行政组织。政府以经济建设为中心，是市场化初期阶段，市场主体缺失、弱小，无法承担其社会角色条件下不得已的替代选择。现阶段，政府继续以经济建设为中心，已经弊大于利。应当回归市场经济条件下政府的本身职能定位，以公共管理与提供公共服务、公共产品为中心。

第三，政府主导型市场经济向现代市场经济过渡，要求政府从全面积极有为、不断扩张自己的权力及资源控制范围转向有所为有所不为，主动地收缩自己的权力及资源控制范围，从正面清单管理向负面清单管理转化。为独立市场主体、社会主体的自主创新提供最大空间。在封闭空间内，负面清单管理与正面清单管理并无实质区别。但是，市场经济是一个广度与深度都无限的开放空间，负面清单管理与正面清单管理代表着完全不同的管理思维。前者是现代市场经济中的政府公共管理，后者是政府主导型经济中的全能管理。

第四，政府主导型市场经济向现代市场经济过渡，必须矫正要素比价扭曲，恢复要素市场供需双方的力量对比均衡。建设各类市场主体平等竞争的统一的要素市场。在初次分配领域就基本实现居民部门、企业部门、政府部门的收入分配比例合理化。建立初次分配为主、再分配为辅的收入分配格局。

所有这些，哪一项的关键不是政府自身的革命呢？因此，“深化改革是加快转变经济发展方式的关键。经济体制改革的核心问题是处理好政府和市场的关系”①。如何处理好政府与市场的关系呢？罗伯特·诺齐克曾说：“个人拥有权利。有些事情是任何他人或团体都不能对他们做的，做了就要侵犯他们的权利，这些权利如此强有力和广泛，以至引出了国家及其官员能做什么事情的问题（如果能做些事情的话）。”② 这是诺齐克 40 多年前写下的，今天看来，似乎并未过时？

---

① 胡锦涛：《坚定不移沿着中国特色社会主义道路前进为全面建成小康社会而奋斗——在中国共产党第十八次全国代表大会上的报告》，人民出版社 2012 年版。

② 罗伯特·诺齐克：《无政府、国家与乌托邦》，中国社会科学出版社 1991 年版，第 1 页。

从开放走向市场*

——沿海开放地区经济体制转轨的一个案例研究

1978～2008 年，即党的十一届三中全会以来的 30 年，是中国 1949 年以来最为辉煌的 30 年。这一时期社会经济所取得的举世瞩目的成就与进步，与党的十一届三中全会所确立的改革开放路线密切相关。研究发现：改革开放之初，我国各地区的市场化水平基本相同。30 年后，东部地区的市场化水平普遍高于西部地区，沿海开放地区普遍高于内地，市场化指数与省（区、市）人均 GDP 之间存在明显的正相关关系。[①] 本文以福建为例，研究沿海地区对外开放与市场取向改革的相互关系及其对市场化的作用。

一

福建位于中国经济最发达的东南沿海地区，但改革开放前一直是全国经济最落后的省份之一。1952～1978 年年均增长率仅为 5.42%，低于全国平均水平。1978 年，地区生产总值在全国 29 个省份中名列第 22 位，人均地区生产总值居全国第 23 位，低于全国平均水平（27%）。

（一）改革开放迟缓前行

1979 年 7 月，中央正式确定广东、福建实行“特殊政策，灵活措施”，在

---

* 本文原载于《中国经济史研究》2008 年第 4 期，共同作者：焦建华。

① 2001～2005 年，中国市场化指数前十名的省份，基本上位于东部沿海开放地区，尤其是东南沿海地区，市场化指数后十名的省份，全部位于西部内陆地区，尤其是西北。参见樊纲等：《中国市场化指数——各地区市场化相对进程报告》（2000 年、2001 年、2004 年、2006 年），经济科学出版社 2001 年、2002 年、2005 年、2007 年版。

计划、物资供应、物价政策等方面实行新的经济体制和灵活政策。1980 年 10 月，国务院决定在厦门湖里划出 2.5 平方公里，设立特区，实行市场调节为主的管理体制。在全国仍实行计划经济之时，福建、广东因其区位、与港澳台侨的历史联系，某种程度上也因其在全国经济的地位相对不重要，在看似不经意的偶然中，成为中国经济体制改革的试验田和对外开放的飞地，获得了改革与开放的试验权、率先发展的历史机遇。

但是，此后三四年里，福建并没有抓住机遇。最早的经济体制改革试验——农村承包责任制没有发生在福建，[①] 当安徽、四川主动打破传统体制桎梏，试行联产承包制取得重大成效，获得中央明确肯定后，福建仍然拒绝跟进。1979 年 2 月，当时的省委主要领导在省委工作会议上公开表态“不赞成包产到组”，更反对包产到户，认为是“单干”，走资本主义。[②] 1979 年 3 月，建阳（现南平市）地委对实行包产到组的社队粗暴干预，强行“纠偏”。1980 年初，建阳地区 10 县除个别外，已实行联产计酬责任制的社队大部分被强扭硬纠回去。

1980 年 9 月，中共中央印发《关于进一步加强和完善农业生产责任制的几个问题》，第一次明确提出实行“包产到户”，打破了多年来把包产到户等同资本主义的僵化观念。“包产到户”和“包干到户”在全国大部分地区迅猛发展，成为农村改革的主流。

然而，福建省委却继续下达文件要求坚持人民公社制度，强调福建情况特殊，不宜提倡联产承包，不能包工到组，更不能包产到组和包产到户。省委还召开地（市）委书记碰头会，强调要纠正以组核算和包产到户等“偏向”。[③] 到 1980 年底，全省建立大田生产责任制的 12.8 万个农村核算单位中，包产到组的占 3.4%，包产到劳或到户的占 7.6%，双田制占 6%，包干到户的仅占 0.2%。[④]

与广东相比，福建改革的阻力非常大，动力严重不足，工作止步不前。1980 年 12 月上旬，中央调整福建省委领导班子，项南到福建主持工作。

---

① 福建省完全有可能成为农村经济体制改革的先驱之一。1978 年闽清县省璜公社洼垅大队、漳平县新桥公社、建阳地区等地农民已开始“分田单干”。参见《洼垅大队刹住分田单干歪风》《新桥公社纠正闹分队的“自由风”》，载《福建日报》1979 年 4 月 13 日；《清理“左”的思想，落实生产责任制》，载《福建日报》1981 年 4 月 23 日。

② 《省委领导同志在省委工作会议上的讲话》（1979 年 2 月 4 日），引自曹敏华、欧阳小松《福建改革开放的历程》，厦门大学出版社 2002 年版，第 15 页。

③④ 福建省地方志编委会:《福建省志·总概述》，方志出版社 2002 年版。

（二）改革与开放并行

项南到任后立即全面推广联产承包责任制。1981 年 8 月底，全省 94.5% 的生产队建立了各种形式的生产责任制，1983 年，实行“包产到户”和“包干到户”的生产队占全省生产队总数的 99%。[①] 与此同时，项南提出“大念山海经、建设八大基地”的战略构想，大胆探索工业企业、商业流通、物价、金融和综合配套等方面改革。福建城市经济改革蓬勃兴起，走在全国前列。

1984 年 3 月 24 日，《福建日报》头版头条全文刊登《五十五名厂长、经理呼吁——请给我们“松绑”》的来信，呼吁“给企业松绑放权”，引起强烈反响和共鸣。当日，福建省委组织部决定在企业人事任免、干部制度改革、厂长权力等三方面给企业“松绑放权”。随后，《福建日报》连续报道“松绑”问题。一周后，《人民日报》全文转载“松绑信”，并配发“编者按”，指出“这封呼吁书提出了体制改革的一个重要问题”，旧体制“到了非改不可的时候了”。随后，《人民日报》和新华社连续追踪报道，国家体改委和国家经委邀请这 55 位厂长经理代表赴京座谈体制改革。一时间，“松绑”“放权”成为城市经济体制改革的中心话题，来自福建企业界的呼吁成为全国深化国有企业乃至城市经济体制改革的先声。[②]

在全力推进改革的同时，项南力主充分利用中央“特殊政策”，实现福建对外开放先行。早在 1981 年，他就主张厦门特区借鉴香港经验，建设大陆第一个自由港。他还提出，对侨商、外商要进一步放宽政策，实行更加特殊、更加灵活和更加优惠的政策。对双方有利的要干，对我们利小的要干，即使暂时没利但从长远来说对我们有利的也要干。1984 年 2 月，邓小平视察厦门，项南全力争取中央支持厦门的改革，请求把厦门特区扩大到全岛，并实施“某些自由港的政策”。1984 年 3 月，国务院决定把厦门经济特区的范围扩大到整个厦门岛（含鼓浪屿），并逐渐实行自由港的某些政策。[③] 1984 年，福州成为全国 14 个沿海开放港口之一，并设立国家级经济技术开发区——福州经济技术开发区（1985 年 1 月）。1985 年 2 月，厦门市的同安县、泉州、漳州的部分县市共

---

① 福建省统计局：《福建省情选编（1983 年）》，福建省统计局 1984 年版，第 45 页。

② 参见 1984 年 3 月 24 日的《福建日报》及《福建日报》《人民日报》等报刊的后续报道。项南亲自为“呼吁信”写了《福建日报》“编者按”。3 月 24 日后来成为中国“企业家活动日”。

③ 在争取厦门特区扩大的同时，项南还提出了开放沿海城市的建议。不久，中央决定，深圳、珠海、汕头的特区都扩大到全市范围，并明确了特区的四个窗口地位。从一定程度上可以说是项南推动了我国经济特区的扩大和重新定位，推动了沿海地区多层次开放格局的形成。

11 个县（市）辟为闽南三角经济开放区，成为沿海经济开放带的重要组成部分。1986 年，福建省委四届四中全会进一步明确发展外向型经济的指导思想、主攻方向、政策措施和分阶段的目标等。经数年努力，福建的对外开放终于也走在全国前列，与广东并驾齐驱。

项南主政期间，尽管存在诸多困难及阻力，但是改革开放的先发优势开始体现。1979～1986 年福建省地区生产总值年均增长 10.30%，居全国前列。1986 年社会总产值为 397.94 亿元，居全国第 18 位，人均国民收入 672 元，居全国第 16 位，较 1978 年分别提高 4 位、7 位。更重要的是，确定了外向型的经济发展道路。1979～1986 年累计批准外商投资合同 808 项，合同金额 7.04 亿美元，实际利用外资 2.49 亿美元。1979～1986 年外贸进出口年均增长 37.25%，其中出口年均增长 26.89%。1985 年工业制成品的出口额首次超过初级产品。外贸依存度和出口依存度都有很大提高，1979 年分别为 5.70% 和 5.12%，到 1986 年分别上升到 22.53% 和 11.48%。此外，计划经济时代形成的产业结构和地区经济格局在国际市场的竞争下也开始进行重大调整。1986 年，项南卸任后，尽管中央赋予的先行改革权限没有改变，但是福建的体制改革基本上是随大流跟着走，有时甚至是落后的。①

（三）开放先行：多层次、全方位、宽领域的开放格局形成

尽管福建的经济体制改革自 1986 年以后基本上随大流，但对外开放为福建经济的市场化另辟蹊径。1987 年 1 月，中央提出加快实行国际经济大循环的战略思路，② 1988 年 3 月，希望尽快推进福建经济发展的省政府把目光盯住了外部资源的引进，向国务院请示，要求福建“以国际市场为导向，以国内市场为依托，大进大出，走国际经济大循环的路子” “大力发展外向型经济”；20 世纪 90 年代又提出“外贸立省”的发展思路等。

1988 年 1 月和 3 月，国务院两次批准扩大福建沿海经济开放区范围。1988 年 4 月，国务院批准了《关于福建省深化改革、扩大开放、加快外向型经济发展的请示》，在福建建立综合改革试验区，赋予“十一条”特殊政策，鼓励福建“在改革开放中继续先行一步”，并批准厦门市实行计划单列，赋予省一级的经济管理权限。同年，福建省政府在沿海经济开放区域范围内设立湄洲旅游

---

① 方舟：《福建的现代化：前世、今生与未来》，载《福建论坛（经济社会版）》2003 年第 8 期。

② 李树桥：《八十年代改革开放的决策机制》，载《炎黄春秋》2008 年第 4 期。

经济区和东山创汇农业试验区，批准石狮、福清进行改革开放综合试验，扩大对外开放。此外，国家还批准设立了福州和厦门两个高新技术产业开发区。1989 年，国家又批准在福州和厦门设立台商投资区，分别实行经济技术开发区和经济特区的政策。福建省据此提出“大中小项目一起上、港台侨外都欢迎”和“以侨引台，以港引台，以台引台，以港澳台引外”的方针，进一步促进外向型经济的发展。

1992 年，国务院又先后批准将厦门集美、杏林列入台商投资区，实行经济特区政策，批准福州经济开发区扩大到 10 平方公里，将武夷山和湄洲两地辟为国家级旅游度假区，批准在厦门象屿和福州马尾设立保税区，批准融侨经济技术开发区和东山经济技术开发区为国家级经济技术开发区，将宁德地区开发扶贫综合改革试验区列入国家扶贫综合改革试验区，批准南平、龙岩和三明等为对外经济开发区。

1993 年 1 月，国务院批准将三明、南平和龙岩 3 市和宁德的福安市和福鼎县列入沿海经济开放区。同月，国务院批准成立东山经济技术开发区。

至此，中国最早对外开放的省份之一——福建省开放区域面积约 5. 4 万平方公里，占全省总面积的 41. 9%，经济特区、经济技术开发区、保税区、台商投资区、旅游度假区、沿海开放城市、沿海开放区等构成了厦门经济特区—沿海开放城市和闽南厦漳泉金三角开放地区—福州至闽南 5 地市连片开放城市和闽东南开放地区—全省全方位开放的梯度推进的多层次、全方位、宽领域的开放格局，福建成为全国对外开放程度最高的区域。

二

由于改革开放，福建经济发生了历史性的变化。

变化之一：外资经济迅速发展。资本短缺是福建经济发展的最大制约。对外开放，引进外资，使福建在一定程度上克服了资本瓶颈，实现了高速增长。1979 年 9 月，福建批准成立第一家中外合资企业——福建华侨企业公司。到 2006 年，福建累计批准外资项目 39942 项，合同金额 1099. 9 亿美元（历史可比口径），年均增长 39. 09%，实际使用外资 472. 8 亿美元，年均增长 38. 04%。FDI 不仅增速快，而且在全社会固定资产投资中的比重逐渐上升。2006 年，包括港澳台商在内的 FDI 企业固定资产投资额占福建省全社会固定资产投资总额的 20. 4%。外资企业工业产值占全省工业产值比重达 52. 72%，同期国有及国有控股企业的产值下降到18.43%。1996~2006年，外资企业出口年均增长率为16.70%，高于全省出口年均增长率。2006年，福建外资企业出口占全省出口总额的59.62%。

变化之二：外贸飞速发展。1979~2006年，福建出口年均增长率高达28.7%，高于全国年均增长率5个多百分点。福建外贸在20世纪90年代进入快速增长期，在全国的地位也迅速上升。1990年福建出口贸易总额2.4亿美元，是1978年的12倍，占地区生产总值的比重由1978年的4.9%上升到14%。1995年，福建进出口总额146.68亿美元，仅次于广东和上海，居全国第3位。出口总额93.26亿美元，占全国比重由1978年的0.9%上升到6.3%，位次由第11上升至第5。1999年出口103.76亿美元，成为出口超过百亿美元的省份。2006年进出口贸易总额达到626.6亿美元。外贸依存度的变化充分反映了福建的开放程度。1978年，福建外贸依存度仅为5.16%，低于全国同期水平（9.89%）近半。1991年，福建外贸依存度超过50%，1994年外贸依存度达到63.23%。外贸依存度和出口依存度的不断提高反映了福建对外开放程度的不断提高和加深，90年代中期就已接近或达到亚洲新兴或次新兴工业国家水平。进入21世纪后，福建虽然与主要新兴工业国家的贸易依存差距开始扩大，但与全国贸易依存度水平仍基本相当。

变化之三：在国际竞争中调整产业结构，产业国际竞争力迅速上升。对外开放所推动的工业化深刻改变了福建的产业结构。改革开放前，福建的经济结构呈现浓厚的不发达经济色彩。直至1985年，福建出口商品仍有44.7%是初级产品，工业制成品中，杂项制品比重高达66.4%（这还是7年对外开放的最重要成果之一），化学品及有关产品和机械及运输设备的比重不到20%（见表1）。化学品及有关产品和机械及运输设备占出口商品比重低，说明在长期封闭的计划经济下形成的重化工业在国际竞争中没有任何优势。

表1　福建省出口商品分类构成

项目	1985年	1990年	1995年	2000年	2005年	2006年
出口总值	100	100	100	100	100	100
一、初级产品	44.7	21.8	20.3	10.6	6.2	6.4
食品	32.8	15.7	13.9	9.8	5.5	5.7
饮料及烟草	—	0.6	1.2	0.04	0.04	0.03
非食用原料	11.2	5	4.9	0.6	0.5	0.5
矿物燃料	0.3	0.2	0.2	0.2	0.2	0.1
动、植物油、脂及腊	—	—	—	—	—	—

续表

项目	1985年	1990年	1995年	2000年	2005年	2006年
二、工业制成品	55.3	78.2	79.7	89.4	93.8	93.6
化学品及有关产品	4.4	2.3	1.2	2.7	2.6	3.1
按原料分类的制成品	8.5	5	4.5	15.1	14.6	16.8
机械及运输设备	5.7	20.1	16.5	26.0	37.2	35.8
杂项制品	36.7	50.8	57.5	45.6	39.4	37.9
未分类商品	—	—	—	—	—	—

资料来源：《福建统计年鉴（2007年）》，中国统计出版社2007年版。1985年、1990年、1995年的杂项制品比重是作者推算的。

到1995年，福建产业的国际竞争力跃上一个新台阶：出口商品中，工业制成品约占80%，以杂项制品为代表的低素质劳动密集型产品取代原来的资源型初级产品，成为福建最主要的出口产品。2006年，福建出口产品结构实现第二次升级：工业制成品占90%以上，其中，机电及运输设备、化学品及有关产品的出口比重约占40%，第一次成为首位出口产品。与出口商品结构相联系的是福建省不同产业出口产品国际竞争力逐次替代（见图1）：先是杂项制品的国际竞争力超过了资源型初级产品，接着杂项制品国际竞争力下降，与此同时，机械及运输设备等具有更多资本与技术含量产品的国际竞争力迅速上升，出口比重逐步取代前者。化学成品及有关产品的贸易竞争指数在2003年也终止长期下滑趋势，开始较快回升。

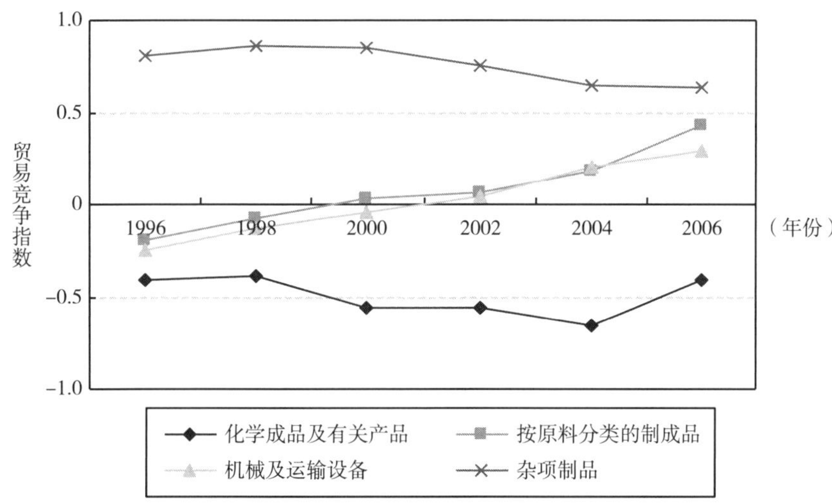

图1　1996～2006年福建工业制成品贸易竞争指数变化趋势

资料来源：福建省统计局，《福建经济与社会统计年鉴（2007年）》（对外经济篇），福建人民出版社2007年版。

变化之四：区域发展新格局的形成。对外开放改变了福建的经济发展格局。改革开放前，福建的地区发展格局呈现典型的封闭型计划经济特征。1978年，福建9地市中，沿海地区除厦门外，[①] 其余地区（福州、泉州、漳州、莆田、宁德）人均地区生产总值都低于位于内陆山区的三明、南平（见表2）。主要原因是：计划经济条件下，三明、南平等地人口密度低，人均耕地面积大，农业人均产值较高，而且作为福建省战略后方的小三线建设区，获得了最多的工业投资。

表2　　1978～2006年福建各地区实际人均地区生产总值与区际比值

地区	1978年		1990年		2000年		2006年	
	人均地区生产总值（元）	区际比值	人均地区生产总值（元）	区际比值	人均地区生产总值（元）	区际比值	人均地区生产总值（元）	区际比值
宁德	219	1.00	527	1.00	1847	1.00	3206	1.00
龙岩	245	1.12	679	1.29	2191	1.19	3761	1.17
南平	353	1.61	907	1.72	2280	1.23	3395	1.25
三明	405	1.85	1247	2.36	2862	1.55	4859	1.52
莆田	197	0.90	554	1.05	2097	1.14	4207	1.31
漳州	261	1.19	593	1.12	2841	1.54	5120	1.60
泉州	171	0.78	574	1.09	6223	3.37	10632	3.32
厦门	528	2.41	2502	4.74	13514	7.32	26169	8.16
福州	293	1.34	1072	2.03	6489	3.51	11822	3.69

资料来源：《辉煌的5年——福建区域经济发展概览》、《福建经济与社会统计年鉴（2007）》（国民经济核算篇）等。

对外开放后，福建参与国际经济竞争，以利用比较优势为导向的工业化迅速推进，沿海地区与内陆山区的经济实力逐渐逆转。到2006年，不仅厦门、福州、泉州与福建其余6市拉开距离，形成两个俱乐部，[②] 而且大部分沿海地区或发展水平超过或发展速度快于原先的内陆先进地区。地区经济格局的巨大变化，极为生动地反映了对外开放对福建经济发展的决定性影响。

变化之五：长期高速增长。上述四大变化促成了福建经济30年持续高速增长，1979～2006年地区生产总值年均增长率为11.64%，高于全国平均水平2.62个百分点。以大致5年为期，与全国平均水平相比，除2001～2006年外，

① 厦门是特例，它只有同安一个辖县，若按照其他地市相同的辖区范围，1978年的人均GDP也将低于三明、南平。例证之一是省会福州。表2中的数据是按照现有辖区计算的，由于福州的辖县（多为沿海地区）人均GDP水平较低，1978年福州市的人均GDP居然低于三明、南平地区。

② 李文溥、吴娟：《沿海开放省区内的"俱乐部收敛"——以福建为例》，厦门大学宏观经济研究中心工作论文。

其他时期均高于全国平均水平，最高达5.39个百分点。

高速发展使福建经济实力不断增强，在全国的地位日趋重要。2006年地区生产总值7614.5亿元，占全国的3.51%，较1979年的1.80%提高了近2个百分点。同期福建经济在全国的排名也不断上升。1997年福建的地区生产总值在全国的排名从1978年第22位提高到全国第11位。1998年，人均地区生产总值排名从1978年全国第23位提高到全国第6位。2007年，福建人均地区生产总值25424元，在全国31个省（区、市）中排第8位。

三

如何评价党的十一届三中全会以来福建的市场化进程，以及改革开放在推进福建经济市场化中的作用，直接关系到对开放与改革关系的理论探讨。笔者引用樊纲、王小鲁对全国各地区市场化进程多年持续研究的成果，对福建市场化进程及其成因进行分析。

根据樊刚、王小鲁等计算的1997～2005年中国市场化指数[①]，到20世纪90年代后期，福建已成为全国市场经济最发达的地区之一。1997～2000年福建的市场化指数一直位列前3名，到2001～2005年，尽管有个别省份转型更快，赶上或超过，但是福建仍居全国前4或前5。由于缺乏数据，我们无从得知1978年福建在全国市场化指数中的排位，但是，可以推知，尽管当时全国都实行大致相同的计划经济体制，福建地处海防前线，经济军事化的要求更高，市场化水平只会更落后。然而，在近30年里，福建不仅在经济增长速度上，而且在体制转型上，都实现了跨越（国内多数其他地区）发展。当今的福建已一改1978年时在全国的落后境地，是全国出口大省之一，整体实力居全国中上游，市场化水平名列前茅，同时原有经济格局完全颠覆，沿海地带崛起。这种历史性的变化显然来自于改革开放。但是，就福建而言，改革与开放的各自作用究竟如何呢？

如前所述，1981～1986年之外，福建经济体制改革并无杰出表现，基本上体现为滞后或“随大流”。但是，对外开放在中央的大力支持下蓬勃发展。因此，福建领先于全国的市场化水平，更多来自于对外开放的推动。福建市场化

---

① 该指数主要从政府与市场的关系、非国有经济的发展、产品市场的发育程度、要素市场的发育程度、市场中介组织和法律制度环境等5个方面评价各省（区、市）的市场化相对程度，并有分数和相应排名，指数体系2001年后基本趋于一致。

指数的分项指数也证实了这一点。福建市场化指数始终居于前列的是劳动力流动、产品市场发育程度、价格由市场决定程度、非国有经济发展、减少商品市场上的地方保护等。此外，引进外资和要素市场发育程度的得分也较高。这些指数大多与福建高度的对外开放密切相关。形成鲜明对照的是，福建政府与市场关系、市场中介组织的分数和排名一直较落后，这从侧面说明了内部自主改革的动力不足，政府改革滞后于市场化进程。因此，福建市场化程度的领先并非主动改革的直接结果，更多的是对外开放推动的产物。

如果从更大范围观察，可以发现，福建的情况其实具有一般性。我国目前市场发育程度领先的地区——上海、浙江、广东、江苏、福建、北京、天津、山东、辽宁、重庆，基本上是沿海开放地区，其经济发展得益于对外开放，参与国际分工与国际竞争甚多，体制也因此迅速转轨，尤其是上海。与广东、福建等地不同，1992 年之前，上海始终实行严格的计划经济管理。这个全国经济中心、最大城市的经济增长速度居然一度低于全国平均水平。1992 年起，上海与全国其他地区一起向市场经济转轨，并在对外开放上实行特殊政策。短短 16 年，上海市场发育程度跃居全国第一。相反，西藏、青海、甘肃、贵州、陕西、宁夏、新疆等地地处西北内陆，[①] 外部市场力量较难进入，尽管与上海同时向市场经济转轨，但是至今市场发育程度却仍然是全国最低的。显然，对外开放、参与国际经济分工与竞争对其体制转轨所起的作用不容忽视。

四

1978 年，我国东西部地区从大体相同的体制起点出发，开始经济市场化进程。30 年后，不同的结果出现了：东部地区的市场化水平普遍高于西部地区，沿海开放地区普遍高于内地。如前所述，在这 30 年的大多数时段里，福建并未推行明显超前的体制改革措施，但其市场化进程却领先国内大多数省份，甚至超过经济发展水平在全国的排名。我们认为，福建出现市场化进程超越其改革力度现象的根源就在于对外开放。

这一现象也就引出了在经济市场化进程中开放与改革之间关系的理论思考。长期以来，这个问题似乎被忽略了，学界大多习惯于将改革与开放并称，

① 1978 年福建的经济发展水平，在全国经济中的地位未必都高于这些地区。

市场化方面甚至更偏重改革的主导作用。然而，福建及东南沿海开放地区的市场化实践却表明：开放比改革对经济市场化具有更为重要的意义，是推进经济市场化进程不可或缺的重要力量。

改革开放之初，对外开放并未被视为市场取向改革不可或缺的根本手段之一，而只是基于国内资金不足、技术和外汇短缺采取的策略性措施，对外开放的初衷是利用国内廉价劳动力发展出口加工贸易，部分解决就业问题，挣取外汇。出乎意料的是，当内部的经济体制改革因种种原因而难以超前发展时，对外开放却悄然在福建（以及其他沿海开放地区）引起了一场对体制转轨具有根本意义的革命。开放能部分承担这一任务的原因在于：改革的目标是实现市场化，而外部世界是市场经济占统治地位，开放与改革同向互补。开放所引进的外部市场冲击，比体制内的自主改革具有更强大、更持久的力量，不存在内部自主改革进程中必然产生的改革疲劳症和懈怠，更能打破体制内既得利益集团的改革阻力，更能克服社会既有思想意识、文化习俗所形成的价值否定与行为惰性，更能坚韧和持久地推进体制转轨。因此，对外开放对经济市场化的重大意义值得认真探讨。

当然，对外开放能够成就体制改革需要一些前提条件。

前提之一：所推进的经济体制改革是市场取向的，同时，对外开放是面向外部市场经济的开放。这样，改革与开放也就找到一个契合点：市场化。

前提之二：实行体制改革和对外开放的主体比较贫困，急需外部资源的流入以发展本地经济，解决贫困问题。因其贫困，有变革的渴求；因其贫困，对外来资本的需求比较迫切；因其贫困，对开放产生的物质利益的考虑更易于超越既存社会价值判断——很可能本身就是错误的——对实行对外开放的意识形态阻碍。

前提之三：以财政大包干为特征的地方分权体制，它形成了地方政府推动本地区经济发展的强烈激励机制。

在这些前提条件下，对外开放为什么能比内部的体制改革更强有力地推动经济的市场化转轨呢？

第一，对外开放引入的市场力量一般比体制内的改革力量更为强大。

在计划经济体制下，大多数人的生活水平很低而且多年没有改变，但因长期封闭和思想禁锢，很多人形成了适应性麻木。只要生存能维系，对体制弊病，普通民众一般并不主动提出改革诉求，多是消极抵制。这种抵制，时间长了会产生一种总计后果：经济活力逐渐丧失，增长率递减。这种情况为体制内领导层中的有识之士，具有高度忧患意识的先知先觉所察觉、所担忧，因而不计个人得失地奔走呼唤，[1] 推动改革。这必然遭遇体制内既得利益集团抵制改革的重重阻力，需要克服一个社会既有思想意识、文化习俗所形成的价值否定与行为惰性。与所要挑战的旧体制以及与其相适应的社会文化价值相比，改革者往往显得相对弱小，在意识形态方面处于相对不利地位。当群众尚未亲身体验改革给他们带来的利益、摆脱多年旧体制的封闭和思想禁锢而产生的适应性麻木之时，改革者往往显得孤独无援。在这种情况下，内部的自主改革常常因改革者被“暗箭”所伤，改革半途而废，或者由于需要长期难见成效的坚持，改革者产生了改革疲劳症和改革懈怠，久而久之，改革名存实亡，逐渐消弭于无形。

然而，对外开放引进的市场力量从一开始就显示出强大的力量。

（1）相对于东道国资本，FDI 本身比较强大。邓宁等曾指出，进行跨国投资的资本一般要比东道国资本更有优势，否则无法离开母国进行跨国投资。[2] 对于 FDI 而言，使东道国成为与外部世界同样的市场经济，按照国际惯例运行，最有利于它的运营。因此，外来的市场力量既有欲望、也有能力促进东道国的市场化。

（2）由于当地资本短缺，当地政府必然要对外资提供各种政策优惠。外来的市场力量不仅因此获得较优的生存和发展条件，而且促进东道国经济市场化的需求比较容易得到东道国政府的支持，尽管这些需求有时未必与东道国政府的价值取向一致。

（3）外来市场力量前来投资，是受切切实实的物质利益驱动。由此而产生的行为动机较之体制内具有忧患意识的先知先觉者自主改革的动机，激励更强大，因此会更坚韧、更持久地促使东道国的体制向适应其利益方向的转轨，不断的物质利益驱动使它不可能产生内部自主改革必然出现的疲劳症和懈怠。当然，我们并不因此否认它可能带来的副作用。

第二，对外开放提供了向市场经济转轨所需的制度性知识外溢。

对于长期生活在封闭的计划经济体制下的各类行为主体而言，其既有知识基本适用于计划经济。在缺乏另一种社会经济生活实践的情况下，知识的真空使之不能也不敢贸然尝试新的生活方式。此时，遥远国度的另一种社会经济生活方式尽管有一定启示意义，但是相对有限，因为不知道它移植到本土是否可

---

① 改革并非没有收益，但是，体制内的改革者在首倡或发起改革之时，所要克服的阻力、可能的风险要远远大于个人的期望收益。

② John H. Dunning, Rajneesh Narla, *Foreign Direct Investment and Government: Catalysts for economic restructuring*, London: Routledge, 1996.

行。可是，外商投资企业则不同，它就在普通群众身边运行着，它的运行方式、投入、产出、业绩，清清楚楚地发生在普通群众周围，可以比较、学习和仿效。对外开放所产生的近在咫尺的制度性知识外溢效应，提供了转轨经济体内普通群众就近学习、干中学和及时检验学习效果的机会，大大降低了体制转轨的学习成本，减少了学习时间，提高了学习效率。

相形之下，封闭条件下的自主改革，或因缺乏学习对象而不得不暗中摸索，增加探索成本；或必须劳师远征学习，获得学习机会的人数非常有限，最需要学习的改革参与者——老百姓一般难以获得学习机会。因此，整个经济体的学习成本高昂，效率很低，体制转轨迫切需要的知识更新因此需要更多时间，从而延缓改革进程。

第三，对外开放提供了强大而持久的外部竞争强制，迫使原有的计划经济体制向市场经济转化。

并不是所有人都愿意主动接受对外开放所产生的制度知识外溢，不仅旧体制下的既得利益者将拒绝，而且部分群众也首鼠两端，他们既期盼市场化带来的收益，又不愿冒过大的政治经济风险，也不愿放弃旧体制下的清闲、安逸和稳定。外部市场力量对不愿抛弃旧体制下生活方式的群体将产生强大而持久的外部竞争强制，逼迫旧体制产生适应性变化，迫使其逐渐转入新体制轨道。其根本原因在于市场经济是优胜劣汰的竞争经济，它比计划经济有着更高的效率。一旦从外部引入市场经济，它就必然逼迫旧体制作出选择：或者将它驱逐出去，重新闭关锁国；或者接受它的竞争强制，向效率更高的市场经济运行方式转轨。

显然，在封闭而非对外开放的条件下，体制内自主改革极易因旧制度的既得利益者的阻扰而流产或无疾而终。然而，在对外开放下，来自外部竞争所造成的生存危机为体制内的彻底改革提供了最强有力的支持。

第四，对外开放为改革提供了巨大的市场化转轨收益，为开放地区更快地向市场经济转轨提供了资源支持。

从计划经济向市场经济转轨必然涉及不同社会阶层、不同地区之间的利益再分配，由于在原分配格局中获得较大份额的既得利益集团对决策有较大的影响力，一个纯利益再分配的零和博弈成功的概率几乎为零。不论其利得合理与否，过早触动既得利益集团的利益，对改革显然不利。因此，中国的经济体制改革采取了增量改革、“老人老规矩、新人新办法”、“双轨制”等过渡措施，降低阻力是最重要的策略考虑之一。对外开放对改革的重要贡献之一在于通过引入外来市场力量，形成新增长点，提供收入增量，实现正和博弈，有效地降低改革阻力，促进开放地区更快地向市场经济转轨。

（1）对外开放在体制外提供了市场化运行的新空间、新载体，提供了新体制运行所需的启动资源。在保持原有体制的运行机制、管理方式和利益分配格局基本不动的情况下，改革者通过引进外资，用符合国际惯例的方式运行，为勇于“下海”者创造机会，使之获得更多收入，引导更多社会成员走向市场。这种双轨制运行方式在改革初期极大地降低了改革的阻力，同时为广大缺乏市场经济知识的群众提供了就近学习的机会。

（2）对外开放引进外资，更充分地利用当地闲置的土地、劳动力等资源，优化开放地区的资源配置状况，提高资源利用效率，使转轨通过开放成为更大的正和博弈，使开放地区的市场化过程有可能成为一个持续的帕累托改进。

（3）对外开放提高了开放地区的经济增长率，增加了当地居民收入和财政收入。这既有利于政府投入足够资源推进市场化改革，又有利于让更多社会成员分享改革开放的成果，提高民众对市场化改革的支持度，提高社会对改革开放的支持度。

反之，若没有外来资源支持，改革的困难和阻力就大得多。1979 年农村承包责任制改革大体属于此类，困难如此之大，首倡其事的安徽小岗村农民居然要冒着坐牢的风险进行改革；推广如此之难，即使联产承包制在安徽、四川已获得巨大成功，有些省份仍置之不理。开放使改革获得了巨大支持。这可以说是 30 年改革进程中东部沿海开放地区的市场化进程，远远高于西部内陆地区的重要原因之一。

因此，本文的结论是：对外开放是推进中国经济市场化改革的根本手段之一，改革必须与开放携手。从开放走向市场，是党的十一届三中全会以来中国经济体制改革实践值得重视的基本经验之一。

先行先试、先发优势与领先发展*

——厦门特区改革开放经验之探讨

改革开放后，厦门成为国内最早试行改革开放的4个经济特区之一，获得了改革开放的先行先试权。通过对外开放、对内改革，厦门的社会经济快速发展，成为中国对外开放的窗口、市场化改革的试验田。几十年来，厦门脱胎换骨、凤凰涅槃，由原来的海防前线城市发展成为一座高素质的创新创业之城，新经济与新产业快速发展，贸易投资并驾齐驱，海运、陆运、空运通达五洲。"今天的厦门也是一座高颜值的生态花园之城，人与自然和谐共生。"① 改革开放给厦门带来的巨大变化值得关注。

毫无疑问，厦门的成功与改革开放密不可分。但是，1992年以后，我国全面推进社会主义市场经济，实行全境、全方位开放，厦门、深圳等经济特区与其他地区相比，对外开放的优势落差似乎在逐步缩小，然而，总体上仍然保持了比全国其他地区更快的发展速度。其中原因何在，有什么经验？以往学界探讨并不多，本文拟对此予以探讨。

一、改革开放改变发展轨迹

1949年10月，厦门解放，国民党军队退居金门，厦门成为对台海防前线，

---

* 本文原载于《演化与创新经济学评论》2021年第2期，共同作者：焦建华。

① 习近平：《共同开创金砖合作第二个"金色十年"——在金砖国家工商论坛开幕式上的讲话》，新华社，2017年9月3日。

社会经济建设不能不受到极大限制。① 1978 年 12 月党的十一届三中全会，实现了党的思想路线的拨乱反正，使全党工作重点转到社会主义现代化建设上来，开启了改革开放历史新时期，使经济特区的诞生成为可能。次年，中央决定在广东与福建两省实行“特殊政策、灵活措施”，给予更多自主权，同时设立经济特区，探索新的经济建设之路，厦门经济特区得以孕育诞生。从此，厦门走上了改革开放之路，社会经济迅速发展。

1980 年 11 月，厦门经济特区管理委员会正式组建。次年 10 月，厦门经济特区湖里工业区第一期工程破土动工，拉开了特区建设序幕，宣告了厦门经济特区的诞生。此后 40 年，厦门社会经济建设取得了巨大成就，综合经济实力显著增强。2019 年，全市实现国内生产总值 5995.04 亿元，比改革开放初期的 1978 年的 4.80 亿元，增长 329.5 倍，年均增长 14.8%。人均生产总值由 1978 年的 528 元增长到 2019 年的 142739 元，增长 29.3 倍，年均增长 8.4%。其中，第一产业总产值 26.49 亿元，比 1978 年增长 1.5 倍，② 年均增长 1.0%；第二产业总产值 2493.99 亿元，比 1978 年增长 517.5 倍，年均增长 16.0%；第三产业总产值 3474.56 亿元，比 1978 年增长 465.7 倍，年均增长 15.8%。2019 年全市实现财政收入 1328.52 亿元，财政总支出 914.72 亿元，比 1978 年的 1.55 亿元、3011 万元分别增长了 898.8 倍、3193.9 倍，年均增长分别为 17.6% 和 21.2%（见表 1）。

表 1　1978～2019 年厦门市经济发展

项目	2019 年	比 1978 年增长倍数	年均增长率（%）	项目	2019 年	比 1978 年增长倍数	年均增长率（%）
生产总值（亿元）	5995.04	329.5	14.8	港口货物吞吐量（亿吨）	2.13	120.5	12.1
人均生产总值（元）	142739	29.3	8.4	社会消费品零售总额（亿元）	2257.92	181.0	13.2
第一产业总产值（亿元）	26.49	1.5	1.0	外商直接投资（亿美元）	19.80	249.4 **	16.1
第二产业总产值（亿元）	2493.99	517.5	16.0	外贸出口总额（亿美元）	512.1	623.9	16.6
第三产业总产值（亿元）	3474.56	465.7	15.8	外贸进口总额（亿美元）	418.2	36049.6 ***	30.0

① 厦门地处海防前线，海峡两岸军事对峙尖锐，间续炮战二十多年，尤以 1958 年的“八二三”炮战最为激烈。直至 1979 年 1 月，中美两国建立外交关系，大陆宣布停止炮击金门、争取和平统一祖国的大政方针，两岸紧张局势才逐渐缓和。此前，中央和福建省政府均认为“海防前线不宜建设”，几乎没有对厦门进行任何大型的投资与经济建设。1949～1978 年这 30 年间，厦门国民经济发展因地处海防前线受到极大限制。

② 以 1952 年为基数 100，2012 年厦门第一产业产值比达顶峰，为 1293.8，此后逐年下降，故平均增速不高。

续表

项目	2019年	比1978年增长倍数	年均增长率（%）	项目	2019年	比1978年增长倍数	年均增长率（%）
全社会固定资产投资（亿元）	3118.33	2754.4*	20.6	财政收入（亿元）	1328.52	898.8	17.6
货运周转量（亿吨千米）	2382.29	1128.2	18.2	财政支出（亿元）	914.72	3193.9	21.2

注：*表示全社会固定资产投资指数从1980年开始统计，1978年用1980年数据计算。2012年统计口径调整，城镇固定资产投资口径调整为固定资产投资（不含农户），全社会固定资产投资按城镇口径计算；2016年新口径［固定资产投资（不含农户）指标］更改为固定资产投资。**表示1978年外商直接投资额用1983年数据（794万美元）代替。***表示1978年进口总额数据缺失，用1980年数据（116万美元）代替。

资料来源：厦门进出口贸易总额数据来自中国海关总署；中共厦门市委宣传部（1999）；厦门市统计局网站。

40多年的改革开放，使厦门由过去社会封闭、经济基础薄弱的海防前线小岛城市发展成为一个基础设施齐全、海陆空交通发达、综合经济实力明显增强、国际化程度高、高颜值的现代化生态花园之城，初步实现了从海防前线堡垒到初步现代化国际性城市的转变。厦门发展经验被誉为“沿海开放地区经济社会协调发展的成功实践”的“厦门模式”（中央编译局、求是杂志社联合调研组，2008）。

综合经济实力增强，是40多年厦门经济快速增长的结果。1984～1991年，厦门生产总值年均增长20.2%。1992～2019年，厦门生产总值年均增长13.7%，虽较前一时期有所回落，但还是超过全国年均增长率（9.2%）4.5个百分点。2013年以后，厦门生产总值增长率降至两位数以下，与全国平均增速日益接近（见图1）。

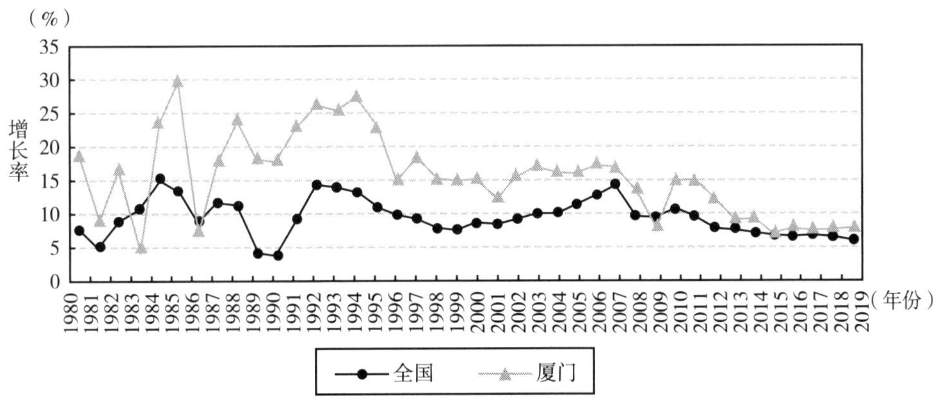

图1　1980～2019年厦门与全国GDP历年增长率

从图1可以看出，除1983年、1986年、2009年等个别年份外，厦门历年的经济增长率均高于全国平均水平。改革开放和特区建设，给了厦门历史性的发展机遇，改变了厦门的发展轨迹。

二、开放打开发展之门

厦门地处中国东南沿海省份——福建省的西南部、九龙江入海处，背靠漳泉，土地面积1700.61平方千米，与内陆及沿海其他省市的陆上交通原先并不便捷，甚至有点偏僻、闭塞。厦门港湾港阔水深、不淤不冻，居于香港与上海航线的中心，与台湾岛、澎湖列岛仅隔一条台湾海峡，距通往日本、朝鲜及东南亚国家的航道不远，海上交通比较方便，具备良好的港口条件与一定的区位优势。再者，厦门是大陆距台湾岛最近的城市，与台湾有地缘相近、血缘相亲、语言相通、习俗相同的密切关系，历史渊源深厚；福建是有名的侨乡之一，早年闽南人下南洋，大都是从厦门启程，漂洋过海。目前为止，居住在东南亚、美国、加拿大等地的闽籍华人华侨大约500万人，有60万名闽籍港澳同胞与500万闽南归侨与侨眷（王盛泽，2011），其中厦门籍华侨华人四五十万人，居住港澳的厦门籍人士约四五万人。这些海外华侨华人和港澳台同胞是厦门社会经济发展的重要力量来源。另外，厦门素有“海上花园”之美誉，旅游资源较为丰富。但是，综合而言，与国内其他沿海城市相比，厦门在资源禀赋上并没有特别明显的优势。

厦门之所以在1978年以后得到快速发展，对外开放显然是最重要的因素之一。对外开放，为引进外商直接投资，克服发展中经济在发展初期普遍存在的“钱纳里缺口”① 提供了条件。对外开放之所以能引进外资，关键在于引进地的经济体制必须尽量与国际接轨，接轨就意味着市场化。实践证明：开放所引进的外部市场冲击，比体制内的自主改革具有更强大、更持久的力量，不存在内部自主改革进程中必然产生的改革疲劳症和懈怠，更能打破体制内既得利益集团的改革阻力，更能克服社会既有思想意识、文化习俗所形成的价值否定与行为惰性，更能坚韧和持久地推进体制转轨。而且，对外开放提供了向市场经济转轨所需的制度性知识外溢，提供了强大而持久的外部竞争压力，迫使原有的计划经济体制向市场经济转化，并为改革提供了巨大的市场化转轨收益，

① 1966年，钱纳里和斯特劳特在《外援与经济增长》一文中提出了“两缺口模型”，第一次比较系统地分析了利用外资和经济增长的关系，主要思想就是发展中国家国内有效供给与资源计划需求之间存在缺口，即储蓄缺口与外汇缺口，而利用外资是填补这两个缺口的有效手段。

为开放地区更快地向市场经济转轨提供了资源支持。对此，我们曾有所探讨（李文溥和焦建华，2008），此处不再赘述。对外开放是厦门发展的最大动力，厦门以开放促改革，以改革因应开放，从而推动了社会经济的全面发展。厦门资源短缺，改革开放初期，国家财政困难，财力有限，中央政府并没有增加对厦门的投资，国家投资仍然极少，两岸军事对峙状态并未完全解除，发展经济的条件并不好。在没有现成模式和经验可循、缺乏财力支持的情况下，厦门把中央关于办经济特区的总体要求与厦门的实际相结合，吸引外来资源，引进了厦门建设急需的资金、技术、知识与人才，通过发挥比较优势，吸引境外资源发展经济，走外向型经济发展道路，从而推进厦门的社会经济全面发展。毫无疑问，对外开放是厦门发展的最大动力，为厦门内部改革与发展提供了长期的激励。

但是，开放只是为发展打开了一扇门，是发展的必要而非充分条件，改革开放以来的实践证明，不是一个地区获得了先行开放的政策优势，经济就必然腾飞。实践证明，不同开放地区的经济发展绩效大不相同。因此，需要更进一步研究：在开放条件下，特定地区具体的发展道路及经验，它为什么成功？

三、开放促进市场化改革

20 世纪 70 年代末，劳动者生产积极性降至极低，经济增长严重乏力。在传统的计划经济体制弊病暴露无遗的情形下，党的十一届三中全会启动国家战略层面的三大转变：从以阶级斗争为纲转向以经济建设为中心，从封闭转向对外开放，从计划转向市场。兴办经济特区，或许就初衷而言带有某种权宜考虑，[①] 但实践的结果是，厦门、深圳、珠海、汕头成为中国进行改革开放的首批试点城市，成为对外开放的窗口和改革的试验田。对外开放促进了市场取向的改革，有力地推进了本地经济体制的改革和社会经济的发展，为中国经济体制改革提供了宝贵经验。

（一）始终坚持市场化改革，逐渐确立市场在资源配置中的基础性地位，发挥市场配置资源的决定性作用

对外开放，厦门首先面临着对既有计划经济体制进行改革，推进经济市场

① 就初衷而言，只不过是想利用这些城市或地区有悠久、较多的海外联系，引进外资，发展出口加工型劳动密集型工业，为国家解决部分外汇缺口。

化的任务。因为，只有推进国内经济体制的市场化改革，才能实现对外部市场经济的开放。厦门大力改革旧体制，推进市场化进程，逐步构建起现代市场体系，为经济社会的发展不断注入新的活力，在全国的改革中发挥了示范作用。

20 世纪 80 年代，随着外商投资于特区，遵循国际规则、按照市场规律办事就成为特区吸引外资的重要前提。厦门采取各种改革措施，大力推进市场化改革，简政放权，改革商业体制、外贸体制与外汇分配制度，清除经济发展的各种障碍，逐步建立起配套的市场体系，从封闭的计划经济逐步转向开放型市场经济。在各种改革措施中，产品与要素市场的培育尤其重要。厦门把培育和发展各类产品与要素市场作为改革的一项重要任务，初步建立起包括生活资料（消费品）、生产资料、金融、劳动力、房地产、技术与信息等要素市场在内的市场体系（中共厦门市委党史研究室，1997）。

（1）生活资料市场。至 1991 年底，全市已建立各种所有制成分的零售商业网点 1 万多个、小商品市场 10 多个，以及 100 多个不同规模、不同类型的副食品市场与集市贸易市场。市场主体结构基本上完成由单一国营经济向多种经济成分并存的所有制结构的转变，竞争性、开放性的多层次消费品市场格局初步形成。生活资料供求已由特区初期主要依靠计划安排转向主要依靠市场调剂，形成生活资料多渠道经营的竞争局面。

（2）生产资料市场。厦门设立生产资料贸易中心、钢材市场、汽车贸易中心等具有综合性、专业性的生产资料市场，广泛开展地区之间、企业之间的横向协作，即以市场主体身份进行的平等交易，突破计划经济中以上下级之间由指令性计划实现的计划调拨关系；设立包括金属、建材、机械电子、化工、纺织、农资与包装等 9 个保税贸易行业的保税生产资料市场，以保税方式陈列国际市场生产资料样品和厦门市供出口物资样品，供特区外商投资企业及加工出口的内资企业选购，并提供国内外商品行情信息，为发展特区外向型经济服务。生产资料市场的形成打破由国营物资企业单一经营生产资料的传统格局，生产资料供求由特区初期主要依靠计划安排转向主要依靠市场调剂，形成生产资料多渠道经营的竞争局面。

（3）金融市场。厦门在 1986 年建立银行同业拆借市场。1988 年成立会员基金制的“厦门金融市场”，与全国七大金融市场的 80 多个金融机构建立了正常融资关系。至 1989 年，全市已有银行和非银行金融机构 26 家，其中有全国第一家中外合资银行——厦门国际银行，有美国建东银行、渣打（麦加利）银行和新加坡的大华银行等 7 家国外银行在厦门设立的分行，还有香港恒生银行、国际商业银行在厦门设立的代表处。同时，厦门建立了以证券公司为中心、4 个证券交易柜台为主体的有形市场，从事有价证券买卖与转让。外汇调剂方面，1987 年初设立外汇调剂中心，实行外汇分成制，采取“双方见面、价格面议”方式；1989 年 7 月成立“外汇调剂公开市场”，实行会员制，公开竞价，集中结算，共吸收了 14 家经纪商会员和 80 多家自营商会员，与全国 20 多个外汇调剂中心建立了融资关系。总体而言，厦门通过证券市场、外汇市场等多种金融市场交易，开创了多渠道融资的新局面。

（4）劳动力市场。厦门先后建立了市、县（区）劳动服务公司、劳务市场、技术工人交流中心、职业介绍所、人才交流中心等多层次的劳务（人才）市场，全面开展劳务信息、政策咨询、就业指导和职业介绍工作，国有企业的用工一般以计划管理与调配为主，外商投资企业的用工以自主择业和市场调节供需为主，逐渐建立起计划调配与市场调节相结合的劳动力市场，部分实现了劳动力的自由流动。

（5）房地产市场。厦门采取以公开竞投和协议批租的方式，有偿出让国有土地使用权，走“以地养地、以地建城”之路。1988 年 6 月，厦门首先以公开竞投方式有偿出让土地使用权，改变了仅有国有企业的单一市场主体局面，真正引入符合国际房地产投资经营惯例的市场机制，使房地产市场得到发育。多种所有制的房地产开发并存，促进房地产开发的竞争机制的形成，带动房地产市场的繁荣。1991 年，厦门国有土地出让收入达 0.68 亿元，占当年财政总收入（11.84 亿元）的 5.74%。

（6）技术与信息市场。1985 年，厦门成立经济信息中心，主要为政府经济决策提供信息服务，也为企业和社会各界提供信息与咨询服务（陈聪辉，1996）。1987 年，厦门成立技术商品交易所，此后逐步建立了多家技术中介机构、技术市场经营机构等，科研成果开始从无偿转让到有偿使用，有助于技术市场的发育。1989 年 11 月，厦门成立由经济、科技、社会信息科研、生产分配和服务的单位及个人组成的全市性社会团体——信息协会，推动信息工作的组织、协调与交流活动（陈聪辉，1996）。随着信息咨询等各类技术服务机构的出现与增加，信息市场也得到一定发展。1987 年 9 月 8 日，福建省厦门、泉州、漳州和龙岩四个地市在厦门联合主办了“闽南三角区外商投资贸易洽谈会”，这就是今天厦门“中国国际投资贸易洽谈会（‘九八贸洽会’）”的发端。1991 年，对外经济贸易部批准厦门作为举办口岸级贸洽会的国际招商城市之一，福建投资贸易洽谈会由省内区域性的洽谈会升格为口岸洽谈会，主办单位亦由福建一家扩大到数省合办。以经济信息中心为主体，各种不同层次的信息机构构成的信息网络逐渐形成，各种信息刊物不断出现，同时报关服务、商检服务、商情信息等出口服务体系逐渐发展。

1992年之后，厦门进一步发展和完善生产要素市场。金融市场长足发展，产权交易市场开始起步，劳动力市场初具规模，技术市场得到较大发展（中共厦门市委党史研究室，1997）。初步建立起社会主义市场经济体制的框架，促进市场主体向多层次、多元化方向发展，包括国有企业在内的各种企业基本上成为自主投资、自主经营、自担风险、自负盈亏和自我发展的市场主体。市场机制在资源配置中的作用日益扩大，政府的经济管理方式逐步适应市场经济的要求。

此后，厦门在深化对外开放、加强基础设施建设的同时，更加注重体制与机制建设，大力推进以市场为取向的改革：着力发展社会主义市场经济，推动财税、外贸、外汇、投资、价格等新旧体制的过渡；开辟生产资料市场、产权市场、人力资源市场、科技市场，形成比较配套的要素市场；逐步形成适应当地资源要素禀赋结构尤其是人力资源禀赋的电子、机械、化工三大支柱产业，同时推动光电、软件、动漫、新材料、生物医药等新兴产业发展；积极引导外商投资技术先进型、出口创汇型企业。

（二）在改革开放中不断探索与国际接轨、适应市场经济的政府管理方式，逐渐确立政府的新定位与新职能，形成政府调节市场的机制

厦门经济特区最初仅限于厦门岛内郊区湖里人民公社范围内的2.5平方千米。没有任何可用于现代城市工业的基础设施。特区管委会不得不从基础设施建设入手，正是在这一过程中，逐步形成“基础设施先行、筑巢引凤”的理念，开创利用外资加快城市基础设施建设的新方式，1984年厦门经济特区扩大到全岛范围之后，这一理念和方式并没有被放弃，而且逐渐成为改革开放条件下政府职能定位的重要指导思想和可资利用的方式之一。厦门从基础设施建设入手，加强城市通信、供电、供水等经济性基础设施投资与建设，不断加快改善空港、海港与陆上交通运输建设，通过“筑巢”来“引凤”，借助外来资本加快厦门的经济建设。地方政府的定位与职能在于“筑巢”与“引”，而非“凤”，即政府逐步从市场竞争性领域脱身出来，转向市场失败领域，提供独立市场主体难以很好提供的城市基础设施建设，扮演服务者和市场竞争的裁判者的角色，这与计划经济体制中政府的角色完全不同。政府由经济建设“运动员”（“凤”）转向基础设施（“巢”）的提供者和“裁判员”，承担服务和裁判的职能，这正是现代市场经济中政府的定位与职能。

另外，为了持续推进改革开放深入发展，厦门不断推进政府职能改革，提高行政效率。政府逐渐从竞争性市场领域中脱身，让市场机制解决市场问题。1982 年，厦门按照革命化、年轻化、知识化、专业化的要求建设干部队伍，改变领导班子结构；采取多种形式、有计划地培训干部，提高干部队伍的政治与业务素质。至 1983 年底，分期分批轮训的党员占全市党员总数的 98%（中共厦门市委党史研究室，1997）。部门设置方面，厦门更强调与市场经济接轨，裁撤不合时宜的部门机构（厦门市地方志编纂委员会，2004），强调政府职能转变，构建"发展型政府"，以发展经济为导向，对经济运行以调控管理为主，由市场发挥资源配置的基础性与决定性作用。1986 年 5 月，厦门被列为全国 16 个机构改革试点中等城市之一。1987 年，厦门在全国率先撤销了物资局、水利水电局、农业局、机械冶金局、化工局、电子局、轻工局和建工局"八大局"，改为行政性公司，原机构部分政府职能分别转入经委、农委，之后公司又转为经济实体。1993 年，厦门撤销商业局，成立商业集团公司；缩小粮食局，职能为粮食储备与军粮供应；恢复供销社的集体所有制性质，取消其原有性质职能，原商、粮、供机构部分职能划入市经贸委（陈聪辉，1996）。根据特区建设需要，厦门逐步调整特区管理机构，增设经济研究室、科技研究室，加强对国内外经济动态、科技动态的调查研究；增设生产服务公司、生活服务公司和公共事业公司等。此外，特区管理委员会还聘请了 24 位经济、法律、科技等方面的专家、学者和知名人士，组成厦门经济区顾问委员会，以发挥决策咨询、荐举人才等作用（中共厦门市委党史研究室，1997）。1984 年，为了更好地改善投资环境，厦门市"六委"（计委、经委、经贸委、建委、农委和科委）在联合办公、"一个窗口对外"的基础上，在全国率先设立外商投资工作委员会，后调整为外资企业管理局，承担外商投资项目的审批和对外资企业管理的职能，搞好综合服务，帮助外商解决生产经营中的困难（《厦门经济特区年鉴》编辑委员会，1990；中共厦门市委宣传部，1999）。此举既是管理，也是政府职能向服务型转变的重要标志。

为了促进管理方式转变，厦门深入推进行政审批制度、价格管理体制、投融资体制、财政体制、外贸体制、土地管理体制和城市建设管理体制等各项改革，充分运用地方立法权，加强经济立法工作，颁布一系列重在改善经济秩序、规范市场行为的法规，完善市场监督与管理，政策治理逐步转向依法治理。为了提高行政效率，厦门率先推动干部选拔任用的科学化和民主化，1989 年向社会公开招考行政机关工作人员和社会招干工作（《厦门经济特区年鉴》编辑委员会，1990），实行任前公示制、票决制、竞聘制、试用期制。21 世纪以来，厦门市政府更注重自身角色的定位，更注重承担公共服务职能，主要负责提供公共品，推进基本公共服务的均等化、普惠化，在全国率先推行社会保障性住房建设模式、建立城乡一体的全民医保体系、推行最低工资标准和城乡居民最低生活保障制度、实行城乡居民子女免费接受义务教育等。

由于政府职能改革成就显著，2006 年厦门被世界银行评为“中国投资环境金牌城市”。2011 年，新加坡南洋理工大学和上海交通大学公布的《2011 中国服务型政府指数及中国城市服务型政府调查报告》中，厦门名列“中国服务型政府十佳城市”榜首。在中国城市发展研究院公布的《2011 中国城市发展综合评价报告》中，厦门名列“2011 中国城市科学发展典范城市”榜首。根据《厦门市 2017 年度营商环境整体评估报告》，厦门 2017 年度营商环境在 190 个经济体中排名第 38 位，较 2016 年度上升 2 位，比上海（第 78 位）与北京（第 81 位）排名更靠前（刘艳，2018），这些评价表明了厦门投资环境的持续改善和政府职能改革的成功。

对外开放之所以使厦门社会经济迅速发展，关键在于推动了厦门的市场化改革，逐渐确立市场在资源配置中的决定性作用，吸引了世界范围的资本和人才等资源源源不断地流入开放地。为适应外商直接投资与国际经济交往的需要，政府的管理逐步与国际接轨，形成了较符合市场经济运行需要的政府管理方式。

四、先行先试与先发优势

在改革开放过程中，先行先试给所在地区带来的一个重要优势是先行改革将创造出一种体制先行优势。先行的市场化体制，导致资源更早更快地流入先行先试地区，持续不断的先行改革将形成体制上的累积效应，成为不可低估的先发优势，如果没有持续不断的先行先试形成的连续先发优势，厦门、深圳等经济特区想在改革开放以来的 40 多年里持续保持发展的领先态势，显然是不可能的。

摸着石头过河，是中国改革开放的典型特征。1979 年，中共中央与国务院决定赋予广东与福建“特殊政策、灵活措施”的改革权限，给予经济活动更多自主权，设立经济特区，探索新的经济建设之路。但是，何为“特殊政策”？何为“灵活措施”？当时的中央也不清楚，无法明确规定，因为，当时所能知道的仅仅是现存体制是不合理的，阻碍生产力的发展，但是，对于何种体制能够促进生产力发展，加快经济增长，却没有答案，因此只能不定音调，要求广东与福建在经济建设中自行探索。

面对开放后新事物不断涌现、新问题持续出现的新形势，在上级支持下，厦门发扬先行先试的精神，率先进行一系列创新实践，从而逐渐确立经济特区的政策与先发优势。相比深圳的快速变革，厦门的多数改革相对和缓，应市场需要而改，渐进推动，润物无声，厦门与深圳在改革方式上的不同特点，在一定程度上与两个城市不同的起点、特点有一定关系，[①] 但最终殊途同归地达到改革的目的。厦门勇于先行先试，不断先行先试，造就了先发优势，成为发展的持久动力。

1984 年以前，全国除 4 个特区外，其他城市都仍然实行计划经济体制，厦门也是在既有计划经济体制的基础上开始市场化改革，首先进行的是基础设施建设的体制机制创新。原因是特区建设之初，地方缺乏建设资金，但是，中央政府也没有钱，特区只能按照邓小平的指示："你们自己去搞，杀出一条血路来"（冷溶和汪作玲，2020）。厦门先引进外资来加快空港、海港、通信、供电与供水等基础设施建设，改善投资环境。1982 年 1 月，厦门向科威特阿拉伯经济发展基金会首期贷款 530 万第纳尔（合 1800 万美元），用于高崎国际机场的建设，首创举借外债搞建设、"借船过河"利用外资的先例（中共厦门市委党史研究室，1997）。1982 年 10 月，机场正式通航，并开辟了厦门至北京、上海、福州、广州、新加坡、马尼拉和吉隆坡等航线（中共厦门市委宣传部，1999）。除继续利用科威特阿拉伯经济发展基金会 1800 万美元贷款进行机场二期扩建工程外，厦门还先后利用世界银行、日本海外协力基金贷款，进行东渡港深水码头二期工程、自来水工程等项目建设，提供租赁、合资、合作等形式，投资航空公司、码头、集装箱运输等配套工程的建设（中共厦门市委党史研究室，1997）。与此同时，厦门开通至香港的定期班轮和直拨电话；厦门至福州电视专用微波电路建成使用，这是全国第一条跨海微波电路，厦门的交通通信设施得到明显改善。为了加快基础设施的建设，厦门经济特区建设发展公司 1983 年 10 月与中国银行总行信托咨询公司以及 5 家港澳华资银行联合成立厦门经济特区联合发展公司，吸引外资与侨资，引进国外专门人才，引进先进技术、设备和管理知识，参与开发湖里 2.5 平方千米地区的土地平整、供水、排水、供电、通信、楼宇、码头等公共设施和厂房的建设，对旅游和贸易等行

① 设立特区之初，仅厦门是省辖市，也是福建省第二大城市，深圳、珠海都是在镇的基础上形成的。前者有完整的省辖市的建制结构，而后者在行政上几乎是从零开始。这不能不在一定程度上影响了改革的措施和方式。

业进行投资（中共厦门市委宣传部，1999）。1983 年底，湖里加工区已基本完成以道路、通信、水电供应、平整土地和各类工业厂房为主要内容的基础设施建设（陈朝宗和林美治，2000）。

厦门开始推进价格、财政税收、商业流通、劳动与人事、金融等体制改革。1982 年，厦门采取以“调”为主的方法，对物价总水平变动保持较高的可控性，并开始分批放开小商品价格，逐步推进价格体制改革；福建省对厦门实行财政分级大包干的形式，实行“划分收支、核定基数、递增上缴、三年不变”的财政预算体制，改变了过去 30 年“统收统支”的一贯制，厦门因而率先获得了一定的财政支配权（此前其没有任何独立支配财政收入的权力），获得优先推动地方发展的财力支持，并于次年开始对全市国营企业普遍征收所得税。1981 年起，厦门商业流通领域开始打破国营商业独家经营的旧格局，并于 1984 年率先将一大批小企业全面放开经营（陈聪辉，1996）。1983 年，厦门在新招收工人中实行以择业自主为特征的劳动合同用工制，用工主体由政府转为企业，并成立人才交流中心，改革人事制度。1983 年 12 月，香港汇丰银行首次在厦门设立代办处，为外资企业提供金融服务。由于基础设施的率先改善与体制机制创新，厦门签署了一批外商投资协议或意向书，总金额为 1.8 亿美元（中共厦门市委宣传部，1999），获得了经济发展的先发优势。

1984 年 5 月，中央扩大开放范围，将 4 个经济特区的范围扩大到全市或全岛（厦门）范围，开放沿海 14 个大中港口城市，并将长三角、珠三角、闽南三角地区列为沿海经济开放区，并于 10 月通过《中共中央关于经济体制改革的决定》，全国的经济改革重点由农村转入城市，特区经验开始向全国城市及各领域扩散。在此情况下，厦门继续完善基础设施，1985 年 1 月从日本引进的万门程控电话系统正式投入使用，使厦门可与港澳及世界各大商埠直拨电话，1991 年厦门大桥竣工通车。到 1992 年之前，厦门经济特区已形成连接国内外的海、陆、空立体交通和通信网络，以及水电设施配套齐全的投资环境，并跻身于全国投资硬环境 40 优城市的第 10 名（陈朝宗和林美治，2000）。更重要的是，厦门率先大力推进市场化改革，简政放权，放权让利，放开市场，加快体制改革与创新步伐。1984 年 6 月，厦门成立了经济体制改革办公室，先后在企业经营、价格、财政税务、银行信贷、外贸、外汇管理、商业流通、土地管理、房地产管理、劳动与人事制度、工资制度、社会保险和宏观调控等诸多方面进行综合试点改革（陈聪辉，1996）。为了更好地推进改革试验，厦门于 1989 年被列为副省级的国家计划单列市，享有全国人大授予的省一级经济管理权限，因而可以有针对性地制定改善地方经济运行和管理的法规。试点改革中比较重要的方面如下：第一，在国有企业改革方面，简政放权，率先“松绑放权”，实行两权分离，推行“厂长（经理）经营责任制”、国企负责人“年薪制”，并面向全国公开招考国企高管人员；1988 年贯彻《中华人民共和国全民所有制工业企业法》，落实企业自主权，把企业推向市场。第二，1985 年将部分商品由统购改为合同订购，放开副食品和部分消费品价格，逐渐建立大部分商品由市场竞争形成的价格体系。第三，率先在全国较早成立地方性贸易公司（此前只有 5 家国家指定的外贸专业公司），1987 年对外经济贸易部先后批准厦门建发公司、国贸公司、特贸公司等多家地方对外经贸企业，该年底已有两百余家拥有进出口贸易经营权的企业，形成了由国家专业公司、地方外贸公司和拥有进出口经营权的企业组成的多层次、多渠道的特区外贸经营新格局（中共厦门市委宣传部，1999），特区拥有了更大的外贸自主权。第四，扩大地方财权，实行复合税制。在中央支持下，1985～1990 年福建省对厦门实行“定额上缴，超收全留”的体制（1991 年后恢复“递增上缴、三年不变”体制），厦门获得了更多财政收入自主权；1984 年对国有企业实行利改税，1988 年对特区国有与集体企业统一按三资企业征收 15% 的所得税，改税前还贷为税后还贷，1991 年在全国率先对企业实行税利分流。第五，试行社会保险制度，逐步试行退休金统筹，开始把养老保险由企业行为变为社会行为，建立失业保险制度，部分企业实行医疗保险和工伤保险的试点，合同制、临时工和部分集体企业职工实行个人缴纳部分社会保险金。这些改革中，相当多走在了全国或全省前列，为厦门发展市场经济清除了各种障碍，逐步建立起包括生活资料（消费品）、生产资料、金融、房地产、劳务、技术、信息等要素市场在内的市场体系，为从封闭的计划经济体制逐渐走上向开放型市场经济体制转型道路奠定了坚实基础。

1992 年，中国共产党第十四次全国代表大会决定实行社会主义市场经济，特区的实践得以在全国全面展开，这是对特区近 10 年来筚路蓝缕的最大肯定，当然，这也促使特区尽快展开新一轮的改革与体制创新，以保持其在改革开放中的领先地位。1992 年，厦门进行第三次机构改革和“三定”（定机构、定职能和定编制），政府机构减少 31.8%，人员编制精减 25%，厦门各专业经济管理部门均已取消（陈朝宗和林美治，2000），政府更侧重用经济政策及法律手段管理经济。经国务院批准，1992 年厦门设立象屿保税区，次年开关运行。厦门以象屿保税区为突破口，开始探索实施已搁置数年的“自由港”某些政策。自由港政策是国际上公认开放度最高的政策，厦门参照国际惯例，在低税免税、货物进出口、人员出入境管理、金融自由化等方面推行更深层的改革。凡此种种，推动厦门形成了新的政策与先发优势。

2001 年，中国加入世界贸易组织，进一步融入经济全球化，全面提高对外开放水平，在更大范围、更广领域和更高层次上参与国际经济技术合作和竞争。厦门凭借已有的先发优势，在全国率先推进可持续发展战略，促进经济与社会的协调发展，如厦门在社会保障房、农村征地“金包银”、社会保障制度、医疗体制、教育体制、环境保护、城市管理与经营等各领域的改革在全国均名列前茅。2011 年 12 月，国务院批准厦门构建两岸交流合作先行区。2014 年，中国（福建）自由贸易试验区厦门片区获批，面积为全省最大，范围涵盖两岸贸易中心核心区和东南国际航运中心海沧港区区域，是国内独具特色的涵盖海、陆、空、铁、邮轮母港联动发展的自贸试验区。同时，国家明确厦门为 21 世纪海上丝绸之路战略支点城市，批准深化两岸交流合作综合配套改革，确立对台战略支点地位，厦门拥有了对台合作的诸多优势。①

五、结论

厦门经济特区自设立至今已经 41 年。这 40 余年来，先有深圳、珠海、汕头和厦门 4 个经济特区的设立，之后又有沿海 14 个城市、长三角、珠三角、闽南三角地区的对外开放，还有海南经济特区的设立，进入 20 世纪 90 年代之后，又有浦东新区，更有全国向社会主义市场经济的转轨。就经济体制和政策环境而言，1992 年之后，中国各地的差距在不断缩小，日益趋同，但是，即使是那些作为改革开放试验田而在一定时期赋予不同程度特殊政策的 4 个特区、沿海开放城市和海南、浦东等，迄今为止的经济发展实绩，也大不相同，而且并非赋予特殊政策越早、力度越大，其发展实绩就越高。这就提出了一个问题：为什么有的地区将改革开放的先行先试转变成为发展优势并领先至今，有的地区后来居上，有的地区甚至只是享有全国一样的政策，但也取得了不俗的发展成绩？而有些地区，尽管特殊政策不少，而且也早，但却相对逊色一些？

每一个地区的情况都值得专门研究，因此，只能就厦门略作总结。总结厦

① 在厦门设立经济特区，在相当程度上是考虑到对台工作的需要，它是全国唯一“因台而设”的经济特区，承担着对台工作“排头兵”、“窗口”和“试验田”的职能，通过相互交流促进祖国的和平统一，因而对台工作成就辉煌。国家“十三五”规划纲要提出要“深化厦门对台合作支点建设”，这既是对厦门的期望，也是对厦门过去对台工作成绩的肯定。

门自党的十一届三中全会以来 40 余年的发展经验，我们认为以下几点是值得注意的。

(1) 勇于先行先试，创造比较优势，为厦门快速发展开辟了通道与路径。由于长期的两岸军事对峙，厦门在改革开放前的 30 年除鹰厦铁路外，国家几无投资建设，基础设施落后成为厦门对外开放的重要瓶颈。设立经济特区之后，厦门敢为天下先，率先引进外资来加快空港、海港、通信、供电与供水等基础设施建设，改善投资环境，迅速改善厦门的基础设施条件，用先行先试为引进外资创造了在城市基础设施上人无我有、人有我优的比较优势。在改革开放初期，这样的投资环境优势加上经济特区的体制政策优势，其对外资为主的资源流入，作用不可忽视。

(2) 善于将政策优势转化为体制优势。在众多沿海城市中，厦门被选为 4 个特区试点城市之一，是厦门的幸事。在整个中国仍然实行计划经济体制下，让厦门等 4 个特区实行特殊政策，对外开放，实行市场调节为主，这就为厦门率先进行体制转轨创造了前提。设立经济特区之初，厦门大胆先行先试，以开放促改革，以改革因应开放。根据经济发展需要，采取各种措施，逐步改革或废除各种旧的、不适应市场经济运行的政府机构、行政制度、法律制度与社会环境等，逐步形成政府调节市场的发展型政府体制和市场在配置资源中发挥决定性作用的市场化体制。这就将可以因推广而弱化的一时政策优势转化为需要通过一定时期建设、短期难以形成的体制优势，形成较为稳定的体制、发展环境的先发优势和位势差。

(3) 利用先行先试的先发优势，将潜在的区位优势转化为现实的区位优势，吸引资源迅速流入，成为所在地区的中心城市与交通枢纽，并率先融入世界经济体系，形成既适合本地资源禀赋尤其是本地人力资本禀赋，又适应世界经济体系需求的产业，形成综合的比较优势。在沿海城市中，厦门的港口、自然与社会资源等禀赋并不突出，经济特区的设立，使厦门率先利用外资加快空港、海港、通信、供电与供水等基础设施建设，一度使其交通通信条件全国领先，从而迅速恢复厦门在闽南地区以至更大范围内的中心城市和交通枢纽地位，源源不断吸引资源迅速流入，逐步形成与本地人力资本禀赋相适应的产业，早期主要发展港口运输、轻纺、家用电器等劳动密集型产业，21 世纪以来形成以电子、机械、化工为主的制造业，以港口运输物流业、旅游业、专业服务业、金融业为代表的服务业，并逐步从以制造业为主向以现代服务业为主过渡，服务和辐射周边地区。

托尔斯泰说过：幸福的家庭都是相似的，不幸的家庭各有各的不幸。家庭如此，地区也是如此。改革开放以来，以厦门、深圳等为代表的沿海经济特区，在资源禀赋并不占优的情况下，获得中央政策支持，成为改革开放政策的先行先试者。先行、先试，制度创新，开放促改革、改革因应开放，将改革开放的先行优势（政策优势）转化为率先进入市场经济的体制优势，以及率先进入国际经济大循环形成的国际比较优势，在全国和全球化经济体系中找到位置，脱颖而出，从而在较长时期内始终保持了社会经济持续领先发展，逐渐形成、累积了经济发展的较大优势。天下之势，以渐而成；天下之事，以积而居。党的十八届三中全会通过的《中共中央关于全面深化改革若干重大问题的决定》指出：改革开放永无止境。永远在路上的改革开放，也就意味着，在推进改革开放的进程中，能够不断敢于做第一个吃螃蟹的人，不断勇于先行先试的地区将不断施行先行一步创新的制度，不断获得先发优势。哪怕一些小小的率先改革，也将形成些许新的先发优势，造就新的区位优势差，保持对经济发展所需各种资源的较强吸引力，使不同发展阶段所需要的稀缺资源能够源源不断地流入本地区，从而保证本地区社会经济发展始终领先一步，这些大概是厦门、深圳等经济特区在全国都转向社会主义市场经济后始终能够领先发展的秘密吧。

我们相信，只要坚持改革开放，在改革开放中不断先行先试，推进制度创新；坚持社会主义市场经济道路，充分发挥市场在配置资源中的决定性作用，更好地发挥政府调节市场的作用，抓住新的历史机遇，勇于先行先试，锐意进取，大力推动制度创新，厦门及中国的未来将更加辉煌。

参考文献

［1］陈朝宗、林美治：《迈向新世纪的厦门经济特区》，湖北人民出版社 2000 年版。

［2］陈聪辉：《厦门经济特区辞典》，人民出版社 1996 年版。

［3］冷溶、汪作玲：《邓小平年谱（第四卷）》，中央文献出版社 2020 年版。

［4］李文溥、焦建华：《从开放走向市场——沿海开放地区经济体制转轨的一个案例研究》，载《中国经济史研究》2008 年第 4 期。

［5］刘艳：《厦门营商环境排名全球第 38 位》，载《厦门日报》2018 年 4 月 27 日。

［6］王盛泽：《厦门经济特区的创立与发展述论》，引自中共中央党史研究室第三研究部《中国沿海城市的对外开放》，中共党史出版社 2007 年版。

［7］《厦门经济特区年鉴》编辑委员会：《厦门经济特区年鉴》，中国统计出版社 1990 年版。

［8］厦门市地方志编纂委员会：《厦门市志（第二册）》，方志出版社 2004 年版。

［9］中共厦门市委党史研究室：《新时期厦门的改革》，中央文献出版社 1997 年版。

［10］中共厦门市委宣传部：《新中国五十年的厦门》，鹭江出版社 1999 年版。

［11］中央编译局、求是杂志社联合调研组：《沿海开放地区经济社会协调发展的成功实践——厦门发展模式的理论思考》，载《求是》2008 年第 13 期。

调整积累资金流向，发展新的经济增长源*

我认为，在促进经济增长方式转变的过程中，仍然需要适当强调一下投资对经济增长的重要性。集约型经济增长的实现，尤其是从国民经济角度看，关键是国民储蓄以更有效率的方式转化为积累，新增投资的资本生产率不断提高。在这一前提下，国民收入更多地转化为储蓄、转化为投资，是促进经济集约化增长的有利因素。也就是说，实现集约型经济增长，不是要在既定的目标增长率前提下使用更少的投资，而是国民经济可以动员的积累资源如何高效率地投资，促进最大可能的有效增长的问题。中国至今仍是一个资本积累及经济发展水平较低的发展中国家，这样提出和认识问题，显然是有必要的。

提高国民积累及投资效率，其中一个重要问题是：该社会经济是否提供了一个合理的国民收入流程，使新增国民收入更多地转化为积累，积累更多地流入生产效率高的部门。我国经济体制改革使国民收入流程发生的最大变化是，国民收入分配大幅度地向个人倾斜，储蓄主体与投资主体分离，银行成为储蓄转化为投资的最大中介。这是计划经济转变为市场经济的必然产物。在正常情况下，它将有力地促进国民经济积累及投资效率的提高。但是，现实情况却令人难以满意。

其中的原因当然很复杂，但是，国民收入流程变更不彻底，积累资金没有流向投资效率高的领域是最重要的原因。改革使国民收入分配大幅度地向个人部门倾斜，只是使国民储蓄的主体及形式发生了变化：从政府转换为居民，从国家财政收入转化为银行的个人存款。但是，由于银行制度的改革滞后：中国的金融体系基本上仍是国有银行一统天下，绝大部分银行至今仍不

---

* 本文原载于《中国经济问题》1997 年第 1 期。

是真正的商业银行，四大专业银行的贷款在相当程度上仍受到各级行政指令干预，主要是面向国有企业的（见表1），其分配，主要不是基于商业利益上的考虑。这就使改革所导致的国民收入流程变更，从积累转化为投资角度看，有名而无实。

表1　　银行固定资产投资贷款在各种经济成分之间的分配比例（1995年）

单位：%

项目	总计	国有经济	集体经济	个体经济	联营经济	股份制经济	外商投资经济	台港澳投资经济	其他经济
国内贷款	100	61.40	20.21	1.92	0.947	6.14	6.44	2.76	0.173

资料来源：根据《中国统计年鉴（1995）》有关数据计算。

由于国有经济的改革至今步履维艰，国有企业的经济效率明显低于其他经济成分，加之目前我国的国有银行与国有企业，名义上是两家人，实际上吃的仍是一锅饭，国民储蓄在行政干预下，通过银行大部分流入国有经济部门，不仅使整个国民经济的投资效率始终处在较低水平，而且形成了大量的不良贷款，危及投资贷款的回收。这在国民收入流程发生重大变化的今天，不仅将严重阻碍国民经济的集约化进程，而且是金融秩序从而社会经济秩序稳定的重大隐忧。

当然，国有经济作为社会主义市场经济的主导，不仅现在，而且今后都应当得到支持。改革、改造国有经济，需要注入部分资金。问题在于，当国有经济的经济效率没有得到根本改善之前，继续把绝大部分国民储蓄不计成本效益地注入国有部门，尤其是所谓的“安定团结贷款”，实际不是促进而是阻碍了国有企业经济效益的提高，从宏观角度看，它将严重阻碍经济增长的集约化进程。而后者将会使改革国有经济的回旋空间变得越来越小。因此，从促进经济的集约化增长角度看，需要对政策作适当调整：必须严格限制对效益低下的国有企业的资金注入，与此同时，取消对非国有经济尤其是民营及个体经济的贷款歧视，让高效率的投资需求（不论其来自何种经济成分）都能从正常的信贷渠道，在目前，尤其是从国有银行得到贷款。

众所周知，近年来，我国经济增长的主要部分是由资产占较小比重的非国有经济部门提供的，这一成绩是在它们只得到很少的银行贷款支持之下取得的。1995年，城乡个体工业创造的产值占全国工业产值的12.86%，对当年工业增长的贡献率为21.82%，这些成绩是在它只获得1.92%的银行投资贷款的情况下取得的。国有企业虽然获得了60%以上的银行投资贷款，但却仅创造了

33.97%的工业产值，其对当年工业增长的贡献率与个体工业大致相当(23.11%)。[①] 不少民营和个体经济尤其是东南沿海一些省份的民营及个体经济不得不以高出正常银行利率一倍以上的成本获得必要的资金。完全可以想象，在银行的正常贷款利率与黑市利率之间，有多少有利的投资机会因无法得到资金而丧失了。如果国有银行的贷款能够向它们开放，不仅这些部门能够得到更快的发展，而且国民经济的结构调整以及整个国民经济的增长速度、经济效率都要比现在好得多！

调整积累资金流向，使国民储蓄更多地流入效率高的经济部门，不仅是促进整个国民经济集约化增长的有效途径，而且是发展中西部地区经济、缩小地区经济发展差距的重要思路之一。有人认为，加快中西部地区发展，必须加大外部资金（国家投资、引进外资等）的投入。我认为，这些固然必要，但是，现实条件决定了，至少目前，其数额及作用都是相当有限的。根本的出路还是中西部地区内部资金的动员及高效率的使用。中西部地区的投资不足，主要不是储蓄不足（多年来，中西部地区与财政资金的流入并行的是更大的银行资金的流出），而在于储蓄不能有效地转化为当地的投资。如果银行取消限制，使那些愿意在中西部地区投资的投资者——不论他是当地的还是外地的，属于何种经济成分，只要他的投资是有效率的——都能得到贷款支持，不仅有利于将当地的储蓄转化为有效投资，而且有利于吸引其他地区的资金。显然，这不仅会使中西部地区获得大于目前国家投资及引进外资的投资，而且效率也会高得多。可以这么说，如果有一天，我们看到中西部地区的投资者也像东南沿海地区的投资者那样不惜以高于银行利率一倍以上的成本筹措资金进行投资，我们完全有理由相信，中西部与东部地区的经济发展差距将会很快地缩小。

---

① 国家统计局：《中国统计年鉴（1996）》，中国统计出版社1996年版，第401页。

第二篇

经济全球化与中国经济发展*

李文溥：近十来年，经济全球化问题先是在国外经济学界，接着在国内经济学界引起了注意。东南亚金融风波对中国宏观经济运行环境持续而深刻的影响，更使众多中国公众从切身经历感受到经济全球化对其日常生活的影响。1998 年，我到福建一个曾是中央苏区的边远山区小县，县委书记和我谈起了东南亚金融风波对该县经济的严重影响，深切感叹当今国内经济与世界经济是如此密切联系，当年路隘林深苔滑的山区小县的经济也随着世界经济的大潮涨落而动荡不已。现代科技进步，尤其是通信与信息技术的革命性突破，使我们生活的地球迅速地“缩水”了。过去彼此隔绝的各个民族正在成为一个共同的地球村中休戚与共的居民。它在经济上的反映，是一个国家、一个民族，无论大小强弱，其经济都越来越与世界经济紧密地联系在一起，其发展越来越受到世界经济大环境的影响和制约。今天，我们从经济全球化的角度回顾中国这 20 多年的改革开放历程，可以发现，我国的改革开放之所以取得了如此迅速的进步，是中国人主动选择了与中国国情相适应、与世界经济发展潮流一致的发展道路的结果，同时也与这 20 年来经济全球化的发展改变了中国经济发展的外部环境密切相关。以引进外资为例，中国虽然在 1980 年就设立了经济特区，鼓励外商投资（FDI），但是，FDI 的第一次高潮是到 20 世纪 80 年代中期才出现的，它与近 20 年来世界范围的 FDI 高潮是同步出现的，1980 ~ 1985 年，世界的 FDI 流量年均增长速度仅 3%，而 1986 ~ 1990 年剧增到 23.6%。进入 90 年代以来，世界的 FDI 流量每年都以接近 20% 的速度递增，为我国 90 年代初的第二次引进外资高潮创造了有利的外部条件。负面影响，可以 1997 年的亚洲金融风暴为例。为了消除东南亚金融风暴对中国经济发展叠加的消极影响，

---

* 本文原载于《东南学术》2001 年第 1 期，共同作者：戴亦一、林枫、孙建国、张明志。

我国政府自1998年开始实行扩大内需政策，政策力度是前所未有的，但是，中国经济一直到2000年，东南亚国家步出金融危机泥潭之际，才出现重要转机。我们完全有理由预料，随着经济全球化的进一步发展，中国改革开放继续深化，中国加入WTO，在新世纪里，经济全球化对中国经济发展的影响将越来越明显。因此，我认为，不仅世界经济的研究者，而且是每一个经济学者，不仅是经济学家，而且是从事实际经济工作的同志都应当关注经济全球化的发展及其对我国经济发展的影响。

戴亦一：对于经济全球化，一个有争议的问题是它对世界经济以及个别国家经济的影响，是利大于弊还是弊大于利？从资源配置的角度来看，在全球范围内配置资源显然要比在国家或区域范围内来得更有效率。对于这一点，最简单的理解方法是逆向思维法，即只要设想哪一天你所在的城市突然间失去了与外界的一切经济联系，那么这个城市的资源配置效率或人们的生活水平将会变得怎样呢？这就是经济全球化可以提高资源配置效率的一个反证。当然，即使从资源配置的主体层面，即从全球化对企业的效率影响上看，也不难明白其中的道理。对企业来说，经济全球化至少可以为其提供三个新的机会：第一，经济全球化可以让企业有机会充分利用本身独有的核心技术或市场竞争优势，在全球市场范围内获得更大的竞争优势回报——这显然有助于提高全球资源配置的效率；第二，经济全球化使得企业可以将其价值创造活动，分散在全球范围内效率最高的地点进行，从而实现地点经济（location economies）；第三，经济全球化还可以使得企业借助经验效果特别是规模经济效应，实现经验经济（experience - curve economies），从而减低营运成本，创造新的增值方法。

总之，经济全球化对于改进全球范围内资源配置效率的作用是毋庸置疑的，而这，也正是我们认为全球化是21世纪不可逆转的潮流的主要根据之一。

李文溥：经济全球化对世界经济的整体影响主要是正面的，这一点大体上没有争议。具体到对各国经济的影响，看法就比较复杂。应当说，经济全球化在使各国扩大优化资源配置范围、参与国际竞争、提高资源利用效率等方面，是有利于本国经济增长的。世界银行对41个国家1963～1985年实行的贸易政策类型与经济增长的研究报告指出，实行强烈外向型政策的国家，其1963～1973年和1973～1985年的实际GDP增长率分别为6.9%和5.9%，中等外向型国家分别为4.9%和1.6%，中等内向型国家分别为4.0%和1.7%，强烈内向型国家仅分别为1.6%和-0.1%。这个数据在一定程度上说明了经济全球化对提高各国经济效率的作用。问题在于经济全球化产生的经济增长成果是如何分配的。

戴亦一：当然，资源配置效率的改进（即“蛋糕”做大），与这种福利最终将由谁来分享（“蛋糕”怎么切），毕竟是两码事。即使在国家经济体系中，效率的改进与财富的公平分配之间，也是存在着内在矛盾的。关于这一点，全球化条件下的这种效率与公平之间的关系，与传统经济环境中效率与公平之间的关系并无二致。而且，在很多情形下更是有过之而无所不及。因为，一方面，在国家经济体系中，效率与公平之间的矛盾，还可以通过税收与转移支付等收入再分配手段来加以调节，但到了全球经济体系中，由于国与国之间缺乏有效的收入再分配手段，这种调节则是很难实行的；另一方面，由于国与国之间的整体效率差异，比起一国范围内人与人之间的整体效率差异来，往往有过之而无所不及——特别是在“赢者通吃”的数字经济时代，这一问题将尤为突出。因此，必须高度重视并处理好全球化所带来的全球范围内的效率与公平问题。否则，该问题将有可能成为阻碍经济全球化的重大障碍。美国著名经济学家加尔布雷思教授曾经说过这样一句耐人寻味的话：“在我的字典里从来就没有什么‘全球化’这个词汇，因为在我看来，‘全球化’意味着剥削和肮脏的东西”。

作为一个发展中国家，中国所面临的全球化所带来的新的全球视野中的效率与公平问题，无疑将是相当严峻的，对此，我们必须予以高度重视，并力求在充分利用全球化所带来的效率改进机遇的同时，积极呼吁世界各国关注全球化所带来的新的效率与公平关系问题，积极倡导建立全球财富再分配机制，争取一个“共赢”的经济全球化。

李文溥：这实际上是一个对全球化市场的组织协调问题，其之所以必要，是因为全球化的市场力量把过去基本上限制在民族国家疆界范围内的市场竞争与组织协调的平衡打破了。

孙建国：从20世纪90年代经济全球化进程给发达国家以及发展中国家带来的巨大冲击来看，经济全球化对主权国家的宏观经济管理能力和社会协调能力提出了严重的冲击和挑战，甚至动摇了传统的宏观经济管理的基础，这种冲击和挑战主要表现在以下几个方面。

第一，经济全球化增加了各国的宏观经济不稳定性。进入20世纪90年代以来，市场经济成为全球大部分国家的选择，这大大加快了全球化进程，全球的贸易、投资和资金流动的规模越来越大，1990～1997年，世界GDP增长了39.65%，而世界出口却增长了62.33%。在发达国家中，进出口占GDP的比例在1987年到1997年的十年间从27%上升至39%，而发展中家的这一比例在同期从10%上升到17%。从投资方面看，从1988年到1998年的十年中，全球外国直接投资从1920亿美元增长到6100亿美元，增长了2倍多，无论是发达国家还是发展中国家，外国投资在 GDP 中的比重都上升了，从资金流动上看，全球外汇市场平均交易量从 1983 年的每天 600 亿美元上升至目前 10000 多亿美元，国际金融市场已经日益脱离国际生产和国际贸易，成为有自身运行工具、运行规律的虚拟市场。在这种贸易、投资、资金流动以巨大规模飞速发展的情况下，一国经济受外部的影响越来越大，一国的经济稳定不但取决于本国的经济政策，在很大程度上还取决于主要贸易伙伴国家的经济繁荣状况，取决于所吸收的直接投资能否持续增长，也取决于周边国家的经济、金融局势的稳定。从 90 年代世界经济发展情况看，尽管没有发生全球性经济、金融危机，但地区性经济、货币、金融危机有 1992 年的欧洲货币危机，1994 ~ 1995 年墨西哥货币危机，1997 年的亚洲金融危机，1998 年的俄罗斯金融危机，以及日本在 80 年的经济泡沫破裂后历经整个 90 年代的经济增长危机。这些危机往往像传染病一样迅速地蔓延到周边的国家，即使后者采取了控制国内宏观经济的措施往往也无法抵挡和幸免。总的来说，全球化增加了各国宏观经济的不稳定性，需要各国采取更有力的措施加强宏观经济管理。

第二，经济全球化在相当程度上削弱了国家的宏观经济调控能力。第二次世界大战以来传统的观点认为，国家通过适当的财政、金融措施的组合调节社会需求，可以实现本国经济的对内、对外均衡。但在经济全球化的今天，以上理论正遭受着越来越严峻的挑战。从财政政策看，为了吸引以跨国公司为代表的直接投资，东道国不但要支付庞大的费用用于土地、交通、水电等基础设施建设，还要给予投资者超国民待遇（主要包括减、免所得税以及部分费用在税前列支），在此情况下，为了维持本国的财政支出规模和支出水平，可供选择的只有向本国的劳动者增税以及走向金融市场举债。在政府的债务达到一定规模以后，政府的举债能力和举债规模就受市场控制。穆迪公司的各国信用评级报告不但影响各国政府在国际金融市场上的筹资成本和筹资规模，甚至限制了筹资国的财政政策空间。从金融政策看，一国可供选择的货币政策工具主要有利率、汇率和货币供应量，在经济全球化条件下，无论哪一种工具的作用都必须考虑外部因素的干扰，如在总需求不足的情况下，中央银行采取降低利率和扩大货币供应量的方法来刺激需求，但国内外利差到达一定程度就将促使本国居民纷纷将本国货币兑换成外币以获得更多的利息收入，从而抵消中央银行扩大货币供应量的安排。更为典型的是在 1992 年的英镑危机中，以索罗斯为代表的国际投机者战胜了英格兰银行，迫使对方放弃了维持英镑的努力。

第三，全球化过程中的国际制度安排压缩了一国政策选择的空间，造成国内政策和国际制度安排之间的矛盾，甚至造成社会冲突。随着区域化和全球化的不断发展，必然会产生区域性和全球性的经济、金融管理机构以及相应的制度安排体系，如欧盟、WTO、IMF、世界银行。这种制度安排有助于全球化过程中经济秩序的形成，但却使主权国家的经济主权受到限制，在某些情况下甚至造成社会冲突。如 1992 年欧洲马斯特里赫特条约规定，加入欧元的国家必须在 1998 年底将财政赤字压缩到财政支出的 3% 以内，当时法国这一指标是 5%，财政支出的减少加剧了法国原本严重的失业问题，引发了 1995 年底的法国工人大罢工，产生了 1968 年以来最严重的社会危机。在 1997 年的东南亚金融危机中，接受 IMF 援助的国家因不得不接受 IMF 苛刻的经济调整方案，招致国内激烈批评，在印度尼西亚这甚至成为暴乱和总统下台的导火索。应该指出的是在这种全球性的制度安排体系面前，主权国家并无太大的选择空间。

林枫：在经济全球化过程中实际上存在着贸易关系上和技术发展上的不平等，对发展中国家来说，经济全球化是一把“双刃剑”，机遇与挑战同在。不开放，生产力无法发展；开放，跨国生产力又带来巨大冲击，存在着很现实的国家主权问题。国家主权不能抛弃，但传统意义上的国家主权应当有所扬弃，一国必须让渡部分权利以换取更大利益，存在一个付出与所得的考量。

李文溥：经济学的基本原理和 20 世纪的国际经济发展实践都可以证明，从经济全球化退回到闭关锁国无论是对世界经济还是各国经济的发展，都不是一个好的政策选择。因此，建立一个与全球化的生产力相适应的国际经济制度安排是各国政府以及国际社会不容回避的问题。从理想角度出发，国际经济新秩序应当与全球化生产力相适应，而且能够在世界各民族，各社会阶层之间合理地分配经济全球化的利益。而现实中的国际经济制度安排过程，相当程度上是各国较量实力的政治过程。因此，全球化时代的民族国家政府不能不积极参与国际社会的国际经济制度安排，为本民族的社会经济发展争取相对有利的空间。而这在相当程度上取决于本国的政治经济实力。在经济全球化时代，它在相当程度上体现为一国经济的国际竞争力。如何提高经济的竞争力？20 余年来，工业发达国家的经济体制和政策调整对我们不无启发。

孙建国：20 世纪 70 年代末 80 年代初，美国率先抛弃了持续近半个世纪之久的凯恩斯主义需求管理政策，实行经济自由化政策，英国、新西兰、澳大利亚等随之跟进，而德国、法国、日本等却迟疑不决。经过十余年的调整，各主要工业发达国家的竞争格局发生了深刻的变化。据 OECD 的研究，1967 ~ 1991 年，德国、日本的总要素生产率增长速度在世界上领先，而到了 1992 ~ 1995 年，却落到了世界主要工业国家的最后。德国甚至不及 OECD 欧洲国家平均水平的 1/3，而 1967 ~ 1991 年远远低于日本及德国的美国，1992 ~ 1995 年却成为总要素生产率增长最快的国家。据 OECD 的研究，1980～1991 年，G7 国家的经济增长率排序是：日本、加拿大、联邦德国、意大利、法国、美国、英国，而 1992～2000 年则转为：加拿大、美国、日本、法国、英国、意大利、德国。美国竞争实力的恢复，与其实行加强竞争促进竞争力提高的政策，在高新科技产业领域实现了突破，带动了产业升级和转型，是分不开的。最近，国内经济学界对美国“新经济”（New Economy）尤其是其中以信息技术革命十分重视，但是对“新经济”中因技术进步而产生的制度层面的变化却不够重视。美国《商业周刊》（*Business Week*）主编谢泼德（Shepard）则指出，“新经济”是指近几年正在发生的两大趋势：一是经济全球化；二是信息技术革命。我认为，经济全球化所引起的制度、政策层面的变化是值得国人注意的。例如，美英等国根据技术进步提供的可能，在传统的国家所有或管制的自然垄断部门实行的私有化和解除管制，就大大提高了这些部门的经营效率从而国际竞争力。据 OECD 的研究报告，在电力行业，日、英、法、德的人均效率仅为美国的 0.767，0.299，0.465，0.267；在电信部门，则分别为美国人均效率的 1.25，0.87，0.64，0.71；在民航业，这些国家的每人公里座位成本分别为美国的 2、1.167、2.667、2.167 倍；在银行业，按照美国花旗银行的效率标准，德国和奥地利 7 家银行的平均冗员率竟达 79.66%！工业发达国家尚且差距如此，我国的差距就更大了。有资料显示，这两年我国科技竞争力排名在世界上呈下降趋势，至今财政支出中教育经费支出的比重甚至低于大多数发展中国家。这不能不引起人们的担忧。我认为，鼓励竞争，促进创新，提高有效供给能力，应该成为我国宏观经济政策的重点。从我国目前的情况看，加入 WTO 后，受威协最大的行业如汽车、金融、电信、民航等恰恰是国内政府保护最多的垄断性行业。因此，对这些行业要坚决实施以市场化为导向的改革，增强它们的竞争能力。

李文溥：提高国际竞争力问题近年来在国内经济学界引起广泛注意。这是好事。如何提高竞争力，却存在不同方法。一种是立足于“竞”与“争”。通过调整完善竞争法，大力推进竞争政策，通过加强竞争促进竞争力的提高。因此，在更大范围形成统一市场，创造公平、平等、透明的市场竞争环境就成为重要的政策手段。欧盟近年来在促进欧盟范围统一市场方面做了大量工作，如督促各成员国调整竞争法，逐步向欧盟标准靠拢；规范各国的产业政策及国家补贴，要求政策及补贴必须透明化；对各国传统的国家垄断及管制部门，欧盟虽然没有规定统一的所有制标准，但是大力督促，甚至不惜施加压力促请开放，实行自由竞争，强调各种所有制企业一律平等竞争，并将其纳入一般的竞争规范管理范围。为打破固有垄断格局，促使竞争结构早日形成，不惜采取了以优惠政策鼓励新进入者，同时对现存垄断性企业赋予更多社会义务的逆补贴政策。欧盟要求至1998年欧盟所有的国家垄断及管制部门如电力、电信、民航、公路运输及流通等均应实现自由化。与此同时，在相当多OECD国家中，竞争政策也受到了空前重视。据OECD 1993～1997年发表的各年度报告《OECD国家中的竞争政策》（Competition Policy in OECD Countries）中的资料，1990～1994年，就有17个国家制定或生效了新的竞争法，26个国家对现有竞争法做了重大修改，22个国家提出修改竞争法，欧盟及6个国家提出了实施竞争法的指南和细则。目前，除OECD及欧盟外，尚有20多个国家逐年发表本国竞争状况报告。另一种方法是立足于“保”与“守”，企图通过限制竞争以守住既有优势。它表现为：用倾斜政策培养“国家冠军”，以行政手段扶植“航空母舰”，甚至在竞争性领域组建国有垄断性大公司；在生产能力过剩部门组织价格卡特尔，限制竞争，向消费者转嫁亏损；无视某些国有经营部门因现有体制弊病造成的严重低效率、官商作风及不正之风，对某些产品的经营恢复国家垄断，等等。

林枫：这两种方法反映了对待经济全球化的不同思路。其优劣利弊，历史已经作出了回答。长期以来，占统治地位的自然经济，造成了国人的自闭意识，明清以来，封建王朝为维护其统治需要，长期闭关自守，对中国与世界的经济交往采取了限制阻碍的政策。明代中日贸易屡遭严禁；与东亚、东南亚各国的正常贸易也受到严格限制。清代前期，“寸板不得下水”；鸦片战争之前的大部分时间里，基本上只限广州一地与外国通商，限制也越来越严；鸦片战争失败，国门被打开，中国被列强强行拉入世界经济的圈子，接受资本主义世界经济的辐射，但是，相当长时期里，中国与世界经济的联系表现出明显的被动性。拒绝向外国的先进文化技术学习，铁路、近代机器制造业都遭到顽固派的强烈反对，即使是所谓的洋务派，也不过是中体西用而已，在思想深层仍然是拒绝开放，抵制外来先进文化的核心，郭嵩焘《使西纪程》仅仅因为称颂西方物质文明而遭毁版。其结果如何？只是使中国在世界史上的第一次全球化浪潮中痛失机会而落伍。相反，鸦片战争之后10年，美国的佩里（Matthew Calbraith Perry，1794～1858）舰队入侵江户湾，迫使日本接受了类似的不平等条约，之后列强接踵而来，强迫日本签订了一系列不平等条约，从而引发了明治维新。经过数十年的认真学习和努力革新，使当时与中国在世界经济中处于类似地位的日本在第一次全球化浪潮中大体上完成了现代化。时隔半个世纪，1895年，当年同是积贫积弱的日本在甲午战争中战胜了腐朽的清政府，把不平等条约强加于中国，1905年在日俄战争中战胜沙俄，从而奠定其在亚洲乃至世界的地位。日本在崛起之后走上军国主义道路是不足取的，但是，起点大致相同的国家在第一次全球化浪潮中的不同命运却值得我们深思。时隔一个世纪，全球化浪潮再次席卷全球，既是机会也是挑战，我觉得，这在相当程度上取决于我们以何种心态面对经济全球化。

张明志：从某种意义上说，中国的改革开放就是一个参与经济全球化的过程。中国经济体制改革的目标是建立社会主义市场经济体制，因此，经济体制改革的过程就是一个经济市场化的过程。中国的开放从其内容上看主要是推进贸易（包括投资）的自由化。经济市场化是从计划经济转向市场经济，其核心在于市场机制的形成和确立；而贸易自由化则致力于国际贸易障碍的清除，其重点在于推进全球范围内资源配置的优化。二者的目标都在于促进经济资源在国内外市场上的自由流动和优化配置。这也是经济全球化的目标和内容。它们最明显的区别在于政策着眼点不同，经济市场化的政策着眼点主要面向国内市场，而贸易自由化的政策着眼点主要在于国外市场。中国的改革开放是同时展开的。这意味着中国的经济市场化与贸易自由化也是同步进行的。随着改革开放的全面推进和深入，中国参与经济全球化的进程也将加快。

世界银行曾经指出，对于经济体制处于转轨过程中的国家，应该先进行经济市场化，后贸易自由化。只有这样，才能抵御外部的强势竞争，或者在经济市场化和贸易自由化同时进行的过程中，经济市场化的速度要快于贸易自由化的速度。从中国改革开放的实践上看，贸易自由化与经济市场化不仅是同时进行的，而且经济市场化的速度要慢于贸易自由化的速度。这似乎有悖于世界银行的忠告。然而，这也许是中国贸易自由化目前面临着严峻考验的重要原因。一方面，中国不能等经济市场化完成之后再走向贸易自由化。实践证明，中国的贸易自由化进程已极大地促进了中国经济的市场化。经济全球化趋势的日益加强和中国即将加入世界贸易组织，这一形势又要求中国只能加快贸易自由的进程，而不能停滞不前。另一方面，改革开放到今天的中国，经济市场化的滞后已经在阻碍着贸易自由化的发展。最为明显的是，中国国内尚未形成一个有效竞争的市场态势，它直接影响到中国贸易自由化进程的加快。在市场经济国家，贸易自由化不存在体制障碍，但体制障碍目前在中国却成了贸易自由化发展的最大阻力。

因此，在经济全球化这一背景下，中国不仅要加快贸易自由化进程，而且更为重要的是加快经济体制的转轨，快速推进经济的市场化。只有经济市场化的速度快于贸易自由化的速度，才能实现中国的贸易自由化与经济市场化的协调发展。

李文溥：与贸易自由化相联系的是引进外资问题。1992 年之后，我国进一步扩大了对外开放、引进外资的领域和范围。外商投资继 20 世纪 80 年代以绿地投资，兴办独资、合资新厂为主，转向了绿地投资、兼并、收购国内企业及证券市场投资多种方式并举，投资来源从过去的港澳台侨资为主、中小外资为主转向发达国家的跨国公司投资逐渐增多，等等。面对外商投资的新特点，我国经济学界曾再度引起争论。针对扩大引进外资的领域与范围，有人提出，我国目前的储蓄率已经相当高，完全可以依靠本国的储蓄满足投资积累的需要；针对跨国公司在国内的投资增加，有人提出今后应当鼓励中小外商投资，抑制跨国公司的对华投资；针对外商投资方式的多样化，尤其是对国内企业的兼并、收购，有人提出必须对民族工业尤其是国有企业实行保护，等等。这些问题实质是如何看待经济全球化这一大趋势以及我们可能的选择。如果不是从资源在全球范围的竞争性优化配置而是以“两缺口模式”来看待资本在国际范围的流动，必然会得出一国的储蓄率高到一定程度就不需要外国投资的结论，至于那种应当鼓励中小外商投资，抑制跨国公司的对华投资的看法，可以说是对跨国公司在世界投资、生产、流通以及技术创新技术贸易的地位基本不了解，仅就技术而言，据联合国跨国公司与投资司发表的《世界投资报告》提供的数据，跨国公司控制了世界工业研制的 80%、生产技术的 90%、世界技术转让的 75% 和对发展中国家技术贸易的 90%。世界技术贸易中 70% 以上的收入和 50% 的支出属于跨国公司的内部交易范畴。显然，在这种情况下，拒绝跨国公司的投资，也就意味着在相当程度上拒绝吸收可能获得的国外先进技术。至于一度呼声很高的保护民族产业提法，我以为也是值得考虑的。从理论上说，要靠保护才能生存的东西永远是没有生命力的。当然，这么说，并不意味着在政策上完全否认对国内幼稚产业的必要保护。

张明志：贸易自由化与贸易保护一直是国际贸易理论界争论不休的话题。在经济全球化的背景下，重新审视中国的贸易自由化与贸易保护这一对关系意义重大。

理论上，从古典贸易理论到新古典贸易理论直至现代的贸易理论，基本上是以自由贸易作为其规范研究的基准点，并集中体现为自由贸易理论，其最重要的规范结论就是，自由贸易是最佳选择，它的政策含义就是政府应实施零干预或不干预的自由贸易政策。所以，自由贸易理论为各国实施贸易自由化提供了强有力的理论支持。但是，自由贸易理论是最优的这一结论的成立是建立在一系列假定前提之上。例如，国内市场和国际市场都是一个完全竞争的市场结构；生产函数呈现常数规模经济，没有动态规模收益及其他动态效应；不考虑国际市场的不确定性和其他非经济的政策目标，等等。显然，这些条件在现实的经济生活中是不存在的。以上假定的不成立并不意味着贸易保护就一定优于自由贸易，但是，这至少表明，在理论上贸易保护有其存在的理由和发展的空间。

理论研究表明，以削减关税和非关税措施为主要内容的贸易自由化，在长期内会由于引进竞争而改善资源配置效率，促进经济增长，使单位成本下降而有利于广大消费者，即从一国国民福利的角度看，贸易自由化被认为是具有“帕累托效率”的。从现实上看，各国经济联系日益密切，世界市场逐步形成，生产要素在国际范围内的流动在加快，特别是信息高速公路在迅速发展，所有这一切都为各国贸易自由化的发展提供了良好的契机和动力。此外，关税与贸易总协定（GATT）的协调运作以及1995年世界贸易组织的成立及运转，更是为世界贸易自由化的发展提供了组织和制度方面的促进因素。

然而，在现实中，各国对贸易自由化存在着不同的看法和价值判断，既有赞成的，也有反对的。即使是都赞同应推进贸易自由化进程的国家，在具体实践中却不一定真正地或完全地推进贸易自由化。这集中地表现在各国在进行贸易自由化的过程中却从来没有放弃过贸易保护甚至是贸易保护主义在不断加强。

以上分析表明，中国作为发展中大国，无论就其对世界经济的影响而言，还是对本国经济的发展来说，参与经济全球化，进一步推进贸易自由化的进程，都是必然趋势。但贸易自由化的发展趋势并没有也不可能否定贸易保护的合理性，特别是对于像中国这样的大国。加快贸易自由化的进程，以进一步发挥贸易在经济发展中的作用，并不排除贸易保护。问题在于，中国在积极推进贸易自由化的同时，如何使合理的贸易保护起到应有的积极作用。比如，如何选择并有效地运用贸易保护手段，如何使贸易保护适时并适度，如何使贸易保护既有利于中国的经济发展又符合WTO的准则要求，等等。

中国只有在经济全球化和贸易自由化的总体框架和大趋势下，坚持不懈地推进贸易自由化的进程，同时考虑如何使合理的贸易保护发挥积极的作用，从而使中国的贸易发展既符合世界经济发展的大潮流，又为中国自身经济的快速发展争取有利的时间和空间。也许只有这样，中国应对经济全球化才能做到趋利避害。

李文溥：经济全球化另一个引起人们关注的问题是国家经济安全。这些年来，论坛上对这个问题讨论较多。有些论者认为经济全球化对国家经济安全的影响是负面的。

戴亦一：我认为，中国必须直面经济全球化的潮流，这是我们无法抗拒的现实选择。同样地，国家经济安全问题在新的国家经济关系体系中，也必须受到比以往更多的关注，这也是不容回避的事实。一些学者之所以对中国争取借加入 WTO 的契机，以尽快融入世界经济一体化进程持有保留意见，原因之一正是出于对国家经济安全的顾虑。应该承认，全球化必然会打破传统的国家经济安全原则与架构，因此，新的国家经济安全现状显然将无法符合旧有的经济安全原则。但是，我认为，我们不能再以是否符合传统的国家经济安全原则为标准，来判别中国是否应该积极响应经济全球化的召唤，因为，全球化本身就意味着国家经济安全概念与原则的变革，只有找到了新的国家经济安全评价标准，才能做出正确的评价。

主权是国与国之间关系的基石，也是国家经济安全的重要保障。然而，在一个愈来愈相互依赖的全球化世界里，领土、独立和不干预的意识已失去部分意义，不能再作传统的理解，否则国家将难以接受全球化社会的新变化。具体而言，这些变化主要体现在如下三个方面。第一，全球化意味着在某些领域，特别是与全球共有有关的，如某些全球性的环境保护、打击某些全球性的经济犯罪等，主权必须集体行使。因此，经济全球化意味着部分传统意义上的国家主权，必须让渡给某些国际机构共同行使。第二，全球化在一定程度上意味着必须对传统的国家主权和领土完整概念作某些修正。在全球化的背景下，一国主权的最大威胁可能源于国家内部，那种认为外来的军事力量或经济殖民威胁主权这种看法已逐渐过时，取而代之的是，对国家主权的让步是一个内部的决定，而且通常是出于改善经济或竞争力的理由而引起的。例如，欧盟成员国出于增强其自身国际竞争力的考虑而加入欧盟这样的区域性经济组织，其代价就是放弃其部分货币政策权、关税政策权等传统意义上的国家经济主权。而有些国家即使只在特定情形下（如金融危机期间）接受国际货币基金（IMF）的援助，也不得不放弃其部分经济政策权，而采取某些 IMF 形式的经济管理政策。第三，全球化意味着全球管治系统必须重组。传统上管治大体是政府与政府之间的关系，但现在已被理解为同时也与民间机构、国际企业、全球资本市场和全球大众媒介有关。联合国创立之初，成员国是最有影响力的，而且竞争对手甚少。但现在他们要面对大型商业机构、企业联盟、地区与地区之间的政府，以及国际资本市场的抗衡，而且，政府本身也较以前更多依赖市场机制，并日趋倾向于以全球社会的法则去制衡政治或军事霸权的规则。因此，市场力量越来越多地介入国家之间的事务，将成为全球化时代全球管治的一种新的形式，我们不能再将其单纯视为对国家经济安全的威胁。

面对全球化条件下上述与国家经济安全密切相关的传统观念的变化，我认为中国应该重新建立新的全球化条件下的国家经济安全评估原则与方法，并据此进行决策分析。否则，我们将很难对全球化条件下的国家经济安全形势作出正确的判断。

李文溥：你涉及今天我们讨论的一个十分重要的命题：面对经济全球化这个无法选择的现实，可以选择的只是我们参与经济全球化的态度和行为方式。我注意到，今天在座的诸位都从不同角度直接间接地提到这一点。足见这个问题已经引起了大家的注意。对此，我感到由衷的高兴。如果说，一个世纪前，由于种种原因，中国被动地卷进了第一次全球化浪潮，而当时的主流社会心态是抗拒全球化，结果演出了一场悲剧。我想，今天，时隔一个世纪，当全球化的浪潮再度掀天而来时，具有新思维方式的中国人当以积极主动的进取精神，扬帆出海，弄潮于世界，演出一场威武雄壮的正剧。

建立全球化的利益与负担的合理分配机制*

世纪之交看过去的20世纪，会觉得历史仿佛走了个圆圈。人类进入20世纪时，第一次经济全球化正如火如荼，当我们走出20世纪时，第二次经济全球化正方兴未艾。

两次经济全球化都是建立在科技革命使生产力实现重大突破的基础上。第一次经济全球化产生于世界从农业化向工业化的转变时期，建立在铁路、蒸汽机车、跨洋轮船、电报电话和重工业兴起的基础上，目前的全球化则产生于世界从工业化向后工业化或信息化社会转变时期，建立在以信息技术革命为代表的新技术革命基础上。

两次经济全球化都导致了人类社会经济关系的重大变化，在第一次经济全球化进程中，资本主义经济从自由竞争走向垄断，产生了列宁所总结的帝国主义阶段。目前的全球化中，跨国公司正在成为世界经济的主角，构成对现存的以民族国家为基础的国民经济体系的巨大挑战。

第一次经济全球化进程虽因1914年的世界大战而宣告结束，但它深刻影响了20世纪世界政治经济。第一次世界大战就是经济全球化中列强划分势力范围的斗争导致的，第一次大战后的世界经济大萧条、关税壁垒战以及最后引发的第二次世界大战都与人类社会无法形成与日趋全球化的生产力相适应的社会经济关系密切相关。而战后国际政治经济秩序的重建，如联合国、布雷顿森林货币体系、关贸总协定等，实际上是人类社会实践以两次大战数千万人牺牲为代价换来的认识：在一个日趋一体化的世界里，各国必须经济往来才能发展经济，而往来必须建立在合作、共识与相应制度安排基础上。

第一次经济全球化自1870年始，1914年终，历时45年。目前的经济全球

---

* 本文原载于《福建日报》2001年1月3日。

化自何时始，有不同说法，如果认为本次经济全球化的重要特征是跨国公司的兴起，那么不妨把80年代中期国际直接投资的迅速增长作为起点。因此，它为时尚短，不足以看出全部发展趋势。但从第一次经济全球化对20世纪世界社会政治经济的深刻影响可以推知目前的经济全球化对21世纪世界社会政治经济发展的影响。

仿佛是向旧事物的回复，人类社会今天再度面临着第一次经济全球化未能解决的问题：与全球化社会生产力发展相适应的全球范围市场与组织关系的制度化协调机制。这个问题上的失败不仅中断了第一次经济全球化过程，而且导致了两次世界大战。

市场与组织是人类社会迄今为止所找到的两种处理劳动分工与社会协作的形式。任何时代的经济正常运行都是建立在与该时代生产力性质和水平相适应的市场与组织关系的某种平衡基础上。而社会经济的发展又往往体现为既有平衡的打破及随后新平衡的形成。

市场与组织关系中，市场主要体现为竞争，组织更多表现为协调。竞争激发创新精神，用优胜劣汰激励人们打破既有的秩序与平衡，熊彼特曾指出，资本主义是一个“创造性的破坏”过程，在这一过程中，企业家为寻求最大利润而进行各种创新活动，使旧产品、旧技术、旧程序、旧体制不断地被新生事物取代。近代世界经济史证明，市场经济在打破中世纪长期的经济停滞，创造出前所未有的社会生产力进步的同时，也迅速扩大了收入分配差距，激化了社会矛盾。然而，社会是一个分工合作体系，因此必须在社会范围按一定原则分配社会合作的利益和负担。迄今为止，基本是国家承担了这一责任。霍布斯指出：在一个有相互竞争、追求各自个人利益的国民组成的社会中只有通过国家的权力垄断才能有力地保障和平的共同生活，并从而实现社会进步。在欧洲，现代民族国家的形成基本上与市场经济发展、国内统一市场出现、民族国家经济体系形成联系在一起。其出现并承担起市场经济运行的制度保障、公共物品提供和收入再分配功能，方才使市场经济在民族国家的制度框架下得以正常发展。

然而，市场竞争的活力使它从来不能始终局限于某种地域或现存的制度框架之内。一如它数百年前冲破了中世纪封建领主和行会的限制一样，上个世纪之交，市场力量就企图冲破国界，在全球范围实现自己。然而，冲出国界的市场力量企图借母国的政治军事势力争夺世界市场却导致了第一次世界大战，导致了两次大战之间的大萧条，各国之间以邻为壑的关税壁垒战，结果是世界从走向经济全球化又退回到闭关自守。

市场与组织之间的关系失衡是上个世纪之交的经济全球化过程为第一次世界大战所中断，并在随后数十年从开放退回闭关的重要原因之一。当技术进步使市场力量有可能在全球范围配置生产力，创造更多的财富，社会却不能提供与之相适应的组织形式，在利益创造与分配之间予以协调，建立新的平衡。各国各社会阶级之间激烈的利益争夺，剧烈冲突，无法协调，最后只能导致开放向闭关的倒退。

历史常常惊人地相似。二战之后，国际经济的发展方向可以说是对两次大战以及之间各国经济政策实践反思的结果，今天的经济全球化是战后国际经济发展的必然结果。无独有偶，它再次体现为市场力量的创新冲破了既有的制度安排，打破了民族国家范围的市场与组织的平衡。

与全球化市场力量相比，传统的民族国家形式的组织协调是如此的力不从心。它使国家在经济全球化过程中处于相当不利的地位。国家承担的责任日益加重，但是，用于履行职责的资源、手段却日渐萎缩，显然这是难以持久的。目前，在争取投资与就业的全球竞争中，提高本国竞争力几乎是国家的唯一选择。但是，这种竞争的结果只能是政府财源的萎缩，国家被迫放弃它的社会协调职能，资本与劳动的收入分配差距进一步扩大。然而，社会分工合作体系必须建立在社会大众可以接受的利益与负担分配方式基础上。经济全球化如果不能提供社会可以接受的利益分配方式，政治就要制约经济的发展。市场化力量企图用市场竞争的方式强迫社会接受其意志：胜者通吃，社会公众显然不能接受这种市场分配结果，必然会采取公共选择的方式，强制实现市场竞争与组织协调之间的平衡。因此，如果在全球范围无法建立与全球化市场竞争相应的组织协调关系，合理地分配经济全球化产生的利益和负担，各国社会公众的政治压力完全可能迫使其政府再度选择闭关自守，中断目前的市场取向经济全球化过程，把市场力量重新置于民族国家约束控制之下。

经济学的基本原理和战后国际经济发展实践都可以证明，退回闭关锁国不是一个好的政策选择。如果说，从上个世纪之交建立在产业间分工基础上的经济全球化退回到闭关自守的民族经济体系，导致重大效率损失，那么，从目前建立在产业内分工、公司内贸易基础上的经济全球化退回去，不仅损失更大，而且其可能性也是值得考虑的。

从 GATT 到 WTO，可以说是国际社会寻求与经济全球化现实相适应的经济制度安排的一个缩影。从“临时适用”的协议到根据《维也纳条约法公约》正式批准生效成立的具有独立法人资格的国际经济组织，从仅管辖部分货物贸易到将货物、服务、知识产权以及与贸易相关的投资统一纳入管辖范围，从允许选择性参与协议到必须“一揽子”接受 WTO 的协定、协议，从仲裁的各方一致接受方能生效到只有各方一致同意方能被否决，可以看出国际社会建立一个与全球化现实相适应的贸易政策框架，协调成员国间贸易政策，共同管理全球贸易的共识和努力。它使贸易成为当今国际经济活动中比较有章可循的一个领域。

问题在于，仅有贸易制度的安排是远远不够的。因为，经济全球化与经济国际化的最大区别是贸易之外的国际经济联系迅速发展。投资、生产、金融、就业和收入分配等领域的全球化，使过去国家承担的大部分经济调控职能都出现了程度不等的问题。相应的政策、制度真空，必须在国际范围填补。显然，如此巨大的制度建设，没有各国政府的通力合作是不可能的。例如，关于抑制国际金融投机活动，J. 托宾曾指出，只要各国共同对外汇交易征收 1% 的交易税，就可以基本抑制汇率投机而不影响正常——即为跨国投资和进出口所需的——外汇交易，而且使各国相对独立的货币政策成为可能。但是，如果各国政府不合作，这项政策就无法实行。

历史是沿着否定之否定的阶梯螺旋上升的。如果说上个世纪之交的经济全球化结果是否定，那么，我们应当相信，经过否定阶段的人类智慧和理智能使本世纪之交的经济全球化上升为否定之否定。

市场与组织的平衡被打破之后*

——对经济全球化的组织协调问题的思考

经济全球化（globalization）是世纪之交国际经济发展的最重要趋势之一。它可以从不同角度予以观察研究。笔者曾从国内经济政策角度做过探讨，本文则试图从市场与组织的关系角度对经济全球化的组织协调问题作些分析。

一

何谓经济全球化，研究者们见仁见智，迄今尚无一致的结论。

卡尔·海因茨·巴奎（1995）认为全球化表现为国际贸易在世界经济中的比重上升："最贴切的概念理解是以贸易联系的密切程度为基准的。根据这种见解，世界出口率越高，跨国界的贸易额在世界生产中所占比例越高，世界经济就越强烈地全球化。"

但是，许多经济学家并不赞同把战后至20世纪70年代以国际贸易为主的国际经济联系概括为全球化。认为以国际贸易为主的国际经济联系只是"国际化"。OECD的经济学家哈齐克罗诺格卢（Hatzichronoglou，1996）认为，"国际化是50至60年代和70年代大部分年份的现象，而全球化则涉及在80年代发生的变化。在80年代，作为两个主要变化的结果：放松管制政策和信息和通信技术在经济活动中的新作用，经济的国际化进入了全球化阶段。"

邓宁（Dunning，1997）认为，虽然全球化不同于国际化，但是，国际化可以视为全球化的初级阶段。只有较高比重的世界贸易额不是经济全球化而是国际化的基本特征。而从20世纪80年代至今，不仅国际贸易得到更大的发展，

---

* 本文原载于《东南学术》2001年第4期。

而且国际贸易、外国直接投资（FDI）和跨国战略联盟三者在经济进步中起了决定性作用。因而世界经济进入了全球化时代。现阶段的全球化不过是资本主义的全球化而已，因此他又把全球化概括为“联合的资本主义”（alliance capitalism）的出现。

另一个问题是：迄今为止的经济全球化程度，它是一个过程还是过程的结果。

一些学者倾向于把经济全球化视为过程的结果，一种新的社会经济状态。曼钮尔·卡斯特尔斯（1993）将全球化的经济理解为在真实时间内，在这个星球范围内统一运作的一种经济。这是一种在资本流动、劳动力市场、信息传送、原料提供、管理和组织等方面实现了国际化，完全相互依赖的经济。于尔根·弗里德里希斯（1997）认为：全球化被理解为世界范围内经济活动的网络联系。全球化的过程首先不是别的，而是这种网络化的增长。它使全球化经济产生三个特点：（1）经济发展的相互依赖。一个国家的发展比以前任何时代都更加紧密地依赖世界上其他国家的发展。（2）生产过程的国际性转移。与工资差距相比，信息传送的成本更低。运输成本也是如此，因此部分生产的转移显得有利可图。零部件的生产、装配，部分工艺加工过程，甚至部分的管理工作正在向世界上加工成本最低的地方转移。（3）监督控制、协调的集中化。全球化的势头越强烈，就更多地把企业的各部分业务活动迁移到世界各地的许多生产基地上，相反，对生产的监督控制、协调却出现了集中化的趋势。

然而，更多的研究者将经济全球化视为正在发展的过程。麦格鲁和刘易斯（Mcgrew and Lewis，1992）指出：全球化涉及组成今天世界体系的众多国家和社会之间各种联系的多样性。它描述了这样一个过程，在这个世界的部分地区所发生的事件、决定和行动对遥远的世界其他地区的个人和团体会产生意义重大的影响。全球化有两种不同现象：范围（扩展）和强度（深化）。一方面，这个概念被定义为囊括了这个星球的大部分地区的或在世界范围产生影响的一系列过程，所以这个概念具有一种空间范围的内容。另一方面，它也意味着一种组成这个世界共同体的国家和社会之间的相互影响、相互联系或相互依赖水平的强化。因此，如前所说，全球化是一个范围扩展与强度深化相伴随的过程。

如果说，国际化与全球化，作为世界经济一体化两个发展阶段的描述，其字面上的区别可以视为是人为的，但是，从现实经济发展特征看，20 世纪最后 20 年与之前 30 年的区别确实比较明显。主要是国际经济联系从以国家为基本单位的国际贸易逐步向跨国公司直接间接控制下的全球生产一体化发展。1985 年以来 FDI 的迅速增长，公司内贸易（intra-firm trade）、产业内贸易（intra-industry trade）和服务贸易（tradein services）在国际贸易中比重不断上升（李文溥，2000），是跨国公司在全球范围配置生产力，实现生产环节在全球分散布局和对散布全球的生产过程集中控制的一个映射。

如果以全球一体化生产力的形成，以及与之相适应的新的社会生产关系、经济管理体制的形成为标准，显然，经济全球化在目前还仅仅是一种趋势，一个正在发展的过程。

因此，经济全球化的组织协调是一个新的课题。上次经济全球化的历史教训证明，它在相当程度上决定着本次经济全球化的发展前景。

二

经济全球化是科技革命所带来的社会生产力迅速发展的必然结果，以计算机、信息和通信技术以及交通运输技术的革命性突破为基础，社会生产力冲出民族国家的藩篱，逐步转化为全球一体化的生产力。它必然地与既有的社会经济关系、经济管理体制发生矛盾。这个矛盾，可以从不同角度分析。从市场与组织的关系看，它表现为20世纪30年代以来逐步形成的以民族国家为基础的凯恩斯宏观经济管理体系与基本上以国内市场为活动领域的企业之间的平衡被日益以全球为活动范围的市场力量所打破。

全球化的市场力量以跨国公司为代表，它对以凯恩斯的需求管理为代表的民族国家宏观经济管理体系的挑战主要体现在以下几个方面。

（一）全球化市场力量的发展使各国财政政策空间日益缩小，对宏观经济的调控能力不断减弱

财政是政府实行宏观经济运行调控、收入再分配的最重要政策手段之一，其能力与国家参与国民收入再分配的能力、所能控制的财力大小关系密切。但是，经济全球化使财政参与国民收入再分配的能力大大下降。跨国公司在全球范围设置分支机构，根本目的是利润最大化。它既可能从降低真实生产成本角度考虑，也可能从利润实现角度着眼。企业的跨国化经营，大量的公司内贸易，使利用各国税收制度之间的差异，实现税负最优化成为可能。研究指出，跨国企业的支出，总是在税率最高的地方最大，在免税区或低税率区的子公司的利润总是大大高于其实际生产水平。据柏林德国经济研究所的调查，尽管法

定税率始终很高，但是，德国对企业和独立劳动者的利润的平均实际征税率从1980年的37%降到了1994年的25%。跨国公司母国政府失去的税收并没有转移到东道国政府，相反，为了吸引跨国公司投资，各国都卷入了税收制度竞争，竞相对FDI甚至所有公司实行税收优惠政策，1986年，美国把公司收益税从46%降到34%，之后数年，大多数工业国家不得不实行相应让步。西门子公司在1991年还把利润的一半交纳给它设有分支机构的180个国家，而4年之内，就下降到20%（汉斯·马丁和哈拉尔特·舒曼，1998）。乌布利希·贝克（1996）指出：1989~1993年，德国政府从公司税、企业利润税中所得收入下降了16.8%，它们在国家全部征税收入中所占比例几乎减少了一半（从6.4%下降到3.0%）。与此同时，企业的利润率却经常以超过10%的比例增长。

跨国公司在全球配置生产力所引起的各国吸引FDI的激烈竞争，不仅迫使各国政府对企业实行大幅度税收优惠政策，从而导致财政收入下降，而且导致了财政支出的剧增。为吸引跨国公司投资，无偿提供土地，包括提供必要的基础设施投资，已经不再是发展中国家而是一切国家的通则。而且，投资者还可以获得可观的投资补贴。奔驰公司在法国洛林投资设立分厂，欧盟和法国提供的直接补贴占总投资的25%，这还不包括之后的减免税。美国亚拉巴马州政府为奔驰公司设立分厂的补贴占投资的45%。而美国的AMD公司在德国德累斯顿设立芯片厂，不仅获得了投资额35%的补贴，而且得到各级德国政府机构的大量优惠贷款和信用担保，最后，投资者自筹资金竟不到总投资的20%。全球范围为争取跨国公司投资的减税及补贴不正当竞争是如此激烈，严重地扰乱了市场竞争秩序，使东道国财政陷入窘迫尴尬的境地，促使WTO、OECD、欧盟、加勒比海共同市场等开始限制各国间的投资优惠待遇。一些国家倡议缔结综合多边投资协定，主张冻结国家和区域层次上出现的政策变化，制定政府政策的最低标准（防止各国政府开展政策竞争，为吸引外国直接投资而采取以邻为壑的政策），确定进一步自由化的发展方向，规定管理和实施此类协定与争端解决的程序（联合国跨国公司与投资司，1997）。

国家间争取FDI的减税与补贴竞争，其结果必然将各国财政推向破产。于是，在大规模减少公共服务、社会福利支出的同时，不得不举债维持政府开支。在经济全球化条件下，政府不再像过去主要在国内金融市场筹措资金，而是越来越多地利用国际金融市场。20世纪90年代以来，世界范围的资金逐渐地从长期的FDI转向短期的，具有更多投机性的股票及债券投资，一定程度上是由于各国财政增加了在国际金融市场上的筹资活动。汉斯·马丁和哈拉尔特·舒曼（1998）指出："就是德国统一，如果没有外国人购买联邦德国债务，在财政上也是无法维持的。”约阿吉姆·比朔夫（1996）指出：“国际范围内活动的金融资本的增殖在很大部分上来源于国家预算和社会保险机构所承担的债务。”也就是说，跨国金融资产的增加与民族国家债务增长是金融全球化过程中一枚硬币的两面。1980～1992 年，政府债券为外国债权人持有的比例，法国从 1% 上升到 43%，英国从 9% 上升到 17%，德国从 10% 上升到 27%，只有美国基本稳定，仍然保持在 20% 左右，但绝对数也大大上升了（Deepak Nayyar，1997）。通过国际证券市场筹资占政府财政资金来源比例上升，意味着财政，这个向来代表着国家经济主权的职能，在经济全球化浪潮的冲击之下，越来越难以自我维持，不得不一步步地国际化。而它意味着全球化市场力量对各国财政金融政策的发言权将越来越大。穆迪公司对各国信用等级的评价，不仅极大影响了它们在国际金融市场上的筹资成本，严重限制了筹资国或债务国的财政金融政策空间，甚至影响了政府大选结果。

（二）全球化市场力量的发展逐步剥夺了各国的货币政策自主权

战后的世界金融秩序基本上建立在国家监管基础上。布雷顿森林体系所规定的固定汇率决定了各参加国之间的货币关系，政府对金融机构的业务量、价格、市场准入甚至信贷流量实行严格的监管。然而，自 1973 年布雷顿森林体系瓦解之后，各国纷纷实行金融自由化和放松管制，使金融全球化成为经济全球化过程中发展最快的一个部分。金融全球化为生产力的全球优化配置创造了有利条件，减少了资金国际流动的交易费用，促进了资金在国际范围的余缺调剂，提高了资金的利用效率。与此同时，也无情地剥夺了政府的货币政策自主权，增加了国际金融投机的可能，加剧了国际金融动荡。

金融全球化对各国货币政策自主权的剥夺主要体现为，各国中央银行控制货币利率、汇率和基础货币供应量，调控国内需求及进出口贸易平衡的能力不断弱化。在金融自由化条件下，一国的利率、汇率以及货币供应量是由国际金融市场而不是该国中央银行决定的。各国央行为控制通货膨胀而实施的提高利率、紧缩银根政策，会马上招致国际金融市场的相应反应：将持有的其他利率低的货币购买利率高的货币，或存款，或购买债券，以获取息差，潮水般涌来的资金，将使该国央行的紧缩银根政策完全被抵消作用。反之亦然。1994 年春季，欧洲市场经济疲软，需要放松银根以启动投资，与此同时，美国经济却显示出上升势头，利率暴涨，结果，欧洲国家只能把利率相应提高 7%；使已经不景气的欧洲经济雪上加霜。1995 年，德国希望通过增加贷款扩大内需，但与国际金融市场相比，德国的利率相对较低，结果，尽管当年德国的贷款增加了7%，但是贷出的资金却流向了国外，国内市场并不因货币投放的增加而恢复景气。德国央行的决策者不得不承认："货币发行银行单独降低利率的能力，很遗憾，已经消失了。"① 在汇率市场，类似的情况几乎每天都在发生。在国际金融市场投机力量面前，各国货币当局维持汇率的能力是如此之弱。1992～1993年的欧洲货币体系危机中，英格兰银行企图维持汇率的努力只坚持了数小时，就损失了一半外汇储备，最后不得不实行英镑贬值，法国货币当局的类似努力，导致巴黎中央银行在投机高峰时几乎每分钟损失1亿美元，一天之内抛售了500亿美元，最后还是以失败告终。

（三）全球化的市场力量极大地限制了各国实行国民收入再分配的政策空间

收入再分配是现代市场经济国家的重要职能。国家利用累进税制、转移支付和社会保障制度对国民收入实行再分配，在市场竞争效率与社会公平之间寻求平衡。但是，经济全球化打破了既有的平衡。跨国公司在全球配置生产力，使各国卷入了争取投资和就业机会的竞争，不仅发展中国家而且不少发达国家因此在收入再分配方面显得软弱无力。国家不得不把主要精力放在创造一个在基础设施、劳动力素质、就业条件、收益分配安排和资本流动制度等方面都有利于吸引和维持投资的环境。这必然使收益分配中资本对劳动占有明显优势。在美国，它主要表现为收入差距扩大。尽管自20世纪90年代以来，美国经济持续高涨，但是劳动者的实际工资水平不升反降。1973～1994年，美国人均社会总产值实际增长了1/3，同期，所有就业者（管理人员除外），即近3/4劳动人口的日平均工资下降了19个百分点。1995年，80%的男性职工的实际小时工资比1973年减少11个百分点（汉斯·马丁和哈拉尔特·舒曼，1998）。低技术工人的实际工资自1970年以来更下降了30%。在欧洲，失业和收入差距扩大并存。从1978年起，在欧盟所增加的适龄就业人口中，仅有一半得以就业。1994年，欧盟1800万失业者中，近45%失业至少1年（雅克·阿达，2000）。在德国，1980～1995年，独立经营者可支配的实际收入增长54.3%，同期，雇员的可支配实际收入却下降10%，与此同时，工资税与社会福利税占平均工资的比例自80年以来却增加了25%，达到35%，而企业收益税占全部

① 汉斯·马丁、哈拉尔特·舒曼：《全球化陷阱》，中央编译出版社1998年版。

税收的比例却从16%下降到5%。[①] 同时，失业率却一直居高不下。跨国公司以转移生产基地为威胁，在发达国家的收入分配中大获其利。发展中国家的收入分配并不因之改善，相反，却处于相对或绝对差距扩大之中。与发达国家相比，发展中国家政府无论是对跨国公司的谈判能力还是实行社会收入调控的能力都更弱。捷克的斯科达汽车公司被大众汽车公司收购之后，生产率提高了30%，但是工人工资却几乎没有提高。对于员工提高工资的要求，大众公司的经理劝说他们不要毁了自己的地理优势，不然的话，公司不得不考虑把生产搬到墨西哥去（汉斯·马丁和哈拉尔特·舒曼，1998）。在一些发展中国家，为鼓励跨国公司投资，不仅减免FDI的企业税，甚至采取税后返还方式，免除了外资企业员工的个人所得税。显然，这种政策的最大受益者是投资者和高级管理人员，从社会收益分配角度看，只会扩大收入分配差距。在全球化市场力量的竞争之下，即使有政府希望对市场分配的结果实行调控，其政策空间也受到极大限制。1996年瑞典大选，社会民主党首相佩尔松在竞选中建议部分恢复近年来大幅度削减的社会福利支出，将失业和患病的救济提高到原收入的80%，两天后，穆迪公司发表报告，认为瑞典政府稳定财政金融的措施力度不够，必须“进一步削减社会福利计划”。第二天，瑞典的定息证券和股票就下降了30%~100%，瑞典克郎的汇率也大幅度下跌。

经济全球化扩大了优化资源配置的范围，减少了资源流动障碍，提高了资源利用效率。但是，市场取向的全球化使提高资源利用效率以扩大社会收入分配差距为代价。向全球最低工资水平看齐，使利润增长，增长的利润却失去了国家收入再分配的制约，必然扩大社会收入分配差距；向全球最高劳动效率看齐，同样的工作需要更少的劳动，使利润增长，但是，失业救济资金来源却不能从利润的再分配中获得，这样的劳动效率提高只会扩大社会收入分配差距。

（四）经济全球化使各国的产业结构政策、贸易政策趋于无效

产业政策、贸易政策在后进国家赶超过程中的作用，已经为德国、日本以及韩国等新兴工业国家的实践证实。但是，经济全球化极大地改变了政策环境，使它们逐渐无效。

从贸易政策角度看，主要体现为WTO的一系列规定基本上取消了各成员

① 《分裂的社会》，载《明镜》1997年第40期。

国独立的贸易政策权。在 WTO 的最惠国待遇、国民待遇及非歧视贸易原则框架下，运用关税壁垒保护国内市场已经不可能，各种非关税保护也受到严格限制。尽管 WTO 对开放市场后可能对成员国经济贸易发展带来的影响予以关注，对贸易自由化的风险也相应制定了一系列条款或协议予以防范，允许成员国建立自己的符合 WTO 组织规范的保障机制，对本国产业实行合理和适度的保护，但是，这些保护和防范措施不仅实施的时间、范围都受到 WTO 有关条约的严格限制，而且必须得到 WTO 的认可后实行。WTO 对推动贸易自由化、提高全球资源利用效率的积极作用不可否认，但是，它限制了成员国政府的贸易政策空间，也是不争的事实。在 WTO 框架下，成员国政府企图像日本、韩国当年那样实行管理贸易战略显然是不可能了。

产业政策的主要政策工具之一是管理贸易战略。失去管理贸易战略，以发展主导产业为基本内容的产业结构政策相当程度上也就无法实行，需要进一步说明的是，产业结构政策和管理贸易战略的有效性前提是国内产业基本上为民族资本拥有。此时，对内实行产业结构政策，对外实行管理贸易，是一种比较有效的发展本国产业的战略。但是，经济全球化的一个重要特征是产业全球化。研究证实，越是高技术、资本密集型产业，其产业全球化程度越高（见表 1）。

表 1　　G7 国家外国公司具有最高生产比重的产业部门　　单位：%

国家	年份	行业及比重				
加拿大	1987	汽车 (85)	化学 (76)	非金属制品 (55)	机器设备 (44)	其他制造业 (35)
法国	1990	计算机 (74)	化学 (45)	电子 (31)	非金属制品 (26)	机器 (28)
德国	1990	计算机 (82)	化学 (43)	食品及饮料 (23)	汽车 (24)	基本金属 (21)
意大利	1989	计算机 (78)	电子 (55)	化学 (30)	食品及饮料 (15)	机械 (12)
英国	1990	计算机 (78)	汽车 (60)	化学 (36)	电子 (26)	基本金属 (21)
美国	1989	其他制造业 (30)	非金属制品 (29)	化学 (27)	基本金属 (22)	电子 (19)
日本	1989	化学 (11)	机器设备 (2)	基本金属 (1)	其他制造业 (0.6)	纸张及印刷 (0.5)

资料来源：OECD , Globalization of Industry, Overview and Sector Report. 1996, p. 39.

这就使实行保护、扶持国内产业为目的的产业结构政策、贸易政策遇到了一系列问题：保护国内产业的贸易政策将一视同仁地保护东道国的 FDI 企业。众所周知，一部分 FDI 的投资目的就是跳过关税和非关税壁垒进入东道国市场。因此，当一国大量引进外资，尤其是外资分布的行业足够广之后，管理贸易战略相当程度上就失效了。实行产业结构政策，以选定产业的所有企业（包括 FDI 企业）为扶持对象，显然不符合政策初衷，以选定产业的部分企业（如国内资本企业或国有企业）为扶持对象，则又违反了 WTO 的国民待遇原则。更何况，在全球投资和就业竞争中，许多国家实际上对 FDI 实行的是超国民待遇，此时，实行产业结构政策的困难也就更大。

三

市场与组织是人类社会迄今为止所找到的两种处理劳动分工与社会协作的形式。任何时代的经济正常运行都是建立在与该时代生产力性质和水平相适应的市场与组织关系的某种平衡基础上。而社会经济的发展又往往体现为既有平衡的打破及随后新平衡的形成。

市场与组织关系中，市场主要体现为竞争，组织更多表现为协调。竞争激发创新精神，用优胜劣汰激励人们打破既有的秩序与平衡。熊彼特曾指出，资本主义是一个“创造性的破坏”过程，在这一过程中，企业家为寻求最大利润而进行的各种创新活动，使旧产品、旧技术、旧程序、旧体制不断地被新生事物取代。“稳定的资本主义是自相矛盾的。”近代世界经济史证明，市场经济在打破中世纪长期的经济停滞，创造出前所未有的社会生产力进步的同时，也迅速扩大了收入分配差距，激化了社会矛盾。然而，社会是一个分工合作体系。J. 罗尔斯（1982）指出：“由于社会合作，存在着一种利益一致，它使所有人有可能过一种比他们仅靠自己的努力独自生存所过的生活更好的生活；另一方面，由于这些人对由于他们协力产生的较大利益怎样分配并不是无动于衷的（因为为了追求他们的目的，他们每个人都更喜欢较大的份额而非较小的份额），这样就产生了一种利益的冲突，就需要一系列原则来指导在各种不同的决定利益分配的社会安排之间进行选择，达到一种有关恰当的分配份额的契约。这些所需要的原则就是社会正义的原则，它们提供了一种在社会的基本制度中分配权利和义务的办法，确定了社会合作的利益和负担的适当分配。”在迄今为止的市场经济发展中，基本上是国家作为组织承担了在社会范围按一定原则分配社会合作的利益和负担的责任。霍布斯（1995）指出：在一个有相互竞争、追求各自的个人利益的国民组成的社会中只有通过国家的权力垄断才能有力地保障和平的共同生活，并从而实现社会进步。在欧洲，现代民族国家的形成基本上是与资本主义市场经济发展、国内统一市场出现、民族国家国民经济体系形成联系在一起的。出现了现代民族国家，并承担起市场经济运行的制度保障、公共物品提供和收入再分配功能，方才使市场经济在民族国家的制度框架下得以正常发展。

然而，市场竞争所具有的活力使它从来不能始终局限于某种地域或现存的制度框架之内；正如它在数百年之前冲破了中世纪的封建领主和行会的限制一样。在 19 世纪与 20 世纪之交，市场经济就企图冲破民族国家的限制，在全球范围实现自己。《1994 年世界投资报告》指出：世界经济史上第一次经济全球化的现代形式出现于 19 世纪世界从农业化到工业化的转变时期，1870 ~ 1913 年是国际经济一体化的“黄金时代”。国际经济一体化与快速的经济增长之间形成良性循环。这次全球化，到 20 世纪之初，取得了可以与今天相媲美的全球经济一体化水平。国际贸易、跨国投资、国际金融等有关经济全球化程度的指标，与今天相比毫不逊色，而且在劳动力跨国流动方面甚至大大超过了今天。然而，这次经济全球化却导致了第一次世界大战，导致了两次大战之间的大萧条、各国之间以邻为壑的关税壁垒战，结果是世界经济从走向经济全球化又退回到闭关自守的民族经济体系。①

市场与组织之间的关系失衡是上个世纪之交的经济全球化过程为第一次世界大战所中断，并在随后数十年从开放退回闭关的重要原因之一。技术进步使市场力量有可能在全球范围配置生产力，创造更多的财富，社会却不能提供与之相适应的组织形式，在利益创造与分配之间予以协调，建立新的平衡。各国各社会阶级之间激烈的利益争夺，剧烈冲突，无法协调，最后只能导致开放向闭关的倒退。

历史常常惊人地相似。二战之后，国际经济的发展方向可以说是对两次大战以及之间各国经济政策实践反思的结果，今天的经济全球化是战后国际经济

---

① 大危机前夕，美国国会通过斯穆特·霍利法，把关税提高到美国历史上的最高水平，1930 年平均关税率达到 1932 年价值的 59%，总进口降低到 13 亿美元，为 1905 年以来最低点，出口仅 16 亿美元。斯穆特·霍利法和大危机拧在一起，引起世界范围的反响。世界各地都对贸易横加限制。1932 年，世界贸易只相当 1929 年的 1/3。直到 1940 年，美国的出口还没有恢复到 1929 年的水平，进口比 1929 年还减少 15.2%（陈宝森：《美国经济与政府政策》，世界知识出版社 1988 年版，第五篇）。无论是与 20 世纪初还是今天的美国或世界平均的关税率、进出口水平相比，两次大战期间美国是处在典型的闭关锁国状态中。

发展的必然结果。无独有偶，它再次体现为市场力量的创新冲破了既有的制度安排，打破了民族国家范围的市场与组织的平衡。人们不禁要问：它的发展前景如何？是否可能像上次经济全球化那样，再次回到闭关锁国状态？

如本文第二部分所分析的，与全球化的市场力量相比，传统的民族国家形式的组织协调是如此的力不从心。它使国家在经济全球化过程中处于相当不利的地位，国家承担的责任日益加重，但是，用于履行职责的资源、手段却日渐萎缩，显然这是难以持久的。目前，在争取投资与就业的全球竞争中，提高本国竞争力几乎是国家的唯一选择。但是，这种竞争的结果只能是政府财源的萎缩，国家被迫放弃它的社会协调职能；资本与劳动的收入分配差距进一步扩大。然而，正如罗尔斯所说，社会分工合作体系必须建立在社会大众可以接受的利益与负担分配方式基础上。经济全球化如果不能提供社会可以接受的利益分配方式，政治就要制约经济的发展。市场化力量用市场竞争的方式强迫社会接受其意志：胜者通吃，社会公众显然不能接受这种的市场分配结果，必然会采取公共选择的方式，强制实现市场竞争与组织协调之间的平衡。因此，如果在全球范围无法建立与全球化市场竞争相应的组织协调关系，合理地分配经济全球化所带来的利益，各国社会公众的政治压力完全可能迫使各自的政府再度选择闭关自守，中断目前的市场取向经济全球化过程，把市场力量重新置于民族国家约束控制之下。

经济学的基本原理和战后国际经济发展实践都可以证明，退回闭关锁国不是一个好的政策选择。如果说，从 19 世纪与 20 世纪之交建立在产业间分工基础上的经济全球化退回到闭关锁国的民族国家经济体系，导致重大效率损失，那么，从目前建立在产业内分工、公司内贸易基础上的经济全球化退回去，不仅损失更大，而且其可能性也是值得考虑的。

从 GATT 到 WTO，可以说是国际社会寻求与经济全球化现实相适应的经济制度安排的一个缩影。从“临时适用”的协议到根据《维也纳条约法公约》正式批准生效成立的具有独立法人资格的国际经济组织，从仅仅管辖部分货物贸易到将货物、服务、知识产权以及与贸易相关的投资统一纳入管辖范围，从允许选择性参与协议到必须“一揽子”接受 WTO 的协定、协议，从仲裁的各方一致接受方能生效到只有各方一致同意方能被否决，可以看出国际社会建立一个与全球化现实相适应的贸易政策框架，协调成员国间贸易政策，共同管理全球贸易的共识和努力。它使贸易成为当今国际经济活动中比较有章可循的一个领域。

问题在于，仅有贸易制度的安排是远远不够的。因为，经济全球化与经济国际化的最大区别是贸易之外的国际经济联系的迅速发展，投资、生产、金融、就业和收入分配等领域的全球化，使过去国家所承担的大部分经济调控职能都出现了程度不等的问题。相应的政策、制度真空，必须在国际范围予以填补。显然，如此巨大的制度建设，没有各国政府的通力合作是不可能的。遗憾的是，迄今为止，各国政府之间的经济调控合作是如此有限，远远无法满足经济全球化的组织协调、利益分配的需要。例如，关于抑制国际金融投机活动，J. 托宾曾指出，只要各国共同对外汇交易征收 1% 的交易税，就可以基本抑制汇率投机而不影响正常——即为跨国投资和进出口所需的——外汇交易，而且使各国相对独立的货币政策成为可能。尽管这项政策建议在理论上可行，但是，却因各国政府的不合作而无法实行。国际经济制度创新合作的进展缓慢，与难以达成一个国际分工合作的利益与负担合理分配的共识有关。少数甚至个别大国怀一己之私，缺乏远大政治眼光；自恃其政治经济军事实力，企图按照丛林法则建立经济全球化时代的国际经济秩序，其结果，已有上个世纪的史实为鉴。今天，人类社会经济发展又一次站在了十字路口，我们只能真诚地希望：不要再度踏进同一条河流。

参考文献

[1] J. 罗尔斯：《正义论》，中国社会科学出版社 1982 年版。

[2] 陈宝森：《美国经济与政府政策》，世界知识出版社 1988 年版。

[3] 汉斯·马丁、哈拉尔特·舒曼：《全球化陷阱》，中央编译出版社 1998 年版。

[4] 霍布斯：《利维坦》，商务印书馆 1995 年版。

[5] 卡尔·海因茨·巴奎：《世界经济结构变化后果》，载《（德国）议会周报副刊——政治与现代史》1995 年第 49 期。

[6] 李文溥：《经济全球化的宏观经济政策影响》，载《厦门大学学报（哲学社会科学版）》2000 年第 3 期。

[7] 李文溥：《论经济全球化下的我国宏观经济政策思路调整》，载《中国经济问题》1999 年第 4 期。

[8] 联合国跨国公司与投资司：《1994 世界投资报告》，对外经贸大学出版社 1995 年版。

[9] 联合国跨国公司与投资司：《1996 世界投资报告》，对外经贸大学出版社 1997 年版。

[10] 曼钮尔·卡斯特尔斯：《欧洲城市，信息社会与全球化经济》，载《城市研究》1993 年第 84 期。

[11] 乌布利希·贝克：《没有劳动的资本主义》，载《明镜》1996 年第 20 期。

[12] 雅克·阿达：《经济全球化》，中央编译局出版社 2000 年版。

[13] 于尔根·弗里德里希斯：《全球化——概念与基本设想》，载《（德国）议会周报副刊——政治与现代史》1997 年第 33～34 期。

[14] 约阿吉姆·比朔夫：《全球化——世界经济结果变化分析》，载《（德国）社会主义》1996 年第 1 期（增刊）。

[15] 张世鹏等：《全球化时代的资本主义》，中央编译局出版社 1998 年版。

[16] Anthony Mcgrew, Lewis, *Global Politics: Globalization and the National States*. Cambridge: The Polity Press, 1992.

[17] Deepak Nayyar, Globalization: The Game, The Players and the Rules. In Satya Dev Gupta (eds.), *The Political Economy of Globalization*, Dordrecht: Kluwer Academic Publisher, 1997.

[18] John H. Dunning, The Advent of Alliance Capitalism. In John H. Dunning, Khalil A. Hamdani (eds.), *The New Globalism and Developing Countries*, Tokyo: United Nations University Press, 1997.

[19] OECD, Globalization of Industry. Overview and Sector Report, 1996.

[20] Thomas Hatzichronoglou, Globalization and Competitiveness: Rele-vant Indicators. STI Working Papers Series, 1996.

经济全球化及其对宏观经济政策的影响*

经济全球化是世纪之交国际经济发展中引人瞩目的现象。它不仅引起世界政治经济格局的一系列变化，而且对各国国内经济政策颇具影响。本文从三个角度——生产与贸易、投资、金融——分析至20世纪90年代中期经济全球化发展程度，探讨它对我国宏观经济政策走向的影响。

一、生产与贸易全球化

商品交易的国际化程度，一定程度上反映了全球市场的发展状况，以及民族国家经济卷入国际化生产的程度。

（一）贸易比重

国际贸易额及其占世界产出的比重从量的角度反映了贸易的全球化程度。战后世界经济发展的一个显著特征是世界贸易的增长大大快于产出的增长。1820~1992年，世界人口增长5倍，人均收入增加了8倍，世界收入增加了40倍，而世界贸易量却增加了540倍（Streeten，1998）。1990~1997年，世界GDP增长了39.65%，而世界出口却增长了62.33%。相应地，出口在世界产出中的比重不断上升，1950年不过6%，1973年增至12%，1997年已经上升至21.05%（Mallampally & Sauvant，1999）。

贸易比重在一定程度上反映了生产全球化程度。考虑到现有生产与需求中

---

* 本文原载于《厦门大学学报（哲学社会科学版）》2000年第3期。

有相当部分不可能全球化，如某些服务生产，此外，GDP 还包含了政府等公共部门“产值”在内，现有 GDP 中又有部分是以国际化方式生产的，如跨国公司的当地子公司生产并在当地销售部分，因此，社会生产中可以全球化部分的实际全球化程度显然高于现有统计数字所显示的比重。据联合国跨国公司与投资司估计，目前约 1/3 的世界生产是以国际一体化方式进行的。

（二）贸易地域结构

生产与贸易全球化的另一方面，是卷入全球化生产与贸易的地域范围及结构。1913 年，四个世界最大贸易国美、德、英、法的出口额占了世界出口总额的 45%，1968 年，这四国所占比例下降到 38%；1992 年，四个最大贸易国美、德、日、法——日本取代了英国——的比重又下降了两个百分点。与此同时，其他国家出口比重上升。1968 年，世界上有 19 个国家进口各占世界进口总额的 1% 以上，其中只有 3 个发展中国家，占 19 个国家的 16%；同期有 17 个国家出口各占世界出口总额 1% 以上，其中也只有 3 个（占 18%）发展中国家。1992 年，前者上升到 21 个国家，其中 7 个（占 33%）是发展中国家；后者上升到 25 个国家，其中 10 个（占 40%）是发展中国家。全球化日益地把世界各国卷入一体化经济漩涡之中。

（三）贸易产品结构

贸易产品结构是反映生产全球化水平的一个重要标志。经济全球化使国际贸易的形式及构成发生了重大变化。传统的国际贸易主要是建立在古典经济学的资源禀赋差异说基础上的产业间贸易，而经济全球化使新的国际贸易形式如部门内贸易、公司内贸易以及服务贸易的比重不断上升（见表 1）。

表 1　　OECD 国家产业内贸易指数

国家	1970 年	1980 年	1990 年	国家	1970 年	1980 年	1990 年
英国	53.2	74.4	84.6	加拿大	52.1	51.5	60.0
法国	67.3	70.1	77.2	意大利	48.7	54.8	57.4
奥地利	60.4	73.2	75.2	爱尔兰	48.2	55.1	56.9
西班牙	41.7	48.9	74.2	希腊	32.4	28.3	50.5
比利时/卢森堡	61.4	67.5	72.8	葡萄牙	39.8	39.5	49.2
德国	55.8	56.6	72.2	芬兰	29.4	37.8	45.7

续表

国家	1970 年	1980 年	1990 年	国家	1970 年	1980 年	1990 年
美国	44.4	46.5	71.8	挪威	52.3	42.5	41.9
荷兰	63.4	60.5	69.8	土耳其	6.7	12.5	34.6
瑞典	52.3	58.2	64.2	日本	21.4	17.1	32.4
丹麦	55.0	54.8	62.2	澳大利亚	20.7	21.6	30.5
瑞士	52.5	59.8	60.2	新西兰	10.6	16.3	25.9

资料来源：OECD，Globalisation of Industry：Overview and Sector Reports，1996.

20 世纪 70 年代初期，公司内贸易不过占世界贸易总额的 1/15，90 年代初上升到 1/3（Nayyar，1997）。而美、日、英在 80 年代中期就达到了 1/3 左右（Streeten，1998）。1993 年美国、法国、瑞典的企业内出口占本国出口的比重分别为 36%、34%、38%（联合国跨国公司与投资司，1997）。

与此同时，服务贸易，如银行、保险、金融服务、广告、法律服务、建筑、运输、通信以及随着通信及信息技术发展而成为新的可贸易服务的数据录入、软件设计、计算机服务等，也迅速成为国际贸易的重要组成部分。1980～1998 年，世界服务出口额增长了 252.78%，年递增 7.25%，比同期的货物出口增长率高 1.86 百分点。①

产业内贸易、公司内贸易以及服务贸易的比重大幅度上升，是生产全球一体化的结果，说明生产正在取代贸易成为世界经济联系的新纽带。世界各国参与国际经济分工的方式正从传统的国际贸易转向参与国际生产分工、国际价值形成过程。

二、投资全球化

经济全球化的第二个重要方面是投资全球化。国际直接投资（FDI）在 20 世纪 80 年代迅速增长，90 年代初因受经济周期影响而回落，但自 1993 年起再度迅速增长。FDI 迅速发展，使跨国公司成为全球化经济的主角和全球经济增长的引擎，极大地改变了全球经济运行方式。

首先，与生产相比，目前投资全球化程度相对较低。到 90 年代中期，FDI 占世界资本形成的比重还只有不到 5%。在资本流出比重较高的西欧、北美，流出资本不过占投资总额的 7.6%，与发达国家相比，发展中国家流入资本占

① 根据中经数据 CEI date 99－5－12 中有关数据计算。

国内资本形成比重较高，也不过是7.6%（联合国跨国公司与投资司，1986）。但是，FDI增长速度十分惊人。1981～1985年，FDI流量年均增长速度不过3%，1986～1990年就剧增至23.6%，1991～1995年，虽受经济周期影响，仍然达到20.1%，1997年则增长了18.6%，因此，1997年FDI占世界资本形成的比重就达到7.42%（UNCTAD，1999）。不仅FDI流量迅速增长，而且相关指标，如FDI存量、跨国公司国外销售额、专利转让费收入等，都比国内总投资、GDP、商品及非要素服务出口等增长更快。

其次，FDI基本上是生产性投资，而且集中在第二、第三产业，尤其是制造业。因此，它对各国社会生产、就业的影响远远大于它在固定资本形成中的比重（见表2）。

表2　外国企业在G7国家制造业中的生产及就业份额

国家	生产（1980年）	生产（1991年）	就业（1980年）	就业（1991年）
美国	3.9	14.8（1992年）	5.1	12.3（1992年）
加拿大	50.6	49.0（1989年）	37.8	38.0（1989年）
日本	4.6	2.8（1990年）	1.6	1.2（1990年）
法国	26.6	26.9	18.5	22.1
德国	15.7	13.8（1992年）	9.0	7.2（1992年）
意大利	19.2	22.3（1988年）	15.8	17.2（1988年）
英国	19.3（1981年）	25.5	14.9（1981年）	17.2

资料来源：OECD，Globalisation of Industry：Overview and Sector Reports，1996.

在G7国家的有些产业中，外国公司在当地子公司的生产份额甚至高达85%（见表3）。

表3　G7国家外国公司具有最高生产比重的产业部门及比重　单位：%

国家	年份	行业	比重	行业	比重	行业	比重	行业	比重	行业	比重
加拿大	1987	汽车	85	化学	76	非金属制品	55	机器设备	44	其他制造业	35
法国	1990	计算机	74	化学	45	电子	31	非金属制品	26	机器	28
德国	1990	计算机	82	化学	43	食品及饮料	23	汽车	24	基本金属	21
意大利	1989	计算机	78	电子	55	化学	30	食品及饮料	15	机械	12
英国	1990	计算机	78	汽车	60	化学	36	电子	26	基本金属	21
美国	1989	其他制造业	30	非金属制品	29	化学	27	基本金属	22	电子	19
日本	1989	化学	11	机器设备	2	基本金属	1	其他制造业	0.6	纸张及印刷	0.5

再次，从全球范围看，FDI对社会再生产过程的影响远远大于其在固定资本形成中的比重。FDI主要由跨国公司进行，跨国公司的强大经济技术实力决

定了尽管跨国投资在世界总投资中比例不大，但是，对世界经济运行的影响却远远超过投资额。联合国《1995 年世界投资报告》指出：跨国公司的研究与开发开支占当今世界民用研究与开发开支的 75%～80%，世界最大的 700 家工业企业（其中多数是跨国公司）的发明专利占世界商业专利发明的 50% 左右。全球跨国技术转让和技术使用费转移中，4/5 发生在跨国公司体系内部。跨国公司不仅通过其在境外的 25 万个分支机构的生产经营活动，使世界的经济活动从五六十年代的以国内生产、国际交换为特征的贸易型国际分工，逐步地向以国际生产、跨国经营为特征的 FDI 主导型国际分工方式转移，而且通过其非投资跨国经营活动，如分包、许可证和特许经营，打进境外商品劳务市场，获得生产要素，组织国际化生产，进一步地扩大了全球化生产的规模和范围。1992 年，广义国际化生产的国际市场销售额高达 7 万亿美元，是世界直接贸易额 3 万亿美元的 233.33%。

投资全球化的迅速发展和跨国投资对世界生产、交易、金融活动深远的影响，使研究经济全球化的学者们特别重视投资全球化，他们认为在改变世界经济联系方式上，投资与贸易不可同日而语。邓宁和哈利勒（Dunning & Khalil，1997）等甚至因此区分了经济全球化的两个不同阶段：国际化（internationalisation）与全球化（globalization）。

三、金融全球化

生产的全球性分布及为全球性需求生产，要求企业在全球市场上筹资，在全球范围内调度、运用资金。投资者因此也获得了新投资领域，投资对象不再局限于本国企业。资金来源与资金运用的全球化，导致了金融全球化。跨国资金流动剧增，其数量与增速使贸易、投资相形见绌。金融全球化目前主要体现在外汇交易、银行贷款、金融资产与政府债券四个方面。

（一）外汇交易

全球化金融活动目前还是在经济全球化的史前形式——民族国家经济时代的金融体系及制度框架——的范围内进行的。因此，克服不同民族国家货币对全球金融市场的分割和资金流动障碍的外汇交易的发展成为现阶段金融全球化的重要标志之一。1973 年，国际金融市场平均外汇交易量是 150 亿美元/日，

1983 年上升到 600 亿美元/日，年递增 14.87%；1992 年达到 9000 亿美元/日（Streeten，1998），年递增 35.11%；1995 年 4 月更增至 1.23 万亿美元/日（约阿吉姆·比朔夫，1998），1973 年，外汇交易量对世界贸易量之比不过 9∶1，1983 年上升到 12∶1，1992 年剧增为 90∶1。1992 年世界生产不过 640 亿美元/日，出口为 100 亿美元/日，而日外汇交易量却分别是前两者的 14 倍和 90 倍（Streeten，1998）。外汇交易原本是满足国际贸易和跨国投资需要的金融服务，但是，由于现行国际金融体系与经济全球化之间的不匹配，却成为了金融投机家呼风唤雨、投机获利的工具。原本服务于生产、贸易、投资的外汇交易脱离了真实经济运行的需要，异化为目的本身。据研究，全球外汇交易量中，为直接投资和商品交易筹集资金所占比例仅在 5%~7%（Streeten，1998）。国际金融市场上的巨额外汇交易使各国央行对汇率的调控力量急剧下降。1992 年，各国央行的外汇储备仅 6930 亿美元，只是当年全球外汇日交易量的 77%！靠个别国家央行的外汇储备稳定汇率的时代已经一去不复返（Streeten，1998）。

（二）银行贷款

经济全球化必然使资金流动全球化，它使银行的国外分支机构及跨国贷款量剧增（见表 4）。

表 4　　跨国贷款对世界产量、贸易、投资的比率　　单位：%

项目	1964 年	1980 年	1991 年
跨国净贷款/世界产量	0.7	8.0	16.3
跨国净贷款/世界贸易量	7.5	42.6	104.6
跨国净贷款/世界总固定资本形成	6.2	51.1	131.4

跨国净贷款增长快于世界产量、贸易及资本形成的增长，国际银行间市场增长更快，1970~1990 年，跨国的银行间债务每年递增 13.33%，从 4550 亿美元增长到 55600 亿美元，大约是跨国净贷款的两倍。

（三）金融资产

金融资产的国际市场与外汇交易市场、跨国贷款相比，起步较晚，但发展历程相似。1980 年，无论是美国、德国还是日本，国内外居民之间的债券和股票交易总额都不及本国当年 GDP 的 10%，而到 1993 年，这一交易总额已分别是美、德、日当年 GDP 的 135%、170%、80%。在美、英、日各种基金的资产中，外国债券和股票的比率也从 1980 年的 0.7%、10%、0.5% 分别提高到 1993 年的 6%、20%、9%。IMF 估计，1992 年，全部可交易证券的跨国产权已经高达 2.5 万亿美元。据世界银行计算，1993 年，全世界社会生产产值为 23.1 万亿美元，而当年年底尚未结算的世界范围有价证券交易额估计超过 60 万亿美元，约是前者的 2.6 倍。

国际证券投资与 FDI 是两种不同的国际投资渠道。前者起步较晚，但却大有后来居上之势。

1980 年，除日本外，美、德、英、加四国的国际证券投资都显著低于 FDI，但是，到 1995 年，五国中已有三国的国际证券投资超过 FDI，美国和加拿大则二者比例相近（见表 5）。国际证券投资后来居上，是由于经济自由化所带来的全球经济竞争扩大及深化。技术开发高投入及结果不确定性使产品市场风险上升，预期收益率下降，而国际金融市场的发展，扩大了国际金融投机的空间。不同渠道资金收益率的消长，促使资金从投资转向投机。这是 20 世纪 90 年代以来世界范围资金逐渐地从长期的 FDI 转向短期的、具有更多投机性的股票及债券投资的重要原因之一。

表 5　　国际投资* 占 GDP 的比重　　单位：%

国家	项目	1980 年	1985 年	1990 年	1995 年	国家	项目	1980 年	1985 年	1990 年	1995 年
美国	直接投资	13.6	9.2	10.8	14.9	英国#	直接投资	13.7	19.1	22.8	30.5
	证券投资	2.2	2.7	4.0	12.2		证券投资	7.9	27.1	33.3	47.4
	股票	0.7	1.0	1.7	6.9		股票	5.5	15.5	19.2	30.6
	债券	1.5	1.8	2.3	5.3		债券	2.3	11.7	14.2	16.8
日本	直接投资	1.7	2.8	6.0	6.3	加拿大	直接投资	8.3	11.0	12.6	18.3
	证券投资	1.8	9.2	16.8	17.9		证券投资	2.7	3.6	6.8	12.2
德国#	直接投资	3.1	4.3	6.0	7.3		股票	2.5	2.7	5.3	9.4
	证券投资	1.9	5.9	10.3	13.0		债券	0.3	1.0	1.5	2.8

注：* 指仅包括私人部门，# 指不包括银行部门的产品。

（四）政府债券

国际金融市场的发展，使政府预算可以不再像封闭经济时代那样完全依靠本国财源，而是越来越多地利用国际金融市场筹措财政资金。1980 ~ 1992 年，政府债券为外国债权人持有的比例，法国从 1% 上升到 43%，英国从 9% 上升到 17%，德国从 10% 上升到 27%，美国基本稳定，仍然保持在 20% 左右，但绝对数也大大上升了（Streeten，1998）。

通过国际证券市场筹资占政府财政资金来源比例上升，有双重意义。除金融全球化外，更意味着财政这个向来代表着国家经济主权的职能，在全球化浪潮冲击之下，难以自我维持，不得不一步步地国际化。政府越来越多地通过国际证券市场筹集财政资金，是由于跨国公司获得了在全球范围配置生产力的自由，政府却不得不为吸引资本而竞相为之提供各种优惠——这不仅发生在发展中国家，而且发生在发达国家。它既降低了政府的赋税能力，又增加了预算需求。乌布利希·贝克（1998）指出："生产国际化向企业提供了两种战略好处，一是在昂贵劳动力和便宜劳动力之间进行一种全球性竞争，二是各国的纳税标准和税务监督人员相互竞争，相互拆台。"于是，"企业主发现了点石成金的秘诀。新的咒语是：没有劳动的资本主义加上没有税收的资本主义。政府从公司税、企业利润税中所得收入从 1989 年至 1993 年下降了 16.8%。它们在国家全部征税收入中所占比例几乎减少了一半（从 6.4% 下降到 3.0%）。与此同时，企业利润率却经常以超过 10% 的比例增长"。在这种情况下，政府不得不求助于国际金融市场，靠举债维持财政平衡。而生产领域风险上升，使资金也趋于选择国家债券作为投资对象。约阿吉姆·比朔夫（1998）指出："国际范围内活动的金融资本的增殖在很大部分上来源于国家预算和社会保险机构所承担的债务。"即跨国金融资产增加与国际性政府债券增长是金融全球化过程中一枚硬币的两面。

金融全球化，对民族国家经济的影响是多方面的，而且是深远的。其中，对政府宏观经济调控的最大影响是：使财政货币政策，尤其是以需求管理为目的的反周期财政货币政策日趋失效，社会福利政策、收入分配政策也面临着全球市场机制的有力挑战。

四、经济全球化对我国宏观经济政策的影响

全球化是世界经济发展的大趋势，它已经对中国产生重大影响，而且将进一步深刻影响中国在 21 世纪的发展前景。面对它，无非两种态度：拒绝它，采取闭关锁国的政策；或者接受它，对外开放，投身于全球化的经济分工与竞争之中。对发展中国家而言，前者意味着边缘化，而后者，在现有国际政治经济格局下，实际上是不平等竞争，边缘化的威胁仍然存在。

如何在经济全球化过程中争取战略主动？国际经验表明，关键是提高国际

竞争力。因此，面对掀天而来的全球化浪潮，实行开放战略的我国必须以供给管理为出发点，调整宏观经济政策走向。其原因包括以下几个方面。

（1）经济全球化抽走了民族国家实行凯恩斯需求管理政策的基础。因为，在全球化时代，一国的需求与供给不再局限于本国疆界之内，而是逐渐成为整个国际市场供需的一部分。如果说相对封闭的民族国家经济体系存在着依靠政府创造需求并激活供给的可能性的话，那么，在全球化时代，面对汪洋大海一般的全球市场供需，个别国家的财政资源显然是沧海一粟。因此，在全球化时代，一国经济的需求必须靠它在世界范围的有效供给来创造，即不是有效需求创造有效供给，而是有效供给创造有效需求。政策制定者必须把国内经济政策的落脚点从需求管理转向供给管理，把提升本国经济的竞争力、增加有效供给，放在宏观经济政策的首位。这是一国经济在日趋激烈的国际经济竞争中立于不败之地的不二法门。

（2）经济全球化时代，面对具有高度流动性的国际资本，国家尤其是发展中国家的宏观管理权威受到严重挑战。任何妨碍资本竞争力发挥，限制资本对其他生产要素支配权力的政府管理措施，都可能导致内资外流、外资止步。各国的经济政策、经营环境处于某种程度的横向比较之中，各国经济政策当局之间出现了某种微妙的竞争关系。这是相对独立、封闭的民族经济体系时代政府所未曾面临过的。外部环境的变化，限制了民族国家政府在国内实施经济政策的空间。一些过去认为是纯粹的国内经济政策，如收入分配政策等，在经济全球化条件下，也逐渐成为需要国际协调、合作解决的问题，忽视全球化市场机制的作用，可能南辕北辙。

（3）经济全球化的发展，必然在一定程度上要求宏观经济管理的全球化。目前，它主要体现为：一是国际经济组织的监控、协调、管理职能大大加强；二是世界、地区及双边的政府间经济政策协调与合作的重要性上升。宏观经济管理全球化，需要新的国际经济制度安排。有经济学家提出，现有的国际金融体系只与政府间金融活动有关，而对国际范围的私人金融活动却缺乏必要的监控体系与办法，很不适应国际金融自由化的发展。不仅在国际贸易、投资、金融等方面必须加强政府间的协作，建立和完善国际协调组织，而且针对目前世界范围的高失业率问题，也应当考虑建立类似布雷顿森林货币体系那样的国际性收入协调组织。否则，目前各国这种为提高本国产业竞争力而竞相压低成本的竞争，将使失业更为严重。在国际贸易与投资方面，由于 WTO 等的努力，关税壁垒对贸易的限制日趋缩小，但是，与此同时，跨国公司的纵向一体化行为却对公平竞争构成新的威胁。因此，在 OECD 等国际经济组织中如何协调各国的竞争法，以限制跨国公司的纵向一体化行为对竞争秩序的破坏，也是亟须考虑的政策问题。①

因此，在全球化时代，民族国家参与国际政治经济斗争，争取建立与经济全球化时代相适应的公正合理的国际经济新秩序，参与国际间经济政策协调及管理合作，其重要性不断提高。如何积极参与国际政治经济斗争，为本国经济发展创造比较宽松的外部环境和相对公平的竞争条件，是全球化时代发展中国家政府面临的一个极为重要的政策课题。他们在国际政治经济斗争中的发言权，在国际经济政策协调及管理合作中的影响力大小，归根结底取决于本国的经济发展水平、综合国力，而这又建立在本国经济国际竞争力的基础上。从这个意义上说，提升本国经济的竞争力、增加有效供给的供给管理政策是经济全球化时代民族国家全部宏观经济政策的基础。

参考文献

[1] 联合国跨国公司与投资司：《1995 年世界投资报告》，对外经贸大学出版社 1996 年版。

[2] 联合国跨国公司与投资司：《1996 年世界投资报告》，对外经贸大学出版社 1997 年版。

[3] 乌布利希·贝克：《没有劳动的资本主义》，张世鹏、殷叙彝编译，引自《全球化时代的资本主义》，中央编译出版社 1998 年版。

[4] 约阿吉姆·比朔夫：《全球化——世界经济结构变化分析》，张世鹏、殷叙彝编译，引自《全球化时代的资本主义》，中央编译出版社 1998 年版。

[5] Deepak Nayyar, Golbalization: The Game, the Players and the Rules. In Satya Dev Gupta (eds.), *The Political Economy of Golbalization*, Dordrecht: Kluwer Academic Publishers, 1997.

[6] John H. Dunning, Khalil A. Hamdani, *The New Globalism and Developing Countries.* New York: United Nations University Press, 1997.

[7] OECD, Globalisation of Industry: Overview and Sector Reports, 1996.

[8] OECD, The OECD Report on Regulatory Reform. Volume I: Sectoral Studies, 1997.

[9] Padma Mallampally, Karl P. Sauvant, Foreign Direct Investment in Developing Countries. *Finance & Development*, 1999.

[10] Paul Streeten, Golbalization: Threat or Salvation? In A. S. Bhalla (eds.), *Globalization, Growth and Marginalization.* London: Macmillan Press LTD, 1998.

[11] UNCTAD, World Investment Report 1998: Trends and Determinants. United Nations, New York and Geneva, 1999.

① 德国著名经济学家、OECD 评论员、柏林自由大学教授 E. 阿尔瓦特（Elmar Altvater）博士在柏林与笔者座谈时提出了上述意见。

经济全球化与全球视角的经济学*

经济全球化（globalization）是世纪之交世界经济发展的重要现象。它改变了世界政治经济格局，将深刻影响21世纪世界经济发展走向。它不仅对民族国家的对外经济政策，而且对其国内经济政策产生重要影响。经济学研究视角也将因之发生重大变化。

一

何谓经济全球化，研究者们见仁见智。它可以理解为“在真实时间内，在这个星球范围内统一运作的一种经济。这是一种在资本流动、劳动力市场、信息传送、原料提供、管理和组织等方面实现了国际化，完全相互依赖的经济”①。它更是一个正在发展的过程。“全球化涉及到组成今天世界体系的众多国家和社会之间各种联系的多样性。它描述了这样一个过程，在这个世界的部分地区所发生的事件、决定和行动对遥远的世界其他地区的个人和团体会产生意义重大的影响。”② 它涉及的范围极广。“人们可以区分出众多的全球化过程：金融全球化、市场和市场战略的全球化，特别是竞争全球化、技术全球化和与此相联系的知识、科学研究、发明创造的全球化，生活方式、消费行为与文化生活的全球化，调节与控制机会的全球化，作为一个世界从政治上紧密结合在

---

* 本文原载于《福建日报》1999年9月24日求是版。

① 曼钮尔·卡斯特尔斯：《欧洲城市，信息社会与全球化经济》，载德国《城市研究》1993年第84期，第249页。

② Anthony Mcgrew, Lewis. *Global Politics: Globalization and the National States*. Cambridge: The Polity Press, 1992, p. 23.

一起的全球化，观察和意识的全球化。”① 其中，最重要的当然是经济全球化。

20 世纪 80 年代以来，国际贸易、外国直接投资（FDI）及国际金融市场的发展反映了经济全球化趋势及程度。

（1）国际贸易。出口与世界产出之比一定程度上反映了生产全球化程度。1950 年，世界出口总额与全球 GDP 之比是 6%，1973 年增至 12%，1997 年上升到 21.67%。② 中国则高达 24%。从贸易结构看，反映全球生产一体化程度的产业内贸易、公司内贸易以及服务贸易的比重大幅度上升。1990 年，G7 国家中，美、英、法、德四国的产业内贸易占外贸比重已达 70%～80%，意、加约 60%。70 年代初期，公司内贸易不过占世界贸易总额 1/15，90 年代初期，已上升到 1/3。③ 国际经济分工形式正从传统的国内生产、国际（产业间）贸易转向国际生产分工、产业内、公司内贸易。

（2）外国直接投资（FDI）。FDI 自 20 世纪 80 年代起迅速增长，极大地改变了全球经济运行方式。尽管目前，投资全球化程度还较低。1997 年，FDI 占世界资本形成的 7.86%，但增速惊人。1981～1985 年，FDI 流量年均增长不过 3%，1986～1990 年剧增至 23.6%，1991～1995 年，受经济周期影响，仍达到 20.1%，1997 年为 18.6%。④都大大快于同期贸易增长。1984～1998 年，中国吸收 FDI 的平均增速高达 30.28%，1998 年 FDI 占资本形成比率达 13.25%，大大高于世界平均水平。⑤ 90 年代初，美、英、法、德、意的制造业生产及就业中，FDI 所占份额为 12%～27%，加拿大高达 50% 左右。在计算机、化学、电子、汽车及机器设备等产业，FDI 所占份额甚至达 44%～85%。⑥ 联合国《1995 年世界投资报告》指出：跨国公司的研究与开发开支占当今世界民用研究与开发开支的 75%～80%，世界最大 700 家工业企业（多数是跨国公司）的发明专利占世界商业专利发明的 50% 左右。全球跨国技术转让和技术使用费转移中，4/5 发生在跨国公司体系内部。跨国公司已成为世界经济活动的主角、全球经济增长的引擎。

（3）国际金融。生产全球性分布及为全球性需求生产，要求企业在全球范

① 里斯本小组：《竞争的极限——经济全球化与人类的未来》。里斯本小组是 20 世纪 80 年代后期欧洲委员会倡议建立的由葡萄牙、比利时、意大利、美国、日本、加拿大、法国、瑞士等国学者所组成的专门研究全球化问题的小组。

②④ P. Mallampally, K. P. Sauvant, Foreign Derect Inverstment in Developing Countries. *Finance & Development*, 1999, No. 3, p. 35.

③ Deepak Nayyar, Globalization: The Game, the Players and the Rules. In Satya Dev Gupta (eds.), *The Political Economiy of Globalization*. Dordrecht: Kluwer Academic Publishers, 1997.

⑤ 根据《中华人民共和国 1998 年国民经济和社会发展统计公报》有关数据计算。

⑥ OECD, Globalization of Industry, Overview and Sector Report. 1996, pp. 36 - 39.

围筹集、调度、运用资金，刺激了国际金融市场的发展，并逐渐脱离了真实经济的发展需要。金融全球化的速度使贸易、FDI 相形见绌。1973 年，国际金融市场日均外汇交易量是 150 亿美元，1995 年增至 12300 亿美元。现今全球外汇交易量中，为直接投资和商品交易筹集资金仅占 5% ~7% 。[①] 90 年代初，全球央行的外汇储备仅为当年全球外汇日交易量的 77% 。各国央行对汇率的控制力急剧下降。依靠个别国家央行的外汇储备稳定汇率的时代一去不返。[②] 资金流动全球化使银行跨国贷款大幅度增加。90 年代初，全球跨国净贷款对产量、贸易量、总固定资本形成的比率分别比 1980 年提高了 1 ~1.5 倍。跨国银行间贷款增长更快。国际证券投资起步晚，后来居上。1995 年美、英、德、日、加的国际证券投资均已相当或超过本国同期的 FDI。[③] 国际证券市场的发展甚至为财政的国际化提供条件。1980 ~1992 年，政府债券为外国债权人持有的比例，法国从 1% 上升到 43% ，英国从 9% 上升到 17% ，德国从 10% 上升到 27% 。美国虽仍然保持在 20% 左右，但绝对数也大大上升了。[④]

二

经济全球化是科技进步、生产力发展和生产关系相应调整的结果。计算机、信息及通信和交通运输技术的革命性突破，使生产环节在全球分散布局和对散布全球的生产过程的集中控制成为可能。生产力变革促进了生产关系调整以适应经济全球化。

经济全球化使各国尤其是发展中国家的经济发展环境、政策空间发生重要变化。主要有：(1) 生产与消费的全球化，民族国家的生产与消费日益成为统一的全球生产、消费的一部分；(2) 市场竞争全球化，日趋激烈、深化，国际竞争力成为决定民族国家经济发展的关键变量；(3) 经济运行环境的不确定性扩大，风险上升，发展中国家面临着开放、经济风险上升与闭关锁国、被边缘化的两难选择；(4) 在知识对资本重要性提高的同时，资本对劳动的总体支配力进一步增强，出现了全球范围收入分配差距扩大倾向，民族国家调整收入分

① 约阿吉姆·比朔夫：《全球化——世界经济结构变化分析》，载德国《社会主义》1996 年第 1 期增刊。

②④ Deepak Nayyar, Globalization: The Game, the Players and the Rules. In Satya Dev Gupta (eds.), *The Political Economiy of Globalization*. Dordrecht: Kluwer Academic Publishers, 1997.

③ OECD, The OECD Report on Regulatory Reform. Vol. I: Sectoral Studies, 1997.

配差距的努力受到国际资本流动的有力挑战；（5）民族国家经济主权开始弱化，不仅对外经济政策，而且国内经济政策决策也必须充分考虑国际经济力量的对策性反应影响。国际间经济政策协调重要性大大上升。如果说，关贸总协定（GATT）的各轮谈判主要是围绕着关税减让等外经政策进行，而世界贸易组织（WTO）的谈判重点已经转向竞争政策、高技术产业政策、外商投资限制与刺激、国内管制领域等“国内”经济政策的国际标准化问题了。

经济全球化使各国面临着新的抉择。近年来，不少国家进行了经济政策调整，主要包括以下几个方面。

（1）逐步弱化需求管理，重视供给调整。经济全球化，使一国政府运用凯恩斯需求管理政策的基本前提——相对独立、封闭的民族经济体系逐渐消失，政策效力大大下降，因而，近年来各发达国家逐渐弱化需求管理政策，转向供给调整政策。

（2）供给调整的核心是提高竞争力。基本途径是经济自由化。主要内容有：贸易自由化、金融自由化、劳动力市场改革、税制改革和非金融部门私有化与管制改革。其对生产效率的提高作用已为国际间一系列实证研究证实。①

（3）调整、完善竞争法，大量推行竞争政策。促进竞争力提高。经济自由化的目的是通过加强竞争促进竞争力提高。因此，在更大范围形成统一市场，创造公平、平等、透明的市场竞争环境成为重要政策手段。近年来，不少国家和地区集团如欧盟等纷纷制定或修订竞争法，逐年公布竞争状况报告。

（4）加强国际间经济政策调控协调。只有开放、放松管制及自由化而无适当的政策调控与管理监督，必然产生无序竞争及全球经济失衡。经济全球化要求调控管理全球化。现行国际经济秩序严重滞后于经济全球化的发展。进行国际经济制度创新，建立新的国际经济政策协调机制已经引起重视。

三

经济全球化对经济学的影响是革命性的。因为，现有经济学基本立足于民族国家经济。当它逐步融入全球化经济，现有经济学也就面临着严峻问题：皮之不存，毛将焉附？

---

① OECD, Assessing Structural Reform: Lessons for the Future. 1994. OECD, The OECD Report on Regulatory Reform. Vol. I: Sectoral Studies, Vol. II: Thematic Studies.

从经济学史来看，经济学研究视角是逐步扩大的。古希腊罗马时代萌芽状态的经济思想，基本立足于家庭经济。古典经济学将分析基点从家庭扩展到民族国家。古典经济学因之命名“政治经济学”、“国民经济学”或“国家经济学”。后来改称“经济学”，但是民族国家视角不变，基本概念、范畴、理论体系还是建立在民族国家经济体系基础上。西方经济学基本理论划分为宏观经济学、微观经济学和国际经济学就清楚地说明了这一点，其中，宏观经济学的全部理论及政策结论，更是建立在相对封闭、独立的民族经济及国家对经济调控的垄断控制基础上。同样，传统的社会主义政治经济学也基本立足于独立自主的民族国家经济。

民族国家视角经济学在世界经济是由相对独立的民族经济体系构成、国际经济关系相对简单、政府有足够力量控制本国经济运行的情况下，是有解释力的。但是，在产品生产过程分散于世界各地，国与国之间贸易不过是某个跨国公司子公司之间的内部贸易，相对独立的民族经济体系不复存在，日渐消融于全球一体化经济之中；金融资本在全球市场四处流动，民族国家的社会供需平衡决定于世界经济环境及本国经济的国际竞争力，政府调控需求的财政货币政策面临巨大的溢出效应而无所作为；跨国公司在全球寻求最优生产基地，民族国家为吸引外资而争相政策优惠，财政因之日窘而国际化；民族国家的收入分配调整受到国际资本流动有力挑战之时，民族国家视角经济学也就渐失解释力。

全球化时代的经济学必须是全球视角的。全球视角经济学是全球化过程中仍然存在民族国家阶段的经济学，它还不是全球化经济学，只是民族国家视角经济学与全球化经济学之间的过渡，其主要特点是从全球经济运行及各组成部分之间的相互联系而不是相对独立的民族国家经济角度观察分析经济现象。目前，经济全球化正在发展之中，因此，全球视角经济学的内容尚待研究，这里仅提出一些值得思考的现实经济问题。

（1）民族国家经济虽然日渐消融于全球化经济之中，但短期内不会消亡。独立自主的民族经济体系渐不存在，民族经济利益仍然存在。国家如何处理民族国家经济与全球化经济之间关系以保护本国经济利益？独立自主的民族工业体系不存在之后，如何定位本国产业在全球经济中的地位，保障国家的经济自主与安全？

（2）经济全球化使民族国家政府逐渐丧失对本国经济运行的垄断控制权。面对全球流动的资本、相互竞争的各国政府和国际经济组织，民族国家政府在经济调控管理中的地位逐步“地方政府化”。全球化时代政府的经济职能及行使方式，值得研究。

(3) 经济全球化使个别国家范围的社会总供需关系发生划时代变化。社会供需不再局限于本国疆界之内，逐渐成为全球总供需的一部分。它消融了民族国家实施凯恩斯需求管理政策的全部基础。全球化时代，不是有效需求创造有效供给，而是有效供给创造有效需求。一国经济的需求必须靠它在全球市场的有效供给来创造，提高国际竞争力是全球化时代民族国家需求旺盛、经济长久繁荣的不二法门。如何提高国际竞争力？全球范围调控总需求的必要性日益凸显，它如何进行？供给管理与需求管理主体分离的后果是什么，如何协调之间的关系？

(4) 全球化大大拓展了国际经济合作与政策协调的领域，一些传统的国内经济政策领域，如需求调控、财政货币政策、收入分配、环保政策等，逐渐国际化。国家间政策协调重要性上升，新的政策主体、客体与对象渐渐产生。如何正确认识和处理全球化时代的国际经济关系，进行国际经济制度创新，等等，也亟待研究。

新世纪将届，经济学也将迎来它的新世纪。跨入新世纪的经济学人是幸运的。

正确把握“市场导向”与“国家导向”之间的关系*

——由“东亚奇迹”到“东亚金融危机”引起的思考

一

东亚金融危机向经济学界提出了许多值得研究的理论与政策问题。

东亚金融危机是在这些国家和地区取得 30 余年高速经济增长，整个世界正在为“东亚奇迹”而惊叹之时出现的。尤其值得注意的是，出现金融危机或动荡的国家恰好基本上是世界银行在 1993 年发表的政策调研报告《东亚奇迹》中研究的那 8 个经济增长实绩优良的亚洲经济实体（HPAEs）：日本、亚洲“四小龙”（韩国、新加坡、中国香港、中国台湾）以及东南亚的 3 个新兴工业化国家（印度尼西亚、马来西亚和泰国）（世界银行，1997）。因此，在检讨东亚金融危机的成因，考虑防范措施时，不能不问一下，这场金融危机与东亚经济发展模式之间是否存在着某种内在联系？

众所周知，东亚金融危机是在对东亚经济发展模式的一片称赞声中突然出现的，事前只有保罗·克鲁格曼（Paul R. Krugman）对东亚经济发展模式提出过批评。他认为，东亚经济奇迹与其说是由于良好的计划和生产率的提高，还不如说是由于有充足的劳工和资本，东亚经济发展模式难以持久。对于克鲁格曼的批评，东亚国家不屑一顾。金融危机发生之后，有人将危机归咎于国际金融投机商的阴谋，说是国际货币投机家不满东盟吸收缅甸加入东盟，瞄准了泰国的经济弊端，从货币领域打开缺口，利用货币投机兴风作浪

---

* 本文原载于《福建论坛》1998 年第 4 期。

而引发的。马来西亚总理马哈蒂尔猛烈抨击乔治·索罗斯（George Soros）、华尔街基金会主席为代表的国际货币投机家的阴谋破坏，毁掉了他一生的经济成就；有人将它归结为宏观经济政策失误，认为宏观经济政策失衡，过分依赖外资外贸，外资又大量流向房地产，导致国际收支恶化；银行金融体制不健全，酿成泡沫经济，呆账坏账激增，是危机爆发的直接动因，与此同时，货币政策失当，给金融投机以可乘之机（魏燕慎，1998）。有人认为国际货币投机活动在这场金融动荡中无疑扮演了重要的角色，但是，是东南亚国家在高速增长过程中没有处理好增长过程中的结构调整问题，货币金融体制和经济结构存在着重大缺陷，这场金融危机只是其长期经济发展积累下来的各种问题的爆发（梁志明）。有人则从东亚国家的体制构架上寻找发生金融危机的深层次原因（刘渝梅，1998）。

亚洲金融危机的原因当然是多方面的。毋庸置疑，国际经济一体化及金融自由化的发展，为国际游资的投机活动提供了广阔的空间，当每天有1万亿美元的国际游资在全球金融市场上寻找投资机会时，个别国家的中央银行想依靠本国的外汇储备在金融市场上维护某种固定汇率是相当困难的；东亚国家在宏观经济政策、产业政策上的失误也是十分清楚的。但是，仅此似乎难以完整地解释这场金融动荡产生的原因。国际货币投机家像狼一样，随时伺机扑向鹿群中的病弱者。但是，为什么这次恰恰是号称“亚洲虎”的东亚国家成了病弱的鹿？难道是东亚国家的宏观经济政策和产业政策出了问题？可是，为什么恰恰是这些近年来以其出色的经济政策实现了30余年“近乎奇迹般的增长”的8个HPAEs在短期内先后出现了类似的政策失误？发生东亚金融危机的国家恰好与近30年来实现了“东亚奇迹”的国家基本上重合，也许仅仅是一种巧合，但是，我们不能不重视另一种可能：二者之间存在着某种必然联系。因为，“最近，中国，特别是中国南方，经历了引人注目的增长率。在某种意义上，其采取的政策与HPAEs相似”①。

1993年，世界银行发表了政策调研报告：《东亚奇迹——经济增长与公共政策》，总结了HPAEs实现持续高速经济增长的原因，其中相当重要的一个方面是政府在实现经济发展中起了重要作用。

---

① 世界银行：《东亚奇迹——经济增长与公共政策》，中国财政经济出版社1995年版。该书将政策分为两大类：基本经济原则和选择性干预。前者主要包括：鼓励宏观经济稳定，大幅度投资于人力资源，稳定可靠的金融体系，减少价格扭曲，对外来技术开放等；后者主要包括轻度金融抑制（即保持正值的、然而较低的利率）、指令性信贷、有选择的产业扶植、促进非传统出口产品的贸易政策。两者的较好结合是东亚国家政策成功的关键因素之一。

“一些经济学家和政治学家认为，东亚奇迹根源于该地区政府机构的高质量及其性质。他们把东亚的政治体制形容为‘开发性政府’。在这种体制下，深思熟虑的经济干预的设计和执行是由强有力的、不受政治压力影响的经济官僚来完成的。……HPAEs 在倾向于‘集权’或‘家长式’领导的同时，也善于倾听技术精英和私营部门领袖的意见。”

“HPAEs 实行了一些有利于积累的政策（包括金融抑制、风险的社会化和有限化）可能对资源的有效配置有不利的影响。与此相类似，产业发展的指令性目标可能会导致过分地追求不正当的利益和低效益。但很明显，这些情况并未发生。因而，HPAEs 政府遵循的资源配置原则，特别是改变市场激励措施的手段，便成了东亚经济成功中最易引起争议的方面。”

“大多数 HPAEs 采取三种办法影响信贷的分配：（1）加强管理以改进私人银行对项目的选择；（2）创造金融机构，特别是长期信贷（开发）银行；（3）指导性信贷通过公、私银行分配给特定的部门和企业。”

“在一定程度上，大多数东亚政府都遵循鼓励特定部门产业发展的政策。最突出的例子是日本 50 年代鼓励重工业发展的政策以及韩国随后对这些政策的模仿。这些政策包括进口保护以及对资本和其他进口投入物的补贴。”

“HPAEs 结合使用基本原则和干预政策的一个方法是积极推动制成品的出口。这是其生产率迅速提高的一个重要渠道。”

强政府干预下的外向型市场经济、强烈的赶超色彩，可以说是东亚经济发展模式的显著特点。考察东亚国家（地区）的政治经济体制，可以看出，拥有一个“家长式”的“强政府”是其显著特点之一。这类“强政府”的特点是，其在经济发展中的作用不仅限于提供一种有助于经济增长的秩序和制度，而且直接置身于市场运作之中，成为其中不可或缺的要素并最终驾驭着市场的运行。其所以如此，是认为严重的市场失效使得政府有理由在许多重要的领域进行干预，以引导市场的发展。“政府可以通过监督管理市场‘有意扭曲价格’和系统地干预生产激励机制达到赶上发达国家的目标，从而促进发展。也就是说，在单靠比较优势难以发展起来的工业部门，可以在政府的干预下建立和发展。……所有经济的大幅度增长都有赖于国家的干预及制度扭曲的价格，从而使经济活动向更大规模的投资方向倾斜。因为低工资水平是落后经济最重要的优势，但通常被其他不利因素抵销，因此，即使是在那些具有明显比较优势的经济活动内，政府的干预也是必不可少的。”①

① 世界银行：《东亚奇迹——经济增长与公共政策》，中国财政经济出版社 1995 年版。

二

强政府干预下的赶超发展模式，具有两面性。这一点从世界范围的计划经济的实践中已经得到结论。东亚国家由于是在市场经济体制和对外开放条件下搞强政府干预下的赶超发展，在一定程度上或者说一定时期内避免了计划经济的某些缺陷。因而，经济学界尤其是国内经济学界的一些人为东亚国家辉煌的经济成就所炫目，忽略了强政府干预可能存在的负面影响。事实上，对于强政府干预下的赶超发展模式，以下一些问题是值得思考的。

1. 强政府干预是否可能

对于东亚国家用强政府干预促进经济增长的做法，近年来，国内经济学界予以较多的积极评价。有的论者甚至以东亚发展模式为例，认为存在着一条与一般发达市场经济国家不同的以东方文化为背景的新的现代化道路。然而，正如世界银行的报告所指出的，“东亚奇迹”首先是得益于市场的发展。“HPAEs成功的主要经验是什么呢？它们的迅速增长有两个互补的因素。首先，正确运用基本经济政策是关键的。……第二，日本、‘四小虎’以及最近的东亚新兴工业化国家的非常迅速的增长都得益于谨慎的政策干预。”即，强政府干预能够促进经济发展不是无条件的，其前提是政府对经济发展的前景具有相当准确的判断力和正确的决策能力。在政府的经济政策基本上是正确而且足够谨慎的情况下，政府干预使HPAEs在过去获得了令世人瞩目的经济成就，然而，当政府对经济发展作出错误估计、出现重大政策失误时，强政府干预给经济发展可能带来的挫折，显然远远大于弱政府干预。

2. 强政府干预是导致政府腐败的温床

正如《东亚奇迹——经济增长与公共政策》所指出的那样，“一支有能力监督经济行为而又独立于政治干预之外的高质量公务员队伍是至关重要的”。它是廉洁高效的政府的基础，而后者是实现正确的强政府干预的必要前提。问题在于，在政府长期控制社会经济主要资源配置权力的条件下，政府公务员始终保持廉洁是相当困难的。刘渝梅（1998）指出：“东南亚官僚政治的最大缺陷在于它的腐败与缺乏民主，缺乏政治上的责任心和透明度。日本号称拥有一支高素质的公务员队伍，但是，政府官员的经济丑闻却一直不断。在几个月前的金融风波中，大藏省金融检查部官员的贪污事件被揭发，说明日本近来一些重要证券机构破产倒闭是与政府管理部门长期以来营私舞弊、监管不力存在着密切联系的；① 韩国企业要想得到发展，必须有几个过硬的政界靠山。大企业一般都聘请与政府关系密切的退休军政要员，委以重任，利用他们打通政府有关部门的关节，或以重金与政界要人、政府有关部门最高层牵上线，使其为自己行便利。韩国官办金融机构的贷款基本上是唯上级和外部势力的眼色行事，银行贷款的信用评价形同虚设（金英姬，1998）。在泰国，官僚政治的腐败滋长了社会的投机活动，其所导致的房地产泡沫经济及其破灭，是这次金融危机的直接导火线。

3. 强政府干预在不同时期对市场发展、产业结构调整的作用是正负并存的

近年来对东亚国家利用强政府干预弥补市场失灵、促进产业结构升级的做法，不少研究持肯定态度。从东亚国家的经济发展实践看，应当承认强政府干预对弥补市场失灵、促进产业结构升级在有些情况下确实是起了积极作用的。② 但是，从这次的东亚金融动荡中，我们也可以看到，强政府干预，在一定条件下也可能对市场发展、产业结构调整起负面影响。由于过分地强调政府可以通过监督管理市场“有意扭曲价格”和系统地干预生产激励机制达到赶上发达国家的目标，从而促进发展，即在单靠比较优势难以发展起来的工业部门，可以在政府的干预下建立和发展。结果，出现了政府取代市场、政府干预扭曲市场价格、使资源配置非优化的情况。泰国的房地产市场就是一个典型的例子。在泰国，官僚政府一直被认为是房地产商的庇护者。正是在政府官员的庇护下，房地产投机不断升温，资金大量地流入房地产业，矛盾不断累积，最后演化成金融危机；在东南亚一些国家中，由于政府过多地干预经济的权力，导致了寻租活动泛滥，从而阻碍了经济结构的适时调整。一些企业的产品在国际上实际已经失去了竞争力，但是，由于这些企业与官僚们的特殊关系，它们能得到政府的保护而继续生存下去，这对于经济上严重依赖出口的东亚国家来说，后果是极为严重的；在韩国，最近不断倒闭及陷入困境的泥足巨人式的大企业集团基本上是政府对大企业集团在财政、金融、税收和外汇业务及奖惩制度方面的优惠政策的产物。

---

① 《日本大藏省次官辞职》，载《参考消息》1998 年 1 月 30 日。

② 相反的情况也存在，“在东亚，一些重要的政府干预，如韩国对重化工业的政府扶持，对产业结构的影响并不明显。还有另外一些例子，诸如新加坡通过提高工资以淘汰劳动密集型产业的政策，事实上是适得其反”。参见《东亚奇迹——经济增长与公共政策》，中国财政经济出版社 1995 年版，第 6 页。

4. 强政府干预必然导致以实现政治目标为目的的强制赶超战略

政府是政治组织，其行为机制决定它必然与市场经济领域中的经济主体的行为机制不同。政府掌握过大的经济决策权，必然使经济发展服从政治目标，过分追求不切合实际的高增长。马来西亚制定到2020年将马来西亚建成全面发达国家的“2020年远景规划”，不顾经济学家的劝告，盲目追求经济的高速增长，结果使马来西亚陷入金融动荡，可以说是一个典型例子。一些东南亚国家近年来未能实现产业结构的及时调整，相当部分原因是这些国家的政府在变化的国内外经济环境下，不愿意放弃过高的经济增长目标，仍然企图依靠加大投入来维持经济增长速度，忽略了通过调整产业结构、实现出口多样化、提供技术与生产率来维持出口竞争力，结果导致了贸易逆差的扩大和经常项目赤字，引发了货币金融危机。

从上面的分析可以看出，“东亚奇迹”与东亚金融危机，二者之间存在着某种内在的联系——强政府干预下的赶超发展战略，以及产生这一政策的体制基础。这一点，正应了中国的一句古话：“成也萧何，败也萧何。”

三

东亚金融危机对中国经济发展的影响将是重大的。因为，中国与东南亚各国的经济联系是如此之密切。中国对外贸易约70%是以亚太国家和地区为对象的，中国所吸收的外资大部分也来自该地区，在中国的主要出口市场，如美国等，东南亚国家是最强劲的竞争对手。东亚国家的金融危机以及因此进行的调整，必然对中国近期的对外经贸产生明显的影响。相应的政策对策是当前急需研究的。

但是，也许更值得我们深思的是东亚经济发展模式及其经验教训。其所以如此，是因为：

（1）正如世界银行（1995）所指出的那样，“最近，中国，特别是中国南方，经历了引人注目的增长率。在某种意义上，其采取的政策与HPAEs相似”。而且，其还指出，中国的所有制结构、企业和政府管理的方法及其对市场的依赖程度远不同于HPAEs。也就是说，目前，中国在市场与政府两种资源配置手段上，比HPAEs更依赖政府的力量。

（2）作为一个从计划经济向市场经济转轨的国家，迄今为止，在中国政府经济管理部门以及经济学界，对政府经济管理能力的过分推崇以致迷信有深厚的基础。前些年，我国经济学界对东亚经济发展模式，基本上是一片叫好声，对于其存在的弊病、可能的负面影响，却缺乏认识；在经济发展方式的选择上，过分轻视世界范围社会经济发展的一般规律，轻言学习而奢谈创新。在传统的计划经济模式被否定之后，一些学者对寻找与一般发达市场经济国家不同的所谓以东方文化为背景的新的现代化道路、市场经济模式抱有极大兴趣。长期的计划经济实践不自觉形成的思想胎记，使之对东亚模式中的集权式家长制强人政府模式情有独钟，因而力主用东亚模式取代传统的计划经济模式。

（3）东亚国家导致金融动荡的一些体制及政策上的问题，我国目前也不同程度地存在着。例如，在经济发展规划上以政治目标甚至是部分政府官员利己目标为背景的高指标；经济管理上过分依赖行政干预手段，严重扭曲市场信号；国有企业的高负债经营，银企关系不正常，金融秩序混乱；在企业破产与兼并问题上，将政府的主观偏好凌驾于市场规律之上；组建大企业集团时，过分地依靠政府行政干预，企图借此超越生产力发展水平及市场发育程度，发展“500强”，一些地方、部门以及企业因此拼凑泥足巨人式大企业，作为寻租新手段；在沿海经济开放地区，经济发展过分依靠外资与出口，忽略了发展国内市场主体尤其是民营经济，未能形成合理的多元经济结构，等等。如果说，由于尚未实行金融自由化，使国际金融投机活动对中国目前尚不构成重大威胁的话，因内部体制缺陷而潜伏的隐患却是值得注意的。

由于历史形成的政治经济格局，由于体制转轨及经济发展的需要，目前乃至今后一个时期，政府实行较强的干预，不仅限于提供一种有助于经济增长的秩序和制度，而且直接置身于市场运作之中，成为其中不可或缺的要素并最终驾驭着市场的运行，在我国仍不可避免。东亚国家经济发展的历程也证明，在遵循市场经济发展的基本原则基础上，谨慎而且灵活地使用选择性干预政策是可能对经济发展起积极作用的。但是，从“东亚奇迹”到东亚金融危机，HPAEs 的经历也告诉我们，强政府干预下的赶超战略及以其为基础的体制模式在经济发展到一定水平之后是可能产生较大负面影响的。它集中表现为政府对经济的过度干预与日益成熟的市场机制相抵触，严重扭曲资源配置，导致技术进步减缓，国际竞争力下降。在一个国家的经济发展过程中，归根到底是市场经济的一般发展规律在起主导作用。一些特殊的制度构架、特殊的政策手段，只能在市场经济发展的一般规律制约下，在一定范围、一定时期内产生作用。因此，即使是在这一时期，决策者也应保持清醒的头脑，正确把握“市场导向”与“国家导向”之间的关系，促进市场的发展，并逐步而及时地实现从后者向前者的转轨。

参考文献

[1] 金英姬:《韩大企业集团为何接连倒闭?》,载《当代亚太》1998 年第 1 期。

[2] 梁志明:《东亚金融危机纵谈》,载《当代亚太》1998 年第 1 期。

[3] 刘渝梅:《东南亚金融危机的制度性探析》,载《当代亚太》1998 年第 1 期。

[4]《日本大藏省次官辞职》,载《参考消息》1998 年 1 月 30 日。

[5] 世界银行:《东亚奇迹——经济增长与公共政策》,中国财政经济出版社 1995 年版。

[6] 魏燕慎:《东南亚金融危机的启示、影响与前瞻》,载《当代亚太》1998 年第 1 期。

从中国—东盟经贸关系发展看“一带一路”建设*

一、引言

“一带一路”是我国新时代发展对外经贸关系的重要举措。2013 年中国国家主席习近平先后提出了建设“新丝绸之路经济带”和“21 世纪海上丝绸之路”的合作倡议，2015 年 3 月 28 日，国家发展改革委、外交部、商务部联合发布了《推动共建丝绸之路经济带和 21 世纪海上丝绸之路的愿景与行动》。

“一带一路”倡议引起了学界广泛关注和积极讨论。李文溥和王燕武（2021）的研究发现，截至 2019 年，在中国与 65 个“一带一路”沿线国家的贸易往来中，大部分贸易量集中在前 10 个国家，① 其中，东盟国家占据 6 席。此外，中国对东盟国家的直接投资（OFDI）在“一带一路”沿线国家中也占较大比重。《中国对外直接投资统计公报》数据显示：中国对“一带一路”国家的 OFDI 从 2013 年的 126.3 亿美元上升至 2017 年的 201.7 亿美元，2018 年和 2019 年分别下滑至 178.9 亿美元和 186.9 亿美元；同期，中国对东盟国家的 OFDI 从 2013 年的 67.28 亿美元上升至 2017 年的 134.9 亿美元，2018 年和 2019 年分别为 131 亿美元和 130.8 亿美元。2017 年以前，中国对东盟国家的 OFDI 占“一带一路”沿线国家的比重为 50% 左右，2017 ~ 2019 年则提高到 2/3 以上，均值高达 67%。东盟国家与中国的经贸数量及增速，远远高于其他“一带一路”沿线国家，这是一个值得高度重视的经济现象。本文对此进行分析研究，希望

---

* 本文原载于《经济研究参考》2022 年第 1 期，共同作者：王麒麟。

① 这 10 个国家是：越南、马来西亚、俄罗斯、印度、泰国、新加坡、印度尼西亚、沙特阿拉伯、菲律宾和阿联酋。

对推进“一带一路”建设有所启发。

二、文献综述

“一带一路”倡议提出以来，学界的研究最初集中在宏观层面和国际层面，如“一带一路”建设对国家地理格局和地缘政治的影响（杜德斌和马亚华，2015；曾向红，2016）、世界各国对“一带一路”建设的认知（马建英，2015；林民旺，2015）等。随着“一带一路”的不断推进，研究进入微观层面，如“一带一路”建设对中国企业对外投资的影响（吕越等，2019）、对企业升级的影响（王桂军和卢潇潇，2019）等。随着中国产业升级，中国制造业向“一带一路”国家转移，中国企业向“一带一路”国家转移的效率、模式、区位选择等也引起关注（张理娟等，2016；王鑫静等，2019；张晓涛等，2019）。

一些研究涉及中国与“一带一路”国家的贸易潜力（孔庆峰和董虹蔚，2015；李晓钟和吕培培，2019）、贸易竞争力（吴海文等，2019）、贸易互补性（冯颂妹和陈煜芳；2020）等，从区域看，有对东盟的研究（史本叶和张超磊，2015；王贞力和林建宇，2019）、对南亚的研究（胡艺等，2017；赵蕾等，2019）和对西亚的研究（韩永辉等，2015；刁莉等，2019）等。

随着世界经贸格局发生变化，对中国与东盟国家经贸关系的研究逐渐增加，早期的研究主要关注东南亚国家向中国的投资，如王望波（2002）、郑达（2009）等。改革开放后，中国进出口贸易迅速增加，随后中国 OFDI 逐渐增加，后期文献主要聚焦中国对东盟的直接投资，如史本叶和张超磊（2015）、王贞力和林建宇（2019）、屠年松和王浩（2019）等。但是，对于“中国为什么对东盟的出口和投资增加迅猛”的研究目前还较少。许多问题尚未引起注意，如中国经济增长与要素比较优势的变化与产业向东盟国家转移的关系。早年东南亚向中国投资以民间投资为主，近年来中国企业中对东盟国家的 OFDI 也以民营企业为主，如何看待民营投资在“一带一路”建设中的作用？如何理解中国、东盟与西方发达国家之间的贸易大三角关系？等等。

三、“一带一路”建设中的中国与东盟经贸关系发展

“一带一路”倡议从提出至今不到 10 年。从国家发展改革委、外交部、商

务部联合发布《推动共建丝绸之路经济带和21世纪海上丝绸之路的愿景与行动》至今，不到7年，但是已经取得显著成绩。

（一）中国对东盟国家的贸易增长

从贸易看，2015～2019年，中国对65个“一带一路”沿线国家的进出口总额占中国贸易总额的比重从25.3%上升至29.6%。其中，出口占比从27.2%提高到30.9%，进口占比由22.7%增长到28.1%，顺差占比也明显增加。分洲际看，中国向40个“一带一路”沿线亚洲国家和地区的出口总额占中国出口到所有亚洲国家和地区总额的比重由45.5%提高到51.3%，进口比重由34.5%提高到42.6%；向24个“一带一路”沿线欧洲国家的出口总额占对欧洲国家出口总额的比重由21.4%提高到26.4%，进口比重由17.9%增长到24.5%（李文溥和王燕武，2021）。

尤为值得一提的是，对2019年中国与65个“一带一路”国家的进出口贸易统计发现，在贸易额前10位的国家中，东盟国家占据6席（见表1）。这说明，在与“一带一路”沿线国家的贸易往来中，东盟国家特别是新加坡、马来西亚、印度尼西亚、越南、泰国和菲律宾占有非常重要的位置。

（二）中国对东盟的对外直接投资增长

在中国对外直接投资（OFDI）占前20位的国家里，中国对印度尼西亚、越南、马来西亚等东盟国家的OFDI显著增加，而且近10年来增长趋势稳定。图1（a）展示了中国对东盟国家OFDI在中国OFDI总流量中的比重，图1（b）展示了2010年以来东盟国家占中国OFDI前20位国家的OFDI存量比重变化趋势。

观察OFDI流量趋势，中国对东盟国家的OFDI占比在2017年之后急剧上升。中国对20国的OFDI流量自2010年迅猛增加，2016年之后有所下滑，然而，与中国对20国的对外直接投资趋势相反，中国对东盟国家OFDI流量占比在2017年开始跃升，而且随后三年一直保持稳定增长态势。在中国OFDI整体有所下滑的背景下，中国对东盟国家的OFDI占比却逆势上升，这一反差值得反思：在“一带一路”建设中，为什么会出现如此截然不同的趋势？

从投资存量上看，中国对东盟国家的OFDI占比10年来一直稳定在中国对前20国OFDI的4%左右。2008年国际金融危机后，全球经济疲软。但是，

表 1　　2019 年中国对“一带一路”沿线国家对外贸易排名前 10 位的国家产品贸易差额

单位：百万美元

HS 编码	越南	马来西亚	俄罗斯	印度	泰国	新加坡	印度尼西亚	沙特阿拉伯	菲律宾	阿联酋
特殊交易品及未分类商品	-6421.8	373.5	347.1	113.7	183.5	211.7	116.9	218.2	181.1	76.4
鞋及零件制品	-1118.4	960.0	2227.2	733.7	449.9	755.8	-157.0	778.4	1958.9	977.8
木及木制品	-606.5	128.5	-4135.0	208.1	-989.2	155.7	-434.6	244.8	368.3	262.9
活动物、动物产品	-376.5	-29.7	-2074.7	-1225.0	153.7	67.8	-721.1	-158.2	456.3	33.1
动、植物油等	-12.3	-1408.0	-489.3	-393.6	-23.0	5.9	-3942.1	0.7	-51.2	-161.2
贵金属及制品	27.8	27.8	-616.8	-1422.1	-485.2	-4804.9	21.3	67.6	17.5	144.3
食品、饮料、烟草等制品	225.1	490.3	461.2	96.9	40.4	219.7	374.5	138.1	819.8	203.9
皮革等制品	312.9	736.4	3699.9	450.1	-6.3	666.6	294.3	579.7	444.3	499.2
矿产品	352.7	-12451.7	-43727.2	-3082.7	-140.5	5011.0	-12270.8	-41542.4	1212.2	-10635.0
木浆、纸、纸板等制品	910.8	999.7	-751.6	567.7	217.7	259.0	-2233.2	417.9	465.2	491.5
车辆，航空器、船舶及有关运输设备	1234.3	1560.4	2582.9	1656.4	276.6	5084.3	1284.1	1459.4	1963.3	2217.5
光学等产品及附件	1290.4	-466.6	1025.4	1782.8	-1229.9	-1404.5	1065.4	268.1	166.2	577.3
植物产品	2284.5	1374.1	347.9	-496.2	-3299.0	261.1	936.5	155.8	-183.4	258.6
塑料、橡胶及其制品	2367.4	-933.3	1568.6	2322.3	-5560.0	-2373.0	1263.3	-4248.2	1805.3	-509.9
石料及类似材料的制品，玻璃及其制品	2941.9	1821.9	852.8	2141.3	815.1	1652.8	1050.5	1370.6	1070.3	1118.5
杂项制品	2962.1	3970.4	2814.1	3476.8	1720.5	4130.9	1714.5	3078.6	2044.6	2356.8
化学工业及其相关工业产品	3780.7	522.4	971.3	9268.8	1561.0	-2493.3	1373.0	-5829.3	1393.9	240.5
机器等产品及零件	4797.2	-21753.0	18513.2	32669.8	-2108.1	8158.9	15755.7	6091.5	-3139.9	13087.3
贱金属及制品	8609.5	2210.5	215.3	5106.7	5705.2	3131.9	2048.1	2743.5	3855.0	2851.2
纺织原料及纺织制品	10363.8	2711.5	5352.1	2978.0	2201.1	1022.7	4152.5	3829.7	5739.8	4272.3

资料来源：李文溥、王燕武：《“一带一路”建设与构建国内国际双循环的新发展格局》，载《经济研究参考》2021 年第 4 期。

中国对东盟国家 OFDI 占比在 2010 年以后却迅速增长，东盟国家对我国 OFDI 的吸引力逐渐凸显。

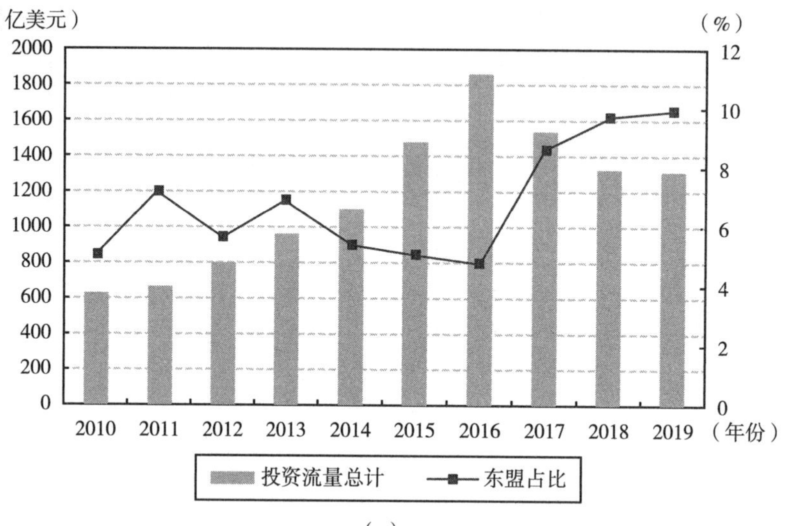

（a）

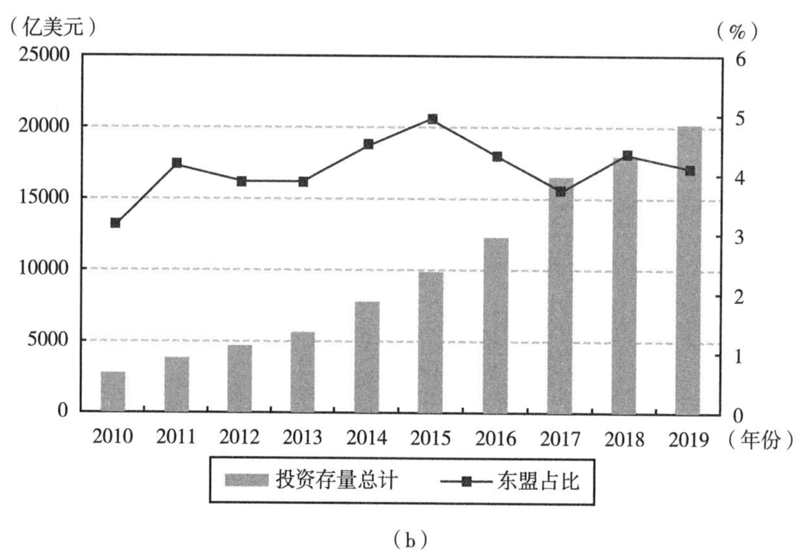

（b）

图 1　中国对东盟国家 OFDI 占中国 OFDI 前 20 位国家的比重

资料来源：根据各年度《中国对外直接投资统计公报》数据计算。

进一步观察中国对东盟国家 OFDI 流量占对"一带一路"国家 OFDI 流量的比重，可以看出，中国对东盟国家的 OFDI 占比呈现先小幅下降而后稳步上升的趋势，2013 年占 53.3%，2015 年下滑至 39.1%，此后一路上升，2016～2019 年，占比一直在 67% 以上（见图 2）。在"一带一路"沿线 65 个国家中，中国对东盟国家的 OFDI 竟高达 2/3 以上。其中，新加坡占比最大，增速也位居前列，从 2013 年的 30.2% 增加至 2018 年的 48.9%，2019 年则有所下滑，降至36.9%；印度尼西亚仅次于新加坡，为23.2%，随后有所下滑，2019年为17%；越南、泰国、老挝、马来西亚2013年的占比较低，分别为7.1%、11.2%、11.6%、9.2%，到2019年，对越南的OFDI占比达到12.6%，明显上升，泰国、老挝、马来西亚等国仍维持在9%左右。这说明近年来东盟国家一直是我国OFDI青睐的投资地。

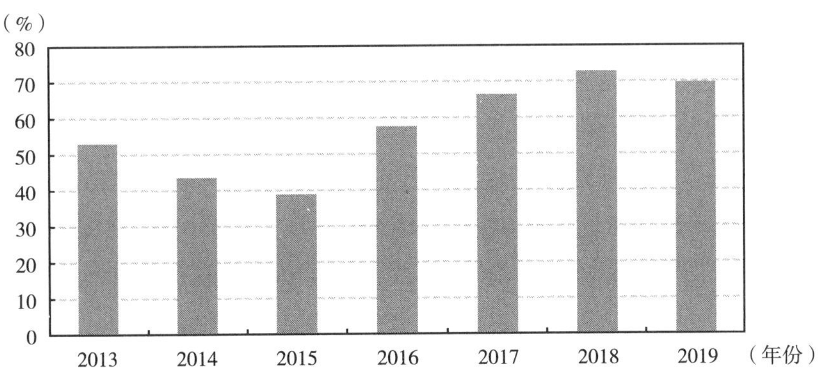

图2 中国对东盟国家OFDI流量占对“一带一路”国家OFDI流量的比重

资料来源：根据各年度《中国对外直接投资统计公报》数据计算。

（三）中国对东盟国家的OFDI的产业特征和结构特征

2017年，中国对东盟国家OFDI流量前三位的行业依次为制造业、批发和零售业、租赁和商务服务业，占比分别为22.5%、17.4%、15.2%，中国对东盟国家OFDI存量前三位的行业排序略有不同，依次为租赁和商务服务业、制造业、批发和零售业，占比分别为19.6%、17.5%、13.3%。到了2019年，中国对东盟国家OFDI流量前三位的行业排序变为制造业、批发和零售业、租赁和商务服务业，占比分别为43.5%、17.4%、9.1%。两年之内，中国对东盟国家的制造业投资占比上升了近一倍，使制造业OFDI跃居中国对东盟国家OFDI存量的首位，租赁和商务服务业、批发和零售业退居第二、第三位，这不能不引起关注（见表2）。

表2　　中国对东盟国家直接投资的主要产业

年份	产业	流量（万美元）	比重（%）	排名	存量（万美元）	比重（%）	排名
2017	租赁和商务服务业	214215	15.20	3	1748296	19.60	1
	制造业	317445	22.50	1	1556902	17.50	2
	批发和零售业	244850	17.40	2	1187736	13.30	3

续表

年份	产业	流量（万美元）	比重（%）	排名	存量（万美元）	比重（%）	排名
2018	制造业	449742	32.80	1	2141843	20.80	1
	租赁和商务服务业	150175	11.00	3	1887379	18.30	2
	批发和零售业	347307	25.40	2	1543027	15.00	3
2019	制造业	567065	43.50	1	2659869	24.20	1
	租赁和商务服务业	118912	9.10	3	1885206	17.20	2
	批发和零售业	226896	17.40	2	1781139	16.20	3

资料来源：根据各年度《中国对外直接投资统计公报》数据计算得到。

2005～2015 年，中国国有企业投资东盟的项目数从 16 项增加至 220 项，中国民营企业的投资项目数从 102 项增加至 747 项，民间投资项目占较大比重。无论是在新加坡还是在缅甸、菲律宾等国，中国民营企业投资项目数都远远多于国有企业（见图 3）。从投资量上看，2015 年国有企业和民营企业对东盟的制造业 OFDI 比重分别为 7.37% 和 12.55%。由此可见，中国对东盟国家的 OFDI 以民营企业为主体，主要投向制造业。

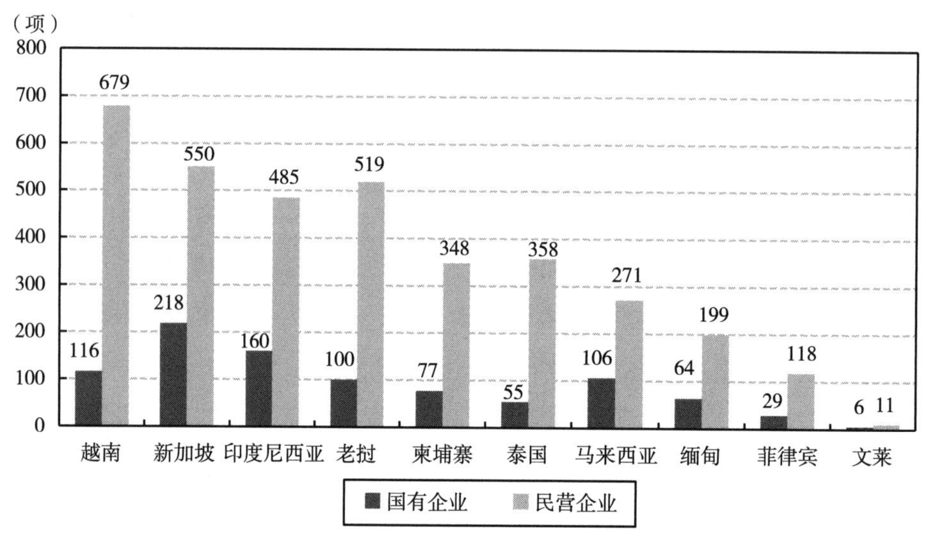

图 3　2005～2015 年中国企业对东盟各国投资项目数

资料来源：梁育填、黄慧怡、刘逸、周政可：《中国企业投资东南亚国家的影响因素分析——基于企业所有权差异的视角》，载《地理科学》2018 年第 5 期。

四、中国与东盟经贸关系快速发展的原因

在“一带一路”沿线国家中，中国与东盟国家的经贸关系近年来发展得相

当迅速。原因何在？本文认为，以下几点重要因素值得注意。

（一）中国与东盟国家有着悠久的经贸往来历史

早在唐宋时期，中国与东南亚就联系密切。大航海时代以来，众多闽粤百姓下南洋谋生，华人华侨成为东南亚各国的重要族群之一。他们与中国始终保持着紧密的经贸联系。改革开放以后，东南亚华人华侨积极向中国投资办厂，成为中国最早引进 FDI 的重要组成部分。厦门设立经济特区之后，引进的第一家外商投资企业就是印度尼西亚华商。长期密切的经贸往来，使中国企业对东盟国家的经济情况、市场需求及供给能力比较熟悉，这为中国企业“走出去”，到东盟国家投资办厂，提供了良好的基础条件。

（二）要素比较优势互补，是中国制造业向东盟国家转移的重要原因

随着经济增长，人均 GDP 提高，要素成本变化，各国要素比较优势发生变化，产业会在不同国家之间转移，这是经济全球化时代国际经济的普遍现象。近年来，中国部分劳动密集型产业向一些东盟国家转移，与中国的要素比较优势变化密切相关。根据 2021 年《中国统计年鉴》关于制造业非私营企业的工资数据估算出，2020 年中国的劳动力成本为 1001. 8 美元/月，东盟 10 国的劳动力成本差异较大，其中，新加坡为 4110 美元/月，显著高于中国，马来西亚为 878. 6 美元/月，泰国为 464 美元/月，其余国家均在 200 美元左右（见表 3）。中国劳动密集型制造业向越南、印度尼西亚、柬埔寨、菲律宾等国家转移，显然与这些国家劳动力成本较低密切相关。

表 3　　　东盟各国承接产业转移的要素成本比较

<table>
<tr><th colspan="2">国家</th><th>工业用地价格（美元）</th><th>工业用水价格（美元）</th><th>工业用电价格（美元）</th><th>劳动力成本（美元）</th><th>15 ~ 64 岁劳动力人口占比（%）</th><th>基础设施竞争力</th><th>私人部门税率（%）</th><th>创办企业所需时间（天）</th><th>清廉指数排名</th></tr>
<tr><td colspan="2">新加坡</td><td>21. 16296</td><td>1. 17037</td><td>0. 182444</td><td>4110. 37</td><td>74. 35</td><td>95. 4</td><td>21</td><td>1. 5</td><td>4</td></tr>
<tr><td rowspan="2">马来西亚</td><td>槟城</td><td>62. 22 ~ 231. 11</td><td rowspan="2">0. 65</td><td rowspan="2">0. 046 ~ 0. 1</td><td rowspan="2">878. 6223</td><td rowspan="2">69. 37</td><td rowspan="2">78</td><td rowspan="2">38. 7</td><td rowspan="2">17. 5</td><td rowspan="2">57</td></tr>
<tr><td>登嘉楼</td><td>6. 66 ~ 213. 33</td></tr>
</table>

续表

国家		工业用地价格（美元）	工业用水价格（美元）	工业用电价格（美元）	劳动力成本（美元）	15～64岁劳动力人口占比（%）	基础设施竞争力	私人部门税率（%）	创办企业所需时间（天）	清廉指数排名
越南	北方	121.5	0.26～0.81	0.042～0.197	294.6248	68.94	65.9	37.6	16	104
	中部	27～42								
	南部	123								
印度尼西亚	雅加达	330	0.34～0.52	0.027～0.032	202.4242	67.8	67.7	30.1	12.6	101
	勿加西、茂物及加拉横	200								
泰国	14～29（写字楼租金）		0.61～0.73	0.122	463.6974	70.49	67.8	29.5	6	104
缅甸	3～5（地皮） 50～65（工业区厂房）		0.0004	0.076～0.11	127.7174	68.28	2.4	31.2	7	137
老挝	市区	1500	0.16～0.36	0.07	245.6314	63.79	59.2	24.1	173	134
	近郊	300								
柬埔寨	1.5～2（黄金地段） 1.15～1.8（其他地段）		0.19	0.124	255.3453	64.22	54.9	23.1	99	160
菲律宾					229.1483	64.45	57.8	43.1	33	115
文莱					—	72.11	70.1	8	5.5	35
中国	上海	386.7	0.47	0.1	1001.8	70.32	77.9	59.2	8.5	78
	广州	161.3								
	郑州	115.6								

注：①各国工业用地价格因地段不同，差异较大，表中根据各国《对外投资合作指南》中的信息列示不同地段的地价，中国的地价重点提供了上海和广州两个一线城市的数据，同时也提供了中部地区郑州的地价数据，以资对比，中国各城市地价源于2017年《中国国土资源统计年鉴》；②工业用水价格和用电价格均源于各国《对外投资合作指南》，一些国家提供的是阶梯价，即根据不同用电量和用水量收取不同的价格，故这里列示了区间价格；③各国劳动力成本数据来源于《对外投资合作指南》，不同国家在指南中所提供的劳动力成本基本以制造业用工成本为主，一些国家仅提供了职业工资，以若干职业的均值代替，中国劳动力成本使用2021年《中国统计年鉴》制造业非私营企业的工资数据算出，该数据似乎偏高；④15～64岁劳动力人口占比来源于世界银行WDI数据，具体指15～64岁劳动力人口占全部年龄人口的比重；⑤基础设施竞争力来自2019年《全球竞争力报告》，数值越高，表明基础设施越好；⑥私人部门税率来源于世界银行WDI数据，其含义是度量私营企业准予扣减和减免后的应缴税额和强制性缴费额占商业利润的比例；⑦创办企业所需时间来源于世界银行WDI数据，其含义是完成合法经营企业所需程序的历日数；⑧清廉指数来源于2020年透明国际指数报告。

影响OFDI的另一个因素是税率。世界银行数据显示，2019年东盟10国的私人部门平均税率为28.64%。其中，文莱的企业税率仅为8%，新加坡为21%，马来西亚、越南、菲律宾的企业税率分别为38.7%、37.6%、43.1%，印度尼西亚、泰国、缅甸、老挝、柬埔寨的企业税率分别为30.1%、29.5%、

31.2%、24.1%、23.1%。而同期的中国企业的税负相对较高，这也是推动其向税率较低的东盟国家投资的原因之一。

劳动力成本和税率较低，构成了东盟一些国家对中国制造业尤其是劳动密集型产业 OFDI 的较强吸引力。

（三）民营企业是中国向东盟直接投资的主力

改革开放以来，中国与东盟国家的经贸关系发展迅速，相互投资不断扩大。20 世纪 70 年代末，东南亚华商是第一批进入中国的 FDI，东南亚资本至今仍然是中国 FDI 的重要来源之一。

近年来，随着经济发展水平不断提高，中国的 OFDI 也在增长，其中，对亚洲的 OFDI 规模最大，其流量从 2011 年的 455 亿美元增加至 2019 年的 1108.4 亿美元，增长了 143.6%。特别是，对东盟的 OFDI 占 10% 左右，而且近 10 年始终保持稳定，对东盟的 OFDI 流量从 2011 年的 59 亿美元增加至 2019 年的 130.2 亿美元，增长了 120.68%（见图 4）。

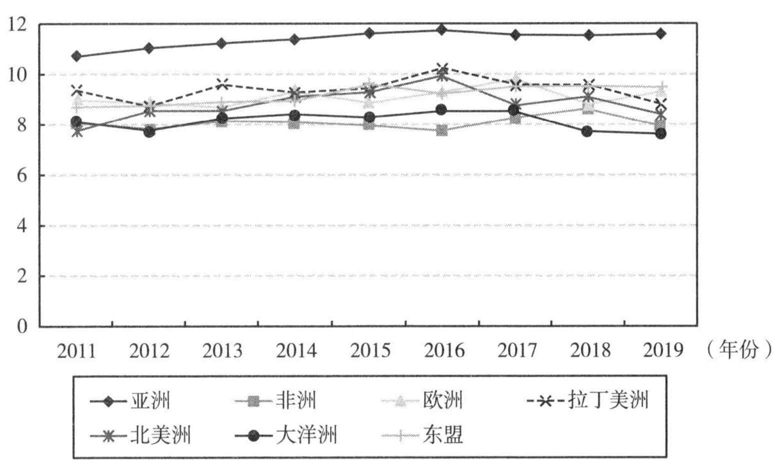

图 4 中国对各大洲直接投资流量趋势（对数）

资料来源：根据各年度《中国对外直接投资统计公报》数据计算。

2019 年《中国对外直接投资统计公报》的数据显示，在对东盟国家的投资中，第一位是制造业投资，达 56.71 亿美元，占中国对东盟国家 OFDI 的 43.5%，这些 OFDI 主要流向了印度尼西亚、泰国、越南、马来西亚和新加坡，其中，除新加坡外，基本都是劳动力价格便宜和企业税率较低的国家。近 10 年来，中国对东盟国家的制造业投资以民营企业为主，以劳动密集型产业为主（梁育填等，2018）。

（四）中国制造业转移与中国—东盟—欧美的经贸大三角

中国产业尤其是制造业向东盟国家 OFDI 迅速增加，密切了中国与东盟的经济联系，促进了中国与东盟国家的贸易增长，近 10 年来，在东盟国家对世界各主要国家和地区的进出口中，对中国的进出口增长得最快，2016 年之后，更上新台阶（见图 5）。

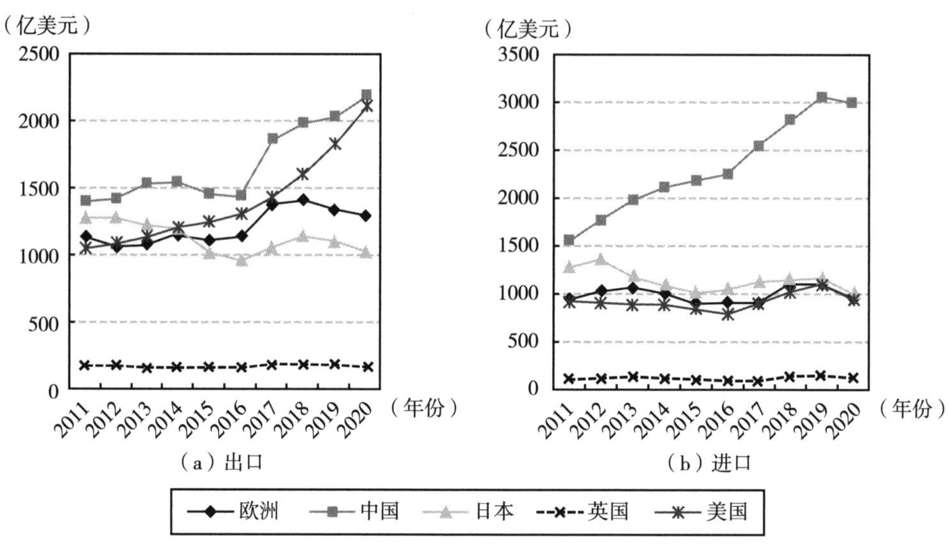

图 5 2010～2020 年东盟 10 国对世界主要国家及地区的进出口

资料来源：根据东盟秘书处官网数据计算。

考虑到近年来，中国对东盟国家的制造业 OFDI 以劳动密集型产业为主、以民营企业为主，我们进一步计算了东盟国家近 10 年来劳动密集型产品的出口流向。

研究发现，与总的产品出口趋势不同，东盟国家的劳动密集型产品流向投资母国——中国的增速很低，出口美国和欧洲的增速很高（见图 6）。产品细分类的计算结果也是如此（见图 7）。

中国劳动密集型产业、民营企业向东盟国家的 OFDI 大幅度增长，与同期东盟国家对欧美劳动密集型产品的出口迅速增长，其中的逻辑关系是十分明显的。中国对东盟国家的 OFDI 大幅度增长与东盟国家对欧美发达国家劳动密集型产品出口的迅速增长以及中国与东盟国家之间的一般贸易迅速增长之间，存在着“中国—东盟—欧美”的经贸“大三角”关系。

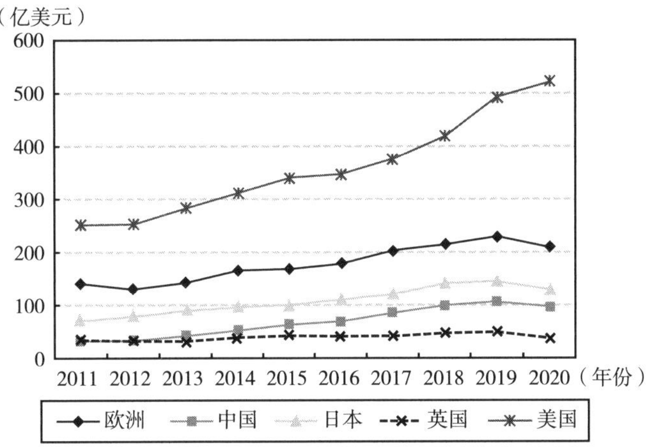

图 6　东盟 10 国劳动密集型产品的出口流向变动趋势

资料来源：根据东盟秘书处官网数据计算。

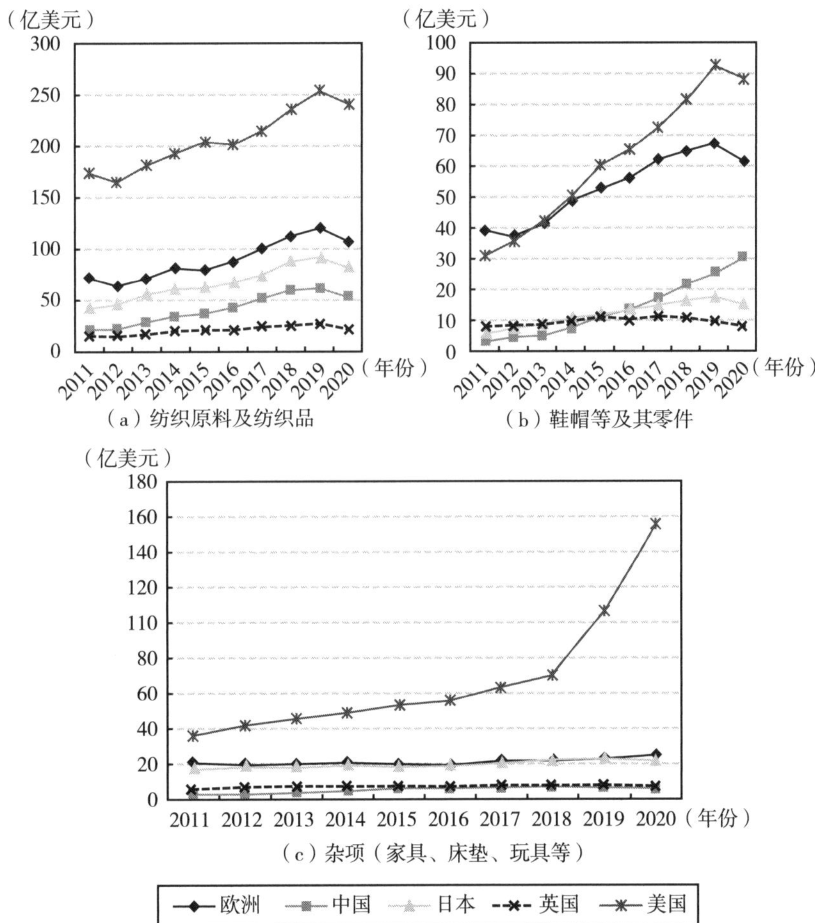

图 7　东盟 10 国劳动密集型产品（分类）出口流向变动趋势

资料来源：根据东盟秘书处官网数据计算。

（五）政府间的制度安排与基础设施投资

中国与东盟国家政府为推动“一带一路”建设而进行的制度安排与基础设施投资，为发展之间的经贸关系提供了必要的公共产品。中国与东盟国家相关的“一带一路”政策项目见表4。

表4　　中国与东盟国家相关的“一带一路”政策项目

政策内容	涉及东盟国家	东盟国家部门	批次
中国政府与新加坡、缅甸、马来西亚政府签署政府间“一带一路”合作谅解备忘录	新加坡、缅甸、马来西亚	国家政府	第一批
中国政府与老挝、柬埔寨政府签署共建“一带一路”政府间双边合作规划	老挝、柬埔寨	国家政府	第一批
中国政府与老挝政府签署科学、技术和创新领域的合作协定	老挝	国家政府	第二批
中国国家发展改革委与老挝计划投资部签署中老经济走廊合作文件，与缅甸计划与财政部签署中缅经济走廊合作规划，与印度尼西亚海洋统筹部签署关于区域综合经济走廊建设的合作规划	老挝、缅甸、印度尼西亚	计划部、财政部、海洋部	第二批
中国国家发展改革委与新加坡贸易与工业部签署关于加强第三方市场合作实施框架的谅解备忘录	新加坡	贸易与工业部	第二批
中国国家监委与菲律宾、泰国反腐败机构签署合作谅解备忘录	菲律宾、泰国	反腐机构	第二批
中国商务部与越南工贸部签署关于设立贸易畅通工作组的谅解备忘录	越南	工贸部	第二批
中国财政部与马来西亚证券监督委员会签署审计监管合作文件	马来西亚	证监委	第二批
中国科技部与印度尼西亚研究技术与高等教育部签署成立联合研究中心、联合实验室的合作文件	印度尼西亚	教育部	第二批
中国海关总署与柬埔寨海关与消费税总署签署海关检验检疫合作文件	柬埔寨	海关、检验检疫	第二批
中国与老挝、越南等国家会计准则制定机构共同建立“一带一路”会计准则合作机制	老挝、越南	会计机构	第二批
中国生态环境部与柬埔寨、老挝、缅甸、新加坡等国环境部门共同启动“一带一路”绿色发展国际联盟	柬埔寨、老挝、缅甸、新加坡	环保部	第二批
中国与老挝、缅甸、柬埔寨等国建立“一带一路”能源合作伙伴关系	老挝、缅甸、柬埔寨	国家政府	第二批

资料来源：整理自“一带一路”国际合作高峰论坛官方网站。

东盟一些国家经济发展水平较低，基础设施建设滞后，因此，通过双方合作，改善相关国家的基础设施状况，也就成为“一带一路”建设的重要内容。目前中国与东盟在基础设施项目上的合作主要体现在生产性设施，如交通、港口、园区、水务等（见表5）。它有利于改善投资环境，促进产业投资。

表5　　　　中国与东盟国家相关的“一带一路”基础设施项目

项目内容	涉及东盟国家	基础设施类型	批次
中国政府与马来西亚政府签署水资源领域谅解备忘录	马来西亚	水务	第一批
中国商务部与柬埔寨公共工程与运输部签署关于加强基础设施领域合作的谅解备忘录	柬埔寨	交通	第一批
中国交通运输部与柬埔寨、缅甸等国有关部门签署“一带一路”交通运输领域合作文件	柬埔寨、缅甸	交通	第一批
中国国家海洋局与柬埔寨环境部签署关于建立中柬联合海洋观测站的议定书	柬埔寨	海洋观测	第一批
中国国家开发银行与印度尼西亚—中国高铁有限公司签署雅万高铁项目融资协议，与老挝等国有关机构签署港口、电力、工业园区等领域基础设施融资合作协议	印度尼西亚、老挝	高铁、港口、电力、园区	第一批
中国进出口银行与柬埔寨经济财政部签署公路项目贷款协议，与越南财政部签署轻轨项目贷款协议，与缅甸仰光机场公司签署机场扩改建项目贷款协议	柬埔寨、越南	轻轨、机场	第一批

资料来源：整理自“一带一路”国际合作高峰论坛官方网站。

当然，中国与东盟经贸关系迅速发展的同时，还存在以下需要注意的问题。

一是中国—东盟经济合作应逐步深化，从产业间分工合作向产业内分工合作发展。目前，中国与东盟之间的贸易仍以产业间贸易为主（李文溥和王燕武，2021）。根据产业分工理论，经济体之间如果主要是产业间贸易，产业分工水平就比较低，贸易关系就比较不稳定，如果建立在产业内分工基础上，贸易关系就比较稳定，产业的国际竞争力也会提高。因此，应当进一步推动双方优势产业相互投资，促进中国—东盟的产业间贸易向产业内贸易转化，进一步深化中国—东盟的经贸关系。

二是在重视基础设施等硬环境建设的同时，要更重视民间投资的软环境建设，通过政府间合作、制度建设，提供制度公共产品，改善民间投资的软环境。毕竟，无论是“一带一路”建设，还是发展与沿线国家的经贸关系，真正的主力军是民营企业，没有民营企业的参与，“一带一路”建设将缺乏坚实的基础，难以获得自主发展的内在动力，无法长期持续健康地发展下去。目前，中国与东盟的“一带一路”建设，使经贸关系得到了较快发展，根基就在于有大量的民营企业参与其中，真正做到了以产业投资为主、以民间资本投资为主。但是，就目前所看到的与东盟国家的“一带一路”建设的政策项目，与促进、保护和服务企业尤其是民营企业 OFDI 相关政策项目却很少，说明这项工作尚未得到足够重视，处于滞后状态。

三是进一步重视、发挥华人华侨在“一带一路”建设中的作用。东盟国家有大量的华人华侨，他们爱国爱家，为祖国的建设作出了重要贡献。在东盟国家推进“一带一路”建设，发展与东盟国家的经贸关系，更离不开他们。进一步重视、发挥当地华人华侨的作用，动员他们参与“一带一路”建设，推动中国—东盟经贸关系的发展，是一篇亟待展开的大文章。

五、从中国—东盟经贸关系看“一带一路”建设

“一带一路”建设是我国发展新时代对外经贸关系的战略选择，关系到新时代我国对外经贸的战略格局。“一带一路”建设的政治经济社会意义是多方面的，但其根本基础是中国与“一带一路”沿线国家的经济合作关系，是投资与贸易关系。从这个角度看，目前为止，中国与东盟国家的“一带一路”建设确实取得了突出的成绩，其经验值得总结，其实践对推进“一带一路”建设的启示值得重视。

从近年来中国—东盟经贸关系的发展中，我们可以得出哪些对“一带一路”建设有借鉴意义的启发呢？

（一）从经贸联系较密切的沿线国家入手，渐进拓展“一带一路”建设

从大航海时代甚至更早，中国就与东南亚各国有着密切的联系。众多华人下南洋谋生，他们在那里生产生活，成为东盟各国重要的族群之一。他们多年往来于东盟各国与中国，在中国与东盟国家之间建立了密切的经贸关系，他们使中国与东盟国家之间互相了解，了解彼此的风俗与民情，了解彼此的政治经济制度与社会文化传统，了解彼此的市场需求与生产能力。它看似不起眼，但却为彼此经贸往来奠定了坚实的基础。因此，进行“一带一路”建设，首先必须在中国与“一带一路”沿线国家之间建立良好的人员来往关系。只有彼此经常的人员来往，增进对对方国家的政治经济社会文化各方面情况的了解，才能

够推进经贸往来。换句话说，如何从事“一带一路”建设？或者说从哪里入手？应当从原先就经常来往，相互比较了解，原先就有较密切经贸往来的沿线国家入手，渐进拓展，这样可能事半功倍。

（二）贸易先于投资，贸易引导投资

“一带一路”建设，目的是发展中国与这些国家的贸易与投资关系，增进合作关系。

国际投资理论告诉我们，投资源于贸易，贸易先于投资。大量事实证明，贸易是投资的先导。

一般而言，只有当对外贸易发展到一定程度，发展对外直接投资才会成为一种必然。出口先于投资一直是许多企业国际化的主要特征。这种国际化进程的线性发展顺序在制造业表现得尤为明显。贸易先于投资，是因为：（1）与对外直接投资相比，贸易较为容易，而且风险较小，贸易可以是短期的和一次性的经济交易，其索赔处理也十分迅速，而对外直接投资则是长期的，与出口相比，它要求更多的知识、经验和更强的组织管理能力；（2）出口规模可大可小，而国外生产则要求起码的经济效率规模，出口通常是制造业建立国外子公司的市场检测剂，出口获得稳定而且有一定规模的国外市场，是建立国外子公司的基本前提；（3）受制于空间距离，母公司监督和控制国外子公司的经营要比监督控制国内子公司更困难。对于大多数企业而言，企业的国际化顺序也是如此。（1）国内生产与销售一般是其最初的目标，而且在大部分情况下，始终是其主要目标，国外市场是在较晚才进入他们视野的；（2）一旦对国外市场产生兴趣，一般都通过国内外代理，从贸易开始，对外直接投资则没有被考虑；（3）出口中介被总部的出口部门所代替，并可能导致某种形式的对外直接投资，即商品库存或国外贸易子公司；（4）继贸易之后，通常会授权国外生产厂家使用自己的专利或专有技术生产产品；（5）一旦经历了上述诸形式（多为非股权参与）或某一形式的国外生产，企业开始逐步在国外建立自己的生产设施（从组装或其他部分生产形式开始，有时也与当地企业组合建立合资经营企业），然后才建立多数控股或独资企业（多为母公司的独立分支机构），如果一个企业投资成功，企业就会根据多国国内发展战略，进行相互独立的当地市场导向型投资，而且多为独立子公司形式；（6）国外子公司也可能开始向其他国家市场出口。总之，不论是从历史还是从现实来看，许多企业一般都遵循先出口贸易而后对外直接投资这一国际化进程，尤其是制造业企业。

因此，在进行对外直接投资之前，首先必须发展国际贸易关系，如果与一个国家先前连贸易关系都没有，又谈何对其进行直接投资呢？中国与东盟国家的直接投资关系尤其是制造业 OFDI 之所以近年来迅速发展，其前提就是多年来中国与东盟国家之间频繁的贸易往来。很多中国人经常往来于东盟国家，很多中国企业经常与东盟国家有贸易联系，对当地的社会经济情况、潜在的投资机会比较了解，有长期贸易往来形成的比较密切的人际关系，比较容易融入当地的社会，因此一旦进行投资，成功的概率就比较高。有人或许要问，对于那些不以投资地为产品目的市场的 OFDI，是否也应以贸易为前提呢？答案仍然是肯定的。中国现在对东盟国家的产业 OFDI，也有很多是不以投资地作为产品目的市场的。但是，这些投资也受益于中国与东盟国家长期的贸易关系。通过贸易，了解了投资对象国的方方面面，就使投资比较容易成功。相对于投资，贸易的风险成本较低。对外投资活动以贸易为先导，通过贸易对潜在投资对象国的各方面有了比较充分的了解，再考虑投资，多年实践证明，是比较稳妥可靠的商业策略。

（三）产业投资是“一带一路”建设的重点

在“一带一路”建设中，经贸往来是基础。相对于贸易，投资是一种更为稳定的经济联系。在投资中，相对于其他项目投资，产业投资尤其是制造业投资显得更为重要、更为根本。其所以如此，是因为，只有产业投资，才能在中国与“一带一路”沿线国家之间建立长期持续稳定的经济联系。基础设施项目投资固然也很重要，但是，它们在项目建成之后就很难在项目建设国与项目所在国之间形成长期持续稳定的经济联系。而且，基础设施项目一般以提供公共产品与公共服务为主，并不以产生直接经济回报及贸易流量为前提。因此，在“一带一路”建设中，基础设施项目只能为辅。从根本上说，它应当是为了在投资对象国发展产业投资，由投资国协助投资对象国进行的投资环境建设。它一般是由于投资对象国本身缺乏必要的财力或建设能力，投资国不得不勉为其难进行的一项工作。但是，产业投资却不是这样的。产业 OFDI 从来都是由投资国企业为主进行的，它以形成一定的产品生产能力并获得连续的投资回报为前提。例如，投资国的企业在投资对象国投资建设一家生产企业，建成投产之后，从母国进口原材料、中间产品，在当地生产销售，或返销母国或销往第三国，企业将与投资对象国发生长期的经贸联系，从中获得经营利润。产业OFDI有利于形成投资国与投资对象国之间的长期持续稳定的贸易流量及产业间合作关系，从而形成稳定的经济联系，同时提升投资对象国的经济发展能力，增加就业及其国民收入，提高当地居民的生活水平。这才是“一带一路”建设的重要目的所在。中国与东盟国家的“一带一路”建设之所以是有成绩的，就在于它促进了产业OFDI，增进了投资对象国的生产能力，同时也使投资者获得了合理的投资回报。

（四）重视发挥民间资本作用，促进民营企业的OFDI

在市场竞争领域，民营企业比国有企业更有效率和竞争力，这已经为国内外市场经济的实践与现代经济理论所证实、证明。以民营企业参与国际市场竞争，是符合国际市场经济惯例的，更容易为投资对象国所接受。非国有经济在我国制造业中已占绝大比重，具有所有权优势以及较大国际竞争优势的劳动密集型产业，更是民营企业的天下。随着中国人均GDP水平的提高，要素比较优势发生变化，要求产业结构升级换代。劳动密集型产业向国外转移，有利于发挥中国劳动密集型产业所有权优势，同时推动国内产业结构升级换代。国际投资理论指出，一个国家（地区）在产业升级过程中，会产生将本国本地区的边际（比较劣势）产业转移出去的需求，因此形成对外直接投资。边际产业向外转移的条件是：一方面，它应当是国内的比较劣势产业，不转移就难以维持，也难以实现本国的产业结构调整；另一方面，相对于投资对象国的同一产业而言，投资母国的这个产业应有比较优势，能够有效地利用投资母国的区位优势，比在母国生产的成本更低，效率更高。因此，在“一带一路”建设中，推动中国民营企业对外直接投资，是进行供给侧结构调整、促进产业升级换代、实现国内国际双循环的重要举措，意义重大。近年来，中国—东盟经贸关系之所以迅速发展，关键就在于它带动了中国OFDI的迅速增长，在产业OFDI中，以民营投资为主。推进沿线国家的“一带一路”建设，应当借鉴在东盟国家的经验，充分重视推动产业资本尤其是民营企业对“一带一路”沿线国家的直接投资。

（五）“一带一路”建设与国际经济大循环

中国对东盟的产业直接投资中，有相当部分是国内劳动密集型产业向东盟国家的转移，这种因中国人均GDP提高、要素比较优势变化、产业结构升级换代而产生的对外直接投资需求，是一个国家经济发展的必然趋势。这些产业转向比中国人均 GDP 低的"一带一路"国家，对中国及"一带一路"沿线国家以及世界经济，是三赢。这些产业的生产向"一带一路"沿线国家转移，但产品市场仍然是以发达国家为主的。近年来，随着中国等对东盟国家的 OFDI 迅速增长，东盟国家的劳动密集型产品对欧美发达国家的出口也大幅度增长了。这说明，"一带一路"建设与国际经济大循环之间存在着密切的联系。近年来，之所以中国对东盟国家的投资增长迅速，而且制造业的投资占比上升了近100%，一个重要原因是，东盟国家近年来已经成为世界范围内、继中国之后的另一个劳动密集型产业聚集之地。中国对东盟国家的劳动密集型产业 OFDI 迅速增长，客观上因应了经济全球化的发展趋势。因此，应当认识到，"一带一路"建设同时也是经济全球化背景下国际经济分工合作的一个有机组成部分。要推进"一带一路"建设，就必须更加重视经济全球化背景下的国际经济分工合作，更加重视并遵循世界经济公认的运行规则与国际制度规范。

（六）更加重视发挥中国及"一带一路"沿线国家政府在"一带一路"建设中公共产品提供者的职能

与国内经济一样，"一带一路"建设中，制度及基础设施等公共产品也是社会经济活动必要的保障，必须由政府提供。不同之处在于，在"一带一路"建设中，这些公共产品必须通过参与国家双方或是多方共同提供。"一带一路"建设的制度优越性在于，它可以通过参与方的政府双边或多边合作，为产业投资提供制度规范、基础设施等公共产品及服务，促进产业投资与经济发展。这显然比单个企业对外直接投资时独自面对和适应投资对象国的体制，接受其基础设施的现状要好得多。"一带一路"建设开展以来，中国与"一带一路"沿线国家，在共同提供公共产品、公共服务方面做了大量工作，从而有力地推动了彼此的经贸往来。但是，应当明确，政府在"一带一路"建设中的作用主要是提供制度与基础设施等公共产品和服务，服务产业及企业，促进产业尤其是民营资本的 OFDI，发展双边经贸关系，推动共同发展。如何从发展与"一带一路"沿线国家的经贸关系角度出发，进一步做好政府应当做的工作，显然值得认真思考。

参考文献

[1] 刁莉、邓春慧、李利宇：《"一带一路"背景下中国对西亚贸易潜力研究》，载《亚太经济》2019 年第 2 期。

［2］杜德斌、马亚华：《“一带一路”中华民族复兴的地缘大战略》，载《地理研究》2015 年第 6 期。

［3］冯颂妹、陈煜芳：《“一带一路”背景下中国与东盟贸易竞争性和互补性分析》，载《西安财经大学学报》2020 年第 1 期。

［4］韩永辉、罗晓斐、邹建华：《中国与西亚地区贸易合作的竞争性和互补性研究——以“一带一路”倡议为背景》，载《世界经济研究》2015 年第 3 期。

［5］胡艺、杨晨迪、沈铭辉：《“一带一路”背景下中国与南亚诸国贸易潜力分析》，载《南亚研究》2017 年第 4 期。

［6］孔庆峰、董虹蔚：《“一带一路”国家的贸易便利化水平测算与贸易潜力研究》，载《国际贸易问题》2015 年第 12 期。

［7］李文溥、王燕武：《“一带一路”建设与构建国内国际双循环的新发展格局》，载《经济研究参考》2021 年第 4 期。

［8］李晓钟、吕培培：《我国装备制造产品出口贸易潜力及贸易效率研究——基于“一带一路”国家的实证研究》，载《国际贸易问题》2019 年第 1 期。

［9］梁育填、黄慧怡、刘逸、周政可：《中国企业投资东南亚国家的影响因素分析——基于企业所有权差异的视角》，载《地理科学》2018 年第 5 期。

［10］林民旺：《印度对“一带一路”的认知及中国的政策选择》，载《世界经济与政治》2015 年第 5 期。

［11］刘晓凤、葛岳静、赵亚博：《国家距离与中国企业在“一带一路”投资区位选择》，载《经济地理》2017 年第 11 期。

［12］吕越、陆毅、吴嵩博、王勇：《“一带一路”倡议的对外投资促进效应——基于 2005—2016 年中国企业绿地投资的双重差分检验》，载《经济研究》2019 年第 9 期。

［13］马建英：《美国对中国“一带一路”倡议的认知与反应》，载《世界经济与政治》2015 年第 10 期。

［14］史本叶、张超磊：《中国对东盟直接投资：区位选择、影响因素及投资效应》，载《武汉大学学报（哲学社会科学版）》2015 年第 3 期。

［15］屠年松、王浩：《中国对东盟直接投资效率及影响因素实证分析》，载《国际商务（对外经济贸易大学学报）》2019 年第 1 期。

［16］王桂军、卢潇潇：《“一带一路”倡议与中国企业升级》，载《中国工业经济》2019 年第 3 期。

［17］王鑫静、程钰、王建事、丁立：《中国对“一带一路”沿线国家产业转移的区位选择》，载《经济地理》2019 年第 8 期。

［18］王贞力、林建宇：《国际金融风险因素与中国对东盟直接投资的区位选择》，载《南京审计大学学报》2019 年第 1 期。

［19］吴海文、张少雪、刘梦影：《“一带一路”视角下中国与东盟贸易竞争力研究——基于改进的显性比较优势指数的分析》，载《国际经济合作》2019 年第 6 期。

［20］曾向红：《“一带一路”的地缘政治想象与地区合作》，载《世界经济与政治》2016年第1期。

［21］张理娟、张晓青、姜涵、刘畅：《中国与“一带一路”沿线国家的产业转移研究》，载《世界经济研究》2016年第6期。

［22］张晓涛、刘亿、杨翠：《我国劳动密集型产业向“一带一路”沿线国家转移的区位选择——基于产业承接能力与要素约束视角》，载《吉林大学社会科学学报》2019年第1期。

［23］赵静、于豪谅：《“一带一路”背景下中国—东盟贸易畅通情况研究》，载《经济问题探索》2017年第7期。

［24］赵蕾、王国梁、吴樱、韦素琼：《“一带一路”背景下中国在南亚的贸易格局分析》，载《世界地理研究》2019年第5期。

“一带一路”建设与构建国内国际双循环的新发展格局*

一、引言

自从2020年5月中共中央政治局常委会会议提出“深化供给侧结构性改革，充分发挥我国超大规模市场优势和内需潜力，构建国内国际双循环相互促进的新发展格局”以来，如何在国民经济各项工作中“构建国内国际双循环相互促进的新发展格局”（以下简称“双循环”），成为学界、政府部门以及社会各界热烈讨论的理论与政策热点问题之一。而与此同时，《中共中央关于制定国民经济和社会发展第十四个五年规划和2035年远景目标的建议》（以下简称《建议》）指出，“推动共建‘一带一路’高质量发展。坚持共商共建共享原则，秉持绿色、开放、廉洁理念，深化务实合作，加强安全保障，促进共同发展。推进基础设施互联互通，拓展第三方市场合作。构筑互利共赢的产业链供应链合作体系，深化国际产能合作，扩大双向贸易和投资”。可以看出，“双循环”和“一带一路”建设是新时期中国主动谋求变化、推动全球化发展的重要举措，二者之间存在相互促进的关系。

从实践意义上看，“一带一路”建设将有助于提升国内市场一体化程度，挖掘消费增长潜力，提升区域经济发展协调性，推动供给侧结构性改革，促进国内大循环；同时，“一带一路”建设也将从更全开放、更全方位的视角，连接国内国际市场，推动和壮大国际大循环。中国对外贸易的进出口构成决定了国际大循环将长期存在，不容忽视，单一国内市场的循环是不可能的。通过拓

---

* 本文原载于《经济研究参考》2021年第4期，共同作者：王燕武。

展新合作空间、深化“软环境”内容合作以及提升引领作用，“一带一路”建设将有利于推动形成“双循环”发展新格局。总之，作为中国今后较长一段时期内对外开放的主导方向，“一带一路”倡议将成为引领国内国际双循环新发展格局的重要实践路径（陈健，2021），是“双循环”新发展格局的重点内容（王义桅，2021），也是推动形成“双循环”新发展格局的重要抓手和有力支撑。

基于上述认识，本文将首先明晰“双循环”新发展格局的内涵。已有多数研究主要从国内外经济环境、大国经济、市场规模等角度来讨论“双循环”的重要性、必要性和可行性（王娟娟，2020；张建刚，2020；张燕生，2021）。本文将从产品的使用价值及价值的实现角度，以及一国在特定时期的资源禀赋结构角度，讨论构建“双循环”新发展格局的相关问题。我们认为，“双循环”可以从不同的角度进行研究，从社会经济运行的基本前提条件角度看，它可以归结为人、财、物以及技术等资源在国内国际间的顺畅流动；从社会再生产的顺利运行角度看，它可以归结为社会总产品的实现问题，即社会总产品作为使用价值如何在国内外销售出去，与此同时，扣除物耗之外的产品新创价值如何在国民经济各部门——政府、企业及居民部门之间合理分配，从而形成结构合理的社会总需求，使社会再生产过程能够顺畅地正常循环下去，并且实现较快的扩大再生产也即持续稳定的较快增长。另外，在充分讨论“双循环”内涵的基础上，本文还将就如何通过“一带一路”倡议推动国内国际双循环相互促进的新发展格局，提出相关看法及政策建议。

二、基于使用价值和价值视角的“双循环”内涵分析

（一）从产品的使用价值角度看，“双循环”的重点在于专业化分工与国际大循环

毋庸置疑，无论是从人口、地理层面，还是从政治、经济、国际影响力层面来看，当今的中国都是一个大国。大国与小国的一个重大区别是，小国幅员狭小，资源禀赋比较单一，所能生产的产品种类比较有限，因此专业化生产与规模经济决定了其产品不可能全部供国内消费，同时，国内诸多消费需求，相当部分种类国内缺乏生产条件，必须依靠进口予以满足。但是，大国不同，大国幅员辽阔，资源禀赋多样，人口众多，因此，其所生产的产品种类必然繁多，可以满足国内较多方面的需求；与此同时，由于人口众多，一些关系国计

民生的主要产品的需求相当大，难以完全依靠国际市场满足，立足本国可能更为现实。因此，大国产品就使用去向而言，整体而论，必然以满足国内需要为主，以国内循环为主。就中国而言，从 1978 年至今，净出口占 GDP 比重在 -4.0%~9.0%之间，最高年份（2007 年）不过是 8.7%；按全部出口产品增加值占当年 GDP 的比重算，也不过是 4.0%~36.0%，最高年份是 35.4%。因此，可以得出结论：改革开放以来，我国的产品生产从使用价值上来看，一直是以满足国内需求为主的（大约 2/3 以上），进出口部分主要是从优化资源配置的角度，调剂国内生产与国内需求结构上的差异，为促进国内循环和国际循环、提高社会福利水平而产生的。

过去如此，未来如何呢？中国的制造业占 GDP 的比重，自 2011 年以来一直逐步回落，说明中国制造业产出在 GDP 中的占比已经越过峰值。与此同时，中国产品出口占世界出口的比重，2015 年达到了历史最高水平 13.8%，此后逐渐回落至 12.8%（2018 年）。可以预计，未来的占比上升空间，也将是有限的。因此，可以断言，未来中国生产的产品也仍将以满足国内需求为主，或者说是以实现国内大循环为主的，这是大国经济区别于小国经济的一个显著特征。

但是，能否因此得出结论：中国必须不断地提高产品的自给率，实现完全的自力更生或是高端制造业产品的完全自给自足？答案是否定的。因为这在经济上是不可能也没有必要的。原因如下。

首先，从供给上看，如果无视一国在特定经济发展阶段存在特定的资源禀赋（尤其是特定的人力资本禀赋及结构）和生产力水平，希望它能从低端到高端完整地生产本国所需的一切产品，也就意味着放弃专业化分工与规模经济原则。这将导致资源的非优化利用，降低经济效率。此时，同样的资源消耗，经济增长速度和全社会福利水平一定低于专业化分工条件下可以达到的水平。

其次，从分配上看，则会产生更严重的问题。现今世界市场上流通的各种产品，是由各国具有不同人力资本水平从而具有不同收入水平的劳动者生产的，产品（及其加工环节）的复杂程度是与劳动力的人力资本禀赋从而不同的收入水平相互联系的。中国人口众多、幅员辽阔，各地自然资源环境条件以及社会经济条件差异较大，劳动者的人力资本赋存差距也较大，因此收入差异相对大于幅员小、人口少、人力资本赋存差异较小的国家。这固然为大国存在较广的产业分布提供了差异化的资源禀赋，但是，一个国家的经济条件、资源禀赋差异再大，也不能与全世界的经济条件、资源禀赋差异等幅；一个国家的人力资本赋存差异再大，也不可能与全世界的人力资源赋存差异等幅。因此，如果本国所需要的产品都要自力更生，那么，势必陷入两难。如果自给自足在生产上是经济的，那就意味着国内收入分配差距从而经济发展差距要等于世界各国收入分配及经济发展水平的差距之和，这在社会经济政治上是不可想象的。如果在较小的收入差距基础上，生产全世界不同收入水平国家生产的全系列产品，那么，可能导致两端不经济——在低于本国人力资本禀赋的低端上，用高人力资本禀赋生产低人力资本产品，在高于本国人力资本禀赋的高端上，则反之。前者需要补贴而不经济，后者或是不可能的或是成本高昂的。

此外，这些不同人力资本禀赋的劳动力数量结构是否与本国对这些产品的需求结构对应？这些地区是否具有与其人力资本禀赋相应的其他资源赋存，使之可以与世界上相应地区竞争并胜出？显然，这里的限制条件过于严格而难以实现。更何况，任何国家总是希望尽可能缩小或控制本国的国民收入分配差距，与此相应，在生产上不能不将产业分布带宽尽量缩小；同时积极参与国际经济循环，以获得专业化分工及规模经济之利。

进一步地，在一个国家所使用的全部产品不可能完全自力更生或者说在产品使用价值上实现100%的国内循环的前提下，能否做到全部高端或高技术制造业产品的完全自给自足？答案仍然是否定的，至少目前是不可能的。因为中国现在仍然是一个发展中国家，人均GDP才刚刚越过1万美元，大约仍比世界平均水平低10%，而发达国家的人均GDP平均水平则已经接近5万美元。在国民劳动参与率、劳动者年均劳动时数为常数——中国目前的国民劳动参与率和劳动者年均实际劳动时数都高于发达国家——的情况下，人均GDP就是一个人均劳动生产率指标，也是一个衡量劳动力的平均人力资本赋存的近似指标。中国一个劳动力在一年里用这么多的劳动时间只能生产出这么多的增加值，而发达国家的劳动力用更少的劳动时间就能生产出数倍的增加值，说明中国劳动者的平均劳动生产率水平比发达国家低得多，也说明中国劳动者的平均人力资本赋存比发达国家低得多。

在本国的劳动生产率和人均人力资本赋存仅仅是发达国家平均水平的1/4～1/5的情况下，中国目前有些高端或高技术制造业产品不会生产，中国同类产业所生产的产品主要集中在行业的中低端水平上，是正常的。这是中国人均GDP水平的实物产品体现。一个经济体的人均GDP水平会反映出其相应的人力资本赋存水平，而人力资本赋存水平决定了其所能拥有的产业一般水平以及生产的产品层次范围。一个国家的人均GDP是1万美元，它的GDP产品结构当然与人均GDP 4万～5万美元国家的GDP产品构成是不一样的。人均GDP水平高低不同，不仅体现为一个劳动力所生产的产品数量不一样，而且体现为所生产的产品品种不同、同类产品的档次不同，从而产品的增加值、价值量差距甚大。我们可能已经适应了美国一个农民所能生产的农产品产量是一个中国农民的几十倍，但却忽略了在制造业上这个差距未必都体现为所能生产的同样产品的量不一样，而更多体现为两个员工所能生产的产品品种和产品档次不一样，从而导致两个员工所生产的产品增加值有数倍的差距。

在这种情况下，能否做到所有高端或高技术制造业产品都能够自给自足呢？似乎不可能。因为，如果本来就没有可能生产全世界制造业所能生产的全部产品，现在又要求能够生产所需要的全部高端或制造业产品，这是做不到的。如果能做到这一点，这就要求这个国家的人均产出应当达到世界上最发达国家的人均 GDP 水平。后者现在既然达不到，前者又怎么可能做得到呢？

当然，有人说，尽管做不到前者，但至少可以做到每种高端或高技术制造业产品都能生产，规模不必太大，以能够满足本国需求为限。这可以吗？答案仍然是否定的。

第一，从宏观上看，它人为地扩大了产业分布带宽。在一定的收入水平及一定的收入分配差距条件下，一个国家的产业会以这一人均 GDP 水平为中心值，形成相应的产业层次分布带宽。如果不考虑人均 GDP 水平所决定的最优产业层次分布，勉强生产自己所需要但却超越本国产业层次的制造业高端产品，那么，势必因此同时向上向下扩大产业分布带宽（因为在一个社会的总人力资本赋存为常数的情况下，超出最优产业层次分布发展高端产业，就需要进入这部分产业的那部分劳动者拥有更多的人均人力资本赋存，就势必使其他部门只能配置更低人力资本赋存的劳动力），在市场经济条件下，它将进一步扩大收入分配的差距，产生相应的政治经济问题；在计划经济体制下，则会产生问题的另一种表现形式。进一步地，如果考虑到人力资本赋存不仅有量的差别以及专业知识技术技能门类上的不同，而且越是高端的人力资源赋存越是高度专业化，所谓隔行如隔山，不同岗位需要不同的知识及技能，那么，如果突然要跨行业发展原本不生产的高端产品，所遇到的人力资本短缺问题就更为复杂，远非出重金挖几个产业头部人才就可以解决的。特别是当需要自力更生的产品品种甚多时，人力资本短缺问题将更加难以解决。

第二，即使不考虑这些，不惜代价培养起这样的产业，由于所需产品品种众多，但又限于仅满足国内需求，它能做到专业化分工、规模化生产吗？它与那些专注生产其中某种产品甚至某个零部件某个产业环节，以满足全世界对这一产品甚至某个零部件某个产业环节需求的国家相比，会有规模经济吗？它的生产成本能有国际竞争力吗？显然没有。如果没有，即使这些产品不出口，不想在国际市场上争一席之地，可总要保住国内市场吧？如果要保住国内市场，岂不要对此类外来产品设置高关税壁垒？即使可以设置这样的关税壁垒，在高关税壁垒保护下垄断国内市场，必然没有竞争，市场不大，产量有限，利润不多甚至亏本，久之，还能继续保持这个产业的效率和技术进步吗？更何况，即使想要这么做，能做得成吗？这不是与 WTO 的一般规则相悖吗？选一两样产品保护作为例外，或许还可能，如果样样都如此，那还能加入 WTO 吗？还能加入这个自由贸易区、那个自由贸易协定吗？还谈何对外开放呢？或许有人会说，大不了不加入 WTO 了，退回去搞闭关锁国的计划经济还不成吗？关于这一点，请看一下计划经济时期中国每年的进口数字及贸易依存度就知道了。中国那时的贸易依存度与美国、印度相去不远。[①] 那时进口的，基本上都是国内不能生产的。为了进口它们，不惜血本地鼓励出口（在计划经济时期，中国出口的平均换汇成本大概是官方汇率的 2 倍左右）。出口从原本不过是互通有无的商品贸易变成了具有政治意义因而需不惜代价完成的创汇任务。[②] 外汇管制因此成为体制标配。要不是有些必需的产品国内不能生产，又何至于此呢？[③] 当时如此，并非仅仅因为那时中国经济落后，生产力水平低。中国现在进入中等偏上收入经济体了，还是有那么多高端制造业产品要进口。可以断言，即使中国将来成为发达国家了，也仍然做不到高端制造业产品全部自给，还是有很多需要继续进口的。因为，所有高端或高技术产品都由本国生产，是不符合经济全球化背景下专业化分工与规模经济要求的。现在即使是世界上经济最发达的大国也没有这么做，不是没有道理的。这个道理用简单的微积分就可以证明：局部最优一定不优于全局最优。在经济全球化的时代，资源必须在全球范围进行配置才能达到最优。

因此，尽管中国是发展中的大国，就产品使用去向而言，结果必然是以国内大循环为主，国内国际双循环相互促进的。但是，在政策思维上，却应当保持清醒认识，注意防止一个倾向掩盖另一个倾向。不宜提倡凡国内所需都要在国内生产，凡国内生产都要追求 100% 国产化，片面提高所有产品或零部件的国产化率，力求万事不求人。不宜把提高国内循环比重作为政策目标。相反，应继续提倡积极参与国际分工，根据资源禀赋与特定经济发展阶段生产力的潜

---

① 1979 年，中国的贸易依存度（进出口/GDP）为 12.39%、出口依存度为 5.55%、进口依存度为 6.84%，同年美国、印度的贸易依存度分别是 16.86%、14.32%。参见罗季荣、李文溥：《社会主义市场经济宏观调控理论》，中国计划出版社 1995 年版，第 326 页。

② 作者 20 世纪 80 年代初曾到某省外贸局作过调查，发现该省当年最高换汇成本的出口商品是 22 元人民币换 1 美元，是官方汇率的 14.1 倍。

③ 进出口及外汇管制，不仅是中国实行计划经济时的做法，而且是所有计划经济国家的通例。有关研究指出，直至改革开放前，中国仍然有大量的机器设备及各类生产资料需要进口。参见孙玉琴、申学锋：《中国对外开放史（第三卷）》，对外经贸大学出版社 2012 年版，第二、第三章。

在优势，有所为而有所不为。不断提高产业的专业化分工水平，积极参与国际大循环。在参与国际大循环中，不断提高自己的国际竞争力。通过增强本国产业的国际竞争力来提高本国产业在国际大循环中的话语权与把控能力。

（二）从产品价值使用角度看，“双循环”应以国内循环为主

自20世纪90年代中期以来，我国实行以出口劳动密集型产品为导向的粗放型经济增长模式。国民收入支出上的“两高一低”（高投资、高净出口、低消费）结构失衡日趋严重（见图1）。

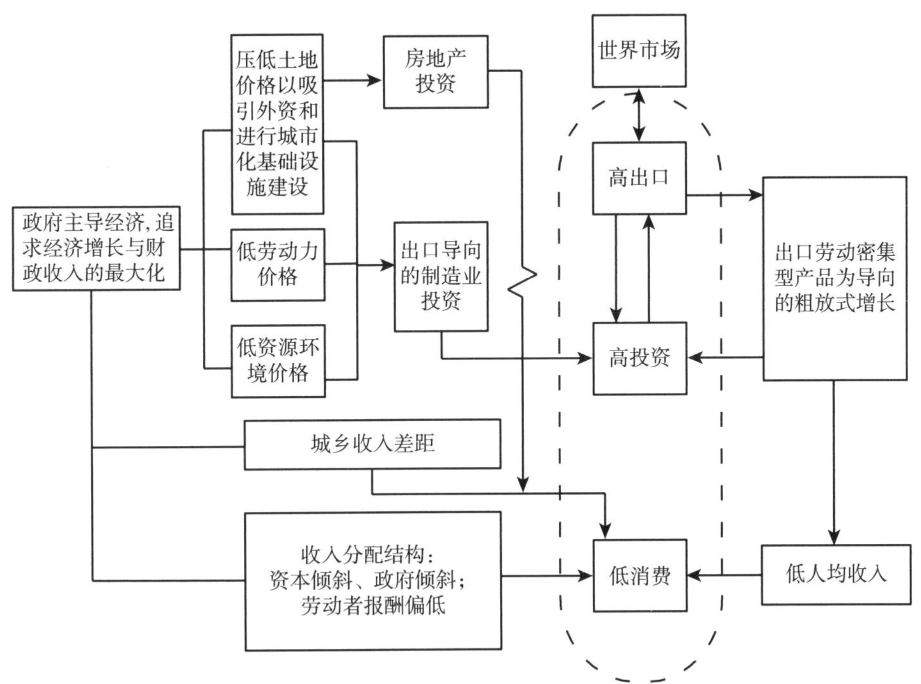

图1　要素比价扭曲、粗放型发展、内需不振的形成机理

资料来源：李文溥、龚敏，《论要素比价扭曲与居民消费不振》，载《高校理论战线》2013年第1期。

2008年之后，受世界金融危机影响，净出口占GDP比重下降，出口拉动乏力，国内消费不振，不得不依靠投资拉动增长。2016年下半年民营投资出现断崖式下跌，至今仍未完全恢复。为保增长，只能扩大国有企业及政府投资。政府投资基本上是非生产性投资及基础设施投资，增加有效供给的作用有限，国有企业的投资效率向来偏低，这就导致资本产出效率不断下降，降低了未来经济增长的潜力。

事实证明，除了人均收入水平极低、本国国民所得难以维持周转、必须依靠经常性外援的少数低收入国家，以及本币是国际硬通货的个别国家外——它们可以通过发行超过本国流通所需的货币而借支他国国民收入，一般情况下，多数国家当年创造的国民所得必须基本上为本国国民所消费，也即本国国民所创造的产品新创价值必须基本上为本国国民所消费。首先，国民收入的使用不能进行国际大循环，即一个国家尽管可以而且应当实行专业化生产，积极参与国际分工，但是，大量出口的同时必须大量进口，以实现每年国际收支大体平衡，并保持略有结余。一个国家如果每年都形成大量的净出口和贸易顺差，一定是国民收入分配结构出了问题，导致国内需求不足，经济增长不能不靠净出口来拉动。其次，国民收入中政府（和国企）占比太高，也会导致居民消费需求不足，不得不依靠扩大政府及国有投资扩大内需来推动在国内实现产品的价值，然而，没有居民消费需求作后续支撑，国有及政府投资就只能在短期内扩大内需拉动增长，但势必会扭曲投资与消费的结构，长期将导致累积的国民经济结构扭曲，经济增长的潜力和效率下降。由于我国多年来实行以出口劳动密集型产品为导向的粗放型经济增长模式，我国国民收入支出结构失衡至今尚未根本扭转。当前，产品价值国内循环的最大问题是居民消费需求严重不足。

1978～1990 年，中国居民消费率基本稳定在 50% 以上；1990～2000 年居民消费率降至 45% 左右，下降了约 5 个百分点；2001～2010 年居民消费率进一步快速下降到 35% 的水平，较前一个阶段降低了 10 个百分点。国际金融危机之后，随着“外需转内需”、总需求结构的调整，尤其是扩大消费需求的转向，居民消费率出现小幅回升，但截至 2019 年，仍然低于 40% 的水平（见图 2）。

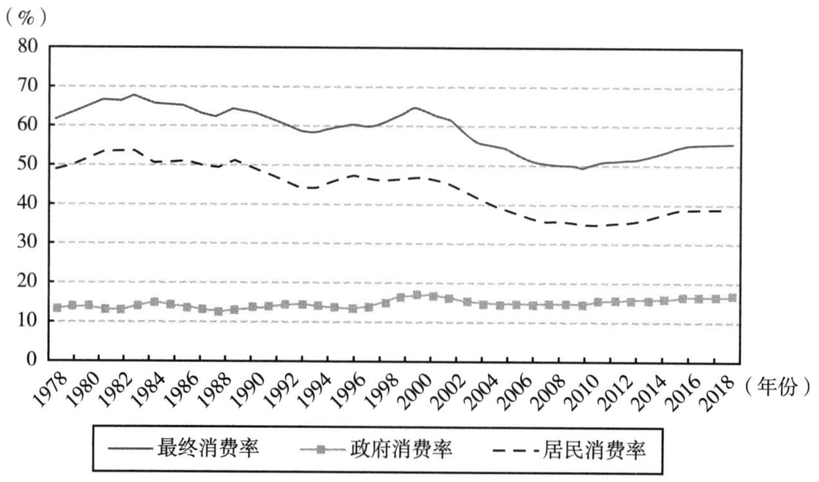

图 2 1978～2019 年中国的最终消费率、居民消费率和政府消费率变化情况

资料来源：整理自 CEIC 数据库。

进一步地，与世界其他主要国家相比，中国居民消费率水平偏低的事实将显现得更为明显。尽管中国居民消费占 GDP 的比重在近 10 年来逐步回升，但仍然明显低于世界各类经济体的类均值（见表 1）。①

表 1　世界上不同收入类型国家（地区）的居民消费率情况　单位：%

类型	1990 年	2000 年	2005 年	2010 年	2015 年	2016 年	2017 年	2018 年	2019 年
世界	58.51	58.46	57.53	57.26	57.70	57.97	57.80	57.68	—
高收入国家	58.35	59.18	59.20	59.59	59.03	59.25	59.12	59.04	—
中等收入国家	58.66	56.47	53.12	51.26	54.09	54.51	54.27	53.95	—
中等偏上收入国家	56.94	54.66	51.12	48.80	51.32	51.75	51.47	51.05	—
低收入国家	—	74.37	77.79	—	76.22	75.25	73.67	—	—
中国	49.99	46.73	39.59	34.33	37.77	38.67	38.54	38.52	—
日本	51.17	54.41	55.62	57.75	56.58	55.69	55.44	55.64	—
韩国	50.23	54.50	52.32	50.44	48.54	47.96	47.55	47.97	48.58
美国	63.88	65.96	67.10	67.94	67.42	68.15	68.32	68.19	—
英国	66.67	66.50	64.87	64.25	64.47	65.10	65.01	65.48	64.91
巴西	59.30	64.59	60.50	60.22	63.96	64.25	64.48	64.70	64.94
泰国	56.56	54.13	55.84	52.18	51.35	50.00	48.94	48.90	50.05
印度	67.08	63.74	57.38	54.72	59.01	59.30	59.02	59.32	60.24
菲律宾	71.21	71.72	73.95	70.19	72.47	72.55	72.18	72.54	73.21

资料来源：世界银行 WDI 数据库。

三、"一带一路"建设在"双循环"新发展格局中的作用

（一）"一带一路"建设在构建国内大循环中的作用

"双循环"的主体是国内大循环。中国未来增长的动力将更多地依赖内需

① 中外统计口径有所不同，但即使将这一因素估算在内，仍不能改变中国居民消费率偏低的结论。居民消费占 GDP 比重 = 居民可支配收入占 GDP 比重 × 居民平均消费倾向。研究发现，无论是发达国家还是中国，居民平均消费倾向在整体上都是十分稳定的。1978 ~ 2018 年，中国农村居民的平均消费倾向基本上维持在 80% 左右。1978 ~ 2018 年城镇居民消费率呈下降趋势，但是，作为分母的城镇居民收入在这 40 年里有很大变化，因此，如果进行还原计算，可以发现，1978 ~ 2018 年的城镇居民消费率呈三个阶梯下降的趋势可能是统计计算口径上的问题。因此，顺利实现社会产品价值的国内循环，根本之策在于改变国民收入分配结构，提高居民可支配收入占 GDP 的比重，缩小居民收入分配差距。当然，通过改善社保体系从而改变心理预期、行为方式，是可能逐步缓慢地提高居民平均消费倾向的。参见李文溥、王燕武、陈婷婷：《居民消费能否成为现阶段拉动我国经济增长的主动力》，载《经济研究参考》2019 年第 1 期。

拉动，靠消费尤其是居民消费拉动。提高居民收入在GDP中的占比，降低居民负债水平（王燕武和李文溥，2020），改善社会保障水平，充分挖掘国内消费潜力，促进国内大循环，是有效应对外部形势变化、提高经济发展韧性和活力的必然选择。

“一带一路”建设将从以下几点激发国内消费市场，助推国内大循环的形成。

首先，“一带一路”建设有助于减少国内市场阻隔，进一步改变中西部地区、落后地区的相对封闭状态，促进要素资源流通，提升国内市场一体化水平，促进国内大循环。国内大循环的前提要件之一是需要形成统一的国内市场。没有统一的市场，国内大循环就可能被切割成一块一块的区域性小循环，从而失去其规模效率。从过去的经验来看，囿于行政和体制约束以及地方保护主义，国内市场的区隔和割裂所造成的商品流通障碍有时甚于对外贸易。这无疑不利于构建“双循环”新发展格局。加快“一带一路”建设可以在一定程度上推动国内市场的一体化。习近平同志指出：“一带一路”建设“符合我国经济发展内生性要求，也有助于带动我国边疆民族地区发展”①。“共建‘一带一路’大幅提升了我国贸易投资自由化便利化水平，推动我国开放空间从沿海、沿江向内陆、沿边延伸，形成陆海内外联动、东西双向互济的开放新格局”“各地区要加强共建‘一带一路’同京津冀协同发展、长江经济带发展、粤港澳大湾区建设等国家战略对接，促进西部地区、东北地区在更大范围、更高层次上开放，助推内陆沿边地区成为开放前沿，带动形成陆海内外联动、东西双向互济的开放格局”②。因此，“一带一路”建设不仅是推进中国对外开放的新手段，也是串联和打通国内各大经济区域，实现对内开放的重要方式。

其次，“一带一路”建设有助于提升区域发展的协同性，缩小东部地区与中西部、东北地区之间发展差距，优化资源跨区域配置，促进国内大循环。“一带一路”建设的核心内容是促进基础设施建设和互联互通，其强调的不仅是对沿线国家和地区的经济政策和发展战略对接，也蕴含着对国内各区域的协调联动发展和共同繁荣。在构建完整的对外开放体系时，“一带一路”建设要求先练好“内功”，缩小国内市场的不协调不均衡状况，增强区域发展的协同性。具体而言：一是“一带一路”建设区域内的协同，包括政府部门、企业、

---

① 引自2016年4月29日习近平在中共中央政治局就历史上的丝绸之路和海上丝绸之路进行第三十一次集体学习的重要讲话。

② 引自2018年8月27日习近平在推进“一带一路”建设工作5周年座谈会上的重要讲话。

社会组织之间的协同等；二是“一带一路”建设与其他区域经济政策的协同，充分发挥“一带一路”建设对非相关区域的引领示范、辐射带动作用；三是以“一带一路”建设为契机，深化省际部门协作，推动体制机制改革，促进改革开放向“深水区”延伸，实现资源、成果和创新制度共享。由此，“一带一路”建设所引发的内部协调机制“联网互通”，将有利于推动和促进良性互动的内循环格局形成。

最后，“一带一路”建设有助于推动供给侧结构性改革，将国内因需求结构升级而难以消化的过剩产能逐步去除，为国内产业结构调整争取更多的时间，起到连接国内大循环和国际大循环的作用。“一带一路”建设的主观意愿是与周边国家近睦远交，营造有利的外部发展环境，但客观上也会将国内积累的巨大产能和建设能力部分输送出去，一方面，缓解国内“去产能”的短期压力，为产业调整赢得时间和空间；另一方面，稳住经济增长，助推五大发展新理念和高质量发展，为经济增长新旧动能转换提供更为宽松的环境。

（二）“一带一路”建设在构建国际大循环中的作用

开放带来进步，封闭必然落后。对今天的中国而言，谈及对外开放，其关键在于如何提高对外开放的质量，而不是对不对外开放的问题。这是共识。因此，“双循环”的发展新格局绝不能缺少或忽略国际大循环的重要性。国内大循环与国际大循环本质上是一体的，不能分割，这是由经济全球化和国际分工体系决定的，任何一个国家或地区都无法脱离国际产业供应链、价值链和创新链而单独存在。

就国际大循环而言，首先，“一带一路”建设将以更全面的开放来促进国际大循环。以往的对外开放在一定程度上过于侧重面向欧美发达经济体，容易受欧美市场经济波动的影响。通过“一带一路”建设，有利于中国更好地践行世界多边贸易规则，为国际经济新秩序的形成奠定基础。数据显示，2015～2019年，中国对65个“一带一路”沿线国家和地区的进出口总额占中国全部对外贸易总额的比重由25.3%稳步提升到29.6%。其中，出口占比由27.2%提高到30.9%，进口占比由22.7%增长到28.1%，顺差占比由39.7%增加到44.3%。分洲际看，中国向40个“一带一路”沿线亚洲国家和地区的出口总额占中国出口到所有亚洲国家和地区的总额比重由45.5%提高到51.3%，进口比重由34.5%提高到42.6%；向24个“一带一路”沿线欧洲国家的出口总额占出口到欧洲国家的总额比重由 21.4% 提高到 26.4%，进口比重由 17.9% 增长到 24.5%。“一带一路”沿线国家和地区对中国对外贸易的重要程度在稳步提升。

其次，“一带一路”建设将以更全方位的开放来促进国际大循环。“一带一路”建设并非单纯的对外投资，也并非仅限于经济领域的贸易往来，而是包含社会、政治、制度、文化、政策等多层次的秉持“共商共建共享”原则的国际合作新平台。习近平同志指出：“一带一路”建设承载着我们对文明交流的渴望，承载着我们对和平安宁的期盼，承载着我们对共同发展的追求，承载着我们对美好生活的向往。① “一带一路”建设要努力实现的是政策沟通、设施联通、贸易畅通、资金融通、民心相通。相较于以往偏向于经贸交流的对外开放模式，“一带一路”建设将具备更多“软环境”方面的交流与合作，从而有助于从制度、政策、文化等层面寻求到更多的认同感和价值尊重，提升国际大循环的广度和深度。

最后，“一带一路”建设将以“桥梁”的方式充当连通国内国际双循环的重要抓手，壮大国际大循环。通过“一带一路”建设，一方面，减少国内市场的壁垒障碍，降低国内物流流通成本；另一方面，也串联起沿线各国，极大地拓宽了市场，做大国际市场，创造新的国际贸易需求，从而进一步壮大国际大循环。自 2020 年以来，新冠疫情的蔓延严重冲击了全球供应链体系。借助于“一带一路”建设，中国实现了国际货物运输形式的多样化，不仅可以通过海运，还可以通过陆运（中欧班列），将货物输出和引入，构建国际物流的新通道。

四、以“一带一路”建设为抓手，促进“双循环”新格局形成

“双循环”是针对当前国内外环境形势变化而提出来的，寄希望以重构国内市场的主体地位的方式，缓解外部政治、经济及疫情变化冲击的影响。“一带一路”建设从提出到成型再到内涵界定，迄今已逾七年，已经扎扎实实地在实践中得以推行和实施。“双循环”新发展格局实质上是对“一带一路”建设的新要求，需要在今后“一带一路”建设中加以贯彻落实。目前来看，“一带一路”建设还存在一些不足之处。

① 整理自习近平同志 2017 年 5 月 14 日在“一带一路”论坛欢迎宴会上的祝酒词。

首先，以“一带一路”建设来取代传统贸易模式，任重道远。具体表现在两个方面。一是在新冠疫情冲击下，对外贸易回归欧美传统市场。这意味着贸易路径依赖较强，越是危急时刻，越容易恢复原有模式。截至2020年10月，中国对“一带一路”沿线国家对外贸易总额占全部贸易总额的比重为26.1%，较2019年下降3.5个百分点。其中，出口总额占比减少了3.8个百分点，进口总额占比下降了3.2个百分点，顺差占比更是大幅降低了7.8个百分点。究其原因：与欧美发达经济体相比，“一带一路”沿线国家多为贫穷的发展中国家，居民收入较低，政府治理能力较差，在应对危机冲击方面，处于劣势地位，更容易产生波动。二是从“一带一路”沿线主体国家的进出口产品构成上看，中国与这些国家之间的贸易主要以互补性的产业间贸易为主，而不是能够独立循环的产业内贸易。如表2所示，中国对“一带一路”沿线10个主体国家的分行业贸易差额情况中，贸易逆差有6个国家主要集中在矿产品，而贸易顺差中，除马来西亚外，有9个国家主要集中在3个行业（包括机器，机械器具，电气设备及其零件，录音机及放声机，电视图像，声音的录制和重放设备及其零件、附件；贱金属及其制品；纺织原料及纺织制品等）。这意味着，中国从这些国家主要进口的是原材料（矿产品），出口的则是劳动密集型或初级工业制成品，基本遵循的是要素禀赋（HO）理论的国际贸易起因。

其次，“一带一路”建设在整合内部市场方面，作用有限。近年来，随着五大发展理念和高质量发展的广泛普及，地方政府对纯粹经济增长目标的追求不再像过往那样执着，但地方政府间的竞争机制依旧存在，以界为墙的现象仍然相当普遍。城市与城市之间的融合发展、协调发展，还多数停留在纸面上。并且，除了“一带一路”建设之外，不同区域之间还存在与之等级相近的区域发展战略，很难在短期内实现项目共建和利益共享。目前，尽管互联网的发展极大地打破了消费类产品的全国区域市场分割，但在一些生产资料的产品领域以及一些具有垄断特征的服务品领域，依然存在着较为严重的市场分割现象，而这些并非“一带一路”建设所能克服的。

最后，“一带一路”建设重点偏于基础设施等“硬环境”，对“软环境”建设重视程度不够，缺乏系统性安排。“一带一路”建设是一个综合各项要素的国际合作大平台，并不仅限于经贸往来，还涉及政治合作、政策共商、文化交流、创新共享等各个层面的往来。但从目前看，现有的“一带一路”建设力有不逮，还难以有效兼顾到“软环境”方面的投入，使得国际上对于“一带一路”的认识多有误解。

表 2　2019 年中国对“一带一路”沿线国家对外贸易排名前 10 位的国家产品贸易差额　单位：百万美元

海关 HS 分类	越南	马来西亚	俄罗斯	印度	泰国	新加坡	印度尼西亚	沙特阿拉伯	菲律宾	阿联酋
特殊交易品及未分类商品	-6421.8	373.5	347.1	113.7	183.5	211.7	116.9	218.2	181.1	76.4
鞋及零件制品	-1118.4	960.0	2227.2	733.7	449.9	755.8	-157.0	778.4	1958.9	977.8
木及木制品	-606.5	128.5	-4135.0	208.1	-989.2	155.7	-434.6	244.8	368.3	262.9
活动物；动物产品	-376.5	-29.7	-2074.7	-1225.0	153.7	67.8	-721.1	-158.2	456.3	33.1
动、植物油等	-12.3	-1408.0	-489.3	-393.6	-23.0	5.9	-3942.1	0.7	-51.2	-161.2
贵金属及制品	27.8	27.8	-616.8	-1422.1	-485.2	-4804.9	21.3	67.6	17.5	144.3
食品、饮料、烟草等制品	225.1	490.3	461.2	96.9	40.4	219.7	374.5	138.1	819.8	203.9
皮革等制品	312.9	736.4	3699.9	450.1	-6.3	666.6	294.3	579.7	444.3	499.2
矿产品	352.7	-12451.7	-43727.2	-3082.7	-140.5	5011.0	-12270.8	-41542.4	1212.2	-10635.0
木浆、纸、纸板等制品	910.8	999.7	-751.6	567.7	217.7	259.0	-2233.2	417.9	465.2	491.5
车辆，航空器、船舶及有关运输设备	1234.3	1560.4	2582.9	1656.4	276.6	5084.3	1284.1	1459.4	1963.3	2217.5
光学等产品及附件	1290.4	-466.6	1025.4	1782.8	-1229.9	-1404.5	1065.4	268.1	166.2	577.3
植物产品	2284.5	1374.1	347.9	-496.2	-3299.0	261.1	936.5	155.8	-183.4	258.6
塑料制品、橡胶及其制品	2367.4	-933.3	1568.6	2322.3	-5560.0	-2373.0	1263.3	-4248.2	1805.3	-509.9
石料及类似材料的制品；玻璃及其制品	2941.9	1821.9	852.8	2141.3	815.1	1652.8	1050.5	1370.6	1070.3	1118.5
杂项制品	2962.1	3970.4	2814.1	3476.8	1720.5	4130.9	1714.5	3078.6	2044.6	2356.8
化学工业及其相关工业产品	3780.7	522.4	971.3	9268.8	1561.0	-2493.3	1373.0	-5829.3	1393.9	240.5
机器等产品及零件	4797.2	-21753.0	18513.2	32669.8	-2108.1	8158.9	15755.7	6091.5	-3139.9	13087.3
贱金属及制品	8609.5	2210.5	215.3	5106.7	5705.2	3131.9	2048.1	2743.5	3855.0	2851.2
纺织原料及纺织制品	10363.8	2711.5	5352.1	2978.0	2201.1	1022.7	4152.5	3829.7	5739.8	4272.3

资料来源：整理自 CEIC 数据库。

总体而言，近年来，我国在推动“一带一路”建设上做了大量工作，也进行了大量投资，为构建国内国际双循环相互促进的新发展格局创造了良好的前提条件。在构建国内国际双循环相互促进的新发展格局中，如何通过“一带一路”建设推动形成国内国际双循环相互促进的新发展格局，是值得有关部门重视的一项工作。我们认为，通过“一带一路”建设推动国内国际双循环的关键在于：通过“一带一路”建设，缩小国内地区差距，提高国内市场一体化程度，充分利用“一带一路”沿线国家市场容量，扩大出口，增加国内居民可支配收入，促进居民消费。

一是利用“一带一路”建设布局，提升区域发展协同性，缩小东、中、西部、东北地区之间发展差距，优化资源跨区域配置，促进国内大循环。“一带一路”建设的核心内容之一是促进基础设施建设和互联互通，强调的不仅是对沿线国家的政策和发展战略对接，也蕴含着对国内各区域的协调联动发展和共同繁荣，包括“一带一路”建设经过区域内政府间、产业间、社会组织间的协同以及“一带一路”建设区域与其他区域的经济政策协同，发挥“一带一路”建设对非相关区域的引领示范、辐射带动作用，推动体制机制改革，促进改革开放向“深水区”蔓延，实现资源、成果和创新制度共享。

二是利用“一带一路”建设布局，加快对外贸易转移，降低对欧美发达经济体的市场依赖，扩大出口总量，稳住经济增长和就业，促进居民收入增加。当前，“一带一路”沿线国家的外贸总额占中国全部外贸总额的比重接近30%，贸易顺差占比更是超过40%，已成为中国外贸的重要指向市场。

三是利用“一带一路”建设布局，以基础设施投资为先导，积极引导带动民营经济对外投资，突出西部沿线地区作为辐射西部内陆、连接“一带”和“一路”、协同衔接长江经济带的地位，着力推动以其为依托的西部新型经济走廊建设，促进中西部地区的产品向民俗、宗教相近的中亚阿拉伯地区出口，扩大内陆市场的出口规模。继续深挖东南亚地区的巨大市场需求，[①] 充分融合区域全面经济伙伴关系协定（RCEP）、东盟、亚太经济合作组织（APEC）等多个区域内组织，加快构建更大范围的亚洲自贸区网络。加快推进与中东欧及西欧地区国家签署共建“一带一路”合作文件，扩大提升中国—中东欧之间的合作，推动与该地区更多国家签署双边投资协定及建立自贸区，促进中国与中东欧地区合作由贸易为主转向投资和贸易并重。

---

① 中国对65个“一带一路”沿线国家中的对外贸易中，总额排名前10名的有6个在东南亚。2019年，这6个国家占据了中国出口总额的13.5%，仅次于欧盟（17.5%）和美国（16.7%）；占据了中国进口总额的13.1%，仅低于欧盟的13.4%。

通过“一带一路”建设，积极参与国际分工，促进产品使用价值的国际大循环，提高本国要素及产业的专业化分工水平，推动本国产业的更新换代与供给侧结构调整，延长本国产业的生命周期。一是利用“一带一路”建设布局，推动供给侧结构性改革，将国内因需求结构升级而难以消化的过剩产能推向国际市场，以国际大循环反哺国内生产供应体系调整，为国内产业结构调整争取更多时间、空间。“一带一路”建设的主观意愿是与周边国家近睦远交，营造有利外部发展环境，客观上有利于将国内积累的巨大产能和建设能力输送出去，缓解国内“去产能”压力，稳住经济增长，为经济增长、新旧动能转换提供更宽松的环境。二是利用“一带一路”建设布局，进一步实现全方位开放，更深地介入国际产业链、价值链分工体系，提高国内产品附并值，增强产品竞争力，提升国际贸易分配所得。通过产业转移、技术输出等手段，帮助“一带一路”沿线国家实现产业价值链升级，推动区域性分工地位的提升，逐步改善中国在全球价值链分工中的劣势地位。继续推进转变传统以加工贸易为主的贸易参与模式，推进高端制造业发展，变“制造大国”为“制造强国”，培育全球价值链的中高端环节竞争新优势，依靠科技创新、资本等要素，坚持技术导向，注重人才培养，提升产品质量，促进产业结构升级。三是通过促进国内规则规制对接国际高标准市场规则体系，更好地建设“一带一路”，从而更好地连通国内市场与国际市场，促进“双循环”形成。“一带一路”建设的短板和“瓶颈”在于“软环境”，如政治制度、规则标准、创新共享、投融资合作、文化交流等。要依托“一带一路”建设，以深化贸易合作及产业合作等为抓手，持续深化与沿线国家在经贸规则标准领域的合作；以联合科研攻关、建立联合实验室等为平台，持续加强创新能力合作；以扩大国际多双边金融机构合作、创新投融资方式等为突破，增强“一带一路”建设的资金保障能力；以多双边国际会议、国际合作高峰论坛、行业论坛等为渠道，加大人文交流投入力度，丰富合作内容，加强文化“走出去”步伐，增强文化影响力和认同感。

参考文献

［1］陈健：《“一带一路”引领“双循环”新发展格局的优势与实践路径》，载《西南民族大学学报（人文社会科学版）》2021 年第 2 期。

［2］李文溥、龚敏：《出口劳动密集型产品为导向的粗放型增长与国民收入结构失衡》，载《经济学动态》2010 年第 7 期。

[3] 李文溥、龚敏：《论要素比价扭曲与居民消费不振》，载《高校理论战线》2013 年第 1 期。

[4] 李文溥、王燕武、陈婷婷：《居民消费能否成为现阶段拉动我国经济增长的主动力》，载《经济研究参考》2019 年第 1 期。

[5] 罗季荣、李文溥：《社会主义市场经济宏观调控理论》，中国计划出版社 1995 年版。

[6] 孙玉琴、申学锋：《中国对外开放史》（第三卷），对外经贸大学出版社 2012 年版。

[7] 王娟娟：《新通道贯通“一带一路”与国内国际双循环》，载《中国流通经济》2020 年第 10 期。

[8] 王燕武、李文溥：《居民债务压力下的财政政策效应》，载《中国工业经济》2020 年第 12 期。

[9] 王义桅：《“一带一路”与“双循环”如何实现同频共振》，载《中国远洋海运》2021 年第 1 期。

[10] 张建刚：《畅通国内国际双循环繁荣我国经济的路径研究》，载《毛泽东邓小平理论研究》2020 年第 9 期。

[11] 张燕生：《构建国内国际双循环新发展格局的思考》，载《河北经贸大学学报》2021 年第 1 期。

应对中美贸易摩擦升级应加快经济增长动能转换*

中美贸易争端牵动着每一个中国人的心。贸易战从来就没有赢家。中美贸易摩擦当然会对两国经济产生程度不同的负面冲击，否认这一点，没有必要。

但是，即使从短期看，贸易战对中国经济增长的影响也是有限的。2018 年上半年，中国经济增长由 2017 年同期的 6.9% 降至 6.8%。这似乎印证了中国的不利局面。然而，数据分析表明，2018 年上半年中国经济增速下滑，主因不是出口增速下滑，更不是中美贸易争端的爆发。2015～2017 年，中国净出口对经济增长的贡献分别为 -1.3%、-6.8% 和 9.1%，即使在 2017 年，90% 的经济增长也仍是内需拉动的。2018 年上半年，中国经济增速下降，关键也是内因。一是投资增速快速下滑，由 2017 年同期的 8.6% 降至 6.0%，创历史新低。其中，基础设施建设投资大幅下降，增速仅为 7.3%，比 2017 年同期降低 13.8 个百分点；制造业和民间投资回升缓慢，投资增速仅分别为 5.5% 和 8.4%，比 2017 年同期仅分别提高 1.3 个和 1.2 个百分点；房地产投资增速仅由 2017 年同期的 8.5% 增至 9.7%。二是居民收入增速放缓，居民家庭债务迅速提高，抑制了消费增长。2018 年上半年居民收入实际增速仅 6.6%，低于 GDP 增速，也比 2017 年同期下降了 0.7 个百分点。由于住房贷款增加，居民家庭负债率迅速提高，4 年内（2014～2017 年）上升了 15.8 个百分点，① 中国的家庭部门负债率已接近美国的水平。② 受此影响，2018 年上半年社会消费品零售总额增速比 2017 年同期下降了近 1.0 个百分点。

就对美贸易而论，2018 年上半年中国对美出口额同比增长 5.6%，虽比 2017 年同期下滑 13.7 个百分点，但仍比 2016 年同期高 10.2 个百分点。2018

* 本文原载于《经济研究参考》2018 年第 67 期，共同作者：王燕武。

① 《中国家庭债务率已接近美国，要高度警惕风险》，载《人民日报（海外版）》2018 年 1 月 16 日。

② 家庭部门负债率 = 家庭债务/居民家庭可支配收入 × 100%。

上半年对美出口增速下降更多是2017年的高增长基数所致。2018年上半年中国出口增速由上年同期的15%快速下降至4.9%，也是由于2017年的高增长基数所致。2018年7月数据显示，尽管中美贸易争端升级，但出口累计增速反而提高到5.0%，进出口总额增速也由7.9%提高到8.6%，增加了0.7个百分点。从对美出口占全部出口比重看，2018年上半年为18.55%，分别比2017年和2016年同期提高0.13个和0.97个百分点，2018年7月进一步提高到18.67%。而中国从美国进口货物的比重出现下降。2018年上半年，从美进口货物占全部进口货物的比重为8.14%，比2016年和2017年同期下降了0.51个和0.61个百分点，2018年7月进一步降至7.99%。

当然，从长期看，中美贸易争端不利于中国现有的以出口劳动密集型产品为主的外贸竞争模式，也不利于既有的粗放型经济增长模式的延续。可是，这对于已经意识到发展转型必要性，但却由于体制惯性难下“壮士断腕”决心的中国经济而言，不是一件好事吗？改革开放40年的实践多次证明，来自外部的强制往往有利于克服内部的利益阻挠，为深化改革开放创造新契机。外因通过内因起作用，关键在于我们以何种方式因应外部挑战。就目前看来，贸易争端的短期影响效应有限，说明还有时间窗口来推动体制改革，加快国内经济动能转换，产业转型升级；从长远看，贸易争端意味着必须寻求保持中国经济长期稳定发展的道路。

其根本出路在于尽快从既有出口劳动密集型产品为导向的粗放型经济增长方式向创新驱动、高质量发展的经济增长方式转换。应当认识到，近年来依靠政府投资拉动经济增长的方式难以长期维持。事实上，2018年上半年基础设施建设投资增速下降，原因正是2017年以来中央对地方债务风险实行严格管控，金融系统强力“去杠杆”、谨防系统性金融风险。这是对过去高杠杆、高风险增长方式的主动调整。原本希冀借助于外部经济强有力复苏的有利时机，来加快推进这一进程。这一政策选择，本身并没有错。问题在于“去杠杆”的同时，应激发经济增长新动能的形成。目前经济增长新动能没有形成，集中体现在2016年民营投资从而制造业投资出现断崖式下滑之后，至今仍未恢复此前的增长态势。

民营投资如不能恢复此前高于政府投资增长的态势，要稳定增长，就必须继续扩张政府支出，经济增长路径将重回过去数年“依赖基础设施投资—地方政府债务提高—金融杠杆水平上升—金融系统风险上升”的老路。近年来的实践已证明，它不仅不利于发展动能和结构的转换，而且不可持续。

怎样才能实现经济动能转换，有效刺激内需增长呢？首先应落实到减税和缩减政府支出职能上，这是平衡继续“去风险”和应对贸易争端的必由之路。

没有减税，谈何有效激励民间投资回升？谈何促进居民消费增长？没有减税和缩减政府支出职能，谈何发展动能转换？减税和缩减政府支出职能，既有必要，也有可能。2018 年上半年各项税收收入 9.16 万亿元，同比增长 14.4%，比 2017 年同期提高 3.5 个百分点，为同期 GDP 增速的 2.12 倍。众所周知，在内需不足情况下，税收过快增长不利于投资和消费增长。当此外部贸易摩擦加剧、经济增速走低的关键时刻，客观上要求决策部门必须当机立断，出台相关激励措施，以稳定社会投资信心，避免形势持续恶化。只有减税，才能有效激励民间投资增长，转换经济发展动能，促进资源优化配置，扩大生产，增加就业，稳定增长。

东北亚经济一体化：中日韩贸易相互依存关系分析*

一、引言

随着世界经济一体化趋势的不断加深，作为应对欧盟和北美自由贸易协定扩张的一种考虑，位于东北亚的中国、日本和韩国也开始推进区域经济一体化进程。1999 年 11 月，中日韩三国政府在马尼拉达成了共建中日韩自由贸易区（CJKFTA）的意向。近期三国间的贸易和投资活动日趋积极，生产联系也显著增强，在经济上形成了一定的相互依赖关系。可以预计，CJKFTA 的成立将进一步加速区域内的贸易和投资，提高 CJK 的生产和贸易占世界经济的份额，促进中国更快增长对区域内外的出口。但三国在经济发展阶段、要素禀赋、政治体制等方面差异较大，加之历史的原因，CJKFTA 将面临其他 FTA 所没有的难题。

由中国国务院发展研究中心、日本综合研究开发机构和韩国国际经济政策研究所三方组成的联合研究小组从 2000 年起启动 CJKFTA 研究。围绕 CJKFTA 对三国经济的影响以及如何深化三国的经济合作，联合研究小组在三国企业界进行问卷调查，并根据调查结果形成了三份联合研究报告和政策建议。① 该研究结果肯定了 CJKFTA 的成立将会改善三国的生产、贸易和经济福利，大大促进区域内贸易和投资，并有利于东亚 FTA 的建立。胡鞍刚（2001）也提出了建立中国、中国香港特区、日本、韩国三国四方自由贸易区的设想。

---

* 本文原载于《南京大学学报（哲学 · 人文科学 · 社会科学）》2006 年第 2 期，共同作者：龚敏。

① 2002 年报告的主题是“加强中国、日本和韩国间的贸易和投资”，2003 年的主题是“中国、日本和韩国间 FTA 的经济福利效应”，2004 年的主题为“中—日—韩 FTA 的产业影响分析”。

FTA 研究一般涉及两个方面：一是 FTA 对成员国经济的影响（张彬和张澍，2005）；二是成员国之间贸易关系特征，以静态研究为主，运用出口竞争强度指数、贸易专业化指数、出口近似指数分析两国间市场竞争的激烈程度，运用区域内贸易份额、出口市场强调指数、行业内贸易指数等说明国与国之间经济的相互依赖程度（李准晔，2005；徐建军，2004；Wong et al.，2004；Ushijima Shunichiro，2001）。这种根据一些静态贸易指标来分析国与国之间贸易关系的方法存在一个重要缺陷：不能反映各国间动态的贸易互动关系。

本文拟通过建立一个包含三国间贸易流量的 VAR 模型，从动态的角度来分析三国间的贸易互动关系，揭示被掩盖在三边贸易数据背后的贸易特征，研究一国贸易的冲击对其他两国贸易的影响程度和时间路径。以此为基础，分析 CJKFTA 的成立对中国在区域内外地位和作用的影响。

本文第二部分简单分析中日韩三国的贸易发展现状。第三部分建立一个包含三国间相互出口的 VAR 模型，用于刻画三国间贸易的动态依存关系，通过格兰杰（Granger）因果关系检验分析在三国贸易格局中谁决定谁的关系；通过脉冲响应函数和方差分解探讨其中一国贸易的冲击对其他两国贸易的影响程度和时间路径。第四部分归纳研究结论，并给出 CJKFTA 成立后中国所面临的问题及相关政策性讨论。

二、中日韩三国间的贸易发展现状

1. 三国与世界的贸易

考察 1990 ~2004 年中日韩三国进出口额占世界进出口的份额。如表 1 所示，自 2000 年开始，三国出口（进口）占世界出口（进口）的份额都有明显提高。2004 年世界 15.61% 的出口和 13.3% 的进口来自这三个国家，说明三国已在世界经济贸易中占有了重要地位。其中，中国进出口份额的增长速度最为迅速：2000 年中国出口和进口总额占世界的份额分别为 3.91% 和 3.43%，2004 年快速上升到 6.56% 和 6.02%。相比之下，日本进出口占世界的份额表现为稳中有降的态势，与 2000 年相比，2004 年日本出口占世界出口的份额下降近 1.5 个百分点，进口份额约下降 1 个百分点；韩国进出口占世界的份额 2004 年与 2000 年基本持平。

表1 **中日韩三国进出口占世界进出口的份额** 单位：%

年份	出口				年份	进口			
	中国	日本	韩国	三国		中国	日本	韩国	三国
1990	1.80	8.3	1.8	12.01	1990	1.50	6.63	1.97	10.10
1991	2.03	8.878	2.03	12.93	1991	1.74	6.47	2.23	10.44
1992	2.25	9.0	2.03	13.28	1992	2.07	5.99	2.10	10.16
1993	2.44	9.61	2.18	14.23	1993	2.71	6.29	2.18	11.18
1994	2.82	9.25	2.24	14.31	1994	2.65	6.31	2.34	11.30
1995	2.90	8.64	2.44	13.97	1995	2.53	6.44	2.59	11.57
1996	2.82	7.68	2.42	12.93	1996	2.54	6.38	2.75	11.67
1997	3.30	7.60	2.46	13.36	1997	2.52	5.99	2.56	11.08
1998	3.37	7.12	2.43	12.91	1998	2.51	5.03	1.67	9.21
1999	3.45	7.43	2.55	13.43	1999	2.86	5.36	2.06	10.28
2000	3.91	7.52	2.70	14.13	2000	3.43	5.78	2.44	11.64
2001	4.34	6.58	2.45	13.38	2001	3.84	5.5	2.23	11.58
2002	5.06	6.48	2.53	14.07	2002	4.49	5.13	2.31	11.93
2003	5.86	6.32	2.59	14.78	2003	5.39	5.00	2.34	12.73
2004	6.56	6.24	2.80	15.61	2004	6.02	4.8	2.41	13.30

资料来源：IFSon-linedatabase，http：//ifs. apdi. net/imf/logon. aspx.

2. 区域内贸易

考察中国（日本、韩国）对其他两国的出口占中国（日本、韩国）对世界总出口的份额（见表2）。有几个明显的特征：（1）日韩对中国出口占各自总出口的比例均大幅提高。2000年日本对中国出口占总出口的比例为6.35%，2004年快速上升到13.08%，提高了6.73个百分点；韩国的这一比例从10.80%上升到了19.81%，提高了9个百分点。（2）中国对日韩出口的比例在不断下降。其中，中国对日本出口的份额从2000年的16.72%下降到了2004年的12.39%，对韩国出口的份额基本维持稳中有降的态势。（3）日本对韩国出口的份额增长缓慢，仅从2000年的6.41%提高到2004年的7.83%，而韩国对日本的出口份额却从11.98%大幅下降到了8.65%。

表2 **区域内贸易相对规模** 单位：%

年份	中国对日本出口	中国对韩国出口	日本对中国出口	日本对韩国出口	韩国对中国出口	韩国对日本出口
2000	16.72	4.53	6.35	6.41	10.80	11.98
2001	16.86	4.70	7.69	6.27	12.18	11.05
2002	14.88	4.77	9.57	6.86	14.69	9.36
2003	13.56	4.59	12.19	7.38	18.28	9.00
2004	12.39	4.69	13.08	7.83	19.81	8.65

资料来源：COMTRADE database，http：//unstats. un. org/unsd/com trade/dqQuickQuery. aspx.

进一步看三国间贸易的绝对规模，可以发现：一是长期以来中国与日本之间的进出口规模都大于中国与韩国之间的进出口规模，但是，近年来，中韩间贸易有明显增快的态势；二是近期中国对日本的贸易余额开始由顺差转变为逆差，但对韩国却长期维持贸易逆差，日本长期以来保持着对韩国的贸易顺差；三是20世纪90年代后期开始，日本对中国的出口明显超过了日本对韩国的出口，从1997年起，韩国对中国的出口也超过了韩国对日本的出口。

上述事实说明：（1）中国是区域内贸易增长最快的国家；（2）在区域内中国是日韩产品的主要出口市场，中国对日韩两国均保持贸易逆差；（3）2000～2004年中国对世界出口份额大幅提高的同时，中国对日韩出口占中国总出口的份额却在不断下降；（4）中日贸易规模大于中韩贸易规模，但近期中韩贸易的增长速度明显加快。但这并不能告诉我们在三边贸易背后存在的相互决定关系，如日本对中国出口的增加将会如何影响中日、中韩及日韩间的贸易，以及这种影响的强度及持续的时间。因此，我们运用包含三国间贸易流量的VAR模型分析来这些问题。

三、中日韩三国间贸易相互依存关系分析

1. 变量及数据说明

我们用CJ和JC分别代表中国对日本和日本对中国的出口；CK和KC代表中国对韩国和韩国对中国的出口；JK和KJ代表日本对韩国和韩国对日本的出口。由于各国统计口径与方法上的差异，三国报告的进出口数据常有所不同。考虑到我国早期进出口统计数据可能存在遗漏，我们从日本和韩国的统计资料中获取中日和中韩两国间的进出口贸易数据。1997年第4季度以前的进出口数据取自IMF的DOTS（Direction of Trade），1998～2004年的数据取自联合国COMTRADE数据库。由于COMTRADE仅提供年度贸易数据，为了获得1998～2004年的季度贸易数据，我们利用1995～1997年三年的年度数据和季度数据计算季度贸易额占全年贸易额的平均比例，用该比例把年度数据转换为季度数据。模型估计期间为1992年第1季度到2004年第4季度。所有贸易变量均使用名义值，单位百万美元，进口额为CIF价，取对数后进入模型。为了反映美元汇率变动对贸易额的影响，我们把美元的名义有效汇率（NER）作为外生变量引入模型。NER数据取自IFS数据库。

2. 单位根检验

对作为模型内生变量的 6 个双边贸易变量（取对数后）进行单位根检验，限于篇幅，结果不再列出。结果表明所有序列在 5% 的显著水平下都是非平稳的；取一阶差分后，所有序列都成为平稳序列。因此，这 6 个序列是 I（1）序列。

3. 协整关系检验

我们对进入 VAR 模型的 6 个贸易变量进行协整关系检验。使用 Johansen 检验方法，选择序列存在线性确定性趋势的检验假设。结果表明 6 个贸易量之间存在两个协整关系。这说明中日韩三国进出口贸易之间存在长期稳定的互动关系。由于我们很难从理论上给予这种长期稳定关系以合理的解释，我们不准备估计并使用 VECM 模型来说明三国间的贸易互动关系，而使用标准的 VAR 模型来揭示三国间的贸易互动关系。

4. Granger 因果关系检验

在估计 VAR 模型之前，还需要对 6 个贸易变量之间是否存在因果关系进行检验。主要检验结果如表 3 所示。基于检验结果，我们把三国间贸易的因果关系归纳为以下几个方面。

首先，我们发现三国间的贸易关系有明显的投资引导型特征。日本和韩国对中国的出口在统计上是 Granger 意义上中国对日本和韩国出口的原因，也就是说日韩两国对中国出口的变化会引发中国对日韩出口的变化，但不存在反向的因果关系。我们认为这是日韩在中国直接投资、生产现地化的结果。在两国从中国进口产品之前，两国会先对中国出口制造设备以及中间投入品。日韩与中国之间的这种贸易关系是由中国是日韩 FDI 的东道国地位导致的。

其次，日本对中国的出口会引发中国对韩国出口的变化，同样地，韩国对中国的出口也会引发中国对日本出口的变化。这意味着中日韩三国间存在着日本经中国到韩国、韩国经中国到日本的间接贸易关系。这说明了中国在三国贸易中的重要地位，同时也说明了通过 FDI，三国之间已在一定程度上形成了垂直的产业分工关系，以及在此基础上较为紧密的贸易互动关系。

再次，日本对中国出口和韩国对中国出口之间存在着相互因果关系。[①] 我

① 限于篇幅，检验结果没有在表 3 中给出。

们认为这是日本和韩国在对中国的投资贸易关系中的竞争地位导致的。日本对中国的出口（其背后是 FDI 的增加、在中国的市场份额扩大）会促发韩国对中国的出口，反之亦然。有数据表明，2004 年日本对中国出口的前 7 位品种中有 5 个是韩国向中国出口的前 7 位品种，而在 1998 年日韩之间只有 2 个品种是相同的。这说明在该区域内，日韩在与中国的贸易上竞争越来越激烈。

最后，日本（韩国）对中国的出口一定程度上还会改变日本（韩国）对韩国（日本）的出口。

上述统计意义上的因果关系意味着三国间目前已形成了一定的贸易互动关系，其具体特征表现为：(1) 日韩对中国出口的变化会引起中国对日韩出口的变化，但不存在反方向的关系；(2) 区域内存在日本→中国→韩国、韩国→中国→日本的间接贸易关系；(3) 日本（韩国）对中国出口的增加会带动韩国（日本）对中国出口的增加（见表 3）。

表 3　　三国间贸易互动的 Granger 因果关系检验

零假设	F 统计值	概率	结论
日本对中国出口非中国对日本出口的 Granger 原因	6.6238	0.008	拒绝
中国对日本出口非日本对中国出口的 Granger 原因	2.1927	0.1020	接受
韩国对中国出口非中国对韩国出口的 Granger 原因	5.3165	0.0032	拒绝
中国对韩国出口非韩国对中国出口的 Granger 原因	1.8014	0.1605	接受
日本对中国出口非中国对韩国出口的 Granger 原因	6.9697	0.0006	拒绝
韩国对中国出口非中国对日本出口的 Granger 原因	5.5415	0.0025	拒绝

5. VAR 模型的估计及分析

上述因果关系分析只能判断贸易流的影响方向，我们还需通过建立并估计 VAR 模型才能进一步分析区域内贸易冲击的强度和持续时间。在估计 VAR 模型时，我们把变量的顺序设定为日本对中国出口、中国对日本出口、韩国对中国出口、中国对韩国出口、日本对韩国出口、韩国对日本出口。为了反映名义价格对三国间贸易行为的影响，我们在对 6 个贸易额变量建立 VAR 模型时，把美元的名义有效汇率作为外生变量引入模型。AIC 标准建议选择 1 期滞后，SIC 标准则建议选择 3 期滞后。考虑到中国出口行为的特征（先进口再出口），我们选择 3 期滞后。

根据估计的VAR模型，得到脉冲响应函数，以此分析在三国间的贸易互动关系中，一国对另一国的贸易冲击将会在三国范围内产生怎样的波及路径。我们分析了两种情形。一是给日本对中国的出口一个冲击观察中国对日本出口、中国对韩国出口以及韩国对中国出口的脉冲响应函数。结果表明：（1）在日本对中国增加出口约3个季度之后，中国对日本的出口也开始增加。这一特征再次表明中日之间的贸易是与日资企业在中国的FDI相关联的。FDI以及生产的现地化所导致的中日间的直接贸易流向主要为：从日本向中国出口投资品和中间产品，在中国加工组装后再向日本出口制成品。（2）日本对中国出口的增加明显带动了中国对韩国出口的增加，这表明在中日韩之间存在着从日本经中国再到韩国的间接贸易。（3）在5~6个季度后日本对中国出口的增加会促发韩国对中国出口的增加。二是给韩国对中国的出口一个冲击观察中国对韩国出口、中国对日本出口以及日本对中国出口的脉冲响应函数。结果表明，中国对韩国的出口要在5个季度后才出现正的持续增加，但是在8个季度之后效应就消失了；中国对日本出口也会增加，但只能持续约9个季度；日本对中国出口的增加在4个季度后基本就消失了。

从累计的脉冲响应函数来看（见表4），对于日本对中国出口的一个冲击，5个季度和10个季度的累计结果表明，中国对日本的出口以及中国对韩国的出口都会明显增加，但中国对韩国出口增加的强度要大一些；同样，对于韩国对中国出口的一个冲击，中国对韩国的出口以及中国对日本的出口也会明显增加，相比之下中国对日本出口增加的幅度要大一些。这说明，日韩两国企业对中国的出口，主要目的是为获得在加工环节上的中国低成本优势，提高其产品在母国市场上的竞争力以及扩大其产品在竞争对手市场上的份额。①

表4　　5个季度和10个季度累计的脉冲响应函数

项目	类别	中国对日本出口	中国对韩国出口
日本对中国出口	5季度累计	0.0189	0.1302
	10季度累计	0.1205	0.4011

项目	类别	中国对韩国出口	中国对日本出口
韩国对中国出口	5季度累计	0.0138	0.1039
	10季度累计	0.0257	0.1721

① 在分析这一问题时，我们需要区分企业与政府的不同行为动机。

最后，我们分析方差分解的结果。利用 VAR 模型预测误差的方差分解可以发现，在一定时点后，各个贸易流的变化中有多大程度可以由其他贸易流的变化来解释。表 5 给出了 4 个季度后各贸易量的变化中受其他贸易量变化的影响程度。以第一行为例，日本对中国出口的变动中，归结为自身因素影响的约占 6.03%，中国对日本出口的影响程度约为 1.65%，中国对韩国出口的影响程度约为 17.19% 等。结果表明：（1）在中日之间，影响中国对日本出口的主要因素是日本对中国的出口，而日本对中国的出口几乎不受中国对日本出口的影响。这再次说明日本对中国的出口是由 FDI 决定的投资品与中间产品的先行出口，而中国对日本的出口基本上是处于产业链末端的最终产品。（2）在中韩之间，中国对韩国的出口、韩国对中国的出口很大程度上会受到中日贸易的影响。这表现出韩中贸易与日中贸易之间存在较强的竞争性。（3）影响日本对中国出口的主要因素是中国对韩国的出口，而影响韩国对中国出口的主要因素是日本对中国的出口，这一结果与上面我们提出的三国间存在日本→中国→韩国、韩国→中国→日本的间接贸易关系的假说相吻合，说明日本和韩国一定程度上是通过中国市场相互成为对方产品的需求市场。（4）日韩之间的直接贸易一定程度上也表现为日本对韩国出口的先行性，即日本对韩国的出口几乎不受韩国对日本出口的影响，但韩国对日本的出口却主要取决于日本对韩国的出口。

表 5　　方差分解

项目	日本对中国出口	中国对日本出口	韩国对中国出口	中国对韩国出口	日本对韩国出口	韩国对日本出口
日本对中国出口	6.030	1.6509	10.8013	17.1948	2.2575	2.0626
中国对日本出口	18.5848	48.6521	7.5779	4.9487	12.4368	7.7997
韩国对中国出口	31.5902	13.3686	35.0038	12.0885	3.2619	4.6871
中国对韩国出口	26.3944	35.5042	9.1143	19.2606	5.7110	4.0155
日本对韩国出口	4.9338	13.2898	1.0939	7.1885	68.6105	4.8834
韩国对日本出口	3.8615	3.6365	3.2146	1.5435	52.1764	35.5676

综上所述，对比第二部分三边贸易趋势的观察，第三部分的实证结果进一步揭示了中日韩三边贸易的本质：（1）中国虽然是区域内贸易增长最快的国家，但在区域内，中国对日韩的出口实际上是受制于日韩对中国的出口的；（2）虽然区域内日韩间直接贸易增长缓慢，但通过日本→中国→韩国、韩国→中国→日本的间接渠道展开的贸易发展却不容忽视；（3）根据近期中韩贸易明显增快的事实，固然可以猜测到日韩对中国市场的竞争关系，但它仅仅是一种

可能。实证研究发现的日本（韩国）对中国的出口会引发韩国（日本）对中国出口变化的结论则证实了这一猜测。因此，我们认为，在中日韩的贸易格局中，中国起到了一种扩大区域内贸易的“桥梁”作用；日韩在与中国的贸易关系上表现出较强的竞争关系。可以认为，三国间的这种贸易关系是由投资关系决定的：FDI 导致的日韩对中国出口的扩大是直接导致三国间贸易扩大的主要原因。

四、政策含义与结论

我们进一步探讨 CJKFTA 的成立可能会给中国经济带来的影响，主要结论如下。

（1）在区域内，由于中国对日韩的出口主要受日韩对中国出口的影响，而反向关系并不存在，因此可以预计，如果 CJKFTA 正式成立，三国将进一步相互削减关税，那么目前中国对日韩的贸易逆差会进一步扩大，这将加剧区域内中国与日韩之间的贸易不平衡。

（2）2000～2004 年中国对世界出口份额大幅提高，中国对日韩出口占中国总出口的份额却在不断下降。由于中国对日韩两国的出口不论是规模还是增长速度都是不断上升的，说明在此期间中国对区域外其他国家（主要是欧美国家）的出口增长更快。可以预计，CJKFTA 将会进一步促进日韩对中国的 FDI、扩大中国在区域内外的进出口尤其是出口贸易，那么，中国应当关注的一个问题是：CJKFTA 的成立对目前已经存在的中国与欧美的贸易摩擦的影响。

（3）中国在区域内的贸易关系实际上是中国在区域内产业分工的一种结果，因此对贸易关系的分析同时也可以揭示出国与国之间的产业分工状况。[①]目前三国中，日本是资金技术密集型的发达国家，在区域内是资金和技术的输出国；韩国是新兴工业化国家，正在成为区域内主要的资金输出国之一；中国是处于赶超阶段的转型经济国家，低生产成本吸引了区域内的资金、技术的流入和产业的转移。因此，在产业技术分工上，日本高于韩国，韩国高于中国，中国与日韩间正逐步形成某种垂直分工关系；而韩国与日本间的竞争关系正在使两国从原来的垂直分工关系向水平分工关系过渡。一方面，这种垂直分工体

① 如果在贸易关系上存在比较平等的双向影响关系，则可以说两国的产业分工是近似水平分工的；但若只存在单向的影响关系，则可认为两国的产业分工是垂直分工。

系导致三边贸易表现为日本和韩国不断加大对中国的投资品和中间产品的出口，产品在中国加工制造后或再出口日本、韩国，或直接出口欧美等区域外的市场。从这个角度看，CJKFTA 的成立，将使中国作为区域内扩大日韩两国相互间以及区域对外出口的“桥梁”作用进一步得到强化，中国对世界的出口也有望进一步提高。另一方面，日本和韩国的产业水平分工关系表现为两国出口结构正在日益趋同。

本文没有考虑 CJKFTA 及中国与美国等区域外经济体的贸易关系，因此，关于 CJKFTA 将会加剧中国与欧美贸易摩擦的判断尚无实证分析基础。今后的研究应该在 VAR 模型中加入美国这一经济体以研究中国在区域内、外的贸易关系。如果中国的高速出口在相当程度上是一种自身附加值较低的转口，在产业垂直分工的情况下，中国与日韩基本上又是互补而非竞争的关系，那么，区域内中国的“桥梁”定位很可能导致日韩通过中国扩大两国对世界各国（尤其是欧美）的出口，从而将其与后者的贸易摩擦转嫁给中国。因而，中国对外贸易发展的重点应该是提高自身出口的附加值，使有限的出口额能够带来更多的收益，① 而这个问题直接涉及中国产业结构的调整和升级。我们不仅应从互补的角度基于比较优势发展与日韩互补的优势产业，还应从竞争的角度在目前日韩的优势产业领域培育中国产业的竞争力，形成对日韩有竞争力的高端产业，避免在区域垂直分工体系中，由于中国的低生产成本而导致的产业结构低端化的发展趋势。②

参考文献

［1］胡鞍刚：《建立中国、中国香港特区、日本、韩国三国四方自由贸易区设想》，载《国际经济评论》2001 年第 3～4 期。

［2］李准晔：《中国各区域对外贸易的决定因素分析》，载《经济研究》2005 年第 8 期。

---

① 从这里可以引出一个关于世界贸易规则的讨论：为什么仅仅根据出口总值而不是根据一个国家的出口附加值来讨论国与国之间的贸易关系呢？

② 当然在垂直分工体系下，首先，中国也可能形成雁行产业升级，如果这样，未必就是产业绝对低端化，而是产业相对（日韩）低端化，这固然不利，但是只要雁行升级存在，经济增长还是可能的；其次，此时也可能形成与日韩竞争的优势产业，这种优势产业是中国用雁行的低成本逐次地将日韩的夕阳产业淘汰出局，在中日韩的产业竞争过程中已经出现过了，如造船产业在日本—韩国—中国之间的转移。在产业发展中，究竟应当采取比较优势战略还是竞争优势战略，是中国经济学界近年来激烈争论的一个问题。我们认为，这不是一个非此即彼的选择，二者的选择、结合及结合方式，都需要放在具体时空背景下个别讨论。但是，这已经超出了本文的范围。

[3] 徐建军：《东盟自由贸易区：区域内贸易的发展和利益分配》，载《世界经济》2004 年第 8 期。

[4] 张彬、张澍：《美国在 NAFTA 中的贸易创造与贸易转移：1994—2003》，载《世界经济》2005 年第 8 期。

[5] Development Research Center of China, National Institute for Research Advancement of Japan, Korea Institute for International Economic Policy of Korea Joint Report and Policy Recommendations on Sectoral Implications of a China-Japan-Korea FTA. http: //www. nira. go. jp/newse/index. html.

[6] K. Y. Wong, T. D. Yeo, Y. M. Yon, S. Yun, Northeast Asia Economic Integration: An Analysis of the Trade Relations among China, Japan and South Korea. http: //faculty. washington. edu/karyiu, 2004.

[7] Ushijima Shunichiro Toward Trade and Investment Liberalization Among China Japan and Korea: China's WTO Acesion and Regional Integration in Northeast Asia. http: //www5. cao. go. jp/keizai/index-e. html, 2001.

国际直接投资与国际经济利益及国家安全*

对外开放是党的十一届三中全会以来我国经济政策的两个基本点之一。外商投资对我国尤其是沿海经济开放地区的经济增长、开放经济的发展、市场经济的成长所起的重大作用，是有目共睹的。因此，1992 年之后，我国政府进一步扩大了对外开放、引进外资的领域和范围。外商投资继 20 世纪 80 年代以绿地投资，兴办独资、合资新厂为主，转向了绿地投资、兼并、收购国内企业及证券市场投资多种方式并举，投资来源从过去的港澳台侨资为主、中小外资为主转向发达国家的跨国公司投资逐渐增多，等等。针对扩大引进外资的领域与范围，有人提出，我国目前的储蓄率已相当高，完全可以依靠本国的储蓄满足投资积累的需要；针对跨国公司在国内的投资增加，有人提出今后应当鼓励中小外商投资，抑制跨国公司的对华投资；针对外商投资方式的多样化，尤其是对国内企业的兼并、收购，有人提出必须对民族工业尤其是国有企业实行保护，等等。这些问题及见解虽然有所不同，但是，在它们的背后都隐藏着一个共同的忧虑：大量地引进外资尤其是发达国家跨国公司投资会损害我国的经济利益，不利于保障我国独立自主的政治经济地位及国家安全。

显然，在新形势下坚持并发展对外开放政策，要求在理论上对这些问题作出回答。本文拟就这些问题作些分析。

一

市场经济的基本特征之一是开放经济。市场经济的发展是一个分工与交易

---

* 本文原载于《学术月刊》1997 年第 10 期。

相互促进、市场范围不断扩大、交易关系不断深化的过程。可以说，全球范围的市场经济发展史，就是一部各个彼此分隔的地区市场发展为统一的国内市场，从而进一步发展为统一的国际市场，以及统一的国际市场内分工与交换关系及方式不断深化发展的历史。在这一过程中，市场竞争的外在压力及追逐利润的内在动力，促使经济主体对资源的优化配置不断地在更大范围展开，不断地向更高形式过渡。这一过程在当今世界经济发展中的动态反映是，国际间优化资源配置的形式已从五六十年代的以国内生产、对外交换为特征的贸易主导型国际分工，逐步地转向国际生产、跨国经营为特征的国际直接投资主导型国际分工上来。80 年代中期以来，世界范围的对外直接投资流量以前所未有的速度增长，1985 ~ 1990 年，世界对外投资名义年增长率高达34%，大大超过了世界商品出口总额（13%）和国内生产总值（12%）的名义增长率。① 到 1992 年，全球对外直接投资总额已经达 2 万亿美元。② 这使跨国公司的数量及其在国际经济中的地位都极大地提高了。1970 年，14 个主要发达国家的跨国公司总数仅为 7000 家，到 90 年代初期，这些发达国家的跨国公司数就已达到 2. 4 万家，而全球的跨国公司数则为 3. 7 万家，跨国公司的国外分支机构则更达到了 20 万个。这些分支机构在世界范围的销售额（1990 年）比同期的世界商品出口额和非要素服务贸易额之和高出 37. 5 个百分点。跨国公司的总产值占世界总产值的40%，贸易额占世界贸易总额的50%，它还控制了世界工业研制的80%、生产技术的 90%、世界技术转让的 75% 和对发展中国家技术贸易的90%。③ 在国际直接投资方面，据对 100 家最大跨国公司中 53 家所提供的数据分析，100 家公司的对外直接投资约占世界对外直接投资总存量的 1/3，约 1% 的跨国公司母公司拥有其母国对外直接投资总存量的一半左右。④ 可以预计，下一个世纪，跨国公司将会得到更大的发展，成为国际生产、投资和贸易活动最主要的载体。

跨国公司在成为世界经济的主体、全球经济增长的引擎的同时，其自身也在发生引人注目的变化。由于它的变化发展，世界经济发展正出现一些新的特征。这是我国在制定、调整对外开放政策时必须予以充分注意的。

第一，全球化生产、无国界经营趋势。80 年代以来，跨国公司尤其是大型

---

① 联合国跨国公司中心：《1992 年世界投资报告》，对外贸易教育出版社 1993 年版，第 11 页。

② 联合国跨国公司中心：《1993 年世界投资报告》，对外贸易教育出版社 1994 年版，第 5 页。

③ 陈斌进、冯晓琦、尔东：《经济恐龙——走向 21 世纪的跨国公司》，时事出版社 1995 年版，第 18 页。

④ 联合国跨国公司中心：《1993 年世界投资报告》，对外贸易教育出版社 1994 年版，第 1 章。

跨国公司面对各国的贸易保护主义倾向日趋严重，凭借其拥有的巨额资产、高科技、现代管理技术及巨大的生产规模，进一步地推进其全球经营战略，即“经营全球化，形象当地化，决策灵活化”的经营战略方针，如制定战略从全球考虑、提拔高级管理人员不分国籍、重要决策在国外子公司作出、研究工作不再局限于母公司或母国内进行、新产品的开发分散化，等等，初步形成了“无国界经营”新局面。

第二，推行全球主义，淡化母国背景，向无国籍公司或全球公司的方向转变。与其全球化生产经营战略相适应，大型跨国公司日益淡化其母公司的国籍背景，努力使自己向无国籍公司或全球公司的方向转变，包括公司所有权的多元化、公司总部设立地点非母国化、公司海外研究和开发资金的大幅度增长、公司管理人员的全球化、公司文化背景多元化，等等。跨国公司向无国籍公司或全球公司方向转变的后果之一，是跨国公司日益成为一种独立于母国与东道国之外的政治经济力量。

第三，对外扩张方式的多元化。除绿地投资、兼并、收购国外企业等传统的股权投资方式之外，非股权安排如特许经营、管理合同、经济合作、BOT、ROL 迅速发展，跨国公司之间的战略联盟也得到较大发展。

第四，一体化国际生产的形成。各国经济的一体化是过去数十年中世界经济的一个主要趋势。这是生产力发展的必然结果，其中，跨国公司的发展战略起了重大作用。生产力的发展，使跨国公司的发展战略从“独立子公司战略”到“简单一体化战略”，再过渡到“复合一体化战略”，等等。跨国公司的战略变化，不仅使其组织结构发生重大变化——从传统的金字塔式的母子公司结构过渡到网络性结构，而且对整个世界经济的运行方式产生了重要影响。如果说在浅层次的简单一体化中，不同国家独立生产厂商之间的国际分工导致了国际贸易的产生，它只涉及有限几种性质相对简单的关系，其相互之间的作用主要发生在国际市场上，而以“复合一体化战略”为指导的国际直接投资和非股权安排方式进行的国际生产则加深了国与国之间的一体化程度。它使定位于不同国度的加工过程之间形成了一种高度依存关系，从而使世界贸易中公司内贸易比重迅速上升。因此，在国际一体化生产体系中，决定一国参与国际分工的情况主要取决于在该国的跨国公司及其子公司的投资、生产、公司内部贸易而不再是以往的自由贸易。这对于发展中国家来说，也就意味着其经济增长在相当程度上取决于它们参与国际一体化生产的能力、方式及性质。

二

毫无疑问，对外开放必须实行以我为主的方针。其目的在于通过对外开放加快本国的经济发展，增强我国的综合国力即国际竞争力，提高全体中国人民的福利水平。因此，在考虑不同时期的对外开放、引进外资的具体政策策略时，必须牢牢地把握住这一基本方针，根据我国经济发展的需要和变化了的国际经济空间，脚踏实地、实事求是地进行决策。

1. 我国引进国际直接投资的目的是否仅限于解决储蓄缺口?

自从 H. 钱纳里和 A. 斯特劳特提出“两缺口模型”以来，许多经济学家纷纷用它解释发展中国家引进外资的必要性。应当承认，“两缺口模型”是对发展中国家引进外资必要性的一个相当不错的说明。它在一定程度上也能说明中国引进外资的必要性。但是，如果认为中国引进外资的必要性仅此而已，显然过于狭隘。众所周知，我国储蓄率一向不低于某些发达国家，如美国等，即使是在我国引进外资较多的年份，外国直接投资占我国国民储蓄的比重也不高。显然，如果仅以此为标准，中国引进外资显然不是现在而是早就不必要。与此同时，如果外资的流入只能用“两缺口模型”解释，我们就无法说明为什么目前世界上 75% 的国际直接投资是流入发达国家而不是发展中国家，是美国而不是中国。显然，国际一体化生产，资源在世界范围的优化配置，比“两缺口模型”更能说明国际直接投资的发生。而我国近年来成为世界第二大受资国，说明中国由于其成功的改革开放所带来的迅速的经济增长，正在成为世界上最有价值的投资地区之一。因此，只要继续坚持开放政策，中国将吸引更多的外国直接投资。与此同时，中国也将逐步发展自己的对外直接投资和自己的跨国公司。一句话，我国在具有较高储蓄率及外汇储备的情况下，仍然吸收较多国际直接投资，不是我国经济发展的病态，而是国际经济发展新趋势在我国经济发展中的一种体现。从我国沿海经济开放地区与内地吸收国际直接投资的数量及经济发展的实绩比较上也可以得出结论：一个地区吸收国际直接投资的数量大小不仅仅是由其储蓄及外汇缺口决定的，更重要的是受资地区的资源配置优化状况，以及由此产生的增长潜力。而国际直接投资的流入，将更有力地促进该地区的经济活力与增长。

2. 中国是否应当采取鼓励中小外商投资，抑制跨国公司投资的政策？

我国在改革开放初期，由于国内外诸方面的原因，港澳台侨的中小外商是主要投资者。他们对我国的对外开放、发展外向型经济起了重要作用。今后，应当继续鼓励他们前来投资，但是，这并不以限制跨国公司对华投资为前提。首先，从中小外商或跨国公司的小规模试探性投资到跨国公司开始大规模地在华投资，是一个随着我国经济的迅速发展必然会出现的自然过程。就我国政府在开放之初所制定的政策来看，并没有鼓励中小外商、抑制跨国公司投资的意向。为什么在开放政策实行了多年，并取得举世瞩目的成就之后，反而要改弦更张呢？其次，从我国引进国际直接投资的主要目的之一是吸收国外先进科学技术、管理经验，参与国际分工与国际竞争，提高经济效率角度看，吸收跨国公司投资要比中小外商投资更为有利。如前所述，跨国公司控制了世界工业研制的 80%、生产技术的 90%、世界技术转让的 75% 和对发展中国家技术贸易的 90%。而且，美国技术特许和技术许可费用的收支数据表明，约有 70% 以上的收入和 50% 的支出属于跨国公司的内部交易范畴。显然，在这种情况下，拒绝跨国公司的投资，也就意味着在相当程度上拒绝吸收可能获得的国外先进技术。固然，跨国公司不是慈善家，不能指望它们无保留、无代价地将其最先进的技术拱手相让。但是，就其目前愿意转让的技术来看，对加快缩小我国与发达国家之间的差距也是有利的。更何况，跨国公司能够以何种条件、方式转让其技术，也取决于受资国的基础条件。从我国的实践情况看，具有较好技术基础的产业在引进外资过程中都比较快地消化了，因此引入的先进技术在较短期间内大幅度地提高了行业的技术水平。最后，在国际一体化生产体系不断发展的大趋势下，拒绝跨国公司对华投资，实际上也就意味着企图用即将被取代的传统的以国内生产、对外交换为特征的贸易主导型国际分工与协作来对抗正在不断发展的以国际生产、跨国经营为特征的国际直接投资主导型的国际分工与协作。这不能不说是新形势下的闭关锁国论的一种变形。

3. 跨国公司对国内企业的兼并、收购与保护民族工业

首先，必须指出，对东道国企业采取兼并、收购方式并不是跨国公司对华投资的特有方式。据联合国跨国公司中心对占全球海外直接投资 90% 的 9 个主要西方国家的研究，企业兼并和收购是这些国家跨国公司对外投资的主要方式。进入 90 年代之后，跨国公司之间的兼并大战愈演愈烈，1992 年全世界兼

并交易的总额已达726亿美元，比上年增加了34%。① 美国1994年兼并价值高达3400亿美元，1995年1～8月，兼并价值就达到2700亿美元。② 跨国公司投资中国，必然要使用它们认为最经济的投资方式。其次，对跨国公司收购、兼并我国企业持完全否定态度是不可取的。固然跨国公司的收购、兼并是从其利益出发的，但是，这对于我国经济发展及体制转轨是有一定积极意义的。(1）它有利于我国企业的技术更新与改造；(2）在目前我国大批国有企业债务负担过重而国家又无法注入大量资金的情况下，跨国公司的收购、兼并，有利于缓解企业资金不足的困难；(3）在体制转轨时期，跨国公司对国有企业的收购、兼并有利于在这些企业建立现代企业制度，推进市场经济体制的建立；(4）从计划经济向市场经济体制转轨，需要调整原有的国有资产配置，即竞争性领域的相当部分国有企业必须出售转让，将收回的资金投资于能够发挥国有经济主导作用的公共经济领域。在目前我国非国有经济成分还较弱小的情况下，跨国公司的收购、兼并有利于加快我国国有资产配置领域的调整。最后，保护、发展民族产业当然是必要的。但是，在当今世界经济大势下，是不能靠高关税壁垒或拒绝国际直接投资来实现保护的。我国开放实践证明，最好的促进民族产业发展的措施是逐步开放国内市场，通过引进竞争来提高本国产业的效率。这一点，从我国两类产业的现状中可以得到证实。改革开放以来，我国一部分产业率先向外商开放，这些产业（如制造业）与国外同类企业的差距缩小得反而更快；相反，那些由国家垄断、保护的行业（如邮电通信、银行、交通、外贸等），由于缺乏竞争，至今仍与国外有明显的差距，在跨国公司扩大对华投资的形势下，显得很不适应。实践证明，在东道国的民族工业具有较好基础的条件下，外资的进入是有利于而不是阻碍当地民族工业的发展的。

三

对于跨国公司对华投资的不同看法，除了来自对国家经济利益的考虑之外，另一隐忧来自对国家安全的考虑。

毫无疑问，我国作为一个大国，一个社会主义市场经济国家，政治经济上的独立自主，国家的安全，具有非常重要的意义。但是，能否将此与实行对外

① 陈斌进、冯晓琦、尔东：《经济恐龙——走向21世纪的跨国公司》，时事出版社1995年版，第36～37页。

② 龚维敬：《企业兼并论》，复旦大学出版社1996年版，第345页。

开放政策、积极引进外资对立起来？答案是否定的。相反，从世界经济发展大趋势及国内经济发展情况看，继续实行开放政策，扩大引进外资，是实现经济体制顺利转轨及经济持续高速增长，从而从根本上保障我国独立自主的政治经济地位及国家安全的必要途径。这一点，从那些企图依靠闭关锁国保持政治经济独立及国家安全的国家，最后却适得其反，而我国自 1979 年以来，经济高速增长，综合国力不断增强，国际地位有较大提高，国家安全得到有力保障的正反两方面例子中已经得到证实。

一国独立自主的政治经济地位、国家安全的最有力保障是该国的综合国力，其中，经济实力最重要。一国经济实力主要由自然资源、基础设施、国民素质及产业组成。在封闭经济条件下，显然，对一国的经济安全来说，四者缺一不可。但是，在相当长时期内，一国的产业尤其是工业体系被视为是该国经济实力的最重要部分。这种思维惯性一直延续到今天。

然而，当今世界上，一个国家无论其大小，事实上已经不可能形成独立于国际一体化生产体系之外的独立完整的民族工业体系。跨国公司的国际化分工生产体系使产品的国籍在相当程度上已经丧失其意义了。尽管对于无国籍跨国公司是否已经形成，国内外学者尚有不同看法。但是，跨国公司的全球网络化发展趋势使各国——不仅仅是发展中国家，而且包括发达国家——工业日益丧失其相对独立性、民族性，使跨国公司成为日益相对独立于母国及东道国之外的政治经济力量，却是不争的事实。在这种情况下，不但民族工业的确定产生了困难，而且，传统意义上的民族工业对国家经济安全的地位在下降。在发生战争等紧急状态下，到底是在国土之外的“民族工业”——就所有权而论，我们应当承认它是属于一国民族工业的一部分——更容易置于母国政府控制之下，还是在国土之内的“非民族工业”更容易置于东道国政府的控制之下？答案是显然的。

国际一体化生产的发展趋势，任何人及国家都无法阻挡。我们只能根据变化了的国际政治经济空间选择相应的对策。首先，国际一体化生产的发展，在弱化一国工业的民族性，降低其在该国政治经济安全中的地位的同时，提高了基础设施及国民素质要素在国家安全中的地位。显然，基础设施只能（或主要）靠本国投资，国民素质的提高也不能依靠他人。而良好的基础设施及国民素质，既是本国产业发展的基础，也是在国际一体化生产体系中占据竞争优势地位，它对提高本国经济实力，从而对国家安全的意义，是不言而喻的。其次，还应当看到，相对于国际贸易，国际一体化生产对东道国更为有利，因为，即使这种产品是设在东道国的外资企业生产的，东道国政府对其进行控制也比控制进口产品容易得多。

当然，不能否认外国资本控制了东道国经济命脉将产生的严重后果。但这只是说明对外开放不是无条件的。首先，国内市场的开放及开放程度必须与国内产业发展的水平相适应；其次，在引进外商投资上，必须实行多元化战略，避免个别国家资本、个别跨国公司对我国以及一个地区、产业乃至重要产品的投资垄断；再次，正确认识和处理跨国公司与其母国之间的关系。随着跨国公司向无国籍的全球公司方向发展，跨国公司与其母国之间的差异性将会逐渐明显起来，即使是现在，商业利益也是决定跨国公司行为的最主要因素。因此，在政策策略上实事求是地区分跨国公司与其母国，显然是有必要的；最后，积极参与国际组织的有关协调活动，通过各国政府的共同努力，对跨国公司进行联合监督与控制。

第三篇

国有经济配置领域的战略性调整与国有资产管理*

国有资产管理与国有资产生而俱来。在计划经济条件下，社会经济的主体是国有经济，而且以实现全社会范围的单一所有制为目标，因此，国有资产管理的特点表现为：(1) 非独立性。它只是国家对社会经济过程管理的一部分。不存在独立的国有资产管理部门，由各级生产管理部门执行具体的管理权。(2) 实物性。基本上是对实物资产的管理或者是实物型管理为主。(3) 非运营性。只有资产管理，没有资产运营。中国经济的市场化，产生了改革计划经济型国有资产管理的迫切需要。在建立市场经济型的国有资产管理及运营体系中，一个值得注意但目前却似乎被忽略的问题是，已有的计划经济型国有资产配置结构的战略性调整与建立市场经济型国有资产管理、运营体系之间的关系。我的观点是，体制转轨时期，首要任务是将过去形成的国有资产计划经济型配置结构调整为市场经济型配置，不进行这项工作，只在建立国有资产管理、运营体系及管理制度上做文章，是根本不可能搞好国有资产管理与运营工作的。因此，当前，国有资产管理的中心任务是实现国有经济战略性改组，即国有资产配置领域调整。国有资产管理体制的设立及权限的授予应围绕着这一中心任务展开。

一

国有经济在国民经济中占主体地位是计划经济运行的体制基础，而决定国有经济主体地位并不断再生产以致扩大再生产的物质基础是财政主导型国民收入分配结构。我国自“一五”末期至80年代初，国民收入的储蓄部分基本上

---

* 本文原载于《东南学术》1998年第4期。

转化为财政收入。因此，国民经济投资主要体现为财政投资，从而保证了国有经济在国民经济中的主体地位。

从80年代初开始至今的市场取向改革的一个累积效应是国民收入分配结构的巨大改变（见表1）。

表1　1978～1994年我国国民生产总值最终分配格局变化　单位：%

年份	国家所得	企业所得	个人所得	其中：城镇	其中：农村
1978	31.6	17.9	50.5	20.1	30.4
1980	23.7	19.6	56.7	22.0	34.7
1985	20.9	17.7	61.4	23.4	38.0
1990	14.5	21.5	64.0	29.1	34.9
1994	10.9	19.5	69.6	38.0	31.6

资料来源：王春正，《我国居民收入分配问题》，中国计划出版社1995年版，第59页。

1978年，我国国民收入中国家、企业、居民收入份额分别为31.6%、17.9%、50.5%，1994年转变为10.9%、19.5%、69.6%。国家所得比例16年下降了20.7个百分点，企业所得比重则略有上升，提高了1.6个百分点，而增加最多的是居民所得，由1978年的50.5%提高到1994年的69.6%，其中城镇居民的所得份额增加最快，增加了17.9个百分点，占全部个人所得份额增加值的93.7%。国民收入分配格局的改变是市场化改革的必然结果。对此，尽管可以批评说，财政收入尤其是预算内收入占国民收入的比重降得太低，居民收入比重上升得太快；居民收入中，城乡收入分配比例不合理，收入分配差距、收入途径等也存在一些问题。但是，从体制转轨角度看，则应当承认：这一变化的方向是对的，是必然要发生的。因为，市场经济要求社会经济资源中用于满足社会成员的可分割性、排他性消费需要的主要部分通过市场配置，要求居民个人直接占有、使用这部分资源。在政府逐渐放弃用指令性计划集中分配全社会资源的情况下，社会成员追逐个人利益最大化的理性行为，必然会使这部分资源逐渐地转归个人占有和支配。从世界范围的经济实践看，这一趋势，是符合市场经济发展的一般规律的。1930年，日本的个人收入占国民收入的比重为56%，随后，因发动侵略战争，实行统制经济，居民收入所占比重下降到50%以下，1946年仅为26%，战后，随着经济迅速恢复和市场经济的发展，居民收入比重以较快的速度提高，1965年达到64%，1975年上升为76.5%，1979年为75.2%。目前，从发达市场经济国家的国民收入分配比例看，在国民收入初次分配中，居民收入一般占75%～80%，通过征收个人所得税，国家可以拿回来部分，但是，个人可支配收入仍占70%左右。即市场经济的国民收入分配结构是居民个人收入主导型的（王春正，1995）。

国民收入分配结构改变在80年代中后期已经基本形成。它对国有企业资产配置的第一个直接后果是财政投资能力大大下降。在计划经济体制下，国家投资是国有经济固定资产投资的最主要资金来源。“一五”时期占88.9%，1978年仍占62.2%，1985年下降为24%，而1995年则不到5%（国家统计局固定资产投资统计司，1997）。但是，由于未能及时认识到国民收入分配结构的改变是体制转轨的必然结果，必然导致国有经济在国民经济中的地位、作用的重大变化，以及国有资产配置结构的战略性调整，而仅仅认为这种改变是原有体制下的收入分配比例的微调，可以通过某些方式上的调整，继续保持国有经济的传统职能，继续实行传统的国有资产配置方式。因此，在政策上采取的方法是用“强金融”取代传统体制之下的“强财政”，牢牢控制金融系统，利用银行将居民通过改变国民收入分配格局获得的剩余收入再集中到国家手中。实行“拨改贷”，保持对国有企业的控制力。[①] 大量的居民剩余收入流入国有银行，化为对国有企业的贷款，弥补了财政投资的缺口，掩盖了国有经济部门在国民收入分配结构改变之后资金来源严重不足的真相。但是，矛盾的掩盖不等于矛盾的解决，相反，迁延不决只能使矛盾因累积而深化。依靠贷款弥补资本金不足的直接后果是国有企业的资产负债率不断上升。80年代初，国有企业的资产负债率平均不超过20%，[②] 根据1996年公布的全国国有企业清产核资的数字，已经完成清产核资的30.2万户国有企业1995年的平均资产负债率为71%。[③] 据国家体改委领导在中国经济体制改革研究会1996年年会上披露的数字，1994年，国有企业的资产负债率就已达到75.05%，1995年为77.1%，如果扣除现有资产中尚未核减的资产损失与资金挂账，实际资产负债率已经分别达到83.3%和85.15%。需要指出的是，在用于计算资产负债率的资产中，还包括了传统体制下，国有企业办社会而形成的大量非经营性资产，这一部分，据国家统计局的典型调查，大约占企业固定资产的10%左右。[④]

实践证明，在体制转轨导致国民收入分配结构发生根本性变化之后，不是顺应形势实行国有经济配置领域战略性调整，而是试图通过对金融体系的垄断，实行拨改贷政策，继续维持国有经济的计划经济型配置。其结果是5年左

---

① 此外，另一个加强国家对国民经济的控制能力的方法是利用中国经济的货币化进程中产生的货币发行收益。有关研究参见张杰：《中国的货币化进程、金融控制及改革困境》，载《经济研究》1997年第8期。

② 据社科院经济研究所“国有企业的制度与效率”课题组数据库样本企业数据平均数计算。

③ 《经济日报》，1996年5月10日，第1版。

④ 引自国家体改委副主任王东进在中国经济体制改革研究会1996年年会上的讲话。

右就导致了国民经济的双高负债——国有企业对银行的高负债、银行对居民的高负债，使国民经济运行潜伏着极大的危险。

二

向市场经济转轨，必须对国有经济实行战略性改组，对国有经济配置领域实行重大调整。但是，其必要性至今未得到充分认识。统计资料显示，一直到90年代初，我国国有经济的投资结构仍然基本上与计划经济时期相同。1980～1995年，全国的国有资金仍有7500亿元投在了竞争性领域。至于已有国有资产配置结构的调整，则基本上没有。

表2　国有经济部门国民经济投资结构（1981～1995年） 单位：%

项目	1981～1985年	1986～1990年	1991～1995年	1981～1995年
全国总计	100.0	100.0	100.0	100.0
基础设施及服务	19.8	22.6	29.8	27.2
基础工业	29.0	27.2	23.0	28.5
一般竞争性产业	33.2	34.1	31.3	28.3
其他	18.0	16.1	15.9	16.0

资料来源：根据国家统计局固定资产投资统计司《中国固定资产投资统计年鉴（1950—1995）》（中国统计出版社1997年版）有关数据计算。

从表2可以看出，1981～1995年，我国国有经济部门的投资结构并没有发生根本性变化。制造业与一般性竞争行业的投资仍然占主导地位。尤其是后者更占全部国有投资的30%左右。而本应作为国有经济部门投资重点的基础设施部门，所占投资份额到90年代方才超过一般竞争性产业。因此，直至1995年，我国的国有资产配置结构基本上还是计划经济型的。其突出表现是，配置在一般竞争性产业的国有资产仍占全部国有资产的1/3强（见表3）。这与一般市场经济国家国有企业资产主要配置在基础设施及基础工业中形成了鲜明的对照。

表3　国有企业固定资产的国民经济配置结构（1995年）

项目	金额（亿元）	比重（%）
全国总计	42595.40	100.0
基础设施及服务	14503.74	34.05
基础工业	12349.56	28.99
一般竞争性产业	15742.10	36.96

资料来源：根据《中华人民共和国1995年第三次全国工业普查资料汇编》（国有·三资·乡镇卷）（中国统计出版社1997年版，第16～161页）有关数据计算。

这样的配置结构给整个国有经济以及国民经济的发展带来了什么样的后果呢?

第一，它大大加剧了国家建设资金的短缺程度，延缓了我国经济增长可能达到的速度。建设资金，尤其是大型基础设施、基础工业建设资金严重不足是我国经济建设多年来始终存在的问题。80年代以来，财政所能集中的建设资金大大减少。为了保证必要的基础设施及基础工业建设，国家不得不采取征收交通能源建设基金、在国家垄断经营的产品销售中加收附加费（例如，在电费、邮电费用中加收附加费），允许地方政府设卡征收车辆过桥过路费等方式集中部分资金。在这种情况下，继续把如此紧缺的财政建设资金投入竞争性领域的项目建设中去，显然进一步加剧了我国经济发展中瓶颈状况。可以断定，即使不考虑将过去计划经济时期投在竞争性领域的国有资产转移出来，就是将这一时期新投在竞争性领域的国有资金投到基础设施及基础工业中的话，其对我国经济发展所起的作用无疑将远远大于投资竞争性领域。

第二，竞争性领域中的国有企业竞争力弱，国有资产经营效率低下，是国有经济整体经营效益差的主要原因。如果说，投入竞争性领域的国有投资能够高效率地运行，为国家带来大量的国有资产收益，上述投资行为尚可得到解释。然而，事实恰恰相反。理论分析证明：竞争性领域是一个市场环境多变、竞争激烈，需要极为灵活的经营机制的领域，不适应多层委托代理关系。而国有制恰恰是一种多层委托代理关系。因此，在竞争性领域的国有企业，或是因实行严格的监督管理制度而造成机制僵化、效率下降，或是因放权而造成经营者机会主义倾向无法控制而大量流失收入及资产。即，竞争性领域不是国有企业的比较制度优势领域。从实践来看，我国目前国有企业亏损主要是发生在竞争性领域。据1995年全国第三次工业普查资料计算：1995年，我国35个工业行业中，17个行业国有企业全行业亏损，其中，竞争性行业就占15个，其亏损额占整个国有企业亏损额的88.91%，62.5%的竞争性行业全行业亏损，整个竞争性行业的国有企业盈亏相抵后，净亏损是3.29亿元。也就是说，目前我国国有企业的盈利完全是非竞争性领域国有企业创造的。只要将国有资产退出竞争性领域，就消灭了目前国有企业近90%的亏损额（见表4）。

表4　　17个行业国有企业的整体经营状况（1995年）

行业	亏损企业亏损总额（亿元）	行业净亏损额（亿元）
1. 黑色金属矿采选业	2.75	2.12
2. 非金属矿采选业	4.85	1.85
3. 食品加工业	40.28	9.52

续表

行业	亏损企业亏损总额（亿元）	行业净亏损额（亿元）
4. 食品制造业	16.47	3.03
5. 纺织业	81.43	63.81
6. 服装及其他纤维制品制造业	3.84	1.16
7. 皮革、皮毛、羽绒及其制品业	5.15	3.23
8. 木材加工及竹、藤、棕、草制品业	6.32	4.17
9. 家具制造业	0.76	0.15
10. 橡胶制品业	5.67	1.84
11. 塑料制品业	4.50	1.28
12. 非金属矿物制品业	42.26	11.62
13. 金属制品业	10.37	4.37
14. 普通机械制造业	29.00	3.99
15. 专用设备制造业	30.69	12.41
16. 电气机械及器材制造业	17.06	3.20
17. 仪器仪表及文化、办公用机械制造业	3.34	3.24
总计	—	130.99
其中：竞争性行业	—	116.46
竞争性行业所占比重（%）	—	88.91

资料来源：根据《中华人民共和国1995年第三次全国工业普查资料汇编》（国有·三资·乡镇卷）（中国统计出版社1997年版）有关数据计算。

对于向社会主义市场经济转轨，国有经济应当逐步退出一般竞争性领域的观点，还需要说明的是，竞争性领域的国有企业与其他经济成分企业一样，其成本效益可以完全内在化，表现为企业的财务收入收益的。也就是说，在竞争性领域配置国有资产的意义只能从其所能提供的国有资产收益予以证明。显然，从竞争性领域国有资产的整体效率状况来看，该领域国有企业的存在意义是难以得到证明的。

第三，国有资金大量投资竞争性领域，是造成我国国有企业规模小、国有资产管理工作浩繁的重要原因之一（见表5）。

表5　　不同领域国有工业企业规模

项目	企业资本金（万元）	从业人数（人）	工业增加值（万元）
总平均水平	1270.48	501.27	945.02
非竞争性领域企业	2768.28	825.42	2021.18
竞争性领域企业	637.00	364.17	489.87

资料来源：根据《中华人民共和国1995年第三次全国工业普查资料汇编》（国有·三资·乡镇卷）（中国统计出版社1997年版）有关数据计算。

从企业资本金或工业增加值来看，竞争性领域国有企业的平均规模都不到非竞争性领域国有企业平均规模的1/4。当然，竞争性领域与非竞争性领域企业的经济规模是不可比的。我国国有企业即使是非竞争性领域的，也较少达到规模经济水平。但是，企业规模过小，国有资产分散于众多国有企业之中，加之竞争性领域的经济活动特征所决定，国家实际上无法对这些国有资产实现有效的管理与监督，却是不争的事实。就全国国有资产的平均规模而言，竞争性领域的国有企业资产与非竞争性领域国有企业之比为1∶4.3。如果将竞争性领域的国有资产全部转移到非竞争性领域，也就意味着同样的国有资产额，所需管理的国有企业数只有原来的20%。而且，非竞争性领域的经济活动性质特征决定了，对该领域经济活动的管理工作量要比竞争性领域简化得多。因此，通过国有经济配置领域的调整，国家将大大减少管理工作量，提高管理效率，监督成本也必然大幅度下降。

三

因此，当前，搞好国有资产经营的首要任务是国有资产配置领域的战略性调整。其方向是，将现有的国有资产计划经济型配置结构调整为市场经济型配置结构。国有经济要逐步从竞争性领域撤退出来。因为，不对国有资产的计划经济型配置格局进行战略性调整，仅仅依靠国有资产管理体系的改组——例如，目前进行的以国有资产管理局及国有资产投资公司取代传统的管理体制——搞好国有资产管理是不可能的。

第一，国有经济的计划经济型配置是以国有经济在国民经济各领域中的主体地位来实现其主导作用为配置指导思想的，因此，国有企业规模小、数量多、分散在国民经济各个领域，是计划经济留给我们的遗产。这种国有经济配置格局，在计划经济体制下，众多的专业主管部门尚且无法管好，在社会主义市场经济体制下，企图依靠单一的国有资产管理部门进行管理，显然，无论是从人员配备，还是从专业知识角度看，都是力不胜任的。

首先，从人员配备上看。众所周知，我国的经济管理部门，在新中国成立初期以及“一五”时期，是较精干的，而后则逐渐增多。在这期间，曾有过多次机构的合并与精简。但是，每次合并精简之后不久，便又逐渐分立扩张。之所以如此，显然有其客观需要。其中，国有企业分布领域广大，企业规模小，数量多，政府管理工作浩繁是关键所在。因此，很难想象，如果国有经济配置格局不做根本性调整，过去数十个专业部委、厅局尚且无法做好的工作，如今一个国有资产管理局、数家国有资产运营公司就能应付裕如。

其次，从管理人员的专业知识角度看。国有资产管理局目前隶属于财政部门，其人员相当部分是财务专家，不是专业技术经济管理人员。因此，现在的国有资产管理系统的生产管理能力在某种程度上比过去的专业经济主管部门更弱。当然，这可以通过引进专业技术经济管理人员，分行业设立国有资产投资公司的方法调整，例如，目前有的地区就采取了按照大行业设立国资公司的做法。但是，如果国有资产配置结构不做调整，也就意味着要适应如此面广的管理工作，国有资产管理需要一个与计划经济条件下政府经济管理系统大致相当的管理系统。

第二，由于上述原因，加之国资局及国资公司的管理人员也仅仅是代理人而非真正的所有者，在现实中，他们没有利益驱动同时也没有能力履行所有者职能，因此，目前相当程度上还是委托国有企业经营者代理国有资产所有者职责。这必然使经营者的机会主义倾向失去有效制约，导致国有资产的无效运营及大量流失。

第三，即使不存在上述两个问题，目前国有资产管理部门也难以有效地管理国有企业，因为，他们面对的是普遍过度负债的国有企业。由于现有的国民收入分配结构不可能发生根本逆转，财政是不可能筹集并投入足够的资金使这些企业恢复正常的资产负债率的。而国有企业经营的低效率（见表6），使得即使在相当长时期内，现有国有企业的盈利都留给国有资产管理局及国资公司用于补充国有企业资本金（到80年代末，我国国有企业的实际留利率已经占盈利的55%以上，达到甚至高于市场经济国家一般企业的平均留利水平），也难以使国有企业资产负债比恢复正常水平，更谈不上为扩大再生产而进行的投资。

表6　　国有独立核算工业企业的利润与亏损　　单位：亿元

年份	亏损企业亏损总额	利润总额
1978	42.06	508.80
1980	34.30	585.40
1982	47.57	597.70
1984	26.61	706.20
1986	54.49	689.90
1988	81.92	891.90

续表

年份	亏损企业亏损总额	利润总额
1990	348.76	388.11
1992	369.27	535.10
1994	482.59	829.01
1996	790.68	412.64

资料来源:《中国统计年鉴(1997)》,中国统计出版社 1997 年版,第 439 页。

目前,这一问题在上市公司的运营中表现得尤为突出。各地上市公司在增资配股时,国有股部分往往难以按照公司增资配股的要求用现金增资,多以实物资产配股,或者放弃配股。国资管理部门以实物资产配股,大多是一种行政强制,是对企业及非国有股股东权益的侵害,违背了企业生产力扩张的一般规律,不利于企业发展生产,提高经济效率,从长远看,这种做法也难以为继;而放弃增资配股权利,则有可能造成国有股的权益流失。

因此,欲要有效地管理国有资产,首先必须进行国有资产配置领域的战略性调整。

四

把国有经济配置领域战略性调整作为当前国有资产管理的中心任务。需要解决相应的政策问题。

第一,国有经济配置领域战略性调整的主体。应当说,从计划经济型配置转向市场经济型配置,国有资产配置领域调整的工作量是相当大的,不可能在短短的两三年内完成,而且,从我国目前的经济发展情况以及国际间经济竞争态势看,国有经济退出竞争性领域,也只能逐步进行。也就是说,国有资产配置领域的调整,是一个动态过程,不可能毕其功于一役(罗季荣和李文溥,1995)。因此,在指导思想上应当明确:国有经济战略性改组、国有资产配置结构调整是当前以及今后一个时期国有资产管理、营运的中心任务。国有资产管理、运营机构应当成为国有经济配置领域战略性调整的主体,承担这项工作的主要部分。当务之急是摸清家底,制定管辖范围内的竞争性领域国有企业战略性调整、资产配置领域转移的规划及时间表。

第二,国有资产运营体系的设立应当有利于实现国有经济配置领域的战略性调整。在现有的国有资产配置状况下,分地区、按大行业设立国有资产运营公司是必要的，但这是适应国有资产配置领域调整时期的过渡措施，国有资产不可能永远这么配置，按地区、分行业的国有资产运营公司也将逐步调整。因此，在建立国有资产运营体制时就必须注意防止形成新的条块分割。为了鼓励竞争、打破垄断，不仅应当鼓励不同经济成分的产权主体对企业的混合持股，而且应当逐步鼓励不同地区、不同行业国有资产运营公司对企业的交叉持股（即基于专业知识基础上的行业分工是必要的，但不能用行政手段分割市场）以及产权交易，使国有资产的管理及配置领域的调整以一种更为市场化的方式进行。对国有企业的改组，不仅需要鼓励不同经济成分混合持股，而且需要塑造公有、国有产权的多元主体，例如，利用养老、医疗等社会保障基金及商业性基金的资本运营形成新的公有、国有产权主体，等等。

第三，抓大和放小都应当围绕着国有经济配置领域的战略性调整展开，服务于建立与社会主义市场经济相适应的新的国民经济产权结构。从大中小国有企业的隶属结构上可以看出，地方政府在国有企业改制问题上的主要任务是放小。尤其地县一级。当前，将竞争性领域的中小国有企业转为民营企业，是与国民收入分配结构变化趋势一致的，有利于解决国民经济双高负债，化解国内金融危机隐患，建立与市场经济的国民收入分配结构、运行机制一致的国民经济产权结构及资产配置结构。从竞争性领域撤出国有资产，有利于这部分国有资产得到有效保存，并部分解决基础设施投资来源不足问题。从这一角度看，应当把股份合作制看作实现小企业从国有转为民营的手段而不是目的。在政策上要有利于这些企业的民营化。

抓大的工作之一是通过兼并、联合等，组建大企业集团。首先，最近有一种提法相当时髦：通过组建跨所有制的企业集团，提高国有资产的控制力。即通过兼并、联合，使部分国有企业从过去的100%国有变为国有控股企业，用企业内51%的国有股权对49%的非国有股权行使支配权来扩大国有资产的控制力。我认为，这种说法在理论上有误，在政策上有害。因为，在一般竞争性领域，至少大多数企业是无须国有控股的。其次，提高控制力未必有利。如果一个企业100%的国有产权尚且无法搞好，那么51%的国有产权即使能扩大其资产控制力，也难以想象这种控制力的提高会对企业以及整个国民经济产生正效应。最后，实际上很难提高控制力。如果承认各种经济成分的所有者都是具有理性的，而国有产权是实行委托代理制的，那么，完全可以推论，国有股即使占控股地位，也未必能有效控制其他经济成分。相反，更可能出现的却是逆控制，即尽管非国有产权不占控股比重，但在实际运作中，它却具有更大的控制力。

从整个国民经济角度看，国有资产对国民经济的控制力应当得到提高。但是，在不同经济体制下，其实现方式是不一样的。计划经济条件下，国有企业的主导作用是靠其在国民经济中的主体地位来实现的，而市场经济条件下，则是依靠它在国民经济中的配置领域结构及其履行的职能实现的。因此，向市场经济转轨，国有经济对国民经济的控制力的提高，应当主要依靠国有资产配置领域的战略性调整来实现，即国有经济配置在公共经济领域及在基础工业、高新科技领域，来实现其对国民经济发展方向的控制力。

因此，必须在政策思路上明确：兼并、联合，将现有的国有企业改造成混合经济成分的企业，组建跨所有制的企业集团，等等，出发点不是为了扩大所谓的国有资产的控制力，而是实现国有资产配置领域的战略性转移。

抓大的工作之二是减轻企业历史债务负担，增加国家资本金。应当承认，国家对国有企业负有增加企业资本金的责任。但是，这一问题如果放在国有经济配置领域战略性调整的大背景下考虑，必然得出结论：国家注资不是解决现有国有企业资本金不足的根本出路，而且，国有企业补充资本金未必都要靠国家注资。因为，国民收入分配结构的根本性改变，使国家基本上失去了对竞争性领域国有企业注资的能力，而市场经济也不需要在竞争性领域保留计划经济时期那么多的国有企业。因此，需要区分不同领域的国有企业，分别采取不同的政策解决其资本金不足问题。

（1）对于公共经济领域的国有企业，国家注资是降低企业资产负债率的基本方式。

（2）对于基础工业、高新技术行业以及目前需要政府扶持的支柱产业的大型国有企业，国家注资目前是重要方式，但不是唯一方式，应当更多地鼓励企业通过多元化筹集资本金的方式，尤其是从民间筹资的方式降低资产负债率。后者将来应当成为企业补充资本金的主要方式，即降低企业的资产负债率要与国有经济配置领域的战略性调整和企业产权结构改造结合起来，两篇文章一起写。

（3）对于一般竞争性行业中的国有大中型企业，国家注资目前也只能是辅助方式，资本金不足，必须主要依靠民间资金补充，因此，部分以至全部民营化是这些企业解决资本金不足的根本出路。

第四，正确对待外商及非国有经济主体收购、兼并国有企业。对于准备退出竞争性领域的国有企业，应当允许在合理的转让价格基础上对一切产权主体开放，并鼓励外商及其他非国有产权主体的收购、兼并。关于外商收购、兼并国有企业问题近年来议论纷纷，一些论者大声疾呼要保护民族工业。这些议论并非全无道理。但是，更应当从国有经济配置领域战略性调整以及中国参与国际经济竞争的角度，全面地认识利用外商及非国有经济成分改组国有企业的必要性。固然，外商对国有企业的收购、兼并是从其利益出发的，但是，对我国的体制转轨也是有利的：（1）它有利于我国企业的技术更新与改造；（2）在目前我国大批国有企业债务负担过重而国家又无法注入大量资金的情况下，外商的收购、兼并有利于缓解企业资金不足的困难；①（3）在体制转轨时期，外商对国有企业的收购兼并有利于在这些企业建立现代企业制度，推进市场经济体制的建立；（4）从计划经济向市场经济体制转轨，需要调整原有的国有资产配置，即竞争性领域的相当部分国有企业必须出售转让，将收回的资金投资于能够发挥国有经济主导作用的公共经济领域。在目前我国非国有经济成分还较弱小的情况下，外商的收购、兼并有利于加快我国国有资产配置领域的调整。②因此，在利用外商及其他经济成分改组国有企业问题上，思想应当更解放一些，在扩大利用的同时通过改进提高利用的效率，而不是因噎废食。尤其需要指出的是，沿海经济开放地区有着比内地更有利的条件，完全有可能而且应当予以充分利用，在国有经济配置领域的战略性调整中领先一步。

参考文献

［1］国家统计局固定资产投资统计司：《中国固定资产投资统计年鉴（1950—1995）》，中国统计出版社 1997 年版。

［2］罗季荣、李文溥：《社会主义市场经济宏观调控理论》，中国计划出版社 1995 年版。

［3］王春正：《我国居民收入分配问题》，中国计划出版社 1995 年版。

① 按照国际上的一般标准，我国国有企业目前的负债率至少要降低 20 ~ 30 个百分点，才能达到合理水平。这一笔巨额资金，显然不是我国财政目前所能承当得起的。

② 对该问题的进一步分析，参见李文溥：《国际直接投资与国家经济利益及国家安全》，载《学术月刊》1997 年第 10 期。中国社科院课题组的研究，除经济开发区和少数移民城市以外，全国大中城市的外商投资项目 70% 以上都是以国有企业为交易对象的，即事实上外商已经成为改组国有企业的生力军。参见王洛林等：《国有企业利用外商投资的认识与政策建议（上）》，载《中国工业经济》1998 年第 3 期。

当前国有资产管理的中心任务是国有经济配置领域的战略性调整*

目前体制转轨时期，首要任务是将过去形成的国有资产计划经济型配置结构调整为市场经济型配置，不进行这项工作，只在建立新的国有资产管理、营运体系、体制上做文章，根本不可能搞好国有资产管理。因此，当前，国资管理的中心任务是国有资产配置领域的战略性调整。国资管理体制的设立及权限的授予应围绕着这一中心任务展开。

一、国民收入分配格局的根本性变化决定国有经济必须实行战略性改组

国有经济占主体地位是计划经济运行的体制基础，而国有经济占主体地位是以财政主导型国民收入分配结构为物质基础的。1978 年，我国国民收入中国家、企业、居民收入份额之比是 31.6%∶17.9%∶50.5%，至 1994 年变为 10.9%∶19.5%∶69.6%。国民收入分配格局改变是市场化改革的必然结果。发达市场经济国家中，居民初次分配收入一般占国民收入的 75%～80%，征收个人所得税，国家再拿回部分，但是，个人可支配收入仍占 70% 左右。即市场经济的国民收入分配结构是居民个人收入主导型的。

我国新的国民收入分配结构在 20 世纪 80 年代中后期已基本形成，它使国民储蓄从基本上归财政所有转为归居民所有，财政无法维持对国有经济的投资。由于没有顺应形势实行国有经济配置领域战略性调整，而是利用对金融体系的垄断实行拨改贷政策，继续维持国有经济的计划经济型配置。结果仅 5 年

---

* 本文原载于中共福建省委政策研究室《调研文稿》1998 年第 2 期、《厦门特区快讯》1998 年 5 月 27 日。

左右就导致了国民经济的双高负债——企业对银行的高负债、银行对居民的高负债。国民经济运行潜伏极大风险。

二、现有配置格局下，国有资产管理与运营难以有所作为

向市场经济转轨，必须进行国有经济配置领域的战略性调整。但是，至今未得到充分认识。一直到20世纪90年代初，国有经济投资结构仍基本上与计划经济时期相同。1980~1995年，全国有7500亿元国有资金仍投在了竞争性领域。至于已有国有资产配置结构的调整，则基本上没有。1995年，配置在一般竞争性产业的国有资产仍占全部国有资产的1/3强（见表1）。这与市场经济国家国有企业资产主要配置在基础设施及基础工业上形成了鲜明的对照。

表1　国有企业固定资产的国民经济配置结构（1995年）

项目	金额（亿元）	比重（%）
全国总计	42595.40	100.00
基础设施及服务	14503.74	34.05
基础工业	12349.56	28.99
一般竞争性产业	15742.10	36.96

在这种配置格局下，只调整国有资产管理体系是不可能搞好国有资产管理的。

（1）国有企业小而多，分散在各领域，过去众多的专业主管部门尚且无法管好，单一的国有资产管理部门无论从人员配备还是专业知识角度看，更是力不胜任。国资局目前隶属于财政，因此其人员多数是财务人员而非专业管理人员，专业管理能力在某种程度上比专业主管部门更弱。当然，可以按照大行业设立国资公司，引进专业管理人才来解决。但是，如果国有经济配置领域不作重大调整，也就意味着需要建立一个类似计划经济体制下政府专业经济管理系统的国资管理系统。

（2）由于上述原因，加之国资局及投资公司也仅仅是代理人，在现实中，他们没有利益驱动同时也没有能力履行所有者职能，相当程度上还是委托国企经营者代理国有资产所有者职责。这必然使经营者的机会主义倾向失去有效制

约，导致国有资产的无效运营及大量流失。

（3）国有企业高负债，不改组，国有资产管理部门难以有所作为。由于现有的国民收入分配结构不可能发生根本逆转，因此，财政无法投入足够的资金使企业恢复正常的资产负债率。而国企经营的低效率——据统计，全国国有独立核算工业企业的利润与亏损之比，1978 年是 508.8 亿元∶42.06 亿元，而 1996 年则变为 412.64 亿元∶790.68 亿元。利润下降了近百亿元，亏损却上升了近 750 亿元——使得即使现有国企的盈利都留给国资局及投资公司用于补充资本金（80 年代末，我国国企的实际留利已占盈利的 55% 以上，高于市场经济国家企业平均留利水平），也难以使国企资产负债比恢复正常水平，更谈不上扩大再生产投资。目前普遍出现上市公司在增资配股时，国有股往往难以用现金增资，多以实物资产配股就是这一困难的反映。这影响企业生产力优化组合、提高效率，企业意见大，而且难以为继。因此，搞好国有资产管理，必须通过配置领域调整，收缩战线。

三、进行国有资产配置领域战略性调整是搞好国有资产经营的唯一出路

当前，只有进行国有资产配置领域战略性调整才能搞好国有资产经营。方向是：国有经济逐步从竞争性领域撤退出来。原因如下。

（1）竞争性领域不是国有经济的比较制度优势领域。理论分析证明：竞争性领域是一个市场环境多变、竞争激烈、需要极为灵活的经营机制的领域，不适应多层委托代理关系。而国有制恰恰是一种多层委托代理关系。因此，竞争性领域的国有企业，或是因实行严格的监督管理制度而机制僵化、效率下降，或是因放权导致经营者机会主义倾向失控而大量流失收入及资产。从实践看，我国目前国企亏损主要发生在竞争性领域。据全国第三次工业普查资料计算：1995 年，我国 35 个工业行业中，17 个行业国企全行业亏损，其中，竞争性行业占 15 个，占竞争性行业的 62.5%，其亏损额占整个国企亏损额的 88.91%，整个竞争性行业的国企盈亏相抵后，净亏损是 3.29 亿元。即，目前国有企业的盈利完全是非竞争性领域国企创造的。只要将国有资产退出竞争性领域，就消灭了目前国企近 90% 的亏损额。

（2）可以证明，竞争性领域企业的经济效益是可以完全内在化的，表现为企业财务收入。也就是说，在竞争性领域配置国有资产的意义只能从其所能提

供的资产收益予以证明。显然，从目前竞争性领域国有企业的整体效率状况看，其存在意义难以得到证明。

（3）将竞争性领域的国企转为民营，是与国民收入分配结构变化趋势一致的。有利于彻底解决国民经济双高负债，化解金融危机隐患，建立与市场经济的国民收入分配结构、运行机制一致的国民经济产权结构及资产配置结构。从竞争性领域撤出国有资产，将使这部分国有资产得到有效保存，并部分解决基础设施投资来源不足的问题。

（4）将国有资产从竞争性领域转移出来，将大大减少国有资产管理工作量，提高管理效率。就资产的平均规模而言，我国竞争性领域的国有企业资产与非竞争性领域国有企业之比为1∶4.3。如果将竞争性领域的国有资产全部转移到非竞争性领域，也就意味着同样的国有资产额，所需管理的国有企业数只有原来的20%。

四、政策措施建议

实践证明，进一步解放思想，尽快实现国有经济配置领域战略性调整，是促进福建经济加快发展的关键之一。为此，本文提出以下建议。

（1）各级国有资产管理部门应把国有资产配置领域战略性调整作为当前的中心工作。当务之急是摸清家底，制定管辖范围内的竞争性领域国有企业战略性改组、资产转移的规划及时间表。

（2）加快放小。福建国有大企业不多，因此，“放小”是主要工作，尤其地县。股份合作制是实现小企业从国有转为民营的手段而不是目的。因此，政策上要有利于这些企业的民营化。实践证明，凡是领导思想解放，将中小型国企较早转为民营的，或是通过发展其他经济成分，使非国有经济占较大比重的地县，经济都较活跃，地方财政困难也小。

（3）组建大企业集团应与国有资产配置领域转移、国有企业产权主体多元化相结合，为将来进一步调整创造条件。对国有大中型企业清理历史债务，补充资本金，应从国有经济配置领域调整角度着眼，区分不同领域分别采取不同的政策：一是对于公共经济领域的国有企业，国家注资是降低企业资产负债率的基本方式；二是对于基础工业、高新技术行业以及目前需要政府扶持的支柱产业的国有企业，国家注资目前是重要方式，同时应鼓励企业从民间筹资，后者应成为企业补充资本金的主要方式；三是对于一般竞争性行业中的国有大中型企业，国家注资目前是辅助方式，逐步地部分以致全部民营化是这些企业补充资本金的根本出路。

（4）正确对待外商及非国有经济主体收购兼并国有企业。对于准备退出的竞争性领域国有企业，应当允许在合理的转让价格基础上对一切产权主体开放，并鼓励外商及其他非国有产权主体的收购兼并。利用外商投资加快国有经济战略性改组是福建有条件做而且必须做的一篇文章，领先一步做好了，对福建经济在下个世纪的腾飞，具有重要意义。

战略性调整的目的*

——建立国有经济的市场经济配置格局

党的十五届四中全会决定指出："在社会主义市场经济条件下，国有经济在国民经济中的作用主要体现在控制力上。"因此，向社会主义市场经济转轨，必须从战略上调整国有经济布局。

一

进行战略性调整的目的是建立国有经济的市场经济配置格局，充分发挥国有经济在市场经济条件下对国民经济的主导作用。这里的隐含前提是：我国迄今为止的国有经济布局基本上还是计划经济型的。统计数据显示，直至90年代初，国有投资基本上仍然按照计划经济的配置格局进行。国有经济计划经济型配置格局是迄今国有企业改革难以到位，无法充分发挥其对国民经济控制力的主要因素之一。

如何提高现存国有企业的经营效率是改革中人们首先关心的问题。某种程度上，由于传统理论根深蒂固的影响，在国有企业改革上，不知不觉地陷入一个认识误区：产权与运行机制、行为方式无关。国有企业应当而且可以像其他产权企业一样，成为利润最大化的企业，并且在市场经济领域创造出不低于它们的微观效率，因此，向市场经济转轨，要改革国有企业，但国有经济配置领域可以基本不动。这种思路相当长时间内支配了我国国有企业改革方式的选择。

这种观点内含严重的理论逻辑矛盾：其一，如果产权制度与运行机制、行

---

* 本文原载于《深圳特区报》1999年11月16日理论版。

为方式无关，不同产权制度企业在相同领域不但行为一致而且效率不分伯仲，国有企业的产权制度改革又有何必要呢？其二，这种观点的隐含前提是国有经济优于其他一切经济成分。无论是计划经济还是市场经济，国有企业对社会经济任何领域都是适应的。既然如此，向市场经济转轨，发展多种经济成分岂不是多此一举？其三，如果国有企业能够改革成与私营企业一样的利润最大化企业，那么，这种等同于私营企业的"国有企业"区别于私营企业的存在必要性何在？

事实上，并不存在超越不同经济制度的最优产权制度。任何产权制度都不是万能的，有其长必有其短。在特定社会经济制度下存在的各种产权制度，依其不同制度性质，各自都有自己的优势领域。市场经济条件下，整个社会经济大体上可以分为内在性经济领域和外在性经济领域。运用委托代理理论，对国有产权在这两个领域活动的比较制度成本效益进行研究，得出结论：国有产权由于它的多层次委托代理性质，内在性经济领域不是它的比较制度优势领域。实证分析证明，尽管进行了多年的改革，在内在性经济也即竞争性领域，国有企业还是不具备竞争优势。第三次全国工业普查数据计算结果表明，1995 年，国有企业 88% 的亏损发生在内在性经济也即竞争性领域。也就是说，进行国有经济配置领域的战略性调整，就能消灭近 90% 的现有国有企业亏损。相反，国有产权的全民性质决定了，外在性经济领域是它的比较制度优势领域。外在性经济领域活动的性质也决定了，它是一个市场经济条件下充分发挥国有经济对国民经济控制力的领域。向市场经济转轨，国有经济主导作用的实现方式变化了，正是基于这一点，四中全会决议指出：从战略上调整国有经济布局，坚持有进有退，有所为有所不为。国有经济需要占控制地位的仅仅是国民经济的一部分领域，也就是市场经济中的外在性经济领域。

二

如果说，国有经济主导作用的实现方式发生变化决定了需要进行国有经济布局的战略性调整，那么，我国经济的市场化进程则决定了调整的必要性和迫切性。

计划经济条件下，保障国有经济主体地位并使其不断再生产及扩大再生产的物质基础是国家财政主导型国民收入分配结构。从"一五"时期至 80 年代初，我国国民收入中储蓄部分基本上为国家财政所有。因此，国民经济投资主要体现为财政投资，它从物质上保障了国有经济的主体地位。然而，80 年代初开始的市场化改革的累积效应使国民收入分配结构发生了巨大变化。至 90 年代初，国民收入中，居民所得比重上升了近 20 个百分点，相应地，国家所得降低了 20 余个百分点。

国民收入分配结构改变对国有经济运行的直接后果是财政投资能力大大下降。计划经济体制下，财政资金是国有投资的主要来源。“一五”时期占 88.9%，1978 年仍占 62.2%，1985 年下降为 24%，而 1995 年则不到 5%。但是，由于没有及时认识到国民收入分配结构的改变是市场化改革的必然结果，必然导致国有经济在国民经济中的地位、作用的重大变化，国民经济布局的战略性调整，仅仅看作原有体制下收入分配比例的微调，因此认为可以通过方式调整，继续保持国有经济的传统职能，按传统方式配置国有经济。统计显示，直到 90 年代初，我国国有投资结构仍然基本上与计划经济时期相同。1980 ~ 1995 年，全国仍有 7500 亿元国有资金投在了一般竞争性领域。而本应作为市场经济下国有投资重点的基础设施部门投资份额直到 90 年代初方才超过一般竞争性领域。因此，直至 1995 年，我国国有资产配置结构基本上还是计划经济型的，配置在一般竞争性产业的国有资产占全部国有资产的 1/3 强。这与一般市场经济国家国有企业资产主要配置在基础设施及基础工业上形成了鲜明的对照。至于已有国有资产配置结构的调整，则基本上没有。在财政无力支撑的情况下，国家采取的方法是控制金融系统，用“强金融”取代“强财政”，利用银行将居民通过改变国民收入分配格局获得的剩余收入再集中到国家手中，转化为对国有企业的贷款，弥补财政投资的缺口。但这导致了国民经济的双高负债——企业对国有银行的高负债、国有银行对居民的高负债。

双高负债使国民经济运行潜伏着极大的风险。

首先，国有企业高负债使其趋向于风险经营，促进了全社会信用危机的发展。国有企业的风险型资本结构，必然会对企业行为方式发生影响。它促使企业形成强烈的风险经营倾向。因为，高负债企业风险经营的收益与成本的承担者是相分离的，债务人是风险经营的主要受益者而债权人将成为风险经营风险的主要承担者。而且，在现有制度框架内，国有银行作为债权人实际上不具备有效保护债权、规避风险的能力。普遍的风险经营方式，必然极大地增加全社会的信用危机，因为在高负债情况下，企业根本就不具备偿债能力，一旦部分企业的风险经营失败，必然会在较大范围引发业已潜伏的信用危机。

其次，高负债经营将进一步助长国有企业无效率经营倾向。国有企业经营无效率倾向不是由高负债造成的，但高负债是助长其无效率的重要因素之一。

它在两个方面加剧了无效率：(1) 高负债导致的高风险经营中，国家与企业在收益与成本上的权责不对称，使国有经济就总体看，收益率降低，运行成本增大；(2) 国有银行对国有企业的贷款实际利息率经常为负，造成了对贷款资金的过度需求、非效率配置和无效率使用。

最后，它导致国家承受了其无力承担而且日益增长的巨额债务、金融风险。毫无疑问，任何社会经济活动都存在着风险。市场经济使社会经济活动在社会实现方面具有更大的风险。相应地，市场经济也发展了它的风险规避方式：风险分散化。它在赋予个人经济活动决策权的同时，相应地要求个人对自己的经济决策负责。根据这一原则发展起来的各种市场经济制度安排，如多种直接、间接的融资方式与渠道，多种所有制及实现方式等，分散了市场经济运行的风险。社会保障体系只是市场经济风险分散化基础上的一种补充而已。然而，我国经济市场化之后，为了继续保证对国民经济的传统控制，国家以国家银行为中心的债务融资取代了传统的财政收入融资，它在部分实现对国民经济的传统控制的同时，却使社会投资风险基本上集中于国家。

因此，可以得出结论：无论是从国有经济在市场经济中主导作用的实现方式，还是从市场化改革使国民收入分配结构发生的根本性变化看，现存的国有经济计划经济型布局与市场经济对国有经济的作用要求、市场经济条件下的国有经济再生产能力之间存在巨大矛盾，是无法长期维持下去的。因此，出路只有一条：即按照党的四中全会的精神，结合中国国情，按照市场经济的一般规范对国有经济布局进行战略性调整。通过调整，建立国有经济的市场经济配置格局，以其控制力来实现它对国民经济的主导作用。

论国有经济配置领域的战略性调整*

党的十五大之后，对国有经济进行战略性改组的必要性已经成为共识。但是，关于其内涵尚存在着不同看法。本文拟就这一问题作些探讨。

一

国有经济在国民经济中占主体地位是计划经济运行的体制基础，而决定国有经济的主体地位并使其不断再生产以及扩大再生产的物质基础是国家财政主导型国民收入分配结构。从“一五”时期至80年代初，我国国民收入中储蓄部分基本上为国家财政所占有。因此，国民经济投资主要体现为财政投资，它保证了国有经济的主体地位。

然而，80年代初开始的市场化改革的累积效应使国民收入分配结构发生了巨大变化（见表1）。

表1　1978～1994年我国国民生产总值最终分配格局变化

年份	国家所得	企业所得	个人所得	其中：城镇	其中：农村
1978	31.6	17.9	50.5	20.1	30.4
1980	23.7	19.6	56.7	22.0	34.7
1985	20.9	17.7	61.4	23.4	38.0
1990	14.5	21.5	64.0	29.1	34.9
1994	10.9	19.5	69.6	38.0	31.6

资料来源：王春正，《我国居民收入分配问题》，中国计划出版社1995年版，第59页。

对于国民收入最终分配格局的变化，尽管可以批评说，财政收入尤其是预

* 本文原载于《江汉论坛》1999年第9期。

算内收入占国民收入的比重降得太低，居民收入比重上升太快；城乡收入分配比例不合理，收入分配差距、收入途径等也存在一些问题。但是，从市场化改革角度看，国民收入分配比例变化的方向是正确的，必然要发生。因为，市场经济要求社会经济资源中用于满足社会成员的可分割性、排他性消费需要的主要部分通过市场配置，要求居民直接占有、使用这部分资源。在政府逐步放弃运用指令性计划控制全社会的资源分配使用权的情况下，社会成员追逐个人利益最大化的理性行为，必然会使这部分资源逐渐地转归个人占有和支配。从世界范围的经济实践看，这一趋势也是符合市场经济发展的一般规律的。

国民收入分配结构的改变在 80 年代中后期已经基本形成。它对国有经济运行的第一个直接后果是财政投资能力大大下降。计划经济体制下，财政投资是国有经济投资的最主要资金来源。“一五”时期占 88.9%，1978 年仍占 62.2%，1985 年下降为 24%，而 1995 年则不到 5%。但是，由于没有及时认识到国民收入分配结构改变是市场化改革的必然结果，必然导致国有经济在国民经济中的地位、作用的重大变化，而仅仅把国有资产配置结构的战略性调整看作原有体制下收入分配比例的微调，因此，可以通过某些方式的调整，继续保持国有经济的传统职能，实行传统的国有资产配置方式。为了继续保持对国有经济部门的有效控制，采取的方法是牢牢控制金融系统，用“强金融”取代传统体制下的“强财政”，利用银行将居民通过改变国民收入分配格局获得的剩余收入再集中到国家手中，转化为对国有企业的贷款，弥补财政投资的缺口。“拨改贷”掩盖了国有经济部门在国民收入分配结构改变之后资金来源严重不足的真相。但是，矛盾的掩盖不等于矛盾的解决，相反，迁延不决只能使矛盾因累积而深化。依靠贷款弥补资本金不足的直接后果是国有企业的资产负债率不断上升。

实践证明，在国民收入分配结构发生根本性变化之后，不是顺应形势实行国有经济配置领域战略性调整，而是南辕北辙地企图通过对金融体系的垄断，实行拨改贷政策，继续维持国有经济的计划经济型配置，其结果是 5 年左右就导致了国民经济的双高负债——企业对国有银行的高负债、国有银行对居民的高负债。

二

双高负债使国民经济运行潜伏极大的风险。

首先，国有企业的高负债使其趋向于风险经营，促进了全社会信用危机的发展。现代企业财务理论将企业的资本结构分为保守、中庸和风险型三种。全部或主要采取主权性融资，并且负债融资中又以长期负债为主的企业持有的是保守型资本结构；相反，全部或主要采取负债融资，并且流动负债融资超出流动资产的使用范围，被长期资产占用的企业持有的是风险型资本结构。国有企业的风险型资本结构，必然会对企业的行为方式发生影响，它促使企业形成强烈的风险经营倾向。因为，高负债企业风险经营的收益与成本的承担者是相分离的，债务人是风险经营的主要受益者，而高债权人将成为风险经营风险的主要承担者。而且，在现有制度框架内，国有银行作为债权人，实际上并不具备有效保护债权、规避风险的能力。普遍的风险经营方式，必然极大地增加全社会的信用危机，因为在高负债情况下，企业根本就不具备偿债能力，一旦部分企业的风险经营失败，必然会在较大范围引发业已潜伏的信用危机。

其次，高负债经营将进一步助长国有企业的无效率经营倾向。国有企业的经营无效率倾向不是由高负债造成的，但是，它是助长其无效率的重要因素之一。它在两个方面加剧了无效率：（1）高负债导致的高风险经营中，国家与企业在收益与成本上的权责不对称，使国有经济就总体看，收益率降低，运行成本增大；（2）国有银行对国有企业的贷款实际利息率经常为负，造成了对贷款资金的过度需求、非效率配置和无效率使用。

最后，它导致国家承受了其所无力承担而且日益增长的巨额债务风险及金融风险。毫无疑问，任何社会经济活动都存在着风险。市场经济使社会经济活动在社会实践方面具有更大的风险。相应地，市场经济也发展了它的风险规避方式：风险分散化。它在赋予个人经济活动决策权的同时相应地要求个人对自己的经济决策负责。根据这一原则发展起来的各种市场经济制度安排，如多种直接、间接的融资方式与渠道，多种所有制及实现方式等，分散了市场经济运行的风险。社会保障体系只是市场经济风险分散化基础上的一种补充而已。然而，我国经济市场化之后，为了继续保证对国民经济的传统控制，国家以国家银行为中心的债务融资取代传统的财政收入融资，它在部分实现对国民经济的传统控制的同时，却使社会投资风险基本上集中于国家。由于债务融资的显性化特征，国家面临着两难选择。要么，国家必须确保由居民储蓄形成的国有企业资产的保值增值，而且其利润大等于银行利息。但是，国家作为代理人，面对数量如此庞大、分布领域如此广的全民资产，事实上难以有效行使其职能。实践证明，保障现有规模及配置格局的国有企业资产保值增值及盈利，是做不到的。要么，国家只能不断地实行通货膨胀政策，用通货膨胀来冲销国有资产经营损失，降低债务风险，但是，通货膨胀政策只能限制在一定范围之内。因此，国家债务融资体制使政府陷入巨大的债务风险，并且始终无法摆脱强大的通货膨胀压力。而且，这种债务风险与通货膨胀压力在不断累积之中。一旦爆发，必然转为震荡社会的金融风险。

国民经济的双高负债证明：当市场化改革使国民收入分配结构发生根本性变化之后，国有经济的计划经济型配置是无法长期维持下去的。出路只有一条：结合中国国情，按照市场经济的一般规范，对国有经济进行战略性改组，对国有资产配置领域实行重大调整。

三

但是，国有经济配置领域战略性调整的必要性在相当长时期未被充分认识。统计资料显示，一直到90年代初，国有投资结构仍然基本上与计划经济时期相同。1980～1995年，全国仍有7500亿元国有资金投在了一般竞争性领域（见表2）。至于已有国有资产配置结构的调整，则基本上没有。

表2　国有经济部门国民经济投资结构　单位：%

项目	1981～1985年	1986～1990年	1991～1995年	1981～1995年
全国总计	100.0	100.0	100.0	100.0
基础设施及服务	19.8	22.6	29.8	27.2
基础工业	29.0	27.2	23.0	28.5
一般竞争性产业	33.2	34.1	31.3	28.3
其他	18.0	16.1	15.9	16.0

资料来源：根据国家统计局固定资产投资统计司《中国固定资产投资统计年鉴（1950—1995）》（中国统计出版社1997年版）有关数据计算。

可以看出，1981～1995年间，国有经济部门的投资结构并没有发生根本性变化。制造业与一般性竞争行业的投资仍然占主导地位，尤其是后者更占全部国有投资的30%左右。而本应作为国有经济部门投资重点的基础设施部门，所占投资份额到90年代方才超过一般竞争性产业。因此，直至1995年，我国国有资产配置结构基本上还是计划经济型的。其突出表现是，配置在一般竞争性产业的国有资产占全部国有资产的1/3强（见表3）。这与一般市场经济国家国有企业资产主要配置在基础设施及基础工业中形成了鲜明的对照。

表3　　国有企业固定资产的国民经济配置结构

项目	金额（亿元）	比重（%）
全国总计	42595.40	100.00
基础设施及服务	14503.74	34.05
基础工业	12349.56	28.99
一般竞争性产业	15742.10	36.96

资料来源：根据《中华人民共和国1995年第三次全国工业普查资料汇编》（国有·三资·乡镇卷）（中国统计出版社1997年版，第16~161页）有关数据计算。

这样的配置结构给整个国有经济以及国民经济的发展带来了什么样的后果呢？

首先，它大大加剧了国家建设资金的短缺程度，延缓经济增长。建设资金，尤其是大型基础设施、基础工业建设资金严重不足是我国长期存在的问题。80年代以来，财政能集中的建设资金大大减少。为了保证必要的基础设施及基础工业建设，国家不得不采取征收交通能源建设基金、在国家垄断的产品销售中加收附加费（例如，在电费、邮电费用中加收附加费）、允许地方政府设卡征收车辆过桥过路费等方式集中部分资金。在这种情况下，继续把如此紧缺的财政建设资金投到竞争性领域的项目建设中去，是资金使用上的极大浪费。可以断定，即使不考虑将过去计划经济时期投在竞争性领域的国有资产转移出来，就是将这一时期新投在一般竞争性领域的国有资金投到基础设施及基础工业中，对经济发展的促进作用无疑也将大得多。

其次，竞争性领域国有企业竞争力弱，资产经营效率低，是国有经济整体经济效益差的主要原因。如果说，投入竞争性领域的国有资金能够高效率运行，为国家带来大量资产收益，上述投资行为尚可得到解释。然而，事实恰恰相反。据第三次全国工业普查资料，1995年，我国工业的35个行业中，有17个行业的国有企业全行业经营亏损，其中，竞争性行业就有15个，占竞争性行业数的62.5%，其亏损额占整个国有企业亏损额的88.91%。整个竞争性行业的国有企业盈亏相抵之后，净亏损是3.29亿元（见表4）。

表4　　17个行业国有企业的整体经营状况

行业	亏损企业亏损总额（亿元）	行业净亏损额（亿元）
1. 黑色金属矿采选业	2.75	2.12
2. 非金属矿采选业	4.85	1.85
3. 食品加工业	40.28	9.52
4. 食品制造业	16.47	3.03
5. 纺织业	81.43	63.81

续表

行业	亏损企业亏损总额（亿元）	行业净亏损额（亿元）
6. 服装及其他纤维制品制造业	3.84	1.16
7. 皮革、皮毛、羽绒及其制品业	5.15	3.23
8. 木材加工及竹、藤、棕、草制品业	6.32	4.17
9. 家具制造业	0.76	0.15
10. 橡胶制品业	5.67	1.84
11. 塑料制品业	4.50	1.28
12. 非金属矿物制品业	42.26	11.62
13. 金属制品业	10.37	4.37
14. 普通机械制造业	29.00	3.99
15. 专用设备制造业	30.69	12.41
16. 电气机械及器材制造业	17.06	3.20
17. 仪器仪表及文化、办公用机械制造业	3.34	3.24
总计	—	130.99
其中：竞争性行业	—	116.46
竞争性行业所占比重（%）	—	88.91

资料来源：根据《中华人民共和国1995年第三次全国工业普查资料汇编》（国有·三资·乡镇卷）（中国统计出版社1997年版）有关数据计算。

可以证明，竞争性领域企业的经济效益是可以完全内在化的，表现为企业财务收入。也就是说，在竞争性领域配置国有资产的意义只能从其所能提供的资产收益予以证明。显然，从竞争性领域国有资产的整体效率状况看，该领域国有企业的存在意义是难以得到证明的。

最后，国有资金大量投资于竞争性领域，是造成国有企业平均规模小的重要原因之一。从企业资本金或工业增加值来看，竞争性领域国有企业规模不到非竞争性领域国有企业平均规模的1/4（见表5）。当然，两个领域企业的经济规模不可比。我国即使是非竞争性领域的国有企业也较少达到规模经济水平。但是，企业规模过小，同样数量的国有资产分散于众多国有企业之中，加之竞争性领域的经济活动特征所决定，国家实际上无法对这些国有资产实现有效的管理与监督，却是不争的事实。如果将竞争性领域的国有资产转移到非竞争性领域，无论是从企业数，还是从该领域的经济活动性质特征来看，国家对同一数量国有资产的管理都将更为有效，监督成本也必然大幅度下降。因此，可以得出结论：国有经济战略性改组的主要任务之一是国有经济配置领域的战略性调整，即将国有经济的计划经济型配置调整为市场经济型配置。

表 5　　不同领域国有工业企业规模

项目	企业资本金（万元）	从业人数（人）	工业增加值（万元）
总平均水平	1270.48	501.27	945.02
非竞争性领域企业	2768.28	825.42	2021.18
竞争性领域企业	637.00	364.17	489.87

资料来源：根据《中华人民共和国 1995 年第三次全国工业普查资料汇编》（国有·三资·乡镇卷）（中国统计出版社 1997 年版）有关数据计算。

四

因此，可以得出结论：国有经济战略性改组的主要任务之一是国有经济配置领域的战略性调整，即将国有经济的计划经济型配置调整为市场经济型配置。本文认为，它主要包括以下几个方面。

第一，国有经济配置领域的调整。统计分析证明，直至 90 年代初，以国有经济的主体地位实现其主导作用仍然是各级政府的主导政策思想，国有资产的计划经济型配置格局基本没有得到调整。相反，大量国有资金源源不断地继续投向竞争性领域。因此，现在进行的国有经济配置领域调整就是要将过去投在一般竞争性产业的国有资产逐步转移出来，配置在市场经济条件下的国有经济制度优势领域。从表 3 可以看出，大约有 1.6 万亿 ~2.0 万亿元投在竞争性领域的国有资产存量需要调整出来。此外，在市场经济条件下，并不是所有的基础工业都必须由国家投资。基础工业中的中小企业，一般地说，也完全可以由非国有经济部门经营。加上这一部分，那么，可以得出这样的估计，即在现有的国有企业资产中，至少有 45%~50% 是需要调整、转移的。

第二，国有产权配置领域的调整。国有资产配置结构的调整与国有产权配置领域的结构调整密切相关，但不等同。因为，完全可以在保持国有控股权的前提下，将竞争性领域国有企业资产的大部分转移出来。此时，虽然企业中国有股只占少数，但是由于它掌握了控股权，这些企业仍然是国有控股企业。国有产权的国民经济配置结构并不因此发生根本变化。这样做的合理性，在于竞争性领域国有企业的内在性效益，即企业的经营效率能够高于相同类型的非国有企业。对此，理论分析的结论是否定的。在目前可以获得的统计资料范围内，计算结果与理论分析的结论是一致的：竞争性领域国有企业的经营效率普遍低于非国有企业。表 4 的数据表明，近 90% 的国有工业企业经营亏损发生在竞争性领域。在建筑业，国有企业的资产平均利润率是 0.39%，而同期非国有企业的资产平均利润率是 2.28%，比国有企业高 486.62%。在交通运输业中，国有企业占垄断地位，但是非国有的公路、水路、港口企业的经营效率也高于国有公路、水路及港口企业。前者的平均资产利税率是 2.27%，而后者只有 1.50%，前者比后者要高 51.33%。或许，有人会提出，如果将现有国有企业的国有股权比重降低，其他经济成分参股，权力制衡将会使企业的经营效率得到提高。有些论者甚至提出了“搭便车”理论，即让私人股份在企业占控股地位，由私营企业家掌握经营权，国有资本搭私人资本的便车提高经营效率。这些设想存在的问题是：（1）如果国家保持对这些企业的控股权，那么，政府的行政目标必然会影响企业的经营行为方式，国有企业委托代理成本高昂的问题仍然得不到解决，企业的经营效率仍然不可能提高。（2）即使提高经营效率是可能的，这样做的目的也是不明确的。如果目的在于获得国有资产收益，显然，在大部分股权归其他产权主体时，国家因此可能获得的资产收益是极为有限的，因此在竞争性领域保留国有企业，实际意义不大。国家完全可以通过征税等成本更低的方式获得这笔收入。如果目的不在于国有资产收益，而在于实现外在性经济效益，在竞争性领域则既没有必要也不可能。因此，在调整国有资产在国民经济中的配置领域的同时，必须充分认识到由于国有产权配置领域不当造成的社会经济资源效率低下及增长损失，同时进行国有产权配置结构的调整，将竞争性领域的国有企业逐步地改造为非国有企业，提高整个国民经济的资源利用效率及增长潜力。

第三，企业规模结构调整与生产力的优化整合。长期以来，由于传统体制抑制市场发育，行政条块分割管理使我国市场分割成许多相对独立、封闭的地区和部门市场，市场规模狭小，对外封闭对内排斥竞争，缺乏优胜劣汰机制，我国的国有企业平均规模小，生产力配置不合理。1995 年，国有工业企业的平均资本金仅 1270.48 万元，产值不到 1000 万元。即使是基础设施及基础工业领域的企业平均规模也不大。许多企业的生产规模远远低于公认的最小最佳规模（MPS）产量。

表 6 的 MPS 值是采取会计成本法，根据我国 80 年代的情况计算的，明显地低于国外六七十年代的水平。从国内的发展水平看，许多数值也已经显得过低了。例如，年产 3 万吨的啤酒厂目前在国内就已经没有竞争力了。但是，就连这样低的水平，表 6 中的 22 种产品也只有一项超过 MPS 值——注意，表 6 中平均企业产量是 1995 年的数据——连同它，达到 MPS 值 50% 以上的产品占 22.73%，而平均企业生产规模不到 MPS 值 10% 的产品却占 1/3 以上。与此同时，许多产业的多数产品产量来自规模不经济企业。据有关研究者对 33 种代

表产品的计算结果，MPS 企业产品占该产品市场份额在 70% 以上的只占 9%，在 50% 以下的占 72.8%，在 30% 以下的占 39.4%。而据美国在五六十年代，对汽车、水泥、铜、服装、食品、卷烟、打字机、农用机械、钢铁等 20 个产业的调查表明，这些产业 70%～90% 的产量来自 MPS 企业。日本在六七十年代，各产业的产量也主要来自 MPS 企业。

表 6　　中国部分产品企业平均产量对 MPS 的比值

产品	年产量	企业数（个）	企业平均单产	MPS 值	平均单产达 MPS 值（%）
炼钢生铁	10529.26 万吨	1471	7.16 万吨	100 万吨/年	7.16
钢	9535.98 万吨	862	11.41 万吨	180 万吨/年	6.34
原油加工	14054.65 万吨	919	15.29 万吨	20 万吨/年	76.47
乙烯	240.05 万吨	13	18.47 万吨	30 万吨/年	61.55
合成橡胶	58.56 万吨	153	0.38 万吨	250 万吨/年	0.15
洗衣机	948.41 万台	89	10.66 万台	40 万台/年	26.64
电视机	3496.23 万部	302	11.58 万部	40 万部/年	28.94
合成纤维	308.87 万吨	825	0.37 万吨	3 万吨/年	12.48
合成氨	2765.90 吨	924	2.99 万吨	20 万吨/年	14.97
烧碱	531.82 万吨	267	1.99 万吨	5 万吨/年	39.84
纯碱	597.71 万吨	297	2.01 万吨	10 万吨/年	20.13
硫酸	1811.00 万吨	663	2.73 万吨	10 万吨/年	27.32
橡胶轮胎（汽车）	7945.44 万条	230	34.54 万条	40 万条/年	86.36
水泥	47560.57 万吨	6617	7.19 万吨	100 万吨/年	7.19
平板玻璃	15731.71 万箱	589	26.71 万箱	300 万箱/年	8.90
合成洗涤剂	299.80 万吨	1294	0.23 万吨	3 万吨/年	7.72
电冰箱	918.54 万台	186	4.94 万台	40 万台/年	12.35
通用集成电路	551686 万块	224	2462.88 万块	2000 万块/年	123.14
卷烟	3485.02 万箱	267	13.05 万箱	40 万箱/年	32.63
啤酒	1568.82 万吨	737	2.13 万吨	3 万吨/年	70.96
自行车	4472.25 万辆	1081	4.14 万辆	150 万辆/年	2.76
轿车	33.70 万辆	30	1.12 万辆	30 万辆/年	3.74

资料来源：根据《中华人民共和国 1995 年第三次全国工业普查资料汇编》（综合·行业卷）有关统计数据计算，MPS 值采取国务院发展研究中心的计算数据。

企业生产能力远远低于最小最佳规模经济点，是国有企业生产效率低的重要原因之一。从表 7 可以看出，国有企业的经济效率无论以资本产出率还是劳动生产率衡量，都随着企业规模的增大而迅速提高，大型企业资本产出率分别比中、小型企业高出 29.08%、31.12%，劳动生产率则更分别高出 112.21%、189.50%。这也从另一侧面说明了国有企业的规模普遍低于最小经济规模。

表 7　　不同规模国有工业企业的规模效益比较

项目	企业资产（万元）	从业人数（人）	工业增加值（万元）	资本产出率（元/元）	劳动生产率（元/人）
总平均水平	5400.38	501.27	945.02	0.1750	18852.25
大型企业	63811.42	4435.89	12208.00	0.1913	27520.97
中型企业	8614.86	984.74	1277.08	0.1482	12968.70
小型企业	1124.86	172.58	164.06	0.1459	9506.32

资料来源：根据《中华人民共和国 1995 年第三次全国工业普查资料汇编》（国有·三资·乡镇卷）（中国统计出版社 1997 年版）有关数据计算。

因此，国有企业的战略性改组与国有资产的优化配置的另一项重要任务是企业的规模结构调整与生产力的优化整合。

第四，国有企业隶属部门结构调整。为了实现国有企业战略性改组与国有资产配置结构的调整，必须同时进行国有企业隶属部门的结构调整。长期以来，国有企业名为国有，实际上分属中央及各级地方政府，而且进一步划归各级政府中的部委、厅局具体领导。因此，国有企业及其资产从来不是一个整体，实际不存在着一个独立的产权主体。与此同时，由于这些国有企业的投资来源相当复杂，既来自中央及各级地方预算内资金，又来自各种单位、部门自筹，以及各类借款及其他来源投资等，实际管理这些国有企业的各级政府部门，也不拥有对这些企业及资产的全部产权。在上级政府的干预下，所属企业无偿划归其他部门，或者相反，其他部门的企业划归本部门，常有发生。对所属企业的管理权，是传统体制下政府部门最重要的职能体现，同时也包含着巨大的利益。国有企业实际产权归属上的混乱状况，加剧了地方、部门之间的利益矛盾，以及利益的无序争夺，使国有企业及资产名为国有，但实际上不可能按照生产力发展的内在规律在全社会范围实现优化配置。长期以来，固定资产投资中的结构失调、重复建设、企业生产能力非优化配置等屡禁不止，对企业索取有余、投入不足，管理、监督不力，凡此种种，莫不与国有企业实际产权归属上的混乱状况密切相关。因此，实现国有企业的战略性改组与国有资产的优化配置，必须同时对国有企业的实际产权归属关系进行清理，界定各类国有企业的产权主体（例如，中央政府所有、各级地方政府所有），以及各级企业的委托管理部门。

危困国有企业，破产还是兼并？*

目前，部分国有企业，尤其是相当部分的中小型国有企业处境仍然十分困难，有些国有企业已经停产多年。如何正确妥善地解决这些危困国有企业的问题，是国有企业改革中必须正视的问题。本文试就解决危困国有企业的方式作些分析。

一

最近，在政府经济管理部门及理论界中，一种有代表性的看法是，对危困国有企业，应当多兼并少破产。而在现实经济生活中，我们也常常看到或听到有关政府部门采取行政命令的方式，硬要某盈利企业兼并濒危企业，结果使盈利企业背上沉重的包袱，最后把两个企业都搞垮了。这种做法，有政府部门利益最大化的动机在内，因为，兼并比破产，政府眼前所要处理的麻烦事要少，但是，也有理论认识上的偏误，认为兼并优于破产。本文认为，“多兼并少破产”对于兼并和破产这两种企业资产重组方式赋予不同价值判断的做法，在理论上不符合市场经济运行的内在规律，如果付诸政策实践，将会产生不利影响。

在市场经济条件下，危困企业究竟应当实行破产还是被兼并，是一个市场选择的过程。一般地说，危困企业希望被兼并以解决其自身难以解决的问题，前提是必须存在一个（或几个）希望兼并它的优势企业。这就提出一个问题：优势企业为什么要兼并危困企业？毫无疑问，在市场经济条件下，优势企业不是慈善家，它欲实行企业兼并，目的在于通过兼并导致合理的规模经济，优化

* 本文原载于《中国工业经济》1997 年第 8 期。

企业组合，调整专业化与协作的关系，安排好产品结构，以及更好地使生产、流通、运输、金融等各个环节相互配合，等等。一句话，提高本企业的经济效益。也就是说，兼并是优势企业寻求更大优势的行为，解决危困企业问题只是其可能带来的副产品。我们不否认，在有些地区（主要是经济增长较快的地区）、有些行业（主要是那些成长率较高的行业），鼓励兼并不失为在促进优势企业发展的同时解决某些危困企业问题的有效方法。但是，从市场经济运行的内在规律出发，我们应当承认，企业实行兼并的根本目的是其自身发展而不是对危困企业的扶危救亡，因此，如果我们承认企业是市场经济中独立自主的经济主体，那么，兼并并不是政府可以随意使用的解决危困国有企业问题的有效方式。用兼并作为解决危困企业的主要方式是方法上的本末倒置。其不经济，犹如用小轿车送货。

二

对于危困国有企业采取破产还是兼并方式，之所以存在不同的价值偏好，一个重要原因是对这两种方式产生后果的不正确理解。因此，欲消除兼并好、破产坏的错误看法，必须先对破产与兼并对企业生产能力可能产生的后果作些分析。

首先必须指出：破产与兼并都只是企业财产权利的调整，并不因此改变企业现有资产的实际价值及生产能力。当一个企业陷入危困状态，必须实行破产或被兼并时，无论是破产清盘还是被其他企业兼并，所涉及的问题都是企业产权的调整。破产在清理企业债权债务的同时，使企业原来的所有者成为非所有者；兼并者在接收被兼并企业债权债务的同时，成为被兼并企业新的所有者（全部或局部），而被兼并者则因此失去自己全部或部分的产权，也即所有权易手。

破产或兼并所导致的企业资产所有者的更换，一般会引起对该企业原有资源配置的调整，它对企业实际生产能力产生的影响，取决于以下几个因素。

（1）破产或被兼并企业的物质资产状况。企业物质资产（或有形资产）主要包括土地、厂房及设备，决定企业实际生产能力的主要是设备。如果企业的设备已经十分陈旧，技术落后，不适应生产需要，显然，无论是兼并还是破产，这些设备的命运都是报废；如果设备是适用的，那么，无论破产或兼并，新的所有者都不会将这些设备弃之不顾。因此，破产或兼并，对企业实际生产能力并无决定性影响，它取决于这些企业的资产实际状况。

（2）接收或兼并企业与破产或被兼并企业经营方向的差异度。破产或被兼并企业生产能力的命运还取决于接收或兼并企业的经营方向或者说接收、兼并的意图。如果说，接收或兼并者的经营方向与被接收、被兼并企业的原有经营方向差别不大，接收或兼并的目的在于改善本企业的资源配置，扩大生产，实现规模经济，那么，只要破产或被兼并企业的生产设备技术上是适用的，状况是完好的，破产或兼并都能使这些设备的生产能力重新得到充分利用；反之，如果二者的经营方向差异太大，接收或兼并者的目的不在于利用原有的生产能力，而在于土地等其他资产的潜在价值，那么，破产或兼并都会使企业原有生产能力受到损害。

（3）资产的国民经济配置结构。破产或被兼并企业的生产能力能否得到充分利用，还取决于整个国民经济范围的资产配置结构。如果该部门的生产能力已经过剩，那么，尽管这种资产在技术上是适用的，设备是完好的，是被同类企业所接收的（其实这是不太可能的，因为部门生产能力过剩，往往使这些企业也较困难，它们没有能力也没有必要去接收已经过剩的生产能力），但是，被充分利用的可能性还是不大；反之，则有可能得到较充分的利用。

从以上分析可以看出：破产或兼并企业生产能力的存续与报废，主要是由破产、兼并之外的因素决定的，在破产或兼并之后发生的。也就是说，危困企业选择破产或兼并，就其本身而言，并不会影响企业物质生产能力的存续与发挥。

三

破产与兼并既然都不会影响危困企业物质生产能力的存续与发挥，那么，究竟是采取破产还是兼并方式解决危困企业的问题，主要取决于何种方式更有利于整个国民经济的长远发展。

在排除了选择破产兼并方式对危困企业物质生产能力存续与发挥问题的考虑之后，剩下的主要问题是：（1）原有企业职工的安置；（2）企业债权债务的处理；（3）企业无形资产的处理。

第一，原有企业职工的安置。无论是选择破产还是兼并，都存在一个原有企业职工的安置问题。这可以说是目前我国处理危困国有企业所面临的最大同时也是最困难的问题。选择破产，显然，原有企业的职工中相当部分要因此失业。为了使这些职工能够在生活上得到必要的保障，为他们今后的再就业创造一个有利的条件，需要支付一定的失业保险金。这是选择破产必须支付的社会成本。我国目前失业保险体系正在建立、完善，社会保障体系的资金积累尚不足，有些地区的社会保障部门难以独力应付较大面积的企业破产。此外，实行破产，危困企业的职工从下岗到失业，同时也意味着原有国有企业职工身份的丧失——我们认为把相同的劳动力以不同的身份相区分，是不符合社会主义的基本原则及市场经济运行要求的，因此，国有企业破产之后，该企业的职工不论去向如何，都应当解除其国有职工身份，至于其他国有企业也应在今后的改革中逐步取消国有职工这一不变的身份。后面的分析将进一步指出在企业破产的同时解除破产企业职工国有职工身份的重要意义——它对职工心理的震荡之大也是可以想见的。因此，如何筹集足够的资金，使破产企业职工的生活得到最低限度的保障，最大可能地创造各种再就业机会，是对那些长期亏损、多年停产而且扭亏无望的企业实行破产的必要前提，同时也是化解破产企业职工心理负担的必要物质前提。

选择兼并，有两种选择可能：一是对被兼并企业的职工统统接收下来，这样做，被兼并企业的职工一般没有什么意见，政府的眼前负担也小；二是兼并企业对被兼并企业的职工实行甄别吸收，即只吸收其中部分所需的职工，显然，这种方法与破产没有太大区别，因为在选择破产时，如果收购破产企业的单位要重新组织生产，也可能吸收部分原有企业职工就业。

我国目前危困国有企业的一大问题是，职工冗员多到难以想象的地步。据调查，我国国有企业的冗员约占职工总数的1/3左右，有些危困企业的冗员甚至多达企业职工人数的80%~90%。一方面，如果要求兼并企业将被兼并企业的职工统统接收下来，那么，很可能会使兼并企业背上沉重的负担，因此也被拖垮；另一方面，如果政府在处理危困国有企业时要求兼并企业把接收被兼并职工作为先决条件，那么，兼并企业必然会向政府提出诸多要求、特殊政策等，这个包袱可能最后还是由政府背起来了，甚至付出更高的实际成本。现代经济学的一般原理告诉我们，可以通过市场竞争解决的问题，如果采取非市场化的方式处理，其成本一般要高于市场化处理的结果。

从计划经济转向市场经济，不可能是一个无成本的制度转轨过程。过去按照计划经济运行要求配置的国有资产必须按照市场经济运行机制的要求，进行配置结构调整，即将国有资产从非制度优势领域调整到制度优势领域。在市场经济体制下，国有制经济的制度优势领域主要是基础设施、基础产业及高科技产业等。它们基本上是高资本有机构成产业。也就是说，随着国有资产配置领域的调整，我国现有的国有资产将不可能维持目前这么庞大的国有职工队伍，因此，相当部分国有职工向非国有职工身份的转变，从长远看，势所必然。从这一角度出发，对危困国有企业选择破产方式，比起兼并，即使是从职工安置角度看，也是更符合国民经济长远发展需要的。

第二，企业债权债务的处理。处理危困国有企业的另一个问题是债权债务问题。危困国有企业的一大特征是高负债率，甚至已经资不抵债。选择破产还是兼并方式，妥善处理债务是一大问题。破产，债权人只能按照一定的偿债顺序，从企业清盘拍卖后的残值中得到一定比例的补偿，也即不完全偿债。兼并，被兼并企业的债权债务可以由兼并企业全部接收，此时，只是债务人的更替，债权人的权利并不因此改变；另一种情况是，政府有关部门出面，通过协商，兼并企业只承认被兼并企业的部分债务，此时，债权人权益也要因此受到部分损失。

从表面上看，似乎兼并方式更能使危困国有企业债权人权益得到保障，政府、银行可以减少因企业破产造成的损失。但是，事情未必如此。

（1）危困国有企业之所以落到需要用破产或兼并方式处理，其亏损其实是早已产生了的。选择何种方式处理它，只是一个盛筵之后的买单究竟是“AA制”还是其他方式的问题，即这笔债务究竟是要落到哪些人头上，以及如何在他们之间分配的问题而已。兼并，是由另一家企业来接收其全部债权债务。在市场经济条件下，一家企业愿意兼并另一家企业，承担它的全部债权债务，只能在被兼并企业就其自身的财产价值而言，是足以偿债的这种前提下，才可能是自愿发生的。如果目标企业已经资不抵债（或者，从其潜在价值看是资不抵债），显然，只有在政府的强迫命令下，兼并才可能产生，而且一般地说，只有国有企业才可能接受这一命令。在这种情况下，兼并企业承担了本不应由它承担的债务。其后果，一种可能是它难以消化，最后因此也被拖垮；另一种可能是政府为了使兼并企业接受这项任务，提供了许多优惠条件，如豁免其债务等。可以看出，无论是何种情况，被兼并企业全部债务的最后承担者还是政府自己。而且，正如前述，其成本要大于市场化处理方式。这里除了非市场化的因素之外，还有一个因素是，政府或是兼并企业背起了不该由它全部承担的债务。破产则不然，破产的结果是破产企业的所有债权人都受到一定程度的损失。毫无疑问，一家企业从诞生到最后资不抵债，必须破产清盘，其间应当负债的当然不仅是政府主管部门和破产企业自身，其他与之相关的银行、企业、单位、个人也必须为自己的错误决策承担责任。从这个意义上说，破产在债务分配上更合理一些。在经济上，也避免了所有债务全部由政府或兼并企业独家承担的局面，因为破产企业债务中至少有一部分可能是非国有单位的。破产所导致的职工失业，说明职工也在一定程度上承担了企业破产的后果，这在一定程度上也有利于从反面激励职工对企业经营绩效的责任心，且不说主人翁意识。而兼并则没有这种效应。

（2）破产的另一个优点是，可以因此使沉淀在债务链条中的资金部分解放出来。兼并只是使债务从一家企业转到另一家企业手中，它不能使债务立刻得到清偿。国有危困企业的最大债权人是国有银行，目前，国有银行的不良债权已经相当高。有的地区，银行的不良债权已经达到其全部债权的2/3左右。不良债权已经使银行的资金周转十分困难。如果对那些扭亏无望的企业实行破产清理，银行至少可以使这些债权部分变现，使沉淀在债务链条中的资金活动起来，支持国民经济中需要资金的部门和企业。

第三，危困国有企业的无形资产处理。危困企业不是一无可取。有的危困企业曾经有过辉煌的过去。这些企业在过去的生产经营中，有的曾经积累了一笔不可低估的无形资产，如名牌商标等。无形资产处理中的一大难题是它难以得到较准确的估价。对危困企业采取兼并处理，可能产生的一个问题是无形资产的流失。由于我国资本市场不发达，企业产权交易缺乏必要的市场条件，兼并一般不是通过市场而是由政府出面牵线，一对一地进行。这使被兼并企业的无形资产很可能得不到兼并企业真实的评价。如果兼并企业并不想利用这一无形资产，例如，兼并企业与被兼并企业的生产方向差距较大，兼并之后并不从事这类产品的生产经营，无形资产就更可能因此流失了。破产的好处是破产企业的有形、无形资产都必须通过市场得到估价。竞争性投标拍卖将有利于危困企业的无形、有形资产得到真实的市场估价，此外，破产清盘可以使企业的无形、有形资产得以分割处置，企业的无形资产不必和有形资产捆在一起处理，无形资产可以超越危困企业的地域得到适当的继承者，显然，它有利于保障危困企业的无形资产价值，减少国有资产的流失。

从以上的分析我们可以看出，与兼并方式不同，破产就其本性而言，就是用于危困企业的资产重组的，或者说，它是专门为消除经济运行中必然会出现的不良企业而设计的。用破产方式实现危困国有企业的退出，可以说是适得其所。

四

从计划经济体制向市场经济体制过渡，必须伴随着国有资产配置领域的调整。我国国有制经济体制改革至今步履维艰，国有企业的总体经营状况始终没有得到较大改善，今年第一季度，国有企业从总体上看还是亏损的。相当一部分国有企业在困境中越陷越深。这既有转轨必然要付出成本的成分，也有我们在理论上不能充分认识到国有制不适应市场经济的某些领域（主要体现为竞争性领域），忽视了国有资产配置领域作适应市场经济运行机制要求调整的必要性，因此延误了调整资产配置时机的因素。目前如果对危困国有企业仍实行以兼并为主的方针，实际上不能起到调整国有资产配置领域的作用，因此，它对解决国有企业困难如果可能也只能是治标不治本，把问题再延缓下来。它有可能使我们在将来付出更大的成本。

毋庸讳言，国有企业为我国的经济发展及改革是作出过贡献的。部分国有企业陷入危困状态，绝非人所意愿。但是，感情不能代替理智。对于那些设备陈旧、技术落后、多年亏损、长期处于停产半停产状态而且显然无起死回生可能的危困国有企业，继续让其不死不活地拖下去，只能使其资产更加贬值，债务更加沉重，职工安置及再就业更加困难。因此，与其让这些企业无限期地停产整顿，职工长期下岗，政府及银行支付难以偿还的困难企业专户贷款，不如当机立断，对它们实行破产。需要指出的是，由于向市场经济转轨，对国有制经济配置领域的调整是必然要进行的，而这些危困企业又大多处于市场经济条件下不适合国有制经济经营的领域，不失时机地对这些危困企业进行破产，成本是相对低的。因为，企业长期处于危困状态，必然大大降低这些企业职工以及债权人的心理预期值，这有利于降低实行这些企业破产以及国有资产配置领域调整的社会经济成本。

对长期危困国有企业实行破产处理不可能是无成本投入的。主要成本体现在破产企业职工的妥善安置上。目前许多危困国有企业的特征是企业实际上已经资不抵债，即使名义资产大于债务，这些资产也难以按名义资产值变现。因此，为了妥善安置破产企业的职工，国家仍然必须有适当的投入。很显然，在目前情况下，国家财政难以拿出足够的资金用于危困国有企业破产处理中的职工安置。因此，一个较现实的考虑是从破产企业本身筹措这部分资金。相当部分危困国有企业的情况是，厂房、设备均已陈旧，残值有限，但是由于建厂较早，占有较大土地面积，因此所拥有的国有土地使用权是其最大潜在资产。从理论上说，企业破产，国家必须收回这些土地的使用权。但是，如果如此，这些企业的职工就难以得到妥善安置，破产也就无法进行。如果在实行破产中，国家通过转让这些国有土地使用权，将获得的收益用于破产企业职工的安置，那么，破产所需的安置投入也就有了来源。

如前所述，国有资产的配置领域调整将使调整后的国有资产配置不可能容纳目前这样多的国有职工。因此，对破产企业职工的安置必须与这些职工身份的调整连起来进行，即在支付破产企业职工一定的生活安置费、设立必要的社会保障基金的同时，解除其国有职工身份，鼓励其自谋职业。这样才能一劳永逸地解决破产企业职工的安置问题，同时逐步地解决我国国有企业冗员过多问题。

有市场为什么无法生存？*

——对宁德地区国有茶厂的案例研究

在市场经济条件下，产品没有市场需求的企业是无法生存的。近年来，我国不少国有企业因产品失去市场而面临严重的困难。但是，产品有市场，是不是就能够保证国有企业的生存与发展呢？如果不能，其原因何在？从中我们可以对国有企业的改革得出什么结论？本文通过对福建省宁德地区国有茶厂的案例研究，试图对这些问题做出回答。

一

茶叶是我国的传统产品。中国人在长期生活中形成的消费习惯决定了即使是在当今国门开放、国外消费品大量地进入中国市场，居民消费结构日益发生变化的情况下，茶叶仍然是中国人不可替代的基本消费品之一。而且，在居民的茶叶消费中，绝大部分还是国产茶叶。因此，我国国内市场的茶叶销售量多年来一直相当稳定，基本上都保持在 30 万吨左右。另一方面，茶叶是我国重要的传统出口产品之一。有关出口统计数字显示，进入 90 年代以来，我国的茶叶出口规模变化不大，基本上保持在每年 20 万吨左右。即每年我国茶叶的国内消费量及出口量之和约为 55 万吨，与我国自 90 年代以来的茶叶产量保持大致相当的水平。也就是说，对茶叶生产厂家而言，整个市场容量是比较稳定的。

福建是我国的主要茶叶产区之一，其产量约占全国的 15%（1994 年）。其

---

* 本文原载于《福建论坛》1997 年第 8 期，共同作者：王挺。本文在调查过程中得到宁德地区经委、宁德市经委、宁德茶厂、福鼎市委、福鼎市经委、体改委、财政局、福鼎茶厂有关同志的大量支持和协助，在此向他们表示深深的感谢。但是，本文仅仅代表作者的观点。

中，宁德地区又是福建省最大的茶叶产区之一，产量约占全省的25%。宁德地区的福安、福鼎两市是福建省5个全国茶叶商品生产基地县市之一。宁德地区的茶叶不仅产量大，而且品种齐全，拥有许多名优产品。“白毫银针”“福鼎白茶”“太姥香芰”“天山银毫”等或列入中国名茶，或获得国家金银质量奖等，都是享誉国内外的名牌产品。其中，仅“福鼎白茶”每年在香港市场上的销量就达数千担之多。

然而，尽管拥有稳定的国内外市场，又是全国的主产区之一，而且有不乏深受消费者喜爱的名优品牌，但是，近年来福建的国有茶厂大部分都陷入严重的困境。宁德地区作为福建省的茶叶主产区之一，原来共有7家国营茶厂。其中，规模大的拥有资产4000多万元，职工1000多人，年产精制茶5万担，80年代中期年产值就达4000多万元；规模小的也有固定资产数百万元，职工上百人。可是，到1997年初，已经有6家破产倒闭，剩下唯一的一家宁德茶厂也已经于1996年11月改制为混合所有制的“福建省天山茶叶有限公司”。也就是说，在宁德地区，国有经济已经基本上退出了茶叶生产行业。与此同时，在宁德地区却出现了几百家的非国有茶厂，它们替代了原有的国有茶厂。

二

冰冻三尺，非一日之寒。宁德地区国有茶厂的严重困难局面是从1992年开始的。国有茶厂陷入不景气状态，是与其赖以生存的计划经济体制的逐渐瓦解联系在一起的。因为，在计划经济体制下，茶叶一直是国家计划严格控制的二类物资。从原料的收购到产品的销售，一直是由国家垄断的。80年代中期之后，国家对茶叶的生产经营逐步放开。但在1991年之前，国有茶厂基本上是采取每年召开价格协调会、制定产品指导价、划分市场等方式组织卡特尔对市场进行控制的。随着我国经济市场化改革的不断深入、乡镇企业及其他经济成分企业的发展，以及国有企业在改革中日趋明朗、强化的利益意识，逐渐使这种分割市场、制定产品指导价格的卡特尔无法维持下去。非国有茶厂不受国有茶厂的卡特尔协定制约，国有茶厂不按照协定，入侵其他厂家市场领地，拒绝执行指导价等。因此，1991年之后，不再召开全省的价格协调会议。国有茶厂的价格、市场份额卡特尔瓦解了，其直接后果是国有茶厂生产的大幅度滑坡。福鼎茶厂在80年代中期鼎盛时，生产红茶、绿茶、白茶和花茶，产值曾达到4000多万元，利润约占当时全县工业利润的25%，但是到了1995年，福鼎茶厂的茶叶年加工量从80年代中期鼎盛时的3万多担跌落到2000多担，年生产能力利用率仅为4%，可以说已基本停产。企业累计亏损2300多万元，负债总额达2900多万元，面临破产。宁德茶厂的生产能力利用率也下降到14.5%。寿宁茶厂在1994年就累计负债1095万元，是企业固定资产的365%，虽经历了租赁经营、合资合作、创办股份公司等各种尝试，却无法使企业恢复生机，之后不得不停产整顿。福安、霞浦、周宁等地的国有茶厂则在长期陷入严重危机，始终无法解脱之后，于90年代中期先后破产。

如果说国家放开茶叶市场和国有茶厂的市场、价格份额卡特尔的瓦解使国有茶厂暴露在市场竞争之中，是其陷入危机的外部原因，那么，应当说，它不是导致国有茶厂无法生存的决定性因素。因为，对一个真正的商品生产者来说，竞争市场绝不可能导致其毁灭。作为这一观点佐证的事实是，在国家放开茶叶市场之后，国有茶厂陷入了困境，与此同时，大批的非国有茶厂却蓬勃地发展起来了。

真正导致国有茶厂在竞争市场中无法生存的根本原因是数十年计划经济体制所造成的“国有企业病”。

（1）机构臃肿。以福鼎茶厂为例。福鼎茶厂现有职工1229人，扣除离退休人员210人，实际在职职工约1000人（含临时工、合同工等），机关行政人员约有150人，占15%。80年代鼎盛时期厂里从党校到托儿所一应俱全，这些显然增加了国有茶厂的费用开支，使企业生产经营效率受到影响。

（2）冗员过多。福鼎茶厂实有职工1000余人，实际只需要300人，宁德茶厂有职工497人，实际只需要150人，冗员均达230%以上。茶叶生产是季节性的，一年只有4个月到半年的生产时间。因此，折算下来，国有茶厂职工的有效劳动时间每天只有1小时，然而，企业却要付出8小时的工资，而非国有茶厂基本是按照茶叶的生产季节雇工，不必负担停工季节的工资。也就是说，即使国有茶厂与非国有茶厂职工的小时工作效率一样、工资水平一样，国有茶厂的人工成本也是非国有茶厂的8倍以上。

（3）分配机制上的“大锅饭”。国有企业在收入分配上的弊病，必然使有能力的职工难以安心现有工作，一有机会必然会寻求更好的发展机会。这些年来，宁德地区国有茶厂的技术、业务骨干大量流失。福鼎茶厂就流失了100多人，占该厂职工总数的10%左右。这些人相当部分是到了非国有茶厂，有的成为乡镇茶厂的领导，有的成为个体或私营茶厂的老板。他们之中不少人原来是国有茶厂的供销人员，人走了，客户也带走了，对国有茶厂生产经营的影响可想而知。

（4）经营机制未能适应市场经济运行的需要。关于这一点，正如福鼎茶厂在一份报告中指出的那样，自国家放开茶叶经营之后，“由于一直守着老体制、老机制，没有适应从计划经济向市场经济的转轨，生产经营状况每况愈下，……企业面临破产”。寿宁茶厂在报告中也指出：“1986 年，随着国家经济政策的调整，茶叶的生产经营体系发生重大变化，从计划专营转向全面放开经营，寿宁茶厂失去了传统的经营优势，面临激烈的市场竞争和严峻的挑战，加上主观经营管理不善、决策的失误、人才的流失等，使企业逐渐陷入困境，连年亏损。”需要指出的是，经营机制是以一定的财产制度为基础的，国有茶厂的经营机制没有转变，关键问题是财产制度没有按照市场经济运行的要求进行必要的改革与调整。

此外，政策上的某些失误也是不容忽视的。

（1）企业自有流动资金比例太低。茶叶生产具有流动资金占用量大、周转期限较长的特点，① 但是，在计划经济体制下，国家核定给茶厂的自有流动资金比例极低。福鼎茶厂年产 5 万担茶叶的生产规模，只有自有流动资金 70 余万元。在茶厂生产经营状况良好时期，企业盈利基本上缴财政，无法增加必要的自有流动资金，因而，所需流动资金基本上只能依靠银行贷款。一旦企业经营状况不好，陷入亏损，银行一般是不予贷款的，这必然使在流动资金上一向严重依靠银行贷款的茶厂雪上加霜。福鼎茶厂就是在 1987 年亏损之后，银行停止了贷款，使之陷入更加困难的境地的。应当承认，80 年代中期，在我国经济市场化改革取向已经比较明确的情况下，政府没有及时根据市场经济运行的要求调整国有企业的有关财务制度（如折旧制度、最低资本金制度等），相反地却实行了拨改贷制度，造成了国有企业目前的自有资金严重不足、负债率普遍过高。

（2）体制改革上举棋不定，延误改革时机。我国的经济体制改革在相当长时间内终极目标模式是不太明确的。关于这一点，正如寿宁茶厂在其报告中指出的，这些年来，有关部门“做了多种改革尝试，先后采取了租赁经营、合资合营、创办股份公司、停产整顿等，由于种种原因均无明显收效，企业仍处于不断增亏、举步维艰的局面”。当然，应当指出，改革措施上的举棋不定，延误了改革时机，主要不良后果是这些企业的国有资产在连年经营亏损中损失殆尽，因为从市场经济运行的角度看，国有企业迟早是要退出茶叶生产这一竞争性领域的，但是至少不必以如此惨重的代价、被动的方式进行。

① 茶厂的同志告诉我们，茶厂的资金周转天数约为 300 天。

(3) 竞争秩序不规范造成的不平等竞争。建立市场经济，需要鼓励非国有经济成分的发展。但是，不同所有制之间必须平等竞争。显然，这个问题没有得到应有的重视。公平竞争秩序的形成，不仅要有必要的法律法规及政策，而且必须有相应的执行措施与力量。而后者，目前比较薄弱。长期以来，国家对茶叶征收的农产品特产税不是采取直接向茶农征收的方式，而且由加工厂家代交。国有茶厂由于财务制度健全，税金缴纳比较规范，非国有企业则有意漏税避税，二者之间尽管名义税负可能是一样的，但是实际税负却差别不小。这不能不说是国有茶厂在竞争中陷入不利状况的原因之一。

三

到 1995 年、1996 年，宁德地区的国有茶厂都已经陷入高额亏损、资不抵债的状况。全区 7 家国有茶厂，都处于停产半停产状态。

尽管茶叶的国内外市场仍然存在，这些国有茶厂也拥有一些品牌优势，但是要使这些企业恢复生机是难以办到的。如此高的亏损及负债率，使任何银行都不愿意贷款。有限的回笼货款，远不足以偿还银行贷款及利息，更何况用于再生产；地方财政即使有心却也无力增拨资本金；在企业如此状况之下，向社会公众及职工募集资金的可能性也极小。作为国有企业，如此多的冗员负担如不解决，即使能够恢复生产，也没有竞争力，在冗员过多、生产能力利用率低的情况下，多生产必然多亏损。

福鼎茶厂等 6 家企业选择了破产。破产能够顺利实现的主要前提是职工的安置。① 显然，按照这些企业现有的资产负债率，它们的净资产（如果还有的话）远远不足以安置其职工。② 我国的社会保障机制目前尚未健全，社保基金有限，因此，社保机构也无法承受破产企业职工的失业保险金支出。在这种

---

① 宁德地区国有茶厂的职工在企业破产之后，所采取的安置方法是“与原企业脱离隶属和劳动关系，领取辞职金”。辞职金以十年工龄为基数，根据工龄按一定标准增减。辞职金按职工本着自愿的原则与企业签订协议，同企业脱离隶属和劳动关系，经县公证处公证生效，并在规定时间内搬出厂部宿舍区后，一次性发给。辞职金包括工龄补偿、30 个月的生活补助费、三年医药费、安家费、房屋修缮费、搬迁费等，全部合计，少者可以领到 0.9 万余元，多者约 2 万元。此外，为解除职工后顾之忧，企业还在原有社保不足 10 年的基础上一次性地向社保机构交纳保险费，为与企业脱离关系的职工保足 10 年，使他们到达退休年限时可以领到养老保险金。

② 寿宁茶厂连土地在内的全部资产估价只有 1300 万元，其中土地价值 1000 万元。若按出让土地使用权的政策规定，在土地转让时政府要收取土地转让金 300 万元，那么，破产所得还低于负债。最终政府免收了 300 万元的土地转让金。

情况下，破产的成本还是要由政府承担。为了使破产能够顺利实现，这 6 家茶厂基本上是将企业所占用土地的使用权全部或大部分出让，收入用于安置职工，由于这些企业的高亏损、高负债，仅此还难以满足安置职工的最低需要，政府不得不免收一些正常情况下需要征收的变卖资产、出让土地使用权的税费。这些实际上是政府为实现企业破产而不得不再支出的一笔费用，虽然在财政支出账上看不出来，但是，确实是政府应得财政收入的减少。

宁德茶厂由于还能进行生产，选择了改制，即在资产评估、以资抵债的基础上，用剩余的部分资产，以发给安置费置换职工国有职工身份的方法，分流了企业的大部分冗员，剩下的国有资产在吸收一定比例的职工投资入股的基础上，重新组建了混合所有制的“福建省天山茶叶有限公司”。这是目前宁德地区 9 个县市剩下的唯一一个有国有股份茶厂。

四

对一个地区一个行业的研究是可以引出一些具有普遍意义的结论的。茶叶生产只是众多竞争性行业中的一个。国有茶厂的经历对其他竞争性行业国有企业的改革有启发借鉴意义。我国在国有企业改革上，长期以来，一直期望通过某种体制改革，能把国有企业改造成为真正独立自主的商品生产者，使之在竞争性领域中创造出不低于其他经济成分企业或者更高的微观效率。因此，自 80 年代中期以来，一种方式又一种方式地试个不停，结果是国有企业在这 10 余年的改革试验过程中，困难不断加重，后续改革的活动空间越来越小。与此相对应，我们一直忽视了从计划经济向市场经济体制转变，需要一个国有资产的再配置过程。我们知道，宁德地区国有茶厂也进行了股份公司制改革，但是，并没有因此而获得新生，难道我们还要一个行业一个行业地再试验下去，直至耗尽所有的国有资产吗?[①]

目前有关部门对于破产，可以说是抱着不得已而为之的态度。不到万不得已，不肯轻言破产。从宁德地区茶厂的破产情况可以看出，到了此时，已是无产可破。最后，为了实现破产，政府还得另外支付成本。如果有一天，出让破产企业的土地使用权也无法支付破产所需的成本，而财政也掏不出钱来，我们又将如何处理这些企业呢？这种可能不是没有，因为，在有的地方，破产企业

① 破产清盘的结果是国家投入宁德地区 7 家国有茶厂的资产基本上损失殆尽。

的土地使用权出让已经相当困难。显然，应当认识到向市场经济转轨、调整国有资产配置领域的迫切必要性，尽早地进行国有资产配置领域的战略性调整，避免国有资产的更大损失。我们再也交不起这种学费了。

按照市场经济的规范进行国有小企业的改革*

我国的国有企业中，小型企业占80%以上。它们基本上是地方国有企业。自1984年进行城市经济体制改革以来，尽管采取了许多措施和方案，国有企业的改革至今没有取得突破性进展，导致了国有企业尤其是小型国有企业在激烈的市场竞争中经营状况急剧恶化。1994年，国有小型企业作为整体已经出现了盈亏相抵后的净亏损2.42亿元。这也就意味着地方财政从国有小企业中不仅不能获得资产收益，而且必须不断地向它们输血。与中央财政不同，地方财政无法通过财政赤字、发行国债等弥补收支逆差，预算约束基本上是硬的。地方国有企业经营状况的急剧恶化，必然使地方财政背上沉重的包袱，甚至陷入严重困难之中。因此，在国有小企业陷入大面积亏损之后，地方政府很快超越理论界至今纠缠不休的有关意识形态方面的争论，在国有小企业改革问题上采取了积极的态度。90年代中期，继福建泉州整体拍卖所属41家国有企业、山东诸城实行国有企业的股份合作制改造之后，国有小企业改革浪潮再度兴起。

一、民营化与私有化

建立社会主义市场经济需要大力发展多种经济成分，这一看法已经成为共识。发展多种经济成分，可以有多种方式，到目前为止，主要是增量发展，即鼓励非国有经济成分积累、投资，兴办各种经济实体来改变国民经济的所有制结构。这无疑是必要的。改革初期，当改革的目标模式还不清楚时，这是一种争议较少的方法。但是，仅此远远不够。因为，建立社会主义市场经济也包含

---

* 本文原载于《福建学刊》1997年第4期。

着对计划经济体制下形成的旧的国有资产配置结构进行改造的任务。因为，适应计划经济运行要求的国有资产配置结构是不适应市场经济运行要求的。市场经济要求国有资产基本上是配置在公共经济领域或其他具有较大外在经济性领域，如基础产业、高科技产业等，以实现国有经济对国民经济的主导作用。而计划经济时期国有经济的投资是不分公共经济领域还是竞争性领域的，因此，当我们转向市场经济时，面临的是在竞争性领域中有许多国有企业。正是这批国有企业，尽管尝试了多种改革方案，但是至今在总体上没有较大起色，相反，却越来越困难，尤其是小企业。实践证明，将竞争性领域的国有小企业改造成为非国有企业，是发展多种经济成分的另一重要途径。

目前进行的危困国有小型企业改制工作基本上是沿着这一方向进行的。但是，如前所述，地方政府进行这项工作相当程度上是基于现实经济利益的考虑——消除或减轻因所属国有企业的大面积亏损而造成的财政困难，因此，意识形态方面的争论与可能存在的反复，使这一实际上已经太迟进行的改革仍然是不彻底的。

不彻底表现在有的地方政府在进行这项改革时，不得不作这样的说明：国有小企业实行民营，只是经营方式的改变，并非私有化，要破除产权制度改革就是搞私有化的观念，树立股份合作制企业是一种新型的劳动者集体经济，属于公有制范畴的观念，等等。这些说法既与实践不合，在理论上也无必要，而且不利于按照市场经济的规范进行国有小企业的改造。

之所以说在理论上没有必要，是因为从计划经济转向市场经济必须有一个国民经济产权结构的调整。目前需要进行改制的小型国有企业，基本上位于竞争性领域。从生产力水平看，它们本不应该采取国有制。把它们从国有变为非国有，是建立社会主义市场经济的题中应有之义，因此，在理论上应当理直气壮，无须躲躲闪闪。说国有小企业实行民营只是经营方式的改变，并非私有化，也与实践不合。因为，目前各地进行的国有小企业改制的主要方式是对这些企业进行清产核资，以资抵债，剩余的生产性净资产按照一定比例量化到职工个人身上，作为置换职工国有职工身份的补偿，职工在此基础上再按比例投入一部分资金，组建新企业。这类企业实际上不仅发生了经营方式的改变，而且发生了产权关系的根本性变化。众所周知，财产所有权不明确是计划经济体制的根本弊病之一，它所导致的经济活动中私人成本与社会成本之间的不一致，是计划经济运行无效率的根本原因之一，因此，明晰产权关系，尽可能地消除经济活动的外在性，使经济活动的私人成本与社会成本相一致，是向市场经济转轨的基础性改革之一。目前进行的国有小企业改制，实际上在产权明晰化方向跨出了一大步，但是却不予以明确的肯定，这既不利于这些企业的职工确立明确的财产预期，也不利于政府部门规范其行为，其负面影响可以想见。

自从山东诸城进行了国有小企业的股份合作制改造之后，各地进行国有小企业改革大都以此为圭臬。最近福建各地进行的国有小企业改制，也不少冠以“股份合作制”之名。诸城以股份合作制方式改造国有小企业，在当时的历史条件下是大胆创新，值得充分肯定。但是，股份合作制不是规范的现代企业制度形式，也是不争的事实。在世界各市场经济国家通行的各种企业制度中，没有股份合作制，在我国有关公司制度的法律规范中，也没有股份合作制的规定。这说明股份合作制并不是一种适合市场经济运行的规范的企业制度形式。我们看到，有些曾经实行过股份合作制的集体企业在其发展过程中已经勇敢地抛弃了这种企业制度形式。诸城以股份合作制作为国有小企业的改造形式有其历史局限性，因此，现在我们有可能而且应当比诸城更进一步，不必再为姓公还是姓私、是民营化还是私有化等问题所困扰，从一开始就从一个较高的起点，直接按照市场经济中规范的从而是有生命力的现代企业制度形式进行国有小企业的改造工作。

二、兼并与破产

改造危困国有企业，选择破产还是兼并，值得讨论。目前的倾向是视兼并优于破产。因此，在实践中，地方政府一般是万不得已才对危困国有企业实行破产，此时，大多数破产企业已是无产可破，为了安置职工，政府不得不再投入部分资金。

破产与兼并都是资产重组方式，适用于不同领域。兼并是优势企业寻求更大优势的行为，目的在于实现合理的规模经济，优化企业组合，调整专业化与协作的关系，安排好产品结构，以及更好地使生产、流通、运输、金融等各个环节相互配合，等等。一句话，提高本企业的经营效率。优势企业的兼并行为会消化部分危困企业。但这只是它的副产品。即兼并作为资产重组方式，主要功能是发展优势企业，而破产作为资产重组方式，则是专门为消除经济运行中必然会出现的不良企业而设计的。

目前对破产及兼并的不同价值偏好，与认为它们可能对企业的实际生产能力产生不同影响的看法有关。破产与兼并都只涉及企业财产权利的调整，并不因此改变企业现有资产的实际价值及生产能力。当一个企业陷入危困状态，必须实行破产或被兼并时，无论是破产清盘还是被兼并，所涉及的都是产权调整。破产在清理企业债权债务的同时，使企业原来的所有者成为非所有者；兼并者在接收被兼并企业的债权债务的同时，成为被兼并企业新的所有者（全部或局部），而被兼并者则失去自己全部或部分的产权。二者都是所有权的易手。

破产或兼并所导致的所有权易手，一般会引起企业资源配置的调整。它对企业实际生产能力产生的影响，取决于以下几个因素：（1）破产或被兼并企业的物质资产状况；（2）接受或兼并企业与破产或被兼并企业经营方向的差异度；（3）资产的国民经济配置结构。对这些因素的进一步分析可以得出结论：破产或被兼并企业生产能力的存续与报废，主要是由破产、兼并之外的因素决定的，在此之后发生的。也就是说，危困企业选择破产或兼并，就其本身而言，并不会影响企业物质生产能力的存续与发挥。

排除了对上述问题的考虑之后，剩下的主要问题包括以下几个方面。

（1）原有企业职工的安置。无论是破产还是兼并，都存在着原有企业职工的安置问题。这是目前处理危困国有企业面临的最大同时也是最困难的问题。破产，显然，原有企业职工的相当部分要失业。为了使他们在生活上得到必要的保障，为其今后的再就业创造有利条件，需要支付一定的失业保险金。这是选择破产必须支付的社会成本。目前失业保险体系正在建立、完善，社会保障体系的资金积累尚不足，有些地区的社会保障部门难以独立应付较大面积的企业破产。因此，破产有一定难度。此外，破产，危困企业的职工从下岗到失业，也意味着国有职工身份的丧失，它对职工心理的震荡之大可以想见。因此，如何筹集足够的资金，使破产企业职工的生活得到最低限度的保障，最大可能地创造各种再就业机会，是对危困国有企业实行破产的必要前提，同时也是化解破产企业职工心理负担的必要物质前提。

兼并，有两种可能：一是对被兼并企业的职工统统接收，这样做，被兼并企业的职工一般没有什么意见，政府的眼前负担也小；二是对被兼并企业的职工实行甄别吸收。显然，后者与破产没有太大区别，因为如果收购破产企业的单位要重新组织生产，也可能吸收部分原有企业职工就业。

问题是目前危困国有企业职工冗员多到难以想象的地步。据调查，相当地区国有小企业的冗员约占一半，有些危困企业的冗员甚至多达80%~90%。因此，一方面，如果要求将被兼并企业的职工统统接收，很可能会使兼并企业背上沉重负担，因此也被拖垮；另一方面，如果政府要求兼并企业把接收被兼并企业职工作为先决条件，那么，兼并企业必然会向政府提出诸多要求、特殊政策等，结果包袱还是由政府背起来了，甚至付出更高的成本。现代经济学的一般原理告诉我们，可以通过市场竞争解决的问题，如果采取非市场化的方式处理，其成本一般要高于前者。

向市场经济转轨，要将国有资产从非制度优势领域调整到制度优势领域。市场经济中，国有经济的制度优势领域主要是基础设施、基础产业及高科技产业等，基本上是高资本有机构成产业。也就是说，随着国有资产配置领域的调整，我国现有的国有资产将不可能维持目前这么庞大的国有职工队伍，相当部分国有职工向非国有职工的转变，从长远看，势所必然。因此，对危困国有企业选择破产方式，比起兼并，即使是从职工安置角度看，也更符合国民经济长远发展的需要。

（2）企业债权债务的处理。危困国有企业的一大特征是高负债率，甚至已经资不抵债。无论破产还是兼并，都必须妥善处理其债权债务。破产，债权人只能按照一定的偿债顺序，从企业清盘拍卖所得中按比例得到补偿，即不完全偿债。兼并，一种情况是被兼并企业的债权债务可以由兼并企业全部接收，此时，只是债务人的更替，债权人的权利并不因此改变；另一种情况是政府出面，通过协商，兼并企业只承认被兼并企业的部分债务，此时，债权人权益要受到部分损失。

从表面上看，似乎兼并更能使危困国有企业债权人权益得到保障，政府、银行可以减少损失。但是，事情未必如此。

第一，危困国有企业之所以落到破产或被兼并，亏损其实早已产生。选择何种方式处理它，只是谁“买单”的问题，即这笔债务究竟是要落到哪些人头上，以及如何在他们之间分配而已。市场经济中，一家企业愿意兼并另一家企业，承担其全部债权债务，只能在被兼并企业的资产价值足以偿债的前提下。如果目标企业已经资不抵债（或者，从其潜在价值看是资不抵债），显然，只有政府的强迫命令，兼并才可能产生，而且一般地说，只有国有企业才可能接受。此时，兼并企业承担了本不应由它承担的债务。其后果，一种可能是它难以消化，最后因此也被拖垮；另一种可能是政府为了使兼并企业接受这项任务，提供了许多优惠条件，如豁免其债务等。可以看出，无论何种情况，被兼并企业全部债务的最后承担者还是其所有者——政府自己。如前所述，其成本要大于市场化处理方式。破产则不然，它使破产企业的所有债权人都受到一定程度的损失。毫无疑问，一家企业从诞生到最后破产清盘，其间应当负责的当然不仅是政府主管部门和破产企业自身，与之相关的银行、企业、单位、个人也必须为自己的错误决策承担责任。因此，破产在债务分配上更合理一些。

第二，破产的另一个优点是，可以因此使沉淀在债务链条中的资金部分解放出来。兼并只是使债务从一个企业转到另一个企业手中，它不能使债务立刻得到清偿。国有危困企业的最大债权人是国有银行，目前，国有银行的不良债权已经相当高。有的地区，银行的不良债权已经达到其全部债权的2/3左右。不良债权已经使银行的资金周转十分困难。如果对那些扭亏无望的企业实行破产清理，银行至少可以将这些债权部分变现，使沉淀在债务链条中的资金活动起来，支持国民经济中需要资金的部门和企业。

（3）危困国有企业的无形资产处理。危困企业不是一无可取。有的危困企业曾经有过辉煌的过去。这些企业曾经积累了一笔不可低估的无形资产，如名牌商标等。无形资产处理中的一大难题是它难以得到较准确的估价。对危困企业采取兼并处理，可能产生的问题是无形资产流失。由于我国资本市场不发达，企业产权交易缺乏必要的市场条件，目前兼并一般不是通过市场而是由政府出面牵线，一对一地进行。这使被兼并企业的无形资产很可能得不到兼并企业真实的评价。如果兼并企业并不想利用这一无形资产，无形资产就更可能因此流失了。破产的好处是，破产企业的有形、无形资产都必须通过市场得到估价。竞争性投标拍卖将有利于危困企业的无形、有形资产得到真实的市场估价。此外，破产清盘可以使企业的无形、有形资产得以分割处置。无形资产可以超越危困企业的地域得到适当的继承者。显然，它有利于保障危困企业的无形资产价值，减少国有资产的流失。

从以上分析可以得出结论：破产与兼并作为市场经济条件下的两种资产重组方式，并无好坏之分，只是适用于不同的任务。对于危困国有小企业的处理，到底是破产还是兼并，必须根据实际情况，按照市场经济的规范进行选择。从破产的适用范围，从向市场经济转轨，必须进行国有资产配置领域的调整的角度看，本文认为，破产比兼并更适宜，因为兼并很难实现国有资产从竞争性领域向公共经济领域的转移。

三、零亏损与停产整顿

在国有小企业改革中，不少地方政府提出了实现本地区国有企业零亏损的口号。它不符合市场经济一般规律，从目前看也不现实。市场经济中，任何公私企业都存在着亏损以致倒闭的威胁，这是企业需要不断创新、锐意进取、提高效率、增强其竞争力的最大外在压力。从我国目前的情况看，提出实现国有企业零亏损的目标之所以是不现实的，是因为国有企业的亏损原因是多方面的。体制是最重要的因素之一，但是，不能认为体制改革了，其他因素就不存在。例如，企业的资本金不足问题，高负债率问题，拨改贷造成的利息负担沉重问题，三角债问题，企业冗员问题，非生产性资产剥离问题，设备老化、工艺落后问题，等等，都不是仅靠改制可以解决的。如果说危困国有企业是久染沉疴的病人，改制是大手术，摘除了病灶，恢复也非一日之功。从目前已经实行改制的企业经营业绩也可以看出，不少企业即使扭亏，也还是正处在盈亏分界线附近的边际企业。把实现零亏损作为政府工作目标，不符合市场经济的规范，在实践中则弊大于利。

大面积、长时期的国有企业停产整顿，可以说是我国近年来经济运行中出现的不正常现象。之所以出现这种现象，相当程度上与有关部门对破产的认识不正确有关。企业陷入危困局面，一时无法找到兼并对象，觉得破产会带来巨大损失，因此只好让它无限期地停产。然而，破产只是资产重组，并不因此导致企业生产能力的破坏。造成企业生产能力破坏，国有资产大量流失的，恰恰是长时期的停产整顿。市场经济中，破产不仅仅是对病入膏肓、无药可救企业执行死刑的手段——即使如此，它也是实现资产重组而不是破坏生产力——同时也是对暂时陷入困难，甚至是短期周转不灵的企业进行手术的利器。因此，我们认为，国有小企业的改革必须按照市场经济的规范办事：（1）取消实现国有企业零亏损这一不符合市场经济规范而且不切合实际的政府工作目标；（2）取消将停产整顿企业不列入亏损企业统计这一极为有害的做法；（3）取消对危困国有企业实行长期停产整顿这种对国有资产及企业职工极不负责任的做法，积极运用破产等有效的资产重组方式，尽快实现不良企业的退出。通过资产重组促进国有企业改革和国有资产配置结构的调整，提高国民经济运行效率。

关于发展股份合作制的几点思考*

一、必须把推行股份合作制放在国有企业战略性改组的大背景下认识其必要性

党的十五大之所以提出了国有企业的战略性改组，其深层次原因是改革所导致的国民收入分配结构的根本性变化。国民收入分配格局从国家主导型变为居民主导型。国家在80年代中后期失去收入融资能力之后，采取通过银行实行债务融资，导致国民经济双高负债局面。面对双高负债所潜伏的国家债务风险及金融危机，唯一的出路是实行国有企业的战略性改组。股份合作制是在实现国有企业战略性改组这一大背景下提出来的，是实现竞争性领域国有企业银行债权向居民股权转化的方式之一。

二、股份合作制是一种传统国有、集体小企业向市场经济体制下规范的现代企业制度过渡的较好方式之一

党的十五大报告指出股份合作制是国有小企业改革的方式之一。我认为股份合作制近年来在国有小企业改革中进展较快，从一些地区改制后的情况看，效果不错，说明股份合作制是一种较适应我国目前国有小企业改革的企业制度形式。因此，在厦门国有或集体小企业的改革中，股份合作制是一种可以考虑

---

* 本文为1997年11月应厦门市政协经济城建委邀请，在厦门市政协九届一次会议联组专题讨论会上发言的提纲。

的改革方式。

用股份合作制改造国有小企业，有利于解决国家对这些企业职工的隐性负债问题，在此基础上按照一定比例要求职工投入资金认股，有利于调整企业的资本结构、资产负债比，使企业有可能恢复运转。

三、股份合作制只是一种企业制度改革的过渡形式

（1）股份合作制以职工持股为主要特征，职工是企业财产的主要持有人，因此，职工有效参与管理是股份合作制生命力的基础。从管理理论角度看，企业规模越大，职工有效参与管理的可能越低，至少是越不经济。因此，股份合作制只能适应较小型企业。小企业如果是有生命力、有发展前景的，绝不会局限于原有企业规模，届时，股份合作制在管理上的局限性必然会暴露出来。

（2）股份合作制兼有股份制与合作制的特征，而股份制与合作制在制度特征上是有矛盾的，股份制以投资份额决定投资者对企业的经营管理决策权限，合作制强调劳动联合，在管理权限上主张一人一票制，股份合作制兼顾二者，必然要求每个职工的持股份额大体相近。这必然对股份合作制企业的发展造成很大限制。

（3）关于股份合作制的设置，目前国家尚无法律。从农业部的有关政策条例看，要求设集体股，这部分收益不能分配给个人，只能用于再投资，而且必须以公股的形式出现。当企业持续盈利时，必然出现由这部分形成的资产份额不断增加，累积到一定时候，便使股份合作制企业向传统的集体所有制企业回归，其可能导致的弊病显然。

因此，股份合作制企业必然要向这种或那种规范的现代企业制度过渡，在进行股份合作制改革时必须注意到这一点，并为其将来的过渡留下发展余地。

四、进行股份合作制改革时必须注意的几个问题

（1）股份合作制只适用于传统国有、集体小型企业的改造，也就是说，对于那些已经改制为较规范的市场经济企业制度形式的企业，无须将其改造为股份合作制企业。对于某些民营、私营企业，是否改造成股份合作制企业，必须采取双自愿原则：业主自愿、员工自愿。目前有些私营企业借此机会圈钱，是

不能允许的。

（2）国有小型企业改制为股份合作制企业，就不再是国有企业，因此，在国家划定一定份额的企业资产作为对职工隐性负债的补偿后，这些职工必须解除其国有职工身份。

（3）对于划给职工的这部分资产，必须明确划分到个人头上，它是国家对职工隐性负债的补偿，因此，它是职工医疗、失业、养老等社会保险的基金来源。如何使这部分资金得以保值增值，真正用于职工的社会保障，是值得认真思考的。因为，对于这部分职工，国家不可能再支付另一笔社会保障资金了。

（4）股份合作制是国有、集体小型企业走向市场经济体制下规范现代企业形式的过渡形式，因此，对国有、集体小企业的股份合作制改造，一是要在改制时注意其在制度上的不确定性，有意识地把它向较规范的现代企业制度形式引导；二是如果存在着一步就可以直接改制为规范的现代企业制度，就不必多此一举。

股份合作制改制四则[*]

一、流失还是偿债？

国有资产是否流失，是国有企业改制中的敏感性问题，因为我们已经流失得太多。

同安印刷有限公司在改制时国有净资产已是负数，因此，争议集中在原来县财政借给企业的周转金中的105万元转为国家资本金以抵补改制的净资产负数及各项补贴金。这笔钱政府该不该出，得看出的是否有道理，是否最有效率。

这105万元除抵补净资产负数外，其余用于解除该厂职工的原有国有职工身份以及安置退休职工及抚恤对象。因此，问题的关键在于，原有体制下，国家对国有企业职工是否承担了某种义务，存在某种隐性负债。

应当说，这种义务及隐性负债是存在的。任何现代社会都需要建立某种保障机制以应付失业、伤病及年老。市场经济中，有的政府采取了征收社会保险税费的方法，雇员及其雇主必须分别按一定比例向政府缴纳其部分收入。此时，雇主支付给雇员的工资要低于不负担社保税时应支付的。有的政府不采取强制的办法，雇员工资中包括这一块，因此，工资高一些，但是，就业者必须自己解决医疗、养老等保险问题。计划经济中，国有职工的工资中没有包括社会保险费用，这从传统体制下不存在供职工自由购买的医疗、养老、失业保险基金及低工资制度中可以看出。传统体制下，也不存在着企业与职工定期按比例向国家缴纳部分收入的社保基金。传统体制采取的是身份保障制度，即当你

* 本文原载于《厦门商报》1997年12月12～20日。

取得了国有职工身份，国家就对你承担了失业、医疗、养老保险的义务，同时实行低工资制度。其弊病不言自明。因此，近年来我国进行了社会保障体系的制度建设。

国有企业战略性改组，将有大量竞争性领域的国有中小型企业转为非国有企业，从而其职工转为非国有职工，在妥善解决就业问题的同时，清偿隐性负债，是解除这些职工国有职工身份的必要前提。目前的具体困难主要是已经初步建立的社保体系因企业、职工投保时间太短，资金有限，无法按职工的工作年限支付相应的社保。此时，政府补足这一块，是还债，也是把国企转为非国企从而彻底推向市场的必要。问题在于政府拿出了这一块，职工已有工龄的社保资金是否落实了？

二、关键是提高经营效率

同安印刷有限公司实行股份合作制改造的“自选动作”之一是实行按股投票制。这与国家有关部门的指导意见不合。

股份合作制是改革中的新生事物，制度设计有待摸索。国有小企业甚多，具体情况千差万别，统一设计、批量生产未必行得通。当然，总的标准是有的，那就是“三个有利于”。国有小企业之所以要改制为股份合作制企业，根本原因是在竞争性领域的这些企业采取国有制是无效率的，1994 年至今全国的国有小企业整体净亏损已经说明了这一点。对于竞争性企业，制度设计的根本点在于最大限度地提高企业经营效率。提高经营效率，当然要提高职工的积极性。有效参与管理是促进职工积极性的重要措施。从这一点看，一人一票制有其优越性，尤其在企业足够小，职工不仅对具体生产而且对企业经营状况比较了解的情况下。但是，企业较大、职工多，而且分工明确时，一人一票制即使能令全体员工的积极性最大，但未必使企业经营最有效率、最有竞争力。因为，商战对决策时效性的要求，管理者与普通员工在管理能力、信息拥有上的不对称，都使一人一票制未必效率最优。

当然，反例是存在的。例如，在合伙制企业及两合公司中，企业的经营方针是由过半数的成员决定的。它也是有效率的。问题在于，这种企业的特点是员工的劳动技能是企业诸生产要素中的优势要素，企业经营效率取决于员工的创造性劳动。采取这种制度有利于使企业的经营效率最高。而我国目前大多数国有小企业中，劳动力尤其是只具有一般技能的普通劳动力还不是优势要素。

一个成功的企业制度设计还必须考虑到发展的可能。在资本是优势要素情况下，增资是企业发展的关键。此时，一人一票制的局限性也就充分暴露出来了。一人一票制的优点是平等，缺点也是平等。因为，即使是同一个企业的职工财富拥有状况也不可能平均。严格的一人一票制，只能导致企业内部增资以收入水平最低者负担能力为限，而且极大限制了外部筹资的可能性。因此，它对企业发展的限制是十分明显的。

一人一票制和一股一票制在各自意义上都是平等和民主的，对于竞争性领域，目前更为重要的是，何种机制能使企业更富有效率，获得更大的发展空间？

三、“概念股”有害无益

同安印刷有限公司在股份合作制改造中，“只设身份股、基本股和投资股，其实质都是职工个人股”。据说其他国有企业进行股份合作制改造，“通常设国家股、职工集体股、职工个人股、法人股等”。

尽管不是全国首创，但是，同印仍不失为敢吃螃蟹的人。可是谁能算清楚由此造成的巨大资源浪费？几经周折总算弄懂，还是要实事求是，按照“三个有利于”办事。

同安印刷有限公司改制时国有资产已是负数，财政周转金 105 万元转给企业是抵补净资产负数及职工安置费。不设国家股，是实事求是。不设职工集体股、法人股，是因为不存在原来属于职工共同所有的资产以及其他企业的投资，也是实事求是。

如果仅仅是为了使企业保持某种“性质”而设立“概念股”，国家没有资本，设国家股，是对职工投资的侵权；要求国家再投资，显然不可能，即使可能，一不符合国有企业战略性改组的方针，二有害无益，还是不投为好。因为它必然使企业摆脱不了很多的行政干预，结果是企业无自主权，经营无效率，于国于民都不利。

即使企业原有部分职工集体所有的资产，是不是都要设集体股呢？不一定。因为，从已有的实践经验看，这样做，长此以往，会使企业中无明确产权主体的资产份额不断增加，从而导致新的产权关系不明晰，使改制带来的激励机制淡化。因此，那些较早实行股份合作制改制尤其是具有较好成长性的企业，在发现设置集体股出现的不良效应之后，纷纷再次进行改革，将集体股划分到员工个人头上，结果进一步调动了员工的积极性。

这么做合理吗？这要看实践是不是有利于调动职工的生产积极性。到11月，同安印刷有限公司销售收入比去年同期增长29.6%，职工工资收入比去年同期增长49.6%；这么做，有红头文件吗？有理论根据吗？这是其次，更何况，有。不是说坚持“三个有利于”吗？反之，为了“性质”而设“概念股”，倒是要出大问题的，因为，它不实事求是。

四、股份合作制是国有小企业走向市场经济的桥梁

从企业数量看，小企业是国有企业的主体。国有工业企业中，小企业约占82%。小企业的经营状况不好，1996年国有工业小企业的平均资产负债率是72.34%，比大企业高11个百分点；1995年小企业亏损占亏损总额的30%以上，1996年净亏损约81亿元。小企业职工下岗的比例也最高。因此，尽管小企业在国有企业资产、产值、从业人员中所占比例不大，但是，搞好国有小企业的改革，具有重要的政治、经济意义。

国有小企业处境困难，责任不完全在企业。国有小企业大部分是计划经济时期，按照以主体地位发挥主导作用的思想在竞争性领域投资建设起来的。在市场经济条件下，竞争性领域不是国有企业的制度优势领域。目前，刚刚兴起的非国有企业大多是小企业，因此，国有小企业最先受到挑战。

竞争性领域国有企业大面积经营亏损，说明了对国有企业进行战略性改组的迫切性。国有企业战略性改组，就根本而言，是按照市场经济的资产配置规律，将国有资产从竞争性领域转移到公共经济领域，与此同时，适应国民收入分配结构变化，调整国有企业的资本结构，改变国民经济中存在的银行对居民高负债、企业对银行高负债状况。

在这种宏观背景下，国有小企业的股份合作制改造目的十分明确。它是实行国有经济从竞争性领域退出的重要手段之一。因此，改制的目标是使这些企业从国有转为非国有；因此，股份合作制企业中尽量不要设国家股，应当尽可能地将国有资产转移出来，用于公共经济领域；因此，国有小企业的高负债，不能靠国家的注资，必须靠职工投资与其他资金来源，也即改制来解决；因此，改制必须同时实现职工身份的转换，因为转移到公共经济领域的国有资产的有机构成会更高，同量国有资产只能容纳更少的国有职工，更何况业已存在那么多的富余人员！因此，改制必须妥善处理国家对职工的隐性负债，健全、

完善社会保障机制，这样才能实现改制企业与政府的彻底脱钩。

股份合作制是目前职工较易接受的一种改制方式，因此值得推广；股份合作制还在试验之中，应当允许职工尝试不同的制度设计。对错与否，看是否正确处理好国家与企业、职工的利益关系，看企业是否恢复生机、提高竞争力，看职工积极性是否调动起来了，看是否为企业彻底走向市场经济留下充分的体制发展空间。股份合作制的实践证明，它是企业走向市场经济的桥梁，桥梁不是目的地，但是，走向彼岸，我们需要桥梁。

遵循市场经济发展的一般规律推进国有经济改革*

党的十五大报告提出的“调整和完善所有制结构，加快推进国有企业改革”的方针，充分体现了邓小平同志所倡导的实事求是的思想路线及按照“三个有利于”原则进行经济体制改革的思想。

1. 调整和完善所有制结构，对国有经济进行战略性改组是我国社会主义市场经济发展的内在要求

首先，对国有经济进行战略性改组，是我国国民收入分配格局发生根本性变化的必然要求。传统计划经济体制是以国家的收入融资为基本手段来保障国有经济在国民经济中的主体地位及其扩大再生产的。20 年来我国经济体制改革的最大成就之一是实现了国民收入最终分配格局的变化，从国家主导型转向居民主导型。这一变化在 80 年代中期出现，1985 年，国民收入中居民所得比 1978 年提高 11 个百分点，达到 61.4%，80 年代后期基本完成，1989 年居民所得占国民收入的比重为 64.1%，1994 年更达到了 69.6%。

在这种收入分配格局下，国家所能集中的财政资金只能满足社会公共需要，国家已经没有能力通过收入融资方式为国有企业提供投资资金。

其次，由于在国家失去通过收入融资方式为国有企业提供投资资金的情况下，没有及时进行国有经济的战略性改组，而采取了通过国有银行系统债务融资的方式，继续维持国有经济的计划经济型配置，导致了目前的国家对居民的高负债、国有企业对银行的高负债，使国民经济发展潜伏着巨大的危险：（1）国有企业的高风险、低效率经营（高风险：企业的盲目贷款上项目、盲目

* 本文为 1997 年 11 月 7 日在厦门社会发展研究会“公有制经济及其实现形式”专题研讨会上发言的提纲。

扩张行为；低效率：银行利率经常地处于负利率状态，国有企业仍然认为利息负担过重，据世界银行研究，1994 年，负利率使银行对企业的贷款造成的实际补贴是 765 亿元，国家经贸委张春霖的估计是 1490 亿元）。（2）国家的债务风险及潜伏的金融危机。

最后，国民收入分配结构的根本改变，是符合市场经济发展的一般规律及运行要求的。因为市场经济的本质特征是个人的自主经济决策以及与之相适应的经济责任，市场经济要求社会生产及消费中用于可分割性消费及排他性消费部分的资源必须归个人支配。从世界各市场经济国家情况看，居民个人收入总量占国内生产总值的比重都是随着经济发展水平的提高和市场经济的发展而相应提高的。日本 1930 年为 56%，1946 年为 26%，1965 年为 64%，1975 年为 76.5%，1979 年为 75.2%，发达国家和地区目前水平为 75%~80%。因此，可以看出：党的十五大提出调整和完善所有制结构，对国有经济进行战略性改组，是正确认识到我国社会主义市场经济发展的内在要求及国民收入分配格局的变化要求。

2. 对国有经济采取多种实现形式是社会主义市场经济发展的内在要求

必须按照市场经济的一般规律及我国国情进行所有制结构调整及国有经济的战略性调整，其根本要求是将国有经济从传统的计划经济型配置调整为市场经济型配置。

第一，对国有经济进行战略性改组及调整，要求按照市场经济发展的一般规律及我国现阶段的国情以及各种产权制度在不同经济领域的比较制度成本与效益，将国有资产调整到国有经济的制度优势领域。

第二，国有经济的多种实现形式是指在国有经济的不同制度优势领域应当采取不同的制度实现方式，而不是指借助所谓的多种实现形式就可以在市场经济的所有领域配置国有经济。从目前世界上市场经济国家的一般情况看，国有经济是存在不同的实现形式的。一般地说，有三大类实现形式。第一类是政府部门直接管理的企业，即国营企业（state enterprise），日本称之为“现业”（departmental undertaking），它直属政府管理，不具有独立自主的商品生产者地位；第二类是具有特定法律地位，受某一政府机构管辖但拥有一定经济自主权的企业，欧洲国家或称之为“国有化企业”（nationalised industry），或称之为“国家主办企业”（state-sponsored enterprise），日本称之为“公共法人”（public corporstion）；第三类是具有与私有制企业相同的法律地位且享有完全独立经营自主权的企业，其股份全部或部分归国家所有，欧洲称之为“国有公司”

(state-owned companies), 日本则干脆称之为“股份公司”(jointstock company)。我国现在的法律制度并没有规定前两类国有企业的法律地位，将它们混同于股份公司中的国有独资公司，显然是不符合市场经济的一般要求的。

第三，应当正确认识股份合作制的过渡性。党的十五大提出部分国有企业可以改组为股份合作制企业。对此，应当认识到这是作为国有小型企业改制过程中的一种过渡形式。股份合作制就规范意义上看，是一种不稳定的企业制度形式，它适应目前改革的需要，但是，从其制度规定及已有的实践情况看，它必然要向这种或那种规范的市场经济企业制度过渡。

3. 厦门应当抓住党的十五大提出的改革机遇，加快发展

党的十五大提出的“调整和完善所有制结构，加快推进国有企业改革”的深化改革方针，是厦门特区加快发展的重要机遇。我认为，可以通过采取以下措施，抓住机遇，加快发展。

(1) 充分利用厦门国有企业尤其是大型商贸企业已有商誉，积极稳妥地通过社会筹资，改善企业的产权结构、资本结构，参与对厦门及内地国有企业的战略性改组及跨地区、跨行业、跨所有制和跨国经营大企业集团的组建。发展厦门经济特区的大型企业集团。

(2) 鼓励、促进外商投资企业采取开放式的产权制度形式，参与厦门以及内地的国有企业战略性改组及跨地区、跨行业、跨所有制和跨国经营大企业集团的组建。

(3) 大量发展非国有经济尤其是民营经济，改善厦门的国民经济产权结构。

通过上述措施，实现资本集聚及结构改善，扩大厦门经济特区的经济总量，增强其经济竞争能力、发展后劲，使厦门地区的经济真正成为具有较强辐射力，能够带动更多地区经济发展的龙头经济。

国有经济主导作用实现形式探讨*

国有经济的主导作用并不因其在国民经济中占一定比重而自然而然地产生。它必须以相应的配置结构、制度设计为依托，失去了与特定社会经济运行机制相适应的制度设计、配置结构，其主导作用也就难以实现。

一

社会主义经济对国有经济在国民经济中的作用提出了很高的要求。但是，在不同的经济运行环境中，这一作用的发挥方式，相应地，其配置结构及制度设计及管理方式是大不相同的。

传统体制下，国有经济的配置结构、制度设计及管理方式是服务于计划经济运行机制的要求的。传统体制之所以将国有化推行至除农业以外（事实上，在相当长时期内实行的以人民公社为代表的高度集中管理的农业集体经济，已是一种“准国有化经济”）的绝大部分国民经济领域，并对各领域中的国有企业一律实行国营制度，是基于传统的社会主义政治经济学理论，认为在这些领域中，社会生产力已经发展到了这样的水平，它除了实行社会直接管理之外，已不适应于任何其他方式的管理。在此理论认识基础上建立起来的计划经济体制的运行特征，在于国家用指令性计划直接指挥企业的生产经营活动以实现对社会经济运行的计划控制，即企图用行政指令实现社会或国家效用函数与企业效用函数的一致化。这种运行方式只有在国民经济的主要组成部分都在其计划指令下行动时，方能有效地控制整个社会经济的运行。众所周知，国家对企业的长期的、全面的指令性计划管理是建立在国家对企业所占有的全民所有的资

* 本文原载于《经济学家》1996 年第 6 期。

产行使所有权的基础上的。因此，实现计划的现实要求与完善计划的内在冲动，使计划经济具有脱离社会生产力发展水平不断地提高社会公有化程度，尤其是国有化比重的趋势。其所以如此，是因为计划经济的运行方式决定了，国有制经济对国民经济的主导作用是通过它在国民经济中的比重即主体地位来实现的。计划经济模式在实践中的失败，证明了在我国现有生产力发展水平上，国有经济以主体地位发挥主导作用的思路是行不通的。

二

近十几年来，针对传统管理体制的弊病，我国国有企业改革基本上是沿着放权让利、扩大经营自主权，激活利益机制，促使其提高经营效率的思路进行的。应当承认，尽管这些改革措施不无成效，但从总体上看，至今未获得令人满意的成功。

第一，提高国有企业经营效率的目标远未达到,[①] 相反，国有企业的亏损面、亏损额都有不同程度的增加。[②] 需要指出的是，如果说在传统体制下，国有企业的经营效率低主要是由于统收统支的财务管理、平均主义的分配制度窒息了企业的利益动机和职工的劳动积极性，严格的行政指令管理严重地限制了企业的经营自主权，使其无法适应灵活多变的市场，那么应当说，迄今为止的企业改革措施已经在相当程度上扫除了这方面的障碍。国有企业所享有的经营自主权、收入分享比例等，在国有产权所能具有的范围内已相当大。有的研究者甚至认为，中国的国有企业现在拥有的自主权可能已是世界各国国有企业中最大的。[③] 机会主义倾向所造成的败德行为不仅取代了传统管理方式的弊病，成为国有企业经营效率下降的最重要原因之一，而且成为国有资产被蚕食、大量流失的根本原因。建立有效的内在约束机制因此成为近年来国有企业改革中受到重视的问题。建立公司制法人财产权，其中包含有这方面的内容。然而，从已有的实践来看，已经建立的公司制企业包括上市公司在内并没有因此形成强有力的委托人（所有者）对代理人（经营者）的约束与监督机制。相当一

---

① 国家统计局、国家计委、国家经贸委联合通报的1994年全国工业经济效益情况表明：1994年国有企业经济效益综合指数为95.11，比全国平均水平低1.88个百分点，而同期其他经济类型企业经济效益综合指数为126.9，二者相差31.8个百分点。参见《经济日报》1995年2月25日第1版。

② 1994年11月末我国国有企业亏损面达41.4%，12月亏损面虽略有下降，但亏损额却在上升。参见《经济日报》1995年1月16日第3版、1995年2月18日第2版报道。

③ 俞建国:《稳步推进中的企业改革》，载《经济研究参考》总第121期。

批上市公司、非上市公司的经营者以各种手段尽可能地摆脱股东的产权约束与监督，侵犯股东权益，引起了股东的强烈不满和失望。它在一定程度上成为导致我国股市投机倾向严重、股价剧烈波动的因素之一。

第二，政企分离，国有企业成为独立市场主体问题并未解决。从理论上看，公司制企业法人财产权的建立，可以实现国家对国有资产所有权与企业法人财产权的分离，在一定程度上使国家对国有企业的无限责任变为有限责任——之所以是一定而非完全，是因为它不仅取决于国有企业的制度形式，而且与国民经济的产权结构密切相关，当整个国民经济是单一的国有经济时，国家事实上是无法摆脱对国有企业的无限责任的。但是，国有企业改革的一个关键问题，即国家与企业的关系仍无法彻底解决。对于国有独资或控股企业，国家面临着两难选择：为了实现政企分离，可以将国有资产所有权授权企业经营者——如董事长或总经理——代理，这样，势必面临代理人机会主义行为失控的巨大危险；或者，为了有效行使国有资产权利，国有资产管理部门（或者通过国有资产投资或管理公司）派代表参加董事会，此时，国家与企业的关系，从承包制条件下的所有权与经营权在企业外部的分离，转化为国家作为股东直接在企业内行使包括重大决策、选择管理者及资产受益等一系列权利在内的所有权，政企在形式上（企业拥有独立完整的法人财产权，国家作为出资者之一仅负有限责任）分开了，但在实质上却联系得更紧密了，政府的行政干预可以更直接地通过其派出的资产代表表现为股东行使权利。

第三，国有产权代理层次多、代理成本高的问题不可能因此解决。国有资产究其实质而言，社会全体成员才是其真正的所有者。政府及其所属的国有资产管理部门、管理公司以至国有企业的董事长、总经理等，只不过是全民财产不同层次的代理人而已。因而，政府各级机构也会有机会主义行为倾向，也会产生代理及监督成本，这是一种超出具体企业范围的国有资产经营收益的扣除。任何产权制度关系，只要采用委托代理经营方式都会产生代理成本。问题在于，在同一类型经济活动领域内，哪一类产权制度关系所形成的委托代理层次较少，所有者的产权约束机制更有效，便能实现相同收益水平下的代理成本支出最低，从而是最有效率、最具竞争优势的产权制度关系。已有的国有企业改革存在的问题是，它并没有减少传统体制下存在的过多代理层次，相反，以激活企业利益机制为目标的放权让利松绑搞活，却削弱了应有的监督机制。机会主义倾向上升所造成的国有资产收益下降以至资产本身的大量流失成为日益严重的问题。

第四，无法发挥国有经济在社会主义市场经济中的主导作用。即使不考虑上述问题所造成的效率损失，假定这样的制度安排能够造就以盈利最大化为唯一目标的国有企业，也会因此产生另一个更为本质的问题：国有经济在社会主义市场经济中的存在依据，反映其制度本质特征的是代表全民长远、根本的利益，然而，以利润最大化为唯一经营目标的国有企业的运作机制、运行方式与其他产权制度企业有什么不同？既然如此，又能指望靠什么使它们发挥在国民经济中的主导作用呢？

在现实经济运行中则存在着另一种倾向，即更重视国有企业的全民性质，注意到必须对经营者的机会主义行为进行控制。具体表现为政府有关部门周期性地收权，限制企业的自主权，对企业经营行为的行政监督与干预的加强，等等。这类行为往往受到舆论的尖锐批评，认为是体制复归，是有关政府部门想夺回因改革而失去的权力和利益。诚然，这种批评不能说全无根据。有关部门在控制国有企业的机会主义行为泛滥时，曾自觉不自觉地使用了传统体制下的管理方式，出现了对企业经营自主权的过分限制。有的政府机关动机不纯，想以此保持对企业的既有控制权，从而维持、扩大自己的既得利益，政府与企业之间的某些权益之争不过是两个代理人之间的私利之争，也是客观事实。但是，把问题仅仅归结于此，无视现实中大量存在的国有企业尤其是其经营者因国家放权让利，扩大自主权，监督、约束机制弱化而产生机会主义倾向急剧膨胀，造成了国有资产权益的大量流失和社会经济秩序的混乱，显然是不合适的。

政府有关部门的这种做法既不能有效地遏制国有企业经营者们的机会主义行为，又不能促进企业活力、效率的提高，某些措施确实在一定程度上导致了旧体制的复归。既有问题得不到解决，同时却又陷入新的矛盾之中，因而，“治理整顿”、权力上收不久，又不得不再度放权，随之而来的是新一轮来势更猛的代理人机会主义行为泛滥。现实中的困惑充分说明了在既有改革思路框架内解决国有企业问题的困难。

三

国有企业改革中的两难局面说明，尽管我国的经济体制改革已经进行了多年，但是，对国有制经济在社会主义市场经济中的地位、性质、作用等基础性理论问题却未充分研究。因而，在国有企业改革思路设计上不能不带有盲目性。实践证明，必须认真思考国有经济改革的深层次理论问题。

国有产权作为一种制度形式，是有其基本的制度规定性的。它决定了国有经济在社会主义市场经济中特定的适用范围、运作功能及服务的社会经济目的。对国有企业的改革必须以此为出发点，在国有产权的基本制度规定框架内进行，超越或违背了它，国有制就不是国有制。国有经济的基本制度规定性就是其产权不可分割地属于社会全体成员所有。国有资产的使用必须服务于社会全体成员的利益，尤其是其整体的根本的长远的利益。因为，只服务于个别或部分社会成员利益的财富都可以采用可分割的产权形式，它有利于减少委托代理层次，降低代理成本，提高效率。

国有产权的基本制度性质决定了它的管理必须选择委托代理方式，而且，一般地说，由于它的产权不可分割，决定了它的委托代理层次要多于那些可在社会成员之间分割产权份额的产权制度形式。因而，其委托代理成本一般要大于后者。

国有产权的基本制度性质决定了它的内部监督机制一般弱于其他产权制度形式，因而，一定的外部监督、数量控制无论从制度性质还是宏微观运行效果来看都是必要的。

国有产权的基本制度性质决定了在市场经济体制下，国有经济是有其特定的配置领域的，即外在性经济领域。在该领域，社会成员之所以选择这种委托代理层次较多从而代理成本高于可分割性产权，需要一定的外部监督、数量控制的产权制度形式，显然是由于在市场经济条件下，它在外在性经济领域比其他产权制度关系具有更好的适应性、更高的效率。

社会主义市场经济条件下，社会之所以在外在性经济领域选择国有制，不仅因为国有产权制度能够胜任其他产权制度无法胜任的任务，如为社会全体成员提供社会公共福利、经济基础设施及其服务等公共产品，有效地克服市场经济条件下社会对外在性经济活动的需要与其他产权类型企业只愿意从事内在性经济活动之间的矛盾，保障社会经济的正常运行等，而且是市场经济条件下实现国有经济对国民经济主导作用的基本形式。

国有经济主导作用的实现方式在不同经济运行机制下是大不相同的。市场经济是以独立市场主体及其追求微观经济利益最大化的活动为基础的。因此，政府的宏观经济调控表现为承认主体（政府、企事业单位、居民）效用函数不同条件下，调控者如何实现被调控者与调控者之间的效用函数一致化问题。其主要方式可以归结为各类利益诱导。财政货币政策运用是一种利益诱导，运用国有经济从事外在性经济活动，创造有利的社会经济运行条件，也是一种利益诱导方式，一种国家运用国有经济实现宏观调控，从而发挥国有经济对国民经济主导作用的方式。

外在经济（不经济）或生产中正的（负的）外在效应是一个生产者的产出或投入对另一个生产者不付代价的副作用，或者，按照米德的定义："一种外部经济（或外部不经济）指的是这样一种事情，它使得一个（或一些）在做出直接（或间接地）导致这一事件的决定时根本没有参与的人，得到可察觉的利益（或蒙受可察觉的损失）。"①

外在经济反映了这样一个事实，即经济效果传播到市场机制之外，并改变了接受效果的厂商的产出和由其操纵的投入之间的技术关系。正规的表述则为：生产者 i 的产出 q_i 不仅受他控制的变量——向量 x_i 变化的影响，而且受生产者 j 所控制的变量 e_j 所影响，形成下面的生产函数：

$$q_i = f_i(x_i, e_j)$$

即生产者 j 从事的生产活动具有正的外部效应时，生产者 i 将免费获得由 e_j 所提供的一定量的经济效益。然而 e_j 具有指向性，只有当特定地区特定产业的生产者从事特定生产活动时，才能获得由 e_j 所提供的经济效益。因此，当生产者 i 具有多种产出选择可能，如产品或产出方法 $q_1, q_2, q_3, \cdots, q_i, \cdots, q_n$ 时，生产者 j 对产出 q_i 提供 e_j，将促使生产者 j 选择 q_i 的生产，不仅如此，还会吸引其他生产 $q(q_k \neq q_i)$ 的生产者转向 q_i 的生产；当社会生产是分布在 ω 个地区进行时（$\omega = 1, 2, 3, \cdots, \lambda, \cdots, \omega$），$q_\lambda = f_\lambda(q_i, e_j)$ 表示生产者 j 仅向 λ 地区的生产者提供 e_j，那么，市场主体受利益的驱使（假定其他条件不变），将增加对地区 i 的投资；特别地，当生产者 j 只对地区 i 的特定产出 i 提供 e_j 时，e_j 所提供的外在经济效益仅仅促进该地区产出 i 的增长。

e_j 可以以不同的方式提供。它或者表现为特定地区的社会经济基础设施及其服务的提供改善了投资环境，从而提高了厂商对该地区投资的预期收益率；或者表现为对关系国民经济命脉，需要巨额投资且具有较大投资风险的基础产业、主导产业、高科技产业的投资和扶持，通过促进这些具有巨大前瞻、旁侧、回顾效应产业的发展，带动相关产业及地区的发展，实现产业结构的升级换代，迅速提高国民经济的整体素质及国际竞争力，等等。这些活动，往往短期效益不明显，大多难以在市场上收回其边际成本，因而，仅仅依靠市场机制必然供给不足，而且，在市场发育不成熟的经济中矛盾更为突出。社会主义市

① 外在经济（external economies or externalities）的概念，参见约翰·伊特韦尔等：《新帕尔格雷夫经济学大辞典》（第2卷），经济科学出版社1992年版，第280~284页；J. E. 米德：《效率、公平与产权》，北京经济学院出版社1992年版，第302页。

场经济的根本优势，就在于国家能够运用强大的国有经济从事这些对国民经济长期发展、整体利益具有重大意义的活动。国家有意识地利用这种方式实现宏观调控引导国民经济的发展，正是国有经济在社会主义市场经济条件下主导作用最重要的实现形式。

四

需要进一步讨论的是，国有经济在社会主义条件下发挥主导作用的形式是否仅此一种？在体制转型期间，为了实现经济结构的调整，促进其他经济成分的发展，国有企业承担了较重的财税负担，为了保障转型时期的社会稳定，国有企业不得不承担相当部分冗余人员的安置，等等。国有企业在这方面所作出的牺牲，无疑是其在体制转型期间主导作用的一种重要体现。但是，这只适应于特定历史时期，长此以往，国有经济是难以为继的。

主张国有企业应以盈利最大化为经营目标的论者可能认为盈利最大化并不妨碍国有经济主导作用的发挥，因为此时国有企业虽不以从事外在性活动实现主导作用，但是可以用上缴财政的国有资产收益实现其对国民经济的主导作用。

应当指出，即使我们假定以盈利最大化为目标的国有企业能够获得与其他经济类型企业一样的微观效率，这一思路也存在着如下一些问题。

第一，在市场经济条件下，外在性经济领域是客观存在的。该领域经济活动的性质决定了其他经济类型企业不愿意而且也不可能长期进入这一领域，非国有企业莫属。近年来，由于资金紧缺，有些地方运用 BOT 等方式吸引外资从事经济基础设施建设似乎是个例外，其实不然。外商之所以愿意以 BOT 等方式投资经济基础设施，或是这类项目的产品或服务是一种具有可分割性、排他消费的产品，外资通过获得垄断经营权而获得丰厚的投资回报；或是当这类项目无法实现垄断经营时，当地政府往往通过利益补偿，如对项目周围的土地使用权的低价或无偿转让等换取外商的投资。这是政府因资金短缺或缺乏必要的技术及管理能力，为了全局、长远的利益，不得不牺牲某些局部、眼前的利益。因此，若政府具有足够的资金、技术及管理能力，运用 BOT 等方式从事经济基础设施建设则未必是经济合理的。国有企业既然必须从事外在性经济活动，为什么不因势利导，运用它实现对国民经济的主导作用呢？

第二，从事外在性经济活动并不意味着国有企业必须亏损经营，而是意味着企业不以盈利最大化为唯一目标，企业的盈利目标是从属于更高层次的社会经济发展目标的。在自然垄断行业（它们一般都是外在性经济领域），国有企业的垄断经营是可以实现高额垄断利润的。但是，在该领域，国家仍必须实行必要的价格管制及数量控制，不能听任国有企业（或者其他经济类型企业）以盈利最大化为目标。此时，国家的价格管制、数量控制面临着如下选择：是为了获得尽可能高的国有资产收益而听任价格高涨，而使与之相关的、国家正需要鼓励发展的经济活动萎缩呢；还是限制价格于合理范围以内，以致在必要时将利润率限制在平均水平之下，同时要求国有企业实现某些社会经济目标，以此鼓励、促进相关经济活动的发展，实现国家的宏观经济指导意图？二者得失孰大孰小？谁更符合全社会的利益呢？

第三，若国有企业均以盈利最大化为目标，用上缴国有资产收益的形式实现国有经济的主导作用，其对国民经济的意义是值得怀疑的。此时，国有企业对国家、社会的意义仅仅体现为国有资产收益。如果我们希望国有企业具有自我发展功能，显然，在计划经济条件下上缴财政的折旧及大部分税后利润均应留给企业。因此，国家作为国有资产所有者所能得到并自由支配的资产收益仅仅是税后利润中的现金分配部分。它有多大呢？表 1 展示了美国三家上市公司 20 世纪 80 年代的税后利润分配情况，从中可以得到些启发。

表 1　　　　美国三家公司的税后利润分配情况

项目	UT	CXS	OH
1. 总资产（亿美元）	96.476	111.376	3.028
2. 普通股价值（美元/股）	28.65	23.677	9.72
3. 每股盈利（美元）	3.376	2.004	0.772
4. 每股现金分配（美元）	1.33	1.054	0.19
5. 股本盈利率（%）	11.78	8.46	7.94
6. 现金分配/股本（%）	4.64	4.45	1.95
7. 现金分配/盈利（%）	39.40	52.59	24.61

注：表中数字为 UT 公司、CXS 公司 1982～1986 年，OH 公司 1981～1985 年 5 年数字平均数。

资料来源：根据 United Technologies、CXS Corporation、Ozak Holdings Inc. 1986 年年度报告（OH 为 1985 年）中有关数据整理计算。UT 公司主营高技术产品，CXS 公司主营运输、能源、技术产品及房地产，OH 公司主营民航。

由表 1 可知，在企业处于正常情况下，公司税后利润的大部分转化为公司的再投资基金。而高技术公司的这一比例实际上比表 1 中反映的更大。UT 公司 1982～1986 年打入成本的研究与发展费用高达 43.84 亿美元，而同期用于股东分红的仅为 7.76 亿美元，后者仅为前者的 17.7%。因此，尽管公司业绩不错，但股东投资的年现金收益率并不高，仅4%左右。按此比例估算，假定我国现有的经营性国有资产全部以盈利最大化原则经营，而且获得与上述公司相当的盈利率，每年国家从现存国有资产中可以获得的资产收益大约是800亿元左右（这个数字能否达到是大有疑问的。因为自1985年以来，我国财政每年所获得的企业收入不超过80亿元。1992年来自企业的收入仅占国家财政收入及各项税收的1.44%、1.82%。[①] 据国家国有资产管理局提供的数字，1992年，国有企业的资金利润率是2.0%[②]）。即使如此，也只相当于1994年国家财政收入的15%。[③] 倘若仅仅着眼于这一目的，无疑大大低估了国有经济在社会主义市场经济中的地位及改革的重要性。因为这笔收入事实上不难从其他渠道，如加强税收征管、调整税收等获得。[④]

第四，需要进一步指出的是，这种思路把市场经济中国有经济的存在意义仅仅归结为单一的价值化目标，并以货币为尺度衡量其效率水平进而其存在的必要性。这实际上已经取消了国有经济在市场经济中的存在意义，因为，在这种情况下，要从国有经济获得的完全能从其他经济成分中获得。它实际上是认为在市场经济中，社会经济发展目标是完全价值化了的，一切社会经济问题都可以通过市场用价值手段解决，事实并非如此。而且，正是由于可以用市场法则、价值手段解决的社会经济问题，其他经济成分市场主体一般都可以很好地解决，国有经济在市场经济中的意义也就更需要从其解决非价值化社会经济问题的能力予以说明。即国有经济在社会主义市场经济中实现其主导作用的形式，主要体现为从事外在性经济活动，引导国民经济健康、稳定、迅速地发展。

五

以国有经济从事外在性经济活动实现其对国民经济的主导作用，其作用程

① 1985～1992年，企业收入最高年份仅78.3亿元（1990年），占当年财政总收入、各项税收之比分别为2.36%、2.77%，1985～1992年平均水平分别为1.97%、2.65%。参见《中国统计年鉴（1993）》，中国统计出版社1993年版，第215～219页。

② 1994年国家财政收入为5181.75亿元。参见《经济日报》1995年3月7日第1版。

③ 国家国有资产管理局：《1992年全国国有资产经营情况》，载《经济研究参考》总第121期。

④ 据有关研究，1982～1992年，我国国有资产的流失累计达5000亿元左右，即每年平均500亿元（参见谷书堂、曹学林：《1991年1季度宏观经济的主要问题和对策分析》，引自《当前宏观经济分析与宏观调控》，中国计划出版社1994年版）。换句话说，倘若国有资产的存在仅仅是为了获得资产收益，那么，现有的国有企业若都转为非国有企业，国家每年反而因此“收入”500亿元，相当于上述800亿元的62.5%。

度取决于四个方面的因素。(1) 社会经济面临的主要矛盾。国有经济从事外在性经济活动，对国民经济的影响主要集中在供给方面，是一种对生产者的利益提供，促进投资、生产及经济结构调整。因此，当一个社会经济面临的主要矛盾不是有效需求而是有效供给不足，其主要任务是促进经济增长、结构转换时，这种方式的作用将较大。(2) 生产社会化及市场经济的发育程度。导致外在性经济的技术和制度条件包括共有变量、市场组织成本等。生产的社会化程度越高，社会成员的效用函数或厂商的生产函数中共有变量也就越多，社会的外在性经济领域也就越大；反之，市场经济越发达，市场的组织成本将越低，它将导致因生产社会化而产生的外在性的内在化。① 这两个因素的相互作用将影响外在性经济领域的大小从而影响运用国有经济从事外在性经济活动实现其对国民经济主导作用的程度。(3) 国有经济与独立市场主体的力量对比状况。运用国有经济从事外在性经济活动引导国民经济发展，首先要求国有经济具有一定比重；其次，它应当配置在外在性经济领域；最后，它并不以实现企业盈利最大化为首要目标（当然，这并不否认其尽可能提高效率的必要性）。只有具备以上三个条件的国有经济方能对国民经济起较大的主导作用。独立市场力量的大小是市场经济发育程度的一个指示器，从这个意义上说，它可以归诸上一点，但是，独立市场主体的发育程度对国有经济在国民经济中的主导作用有重要影响。当独立市场主体力量较弱小时，国有经济往往必须从事部分发达市场经济国家中大型独立市场主体可以承担的经营活动，促进经济的加快发展，此时，国有经济在国民经济中的作用也就更大些。(4) 本国经济在国际经济竞争中的地位。当本国经济是实行开放战略的后进经济时，它是受竞争经济。受竞争经济的外在性经济领域一般大于竞争主导经济。此时，国有经济在国民经济中所能发挥的作用也就更大些。

可以认为，运用国有经济从事外在性经济活动实现对国民经济的主导作用，在我国现阶段具有尤为重要的意义，它应当成为我们考虑社会主义市场经济条件下国有经济制度设计及配置结构的出发点之一。

---

① J. E. 米德：《效率、公平与产权》，北京经济学院出版社 1992 年版，第 313 ~ 332 页。

国有产权的基本制度规定国有企业不能以利润最大化为改革的终极目标*

尽管国有企业的改革已经进行了多年，然而，由于长时间内改革目标模式的不确定，国有经济在社会主义市场经济中的基本性质、地位、作用等基本理论问题并未得到充分的研究，因而，在国有企业的改革思路设计上不能不带有相当的盲目性。实践证明，必须认真地思考有关国有经济改革的基本理论问题。

国有产权作为一种制度形式，是有其基本的制度规定性的，即其产权不可分割地属于社会全体成员所有。国有资产的使用必须服务于社会全体成员的利益。

国有产权的基本制度性质决定了，它的委托代理层次从而其委托代理成本要大于那些可以在社会成员之间分割产权的产权制度形式；它的内部监督机制一般弱于可分割性产权制度形式，因而，一定的外部监督、数量控制无论从制度性质还是宏微观运行效果来看，都是必要的。

对国有企业进行改革，如果我们希望改革之后的企业仍然是国有企业，那么，它的改革就必须在国有产权的基本制度框架内进行，超越或是违背了它，国有企业也就不成其为国有经济。显然，由国有产权的基本制度性质及其运行特征所决定，国有企业在市场经济中有其特定的配置领域：外在性经济领域。社会成员之所以在该领域选择这种委托代理层次多、代理成本高于可分割性产权、需要一定的外部监督与数量控制的产权形式，因为它比其他产权形式更适应、更有效率，能够完成后者无法胜任的任务：为社会全体成员提供社会公共福利、基础设施及其服务等公共产品，保障社会经济的正常运行；实现国家对国民经济的宏观调控。

---

* 本文原载于《中国经济问题》1995 年第 4 期。

国有产权的基本制度性质及它在市场经济中的任务决定了：不应以实现盈利最大化作为国有企业改革的终极目标。因为，无论是提供公共产品，还是从事外在性活动进行利益诱导实现国家的宏观调整意图，都是与盈利最大化目标相矛盾的。

主张国有企业应以盈利最大化为目标的论者可能认为这并不妨碍国有经济主导作用的发挥，因为此时国有企业虽不从事外在性活动，但可以用上缴财政的国有资产收益实现其对国民经济的主导作用。然而，即使假定盈利最大化的国有企业具有与其他产权类型企业一样的微观效率，也存在如下问题。

第一，在市场经济中，外在性经济领域是个客观存在，该领域活动的性质决定了其他经济类型企业不愿意也不可能长期进入该领域，非国有企业莫属。也许，有人以 BOT 方式为反例，其实不然。外商之所以愿意以 BOT 方式投资基础设施项目，或是该项目的产出是具有可分割性、排他性消费的产品，经营者可以靠政府特许的垄断经营权获得丰厚的投资回报，或是该项目无法垄断经营时，政府以利益补偿，如对项目周围土地的低价或无偿转让等，换取外商投资。这是政府因资金短缺或缺乏必要的技术及管理能力，为了全局的和长远的利益，不得不牺牲某些局部的眼前的利益。如果政府有足够的能力，用 BOT 搞基础设施建设未必经济合理。反之，以国有经济从事外在性经济活动，既避免了盈利性要求对社会公共利益的干扰，又能实现对国民经济的主导作用，何乐而不为呢？

第二，从事外在性活动并不意味国有企业必须亏损经营，而是不以盈利最大化为唯一目标，盈利目标从属于更高层次的社会经济发展目标。在自然垄断行业，国有企业的垄断经营是可以实现高额垄断利润的。但是，在该领域，国家仍必须实行必要的价格管制和数量控制，不能听任国有企业（或其他企业）以盈利最大化为目标。这时，国家的价格管制、数量控制面临如下选择：究竟是为了获得尽可能高的国有资产收益听任价格高涨而使与之相关的、国家正在鼓励发展的经济活动萎缩，还是限制价格于合理范围以至在必要时将利润率限制在平均水平之下，同时要求国有企业实现某些社会经济目标以促进相关经济活动的发展，实现国家的宏观经济指导意图更符合全社会的利益呢？二者得失孰大孰小？

第三，若国有企业均以盈利最大化为目标，用上缴国有资产收益的形式实现国有经济的主导作用，其对国民经济的作用是值得怀疑的。此时，国有企业对国家、社会的意义只体现为国有资产收益（税在现有国有企业改制为非国有企业的情况下，照样收取，应排除不论）。如果要求国有企业具有自我发展能力，显然，折旧及大部分利润必须留给企业。因此，国家作为所有者所能得到并自由支配的资产收益只有税后利润中的现金分配部分。它有多少呢？不妨看看西方市场经济国家的公司税后分配情况（见表1）。

表1　　美国三家公司的税后利润分配情况

项目	UT	CXS	OH
总资产（亿美元）	96.476	111.376	3.028
普通股价值（美元/股）	28.65	23.677	9.72
每股盈利（美元）	3.376	2.004	0.772
每股现金分配（美元）	1.33	1.054	0.19
股本盈利率（%）	11.78	8.46	7.94
现金分配/股本（%）	4.64	4.45	1.95
现金分配/盈利（%）	39.40	52.59	24.61

注：表中数字为UT、CSX公司1982～1986年、OH公司1981～1985年的平均数。

资料来源：根据UT（United Technologies），CXS（CXS Corporation）公司1986年年度报告、OH（Ozak Holding Inc.）公司1985年年度报告中有关数据整理计算。UT公司主营高技术产品，CXS公司主营运输、能源、技术产品及房地产，OH公司主营民航。

由表1可知，当企业处于正常发展情况下，公司的税后利润大部分转化为公司的再投资资金。而高科技公司的比例比表1中数字更大，UT公司1982～1986年打入成本的研究与发展费用高达43.84亿美元，而同期用于股东分红的仅7.76亿美元，仅为前者的17.7%。尽管公司业绩不错，但股东的现金收益率并不高，仅4%左右。以此论之，假定我国现有的经营性国有资产全部以盈利最大化原则经营，获得与它们相同的盈利率，每年国家可获得的资产收益约为800亿元（其实，能否达到是有疑问的，1985年以来，我国财政每年的企业收入不超过80亿元。1992年，国有企业收入仅分别占财政收入和各项税收的1.44%和1.82%，国有企业的平均资金利润率为2.09%），只相当于1994年国家财政收入的15%，若仅着眼于此，显然大大低估了国有经济在社会主义市场经济中的地位和改革的重要性。因为，它不难从其他渠道，如加强税收征管、调整税率等渠道获得。

论国有经济在实现市场经济宏观调控中的作用*

一

国有产权制度改革与新型宏观调控体系的建立，是建立社会主义市场经济体制的两项重要内容，它们之间存在着极为密切的联系。产权制度改革不仅会改变企业的行为机制，而且会对宏观经济运行机制及调控制度产生重大影响；反之，一定的宏观调控制度，总是与相应的产权制度关系相联系的。因此，将产权制度改革与建立宏观调控体系作为社会经济系统内相互联系的部分结合研究，对建立符合我国国情的社会主义市场经济体制具有更为现实的理论指导意义，而孤立地研究，却有走入理论误区的危险。

首先，从产权制度研究来看，它表现为：对国有产权制度的改革，只重视提高其微观效率、内在性经济效益水平，忽略甚至否定由其根本制度性质所决定的国有企业社会目标的存在合理性以及发挥其外在性经济效益的必要性。因此，在改革方案的设计上，注意力集中在如何通过现代企业制度的建立，使国有企业转变为真正独立自主的市场主体，并认为这是建立社会主义市场经济微观基础的关键。这种思路的隐含前提是：国有企业必须而且能够成为真正独立自主的市场主体，并在市场竞争中创造出不低于其他产权类型企业的微观效率。

这一思路的根本问题是，即使国有制经济通过改革实现了这一目标，并在国民经济中占主要比重，也不过是象征性地保持了国有经济在国民经济中的“主体地位”，而作为国有经济在社会主义市场经济中存在必要性的本质特征，

---

* 本文原载于《厦门大学学报（哲学社会科学版）》1995 年第 3 期。

即比其主体地位更为根本，更为重要的对国民经济运行的主导作用，却可能因此丧失殆尽。因此，以利润最大化为唯一经营目标——这是目前不少论者所热烈主张的——的国有企业的运作机制、行为方式与其他产权类型企业必然是相同的。既然如此，我们又能指望靠什么使作为独立市场主体的国有企业发挥其在国民经济中的主导作用呢？逻辑推论是，如果它们能，那么，作为相同独立市场主体的其他产权类型企业同样也能；反之，如果其他产权类型企业不能，它们也不能。因此，必然的逻辑结论是，以盈利最大化为唯一目标的国有企业与其产权类型企业一样，只能是国家宏观经济调控的对象，不可能成为实现国家宏观调控——即其发挥主导作用的最主要方面——的手段之一。进一步的理论分析及近年来的实践证明：国有企业以盈利最大化为目标，并不可能形成规范的独立市场主体①。有鉴于此，有论者提出了国有资产非国有化的建议。这一提法目前国内歧义甚多，一种理解是将国有资产无偿地转让给个人或其他产权主体，如苏联或东欧等国向公民无偿地发放私有化证券，这是真正的私有化，也就无所谓建立社会主义市场经济了；另一种理解是有偿地转让国有企业产权。后者实际上不是国有资产的私有化，只是资产所有者对其资产持有形式的调整。因此，国家即使把现存的国有企业全部出卖，也仍然保有其全部资产产权，仍然面临着如何妥善地管理、运用这笔巨大的等额国有资产（它们只是变换了存在的形式）的问题。从上述分析可知，必须联系国有经济在社会主义市场经济中的宏观意义方能予以说明。

其次，从建立社会主义市场经济宏观调控体系角度看，无视在我国经济中占相当比重的国有经济的存在，抽象其在社会主义市场经济宏观调控中的地位和作用谈宏观经济调控体系的建立，是很不妥当的。国有经济是决定我国宏观经济调控制度的最重要因素之一，离开了它谈宏观调控体系的建设，显然只能基本照搬西方市场经济国家的现成模式。这不仅是丧失我国社会主义市场经济宏观调控制度特色的问题，更重要、更根本的是，它必然与我国的基本制度结构、经济发展水平相脱节，难以解决我国现阶段经济发展中的宏观调控尤其是促进经济增长、加快结构转换等方面的一系列问题。

二

国有制经济即社会公开地和直接地占有生产资料。国有产权的基本制度性

① 李文溥：《论国有产权的结构调整》，载《财贸经济》1993 年第 12 期。

质决定了“公有制选择目标具有充分的自由，因而可以利用它去为实现选定的任何目标服务”。而“生产资料私有制选择目标的自由受到严格限制，因为它不得不追求利润，因而倾向于对事物持狭隘的和自私的观点”[①]。国有制经济存在于社会主义市场经济的根本目的在于从事对“除了社会管理不适于任何其他管理的生产力”的管理,[②] 在于实现社会公众利益。即在现有生产力水平下，国有制经济在社会主义市场经济中的存在必要性，与其说是由其所能具有的内在性经济效益、微观效率水平，不如说是由其对宏观经济的意义，即它对实现市场经济运行宏观调控的重大意义所决定的（此外，国有经济还在提供社会公共福利方面起重要作用，限于本文论题，对此不展开论述）。

众所周知，在计划经济中，国有经济在实现国家宏观经济调控中也起着重大作用——严格地说，计划经济中的国家计划与市场经济中的宏观调控是大不相同的，但是，它们在实现国家经济发展战略方面，则有其一致性。这里仅在此意义上进行比较——因此，可以认为：社会主义市场经济与计划经济的区别点不是国有经济是否应对实现国家宏观经济发展意图起作用，而是它起作用的领域与方法。

计划经济的运行特征在于国家用指令性计划直接指挥企业的生产经营活动以实现对社会经济运行的计划控制，即企图用行政指令实现社会或国家的效用函数与企业效用函数的一致化。这种方式只有在国民经济的主要组成部分都在其计划指令下行动时方能有效地控制整个社会经济运行。由于指令性计划是建立在国家对全民所有的资产行使所有权基础上的，因此，计划经济中国有制经济对国民经济的主导作用，是通过它在国民经济中的比重即主体地位实现的。鉴于此，实现计划的现实要求与完善计划的内在冲动，会使这一经济具有脱离社会生产力发展水平而不断提高社会公有化程度，尤其是国有化比重的趋势。

市场经济以独立市场主体及其追求微观经济利益最大化的活动为基础。因此，政府的宏观经济调控表现为承认主体（政府、企事业单位、居民）效用函数不同条件下，如何实现被调控者与调控者之间的效用函数一致化问题，其方式可以归结为各类的利益诱导。财政货币政策的运用，是一种利益诱导；运用国有经济从事外在性经济活动，创造有利的社会经济运行条件，也是一种利益诱导方式，是一种在市场经济条件下，国家改变市场条件、运行环境从而调控市场主体行为的重要方式。

---

① E. F. 舒马赫：《小的是美好的》，商务印书馆 1985 年版，第 182 页。

② 恩格斯：《反杜林论》，引自《马克思恩格斯选集》（第三卷），人民出版社 2012 年版，第 666 页。

外在经济（不经济）或生产中的正的（负的）外在效应，是一个生产者的产出或投入，对另一个生产者不付代价的副作用。[①] 或者，按照米德的定义："一种外部经济（或外部不经济）指的是这样一种事件，它使得一个（或一些）在做出直接（或间接地）导致这一事件的决定时根本没有参与的人，得到可察觉的利益（或蒙受可察觉的损失）。"[②]

外在性经济的存在，意味着在竞争市场中，从事外在性经济活动的生产者不能从其产品的市场价格中完全收回其生产成本。因此，以盈利最大化为唯一目标的独立市场主体不愿意而且也不可能长期从事外在性经济活动。相反，国有制经济由于其产权制度性质所决定，具有从事这类活动的能力。运用国有经济从事外在性经济活动，较好地克服了市场经济条件下社会对外在性经济活动的需要与其他产权类型企业只愿意从事内在性经济活动之间的矛盾，保障了社会经济正常运行所需要的外在性经济产品、劳务的供给，有其必要性。而且，以国有经济从事外在性经济活动，实际上是利用其产权的全民所有性质，在全社会范围内实现外在性经济效应的内部化：国有经济提供的外在经济效益为社会全体成员所分享，其难以通过市场直接回收的成本最终也由社会全体成员分担。从全社会角度看，是合理的。从市场选择的结果看，也是符合效率原则的。不仅如此，进一步分析还证明：运用国有经济从事外在性经济活动对其他市场主体所具有的利益诱导性，是国家实现宏观经济调控的有效手段之一。

外在经济反映了这样一个事实，即经济效果传播到市场机制之外，并改变了接受效果的厂商的产出和由其操纵的投入之间的技术关系。正规的表述则为：生产者 i 的产出 q_i 不仅受他控制的变量——向量 x_i 变化的影响，而且受生产者 j 所控制的变量 e_j 所影响，形成下面的生产函数：

$$q_i = f_i(x_i, e_j)$$

即生产者 j 从事的生产活动具有正的外部效应时，生产者 i 将免费获得由 e_j 所提供的一定量的经济效益。然而 e_j 具有指向性，只有当特定地区特定产业的生产者从事特定生产活动时，才能获得由 e_j 所提供的经济效益。因此，当生产者 i 具有多种产出选择可能，如产品或产出方法 $q_1, q_2, q_3, \cdots, q_i, \cdots, q_n$ 时，生产者 j 对产出 q_i 提供 e_j，将促使生产者 j 选择 q_i 的生产，不仅如此，它还吸引其他生

① 约翰·伊特韦尔等：《新帕尔格雷夫经济学大辞典》（第2卷），经济科学出版社1992年版，第280～284页。

② 詹姆斯·E. 米德：《外部经济效应理论》，引自《效率、公平与产权》，北京经济学院出版社1992年版，第302页。

产 $q_k(q_k \neq q_i)$ 的生产者转向 q_i 的生产；当社会生产是分布在 ω 个地区进行时($i = 1,2,3,\cdots,\lambda,\cdots,\omega$)，$q_\lambda = f_\lambda(x_\lambda, e_j)$ 表示生产者 j 仅向 λ 地区的生产者提供 e_j，那么，市场主体受利益的驱使（假定其他条件不变），将增加对地区 i 的投资；特别地，当生产者 j 只对地区 i 的特定产出 i 提供 e_j 时，e_j 所提供的外在经济效益仅仅促进该地区产出 i 的增长。

e_j 可以以不同的方式提供。它或者表现为用国有资金对特定地区的社会经济基础设施的投资，改善了投资环境，从而提高了独立市场主体对该地区投资的预期收益率；或者表现为某种投入品以优惠条件提供，降低了从事特定行业生产的成本；或者表现为某种社会经济发展急需而独立市场主体又无力从事的经济活动的进行，降低了厂商的进入风险，例如，对具有较大投资风险的高科技产业，用国有资金建立科技风险基金；或者表现为某种具有很大关联效应的生产活动的进行，带动了相关地区及产业的发展等。从事这些活动，往往难以在市场上——尤其是正处于发育完善的市场——收回其边际成本。因此，仅仅依靠市场机制势必供给不足。而社会主义市场经济的制度优势就在于能够运用强大的国有经济从事这些对国民经济长期发展、整体利益具有重大意义的活动。而国家也应当有意识地用这种方式发挥国有制经济的主导作用，实现宏观调控，引导国民经济的发展。

以国有经济从事外在性经济活动实现宏观经济调控，其作用程度主要取决于以下五个方面的因素。(1) 社会经济发展面临的主要矛盾。以国有经济从事外在性经济活动实现宏观调控，其作用的主要方面是供给。它是一种对生产者的利益提供，促进投资、生产及结构调整。因而，当一个社会经济面临的主要矛盾不是有效需求不足而是有效供给不足，其主要任务是促进经济增长、结构转换时，这种调控手段有较大的作用。(2) 生产社会化及市场经济的发展程度。导致外在性经济的技术和制度条件包括共有变量、市场组织成本等。生产的社会化程度越高，社会成员的效用函数或厂商的生产函数中共有变量也就越多，社会的外在性经济领域就越大；反之，市场经济越发达，市场的组织成本将越低，将导致因生产社会化而产生的外在性的内在化。这两个因素的相互作用将影响外在性经济领域的大小从而影响运用国有经济从事外在性经济活动进行宏观调控的作用程度。(3) 国有经济的状况。运用国有经济从事外在性经济活动实现宏观调控，首先要求国有经济具有一定比重；其次，它应当配置在外在性经济领域；最后，它并不以实现盈利最大化为目标（当然，这并不否认尽可能地提高其经营效率的必要性。但是，经营效率是一个比利润最大化内涵更大的概念。经营效率只有在竞争性领域才基本上表现为利润最大化。而在外在性经济领域却并非如此）。只有具备以上三个条件的国有经济才可能对国民经济运行起较大调节作用。（4）独立市场主体的力量状况。独立市场主体的力量大小是市场经济发育程度的一个指示器。从这个意义上说，它可以归诸于第二点，但是，独立市场主体的发育程度对利用国有经济实现宏观调控具有独立的意义。在发达市场经济中，独立市场主体力量强大。因此，有些对国民经济长期发展具有重大意义的经济活动，只需政府适当的政策扶持，便可由大型的独立市场主体承担（其愿意承担，既由于政府的政策支持，也因为发达的市场关系使这些活动已基本内在经济化）。而在发育不成熟的市场经济中，由于独立市场主体力量过于弱小，市场体系不完善，这些经济活动却具有较大的外在性，需要由国有经济承担。例如，在实行对外开放政策的发展中经济中，当本国的独立市场主体力量过于弱小，无法承担对国民经济某些重要产业的投资时，国有经济若不承担，势必使这些产业被外国垄断资本控制，丧失本国经济的独立自主性，危及国家安全及经济的长期发展。国有经济在市场经济发育阶段，从事部分发达市场经济条件下大型独立市场主体可以承担的经济活动，不仅有利于维护本国经济的独立自主性，促进经济发展，而且在实现宏观经济调控中能够起更大的作用。（5）本国经济在国际经济竞争中的地位。当本国经济是一个实行开放战略的后进经济时，其为受竞争经济。受竞争经济的外在性经济领域一般大于竞争主导经济。因而，运用国有经济进行宏观调控的作用也更大些。

综上所述，可以认为：运用国有经济从事外在性经济活动，实现国家的宏观经济调控意图，是符合我国国情的现实选择。它既充分发挥了国有制经济的根本制度优势，实现了国有经济在社会主义市场经济条件下的主导作用，又满足了我国在目前经济发展阶段的特定宏观经济调控需要。因此，应当根据国有产权的基本制度性质，从充分发挥国有经济的根本制度优势的角度及特定经济发展阶段的客观需要出发，把实现社会主义市场经济宏观调控作为改革国有产权制度的最主要因素之一予以考虑。

三

对国有经济在社会主义市场经济中地位作用的不同认识，导致对国有制经济改革的不同思路。

从实现市场经济条件下国有经济对国民经济的主导作用角度看，国有制经济改革首先必须实行国有资产配置结构的调整。这是对国有资产在社会主义市场经济中的地位作用重新认定的必然推论。因为，我国现存的国有资产配置结构，基本上是在长期的计划经济实践中，按照以主体地位发挥主导作用的要求配置的。倘若认为这种配置结构仍然适用于市场经济，这在理论上无异于认为：国有经济在市场经济条件下仍与在计划经济条件下一样，是以主体地位发挥主导作用的，或者是认为只需保持其主体地位而无须发挥主导作用。我国目前的现实经济情况是：由于国有资产的计划经济型配置，一方面，大批的外在性经济领域缺乏足够的资金投入，成为严重阻碍国民经济发展的瓶颈；另一方面，大量的国有资产滞留于内在性经济领域，不仅无法发挥其应有的实现国家宏观经济调控意图的作用，而且因为滞留于内在性经济领域这一非国有制经济的制度优势领域而日趋困难，亏损扩大，资产不断流失。因此，果断地根据社会主义市场经济的发展要求，调整国有资产的配置结构，既是保障国有资产在市场经济条件下不受侵蚀，实现保值、增值的根本途径之一，又是国家对国民经济产权结构实行宏观调整，为运用国有经济实现宏观调控创造前提条件的重要步骤之一。

其次，提供运用国有资产实现宏观调控的制度条件。导致外在性的技术和制度条件决定了经济活动的外在性具有动态性，它不仅与经济活动的本身性质而且与特定的经济发展水平、社会经济环境密切相关。因此，在社会主义市场经济的发展过程中，国有经济的优势领域是在不断变化发展的，而进行宏观经济调控也要求国有资产的配置领域应当根据社会经济发展的需要不断地调整，即运用国有资产实现宏观调控的先决条件之一是国有资产应取得其运动形式。这才是建立现代企业制度、发展资本市场对国有企业改革的根本意义所在。国家将国有资产所有权与企业法人财产所有权分离，并使国家的国有资产所有权从物质资产所有权转化为金融资产所有权，有利于国家运用产权交易的方式，灵活地进行国有资产配置调整，实现宏观经济调控。

最后，建立与实现宏观调控任务相适应的多层次分类型的国有资产管理方式。国有资产既然以实现社会福利最大化为目标，其管理方式自然不能等同于独立市场主体的一般经营性资产。国有经济从事外在性经济活动，市场盈利不是评价其效率水平的适当指标。国民经济中各类外在性经济活动的外在性程度是不同的，随着经济活动的外在性程度变化，相适应的管理方式也在变化。一般地说，完全内在性经济领域（即竞争性领域），适用以盈利为核心的价值管理（在市场经济条件下，国有资产一般不应配置在该领域，从长远或者说从市场经济的成熟形态来看，它不是管理国有资产的适当方式。

考虑到我国市场经济尚在发育，目前仍有大批国有资产滞留于竞争性领域，退出尚需时日，因而，在此之前，尚有存在必要），而完全外在性经济领域，则适用以各类数量控制为代表的使用价值管理。在这两极之间，分布着不同的谱系。因此，运用国有资产从事不同类型的外在性经济活动，要求建立灵活多样、与实现市场经济宏观调控任务相适应的国有资产管理方式。

参考文献

［1］E. F. 舒马赫：《小的是美好的》，商务印书馆 1985 年版。

［2］J. E. 米德：《效率、公平与产权》，北京经济学院出版社 1992 年版。

［3］李文溥：《论国有产权的结构调整》，载《财贸经济》1993 年第 12 期。

［4］《马克思恩格斯选集》（第三卷），人民出版社 2012 年版。

［5］约翰·伊特韦尔等：《新帕尔格雷夫经济学大辞典》，经济科学出版社 1992 年版。

国有制经济改革与社会主义市场经济*

一

建立社会主义市场经济体制面临着巨大的制度创新任务。国有产权制度改革与新型宏观经济调控体系的建立，是其中尤为艰巨的两项，因此始终是关注的理论热点之一。然而，或许某种程度上是因为产权问题一向被视为属于企业改革，是微观问题，而建立新型宏观调控体系则被认为属于政府职能转换，是宏观问题，因而，它们基本上是作为两个问题分别讨论的。但是，产权制度既然被视为社会主义市场经济的微观基础，它的改革必然不仅会改变企业的行为机制，而且将对宏观经济运行及调控制度产生重大影响；反过来说，一定的宏观经济调控制度，总是与相应的产权制度关系相联系的。因此，从社会经济运行机制是个有机整体角度出发，将产权制度改革与建立宏观经济调控体系作为社会经济系统内相互联系的部分结合研究，对建立符合我国国情的社会主义市场经济体制将具有更为现实的理论指导意义；相反，孤立地进行研究，则有走入理论误区的危险。

首先，从产权制度研究来看，它表现为：对国有产权制度的改革，只重视提高其微观效率，内在性经济效益水平，忽略甚至否定由其根本制度性质所决定的国有企业社会目标的存在合理性以及发挥其外在性经济效益的必要性。因此，在改革方案的设计上，注意力集中在如何通过现代企业制度的建立，使国有企业转变为真正独立自主的市场主体，并认为这是建立社会主义市场经济微观基础的关键。这种思路的隐含前提是：国有企业必须而且能够成为真正独立

---

* 本文原载于《江海学刊》1995 年第 1 期。

自主的市场主体，并在市场竞争中创造出不低于其他产权主体的微观效率。

理论分析证明，国有产权的性质决定了国有企业具有较多的委托代理层次、较高的委托经营成本，因此在内在性经济领域难以获得比其他产权类型企业更高的微观经济效率。更何况，即使假定它在实现利润最大化目标的角逐中能立于不败之地，以盈利为唯一经营目标的国有企业的存在，也不过是象征性地保持了国有经济在国民经济中的"主体地位"而已。但是，作为国有经济在社会主义市场经济中存在的依据，反映其本质特征的对国民经济的主导作用，即可能因此丧失殆尽。因为，没有什么理由可以使我们相信以利润最大化为唯一经营目标（这是目前不少论者所热烈主张的）的国有企业的运作机制、行为方式与其他产权制度企业能有什么本质不同，既然如此，又能指望靠什么使它们发挥在国民经济中的主导作用呢？它们与其他产权类型企业一样，只能是国家宏观经济调控的对象，而不可能成为实现宏观调控的手段之一。更进一步的分析将证明：由于国有企业产权的全民所有性质所决定，其内部监督机制必定弱于其他产权类型企业，倘若没有必要的外部监督、数量控制，其行为甚至可能成为市场经济运行秩序的扰乱因素。也就是说，孤立地研究产权制度改革，仅着眼于国有企业的内在性经济效益，忽略国有产权在市场经济宏观调控中的意义，即使能把国有企业改造成独立市场主体，其结果——即便不考虑该制度设计与我国国情的差异——与西方发达市场经济相比，至多也不过是个次优模型而已。

其次，从建立社会主义市场经济宏观调控体系角度看，无视在我国经济中占相当比重的国有经济的存在，抽象其在社会主义市场经济宏观调控中的地位和作用谈宏观经济调控体系的建立，是很不妥当的。国有经济是决定我国宏观经济调控制度的最重要的因素之一，离开了它谈我国宏观经济调控体系的建设，显然只能基本照搬西方市场经济国家的现成模式。这不仅是丧失我国社会主义市场经济宏观调控制度特色的问题，更重要、更根本的是，它必然与我国的基本制度结构、经济发展水平相脱节，只会形成一个不成熟的仿制品。它难以解决我国现阶段经济发展中的宏观调控尤其是促进经济增长、加快结构转换方面的问题。

二

国有制经济也即社会公开地和直接地占有生产资料，其必要性在于生产力已经发展到这样的水平：它除了社会管理已不适于任何其他方式的管理。国有经济的根本性质在于它产权的全民性以及由此决定的必须以社会利益为其运营的首要目标。这一点不仅为马克思恩格斯等社会主义思想家们多次强调，就连西方经济学家也如此认为。

众所周知，在计划经济中，国有制经济在实现国家宏观经济调控中也起着重大作用。因此，可以这么说，社会主义市场经济与计划经济的区别点不是国有经济是否应对实现国家宏观经济发展意图起作用，而在于它起作用的领域与方式。

计划经济的运行特征在于国家用指令性计划直接指挥企业的生产经营活动以实现对社会经济运行的计划控制，即企图用行政指令实现社会或国家的效用函数与企业效用函数的一致化。这种运行方式只有在国民经济的主要组成部分都在其计划指令下行动时方能有效地控制整个社会经济的运行。而指令性计划是建立在国家对全民所有的资产行使所有权基础上的。因此，计划经济中国有制经济对国民经济的主导作用是通过它在国民经济中的比重即主体地位实现的。因而，实现计划的现实要求与完善计划的内在冲动，使这一经济具有脱离社会生产力发展水平不断地提高社会公有化程度，尤其是国有化比重的趋势。

市场经济以独立市场主体及其追求微观经济利益最大化的活动为基础。因此，政府的宏观经济调控表现为承认主体（政府、企事业单位、居民）效用函数不同条件下调控者如何实现被调控者与调控者之间的效用函数一致化问题，其方式可以归结为各类的利益诱导。财政货币政策的运用，是一种利益诱导；运用国有经济从事外在性经济活动，创造有利的社会经济运行条件，也是一种利益诱导方式，一种国家调控市场主体行为的方式。

外在经济（不经济）或生产中的正的（负的）外在效应是一个生产者的产出或投入对另一个生产者不付代价的副作用。

外在性经济的存在，意味着在竞争市场经济中，从事外在性经济活动的生产者不能从其产品的市场价格中完全收回其生产成本。因此，以盈利最大化为唯一目标的独立市场主体不愿意而且也不可能长期从事外在性经济活动。因此，用国有企业从事外在性经济活动是世界各市场经济国家的通行做法。

对于运用国有企业从事外在性经济活动，人们过去更多注意的是上述这些方面。但是，对外在性经济活动的进一步分析证明：它具有利益诱导性，因此，运用国有企业从事外在性经济活动，将成为国家实现宏观经济调控的有效手段之一。

外在经济反映了这样的一个事实，即经济效果传播到市场机制之外，并改变了接受效果的厂商的产出和由其操纵的投入之间的技术关系。正规的表述则为：生产者 i 的产出 q_i 不仅受他控制的变量——向量 x_i 变化的影响，而且受生产者 j 所控制的变量 e_j 所影响，形成下面的生产函数：

$$q_i = f_i(x_i, e_j)$$

即在生产者 j 从事的生产活动具有正的外部效应时，生产者 i 将免费获得由 e_j 所提供的一定量的经济效益。然而 e_j 具有指向性，只有当特定地区特定产业的生产者从事特定生产活动时，才能获得由 e_j 所提供的经济效益。因此，当生产者 i 具有多种产出选择可能，如产品或产出方法 $q_1, q_2, q_3, \cdots, q_i, \cdots, q_n$ 时，生产者 j 对产出 q_i 提供 e_j，将促使生产者 j 选择 q_i 的生产，不仅如此，它而且吸引其他生产 $q_k(q_k \neq q_i)$ 的生产者转向 q_i 的生产；当社会生产是分布在 n 个地区进行时$(n = 1, 2, \cdots, i, \cdots, n)$，$q_i = f_i(x_i, e_j)$表示生产者 j（j 不是地区标号）仅向 i 地区的生产者提供 e_j，那么，市场主体受利益的驱使（假定其他条件不变），将增加对地区 i 的投资；特别地，当生产者 j 只对地区 i 的特定产出 i 提供 e_j 时，e_j 所提供的外在经济效益仅仅促进该地区产出 i 的增长。

e_j 可以以不同的方式提供，它或者表现为特定地区的社会经济基础设施及其服务的提供，改善了投资环境，从而提高了厂商对该地区投资的预期收益率；或者表现为某种投入品以优惠条件提供，降低了从事特定行业生产的成本；或者表现某种社会经济发展急需而独立市场主体又无力从事的经济活动的进行，降低了厂商的进入壁垒；或者表现为某种具有很大关联效应的生产活动，带动了相关地区及产业的发展等。这些活动往往难以在市场上收回其边际成本。因而，仅仅依靠市场机制必然供给不足。而社会主义市场经济的优势就在于能够运用强大的国有经济从事这些对国民经济长期发展的整体利益具有重大意义的活动。而国家也应当有意识地用这种方式发挥国有制经济的主导作用，实现宏观调控，引导国民经济的发展。

以国有经济从事外在性经济活动实现宏观经济调控，其作用程度主要取决于以下四个方面的因素。（1）社会经济面临的主要矛盾。以国有经济从事外在性经济活动实现宏观调控，其作用的主要方面是供给，它是一种对生产者的利益提供，促进投资、生产及结构调整，因而，当一个社会经济面临的主要矛盾不是有效需求而是有效供给不足，其主要任务是促进经济增长，结构转换时，这种调控手段将有较大作用。（2）生产社会化及市场经济的发展程度。导致外在性经济的技术和制度条件包括共有变量，市场组织成本等。生产的社会化程度越高，社会成员的效用函数或厂商的生产函数中共有变量也就越多，社会的外在性经济领域就越大，反之，市场经济越发达，市场的组织成本将越低，将导致因生产社会化而产生的外在性的内在化，这两个因素的相互作用将影响外在性经济领域的大小从而影响运用国有经济从事外在性经济活动进行宏观调控的作用程度。(3）国有经济与独立市场力量状况。运用国有经济从事外在性经济活动实现宏观调控，首先要求国有经济具有一定比重；其次，它应当配置在外在性经济领域；最后，它并不以实现企业盈利最大化为目标（当然，这并不否认其尽可能提高效率的必要性)，只有具备以上三个条件的国有经济方能对国民经济起较大调节作用。独立市场力量的大小是市场经济发育程度的一个指示器，从这个意义上说，它可以归诸于一点，但独立市场力量发育程度对利用国有经济实现宏观调控有其独立意义。当独立市场主体力量较弱小时，国有经济往往必须从事部分发达市场经济条件下大型独立市场主体可以承担的经营活动，促进经济的加快发展，此时，国有经济实现宏观调控的作用也就更大些。(4）本国经济在国际经济竞争中的地位。当本国经济是一个实行开放战略的后进经济时，其为受竞争经济。受竞争经济的外在性经济领域一般大于竞争主导经济。因而，运用国有经济进行宏观调控的作用也更大些。

从上面诸因素分析，可以认为：运用国有经济从事外在性经济活动，实现国家的宏观经济调控意图，是符合我国国情的现实选择。它既充分发挥了国有制经济的根本制度优势，实现了国有经济在市场经济条件下的主导作用，又满足了我国在目前经济发展阶段的特定宏观经济调控需要。因此，我认为，应从这一角度出发，考虑我国国有经济的改革与宏观调控制度的建立。

三

实现国有经济主导作用的不同方式要求不同的国有资产配置及管理方式。

首先，必须实行国有资产配置结构的调整。我国现存的国有资产配置结构，基本上是在长期的计划经济实践中，按照以主体地位发挥主导作用的要求配置的，并不区分内在性与外在性经济领域。这种配置结构对市场经济条件下以国有经济从事外在性经济活动，通过利益诱导实现主导作用的要求很不适应。一方面是大批外在性领域缺乏足够的资金投入，成为阻碍国民经济发展的瓶颈；另一方面，与此同时，却是大量国有资产滞留于内在性领域无法发挥其实现宏观调控的作用，不但如此，更严重的是由于国有资产滞留于其非制度优势领域而日趋困难，不断扩大的国有企业亏损使其不断地流失。因此，必须果断地根据社会主义市场经济的发展要求，调整国有资产的配置结构。

其次，提供运用国有资产实现宏观调控的制度条件。导致外在性的技术和制度条件决定了活动的外在性具有动态性，它不仅与经济活动的本身性质而且与特定的经济发展水平、社会经济环境密切相关。因此，在社会主义市场经济的发展过程中，国有经济的优势领域是在不断变化发展的，而进行宏观经济调控也要求国有资产的配置领域应当根据经济发展的需要而不断调整，也就是说，运用国有资产实现宏观调控的先决条件之一是国有资产应取得其运动形态，只有这样，它才能成为实现宏观调控的工具。因此，我认为这才是建立现代企业制度，发展资本市场对国有企业改革的根本意义所在。

最后，建立与实现宏观调控任务相适应的多层次分类型的国有资产管理方式。国有资产既然以实现社会目标为首要任务，对其的管理方式自然不同于一般经营性资产。国有经济从事外在性经济活动，外在性的性质决定了市场盈利不是评价国有经济效率水平的适当指标。国民经济中各类外在性经济活动的外在性程度是不同的，随着经济活动的外在性程度变化，相适应的管理方式也在变化。一般地说，完全内在性经济领域，适用于以盈利为核心的价值管理；而完全外在性经济领域，则适用以各类数量控制为代表的使用价值管理。在两极之间，分布着不同的谱系。因此，运用国有资产从事不同类型的外在性经济活动，要求建立灵活多样，与实现市场经济宏观调控任务相适应的国有资产管理方式。这是国有制经济改革及建立社会主义市场经济宏观调控体系中需要专门探讨的问题。

社会主义产权理论的新探索*

——读刘诗白的《产权新论》

产权制度改革对于建立现代企业制度，从而奠定社会主义市场经济微观基础的深远意义，在今天可以说是不言而喻了。正因为此，产权理论近年来绝非偶然地成为经济学界的研究热点。对传统社会主义政治经济学中所有制理论的反思，对马克思产权制度思想的再认识，对国外现代产权理论的评析和研究，以及对我国现实经济生活中产权制度安排与经济运行机制之间关系的实地调查与理论分析，一时间杂错纷呈，令人目不暇接。当此之时，我们欣喜地读到了我国著名经济学家刘诗白教授的新作《产权新论》（西南财经大学出版社 1993 年版，以下简称《新论》）。

《新论》是刘诗白教授自其研究产权理论的大作《社会主义所有制研究》《论社会主义所有制》等之后推出的又一力作。全书分综论与分论两大部分，分析了市场经济与产权制度、财产权的一般理论、社会主义国有企业的产权制度、产权自主转让、社会主义股份制与法人财产制度等一系列有关产权制度理论研究以及我国产权制度改革实践中的重大问题。尽管先生自谦“说不上是对产权理论的系统研究，顶多算一个纲要，一本探索性的论著”（《新论》前言第 9 页），但《新论》集近年来刘诗白教授产权理论研究之精华，其理论贡献对建立有中国特色的社会主义产权经济学的积极作用是不言而喻的。

综观《新论》全书，有以下几个值得注意的特色。

（1）致力于对马克思产权思想的再认识和阐发。众所周知，囿于斯大林对所有制问题形而上学的理解，长期以来，在社会主义经济理论研究中，存在着一种错误的倾向，认为在生产资料所有制的社会主义改造完成之后，社会主义经济中的产权制度问题已经基本解决。因而，在我国社会主义经济理论研究

---

* 本文原载于《中国经济问题》1994 年第 6 期，共同作者：胡培兆。

中，产权理论的研究在相当长时期内基本上是停滞不前的。这一领域的研究成果十分薄弱。落后的产权理论研究、僵化的思维定势与经济体制改革实践极不适应，传统理论在解释现实经济问题上的苍白无力，使不少经济学家把目光转向国外现代产权经济学，这无疑是必要的。然而，"西方财产理论，一般地未摆脱就财产论财产的方法，它们的研究并非没有积极的成果，它们对产权制度的实用性研究，是值得人们借鉴和用来为社会主义市场经济的产权研究服务的，但是西方产权理论缺乏制度分析，特别是西方产权著作中小心翼翼地回避对私有财产的本质、局限性及历史变易性进行理论分析，这里，表明了西方产权理论研究的皮相性"。而"马克思主义的对财产实行制度分析的方法和基本概念，奠定了财产权理论的科学基础"（《新论》第60页）。因而，建立社会主义的产权经济学，不仅要重视对西方现代产权理论研究成果的借鉴与吸收，而且应当重视对马克思产权思想的重新认识及阐发。综观全书，可以看出作者对马克思产权理论是下了较大功夫探讨、阐发的，并且有机地结合到对我国产权制度改革的理论分析之中去，其见解不乏深刻、新颖之处。例如，作者运用马克思对古代亚细亚的双重所有制结构的分析，进一步分析了历史上不同社会形态下所有制内在结构分化的过程，得出了"完全有必要将社会主义国家所有制关系区分为第一级的、原始的、最高的国家所有者和第二级的、派生的实际占有者，因而把财产区分为国家财产和相对的企业财产"的结论（《新论》第211页）。这一从财产权内部"最高所有者"与"实际所有者"之间的财产权利关系而不是从单纯的所有权与经营权分离的角度探讨国有产权制度改革的思路是新颖的，富有启发性。

（2）立足现实经济，对所有制内在结构分化历史过程的考察。《新论》的又一重要特点是对不同社会形态、不同生产力水平下的财产权内在结构变动历史的逻辑分析。作者指出："财产是一种社会关系，是人的经济活动和社会生活中客观存在的人对物（对象）的排它的（exclusive）占有关系"（《新论》第23页）。占有产生的生产力根源是经济资源的稀缺性，占有作为历史范畴，是与生产力发展水平密切相关的。在阶级社会中，当占有取得其法律形式时，就出现了财产权。财产权是一个由所有权、占有权、收益分配权（利得权）、处置权组成的四维结构。它适应社会劳动、生产组织形式的变化而变化。在人类历史上，产权的四维结构从最初的以不稳定的占有权和收益权为主要内容的原始共同占有逐渐向与落后的劳动方式相适应的诸权相合一的私有产权、所有权与生产条件的支配使用（经营）权分离的私有产权发展。而资本主义商品经济的发展，则导致了财产权内在结构的进一步分化与重新组合，出现了所有权与占有权（一定的）收益权、（一定的）处置权的相分离。而在现代市场经济条件下，财产权的实现又出现了一系列新的特征，如财产的交换价值形态日益重要、产权的流通性得到充分发展、产生了财产权的经济运行、收益权日益重要成为财产权的主要内容，等等。作者对财产权及其内容结构演变发展的历史考察、逻辑分析，理论意义不仅在于用马克思的历史的逻辑方法理清了财产权制度发展的历史脉络，更重要的是，它从历史发展的规律角度，阐明了我国目前正在进行的产权制度改革，建立现代企业制度是根据现代社会生产力发展的要求发展市场经济的需要，对传统的产权单一、集中、模糊的公有产权制度及其内在结构进行的必要调整，是公有产权制度结构适应现代市场经济运行需要的自我完善。

（3）建立公有制现代产权制度理论的大胆探索、研究。阐发马克思的产权理论思想，运用马克思主义的分析方法阐释财产权及其内部结构的演化历史，目的在于以此为武器，剖析我国传统的产权制度关系，建立适应社会主义市场经济运行需要的公有制现代产权制度。在这方面，作者也作了不少大胆的探索。作者从公司企业产权制度入手，指出："公司企业产权制度，是适应社会化大生产和发达商品经济中需要的一次产权创新。这一产权创新的实质是：在法人财产形式下，实现了所有权与经营权的最充分的分离。"它使"股权形式的所有权内涵较之传统所有权内涵有某种稀薄化，所有者与生产经营出现了疏远化。所有权内容的这一调整旨在强化经营权，委托经营者（trustee）获得了某些原来所有者才能享有的权力"（《新论》第87页）。作者认为："既然赋予国有企业对经营资产的充分的支配权，是发展市场经济的需要，那么，确立企业产权，通过建立企业法人财产制度，就是保证和强化企业的支配权的必要途径"（《新论》第113页）。因此，实行产权制度改革，完善社会主义公有制的必要途径，是"通过企业经营产权的构建，把传统的联合劳动者间接占有的公有制，变成直接占有的公有制"（《新论》第125页）。这样做的意义在于：通过公有制内部的国家、企业、个人间责、权、利关系的调整，"使联合劳动者在企业资产的使用中拥有充分的责、权、利，劳动者与生产资料实现了直接的和紧密的结合，这种国有制是社会主义公有制的一种新形式，它不仅仅符合于构建社会主义市场经济体制的需要，而且符合马克思主义经典作家所设想的社会主义公有制性质"（《新论》第130~131页）。国有产权制度的改革是经济体制改革中最大的难点之一，经过多年理论探索及实践，从建立现代企业制度入手进行国有企业市场经济微观主体机能的塑造，已基本上成为经济学界的共识。作者在这一领域的探讨是深入的，在现代企业制度建立问题上，认为不仅要实现所有权与经营权的分离，更重要的是建立双层构架的产权制度；不仅从效率角度考察了国有企业所有制内部结构的调整，而且重视其与我国社会性质、社会价值目标的相容性问题，尤其是其对我国社会主义市场经济条件下的法人财产体制应具备所有权约束、经营权约束，必须通过相应的制度保障“使‘所有权’得以渗透于企业经营活动之中，成为‘实在’的，而不是‘虚置的’所有权”（《新论》第121页）等有关论述，更是值得重视。

社会主义产权经济理论，无论是从理论建设还是从改革实践需要角度看，都是经济学研究中亟待进行的重要领域。由于种种原因，在该领域中“不仅缺乏系统的基本理论的研究，而且对许多基本概念的认识都存在着模糊不清”（《新论》前言第9页）。《产权新论》的出版，对推动这一领域研究的深化，显然是大有益助的。毋庸讳言，《新论》也存在着一些不足，一些论点尚待深化，一些设想尚待证实。这些，我们寄希望于刘诗白教授的进一步研究中完善。

国有产权比较优势领域及制度选择*

经济制度的发展史证明：在任何经济体制下，一种产权制度只有按其本质特征，配置于能充分发挥其制度优势，并具有明显比较优势的领域，方能生存发展并有利于提高全社会的经济效率及福利水平。在我国的国有产权制度改革中，如何既保持它的本质特征，充分发挥其制度优势，又使它与市场经济运行机制相适应，成为社会主义市场经济微观基础的有机组成部分，是一个值得重视的问题。本文就此作些探讨。

一

在市场经济条件下，社会经济活动可以大致分为两类：外部经济性活动和内部经济性活动。尽管多年来，经济学的诸多研究致力于在制度设计上尽可能地实现外部经济效应内部化，但是，迄今为止的全部研究尚无法证明何种制度设计可以完善地实现这一点，或者至少其运作成本相当高，以致不可行。因而，外部性经济领域与内部性经济领域是一种客观存在。制度性质决定：不同的产权制度对这两类经济活动有着不同的适应性和效率水平。下面，分别就外部经济领域及内部经济领域来分析国有产权制度的比较优势。

在内部经济性领域，经济活动的边际社会成本、边际社会收益均可以内部化为边际私人成本、边际私人收益。因而，在该领域，产权制度的比较优势体现为企业的微观效率。

委托代理制是国有企业的一般经营方式。在存在国家的条件下，国家是全

---

* 本文原载于《国有资产研究》1994 年第 1 期。

民资产的初始代理人，但不是唯一的代理人。传统的国有企业制度存在着多层次的委托代理关系（见图1）。

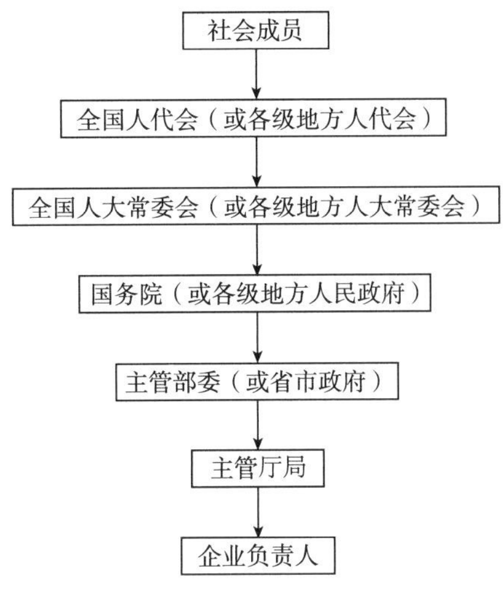

图1　A型代理关系

注：图中箭头所指表示委托和代理关系。

对国有企业实行股份制改造，并没有改变这一格局，图2反映了近年来有代表性的一种委托代理关系。

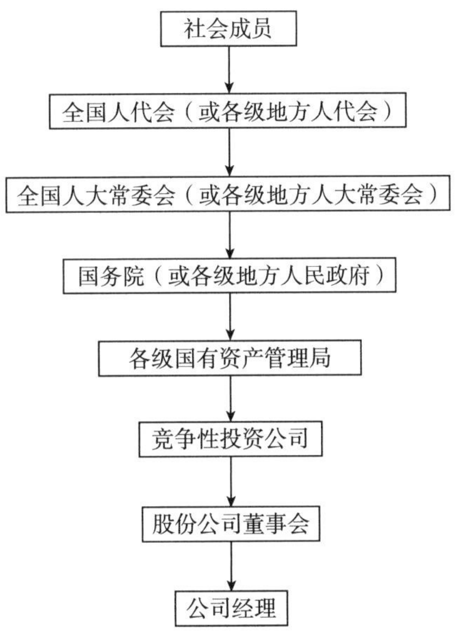

图2　B型代理关系

从图2可以看出，它的委托代理层次甚至多于传统的国有国营管理体制。

反之，若产权在社会成员之间具有可分割性，个别成员可以独立行使其财产权利，委托代理关系则要简单得多（见图3）。

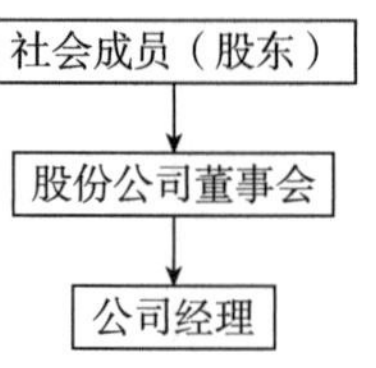

图3　C型代理关系

委托代理层次的多少并不直接等同于委托成本的高低，后者还取决于一些其他因素。在特定历史条件下，A型委托代理关系可能具有较低的制度成本。[①]但是，一般来说，A型、B型委托代理关系具有比C型更高的委托经营成本。因为：

（1）每一个层次的委托代理关系都存在着正的委托成本。委托代理层次越多，总委托经营成本必然越高。

（2）从外部环境看，经济发展所带来的经济运行系统复杂化、不确定性扩大，将使委托成本随着委托层次的增加而非线性扩张。

（3）从内部因素看，社会成员的个人效用最大化倾向扩大或者明朗化，会导致成员对组织的认同程度降低，从而提高委托代理成本，并且使多层次委托代理关系的成本以更高速度扩大。

（4）在A型、B型委托代理方式中，终极所有者的经营方式（即自主经营还是委托经营）是不可比较选择的，代理人是完全或部分不可选择的。缺乏外部约束必然会导致内部委托经营成本的上升。

以上假说，可以从对迄今为止的我国国有经济运行的分析中得到证明。A型、B型委托代理关系至少存在着下述比C型委托代理关系更多或更高的制度成本：

（1）各级政府中设立的大量管理国有企业的部门，增加了大量的管理费用。与其他市场经济国家政府经济管理部门相比，我国的政府管理部门机构多，雇佣人员也多。这不完全是由于低效率，在相当程度上也是因为我们承担了比其他市场经济国家更繁重的管理国有企业的任务。

（2）国有企业为适应政府对其进行管理的需要，设立了许多与政府管理部门对口的机构，承担了许多与企业本身业务无关的职能。从企业作为市场主体

①　例如，50年代初中期，我国的国营企业一般具有比私营企业更高的效率水平。参见《中国资本主义工商业的社会主义改造》，人民出版社1978年版，第七章。

的角度来看，多数是不必要的，每年因此耗费了大量资源。

（3）多层次委托代理关系形成的层层请示汇报制度使企业行为僵化，缺乏创新动机，从而造成资源浪费，坐失获利机会。

（4）高昂的监督费用。为防范和控制国有企业经营者的机会主义行为，政府不得不对国有企业的经营状况、财务收支、收入分配以至生产消耗定额、专控商品购买等实行严格的监督与审查。需要进一步指出的是：这种监督成本不仅发生在政府—企业层次，而且发生在委托代理的每一层次。虽然减少监督将降低其成本，但是，与此同时，却会使代理人的机会主义行为失控，引起委托成本上升。传统体制下，政府之所以宁肯承受企业丧失活力造成的巨大损失，也不愿放弃严格的监督控制，在一定程度上说明了这种委托代理关系下代理人机会主义倾向的严重，相比之下，支出高昂的监督费用倒不失为经济之举。近年来，在监督控制日趋减弱，但监督成本却未相应下降的同时，代理人机会主义倾向上升所造成的委托成本上升，应该说是目前国有企业效率下降的主要原因之一。

以上是从委托经营成本也即产权制度成本角度分析。那么，若从制度效益的角度来分析，产权制度的内部效益主要体现为这种产权制度所能实现的规模经济及创新欲望与能力。这方面，国内外已有的材料均可证实：在市场发育较成熟条件下，C 型企业并不比 A 型、B 型企业弱。

因而，可以得出结论：就总体而言，现阶段在内部经济性领域内，A 型或 B 型委托代理关系企业既不具有比 C 型企业更高的平均微观效益，又具有相对高的制度成本，在激烈的市场竞争中不免处于相对劣势地位。

相反，外部经济领域却是一个较为适宜发挥国有产权制度优势的领域。国有制经济的基本性质在于其产权的全民性以及由此决定的必须以社会利益为其运营的首要目标。这不仅为马克思恩格斯等社会主义思想家们多次强调，而且就连西方经济学家也认为“如果国有化工业所追求的目标恰好和资本主义生产所追求的目标一样狭隘，只是为了有利可图而无其他。那么，公有制就确实没有任何有力的理由要存在”①。公有制的存在，是以其承担“除了社会管理不适于任何其他管理的生产力”的管理为前提的。② 在社会主义市场经济条件下，它具体体现为具有外部经济效应的生产力。外部经济性活动的存在是现实中市场经济正常运行的必要条件。但是，这种活动却不可能依靠非国有制经济或 C

① E. F. 舒马赫：《小的是美好的》，商务印书馆 1985 年版，第 182 页。

② 恩格斯：《反杜林论》，引自《马克思恩格斯选集》（第三卷），人民出版社 1972 年版，第 319 页。

型委托代理关系企业进行。因为，在C型委托代理关系下，具有独立、互斥产权的所有者从企业内外两方面规范着它的行为，要求企业必须以实现资产收益最大化为目标，从而决定了它们不可能或者至少不愿意涉足外部经济领域。与之相反，国有产权制度的基本性质却决定了它是承担外部经济性活动的最佳产权形式。因为：

（1）它充分发挥了国有产权制度的根本优势，较好地克服了市场经济条件下社会对外部经济性活动的需要与其他产权制度企业只愿意从事内部经济性活动之间的矛盾，保障了社会经济正常运行所需要的外部经济性产品、服务的供给。从保障市场经济正常运行角度看，有其必要性。

（2）在市场经济条件下，处理外部经济性产品供给不足的有效方法之一是从组织上使外部性内部化。① 以国有企业从事外部经济性活动，实际上是利用其产权的全民所有性质，在全社会范围内实现外部经济效应内部化。其他产权制度企业之所以不愿意从事外部经济性活动，是因为其成本不能通过企业收入予以补偿。国有企业从事外部经济性活动，利益为社会全体成员分享，其成本最终也由社会全体成员分担，从社会公正角度看，具有合理性。

（3）国有企业从事外部经济性活动，是符合效率原则的。C型委托代理关系企业不愿从事外部经济活动，说明用市场法则解决该问题是不经济的。运用组织化方式使外在性内部化，存在着多种方式、多种集体决定规则。② 一种极端的规则是：除非该组织的全体成员都达成完全一致的协议，否则不采取任何行动。这种依赖社会全体成员偏好显示的方法不但成本高昂，难以避免“搭便车”行为，而且存在着如下趋势：社会经济发展水平越低，市场发育程度越低，运用这一方法的社会成本越高。因此，以政府为代理人，实行集中管理，不失为成本相对低的方法之一。纵观当今世界，许多市场经济国家在不同程度上都运用国有企业从事外部经济活动。这种现象说明了，在该领域采用国有产权制度是符合效率原则的。当然，这并不否认对现行国有企业制度进行改革、提高经营效率的必要性。

二

传统体制在国有产权制度问题上的基本失误，首先是视任何社会化生产领

①② 詹姆斯·E. 米德：《效率、公平与产权》，北京经济学院出版社1992年版，第302~376页。

域均为外部经济性领域，否认内部经济性领域的存在以及在该领域企业的利润最大化行为会实现社会福利最大化，使国有产权的应用远远超出了它的优势领域；其次，又无视各类外部经济活动的外部性程度差异，将所有国有企业从事的生产经营活动都视为高度外部性的，对国有企业一律实行国营制度。因此，建立社会主义市场经济体制，并不是要否认或者改变国有产权的全民所有性质，而是应该根据其比较制度优势，配置于适当领域，选择不同的产权实现形式，充分发挥它们对国民经济发展的主导地位。

完全竞争的市场经济理论模型不存在外部经济性。然而，现实中的市场经济都存在着大小不等的外部经济领域，如社会经济基础设施的建设和维护及公共产品的生产与供给等。而不同类型的市场经济，如发育中的市场经济与成熟的市场经济、处于不同经济发展阶段的市场经济、大国的与小国的市场经济、在国际经济中处于竞争主导地位和处于受竞争地位国家的市场经济等，它们的外部经济领域的范围往往各不相同。一般地说，经济发展水平较低、市场经济不发达的国家，其外部经济领域相对大于发达的市场经济国家。因此，政府及国有经济将在其走向经济发达过程起较大作用。随着经济发展，市场发育成熟，有些外部经济领域的外部性逐渐内部化，转化为内部经济领域，政府的调节方式以至国有经济的分布领域及比重也就随之应作相应调整。这种发展轨迹在日本、德国等后起工业国家，韩国、中国台湾等新兴工业国家和地区，以及战后西欧一些中小市场经济国家如奥地利等的经济发展过程中，都可以看到。

作为一个从计划经济转向市场经济的发展中国家，我国目前无论是从所处的经济发展阶段或是市场经济的发育程度以至在国际经济中的地位来看，国有经济在国民经济中的地位、活动区间都远比一般市场经济国家重要而且大。

首先，我国正处于以产业结构高度化为中心的新的成长阶段。在此阶段，促进那些对经济结构升级换代起重要推动作用的主导产业、高新技术产业的迅速发展，对国民经济的长期发展将产生深远的影响。然而，这些行业往往具有投资规模大、投资回收期长、投资风险高的特点，即使是在发达的市场经济国家，也常常令私人投资者望而生畏，而需要国家出面组织、协助以至直接投资。在市场经济欠发达条件下，发展这些产业更具有较大的外部性，因而应成为国有经济必须进入的一个重要领域。

其次，我国正处于从计划产品经济、自然经济及新生的初级商品经济的混合体向市场经济过渡时期。市场发育不足、市场体系不完整、市场机制不完善、市场秩序不健全、市场主体弱小的状况将持续相当长时期，这造成了在发达市场经济条件下可以利用完善的市场机制实现社会成本内部化的经济活动，在我国却具有较大的外部性，必须运用政府的经济政策指导或依靠国有经济进行。

最后，我国在国际经济中至今仍处于受竞争而非竞争主导地位。弱小的独立市场主体面对咄咄逼人的外国垄断资本、跨国公司的竞争，显然处于不利地位。为了在激烈的国际竞争中立于不败之地，并逐渐发展壮大，不能仅仅依靠各种保护措施，更重要而且更根本的是必须组织起来，建立具有规模经济的企业集团，形成局部优势。显然，在这方面，国有经济也大有用武之地。

经济活动的外部性具有动态性。它不仅与经济活动的性质而且与社会的经济发展水平、社会经济环境密切相关。随着市场经济的发展，国有经济的优势领域不断变化发展。根据国民经济各领域活动性质的变化、不同产权制度在各领域的比较优势变化，主动调整国有经济的领域分布，既是政府经济调控方式之一，又是保障国有经济占据国民经济关键领域，发挥国有经济对国民经济的主导作用的必要措施。

三

不同程度的外部经济，可以用多种方式调节。运用组织化方法也有多种形式。根据比较制度成本选择不同产权实现形式这一产权制度选择的一般法则在外部经济领域同样适用。

企业运营的制度成本在委托代理条件下表现为委托代理成本，主要包括：（1）代理人薪金；（2）搜集信息、进行决策和管理的物质消耗及决策风险损失；（3）决策沉陷成本；（4）代理损失Ⅰ：委托代理意味着委托人把特定资源的使用权交给代理人，这为代理人提供了利用委托人资源谋私利的机会，因此，代理经营总是导致一定的经营效率下降及资产耗损上升，构成代理经营损失Ⅰ；（5）监督成本：为防止代理经济经营损失Ⅰ扩大，委托人必须建立约束—激励机制，规定经营目标、代理权限、行为规则及奖惩方式，订立契约及监督执行的资源消耗，是为监督成本；（6）代理损失Ⅱ：在信息不完备及非确定性环境下，任何对经营目标、代理权限范围及行为规则的事先规定，在防止代理人投机行为损害的同时，必然致使代理人相机抉择范围缩小、行为僵化，从而丧失可能的获利机会，是为代理损失Ⅱ。

代理损失Ⅰ与监督成本、代理损失Ⅱ在一定程度上是互相替代的，即委托人若完全信任代理人，委以全权，则监督成本及代理损失Ⅱ将降至最低点，但此时，若代理人存在着投机倾向，代理损失Ⅰ将上升至最大；反之，则监督成本及代理损失Ⅱ上升而代理损失Ⅰ下降。二者此消彼长，但不相等。其消长大小取决于特定的社会经济环境、经营的领域及资产的不同性质。

分析不同条件下委托经营成本及其内部构成的变动，是选择国有企业产权实现形式的重要依据。我们把社会经济活动按外部性程度顺序排列，可以发现存在如表1所示的规律性现象。

表1　　规律性现象

经济活动性质	基本外部性	半外部性	基本内部性
分布领域	非竞争领域	半竞争领域	竞争性领域
企业效率的社会评价目标	较多	较少	单一
评价目标的货币程度	非货币化	部分非货币化	货币化

具有较大外部经济性的领域，经济活动的效率一般难以在市场上用货币衡量，需要用较多的使用价值形态投入产出指标从各方面考核。缺乏通过市场竞争性评价的货币化效率指标，有效的外部监督与制约便难以实施，它使代理人有较多的机会利用委托人资源谋求个人私利即若对代理人委以全权则可能使代理损失Ⅰ较大。在这种情况下，唯有加强内部监督，限制代理权限范围，明确行为规则，尽量限制代理人以权谋私的可能。这样做势必提高监督成本和代理损失Ⅱ。但是，在高外部性领域，二者的上升幅度相对小，因为，该领域主要是那些提供公共产品、公共设施服务或少数具有自然垄断性质的基础产业部门，它们的活动性质、市场环境等决定了规定较明确、严格的实物性投入产出效率考核指标、行为规范，不会带来过多的效率损失。因此，政府对这些部门的国有企业可以用较直接的管理方式，如承包经营责任制甚至国营等方式进行管理。

在半竞争性领域的经济活动，其投入产出大多是市场化的，其效率较之非竞争领域可以更多地在市场上获得货币化评价，因而有利于实施外部监督与制约。相应地，它比非竞争领域面临着更多其他市场主体的竞争及较大的市场不确定性。过多地限制代理范围将大幅度提高监督成本及代理损失Ⅱ。因而，它不宜过多采用非竞争领域国有企业的管理制度，应尽量采用竞争性领域的现代企业制度，以开放式的产权制度吸收其他经济成分的投资。通过资本市场竞争及有效的社会监督，促使其尽可能地提高经营效率。当然，也应看到：这些部门的活动既然具有相当程度的外部性，其效益必定是部分非货币化的，因为：

（1）从企业性质上看，它们还不能成为完全独立的市场主体；（2）从财务上看，其自负盈亏是有一定限度的；（3）从投资来源看，政府是主要投资者，这既因为这些企业的经营性质在一定程度上限制了其所能吸收的社会投资，也因为国家需要掌握其活动以调控社会经济运行；（4）从管理方式上看，国家对这些企业主要是通过控股权，但不排斥在必要时实施一定的数量控制以实现其宏观经济目标。

半竞争领域的外部性不是固定不变的。随着市场发育程度的提高，这些产业发展成熟或其在国民经济中的地位发生变化，一些部门的外部性会逐渐内部化，其他经济成分将随之逐步进入这些部门。它或者表现为该领域国家控股的公司吸收更多的民间投资，或者表现为其他经济成分的企业进入该领域。这一方面促进该部门企业微观效率水平的提高，另一方面也加速了这些部门从半竞争领域向竞争性领域的过渡。届时，国有企业便可以通过转让股权等途径退出该领域，将资金转入新的非竞争性领域。对于半竞争性领域中新的高科技产业、新的主导部门和产业等，国家可通过国有资产存量在国民经济部门间的不断调整，充分利用国有产权制度的基本性质，发挥其优势，达到始终牢牢地控制国民经济发展的制高点，实现有效的宏观调控的目的。

由于历史的原因，目前我国相当比例的国有资产仍分布在竞争性领域。不少人建议用股份化等措施将这部分企业改造成为独立的市场主体，即用 B 型委托代理方式管理。对竞争性领域的国有企业引进现代企业制度进行改造，无疑是必要的。但是，笔者认为：这不能视为构建社会主义市场经济的终极模式，而只能视其为转向市场经济过程中必须采取的过渡措施。因为，它能否形成社会主义市场经济的微观基础，是令人怀疑的。（1）这种思路的隐含前提是，原有的适应计划经济运行的国有产权分布结构也适用于（至少是基本适用于）市场经济运行，因而所要调整的仅仅是产权的实现形式，这显然不妥。（2）且不论 B 型委托代理方式能否使国有企业成为独立的市场主体，即使能做到，其过多的委托代理层次（尤其是对终极所有者而言），必然会导致效率降低，在激烈的市场竞争中前景未必乐观。（3）成立国有资产管理部门的目的在于分离政府的所有者与管理者职能，而事实上，这种分离必然是有限的。从理论上说，货币当局独立行使货币政策决策权是保障经济稳定增长的前提。然而，纵观西方市场经济国家，即使是一向以此著称的德国，也从未做到货币决策完全独立于政府。货币政策尚且如此，况及其他？在竞争性领域的国有企业占有相当比重的情况下，政府的所有者与管理者职能的不完全分离，势必造成市场扭曲，破坏竞争秩序（与外部经济领域不同，在那里，政府控制企业是以此为宏观调控工具，弥补市场失灵，创造良好的市场环境，引导经济发展；而在竞争性领域，政府则无直接控制企业的必要）。

作为一个发展中国家，我国在相当长时期内面临着严重的资本不足问题，在外部经济性领域，这一问题则显得更为严重。首先，逐步地将配置在竞争性领域的国有资产转移到外部经济性领域，无论是对国有制经济或是整个国民经济的长远发展，都具有深远的意义。它将从根本上改变由于国有经济配置在非优势领域而造成的在激烈的市场竞争中处于相对劣势的状态，制止因此造成的国有资产流失，卸下财政为此背上的沉重负担。其次，相对而言，外部经济性领域更难以从民间获得资金，因而，将原先配置在竞争性领域的国有资产转移到外部经济性领域，有利于改善全社会的资源配置状况，提高整个国民经济的总体效率水平。最后，国有资产配置在外部经济性领域，将有利于提高国家的宏观经济调控能力。在市场经济条件下，国家有意识地利用国有企业所提供的外部经济效益引导市场主体行为，是国家通过国有经济调控国民经济的重要方式之一，这在市场经济的发展过程中，有着尤为重要的意义。因此，根据国有产权制度的本质特征，适应社会主义市场经济的需要，调整国有产权的分布结构，选择能充分发挥其制度优势、提高全社会总体经济效率水平及福利水平的产权制度实现形式，显然是国有产权制度改革中一条更为现实的道路。

论国有产权的结构调整*

一

国有产权制度的改革始终是经济体制改革中的最大难点之一。迄今为止的诸多改革措施未能根本改变国有企业在市场竞争中被动局面的现实，向理论提出了不容回避的问题：国有制经济在社会主义市场经济中的地位究竟如何？它的根本优势、基本作用是什么？怎样才能充分发挥其固有的制度优势？

在近年来的国有产权制度改革研究中，一种有代表性的思路是，力图通过多种改革措施，使国有企业转变为真正独立自主的商品生产者，并认为这是建立社会主义市场经济微观基础的关键。不难看出，这种思路的隐含前提是，国有企业必须而且能够成为真正独立自主的市场主体并在市场竞争中创造出不低于其他产权制度主体的微观效率。

毫无疑问，转换国有企业的经营机制，努力提高其运行效率，是当前改革最重要的工作之一。从长期看，对社会主义市场经济微观基础的形成也具有重大意义。但是，把它与上述思路尤其是其隐含前提等同起来，却未必妥当。因为：

(1) 其一，这种思路的隐含前提是一个在理论与实践上都未经证实的命题；其二，这种思路从可能的角度看，实质上是那种认为全民所有制是优于其他所有制的生产关系的传统说法的翻版，认为国有产权制度是一种具有普遍适应性的特殊的产权制度形式，此说如成立，则在社会主义市场经济中发展多种经济成分的必要性也就大可怀疑了，至多不过是权宜之计而已；其三，这种思路从必须的角度看，则把建立社会主义市场经济的全部前途统统维系于一个未经证实的

---

* 本文原载于《财贸经济》1993 年第 12 期。

命题，大有孤注一掷的味道，万一此说不成立，其导致的思想混乱不难想见。

（2）根据这种思路，形成社会主义市场经济微观基础的关键是使国有企业成为独立的市场主体，而调整国民经济的产权结构，尤其是国有产权的领域分布则作用有限。因而，对国有产权制度的基本性质及其在市场经济条件下的制度优势所在进行研究，从而确定国有制经济在国民经济中的优势领域基本上是不需要的。然而，14 年的改革实践却证明：多种经济成分的迅速发展、国民经济产权结构的变化是这些年来我国市场关系迅速发展最重要的原因之一。纵观经济特区及沿海开放地区的经济发展实际，无一不证明了这一点。

如果客观地承认产权制度是经济运行机制的形成基础，经济运行机制作为经济系统的结构功能及内在运行方式不过是一定产权制度关系本质规定的动态表现，就应当承认：任何产权制度都不可能是万能的，不存在一种能够适应任何经济运行方式、任何经济活动领域的产权制度。在一定经济运行体制下存在的各种产权制度（若其存在符合社会生产力的发展要求）都有其最佳活动领域，其在该领域中的地位、作用是其他产权制度形式所无法替代的。因而，从计划经济转向市场经济，需要重新认识各种产权制度的基本特征、它们在新体制中的根本优势及最佳活动领域，据此调整国民经济的产权结构、分布领域。相比较而言，尤其是从长期看，产权结构重组对于社会主义市场经济微观基础的形成，具有更为重要而深远的意义。

二

一种产权制度的制度优势取决于它所能提供的制度效益及其制度成本之间的比较。产权制度效益是指一种产权制度由其基本制度性质所决定的，在特定经济体制下所具有的机能对社会经济发展的作用。在市场经济中，经济活动可以大致分为两类：一类经济活动的社会成本与收益可以完全或基本内部化；另一类则在相当程度上无法内部化，形成外部经济。由其制度性质决定，不同的产权制度对这两类经济活动有着不同的适应性和效率水平。因此，在分析评价各种产权制度的效益及最佳活动领域时，必须注意到这两类经济活动的性质差异，注意到不同产权制度设计可以实现的不同制度效益：内部经济效益与外部经济效益。

产权制度成本指的是一种产权制度在特定经济体制下运作的资源消耗及机会成本。在所有者自主经营条件下，产权制度成本表现为经营管理成本，包括：（1）信息成本；（2）决策成本，即进行及实现决策的资源耗费及决策风险损失；（3）决策沉陷成本，即由于改变既往决策所导致的前期投入的报废及已有预期收入的损失；（4）管理成本，前三项是经济活动以个人或以合作形式进行都需要支出的成本，对于后者，还需支出组织、协调及监督等费用；（5）自主经营的机会成本，即因所有者缺乏经营能力而导致低于社会平均收益水平的损失。

现代企业大多采用委托代理经营方式，此时经营管理成本为委托经营成本所取代，包括：（1）代理人薪金；（2）信息、决策、管理成本中的物耗部分、决策风险损失；（3）决策沉陷成本；（4）代理损失Ⅰ：委托代理为代理人提供了利用委托人资源谋取私利的机会，由于无论采取何种诱导及约束措施，代理人与委托人之间总是存在着细微的利益差别，因而一般地说，代理经营总是带来一定的经营效率下降及资产耗损的上升，构成代理经营损失Ⅰ；（5）监督成本；（6）代理损失Ⅱ：在信息不完备及非确定性环境下，任何对经营目标、代理权限范围及行为规则的事先规定，在防止代理人机会主义行为损害的同时，必然导致代理人相机抉择范围缩小、行为僵化，从而丧失可能的获利机会，是为代理损失Ⅱ。

不同的产权制度效益下，产权制度成本内自主经营成本、委托经营成本之间的比较，以及不同社会经济条件下它们之间的变动趋势，是确定国民经济产权结构、决定特定经济领域产权制度选择的重要因素，也是本文以下分析的主要依据。

三

国有产权制度在社会主义市场经济中的地位是由它在该经济中的优势领域决定的。竞争规律决定了：从长远看，一种产权制度只有按其本质特征，配置于能充分发挥其制度优势，并在其中具有明显比较优势的领域，方能生存发展并有利于提高全社会的总体经济效率及福利水平。

我们先分析内部经济领域。

全民所有或国有产权的基本制度特征在于：社会全体成员是该资产的终极所有者；社会全体成员之间对资产的财产权利是完全平等而且不可分割的，每个社会成员都对全民资产拥有全部产权，但它却不能以任何形式或比例划分成若干份分属各个社会成员所有；单个成员不被允许独立行使其财产权利，各项产权都必须由社会共同行使。巨大的社会成员数决定了对全民资产不可能实行直接管理，必须委托经营。在国家存在条件下，国家是全民资产的当然代理人，但却不是唯一的代理人。计划经济体制下，全民资产的委托代理关系如图1所示。

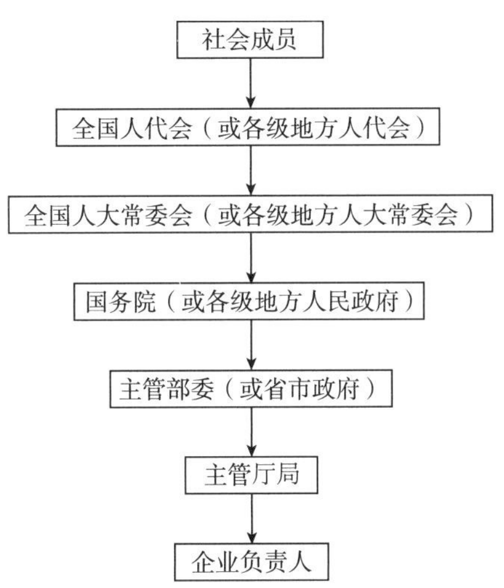

图1　A型委托代理关系

社会主义市场经济中全民资产的产权制度实现形式尚需研究探讨。股份化是近年呼声较高的设想之一。这里试以其中一种有代表性的观点为例，可以看出，即使实行股份制，国有资产的委托代理关系仍然是十分复杂的，其委托代理层次甚至可能多于传统的国营企业管理体制。如图2、图3所示，相对而言，若这些资产的产权在社会成员之间具有可分割性，个别成员可以独立行使其财产权利，其委托代理关系——此时，社会成员也可以选择自主经营方式，但他若选择委托经营方式，后者的成本一般也不会高于前者——则要简单得多，只有两层委托代理关系。委托代理层次的多少并不直接等同于委托经营成本的高低。后者还取决于其他一些因素。在特定历史条件下，如社会经济发展水平较低，经济结构较简单，发展目标较单一，运行环境封闭、稳定，经济信息量较小等条件下，若社会成员的个人效用最大化倾向较弱，社会成员与社会具有较高的认同感，A型委托代理关系有可能具有较低的制度成本。但一般地说，在现代社会经济条件下，A型或B型委托代理关系具有比C型更高的委托经营成本，因为：(1) 每个层次的委托代理关系都存在着正的委托经营成本，委托代理层次越多，总成本必然越高；(2) 从外部环境看，经济发展水平提高所导致的经济结构复杂化、发展目标多元化、运行环境不确定性提高、经济信息量扩大等，使委托经营成本随着委托代理层次的增加而非线性扩张；(3) 从内部因素看，一般地说，社会一般成员的个人效用最大化倾向扩大或明朗化，将导致成员对组织的认同程度降低，从而提高委托代理成本并且使多层次委托代理关系的成本以更高速度扩大；（4）在A型、B型条件下，终极所有者的经营方式（自主经营或是委托经营）是不可比较选择的，代理人是完全或部分不可选择的。缺乏外部约束必然导致内部委托经营成本的上升失去有效控制。

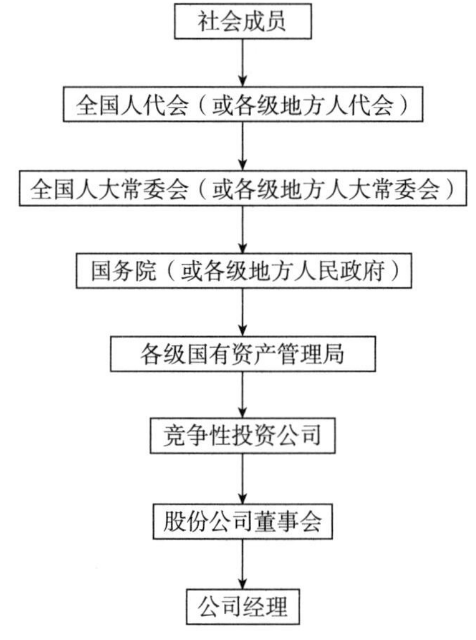

图2　B型委托代理关系

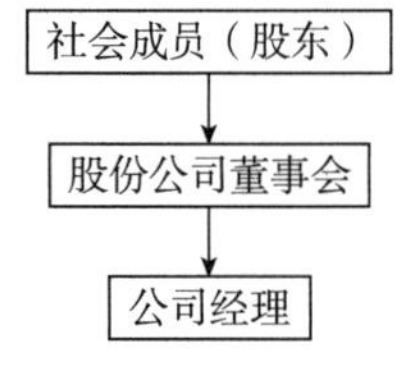

图3　C型委托代理关系

上述假说，可以从对迄今为止我国国有制经济运行的观察中获得支持。A型、B型委托代理关系至少存在以下的比C型委托代理关系更多或更高的制度成本：（1）各级政府中设立的大量管理国有企业的部门，每年因此耗费大量资源；（2）国有企业为适应政府对其进行管理的需要，设立了许多与政府管理部门对口的机构，承担了许多与企业本身业务无关的职能，每年因此多耗费了大量资源；（3）多层次委托代理关系形成的层层请示汇报制度使企业行为僵化，丧失创新动机从而造成资源浪费，坐失获利机会；（4）高昂的监督费用，为防范控制国有企业经营者的机会主义行为，政府不得不对国有企业的经营状况、财务收支、收入分配以至生产消耗定额、专控商品购买等实行严格的监督与审查。需进一步指出的是，这种监督成本不仅发生在政府—企业层次，而且发生在委托代理的每一层次，每年因此耗费大量的资源。

以上是从委托经营成本也即产权制度成本角度看。那么，从制度效益角度看如何？产权制度的内部效益主要体现为这种产权制度所能实现的规模经济及创新欲望与能力。在这方面，国内外已有材料均证实：在市场发育较成熟条件下，C 型企业并不比 A 型、B 型企业弱。

对于选择计划经济体制，选择 A 型委托代理关系，传统的理论解释是，生产的社会化要求社会占有生产资料，只有这样，社会才能实现对社会生产的自觉控制及调节，避免社会生产力的巨大浪费。然而，正如恩格斯所言：由社会公开地和直接地占有生产资料的前提是，它是“已经发展到除了社会管理不适于任何其它管理的生产力”。[①] 也即生产力已发展到这样的高度，以致在其他管理方式下将比社会管理的效率更低。然而，实践及上述分析证明：现阶段在内部经济性领域，社会生产力并未发展到如此高度。因此，就总体而言，运用 A 型或 B 型委托代理方式管理，不可能获得比 C 型更高的平均微观效益。

四

与内部经济领域相比较，外部经济领域却是一个更适宜发挥国有产权制度优势的领域。这不是因为国有企业在内部经济领域的竞争中不利只好退缩于外部经济领域，倘若国有企业在外部经济领域没有比较优势，也难以生存。问题在于市场经济条件下，外部经济领域是一个国有产权制度具有比较制度优势的领域。

如前所述，国有制经济的根本性质在于它产权的全民性以及由此决定的必须以社会利益为其运营的首要目标。在社会主义市场经济条件下，它具体体现为具有外部经济效应的生产力。以提供公共产品或其他具有外部经济效应的产品，创造市场经济正常运行的基础条件为己任的企业及其活动的存在，是现实中市场经济正常运行的必要条件。但是，这种活动却不可能依靠非国有制经济或 C 型委托代理关系企业进行。因为，在 C 型委托代理关系下，具有独立、互斥产权的所有者用手用脚从企业内外两方面规范着它的行为，要求企业必须以实现资产收益最大化为目标，从而决定了这类企业不可能或至少不愿意涉足外部经济领域。与之相反，国有产权制度的基本性质却决定了它是承担外部经济

---

① 恩格斯：《反杜林论》，引自《马克思恩格斯选集》第三卷，人民出版社 1972 年版，第 319 页。

性活动的最适当组织形式，尽管不乏批评，但政府作为代理人，显然仍比其他形式的代理人能更好地代表全体社会成员的长远、根本利益。因此，国有制经济主要用于承担具有外部经济效益的经济活动，可以说是在现有生产力水平基础上，承担“除了社会管理不适于任何其他管理”的任务。之所以这么说，是因为：

（1）它充分发挥了国有产权制度的根本优势，较好地克服了市场经济条件下社会对外部经济性活动的需要与其他产权制度企业只愿意从事内部经济性活动之间的矛盾，保障了社会经济正常运行所需的外部经济性产品、服务的供给。

（2）在市场经济条件下，处理外部经济性产品供给不足的有效方法之一是从组织上使外在性内部化。以国有企业从事外部经济性活动，实际上是利用其产权的全民所有性质，在全社会范围实现外部经济效应内部化。其他产权制度企业之所以不愿意从事外部经济性活动，是因为其成本不能通过企业收入予以补偿。国有企业从事外部经济性活动，利益为社会全体成员分享，其成本最终也由社会全体成员分担，从社会公正角度看，具有合理性。①

（3）国有企业从事外部经济性活动，是符合效率原则的。C 型委托代理关系企业不愿从事外部经济性活动，说明用市场法则解决该问题是不经济的。运用组织化方式使外在性内在化，也存在着多种多样的方式，存在着多种多样的集体决定规则。② 一种极端的决策规则是，除非该组织的全体成员都达成完全一致的协议，否则不采取任何行动。这种依赖社会全体成员偏好显示的方法不但成本高昂，难以避免“搭便车”行为，而且存在着如下趋势：社会经济发展水平越低，运用这一方法的社会成本越高。因而，运用政府作为代理人，实行集中决定不失为成本相对低的解决方式之一，尤其是在经济欠发达、市场发育程度较低阶段。纵观当今世界，各市场经济国家在不同程度上都运用国有企业从事外部经济性活动。这种不约而同说明了，在该领域采用国有产权制度是符合效率原则的。当然，这并不否认对国有企业的组织制度、经营管理体制进行改革、完善，提高经营效率的必要性。

五

把外部经济性领域作为社会主义市场经济条件下国有资产的主要配置领

① 当然，由此则产生了另一个问题：社会成员之间的交叉补贴问题，其解决需进一步探讨。

② 詹姆斯·E. 米德：《效率、公平与产权》，北京经济学院出版社 1992 年版，第 302 ~376 页。

域，需要进一步研究的是我国现阶段这一领域包括的范围，在该领域内各种经济活动不同的外部性程度对国有产权具体实现形式的影响。

完全竞争的市场经济理论模型中不存在外部经济性。[①] 然而，在现实中，即使是最发达、完善的市场经济，也都存在着外部经济性领域。它主要体现为社会经济基础设施的建设维护及公共产品的生产与供给。这一领域由于生产外部性造成的市场失败，使得除国有产权外，没有任何一种其他产权制度愿意并且能够长期进入该领域。在社会主义市场经济中，这是一个需要充分发挥国有产权制度优势的领域。

现实生活中存在着各种类型、不同发育程度的市场经济。不同的市场经济，如发育过程中的市场经济与成熟的市场经济、处于不同经济发展阶段的市场经济、大国与小国的市场经济、在国际经济中处于竞争主导地位和处于受竞争地位国家的市场经济等，它们的外部经济性领域以至国有经济的地位都有所不同。外部经济性领域是一个随着经济发展水平、市场发育程度、市场主体形成状况、市场体系完善程度、国家在国际经济中的地位变化而变化的领域。一般地说，经济发展水平较低、市场经济不发达、受竞争经济的国家，其外部经济性领域要相对大于发达的市场经济国家。因此，政府及国有制经济将在其走向经济发达过程中起较大的作用。随着经济发达、市场发育成熟，有些外部经济性领域的外部性逐渐内部化、转化为内部经济领域，政府的调节方式以至国有经济的结构与分布也就随之作相应调整。这种发展轨迹，在日本、德国等后起工业国家，韩国、中国台湾等新兴工业国家和地区，以及战后西欧一些中小市场经济国家如奥地利等的经济发展过程中，都可以看到。

作为一个从计划经济转向市场经济的发展中国家，我国目前无论是从所处的经济发展阶段或是市场经济的发育程度以至在国际经济中的地位来看，国有经济在国民经济中的地位、活动区间都远比一般市场经济国家中的国有经济重要得多、大得多。

首先，从所处的经济发展阶段而言，我国目前正处于完成初步工业化，开始步入产业结构高度化，以经济结构变动为中心的新的成长阶段。在这一发展阶段，促进那些对经济结构升级换代有重要推动作用的主导产业、高新技术产业的迅速发展，对国民经济的长期发展将产生深远的影响。然而，这些行业往往具有投资规模大、投资回收期长、投资风险高的特点，因而应成为国有制经

---

① 完全竞争条件下是否存在着外部经济，理论上尚有不同的看法。这一问题可参见樊纲：《市场机制与经济效率》，上海三联书店 1992 年版，第 11 页；詹姆斯・E. 米德：《效率、公平与产权》，北京经济学院出版社 1992 年版。本文采取米德说。

济必须进入的一个重要领域。

其次，从市场发育程度看，我国目前正处于从传统的强大的行政力量控制下的产品经济、自给自足的自然经济及新生的初级商品经济的混合体向市场经济过渡时期。市场发育不足、市场体系不完整、市场机制不完善、市场秩序不健全、市场主体弱小的状况将持续相当长一段时期，这就造成了一些在发达市场经济条件下可以利用完善的市场机制实现社会成本内部化的经济活动，在我国目前以至今后相当长时期内，却具有较大的外部经济性，必须依靠政府的计划指导或通过国有经济进行。例如，在缺乏较完善的期货市场条件下，那些产业链条较长、产品与社会最终需求的联系在现货市场上较微弱的部门的生产投资活动，那些在发达市场经济条件下可以依靠大型市场主体进行的经济活动，而在我国目前情况下却因市场体系不完整、市场主体弱小而难以依靠市场力量独立进行。又如，许多现代产业达到规模经济所需的巨大投资额，在目前既是其他产权制度的市场主体所无法承担的，又是它们无法在资本市场上筹措得到的，因而还需要由国有经济进行。

最后，从国际经济地位来看，我国经济仍处于受竞争而非竞争主导地位。弱小的独立市场主体面对咄咄逼人的外国垄断资本、跨国公司的竞争，显然处于不利地位。为了在激烈的国际竞争中立于不败之地并逐步发展壮大，不能仅仅依靠有关保护措施，更重要而且更根本的措施是组织起来，建立具有规模经济的企业集团，形成局部优势。显然，在这方面，国有经济也是大有用武之地的。

六

毫无疑问，市场经济所要求的国民经济产权制度结构与计划经济完全不同。我国目前的国民经济产权制度结构，尤其是国有经济的领域分布是多年来计划经济运行的产物。党的十一届三中全会以来，通过发展多种经济成分，适当调整国家投资方向等也即增量或流量调整的方式，使国民经济产权结构有了一定程度的变化。但是，与市场经济的运行要求相比仍有相当差距，主要体现在计划经济体制下形成的国有资产存量结构基本不变，大量国有资产继续留滞于那些在市场经济条件下不利于国有产权制度发挥其制度优势的领域。

当前，在国有产权制度改革中，首要工作之一应是对现有的国有经济比重、国有产权在国民经济各领域的分布结构以及这些领域的经济活动性质进行深入细致的调查研究，确定国有产权结构的调整方面与先后顺序。对于那些一般的内部经济领域，应当鼓励其他产权制度企业的发展。当其已经成长壮大，足以胜任，而且取得比国有企业更高的效率时，国有产权就应坚决地退出来。对于那些从长远看不适宜国有经济经营，但目前却尚不能立即退出的领域，则应鼓励其他产权形式的企业进入该领域，在平等的基础上与国有企业展开竞争，逐步创造调整的条件。国有经济有目的有计划地从一些领域和部门中退出来，其目的在于收缩战线，集中力量把转移出来的资金投到那些有利于控制整个国民经济大局，长远发展方向的领域；投到那些社会主义市场经济少不了而其他经济成分无意进入无力承担或不宜进入的领域中去。通过国民经济产权结构调整，重塑社会主义市场经济的微观基础，真正发挥国有经济对国民经济的主导作用。

充分发挥政府在培育市场主体中的作用*

一

完成从计划经济到市场经济的转变，需要一个较长的过渡时期。在这一时期中，如何发挥政府部门的作用，加快经济从政府主导型到市场（或企业）主导型的转变过程，是一个值得探讨的问题。无论是过去计划经济体制下的政府还是当今世界上其他市场经济国家的政府，可以说都未曾遇到过这样的问题。在这两类经济中，经济过程的主导力量都是基本稳定的：前者，政府所关心的是如何制定更完善的计划，实现更严格的管理，提供更有效的激励机制，使企业更好地完成国家的计划任务；而后者，政府的主要任务是调控与管理市场，维护市场秩序，提供社会经济正常运行所需而私人部门无力或不愿承担的经济基础设施及有关服务等，培育市场主体也不是政府的任务。然而，市场主体的发育，对于我国这样一个从计划经济转向市场经济的国家来说却是至关重要的一环。没有市场主体，谈何市场经济，更谈何对市场经济的调控、管理?！从这个意义上说，市场主体的发育成长是建立、发展社会主义市场经济的头等大事，而迄今为止政府在我国经济生活中的地位、作用更决定了政府在这一问题上的作为，不仅关系到从计划经济到市场经济过渡时间的长短，而且对未来市场经济条件下政府与市场主体之间的关系将产生久远而微妙的影响。

对于政府在形成市场主体中的作用问题，有着不同看法。一种观点认为：传统体制下正是因为政府对企业管得过多、统得过死，才使得企业成为政府的

---

* 本文原载于《福建经济》1993 年第 8 期。

附属物，因而转向市场经济、发育市场主体，政府最好的“为”便是无为，松绑、放权，以至“拆庙送神”。毫无疑问，针对传统体制的弊病，政府对企业松绑、放权，为了保障企业自主权的落实撤并一些政府管理机构，是完全必要的，是促进市场主体成长的一个重要方面。体制转轨时期，政府部门尽可能地少一些计划经济式的“为”，是有利于市场经济的发展的；然而仅此显然是不够的，政府应在此基础上再积极、主动一些，在培育市场主体上有所作为，显然将更有利社会主义市场经济的发展。

之所以这样地提出问题，是基于对体制转轨过程中的特殊性的认识：在计划经济体制下企业的行为特征是厂长不找市场找市长；而在市场经济条件下则反之，厂长不找市长找市场。而在近年的改革过程中，厂长是一只眼睛盯着市场，另一只眼睛则盯着市长。这说明企业从不找市场找市长也即非市场主体，到不找市长找市场也即成为市场主体要有一个过程。而从另一个角度来看，企业之所以仍然找市长而不找市场，说明在市场不完善、体制改革未到位的情况下，企业的有些问题只找市场是无法解决的。这一方面说明了进一步落实企业自主权的必要性，另一方面也说明了仅仅“松绑、放权”、搞“无为而治”是不够的。企业从非市场主体到市场主体绝非仅靠放权可朝发夕至的，有了市场主体的应有权力，未必就有市场主体的行为。此外，企业之所以还找市长，说明在市场发育程度较低的条件下找市场的成本高于找市长。任何现存的事物都有其存在的合理性，对于体制转轨时期企业行为的这种特殊性，我们既要承认其现阶段存在的合理性，又要看到其存在的暂时性，通过培育市场主体，发展市场关系，加快体制转换的进程。正如一位市长所言：体制转轨时期，政府应当主动地为企业创造条件，使企业从常找市长到少找市长以至最终不找市长，可行的做法之一是市长带着厂长找市场，市长与厂长一起参与市场过程，从而逐渐地实现从找市长向找市场的过渡。

二

“市长带着厂长找市场”生动而形象地道出了体制转轨时期政府部门在发展社会主义市场经济中的独特作为。

其一，“市长带着厂长找市场”，是政府参与培育市场主体的具体体现。独立自主、自负盈亏，具有自我发展能力、自我约束机制的市场主体是市场经济的主角，没有市场主体的市场经济犹如一台没有演员的戏。在传统的计划经济体制下，企业是生产者，但不是市场主体。转向市场经济，最艰巨的任务是使过去只具有生产功能的工厂（或者更确切地说是整个社会大工厂里的车间）转变成为具有寻找市场、开拓市场、占领市场、竞争市场的气度与能力的市场主体。这里，既要有制度的调整、权力的赋予，也需要能力的培养、技能的锻炼，更要有一个合适的外部环境。企业“下海”之初，心中不免惶惶：茫茫商海，何处问路？当此之时，政府是可以有所作为的。在简政放权、“推”企业“下海”的同时，何妨给企业做做参谋，利用政府部门在长期综合经济管理工作中积累的经验及信息优势，为企业出谋划策，排忧解难，帮助企业闯过“下海”之初的道道难关，有利于企业更快地成长为独立的市场主体。其二，“市长带着厂长找市场”，有利于有效地利用政府的政治资源、组织资源优势（这对我国这样一个长期是政府主导型经济国家来说更不可忽视），帮助企业（尤其是众多的地方中小型企业）克服知名度低、难以打进外地市场的困难，协助企业树立形象、打开局面。福建省石狮市社会主义市场经济发展较快，该市企业近年来在全国知名度提高很快，产品占领了相当地区甚至不少国外市场。追根寻源，政府充分发挥培育市场主体的作用是重要原因之一。特别是在前几年的市场“疲软”中，石狮市的政府部门带着该市企业家们上北京、到边境城市，结友好城市、开展销会，结果在市场疲软、企业普遍不景气的大气候中，实现了人退我进、上新台阶的目标。显然，这种局面单靠无为而治是办不到的。如果注意一下，可以发现这种做法是符合“国际惯例”的。当今世界商战激烈，不少国家元首、政府首脑出访，大多带有庞大的经贸代表团陪访，其目的在于通过政府出面搭桥，向世界推销本国的商品，寻找投资机会等。

“市长带着厂长找市场”，又是政府发展市场体系的具体行动之一。市场体系从硬件方面看，包括市场及相应的仓储、运输、通信等配套设施；从软件方面看，则包括商品及要素市场上的整套规范的市场关系。相对而言，后者目前更重要。近年来，各地政府在发展市场经济方面做了不少工作，成绩亦颇显著，但也存在着一些问题，其中之一就是有些地方和部门过多地重视市场设施（而且是狭义的市场设施）的建设，忽略了市场关系的形成。结果出现了“轰轰烈烈建市场，热热闹闹搞庆典，冷冷清清无生意”的尴尬现象。搞社会主义市场经济，要的是现代市场经济，而不是日中而市式的集贸市场。现代市场经济未必有场方有市，更多的是有市无场，即市场存在于市场主体们的关系之中。因此，建立与发展现代市场关系，对社会主义市场体系的形成具有更为根本的意义。首先，“市长带着厂长找市场”，其实质内容是协助企业发展市场关系，因而可以说是在建立社会主义市场体系这一问题上，抓住了更本质更关键的东西。在我国这样一个长期社会经济联系以行政纵向为主、政府部门间行政联系较之企业间市场联系更强有力的国家，在当前经济往来正逐步从政府部门之间的行政渠道为主转向企业之间的市场渠道为主，但地区、部门封锁仍然较严重、全国统一的社会主义大市场体系正在形成之中的过渡时期，政府出面协助企业建立市场联系、促进市场关系的发育显然是十分必要的。体制转轨时期的特定的现实环境决定了当前充分发挥政府与企业两个方面的积极性，要远比单纯依靠企业单枪匹马闯天下来建立市场关系收效更大更快，而且成本更低。其次，“市长盖市场”与“市长带着厂长找市场”，虽然从发展社会主义市场体系来说都是需要的，但侧重于哪一方面却在一定程度上反映出某种思维方式上的差异。前者筑巢引鸟、广招天下商，意在以外促内，侧重于促进本地区的市场发育；后者带着厂长闯天下，目光向外、主动出击，意在促进企业冲破地区市场的局限直接投身于全国乃至国际市场的竞争中，这种从全国乃至更大范围的经济发展中寻找本地区经济发展位置的眼光、敢于促企业争雄于全国乃至国际市场的气魄更值得钦佩、赞扬。它无论是对提高企业作为市场主体的素质、对促进本地区市场经济的发展乃至全国统一的社会主义大市场体系的形成都更有意义，因此，从这个意义上说，政府在盖市场的同时，更应该带着厂长去找市场。

“市长带着厂长找市场”，对加快建立市场经济新秩序也是有益的。建立社会主义市场经济新秩序，需要制定一系列符合市场经济运行的法规政策、管理制度。在这方面，大胆地参考借鉴其他市场经济国家的成熟做法是必要的，但与此同时也必须深入地了解我国社会主义市场经济的目前运行特征，了解市场主体走向市场过程中遇到的种种困难与问题，了解当前我国市场关系的发育程度。市长若有机会带着厂长找市场，与厂长们一起参与市场过程，本身就是一次对现实市场秩序状况的深入调查研究，有了大量的第一手材料、切身体会，对破除计划经济的旧秩序、建立社会主义市场经济的新秩序的迫切性也就知之更深、更有发言权，所制定的政策法规、管理条例也就更能符合现阶段我国社会主义市场经济发展的需要了。

“市长带着厂长找市场”，其行动本身也是新时期政府经济职能转变的一种具体体现。从计划经济转向市场经济，要求政府的经济职能从下达指令性计划、资源分配为主逐步转向宏观调控和管理、转向服务和监督。对于地方政府，尤其是基层地方政府，其主要职能是管理、监督与服务。“市长带着厂长找市场”，就是政府经济服务职能在特定历史时期的一种具体体现，并且有利于在服务过程中实行管理和监督。随着社会主义市场经济体制的建立，政府与企业之间的关系需要调整以至重新建立。毫无疑问，在市长带着厂长找市场的过程中，将产生适应社会主义市场经济需求的新型的政府与企业的关系。

建立、发展社会主义市场经济是前无古人的伟大事业，需要包括政府工作人员在内的千百万人民群众以创造精神解决前进途中的各种问题。各地区各部门的实际情况不同，“市长带着厂长找市场”的具体做法或许未必处处适用，但充分发挥政府部门在培育市场主体、发展市场关系中的作用，却无疑是十分必要的。

全民所有制实现形式的比较研究*

一

股份制是近年来引起我国经济学界浓厚兴趣的一种改革形式。有些论者认为承包制是现阶段改革的现实选择，而股份制则是进一步深化改革的发展方向，是我国今后社会主义公有制的主要实现形式。由于所有制实现形式的选择不仅要考虑它们对企业经济效益的影响，而且也要考虑它们对国民经济宏观运行的作用，因而这种意见自然包含这样的看法：股份企业制度是社会主义商品经济成熟阶段微观基础的理想选择。

能不能得出这个结论呢？为了分析这个问题，有必要略微回顾一下股份制在资本主义经济发展过程中所起的作用以及它与生产社会化之间的关系。

现代意义的股份制是在资本主义一定成熟阶段才得到广泛推行的。它是资本主义生产社会化高度发展的产物，对资本主义制度的巩固和经济的发展产生了重大的影响。首先，它使企业的生产规模突破了资本家个人资本数量以及个别资本积累时间的限制，加速了资本的集中，解决了发展大生产急需的资金问题，对资本主义经济的发展起了重大的推动作用。其次，在股份制条件下，股份公司成为独立的经济实体和法人，对其实际运行的资产拥有完全的所有权。它与投资者（股东）的个人资产在法律上是相互分开、彼此独立的。股东的个人资产所有权与作为法人的股份公司的所有权的分离，使股份公司得以凭借其对公司实际资产的独占，对企业的经营活动进行独立自主的决策和管理，保证企业经营的连续性和稳定性。最后，股份企业实行所有

---

* 本文原载于《经济理论与经济管理》1992 年第 6 期，共同作者：吴宣恭。

权和经营权相分离的董事会负责制，较好地处理了资本主义条件下产权分散性与社会化大生产所要求的集中经营之间的矛盾，在一定程度上提高了企业生产经营的管理效率。

但是，应该看到，股份制作为一种产权制度，并不像某些论者所说的只是生产社会化和商品经济高度发展的产物。它是资本主义所有制面对日益发展的生产力的社会属性，为了解决个人占有与高度社会化大生产的矛盾而进行的一种调整。股份制并不是对资本主义私有制的否定，而是它的进一步发展。在其产权关系上，股份制仍然保留了资本主义私有制的基本特征，是在尽可能适应生产力的社会化性质的同时维护了资本主义私有制。作为一种产权实现形式，它存在着二重性：既有克服个人占有的局限性，适应生产社会化和商品化的一面，同时又具有充分体现和满足私有产权制度的基本特征和基本要求的另一面。忽视其中的任何一个方面都是不恰当的。因此，股份制绝不可能解决生产社会化和资本主义私有制的基本矛盾，无法消除社会生产的盲目无政府状态，反而使之加剧了。20 世纪资本主义的几次严重的经济危机，都发生在股份制出现和得到巨大发展的年代，就是有力的证明。

社会主义经济并不一概排斥资本主义条件下存在的经济组织形式。即使是产权形式这种较多体现生产关系特征的东西，只要是经过改造能够促进社会主义社会生产力的，都应当大胆地借鉴、利用。对股份制能否作为社会主义公有制的实现形式的问题，亦应作如是观。

在社会主义条件下，股份制在动员社会闲散资金、筹集长期资金、便利资产流动、组织企业横向经济联合、组建企业集团、形成企业的独立自主经营机制，以及促进金融市场的发展等方面具有积极作用。适当发展股份制企业，使之成为我国多种经济成分的一个组成部分，是有利于发展社会主义国民经济的。但是，过分夸大它的作用，把它当作我国今后社会主义公有制的主要实现形式，也即商品经济微观基础的普遍形式，则未必正确。其所以如此，是由于股份制作为由多种性质的所有制的不同主体组成的产权制度，基本上属于与社会主义全民所有制不相同的混合所有制或企业所有制（至于股份企业属于什么性质，则要看哪一种所有制的股份占主要地位、归什么性质的经济力量控制而定）。股份制企业属于通过购买股票掌握不同股权的大量股东所有，而又与股东的个人财产彼此分立。它的一个重要特征是，企业成为拥有自己的资产的所有制主体，完全独立于社会之外（包括各种政府机构、社会组织以及股东个人或群体），实行自主经营，具有任意处理一切自有和借入资产，获得由此带来的全部利益的完全的权利。股份企业的生产目的是追求尽可能多的利润，它们只向自己的股东负责，而不受任何组织和机构的管辖和支配。因此，单纯站在股份企业的角度衡量，这种产权制度由于能够保护企业排除外界的干预，保证企业的完全独立自主的经营和集中统一的内部决策，其好处是不言而喻的。但是，对于实施整个社会的计划而言，这种企业的完全独立性与社会生产计划上要求的统一性之间，不可避免地存在难以克服的矛盾。

有些主张股份制的论者认为，实行股份制的优点是可以彻底实现全民所有制的所有权和经营权的分开、政企分开和国家各种不同职能的分开。这当然是事实，但恰好在这里却暴露出股份制在实行计划经济方面的基本缺陷。因为，这“三分开”的实质就是，社会主义国家把自身作为全民所有制所有者代表的职能与作为社会经济调节者的职能绝对地、完全地分开，在所有制关系上完全放弃对国有企业的宏观支配权，只以单纯所有者的身份同国有企业发生关系。实行“三分开”以后，社会主义国家与企业的关系，除有权索取一定的租金或股息以外，同国家与非公有制企业的关系就没有多大差别了。国家只能通过一般经济政策，利用市场机制，对国有企业进行间接的计划指导而无法同时行使所有者的职能，对企业进行必要的直接的计划管理。这样，企业为了单纯地追求利润，除了市场调节之外就无所适从了，生产社会化和企业所有就可能发生矛盾，其结果必然大大削弱社会主义国家原有的领导计划经济的功能。显然，全民所有制的改革不能选择这种绝对的“三分开”的模式，而只能实行所有权和经营权适当分开以及国家职能的合理分开，这就不是股份制所能达到的。

或许有人会辩解说，社会主义国家可以通过自己掌握的股权，对股份制企业进行控股式的计划领导，它仍然保留着国家与企业的所有制联系。这种讲法是难以自圆其说的。

假如国有企业普遍实行股份制，那么，国家对它们的调节只能以如下两种方式进行：一是当国家未能掌握企业的足够股权时，国家对企业就不存在任何的直接计划调控能力，它对股份制企业的调节只能唯一地通过市场机制，其影响力同对非全民所有制企业的影响力基本相同，国家原有的以所有者身份对国有企业的计划领导作用就会丧失掉；二是国家掌握股份企业的足够股权，可以通过其代表左右董事会，任命主要管理人员，直接控制这些企业。此时，虽然也可以利用国家的控股力量，在企业内部贯彻国家的要求，使企业的经营活动同国家的计划相协调，但这么一来将不可避免地出现下述问题：

（1）这种做法事实上与传统体制下政府主管部门委派企业领导人没有实质

上的区别，而且计划领导层次更多，管理工作更加复杂，其实现计划的效率相较传统体制可能还要低下。与现行的承包制相比，国家对企业的经营管理活动可能管得更多、更加具体。原先企图通过股份制实现国有资产所有权和经营权相分离，结果却可能由于政府部门通过董事长和经理们的直接管理活动而导致新的结合，企业可能受到更多头、更强烈的干预。这与经济体制改革的初衷是大相径庭的。

（2）它会使原国有企业以及作为国家股代表的董事、经理等处于“两难”的境地。倘若董事、经理们以企业本位利益行使职权，置国家的计划要求和整体利益于不顾，他们就没有尽到国家股代表的责任，就会失去他们作为国家股代表参与企业管理的本意。反之，如果他们按照国家利益办事，实质上无非是以另一种方式干预企业，这一方面可能是对其他股东利益的侵犯行为，也影响了股份制企业独立自主的发展；另一方面，如果当董事、经理们因执行国家经济政策而使企业发生亏损时——尽管这种情况较少出现，却不能否定其存在的可能性——国家要不要进行补偿？以什么方式补偿？按理是不需要补偿的，因为企业领导执行的虽然是国家控股的意志，却是以企业领导机构自主决策的形式出现的，符合股份制的管理原则，但这对其他股东来说又可能是不利的，得不到他们的支持和拥护。尤其是，当政策性亏损和经营性亏损混在一起时，这类问题就显得更加复杂，更为棘手了。

显然，问题的症结在于股份制企业是在市场经济条件下发展起来的完全独立的所有制主体，其固有的运行机制同公有制社会化大生产有计划发展的要求不完全一致。股份制以企业成为完全独立的商品生产者、经营者作为运作的前提，与其产权结构和操作方式相适应的是市场经济的运行机制，企业只听命于市场调节。但是，公有制社会化大生产并不可能完全由市场调节一切，适合它的是有计划的商品经济。它要求以国家计划去解决单纯市场力量所无法解决的问题，或者像有的经济学家所说的那样，以计划作为修正、弥补市场机制缺陷和不足的重要手段。它的运行不仅要求有间接计划调节，而且必须实行一定的必不可少的直接计划调节；不仅需要价格信号调节，还要以一定的数量信号调节与之相结合。这一特点是社会主义公有制自身发展的要求，而且只有社会主义公有制才能达到，是公有制具有的特殊优越性，同时也是我国作为发展中的社会主义国家的基本国情及发展任务所决定的。总之，适应于大多数国有大中型企业这种社会化大生产的经济运行的微观基础应是相对独立而非完全独立的公有制主体。但股份制恰好不是这种主体，因而它不宜成为社会主义现阶段合适的微观基础。

二

相对于股份制，目前在我国广泛实施的承包经营责任制却受到不少的非议。许多论者认为它只是全民所有制改革初期基于实际情况不得已而为之的暂时性改革措施，只能作为国有企业改革的过渡模式，也即它不能成为商品经济的微观基础。承包制究竟是权宜之计，或是一种适合商品经济运行要求的全民所有制实现形式？全民所有制产权制度的完善，究竟是通过改进承包经营责任制，更加科学合理地实行所有权和经营权适当分开，或是推进股份制来实现？这些都是值得深入探讨的问题。

承包经营责任制的基本特点是，以国家作为全体劳动人民的代表对全民资产行使所有权和宏观支配权，维护企业的全民所有制性质为前提，通过国家与企业定期签订合同的方式赋予企业对相应国有资产的占有权、使用权和微观支配权，使企业能以相对独立的商品生产者、经营者的身份，在国家计划指导下，从事生产经营活动。承包制的主要优点之一在于，它使产生于全民所有制基础上的社会主义经济的计划性同由于企业利益差别性产生的社会主义经济的商品性之间，得到一个较好的联系纽带，并可随着各个阶段生产社会化的程度和计划化要求的变化，在国家和企业之间，根据实际需要和可能，灵活调节支配权的划分和运用，从而使计划经济和市场调节能够实现优化结合。

首先，承包制较好地处理了商品经济条件下，全民资产所有权的不可分割性与企业作为商品生产者、经营者所要求的经营独立性之间的矛盾，既维护了社会主义国家作为全民所有者代表的地位和作用，又保证企业得到了独立经营的必要权力和利益。前者不仅体现在国家对全民资产和收益的所有权，而且体现在国家对全民资产的宏观管理方面，包括通过承包合同的定期签订对企业进行必要的计划调控和计划指导，它为计划的实现创建了不可缺少的微观基础；后者则体现于企业在法律和承包合同赋予它们的责任、权力、利益的范围内，独立自主地从事包括投资行为在内的生产经营活动，并且分享生产经营的收益，它为市场机制调节作用的充分发挥和商品经济的发展提供了必要的条件。承包制把这两方面较好地结合起来，因而有可能全面兼顾计划调节和商品经济的要求，有可能促使计划和市场实现有机的结合。

其次，承包制较好地处理了全民所有制经济中劳动者在公有产权基础上的利益一致性与商品经济条件下企业收益的差异性之间的矛盾，利用承包合同下达国家的计划要求并通过完成承包任务后对企业经济利益的鼓励，把社会的需要与企业的经营目标、全民所有制的共同利益与企业的局部利益，直接地、紧密地联系起来，既使企业自觉服从于社会的目标、满足全体劳动人民的需要，又有利于调动企业和劳动者完成国家任务的积极性，在充分利用市场调节机制的同时，使国家的经济计划得到顺利贯彻和执行。

再次，由全体劳动者共同承包企业，使劳动者作为全民所有者和集体承包者一分子的身份同作为直接生产者的身份及其所代表的各种利益有机地结合起来，有力地激发了劳动者的主人翁责任感，避免了股份制条件下所有者同劳动者及其代表的利益之间的矛盾和对立，不仅有利于充分发挥广大劳动者的积极性和主动精神，改善企业的生产经营，提高企业的经济效益，而且能够引导广大劳动者关心社会的利益，促使企业更加自觉地接受国家计划领导。

最后，承包制赋予企业必要的自主经营权利，使企业能够根据市场的需要，机动灵活地组织商品生产，有利于把企业推向市场。而且，企业具备了所必需的经营管理权力和独立的经济利益，还能更好地实现内部机制的转换，增强企业活力。这一切都是以国家掌握所有权和宏观支配权，企业承担一定的计划任务，明确了国家和企业互相对应的责权利关系为前提的，这就不像其他改革设想那样单方面地强调市场机制的作用，而是能够同时发挥计划的不可替代的积极作用，真正实现计划和市场相结合。

进一步的分析还可证明：承包制由综合发包机构根据不同企业的具体情况，同企业定期签订承包合同，对实现国家的计划调节也具有很显著的作用。国家可以根据计划的需要和企业的实际条件，在制订承包合同时，在各个不同的方面，如企业上缴税利水平、承包内容和要求、企业任务的计划化程度、企业对产品的支配权力、企业利润提留方式和奖罚方式、工资总额和企业经济效益挂钩方式、还贷条件、留利使用、承包期限等，实行有差别的承包，灵活、机动地处理与不同类型企业的关系，从而达到调节、引导企业行为的目的。

自从 1984 年《中共中央关于经济体制改革的决定》明确社会主义经济是在公有制基础上的有计划商品经济之后，如何建立符合我国国情的有计划商品经济运行机制，实现计划调节与市场调节的最佳结合，就成为经济学界关注的重要课题。有些同志认为：实现二者结合的方式就在于国家保持对部分国有企业及社会生产一定比重的指令性计划，而其余部分放开让市场调节。这种板块式结合的主要弊病是它仍未彻底改变传统体制下国家机构直接经营企业的方式，计划内企业由于国家干预过多，缺乏应有的活力，无法成为有计划商品经济运行的微观基础。有的同志则认为：应该完全放弃直接计划调节，只运用财政货币政策调节。这种运行模式的毛病不仅在于它与单纯市场经济运行机制毫无差别，更重要的是它放弃了社会主义公有制在宏观经济调控中的特有作用和优越性，并忽视了我国与西方国家在经济上所面临的问题不同。作为发展中国家，我国在今后相当长时期内，面临的主要问题是如何促进经济增长，促进有效供给，调整经济结构，实现经济结构的均衡化和高度化。这些任务显然是适合于短期需求总量管理的财政货币政策调节难以胜任的。还有些同志认为：有计划商品经济中的宏观计划调节应主要通过政府订货来实现。当然，政府订货不失为国家调节经济的手段之一，但一则它并非社会主义国家和社会主义全民所有制经济所专有的，可以适用于任何经济成分的调节，未能充分利用全民所有制在宏观经济调控中的特有优势；二则在企业是独立的或相对独立的商品生产者的条件下，政府订货作为调节手段基本上是与政府的投资相联系的，但由于政府的开支虽然为数不少，却是分散的，而且其增长速度不可能很快，其作用的范围和力度显然相当有限。

相形之下，承包制作为社会主义全民所有制的特定产权形式，为商品经济提供了灵活而有效的宏观调控手段，具有更多的优越性。这主要表现在以下几个方面。第一，它是国家对全民所有制经济特有的调节，能够充分发挥社会主义公有制在宏观经济调控中的巨大优势。这种调节方式只有在公有制基础上的有计划商品经济中方才可能。它的存在不仅说明了有计划商品经济与完全由市场调节的商品经济的微观基础和运营机制上的显著区别，更重要的是，它赋予有计划商品经济比单纯的市场调节更加直接和有效的调节手段。第二，利用承包制实行国家计划领导，不同于传统的计划产品经济条件下的指令性计划。它以经济合同的形式，规定国家和企业所承担的不同责任、权力、利益，利用与经济利益相联系的手段引导企业执行国家计划，既非行政命令又具有约束力。第三，它也不同于单纯利用财政货币政策为手段，是一种带有某种直接意义的、有差别的计划调节，其优点是调节方向明确，作用力度强，但方式灵活，执行方便，贯彻实施有保障，因而尤其适用于结构性调整，符合我国当前的实际需要。第四，它作用的方向主要针对供给方面，而且作用时限比较长（基本与承包期相一致）。这一特点使它便于同国民经济中长期计划接轨，成为计划和市场相结合的有力纽带，在促进经济增长、扩大有效供给、实现产业结构调整及产业结构高度化方面，将比财政货币政策手段具有更加强大的调节能力。

可以认为，承包制作为全民所有制合适的实现形式，为商品经济的运行创造了独特的经济调控方式：一方面，国家可以运用经济政策对整个国民经济进行调控、管理；另一方面，还可同时利用承包管理，对国有大中型企业进行计划调控和计划领导。这种调控方式既充分发挥了市场机制的调节作用，又充分利用了社会主义全民所有制的根本优势，把二者有机地结合起来。从这个意义上说，只要经过改进和完善，承包制是国有大中型企业产权实现方式的比较合理的选择。它为社会主义商品经济的运行奠定了必要的微观基础，并为社会主义国民经济提供了可行的新的宏观调控方式和手段。

毋庸讳言，目前承包制在实践中存在着不少的问题。它们大多数属于改革过程中由于经验不足和改革不配套而产生的，可以通过改革的深入逐步加以解决。然而，有些人却以这些问题从根本上否定承包制的作用，认为它只能让位于其他的改革形式。本来，对于现存事物更多看到其不足和缺点，而对想象中的事物则加以理想化，乃是人之常情，但以此作为经济体制改革的依据却不是科学的态度。因此，在国有大中型企业产权制度的选择问题上，必须进行全面的分析。要根据社会化大生产的要求，充分发挥全民所有制的优越性，以发展社会主义社会生产力，提高劳动人民生活水平为衡量标准。本文正是根据这些原则，从如何充分发挥全民所有制在宏观方面的优越性，全面实现有计划商品经济出发，认为承包制不失为国有大中型企业产权实现方式的较好选择。问题是，再好的制度在初生时期也不可能非常完善。今后必须大胆实践，及时地认真总结经验，建立健全必要的法律和规章制度，逐步调整，不断完善承包经营管理。但是，完善承包经营责任制是一项极其复杂的系统工程，必须进行一系列长期的耐心的配套工作，而长期奋斗的思想又必须以树立对承包制优越性的信心为前提。应该看到，资本主义的企业制度是经过几百年的调整才有今日的状态的。承包制在刚刚建立不久就已显现出多方面的积极作用，即使存在许多问题，也是可以逐步完善起来的。如果缺乏这种信念，以为承包制只是暂时的过渡性措施，对它产生短期观点，把一切希望都集中到别的改革形式上去，“一心盼鸿鹄之将至”，就不可能坚持艰难的、深入细致的完善承包制的工作了。这一点对于经济体制改革的决策部门来说，尤为重要。

第四篇

现代经济学的研究方法*

与各门科学的研究一样，方法论研究在经济学研究中的重要性是不言而喻的。任何流派的经济学理论体系都有其方法论基础。方法论研究在经济学研究中的重要地位不仅体现在它在各种经济学理论体系中的基础地位上，还体现在每当发生经济学理论与政策上的重大争论时，最终必然导致对原有理论体系方法论的反思。现代经济学的重大发展，大都与研究者在方法论上的大大小小的革新有着密切的联系。西方经济学中，近数十年来“有限理性说”的提出、“X 效率”的发现、制度主义经济学的兴起，等等，都对占主流地位的新古典主义经济学的方法论提出了挑战。而社会主义经济学的研究中，随着经济体制改革的不断深化和社会主义市场经济实践的发展，传统社会主义政治经济学的方法论也越来越引起研究者的不满。经济学方法论的革命成为构建社会主义市场经济理论不容回避的基础课题。

经济学方法论研究是一项内容极为庞大的系统工程，一方面，前人已做过大量研究；另一方面，以本文的篇幅，全面概括显然是无能为力的，而且更难以深入探讨。① 因此，为了避免重复以及能在有限的篇幅内把问题探讨得更加深入一些，本文拟在简要地概括一下马克思主义经济学与西方经济学尤其是新古典经济学在方法论上的特点及其与行为假定的关系的基础上，集中地就经济学方法论研究中的一个核心，同时也是目前经济学界普遍关心的经济学分析中的基本假定——人的行为机制问题展开讨论。

---

* 本文原载于魏埙主编：《现代经济学论纲》，山东人民出版社 1997 年版，第 90 ~ 126 页，共同作者：胡培兆。

① 关于这一点，我们从国内外出版的专门研究经济学方法论的有关著作的宏大篇幅中可以得知。

一、马克思经济学与新古典经济学：研究方法论与假设条件

众所周知，马克思主义经济学是以唯物辩证法和历史唯物主义为其方法论基础的。它认为，与自然界一样，社会经济运动过程是一个受一定内在规律支配的自然历史过程。每个历史时期都有它自己的规律。一旦经济生活经过了一定的发展时期，由一定阶段进入另一阶段时，它就开始受另外的规律支配。经济科学研究的目的就在于阐明支配一定社会经济机体的产生、生存、发展和死亡以及为另一更高的机体所代替的客观规律。为了实现这一研究目的，马克思强调辩证方法的应用。在《资本论》第1卷第2版跋中，马克思通过引用伊・伊・考夫曼对《资本论》方法论的评价，阐述了他的经济学的研究方法。[①]

从科学研究是对事物运动内在规律的研究这一科学研究的本质特征来看，马克思认为，经济学（以及其他社会科学）的研究与自然科学的研究并无不同，但是，经济学的研究对象是不受人为控制、不可重复进行的社会经济运动过程，经济学研究对象的特殊性造成了经济学研究方法不同于自然科学。这一不同，相当程度上体现为科学抽象法的特殊重要性以及与之密切相关的假设条件的运用。在《资本论》第1卷序言中，马克思指出："分析经济形式，既不能用显微镜，也不能用化学试剂。二者都必须用抽象力来代替。"[②] 只有运用抽象方法，借助抽象力，思维才能通过对于感性直观所提供的材料的分析，穿透到现象的本质中去，认识客观的经济规律。在马克思看来，抽象方法的运用表现为理论研究中相互联系、继起的两个大的过程：首先，"完整的表象蒸发为抽象的规定"；其次，"抽象的规定在思维行程中导致具体的再现"。[③] 在这一研究过程中，假设条件具有十分重要的地位。假设条件作为实现科学抽象的工具，首先是作为研究的结果，而后是作为分析的前提。它在理论分析中对范畴的形成、规律从简单到复杂的逻辑展开的重要性不言而喻。从《资本论》的逻辑结构中，我们可以清楚地看出马克思如何借助不同的假设条件，从简单到复杂、从抽象到具体地逐步展开他的主要理论范畴，分析经济运动的内在规律。

---

① 《马克思恩格斯全集》（第23卷），人民出版社1972年版，第19~24页。

② 同上，第8页。

③ 《马克思恩格斯全集》（第46卷上），人民出版社1979年版，第38页。

西方经济学在借助假定条件进行经济分析方面，有着更为悠久的历史，而且，从其发展的过程看，越来越倚重于假定条件。如果说，亚当·斯密在《国民财富的性质和原因的研究》中虽然已把人的利己行为及动机作为他全部理论的出发点，但从全书看，还是采用了抽象—推理和历史—归纳结合的方法，那么，斯密之后的西方经济学的发展，由于越来越趋向于实证科学，假设条件在理论构建中的作用也越来越大。西尼尔第一个明确地提出科学的经济学的基础基本上是极少的几个一般前提的思想。詹姆斯·穆勒则明确指出政治经济学是一种推理分析的东西，其基础是假定的、心理学的前提。19 世纪末，约翰·内维尔·凯恩斯（John Neville Keynes，1852～1949）在《政治经济学的范畴和方法》中概括英国古典经济学的方法传统时指出：直接地引用具体事实或归纳方法作为经济学的起点是不合适的；正确的步骤是从“人的本质的很少几个和不可缺少的事实……把它们同在其基础上产生的生理性质和人的生理构成联系起来”开始的演绎方法。[①] 这种思想通过 19 世纪后期的“边际革命”和以马歇尔为代表的新古典学派在西方经济学中占据主流地位得到了实现。以威廉姆·斯坦利·杰文斯（William Stanley Jevons，1835～1882）、卡尔·门格尔（Carl Menger，1840～1921）、里昂·瓦尔拉斯（Leon Walras，1834～1910）为代表的“边际主义”以个人的心理状态为分析基点，完全抛弃了历史与现实经验对理论形成的能动作用，极力推崇纯粹抽象演绎方法。在此基础上，新古典学派逐渐形成了一整套完整的分析方法和原则，例如，经济学的分析起点应是关于现实经济活动中一些最基本的公理，这些公理是由若干不言自明的命题构成的，如商品的稀缺性、生产方式的多样性，等等；经济活动的核心是个人的经济行为，经济学的基础理论应以描述这些行为为重心；在纯经济理论研究中假定人们在经济活动中具有完全的理性选择能力、预期能力，人们的行为完全遵循最优选择原则；等等。在这些基本命题基础上，对特定历史时期、特定地域的具体经济情况的描述则被归结为补充命题，将基本命题与补充命题结合起来，便形成了经济学中的不同应用理论。而以经验主义尤其是逻辑实证主义为其方法论基础的现代西方经济学主流学派在基本接受、继承以马歇尔为代表的新古典学派的上述思想的同时，进一步明确地认为经济学主要应是一门实证社会科学。作为实证科学，一方面，它强调经济学应和其他自然科学一样重视客观事实，理论的科学性依靠事实的检验；另一方面，作为社会科学，它强调理论抽象，即大量地运用在少数几个假设条件的基础上，构建理论假说，根据理

---

① 马克·布劳格：《经济学方法论》，北京大学出版社 1990 年版，第 3 章。

性原则、可检验性原则、对应原则、简单性原则等方法论原理鉴别理论假说，剔除、淘汰不适当或解释力较小的假说，分析、验证、发展那些具有较强解释力的理论假说。通过不断地淘汰旧假说，提出、发展、完善新假说实现理论的发展。

从以上分析可以看出，运用一定的假设条件，对复杂的社会经济现象进行科学抽象、逻辑分析，是各种流派经济学共同的基本方法之一。从这一点上看，可以说，马克思主义经济学与西方经济学在方法论上有一定的相似之处。但是，仔细辨析，可以发现二者之间的区别。

第一，从假设条件的形成上看，马克思主义经济学强调了历史—归纳法的作用。对于马克思来说，假设条件的形成过程，本身就是对社会经济关系进行研究的过程，是一个从实际出发，从感性认识上升到理性认识，从现象到本质、从具体到抽象、从复杂到简单的“完整的表象蒸发为抽象的规定”的思维行程。假设条件的形成，是研究（或至少其中一个阶段）的产物。假设条件的合理性是可以按照一定标准、方法予以检验的。而对于西方经济学来说，假设条件的产生是研究的起点而不是研究的结果。假设条件，尤其是作为经济学研究起点的几个最基本、最一般的假设条件是内省的产物，是理性的假定，是先验的真理，是不需要证明的命题。路德维希·冯·米塞斯（Ludwig von Mises，1881 ~ 1973）在《人类活动：一篇论经济学的论文》中甚至把这种先验论的观点推到了极端，他认为关于有目的的个人活动的假设是解释行为、包括解释经济行为的绝对前提。在他看来，“把经济学安排在纯知识的和对知识实际运用的轨道的奇特和独有的位置上的是这样的事实，即它的特别的原理并不是在经验的基础上对任何证实主义或证伪主义开放的……衡量经济原理的正确或错误的最终尺度仅仅是不须借助于经验的理由”①。尽管并非所有的西方经济学家都持此极端观点，但是，像米尔顿·弗里德曼（Milton Friedman，1912 ~ ）那样认为假设条件本身是不可检验的则为数不少。②

第二，从假设条件的性质来看，由于马克思主义经济学认为它所研究的是历史规律，是“证明现有秩序的必然性，同时证明这种秩序不可避免地要过渡到另一种秩序的必然性”③，因而，在马克思看来，假设条件是根据研究任务的需要对特定社会历史关系进行的抽象。因此，任何假设条件都具有特定社会

---

① 转引自马克·布劳格：《经济学方法论》，北京大学出版社 1990 年版，第 102 ~ 103 页。

② 弗里德曼的有关观点，可参见弗里德曼：《实证经济学的方法论》，引自《弗里德曼文萃》，北京经济学院出版社 1991 年版，第 191 ~ 235 页。

③ 《马克思恩格斯全集》（第 23 卷），人民出版社 1972 年版，第 20 页。

性，而且在理论的阐述中，它服从于从分析到综合的需要，不断地改变、调整。而西方经济学，尤其是主流学派，把社会历史发展过程中某个特定的社会关系秩序视为永恒，因此，经济学是研究人类一般行为的经济学，其研究对象正如莱昂内尔·查尔斯·罗宾斯（Lionel Charles Robbins，1898～1984）定义的那样，“是一门把人的行为作为在［给定等级的］目的和具有可选择用途的稀缺手段之间的关系来研究的科学”①。因而，认为经济学的假设条件尤其是它的基本假设来自对人类永恒不变的人性的认定和抽象，是以生理学和心理学为基础的。也正是由于此，它们在理论分析过程中是不变的。

第三，从假设条件的作用来看，在马克思主义经济学中，假设条件是作为理论分析的工具，服从于社会经济运动过程从简单到复杂、从抽象到具体、从本质到现象的分析需要，服从于对范畴和规律的展开的需要。因此，假设条件的改变，是随着理论分析阶段任务的不同、范畴和规律逻辑展开的不同层次而进行的。假设条件在不同理论分析阶段的改变，固然会使不同理论分析阶段的结论有所不同，但是，由于理论分析的最终目标是要使“抽象的规定在思维行程中导致具体的再现”，因此，假设条件不会改变理论分析的最终结论。而西方经济学中，由于假设尤其是基本假设是作为研究的前提存在的，在整个研究过程中甚至对整个理论体系来说，它们都不允许改变。可以说，在西方经济学中，理论的不同是高度依赖于假设条件尤其是人的行为假设的。因此，寻求新的理论体系，往往首先表现为否定旧理论体系的假设条件，提出新的假设条件。由于新假设条件的提出而实现理论的重大发展，在西方经济学中已经出现过多次。例如，爱德华·张伯伦、琼·罗宾逊的垄断竞争理论，赫伯特·A. 西蒙（Hobert A. Simon，1916～）的有限理性理论，詹姆斯·M. 布坎南（James M. Buchanan，1919～）的公共选择理论，罗纳德·H. 科斯（Ronald H. Coase，1910～）的新制度经济学，等等。

二、新古典经济学的行为假设

（一）假设与行为假设

在西方经济学尤其是其主流学派新古典主义经济学中，假设条件依其在理

① 转引自马克·布劳格：《经济学方法论》，北京大学出版社 1990 年版，第 97～98 页。

论假设形成过程中的作用大体上可以分为三类。

1. 初始假设条件

初始假设条件主要是指那些决定所研究问题的性质和主要内容的、在研究者看来是基本真实存在的而且必须具体明确的假设条件，它们是整个假设条件的基础部分。初始假设条件主要是由基本经济理论中的公理、能从公理中直接推导出来的基本原理和那些可以用作形成新的理论假说同时又能被一定的观察事实所证实的假设条件所组成。从内容上看，初始假设条件主要包括：(1）关于经济主体行为动机的假设，西方经济学认为，它由少数几个基本的经济学公理和由此推出的经济学基本原理组成，这类假设是无须经过证实就能为一般人所接受的基本事实，它们是整个理论假说体系建立的初始出发点；(2）关于经济主体的公开行为的假设，它们是前一类假设的引申和发展。

2. 限界假设条件

限界假设条件主要是指在某个具体的经济理论问题研究中，确立变量变动区间的假设，其作用在于：在一定的抽象层次上保证理论推导的逻辑严密性；明确地指出该理论研究结论运用的有效范围。

3. 辅助假设条件

辅助假设条件主要是指那些为了保证在理论假说演绎推理中应用某种数学分析方法的逻辑严密性而设立的假设条件，具体地说，是那些关于某些函数关系的存在性和稳定性的假设。

从上述几类假设条件的性质及其在西方经济理论分析中的作用可以看出：有关经济主体的行为假设在诸种假设中居核心地位。

（二）新古典学派的行为假定

新古典经济学关于经济主体的行为假定，从总体上看可以概括为：理性经济人。具体而言，它可以分解为以下几方面内容。

1. 个人占有主义（又称个人经济主义）的分析基点

个人主义是西方主流经济学尤其是新古典学派的指导思想和方法论基础。这可以说是没有疑义的。但是，需要进一步指出的是，个人主义作为社会理论、意识形态或方法论，具有多种含义，然而，对于个人主义所包括的种种差别，甚至本质性的差别，在相当长一段时期里，并未被人们清楚地认识到。然而，严格地说，个人主义从个人与社会的关系来看，包括了两种截然不同的认识。一种是个人占有主义或者说个人经济主义，另一种是个人发展主义或者说个人自由主义。对于个人占有主义和个人发展主义，哈耶克在他的著名演讲《个人主义：真与伪》中作了明确的区分。[①] 在哈耶克看来，真正的个人主义（即个人占有主义）指的是“一种社会理论或意识形态，它赋予个人比赋予团体或社会以更高的道德价值，因而它提倡让个人随心所欲地去做他们认为最有益于他们自身利益的事”[②]。它在经济学上的主要特征是，“（1）资本的私有财产，对之都几乎附加有遗赠和继承的权利的必要性，由此允许可以无限地转让和积累。（2）竞争，一种为个人之间在获取财富方面的对抗，一种为求得最好地生存而进行的斗争”[③]。新古典经济学就其本质而言，不仅是个人主义，而且是个人占有主义。新古典经济学的个人主义（即个人占有主义）方法论，[④] 指的是对一切有关社会现象的解释，都必须从个体的角度来分析阐发。米塞斯指出，对于个人（占有）主义方法论来说，人类社会的“所有行为都是人的行为；在个体行为被排除在外后，就不会有社会团体的存在和现实性”[⑤]。而个人及其有目的的行为就是使社会——经济这个机器运转的动力。如果制度和团体不是由其组成成员的各种各样的目的聚合而成的话，则它们自身本来是毫无目的性可言的。因此，对社会经济现象的分析，必须从人类行为的有目的性和目标导向这一前提出发，把个人行为作为最基本的解释原因。“我们在理解社会现象时没有任何其他方法，只有通过那些作用于其他人并且由其预期行为所引导的个人活动的理解来理解社会现象。”[⑥] 因此，经济只不过是“被相互影响的、有目的的人类个体所调动的微妙的社会过程”。从一切社会经济现象必须由个人的有目的性的行为予以解释出发，西方经济学理论进一步认定个人的有目的行为是追求个人利益最大化行为，因此，对新古典经济学来说，作为社会经济运动过程分析起点的人，只是单独的个人，而且在某种意义上说，是个机器人，它遵循一个设计好的追求最优化的模式对社会经济环境作出反应。一旦

---

① 哈耶克：《个人主义与经济秩序》，北京经济学院出版社 1989 年版，第 1 章。

②③ 约翰·伊特韦尔等：《新帕尔格雷夫经济学大辞典》（第 2 卷），经济科学出版社 1992 年版，第 853 页。

④ 对于个人主义作为方法论，有的经济学家给予了更大的关注。例如，哈耶克就认为，个人主义首先是方法论，而后才是一种社会价值观念。参见哈耶克：《个人主义与经济秩序》，北京经济学院出版社 1989 年版，第 1 章。

⑤ 转引自霍奇逊：《现代制度主义经济学宣言》，北京大学出版社 1993 年版，第 64 页。

⑥ 哈耶克：《个人主义与经济秩序》，北京经济学院出版社 1989 年版，第 6 页。

偏好得以确定，选择便是唯一的了。个人为什么是有目的的？个人的目的性为什么是追求个人的利益最大化？对于这些关系到基本行为假设是否成立的问题，新古典学派的经济学家们一般认为这是不言自明的。米塞斯认为个人的意识及目的性形成个人利益最大化等问题，是不可证实的。而且，这并不是经济学的失败，因为，所有科学在它们的内核部分都包含着一些既不可证实也不可证伪的概念，而这些概念却有助于确定该科学的特性。哈耶克把人的目的的形成问题推给了心理学，他认为社会科学是不能解释有意识的行为的。“假如有意识的行为可以被‘解释’，那么，它也是心理学的而不是经济学或其他任何社会科学的任务。”① 哈耶克把对人的目的形成问题的解释划归心理学范围，实际上是试图用人的生物性而不是人的社会性来解释人的目的形成问题。从人的生物性来解释人的目的的形成，可以说是把个人（占有）主义的方法论发挥到了极致，因为，作为生物学上的人的目标集合中，确实是很难找出属于社会的、集体的目标。

2. 最大化假定

对新古典经济学来说，作为经济理论分析起点的人，不仅是一个个人（占有）主义者，一个只以个人利益构建其目标函数的人，而且是一个力图实现个人利益或个人效用最大化的人。在现代西方主流经济学中，社会成员的最大化行为，即面对既定的被择序列，社会成员总能确定一个连续的偏好序列，并在自己的有限预算约束范围内实现个人效用最大化，是理论分析的基本前提之一。齐普曼和索南斯切因等在 1971 年证明了：市场经济中竞争均衡的存在性、最优性、无偏性的证明，依赖于消费者是最优化的假定。然而，社会成员为什么会有追求自身利益最大化行为，新古典学派却基本上不作探讨。米塞斯认为这是“人类行为的基本逻辑”，不言自明；琼·罗宾逊则认为是对普遍经验事实的概括；萨缪尔森认为这可以通过观察消费者的选择得出。另外一些经济学家则从相反的角度阐明最大化假设的合理性。阿尔钦（Armen A. Alchain, 1914 ~）和弗里德曼则认为，最大化行为对企业在社会中生存的意义与对动物在自然界生存的意义仿佛相同，即只有那些有意无意地按照最大化原则行事的企业才能在竞争中得以生存和繁荣，而其余的则会在竞争中衰落甚至破产。因此，通过这样一个“自然过程”，在社会上留下来的都是按最大化原则办事的企业，也就是说，在经济中，能够得以长期生存和发展的企业，都是实际上按

① 转引自霍奇逊：《现代制度主义经济学宣言》，北京大学出版社 1993 年版，第 71 页。

照最大化原则行为的。近年来，我国有些赞成最大化假设的经济学家也试图对它进行解释，认为经济活动中的最大化行为可以被看成人们在自己的社会联系中，为了有效利用稀缺资源，以达到生存和发展的稳定条件而做出的反应。①可以看出，这一解释与米塞斯以及阿尔钦和弗里德曼的解释是基本一致的，如果说，阿尔钦和弗里德曼的解释还只局限于企业，那么，前者则把它推广到每一个个人。

3. 完全理性假定

最大化行为假定仅仅要求作为分析起点的个人具有最大化愿望是不够的，还必须具备实现最大化行为的能力。这就需要进一步假定个人具有完全的理性及预期能力。按照西蒙的定义："理性指一种行为方式，它（1）适合实现指定目标，（2）而且在给定条件和约束的限度之内。"② 达尔（Robrt A. Dahl，1915 ~）和林德布洛姆（Charles Edward Lindblom，1917 ~）认为："一项行动是理性的，就是说，对于指定目标及其真实处境来说，该行动被'正确地'设计成为一种能谋求最大成功的行动。"③ 里奇特（Richter）用数学化的语言进一步精确地表达了"理性化能力"的含义，在可供选择的全部子集中选择一种二元关系 $\mathscr{R}$（通常被解释为"偏好"，例如，$x\mathscr{R}y$ 指"x 比 y 较受偏好或 x 和 y 无差异"）的能力，从而使得对于全部子集中任何特定的子集的选择，恰好由那个子集的 $\mathscr{R}$ 最大元素组成。理性假设不仅强调人的内在一致性能力，而且认为这是人类不懈地追求他们各自的私利的结果。"一致的选择"和"自身利益最大化"是完全理性假定的两大构成要素。阿罗（Kenneth J. Arrow，1921 ~）指出，自从经济理论被系统化以来，形形色色的理性假定一直是它的基础，个人理性和新古典主义理论的其他基本概念——均衡、竞争和市场的完全性的结合，是证明微观经济学的许多重要经济定理，如竞争均衡的帕累托最优性和帕累托最优时的竞争均衡等的基础。

以理性经济人假定为分析基点，新古典主义经济学从中推出市场制度是社会经济运行最优的组织形式，而作为市场经济制度运行的产权制度基础是私有制。

① 刘世锦：《经济体制效率分析导论》，上海三联书店 1993 年版，第 27 页。

② 西蒙：《现代决策理论的基石》，北京经济学院出版社 1989 年版，第 3 页。

③ 同上，第 4 页。

三、传统社会主义政治经济学中的行为假设

与现代西方经济学这种鲜明的实证主义方法论特征相比较，传统的社会主义政治经济学在方法论上的特征则似乎不太明显。相对于西方经济学的个人（占有）主义方法论，近年来，我国有些学者把传统的社会主义政治经济学概括为集体主义的方法论。① 然而在传统社会主义政治经济学教科书以及有关的论著中，很少见到明确的阐述。在社会主义经济理论分析中，假设条件起什么作用？是否需要对人的行为作出一定的假设？如果存在行为假设，那么，什么是社会主义经济学分析的人的行为假设？等等，都是不明确的。因此，在分析传统社会主义政治经济学理论中的行为假设与运行机制、产权制度的关系时，只能从其理论的逻辑思路中去寻找。

尽管马克思、恩格斯等有关社会主义、共产主义社会的论述对社会主义政治经济学的形成有巨大的影响，但是，在相当长时期内成为社会主义政治经济学理论正宗、体系蓝本的是在斯大林主持下由苏联科学院经济研究所编写的《政治经济学教科书》（下册）（以下简称《教科书》）。直至70年代末，苏联、东欧以及我国的大部分社会主义政治经济学教科书的体系仍然基本不脱离《教科书》体系。② 作为社会主义经济分析起点的是生产资料公有制，根据公有制的制度规定推导出社会主义经济的一系列规律：基本经济规律、有计划按比例发展规律、劳动生产率提高规律、价值规律、按劳分配规律，等等。而后论述工业、农业、商业、财政、信贷、再生产和国民收入、对外经济、社会主义向共产主义过渡，等等。③

以社会主义公有制作为理论分析的起点，《教科书》推导出了一系列有关社会主义经济中人的行为的观点。

1. 集体主义的分析基点和行为观

从方法论角度看，传统的社会主义经济学的分析表现为一种与西方经济学

① 张曙光：《中国的制度分析：三个理论框架的比较》，载《经济研究》1994年第12期。

② 可以列举几本70年代出版的、不同国家的社会主义政治经济学教科书为佐证。例如，鲁米扬采夫等：《社会主义政治经济学》，莫斯科经济出版社1971年版；B. 乔西奇：《社会主义政治经济学》，南斯拉夫萨格勒布情报出版社1979年版；贝莱伊·安道尔：《社会主义政治经济学教科书》，匈牙利科苏特出版社1979年版。

③ 参见苏联科学院经济研究所：《政治经济学教科书》（下册），人民出版社1959年版。而后包括苏联、东欧各国以及我国出版的各种社会主义政治经济学教科书虽有所不同，但大体框架如此。

相对立的集体主义的分析基点。传统的社会主义经济学以生产资料的公有制为分析起点，在公有制基础上，社会全体成员的根本利益是一致的。既然每个社会成员的利益是同一的、无差异的，因而也就共同的表现为社会的整体利益。从全体社会成员作为一个整体来看，他们实现自身利益的途径是“公共财产的巩固和增加”，既然如此，社会成员之间从而企业之间的关系也就表现为同志式的互助和相互合作关系，表现为有计划的合作、社会分工、生产的合理化和协作，等等。因此，对这样一种社会主义经济关系，运用个体主义的方法论，从个人的行为动机、经济行为、个人利益的实现角度出发进行分析，当然是不合适的。取而代之的是运用集体主义的分析角度，分析社会、国家、集体（企业）的经济运动过程，以及在这些过程中，社会整体利益的形成、实现、增长以及它们对社会成员物质文化生活需求满足的意义。“大河有水小河满，大河无水小河干。”“公社是棵常青藤，社员都是藤上的花。”这些长期被传统教科书引为形象地说明国家与集体、集体与个人利益关系的话，生动地说明了传统社会主义政治经济学的集体主义分析基点和行为观。①

2. 完全理性假定

无独有偶，传统社会主义经济学的分析也是建立在完全理性假定基础上的。与西方经济学不同的是，这个完全理性的假设并不是赋予每一个社会成员或全体社会成员，而是赋予了由部分社会成员组成的社会管理中心——国家。②传统的社会主义政治经济学赋予国家机关的决策与管理权限几乎囊括了这个社会的一切领域和过程，从国民经济全局到个人生活，无所不至。暂且抛开对此的价值判断，仅从实证角度看，赋予国家机关如此庞大、详尽的决策及管理权限必然存在这样的隐含判断：在社会主义公有制条件下，国家具有相应的完备知识。

需要指出的是，虽然传统社会主义政治经济学与西方经济学都以完全理性为行为假定，但是，二者有所不同。西方经济学尤其是新古典学派假定每一个社会成员都是理性行为者，因此，推崇个人自由选择、社会契约及最小的政府；而传统社会主义经济学尽管并不明确否认普通社会成员的理性能力，甚至相当强调人民群众的思想觉悟对计划经济正常运行的意义，但是，从传统社会

① 苏联科学院经济研究所：《政治经济学教科书》（下册），人民出版社1959年版，第441~442页。

② 同上，第449~450页。

主义经济学对国家组织管理社会经济活动能力的推崇、国家计划的指令性质的强调，[①] 以及对各级计划执行者的各种地方主义、本位主义、自发倾向的批评中可以看出，它事实上把社会成员划分为两类当事人：一类是计划决策者，尤其是中央经济管理机关的领导人员，他们是理性行为者；另一类是普通社会成员，他们不具备理性行为能力。因为，如果认为普通社会成员也具备与中央经济管理机关领导人员同样的理性行为能力，那么，即使是基于对社会整体利益以及决策效率的考虑，需要由一个社会中心集中行使权力的话，那么，计划的指令性质也是不需要的。因为，它的存在，或是意味着计划执行者不能正确认识执行计划的必要性，或是意味着计划执行者会基于本单位或个人的利益损害包括他们自己在内的社会全体成员的根本利益，而这二者都意味着他们是非理性行为者。因为，如果确实存在着公有制基础上的全体社会成员的根本利益一致性，每一个社会成员作为理性行为者，都应当充分自觉地执行中央计划当局的计划，无须任何外在的强制。

3. 最大化假定

传统社会主义政治经济学也充分肯定人的最大化倾向。“用在高度技术基础上使社会主义生产不断增长和不断完善的办法，来保证最大限度地满足整个社会经常增长的物质和文化的需要。”[②] 斯大林对社会主义基本经济规律的这一表述充分表现于传统社会主义政治经济学对最大化行为的肯定。与西方经济学不同的是，它更强调国家的最大化能力。传统社会主义政治经济学在分析社会主义制度的优越性时，曾不止一次地指出：社会主义公有制使国家能够最大限度地调动广大人民群众的劳动积极性和创造精神，不断提高劳动生产率；能够通过实行计划经济制度，在全社会范围合理地布局生产力，实现资源的优化配置，最大限度地利用全社会的物质资源和劳动资源；能够有效地避免资本主义那种由于生产无政府状态所造成的社会性巨大浪费；能够自觉地保持国民经济主要比例关系的协调，从而使社会再生产能够按比例地持续地高速度发展；等等。

---

① 例如，斯大林就曾说过：“我们的计划不是臆测的计划，不是想当然的计划，而是指令性的计划，这种计划各级领导机关必须执行，这种计划能决定我国经济在全国范围内将来的发展方向。”参见《联共（布）第十五次代表大会》，引自《斯大林全集》（第10卷），人民出版社1954年版，第280页。“计划由国家机关批准，此后，不仅对企业而且对上级机关，就具有法律效力”。参见鲁来扬采夫等：《社会主义政治经济学》，上海人民出版社1973年版，第136页。

② 斯大林：《苏联社会主义经济问题》，人民出版社1952年版，第30页。

尽管上述这些行为假定在传统社会主义经济学中并没有得到明确的表述，但是，从传统社会主义经济学的整个理论体系设计、理论结论及其表述中，我们可以看出，这三个假定不但确实存在，而且是贯穿始终并随着理论分析的展开而变化的，它也并不是对已有社会主义经济实践的归纳，而是先验地来自理论上对社会主义公有制性质的规定。这些都说明它与西方经济学中的基本行为假设在性质上是一致的。因此，可以把它们称为传统社会主义政治经济学的基本行为假定。

从这些基本的行为假定出发，传统社会主义政治经济学得出了计划经济是最优的社会经济生活组织方式与运行机制，而计划经济制度的不断完善与发展要求社会逐步地建立单一的社会主义公有制的结论。

回顾一下前面分析的马克思主义经济学与西方经济学，尤其是新古典经济学关于假设条件在经济理论研究中的作用的不同看法，我们可以看出，传统社会主义经济学在方法论基础上，与其说是更接近于马克思主义经济学，倒不如说更类似于西方主流经济学，至少，在其把全部理论推导建立在一些先验的行为假定这一点上。

四、完整准确地把握特定历史条件下人的行为特征是建立社会主义市场经济理论的理论前提

（一）寻求新的理论出发点，东西方经济学界的不同努力

从第二节及第三节对西方主流经济学及传统社会主义政治经济学的理论体系剖析中我们发现：方法论上的形而上学，对在特定社会历史条件下具体的、丰富多彩的人的行为特征作脱离实际、极端、片面的假设，导致了西方主流经济学及传统社会主义政治经济学的理论体系日趋脱离现实的经济生活，在社会经济运行机制、产权制度以及它们相互之间的关系上各自陷入一种极端。这一切，不能不导致它们对现实经济运动及其内在规律的解释能力的下降。正是由于此，近数十年来，无论是西方经济学界还是社会主义经济学界，对两大经济理论体系的批评及寻找新的理论基点、构建新的理论体系的努力此起彼落、始终不绝。而且，有趣的是，在西方经济学界和社会主义经济学界，这种要挣脱各自传统理论体系茧壳的努力在相当程度上表现为相向的努力。在西方经济学

界中，这种努力表现为竭力摆脱理性经济人的行为假定，否定经济学是一门以生物学或心理学意义上的人的行为为研究对象的所谓“人类经济学”，主张从现实的组织制度、现实中的人出发研究人类的经济行为。而在社会主义经济学界，由于传统社会主义经济理论越来越脱离实际，难以解释和指导现实经济运动以及改革实践的需要，则出现了与之相反的另一种趋势，即对传统社会主义经济学强调集体主义的方法论、国家或社会中心的完全理性及最大化能力的批判。

这种看似方向相反的理论变革努力实际上就其内在本质而言，有其共同的一面，即经济学作为一门社会科学，由于研究者不同的价值观，形成了不同的、相互对立、相互竞争的理论体系，但是，人类科学知识的发展规律决定了它们在各自的发展过程中，随着知识的积累、方法的改进以及在实践中对未知世界的认识的深化，会逐渐认识到自己理论的片面性，而不同理论体系之间的相互借鉴、学习、相互补充、有机综合，则有助于新的更为全面、精确，能够更好地说明社会经济运动规律，指导社会经济实践的理论体系的形成。

（二）社会主义经济分析的新理论出发点

对社会主义经济运行机制的客观分析，需要建立新的理论出发点，这是我们前两节对西方主流经济学及传统社会主义政治经济学理论体系的出发点分析得出的结论。

如何建立社会主义经济分析的新理论出发点，这是一个值得研究的问题。近年来，由于传统社会主义政治经济学的缺陷和失效，我国一些经济学者把目光转向西方现代经济学。他们充分肯定西方经济学尤其是其主流学派新古典主义经济学方法论的合理性，从新古典学派的基本行为假设出发分析社会主义经济过程。我们认为，建立社会主义经济分析理论，理论出发点的改变，不能仅仅视为是基本行为假设上的反其道而行之。例如，传统社会主义政治经济学以集体主义为基点，新的社会主义经济分析就从新古典学派的个人占有主义角度出发；传统社会主义政治经济学强调国家的理性行为能力，贬低个人的理性行为能力，新的社会主义经济分析就强调个人的理性行为能力，否定国家的理性行为能力；等等。除此之外别无它哉！我们知道，新古典经济学与传统社会主义政治经济学在理论体系上实际是很接近的，在方法论上并无本质区别，因此，对立的基本行为假设只是导致完全相反的理论结论而已。用新古典学派的行为假设代替传统社会主义政治经济学的行为假设，只不过是用对市场的空想主义取代对组织的空想主义，除了导致对社会主义经济的完全否定之外，并不能给社会主义经济分析带来任何新的东西。

用新古典经济学的行为假定取代传统社会主义政治经济学的行为假定之所以对于社会主义经济理论分析是不可接受的，不能仅仅视为一个价值判断问题——事实上，从新古典经济学的行为假设演绎出的理论结论本身也不是实证而具有规范性的。因为，它的行为假设本身就是一定价值观的产物。哈耶克曾明确指出："真正个人主义的本质特征是什么呢？首先，它主要是一种旨在理解那些决定人类社会生活的力量的社会理论；其次，它是一套源于这种社会观的政治行为规范。"① 个人主义"这一术语的存在是为了与'社会主义'这一精心设计出来的名词有所区别，以便表明后者反对个人主义的立场。我们所关心的就正是这样一个取代社会主义的制度。"② ——而在于它本身的不合理性。

1. 个人（占有）主义的方法论

正如米塞斯所指出的那样，个人（占有）主义方法论的准则，包含着对如下论断的承认："所有行为都是人的行为；在个体成员的行为被排除在外后，就不会有社会团体的存在和现实性。"③ 对新古典学派来说，坚持个人（占有）主义方法论的关键并不在于承认个人是有目的的行为者，肯定个人偏好、个人利益的存在性，而在于只从个人目的、个人偏好、个人利益的角度来说明社会经济活动，用微观解释宏观，用个体推断整体，拒绝考察个人目的、个人偏好、个人利益的形成过程中社会制度环境、人文历史背景或其他力量的作用。卢克斯甚至认为：如果承认了制度和其他因素可以用来说明人类行为，那么他就不是一个真正的个人（占有）主义方法论者。对于个人（占有）主义方法论来说，外部世界对个人行为的影响仅限于在给定个人偏好条件下，个人通过感知外部世界的变化，对实现其目标函数的约束和机会做出理性反应。新古典学派排除社会因素对人的行为目的性的解释作用的目的在于把人的行为目的、偏好、利益的形成归诸于所谓人的永恒不变的本性即生物性，从而把人类历史

① 哈耶克：《个人主义与经济秩序》，北京经济学院出版社 1989 年版，第 6 页。
② 同上，第 3 页。
③ 转引自霍奇逊：《现代制度主义经济学宣言》，北京大学出版社 1993 年版，第 64 页。

上特定的社会制度形式上升为永恒。

把人类与动物区别开来的是人的社会性，人是制造工具的动物同时也是社会的动物。因此，个人的目的性、个人偏好，以及人与人之间的利益关系是社会、历史的产物。为了生存，人应该维持自己的肌体，从他周围的外界自然中摄取他所必需的物质。这种摄取需要人对这个外界自然的一定的作用。可是，在作用于外界自然的同时，人改变了自己本身的天性。普列汉诺夫指出：在这一过程中，劳动工具具有极为重要的意义。劳动工具作为社会人的器官，它的任何重大的变化引发着社会制度的变化。“澳洲野人的全部生活依赖于他的飞去来器，正如现代英国的全部生活依赖于机器一样。从澳洲人那里夺去他的飞去来器，把他造成农人，他就必然要改变其全部生活式样，全部习惯，全部思想式样，全部‘天性’。”① 摩尔根（Lewis H. Morgan，1818～1881）在《古代社会》一书中，根据他对北美印第安人部落的实地考察与长期研究的结果，阐述了随着社会生产力的发展，人类赖以谋生的生产形式的变化及其所拥有的财产增加，个人财产欲望的产生和发展。他指出，人并非生而自利的，在远古时代，蒙昧人的个人利益观念、财产欲望相当薄弱。“蒙昧人的财产是微不足道的。他们对于财产的价值、财产的欲望、财产的继承等方面的观念很淡薄。……财产的占有欲尚未在他们的头脑中形成，因为几乎不存在财产。”② 在蒙昧社会和低级野蛮社会这两个至少包括迄今为止人类全部历史的4/5的社会发展阶段中，人类的观念始终如此。一直到了高级野蛮社会的末期，由于房屋、土地、牛羊群，以及可用以交易的商品大量增多，并且逐渐地归个人所有之后，人类头脑中才第一次形成了财富的概念。而对土地的耕种证明整个地球表面均可以产生归个人所有的财产时，财产才在人类的头脑中产生强烈的影响，导致了人类性格上新因素的大觉醒。“蒙昧人头脑中微微的冲动已在英雄时代的伟大的野蛮人中变成了极强的欲望。不论是原始的还是较晚的习俗都不能在这种进步状况中维持原状了。”③ 这种欲望不断冲破各种古老的习俗，终于在文明社会发展成为生机勃勃的“贪欲”，成为人类头脑中一种极有支配作用的力量。摩尔根的研究结果证明了个人私欲是历史、是特定生产方式的产物，个人利益观念的形成是与生产以及消费能够以个人或家庭

① 普列汉诺夫：《论一元论历史观之发展》，生活·读书·新知三联书店1965年版，第108页。

② 摩尔根：《古代社会》（下），商务印书馆1977年版，第535页。

③ 同上，第550页。

为单位进行分不开的,[①] 是与不同于原始氏族部落时期的新的需要实现形式的产生相联系的。

个人的目的性、个人偏好、个人利益观念是历史的产物，它们的形成必须从特定的社会历史条件予以解释。即使退一步，个人利益最大化的行为假定不适应于人类社会的全部历史，那么，它是否是对跨入了文明社会之后的人类本性的恰当概括？对于个人利益最大化行为假定，如果我们注意一下它在不同时期西方经济理论中的规定，可以发现，它是一个不断退化的拉卡托斯（lmre Lakatos，1922～1974）科学研究纲领方法论中的“硬核”。[②] 从 17、18 世纪的孟德维尔、斯密到 19 世纪后半期的詹姆斯·穆勒、伊特韦尔·帕尔格雷夫，对于个人（占有）主义的定义都限制在个人对自身物质利益的追求范围内。帕尔格雷夫对个人（占有）主义体系的特征下了十分精确的定义：“个人主义的主要特征是，(1) 资本的私有财产，对之都几乎附加有选赠和继承的权利的必要性，由此允许可以无限地转让和积累。(2) 竞争，一种个人之间在获取财富方面的对抗，一种为求得最好的生存而进行的斗争。”[③] 詹姆斯·穆勒在《社会

① 林克（Henry Rink）对爱斯基摩人的研究发现：在爱斯基摩人中差不多没有正常的所有权，可以算作所有权的只有三种：

“（一）属于几个家庭的联合的财产，例如，冬季住屋……

（二）属于一个或者至多三个血缘家庭的财产，例如夏季的帐篷及一切属于家计的用品，如灯、桶、木盆、石壶等；用以运载所有这些东西的帐篷、犬拖雪橇等的小船或大皮船，最后，冬季的粮食贮藏……

（三）个人的私产……衣服、武器和工具，或者一切为个人使用的东西。这些东西甚至被加上与其所有者之间的某种神秘的联系，如以精神和肉体之间的联系一样。把这些东西借给任何别的人是不合习惯的。”转引自普列汉诺夫：《论一元论历史观之发展》，博古译，生活·读书·新知三联书店 1964 年版，第 126 页。)

爱斯基摩人的财产所有方式显然是与他们所掌握的生产力以及由此决定的生产、生活方式相适应的，而非取决于抽象了特定社会历史条件的个人利益最大化行为假定。因为，若从个人利益最大化假定出发，把冬季住屋及帐篷、大皮船、冬季粮食贮藏等划归个人所有是更合理的。它们的价值远远大于衣服、武器和工具。在生产与消费是以部落为单位进行时，武器和工具归私人所有，并不能用个人利益最大化假定来解释——在产品不是直接归个人所有，而是在部落中以某种方式平均分配时，武器和工具的个人所有并不能带来个人利益最大化——它更多是从生产、生活的方便出发的。“爱斯基摩人赞成个人占有衣服、武器和劳动工具，只是由于这个简单的原因，即这种占有更为方便，并且事物的本身性质就暗示了它。为了学会好好地掌握自己的武器、自己的弓箭和飞枪，原始的猎人得使自己适应于它，好好地研究它的各个特点以及尽可能使它适应于他自己本身的个人特性。私有财产在这里较之其他任何占有形态来得更方便，因此未开化人‘信服了’它的好处：如我们所知，他甚至给个人劳动的工具和武器与其所有者之间加上了神秘的联系。可是他的信念是在生活的实践的基础上产生的，而不是先于它存在的，而其起源不是由于他的‘精神’的属性，而是由于他与之相关的事物的属性及那在他的生产力的目前状况中对于他是必然的生产力的性质。”普列汉诺夫：《论一元论历史观之发展》，博古译，生活·读书·新知三联书店 1964 年版，第 129～130 页。

② 关于拉卡托斯的“硬核”，参见拉卡托斯：《科学研究纲领方法论》，上海译文出版社 1986 年版，第 67 页；江天骥：《当代西方科学哲学》，中国社会科学出版社 1984 年版，第 5 章。

③ 约翰·伊特韦尔等：《新帕尔格雷夫经济学大辞典》(第 2 卷)，经济科学出版社 1992 年版，第 853 页。

主义论》一书中把个人（占有）主义原则形容成："竞争，人人都为他自己，而反对其他一切人"。这是基于利益的冲突，而不是利益的协调一致，而且，在这种情况下，要求每个人通过斗争来找到他的位置，通过把他人向后推或被他人推向后。在这部著作中，穆勒直截了当地把个人主义等同于争夺物质利益。这样严格定义的个人（占有）主义概念是推导完全竞争市场模型的理想行为假定。但是，这种行为假定无法解释现实社会生活中的人的大量行为。因此，自20世纪50年代以来，西方经济学用个人效用最大化代替了传统理论分析中的个人物质利益最大化假定。[①] 效用作为对人们愿望和欲望满足程度的衡量，它的来源可以是市场上的商品和劳务，也可以是声望、尊严等其他一些非货币因素。运用个人效用最大化行为假定，几乎可以解释个人的任何行为，因为，作为对主观感觉的衡量，从抢劫到无偿捐赠，都可以是出于同样的个人效用最大化。因此，用个人效用最大化取代个人物质利益最大化，一方面使许多过去在个人物质利益最大化假定下难以解释的行为——例如，自我牺牲行为、见义勇为行为、慈善行为等——得到较好的解释，但是，另一方面，它却造成了理论的退化。因为，在个人（占有）主义表现为追求个人效用最大化的条件下，完全可以从中推导出全然否定它的结论。

在个人（占有）主义表现为追求个人物质利益最大化的条件下，个人的效用函数最大化表现为：

$$\max U_a = f(q_1, q_2, \cdots, q_j, \cdots, q_n) \quad (j = 1, 2, \cdots, j, \cdots, n) \qquad (1)$$

其中，q_j 是消费者 a 所消费的 n 种商品劳务的数量，$f = (q_1, q_2, \cdots, q_j, \cdots, q_n)$ 是连续的，具有连续的一阶和二阶偏导数，并且，是一个严格的正则拟凹函数。而且，式（1）的偏导数是严格的正数，即不管对哪一种商品劳务，个人将总是希望得到更多的。[②] 而在将个人（占有）主义表现为追求个人效用（尤其是包括精神方面的效用时）最大化条件下，个人的效用函数最大化表现为，$\max U_a = f(q_1 1, q_1 2, \cdots, q_1 j, \cdots, q_1 n, \cdots, q_2 1, \cdots, q_2 j, \cdots, q_2 n; q_i 1, \cdots, q_i j, \cdots, q_i n; q_m 1, \cdots, q_m j, \cdots, q_m n;)$

$$(i = 1, 2, \cdots, i, \cdots, m; j = 1, 2, \cdots, j, \cdots, n) \qquad (2)$$

其中，$f = (q_1 1, q_1 2, \cdots, q_1 j, \cdots, q_1 n)$ 消费者 a 所直接消费的商品劳务给其带来的

---

① G. S. Becker. *The Approach to Human Behavior*. Chicago: University of Chicago Press, 1976.

② 对此需要说明的是，效用函数是针对某一时期的消费而言的，时期的长度是有限制的，但是，并不限于即刻的消费。从一个较长时期看，效用 U 是 q_i 的单增函数是可以成立的。

效用；$f=(q_21, q_22, \cdots, q_2j, \cdots, q_2n, \cdots, q_i1, \cdots, q_ij, \cdots, q_in, \cdots, q_m1, \cdots, q_mj, \cdots, q_mn)$是其他消费者$i(i=2,3,\cdots,i,\cdots,m)$对商品$q_j$的消费给消费者$a$带来的精神效用。不难看出，在式（2）具有与式（1）相同的性质条件下，式（2）不是对式（1）的拓广，而是对式（1）的否定。因为，从式（2）可以得出这样的结论：在有限资源条件下，个人追求自身效用最大化并不导致竞争与利益冲突。个人（占有）主义的定义从追求个人物质利益最大化“拓广”为追求个人效用最大化，是对原有行为假设的否定，是原有理论“硬核”的退化。因此，无论是从行为假定的本来含义还是从维持理论体系的逻辑严谨性角度看，都应该将个人（占有）主义行为假设严格地限制在追求个人物质利益最大化范围之内。

倘若上述分析成立，显然，个人（占有）主义的行为假定即使对西方国家的市场经济分析也是不合适的，这已从西方经济学将原有的追求个人物质利益最大化行为假定偷换为追求个人效用最大化行为假定得到证实。以它作为社会主义市场经济理论分析的前提假定，所能得出的结论可以想见。

否定个人（占有）主义的方法论，并不等于要有另一个极端的方法论即集体主义的分析方法取而代之。因为，二者在思维方式上都是形而上学的，都不考虑特定社会历史条件对人的行为方式形成的影响作用。经济学所研究的是社会化的人，是处于一定社会历史条件下的具体的人，一定的社会生产方式、与之相适应的政治经济结构、特定的社会文化传统对生活其中的人的行为方式有着不可低估的影响。因此，在经济学的分析中，不能以高度抽象的只有单一行为假定的人——不论这个行为特征是如何重要——来作为全部理论演绎不变的前提，而是应当充分考虑具体社会历史条件对人的行为特征的多方面影响，考虑丰富多彩的人的行为特征及其结构对社会经济运行机制以及制度形成、变迁的影响，这么说，并非否定理论抽象在经济学分析中的意义，而是要将理论建立在一个更为客观真实的基础之上。

历史唯物主义认为：在现实社会生活中，只存在与特定社会生活条件相适应的从而各个不同的具体的人的需要及需要实现形式，它决定了不同时期人的利益关系从而利益观念及其结构。而利益观念及其结构的不同，制约着特定社会条件下人们的行为特征及其结构。探讨特定历史时期人们的利益观念，必须从该时期的社会经济条件所决定的需要及需要实现形式入手。

以马斯洛（Abraham Maslow，1908～1970）为代表的人类动机理论认为：个人是一个统一的、有组织的整体，人存在着各种不同的欲望，绝大多数欲望和冲动是互相关联的，跨种族及文化的人类动机研究认为：驱使人类的是若干始终不变的、遗传的、本能的需要。这些需求是心理的，而不仅仅是生理的。

它们是人类真正的内在本质，它们“不是丑恶的，而是中性的或者是良好的”。在马斯洛看来，人的一生实际都处在不断的追求之中，人不断有需求，“几乎很少达到完全满足的状态。一个人欲望得到满足之后，另一个欲望就立刻产生了”。人的各类需要是沿着从基本到高级的顺序逐次展开的：最基本、最强烈、最明显的需要是生存需要，如果生存需要未得到满足，人们就会无视其他所有需要或把它们都推到后面去。然而，一旦生理需要得到充分满足，安全的需要就产生了。当生理和安全的需要得到满足时，对爱和归属的需要就出现了。“现在这个人会开始追求与他人建立友情，即在自己的团体里得一席之地。他会为达到这个目标而不遗余力。”在爱和归属的需要之后，是对尊重的需要：自尊（包括对获得信心、能力、本领、成就、独立和自由等的愿望）和来自他人的尊重（包括威望、承认、接受、关心、地位、名誉和赏识等）。当一个人对爱和尊重的需要得到合理满足之后，自我实现的需要就出现了。自我实现的需要、发展的需要（马斯洛又称之为“存在的价值”），是一种区别于基本需要或因匮乏而产生的需要，一种体现人的高级本质的需要，一种后动机。[①] 马斯洛的人类动机理论揭示了人的需要与动机的关系，需要的层次性，需要从基本向高级层次、从物质需要向精神需要过渡的有序性，等等。尽管马斯洛的分析主要是从心理学的角度进行的，因而较少涉及需要及动机形成的社会历史因素，[②] 但是，人类动机理论的提出，对经济学正确地认识经济生活中的人的行为特征显然是大有帮助的。[③]

丰富多彩的人生的需要是人类不断追求自我完善、社会进步的原动力。人的需要的满足程度和实现形式是建立在一定社会生产力的发展基础之上的。人们在不同社会经济条件下各类需要的特定实现形式也就构成了该社会的利益关系。而利益关系的不同则决定了人们在不同社会经济条件下的利益观念及行为机制特征。在生产力极为低下的条件下，就连最基本的需要的满足，都必须通过集体的合力，因此，对原始人来说，他们的利益观并不是个人主义的。而当

---

① 以上有关马斯洛的人类动机理论的观点主要来自对弗兰克·戈布尔（Frank Goble）：《第三思潮：马斯洛心理学》（上海译文出版社 1987 年版）一书有关论述的概括。不嫌麻烦地做文抄公，只是想尽可能地说明人生需要的多层次性及人类动机的多样性。

② 需要指出：马斯洛是承认社会环境对人的需要且动机形成的作用的。关于这一点，参见弗兰克·戈布尔：《第三思潮：马斯洛心理学》，上海译文出版社 1987 年版。

③ 我国有些经济学家虽然赞成马斯洛需要层次论，但认为其理论不能满足经济学分析的要求。原因是经济学是研究需求而不是研究需要的（参见刘世锦：《经济体制效率分析导论》，上海三联书店 1993 年版，第 31 页）。我们认为这种看法是不全面的。需要是需求的基础，需要是可以转变为需求的。经济学只有知道需要的走向，才可以清楚地了解和解释收入变化后的需求变动趋势。而从制度变迁的角度看，需要将起更大的作用。因而，在考虑人的行为特征时，否定需要因素的作用是不合适的。

社会生产力的发展使生存需要的实现可以以个人或家庭为单位进行时，人们的利益观从而其行为机制也就发生相应的变化。我们可以发现，尽管生产以协作的方式进行具有更高的效率，但是，当人们的需要能以个人或家庭为单位实现时，人们的利益观从而行为机制在相当程度上还是自我取向的。这是由于在利益观从而人们的行为机制的形成上，需要的实现形式是一个比产权制度更为直接的影响因素，人们是在生产力发展的基础上，出于寻求更好的需要实现形式的要求，进行包括产权制度在内的社会政治经济制度变革的。即事物发展的内在逻辑顺序是：满足需要的欲望——促进社会生产力的提高——需要满足程度的扩大和满足层次的提高的可能产生——需要实现形式的发展——社会经济制度的变革——需要实现程度、层次的提高——产生满足更高层次需要的欲望……。财产的制度形式、需要实现形式、人们的利益观和行为机制之间的关系是，需要的实现形式决定利益观、行为机制，而利益观、行为机制的变化促使财产制度的变化。传统社会主义政治经济学理论在这一问题上看漏了需要实现形式的作用，把人的行为机制的形成与变更简单地直接归因为财产制度，即社会生产力——生产资料所有制——人的行为机制，然而，正如实践所证明的：在需要的实现形式没有发生根本变化的条件下，财产制度的变革并没有导致社会成员的利益观从而行为机制的根本转变。传统理论将之归罪于旧制度在思想文化、社会习惯方面的遗留，认为必须用不懈的政治思想工作来改造它。然而，在旧制度已经被新制度取代数十年，在新制度下出生、成长的新一代人在从未接触旧制度的（包括国外的资本主义）生活方式的情况下，传统理论所期待的新人的行为机制尚不能形成，依然需要用政治思想工作来扫除“旧制度的思想遗留”，这不能不说是典型的主观唯心主义了。

人的需要是多层次的，在每个层次中又有不同的各种需要，不同的需要要求不同的需要实现形式。在社会生产力的一定发展基础上，生存需要的大部分种类是可以以个人或家庭为单位进行消费予以满足的。它具体地表现为满足生存需要的大部分产品在消费上的可分割性与排他性。因此，在这一层次上，人们的利益观与行为特征是自我取向的。但是，与此同时，存在着要有不同的需要实现形式来满足的其他人生需要。在这些需要中，一种类型的需要是共享型的需要。安全的需要、归属的需要，在相当程度上就是这种类型的需要。社会秩序的安定、国家的安全，对于个人来说，都是不可缺少的。然而，这样的需要是无法通过个人消费的形式予以实现的。它必须通过社会、集体的形式予以实现。共存型需要的一个典型的例子是国家、民族的强盛、兴旺以及由此其在国际社会中的地位高低对个人的影响。[①] 在民族、国家存在的条件下，每个人都不可能不属于某一个民族或国家，因此，当一个民族、国家弱小、贫穷，国际地位低下甚至沦亡时，这个民族、国家的每一分子都无法免受其辱。国家强盛，民族兴旺，其国际地位高，每一个成员都将因之受益。可以看出，这种需要，这种利益既属于每个人，但是，它又是不可分的，属于全民族的，尤其是它的实现必须以全民族、整个国家为单位进行。正是由于这种需要、利益的存在，以及在特定时期它上升为个人最主要的需要，个人毁家纾难，甚至慷慨捐躯的行为才可以得到合理的解释。[②] 另一种类型的需要是依存型的需要，这一类的需要表现为个人需要的满足建立在他人需要的满足基础之上，用公式来表达，就是：

$$U_a = f(q_1, q_2, \cdots, q_i, \cdots, q_n; X_1, X_2, \cdots, X_j, \cdots, X_m)\ (i = 1, 2, \cdots, n; j = 1, 2, \cdots, m) \tag{3}$$

$$X_I = U_k = f(q_i)\ (k \neq a) \tag{4}$$

式（3）是 a 的需要函数，$q_1, q_2, \cdots, q_n$ 是 a 对产品的直接消费，a 从对它们的消费中获得需要的满足。$X_1, X_2, \cdots, X_m$ 是其他人的需要函数 $U_k = f(q_j)$ 的函数，即 a 从他人对特定产品 q_i 的消费得到他的某种需要的满足。在 a 的需要函数中包括 X_j，是由于人类需要的多层次性。在人的需要超出生存需要层次进入更高层次——如爱的需要、尊重需要、自我实现需要等——时，便会出现依存性需要。在依存性需要中，X_j 可以是 k 对产品 q_i 的消费，也可以是 k 的某个依存性需要函数的函数，即：

$$X_j = U_k = f(Y_j) \tag{5}$$

$$Y_j = U_p = f(q_i) \tag{6}$$

母爱是一种典型的依存性需要。母亲从孩子的消费、孩子的成长、孩子的成功中充分享受到自己的需要满足，她为孩子的成长、成功所做出的一切，并不是出于自身利益最大化的动机。[③] 在现实生活中，我们还可以看到许多依存

---

① 当个人生活在本国、本民族同胞之间时，对这种需要的感觉或许会不太强烈，但是，当他身处异域或国际交往场合，与其他民族同胞相交往时，这种需要就急剧地上升。需要进一步指出的是，这种影响不仅是精神的，而且可能是物质的。30 年代，吉鸿昌游美时，当时的中国使馆官员曾劝他自称日本人，可以不受歧视，在旅途中较为方便（使馆官员劝吉鸿昌选择物质利益）。而吉鸿昌却将“我是中国人”的布条别在胸前（吉鸿昌选择的是民族自尊）。使馆官员与吉鸿昌在同一问题上的处理方法虽然不同，但是他们都深切感受到对国家、民族在国际社会中的地位的需求。

② 众所周知，以个人利益最大化为基本行为假定的新古典经济学从来就无法合理地解释这类行为，把它拒之于经济学分析的范围之外。

③ 当然，我们并不否认存在着从抚养孩子得到物质回报希望的母亲，或者说，在母亲养育孩子的动机中包括得到物质回报动机。但是，绝大多数母亲或母亲的绝大多数行为是不能用这一动机解释的。

性需要的例子，例如，见义勇为的行为、出于爱心的捐赠（捐助希望工程），等等。

从人的需要的多层次性出发，我们发现人类的利益关系是多种多样的：在需要可以以个人或家庭为单位排他性地满足时，利益体现为个人利益；在需要必须在群体或社会层次实现时，利益体现为群体或社会利益；在需要具有依存性时，利益就具有相关性。在不同的社会经济条件下，各个层次的人类需要的展开程度是不同的，不同层次需要可能满足的程度、范围、实现形式也是不同的。因此，无论是从需要层次还是从需要的不同实现形式即利益关系来看，人们的利益观都应当是多元的，形成某种结构状态。特定社会中的人们的行为机制是受该社会经济条件决定的利益结构制约的，因此，它不可能是单一的。只承认或者只以单一的个人利益或集体利益最大化观点来分析人们的行为机制，显然失之片面。

我们认为，利益结构论以及由结构利益支配下的多元行为机制，是建立社会主义市场经济理论的重要出发点之一。然而，对于这一观点，需要进一步探讨的是，它建立在什么样的基点上？众所周知，传统的社会主义政治经济学也承认不同的利益的存在，国家、集体、个人利益的并存，在某种程度上说，也是一种利益结构论。然而，它是建立在集体主义的方法论基础上的，以公有制为既定前提推导出国家利益优于集体利益，集体利益又高于个人利益的利益结构论。这与我们前面从人的需要层次、特定社会历史条件下的需要实现形式以及由此决定的利益结构论是完全不同的。从人类的需要层次论推导出来的利益结构论是以个人的需要及其实现形式为起点的，因此，也可以说是一种以个人主义为基点的利益结构论，然而，从我们的上述分析可以看出，它不是以个人占有主义为基点的，从需要层次论出发的必然结论是以个人发展主义为基点的利益结构论。即特定社会经济条件所决定的社会成员的各种利益关系从而行为机制是以个人需要的满足为基础的，是围绕着个人的自我发展、自我实现、自我完善的需要而展开的。以个人发展主义基础上的利益结构论作为分析人的行为特征的基点，是马克思长期坚持的重要观点之一。麦克弗森指出：马克思是经济学说史上第一个逻辑一贯的个人发展主义者。“个人发展主义是他的政治经济学的核心的所在。”① 马克思对资本主义制度、对资本主义商品货币关系毫

① 约翰·伊特韦尔等：《新帕尔格雷夫经济学大辞典》（第2卷），经济科学出版社1992年版，第853～856页。关于马克思是个人（发展）主义者的观点，国内也有学者提出过。顾准先生指出：马克思所提出的共产主义的基本标志——每个人的自我实现，是一种个人主义（参见《顾准文集》，贵州人民出版社1994年版，第379页）。

不留情的批判，可以说是社会主义经济学界所熟知的，然而，遗憾的是，长期以来，马克思批判的出发点却被社会主义经济学界不恰当地忽略了。马克思的出发点是人，是如何使每一个社会成员都“成为自己的社会结合的主人，从而也就成为自然界的主人，成为自己本身的主人——自由的人”[①]。对马克思来说，使每个人都成为全面而自由发展的人是人类社会的最高价值,[②] 资本主义制度的最大不合理性，就在于它剥夺了绝大多数社会成员全面自由发展的权利，它把人仅仅作为手段，使人尤其是工人变成了“片面的人”“局部的人”“畸形的人”。因此，在他看来，共产主义社会之所以是人类社会发展的理想目标，是因为它是“一个更高级的、以每个人的全面而自由的发展为基本原则的社会形式”[③]。“在那里，每个人的自由发展是一切人的自由发展的条件。”[④] 因此，对马克思来说，生产资料的社会所有、经济的集体控制只是一种必要的手段，一种实现每个社会成员全面自由发展的手段。马克思的这种观点贯穿他最早期到他最晚期的经济著作。因此，可以说，个人发展主义是马克思主义经济学最重要的分析基点之一。遗憾的是，在相当长时期，社会主义政治经济学却抛弃了这个重要的分析基点，把生产资料公有制既当作分析的基点又当作目的。国际范围的长期实践证明：抛弃每个人的全面而自由的发展这一根本目标谈生产资料公有制的必要性，其结果只能是导致专制主义。因此，建立社会主义市场经济理论，必须恢复马克思主义经济学的分析基点——个人发展主义的利益结构论。

2. 最大化与完全理性行为假设

最大化与完全理性行为假设实际上是一个问题的两面。最大化假设是对人们的行为愿望的理想假设，而完全理性假设则是对人们的行为能力的理想假设。新古典经济学之所以始终坚持最大化与完全理性假设，是由于证明竞争均

---

① 《马克思恩格斯选集》（第3卷），人民出版社1972年版，第443页。

② 必须指出的是，马克思主义提出人的全面自由发展的目标，绝不是出自某种关于人的抽象的、先验的全面性的观念，绝不是凭着劳动甚至对人的崇高信念而向现实发出的指令，而是对人的历史发展作出科学分析和预见的结论。马克思指出，“个人的全面性不是想象的或设想的全面性，而是他的现实关系和观念关系的全面性。由此而来的是把他自己的历史作为过程来理解，把对自然界的认识（这也表现为支配自然界的实际力量）当作对他自己的现实体的认识”［《马克思恩格斯全集》（第46卷下），人民出版社1980年版，第36页］。即马克思提出未来社会应以人的全面而自由的发展为目标，是以对直到资本主义时代为止的人的发展史所作的分析结论为基础的。他认为：资本主义使社会生产力或一般财富得到高度的发展。交往的普遍性和世界市场的形成，这些都为个人的全面的发展提供了可能的基础，“而个人从这个基础出发的实际发展是对这一发展的限制的不断消灭”（同上书，第36页）。

③ 《马克思恩格斯全集》（第23卷），人民出版社1972年版，第649页。

④ 《共产党宣言》，引自《马克思恩格斯选集》（第1卷），人民出版社1995年版，第294页。

衡的存在性、最优性和无偏性完全建立在消费者是最优化，即具有最大化愿望和完全理性能力的个人基础上的。对于最大化假设的批评，主要有两类：一类从客观世界的复杂性、不确定性、个人主观能力的有限性来证明最大化是不可能的；另一类则根据心理学及其他领域的研究成果论证最大化不是典型的，而非理性行为甚至在经济领域也是普遍的。[①] 从经济学分析角度看，在最大化与完全理性这两个假设之间，更为关键的是后者能否成立。研究证明，问题也恰恰多在后者。

从认识论角度看，完全理性论具有浓厚的机械论气息。它无视认识和思维过程的高度复杂性以及面对客观世界的无限性，人类必须具有不同水平的意识、分层次的心智结构——直觉、知觉、感性认识、无意识的习惯、潜意识行为、深思熟虑的理性行为，等等——来处理不同级别的行为需求，完全理性行为论认为所有的人类行为都是处在同一个有意识的层次，即一部效用最大化机器的水平上的，完全否认了人类理性的社会性和历史性。因此，它不仅很早就受到凡勃伦、米契尔、康芒斯等制度学派经济学家的批评，就连有些早期的新古典经济学家也不像当代某些新古典经济学家如贝克尔（Gary S. Becker，1930～）那样认为所有的人类行为都可以用理性模式予以概括。帕累托就曾专门写了一本书论述他所称的“非逻辑行为”即手段和给定目标没有逻辑关系的行为。他认为“非逻辑”行为包括“很多人类行为，即使在今天最文明的人中也存在。它本能地机械地遵从于习惯”。在实际生活中，逻辑行为与非逻辑行为“几乎是混杂在一起的”[②]。而西蒙的“有限理性说”可以说是对完全理性行为假定最沉重的打击。西蒙提出：“理性就是要用评价行为后果的某个价值体系，去选择令人满意的备选行为方案。”因此，在判别个人行为是否理性时，首先必须解决判别的依据：客观理性还是主观理性？自觉理性还是有意理性？组织理性还是个人理性？理性行为通常被认为是在既定环境下，使目标最大化的行为。然而，要实现手段—目标之间的完全整合——这是完全理性的另一种表达方式——在事实上是不可能的。人们的实际行为缺乏客观理性，至少表现在以下三个方面：“（1）按照理性的要求，行为主体应具备关于每种抉择的后果的完备的知识和预见。而事实上，对后果的了解总是零碎的。（2）由于后果产生于未来，在给它们赋以价值时，就必须凭想象来弥补其时所缺少的体验。然而，对价值的预见不可能是完整的。（3）按照理性的要求，行为主体要在全

① 霍奇逊：《现代制度主义经济学宣言》，北京大学出版社1993年版，第4章。

② 同上，第4章，第121～122页。

部备选行为中进行选择。但对真实行为而言，人们只能想得到全部可能行为方案中的很少几个。”[①] 西蒙不仅充分运用现代心理学和社会学的成果，[②] 从人类知识的不完备性，个人的预见能力，人类可能行为范围的持续变化性，人的行为的可训练性及其特征，记忆、习惯对行为的影响，积极刺激的作用，心理环境的决定因素，行为持久机制等各个方面对完全理性假定予以详尽的批评，而且更进一步地指出社会历史环境对人的理性的形成以及人的行为的巨大影响。“人类理性是在制度环境中塑造出来的，也是在制度中发挥作用的。……被我们称为组织的那种行为模式，对任何广义的人类理性的成就来说，都具有根本性意义。理性的个人，是而且必须是有组织的和制度化的个人。要想解除人类心理条件对周密思考的苛刻限制，个人就必须不仅是他本人心理过程的产物，而且必须体现更广泛的考虑；进行这些更广泛的考虑，正是组织起来的群体的职能。”[③] 因此，人类的抉择行为与其说是在备选方案中进行选择，不如说更接近于刺激—反应模式。人类的理性是在心理环境的限度内起作用的，心理环境迫使个人不得不选择一些要素，作为他的决策必须依据的“给定条件”；人们面对无限纷繁而且日趋复杂的世界与有限时间、能力的矛盾，不得不以分层的心智处理分层的活动，也即在相当程度上依靠惯例和习惯而不是理性计算进行决策，而人们生活在其中的特定社会历史条件，就是决定其思维方式、决策目标、实现方式选择的“给定条件”；人们所依赖的习惯和惯例，也是特定社会历史条件的产物及遗留。

有些新古典经济学家鉴于难以否认有限理性论，因而想通过把有限理性论纳入完全理性论框架的方式维护新古典经济学理论的基本内核，认为有限理性不过是纳入了对理性计算本身的成本收益的计算之后的理性行为。他们评价西蒙的寻针例子，认为按照西蒙的满意标准，寻针者只要找到能缝衣的针之后就停止寻找最尖的针，是理性计算的结果。因为，可以认为停止寻找是因为继续寻针所获得的收益将低于其进一步寻找的成本。然而这种解释只有对极为有限

---

① 西蒙：《管理行为》，北京经济学院出版社 1988 年版，第 79 页。

② 西蒙指出：社会学和心理学的所有现代学派几乎都对理性主义持批评态度 。弗洛伊德学派的批评则尤为强烈。弗洛伊德和后弗洛伊德学者认为：人的行为并非全由理性计算或有意识的思考决定，而是同时存在着许多无意识或潜意识心理过程。例如，广告引致的消费在相当程度上并不是人们的理性消费。广告通过对微妙的产品符号或者产品“形象”的强调，充分调动人们的特定心理情绪对消费行为的影响。研究表明，那些声称不受广告技术左右的人仍然要受广告的影响，而且他们事后经常使自己的选择“理性化”。还有的研究认为相当比例的购买活动都不是消费者经过深思熟虑后的决策，即使是第一次购买某种特定商品也是如此（参见西蒙：《管理行为》，北京经济学院出版社 1988 年版，第 4 章；霍奇逊：《现代制度主义经济学宣言》，北京大学出版社 1993 年版，第 5 章）。

③ 西蒙：《管理行为》，北京经济学院出版社 1988 年版，第 99 ~ 100 页。

的确定型决策才是有效的，而在承认未知世界的无限性前提下，有限理性便不能解释为考虑理性计算成本的完全理性行为。有限理性与完全理性，从我们上述的分析中可知，是两种对人的行为特征的不同性质的认识。

我们认为：分析社会主义市场经济运行机制，必须充分认识人类对客观世界的认识是一个无限发展的过程，即人类理性能力从总体上，从万古常新的历史发展过程看，具有无限逼近客观理性的性质，但是，就特定历史时期的人类整体、就个人的理性能力来看，则具有历史局限性和个人局限性，即有限性。首先，必须把特定历史时期的人类的理性能力看作一个社会的和历史的范畴，即它是在一定的社会历史条件下、一定的政治经济文化环境中形成的。作为经济学分析中的人不是抽象的人，而是社会的个人，他们在特定的社会政治经济文化基础——其中，最重要的是生产方式上——按一定的方式组成了社会而同时又被社会组织起来，因此，他们的理性具有历史继承性。其次，人类的理性具有社会性，即个人理性的相对独立性，无数个人理性的综合构成了社会理性，而后者并不仅仅是前者的简单加总和结果，后者作为一种强大的社会力量有力地影响着前者。最后，在分析人类的行为时，应当充分认识面对无限纷繁的外部世界，人类的行为的多层次性，对人类行为特征的认识，与其说要将它简单化地归纳为某种单一的抽象，不如说是正确地认识这种多层次行为的结构性，它形成的自然、社会历史原因，行为层次结构对社会经济运行过程的影响。如果我们承认哈耶克所说的一个中央计划机构不可能集中所有的相关信息来制定完美无缺的国家经济计划的观点是正确的话，那么，同样的推论对个人也是成立的。

综上分析，我们可以认为：建立社会主义市场经济理论或者说分析社会主义市场经济运行的方法论基点，从人的行为特征角度看，可以概括为：个人发展主义的利益结构论，人的理性能力的有限性、社会性、历史性及由此决定的行为机制多层性。这里，需要说明的是，对人的行为特征的认识并不等同于行为的假设。我们在上面用大量篇幅着重说明了人的行为特征的社会历史性、多层次性，目的就在于在建立社会主义市场经济理论体系过程中，在方法论上，避免用单一的行为假设概括当今社会经济过程中人的丰富多彩的行为特征，从而导出对社会经济运行机制和制度框架的片面性认识。因此，社会主义市场经济理论不应当重蹈新古典经济学的覆辙，以不变的行为假设贯穿其全部的理论分析，而是应重视分析在不同社会经济条件下，面对不同的问题，不同的人具有什么样的行为偏好，是什么样的行为机制在起主导作用，它是如何影响社会经济的运行及制度变迁的。

传统发展观的政治经济学渊源分析*

在中国经济高速增长近30年后，如何实现社会经济的科学发展成为人们关注的重要问题。其所以引起普遍关注，是因为社会经济发展达到一定水平之后，人们必然对发展产生了更高的期望；与此同时，既有的发展也带来和累积了一系列人们始料不及却又无法回避的社会经济问题。因此，与经济发展的初期阶段不同，现今并不是任何一种形式的发展都能为社会所接受与承受的了。

一

关于传统发展观，既有研究并未给出明确界定。即使存在着明确界定，对于我们的研究，意义也有限。因为，现实经济生活中实践的发展形式，完全可能呈现出另一种形态。我们毋宁从现实社会经济发展过程中出现的典型事例中，来把握传统发展观的基本特征。我们认为：传统发展观的基本特征是增长至上。在以经济增长为至上目标的发展观指导下，必然是：（1）盲目追求物质产品最大限度增长，以致不顾资源环境承载能力的发展；（2）强调整体利益至上，追求社会效用最大化，忽视个体利益的发展；（3）追求短期增长最大化，忽视代际平衡；（4）忽视区域协调发展，以邻为壑甚至陷邻于病的发展；（5）增长至上，从而忽视每个人全面自由发展对发展的指导与制约意义的发展。

---

* 本文原载于《东南学术》2006年第3期，共同作者：刘洁。

二

为什么会形成这样的发展观？从经济学角度看，传统社会主义政治经济学应负主要责任。传统社会主义政治经济学教科书中的“社会主义基本经济规律”就是以增长为至上目标的传统发展观的政治经济学渊源。自斯大林 1952 年在《苏联社会主义经济问题》中提出“用在高度技术基础上使社会主义生产不断增长和不断完善的办法，来保证最大限度地满足整个社会经常增长的物质和文化的需要”是“社会主义基本经济规律”①，并指出这个规律不是决定社会主义生产发展的某一个别方面或某些个别过程，而是决定社会主义生产发展的一切主要方面和一切主要过程，因而是决定社会主义生产的实质、决定社会主义生产的本质②以来，基本经济规律作为指导社会主义经济发展的基本方针或发展观，至今基本未受到质疑。③ 社会主义经济的生产目的就是以生产的不断增长保证最大限度地满足整个社会物质与文化需要的思想，通过多年的传统社会主义政治经济学教育，已经成为几代人不假思索、盲目接受的信条。在现实中，不少政府官员正是根据基本经济规律的这一要求，执着于追求本地区 GDP 的最大增长。增长至上主义之所以得到理直气壮的支持，正是因为它充分体现了“社会主义基本经济规律”的根本要求，为社会主流价值取向所肯定。

---

① 斯大林：《苏联社会主义经济问题》，人民出版社 1958 年版，第 30 页。在此之前，马克思主义经济学中，并不存在着斯大林提出的“社会主义基本经济规律”。有关研究，参见李文溥、刘洁：《“社会主义基本经济规律”批判》，引自厦门大学宏观经济研究中心等编《全球化时代的马克思主义经济学》，“当代马克思主义经济理论国际研讨会”论文集，第 129 ~ 140 页。

② 斯大林：《苏联社会主义经济问题》，人民出版社 1958 年版，第 27 ~ 28 页。斯大林认为，“资本主义的基本经济法则是这样一种法则，它不是决定资本主义生产发展的某一个别方面或某些个别过程，而是决定资本主义生产发展的一切主要方面和一切主要过程，因而是决定资本主义生产的实质、决定资本主义生产的本质的”。斯大林认为，他对“现代资本主义基本经济法则”地位的说法，也适用于后面提出的“社会主义基本经济法则”。

③ 改革开放至今，我国经济学界关于“社会主义基本经济规律”的唯一一次大讨论发生在 20 世纪 80 年代初。这场讨论的代表性论文，参见中国政治经济学社会主义部分研究会：《论社会主义生产目的》，吉林人民出版社 1981 年版。从论文集可以看出，当时，大多数论者更多关注的是我国的经济建设实践应如何按照“基本经济规律”的要求办事。而对于“基本经济规律”本身的反思却基本没有。一直到 90 年代后期，我国出版的各种政治经济学教科书尽管内容变化很大，但大多仍然把“社会主义基本经济规律”作为社会主义经济的重要规律予以阐述，近年曾有少数学者怀疑这一表述可否称为客观经济规律（参见樊刚：《“‘苏联范式’批判”》，载《经济研究》195 年第 10 期）。最近，笔者对此提出了批评（参见李文溥：《斯大林〈政治经济学教科书〉的政治经济学研究》，载《社会科学》2006 年第 3 期；李文溥、刘洁：《“社会主义基本经济规律”批判》，引自厦门大学宏观经济研究中心等编《全球化时代的马克思主义经济学》，“当代马克思主义经济理论国际研讨会”论文集，第 129 ~ 140 页）。

但是，如果将传统发展观与资本主义社会的主流价值取向——功利主义进行比较，我们就会发现，二者之间存在着极为密切的联系。

起源于18世纪初英国经验主义伦理学派并经过边沁、穆勒等予以系统阐发的功利主义，是一种个人中性的社会选择理论，一种替换、效用牺牲和抵换的社会选择理论。作为一种道德准则，功利主义是三个基本条件的结合：(1)福利主义，判断事物的好坏仅仅根据事物状态的效用函数；(2)总和排序，对任何一种状态的效用评价只能通过观察这一状态所包含的效用总和来评价；(3)结果主义，每一个选择的好坏，不考虑行为、动机、规则等因素，最终只由结果的好坏来判断。① 功利主义的终极准则是集合的效用或者社会的总效用，个人及其效用都是可以被量化计算加总并被交易以致牺牲的筹码，通过不同个体间效用的替换与补偿来实现“最大多数人”的“效用最大化”或“福利最大化”是功利主义的基本准则之一。

传统发展观中的增长至上主义，追求物质产品最大限度的增长，与功利主义以社会总效用最大化为社会目标是一致的；传统发展观在处理人际利益关系问题上，强调整体利益至上，认为在经济发展中，可以为了社会利益最大化，甚至部分社会群体的更大利益而牺牲个人或者另一部分社会群体的不可剥夺的基本权益，这显然是功利主义的基本原则——“最大多数人的最大幸福”的翻版，与功利主义在处理人际效用关系问题上，持个人中性（person-neutral）立场，主张人际间效用可以相互替代与抵换，社会可以为了某部分成员的重要效用牺牲另一部分成员的次要效用，甚至可以为了A成员的效用而牺牲B成员的效用的思想是一致的。

在“社会主义基本经济规律”指导下形成的传统发展观，为什么会呈现出如此浓厚的功利主义色彩？这似乎令人难以理解。众所周知，长期以来，功利主义一直是资本主义社会的主流价值观。一部西方经济学，主要内容就是如何实现效用最大化。效用与功利，在功利主义与古典政治经济学的故乡的文字里，本来就是同一个词：utility。可是，“社会主义基本经济规律”来自社会主义政治经济学，为什么竟与功利主义的基本原则如此一致？熟悉马恩著作的读者大多知道，马克思恩格斯对英国功利主义所持的严厉批评态度：功利主义不过是“被边沁令人讨厌地大肆渲染的相互剥削的理论”②，它“把所有各式各

① 阿马蒂亚·森：《伦理学与经济学》，商务印书馆2000年版，第42页。

② 《德意志意识形态批判》，引自《马克思恩格斯全集》（第3卷），人民出版社1960年版，第478页。引用这句话，只是说明马克思恩格斯对边沁以及功利主义的看法，至于边沁与功利主义在思想史上的地位和作用，则不妨另行讨论。

样的人类的相互关系都归结为惟一的功利关系，看起来是很愚蠢的，这种看起来是形而上学的抽象之所以产生，是由于在现代资产阶级社会中，一切关系实际上仅仅服从于一种抽象的金钱盘剥关系。……政治经济学是这种功利论的真正科学”①。

显然，事实只能是，斯大林提出的“社会主义基本经济规律”不但没有继承马克思的社会发展理想，相反，却用比边沁更为退步的功利主义私自取代了它。

为了说明这一点，需要回顾一下马克思的观点。马克思和恩格斯在《共产党宣言》中明确宣示了他们对未来共产主义社会的理想：“代替那存在着阶级和阶级对立的资产阶级旧社会的，将是这样的一个联合体，在那里，每个人的自由发展是一切人的自由发展的条件。”② 在《资本论》中，马克思将这一理想与资本主义社会进行比较：“他狂热地追求价值的增殖，肆无忌惮地迫使人类去为生产而生产，从而去发展社会生产力，去创造生产的物质条件；而只有这样的条件，才能为一个更高级的，以每个人的全面而自由的发展为基本原则的社会形式创造现实基础。”③

这一表述在列宁那里，已经有所改变。列宁在 1902 年的俄国社会民主工党纲领草案中写道：社会主义社会取代资本主义社会是“以保证社会全体成员的充分福利和自由的全面发展”④。列宁将“每个人”变成了“社会全体成员”，在“自由全面的发展”的前面加入了“充分福利”。

而斯大林的“基本经济规律”则不仅把列宁留下的“自由全面的发展”删掉了，还把“社会全体成员”悄悄地改为“整个社会”。

可以看出，从马克思到列宁以至斯大林，对社会主义社会发展目标的看法，经历了一个从“每个人”到“全体社会成员”再到“整个社会”，从“每个人的自由全面发展”到“社会全体成员的充分的福利和自由的全面发展”再到“满足整个社会经常增长的物质和文化的需要”的演变过程，这是一个从道

---

① 《德意志意识形态批判》，引自《马克思恩格斯全集》（第 3 卷），人民出版社 1960 年版，第 479 页。

② 《共产党宣言》，引自《马克思恩格斯选集》（第 3 卷），人民出版社 1972 年版，第 273 页。需要指出的是，他们认为共产主义就是替代资本主义的新的社会形态，中间并不横插一个社会主义社会。

③ 《资本论》（第一卷），人民出版社 1975 年版，第 649 页。

④ 列宁原话是：“工人阶级的解放只能是工人阶级本身的事业。现代社会的其余一切阶级都主张保存现存经济制度的基础。工人阶级要获得真正的解放，必须进行资本主义全部发展所准备起来的社会革命，即消灭生产资料私有制，把它们变为公有财产，组织由整个社会承担的社会主义的产品生产代替资本主义商品生产，以保证社会全体成员的充分福利和自由的全面发展。”参见《俄国社会民主工党纲领草案》，引自《列宁全集》（第六卷），人民出版社 1986 年版，第 193 页。

义论向古典功利主义准则逐步靠拢的过程。需要进一步指出的是，斯大林的“基本经济规律”远比在它之前一个半世纪的边沁的功利主义退步。边沁的功利主义哲学固然“令人讨厌”，但是，在英国近代史上却起过巨大的进步作用。[①] 就理论本身而言，“最大多数人的最大幸福”原则承认幸福的主体还是社会成员。但是，“基本经济规律”中的生产目的却是“整个社会”。社会不是人，社会要提出它的需要，享受经常增长的物质和文化产品，必须有它的人格化代表。国家未消亡之时，国家是社会的当然代表。历史告诉我们，在缺乏民主政治和健全法制、权力高度集中的情况下，常常出现政府及其领导人为所欲为，使社会 = 国家 = 政府 = 政府领导人的情况。“基本经济规律”不仅与马克思的“每个人的全面而自由的发展”的社会理想有着天壤之别，而且在现实生活中构成了对实现马克思主义社会理想的巨大威胁。[②]

功利主义通常被认为是个人主义的，为什么却可以被斯大林用于集体主义的解释，把个人选择的原则应用于社会？霍尔瓦特指出：“效用主义通常被认为是个人主义的，这与它的历史的起源有关；但是，效用主义也恰恰可以很自然地被加以集体主义的解释。所有需要做的就是，把个人选择的原则应用于社会。”[③] 因为，就本质而言，功利主义是一种个人中性的社会选择理论，一种替换、效用牺牲和抵换的社会选择理论。其终极准则是集合的效用或者社会总效用。个人及其效用都是可以被量化计算并被交易以致牺牲的筹码。通过不同个体间效用的替换与补偿来实现“最大多数人”的“效用最大化”或“福利最大化”是功利主义的基本准则之一。功利主义的这一性质决定了，它可以方便地在个人主义与集体主义之间搭建起桥梁：既然世间任何事物都可以用量化的效用衡量，那么，与集体、社会相比，个人永远是渺小而无所谓的，因此，为了集体利益、社会利益，可以牺牲个人的一切权利和利益。有苏联学者认为：“即使在共产主义，一个人的意志也必须服从于整个集体的利益。”[④] 基本经济规律强调生产的目的是为了满足整个社会不断增长的物质和文化需要，与功利主义强调以集合效用或社会总效用为社会目标是完全一致的；基本经济规律强调社会忽视个人，也正是功利主义主张个别效用可以加总相互替代的反映；基

---

① 萨拜因指出：“尽管他的思想显然有许多不足之处，在社会哲学上还没有哪个思想家像边沁那样影响那么大，起了那么有益的作用。”参见萨拜因：《政治学说史》（下册），商务印书馆 1986 年版，第 757 页。

② 有关进一步分析，参见李文溥、刘洁：《“社会主义基本经济规律”批判》，引自厦门大学宏观经济研究中心等编《全球化时代的马克思主义经济学》，“当代马克思主义经济理论国际研讨会”论文集，第 129 ~ 140 页。

③④ 勃朗科·霍尔瓦特：《社会主义政治经济学：一种马克思主义的社会理论》，吉林人民出版社 2001 年版，第 273 ~ 275 页。

本经济规律以物质生产最大化为生产目标，忽视人的全面自由发展与资源环境承受能力的有限性，与功利主义的"为了目的，不择手段"的结果主义如出一辙。"两者在他们的意识形态上都依靠效用主义的商业道德，都依靠这样的一个概念，即所有的事情都可以被当作和被估算是达到目的的手段，而目的可以被减少到仅仅一个共同的尺度。"[①] 霍尔瓦特因此感叹："我们再一次如此惊奇地发现国家主义变成了一种颠倒了的资本主义。"[②]

体现"基本经济规律"从而功利主义基本理念的传统发展观与中国现行的政府主导型市场经济体制的结合，是我国近年来在发展中出现严重负面现象的重要原因。各级地方政府对 GDP 以及财政收入最大化的追求，与企业的利润最大化追求叠加在一起，必然使社会失去了对增长至上必要的制衡力量；以 GDP 为政绩指标与官员任期目标责任制结合在一起，必然使官员们为了实现眼前的增长而忽视环境承受能力，为了眼前利益而忽视和牺牲下一代人的生存空间；在资本与企业家资源严重短缺的情况下，各级政府基于对 GDP 以及财政收入最大化的追求，必然自觉不自觉地在政策上向资本利益倾斜，为了发展经济而牺牲劳动者的权益。这也是我国目前国民收入分配结构不合理，进而内需不振，经济增长严重依靠出口拉动的重要根源之一。

因此，结论必然是：欲实现科学发展，必须否定传统发展观；否定传统发展观，必须否定其政治经济学基础——"社会主义基本经济规律"。

三

"以人为本、全面协调可持续的发展观"，是党的十六届三中全会提出的科学发展观。

以人为本，也即社会经济发展的出发点和根本目的是人。但是，是人的什么呢？我们认为：我国的以人为本的发展观，应当是人的全面而自由的发展。也就是说，在社会主义条件下，必须把马克思主义的社会发展目标——"每个人的全面而自由的发展"——作为科学发展观的核心。因为，这是马克思和恩格斯早就明确宣示的社会理想：社会主义应当是"一个更高级的，以每个人的全面而自由的发展为基本原则的社会形式"[③]。

---

①② 勃朗科·霍尔瓦特：《社会主义政治经济学：一种马克思主义的社会理论》，吉林人民出版社 2001 年版，第 273 ~ 275 页。

③ 《资本论》（第一卷），人民出版社 1975 年版，第 649 页。

明确“以人为本”，在社会主义经济条件下，就是把实现每个人的全面而自由的发展作为社会主义社会经济发展的根本目标，从而作为科学发展观的核心和灵魂，这具有非常重要的理论与实践意义。

第一，明确“以人为本”在社会主义经济条件下，就是以实现每个人的全面而自由的发展为本，这赋予科学发展观以鲜明的社会价值取向：我们所遵循的科学发展观是在马克思主义的社会发展理想指导下，为实现其社会发展目标而奋斗的发展观。它不同于其他社会经济形态下的各种形形色色的“科学发展观”。规定科学发展观的核心与灵魂是以人为本，是实现每个人的全面而自由的发展，就是明确了科学发展观在社会经济发展方向上的性质规定性，明确了在社会主义市场经济条件下社会经济发展的根本目的。明确了这一点，对现实社会经济生活中，什么是科学发展，什么不是科学发展，也就有了可以评判的标准。没有这个核心概念的“科学发展观”只是一个不涉及发展目标，仅仅处理不同资源配置方式的技术性标准，显然，这样的“科学发展观”不可能是统御全局、决定社会发展目标、指导社会经济发展方向的真正的科学发展观。不用这样的科学发展观来取代传统发展观，将无法妥善解决目前由于实行传统发展观而带来的大量社会经济利益矛盾和复杂的社会经济问题。

第二，把实现每个人的全面而自由的发展作为科学发展观的核心和灵魂，作为社会主义的社会经济发展的根本目的，有利于从人及其需要的发展角度来理解和把握社会物质生产的增长，克服传统发展观指导下的增长至上主义。马克思主义经济学以及现代心理学的研究，都揭示了人类因其自由全面发展的需要而产生的社会需要是有序而多层次的，对物质需求的追求不是无限的，而是服务于人的自由全面发展的需要的。① 因此，以实现每个人的全面而自由的发展作为科学发展观的核心，将有助于根据不同时期的资源、技术条件以及在此条件下最佳实现每个人的全面而自由发展的需要来确定社会物质生产的增长幅度，实现适度增长。

第三，把实现每个人的全面而自由的发展作为科学发展观的核心和灵魂，有助于正确处理社会不同群体之间的利益关系。社会由无数个不同的个体组成，个体之间的差异的存在，导致了个体间不同的经济利益、价值取向、发展

---

① 详细分析，参见李文溥：《论经济学分析的两种理论逻辑前提》，载《经济学家》1998 年第 4 期；李文溥：《国有经济优化配置论》，经济科学出版社 1999 年版，第 2 章。

目标的存在。如何协调不同个体之间的差异，使社会能够比较和谐地存在与发展，这是科学发展观需要解决的根本问题之一。科学发展观“以每个人的全面而自由的发展为基本原则”，强调了每个人的自由全面发展以及价值实现在社会发展目标中的目的性地位，不仅承认而且突出了个人在社会中的独立地位和价值，以及不可剥夺的基本权益。在人就是目的的伦理判断下，一个人的价值是不能用效用大小来衡量的，因此也是不能被牺牲的，个人——即使是弱势群体中的个人——的某些基本权利也是任何人即使以整个社会的名义也无权剥夺的。在一个理想的社会里，每一个人都有权得到全面而自由的发展，在完善自己的同时造福社会。确立这样的科学发展观，将有助于为处理社会经济发展中的利益矛盾，建立社会主义和谐社会提供新的思路。

第四，把实现每个人的全面而自由的发展作为科学发展观的核心和灵魂，将有助于我们正确地处理人与自然之间的平衡关系、人与人之间的代际平衡关系。人的全面自由发展是人类历史发展的必然逻辑，符合人类本性的价值追求，它不仅是个人追求的最高目标，还是人类社会发展运动的最高目标，由此成为推动人类社会不断进步的原动力。所以，追求每人的全面自由发展具有不以人们意志为转移的客观性，成为人类发展的终极目标和最高价值标准，在此之前人类所有的渐进发展都是在向它逐渐靠拢的过程。恩格斯指出：社会主义的终极目的在于使“人终于成为自己的社会结合的主人，从而也就成为自然界的主人，成为自己本身的主人——自由的人”①。而要做到这点，人类就必须尊重自然界的规律，尊重人类社会历史发展的规律，并按照这些客观规律的要求发展人类本身。因此，实现每个人的全面而自由的发展是以正确处理人与自然的关系为前提的，而每个人的全面而自由的发展，不仅包括了当代人，还应包括后代人。因此，在实现当代人的自由全面发展的同时也保证后代人（甚至更大的）自由全面发展条件是为实现每个人的全面而自由的发展的科学发展观所内在规定的。

第五，把实现每个人的全面而自由的发展作为科学发展观的核心和灵魂，将有助于我们建立与社会主义市场经济相适应的社会价值观。市场经济就其本质而言是个人主义的，个人的积极进取精神，在法律与社会伦理道德约束下对个人利益的追求，是市场经济充满活力与生机的原因所在。如果否定个人主义

① 恩格斯：《社会主义从空想到科学的发展》，引自《马克思恩格斯选集》（第三卷），人民出版社 1972 年版，第 43 页。

的合理性，不但无法合理地解释市场经济，也隐含了以社会名义侵害个人不可剥夺权益的巨大危险性。建立和发展社会主义市场经济，应当正确地认识不同个人主义之间的根本差别。如果说，资本主义市场经济讲求的是个人占有主义；那么，与社会主义市场经济相适应的是马克思的“以每个人的全面而自由的发展为基本原则”的个人发展主义。① 改革开放以来的实践证明：建立社会主义市场经济，需要形成与之相适应的新的社会价值判断与评价标准。②“基本经济规律”和传统发展观对个人价值的抹杀，证明了它们不应该成为社会主义市场经济的社会价值判断与评价标准。与社会主义市场经济相适应的新的社会价值判断与评价标准应当是马克思的“以每个人的全面而自由的发展为基本原则”的个人发展主义。从而，相应的发展观应当是以把实现每个人的全面而自由的发展作为核心和灵魂的社会主义科学发展观。

参考文献

[1] 勃朗科·霍尔瓦特：《社会主义政治经济学：一种马克思主义的社会理论》，吉林人民出版社 2010 年版。

[2] 樊刚：《“‘苏联范式’批判”》，载《经济研究》1995 年第 10 期。

[3] 顾准：《顾准文集》，贵州人民出版社 1994 年版。

[4]《列宁全集》（第 6 卷），人民出版社 1986 年版。

[5]《马克思恩格斯全集》（第 3 卷），人民出版社 1960 年版。

[6]《马克思恩格斯选集》（第 3 卷），人民出版社 1972 年版。

[7] 斯大林：《苏联社会主义经济问题》，人民出版社 1958 年版。

[8] 约翰·伊特韦尔等：《新帕尔格雷夫经济学大辞典》（第 2 卷），经济科学出版社 1992 年版。

[9]《资本论》（第一卷），人民出版社 1975 年版。

[10] 阿马蒂亚·森：《伦理学与经济学》，商务印书馆 2000 年版。

[11] 萨拜因：《政治学说史》，商务印书馆 1986 年版。

---

① 参见 C. B. 麦克弗森：《个人主义》，引自约翰. 伊特韦尔等编《新帕尔格雷夫经济学大辞典》（第 2 卷），经济科学出版社 1992 年版，第 853～856 页。国内最早提出马克思本意上的共产主义是一种个人主义的是顾准先生，但是顾准先生没有指出是何种个人主义（参见《顾准文集》，贵州人民出版社 1994 年版，第 379 页）。李文溥指出，它是“以每个人的全面而自由的发展为基本原则”的个人发展主义（参见李文溥：《论经济学分析的两种理论逻辑前提》，载《经济学家》1998 年第 4 期；李文溥：《国有经济优化配置论》，经济科学出版社 1999 年版，第 2 章）。

② 有关分析，参见李文溥：《论经济分析中的效率评价标准与价值评价标准》，载《经济研究》1996 年第 12 期。

[12] 李文溥：《论经济学分析的两种理论逻辑前提》，载《经济学家》1998年第4期。

[13] 李文溥：《国有经济优化配置论》，经济科学出版社1999年版。

[14] 李文溥：《论经济分析中的效率评价标准与价值评价标准》，载《经济研究》1996年第12期。

[15] 厦门大学宏观经济研究中心等：《全球化时代的马克思主义经济学》，“当代马克思主义经济理论国际研讨会”（2006.3.20~3.23，厦门）论文集。

中国经济学与中国经济问题研究*

——王亚南《中国经济原论》读书札记

60年前，王亚南先生就大力倡导建立中国经济学，并身体力行，留下了大量重要著述。① 中国经济学研究是王亚南先生毕生最重要的学术成就之一。无独有偶，60年后的今天，建立中国经济学又成为中国经济学界引人注目的论题之一。在王亚南先生百年诞辰之际，重温先生有关著述，颇感诸多启迪。本文是在阅读王亚南先生的《中国经济原论》等有关著述的基础上，思考当前中国经济学讨论有关问题的读书札记。

一、中国经济学的讨论反映了斯大林政治经济学体系的失效

理论是实践的反映，实践是检验理论最重要的标准之一。20世纪90年代中后期以来论坛上关于中国经济学的讨论，一定程度上反映了随着国内经济体制转轨，我国经济学界逐渐认识到了既有经济学理论对现实经济运行缺乏必要的解释能力，从批判旧理论到寻找或构建新的经济学理论的思想历程。

建立中国经济学，意味着对既有经济学理论体系的否定。在讨论中，有的论者认为并存着两种经济学研究纲领的危机，即不仅我国传统的政治经济学理论体系存在危机，以新古典学派为代表的西方经济学理论体系也存在着危机，而且后者危机的严重程度甚至超过了前者。

---

* 本文原载于《厦门大学学报（哲学社会科学版）》2002年第1期。

① 例如，《中国经济原论》《中国地主经济封建制度论纲》《中国新民主主义经济形态研究》等。

这种说法值得质疑。因为，讨论的问题是建立中国经济学。它显然是对过去被中国经济学界视为主流的经济学理论体系的否定。众所周知，近半个世纪里，西方经济学从来就不是中国经济学的主流，因此，建立中国经济学所隐含的对中国既有经济学理论的否定，不可能是针对在 80 年代中期之后方在我国经济分析中引入的西方经济学理论。因为它自引进至今不到 20 年，迄今为止，它也没有在我国取得公认的主流地位；作为一种理论体系，它对中国现实经济运行的解释能力，还未得到充分验证。而且，由于长达近半个世纪的学术中断，就整体水平而言，中国经济学界对西方经济学各种学派的理论还处在学习、消化、鉴别、吸收的阶段。对西方经济学不同学派的整个理论体系进行全面的批判，实际上超出了自己的能力。因此，建立中国经济学，所否定的是长期以来在我国占主流地位的以斯大林主持编写的《政治经济学教科书（下册）》为蓝本的传统“社会主义政治经济学”（下称斯大林体系政治经济学）。

在讨论中，对斯大林体系政治经济学是局部否定还是基本否定，有不同看法。持局部否定看法的人认为，这个理论体系毕竟对计划经济体制作了较好的描述，只是由于我国的经济体制转轨，它才不适应了。因此，可以在基本保持原有理论体系框架的基础上通过局部调整，扩大其理论内涵，延伸其分析外延。

当一个研究纲领的危机来自其辅助假设时，可以通过对保护带的局部调整，扩大其基本假设的解释力，但是，如果危机来自其基本假设，那么，调整也就不可能。一种理论的基本假设规定了它最大的理论内涵和解释外延，它们不可能是无限的。与此同时，任何理论不可能没有基本假设，也不可能并存多种相互矛盾的基本假设。因此，一种理论的基本假设被改变，也就意味着它已经被另一种理论所取代。当然，这种否定，总是表现为扬弃。因此，认为可以在基本保持原有理论体系框架的基础上通过局部调整，扩大其理论内涵，延伸其分析外延的观点，实际上是认为斯大林体系政治经济学目前仅仅是辅助假设从而个别结论出了问题。如果确实如此，那么完全可以认为目前的讨论不过是庸人自扰。这种看法或是低估了斯大林体系政治经济学理论危机的严重性，或是过高估计了该理论体系的自我调整能力，某种程度上也由于隐隐地担心对斯大林体系政治经济学的否定会导致更大的否定。我认为：

（1）正如《联共（布）党史简明教程》是斯大林在苏联 20 世纪 20 ~ 30 年代党内斗争中先后战胜了托洛茨基、布哈林等各个党内反对派之后，主持撰写的为自己正名的党史一样，斯大林主持编写《政治经济学教科书》也具有深刻的苏共党内斗争的历史背景。[①] 全书以描述苏联在斯大林主张的“一国建成社会主义”这一理论指导下的计划经济实践为基本内容，认为它体现了“建成社会主义的共同的、基本的规律”，是“社会主义国家共产党和工人党的政策的基础”，无视或者忽视它，就是修正主义。[②]

20 世纪 20 ~ 30 年代苏共党内理论与路线争论，基本上是一个新生社会的领导者们对这个社会发展方向、道路、政策的探索。对未知世界的探索，存在意见分歧在所难免。但是，在不正常的政治环境下，理论争论与党内的权力斗争搅在一起，无法形成正常的理论探讨氛围，最后党内权力斗争的胜负结果成为判别理论是非的标准。今天，当历史正逐渐恢复其本来面目时，继续把斯大林模式及其理论不加分析地视为马克思主义的唯一正宗，显然就不是实事求是的态度。“一国建成社会主义”的理论正确与否尽可以讨论，但是，对这一理论以及斯大林政治经济学理论体系进行批判，最后得出肯定或否定的结论，都应当视为一种正常而且必要的学术研究。

（2）我国传统的社会主义政治经济学虽然经过多年努力，已经与苏联《政治经济学教科书》有较大不同，但是基本分析框架还是一样的，其基本假设：集体主义的分析基点和行为观、国家的完全理性假定、国家的最大化假定等，仍然与苏联政治经济学教科书大致相同，因此，从理论体系上说，它只是斯大林体系政治经济学的一个亚种。这种理论逻辑体系的核心是论证高度集权的计划经济的优越性，其最大理论半径，至多是勉强地论证了有计划商品经济存在的合理性。不改变它的基本假设，就根本无法合理地解释市场经济存在的合理性及其运行。[③] 因此，计划经济实践的失败，从计划经济向市场经济转轨，就包含了对斯大林体系政治经济学体系的否定。随之而来的理论更新势必表现为研究纲领的更迭。

（3）能否认为斯大林体系政治经济学基本上正确地分析了计划经济运行，但是目前的社会生产力未达到实现计划经济的发达程度，因此它是一个超前的

---

① 在《政治经济学教科书》中，多次点名批判了托洛茨基、布哈林等的“机会主义”，“解除工人阶级武装，复辟资本主义”的理论，同时一一总结了斯大林对马克思列宁主义政治经济学原理的发展和贡献。

② 在苏联科学院经济研究所编的《政治经济学教科书（下册）》（人民出版社 1955 年版，第 355 ~ 356 页）的第一章中，用相当篇幅强调了这个问题。有关研究证实，列宁并未提出“一国建成社会主义”理论，而且观点恰恰与之相反。列宁只提出过无产阶级革命在一国或少数国家率先胜利。“一国建成社会主义”实际上是斯大林在 1925 年与托洛茨基等论战时才提出的，其“知识产权”应当属于斯大林，尽管他本人“谦虚”地把它送给了列宁。参见伊萨克·多伊彻：《被解除武装的先知》，中央编译出版社 1998 年版。

③ 李文溥：《国有经济优化配置论》，经济科学出版社 1999 年版，第 2 章。

而不是一个非科学的理论体系，它的失败必须由实践而不是理论本身负责？显然不能。对此，当然可以从斯大林体系政治经济学的诸多理论结论与现实计划经济运行情况的矛盾进行详细论证。这里只要指出一点就够了。这个以分析计划经济体制形成、发展的内在规律为己任的经济学理论体系，竟然无法预见这种体制与现存生产力之间的巨大矛盾必然导致经济运行效率不断下降，最后不得不被市场经济体制取代，相反，却认为建立在既有生产力水平上的经济形态是从多种经济成分向两种公有制发展，最后过渡到单一的公有制，从商品经济到保留商品货币关系的初级计划经济再到没有商品货币关系的高级计划经济！显然，仅从预测能力来看，这个理论体系即使对现实的计划经济体制来说，也不是一个有说服力的“研究纲领”。一个号称是对计划经济运行的客观规律进行分析总结的理论体系，对该经济体系的内在矛盾及发展趋势尚且不能做出科学解释及正确预测，我们又何能期望它将来能大放异彩呢？

二、建立中国经济学无须构建新的理论范畴体系

建立中国经济学是否需要构建新的理论范畴体系？对此，王亚南有过很明确的看法：“经济学是一种基本的社会科学。科学上研究的诸般法则，都是有一般性的，比如经济学中的价值法则，利润法则，工资法则，乃是从现代商品货币经济关系中发现出来，无论哪一个国家，只要它的商品货币关系确立起来，它就必然会有那种价值法则，利润法则，工资法则等在其中发生作用，而由这诸般法则综合起来构成的经济学，也就可以看作这个国家的商品货币经济关系的‘说明书’。”[①] 王亚南指出，现代意义的经济学起源于英国，因而曾有人把它称为“英国经济学”，但是当继起的法国、德国、美国等先后都采取了与英国大致相同的生产方式时，这些国家的经济学家在他们本国的经济运行中就都发现了与英国相同的经济法则，所以“他们就用不着再为那种经济形态下的价值，利润，工资，地租等等，去定立法则，结局，原本是产生在英国的经济学，就成为一切商品货币经济国家共同的经济学了”。因此，“经济学在当作科学的限内，不允许带上‘国别’的帽子，来破坏它的一般性。正犹如物理学，化学，天文学，地理学等等，不允许带上英国，美国，法国或德国的帽子一样。”[②]

① 王亚南：《关于中国经济学建立之可能与必要的问题》，引自《王亚南文集》（第一卷），福建教育出版社1987年版，第127页。

② 同上，第127～128页。

当今世界上，中国的社会生产力水平仍然是比较落后的。在此基础上，能否超越世界上生产力水平最发达国家的现存生产关系，形成更先进的生产关系？斯大林体系政治经济学的回答是肯定的，尽管它与其承认的生产关系必须与生产力发展水平相适应原理之间存在难以解释的矛盾。它之所以在过去被我国等国家接受，是由于过去在生产资料国有制及集体所有制基础上实行的高度集中的计划经济制度形成了一种假象，使这种理论似乎得到了论证。然而，它最终被实践证伪了。社会生产关系是社会成员在社会生产活动中形成的相互关系，它体现在社会的诸种经济制度之中，是它的总称或集合体，因此，社会生产关系也是具体的。一个国家的生产关系发展水平在世界不同国家生产关系序列中的地位，可以通过各种具体社会经济制度的国际比较得出客观的综合评价。近20年来，我国的各项主要经济制度，如银行制度、财政制度、贸易制度、汇率制度、证券市场制度、企业制度、劳动就业与收入分配制度、社会保障制度、宏观经济调节制度等，甚至产权制度及其结构的演变，都呈现出借鉴并向发达甚至是发展中市场经济国家趋近的轨迹。在这个过程中，原本认为只发生在一般市场经济国家中的经济现象，如经济波动、通货膨胀、需求不足、收入分配差距扩大、垄断与不正当竞争、失业、证券市场投机，以及发展中市场经济国家所特有的城乡二元经济，等等，也都在我国出现了。因此，如果对中国现存社会生产关系进行实事求是的分析，应当承认，一个国家的生产关系确实不可能超越该国的生产力发展水平。斯大林体系政治经济学的解释并不符合历史唯物论观点。

中国经济在世界经济中的地位，决定了中国经济学无须构建新的理论范畴体系。王亚南先生指出，对法国、德国、美国而言，“因为生产的方式同，生产的社会关系同，作用在那种方式，那种关系之下的运动同，于是，原来就英国经济现象研究出的经济学，一样是英国，德国，美国的商品货币经济的写照”①。这个说法对建设中国经济学有启发意义。今天的中国是从计划经济向市场经济过渡的国家。我们有理由认为，随着中国经济市场化程度的逐步提高，今天甚至昨天在成熟市场经济国家中起作用的经济法则，也会渐次地出现在我国。因此，从分析成熟市场经济国家经济运动中总结出来的一般经济学理论范畴，可以而且必须应用于对中国经济问题的分析。这也在一定程度上解释了为什么引用国外尤其是发达市场经济国家的经济学理论分析中国经济问题，近年来成为我国经济学研究一个不可逆转的趋势。

---

① 王亚南：《关于中国经济学建立之可能与必要的问题》，引自《王亚南文集》（第一卷），福建教育出版社1987年版，第128页。

三、中国经济学是特殊历史阶段的中国经济问题研究

如此说来，中国经济学似无独立存在之必要。但是，有无自己独立的理论范畴体系与是否应当存在独立的中国经济学，是两个问题。例如，王亚南先生是倡导建立中国经济学的，但同时认为建立中国经济学不需要抛弃世界性一般性的经济法则，去构建独立的理论范畴体系。王亚南先生是著名的马克思主义经济学家。他的主要著作，如《中国经济原论》《中国地主经济封建制度论纲》《中国新民主主义经济形态研究》《中国官僚政治研究》等都是运用马克思经济学的基本理论研究中国政治经济问题的杰出成果。王亚南先生认为，中国经济学就是运用世界性的经济学一般原理研究中国经济问题的经济学。他的《中国经济原论》就是这样的中国经济学，只是为了科学的慎重起见，才题为《中国经济原论》。[①] 可以说，王亚南先生不仅从理论上提出了建立中国经济学不需要抛弃世界性一般性的经济法则，去构建独立的理论范畴体系的远见卓识，并且用自己杰出的理论研究及丰硕成果证实了这一思想。

王亚南先生认为，中国经济问题研究可以形成中国经济学，不仅仅因为它是国别研究。在现代，如果不同国家的社会生产力水平相近，生产方式类似，社会经济运行规律基本相同，国别的经济研究就难以形成独立的经济学。王亚南曾指出，“人类社会愈在早期的阶段，他们的社会活动，愈会受制于自然条件，他们的社会，哪怕是处于同一历史阶段，会显示出个别的特殊性。反过来说，如其社会愈发达到现代这个历史阶段，它的社会劳动生产力，将愈来愈大，愈有力克服气候、地形、人种，以及其他种种自然因素的特殊性。根据这正反两面的推论，我们就似乎可以大胆作出这样的结论，说社会劳动生产力较大的甲国资本主义社会与乙国资本主义社会间所表现的差殊性，要比社会劳动生产力较小的甲国封建社会与乙国封建社会间所表现的差殊性为小，或者说，两资本主义社会的国家间所表现的一致性或一般性，要比两封建制国家间所表现的一致性为大”[②]。正是由于“资本主义的进步的生产力，曾经使世界的一致性增大”，他认为发达资本主义国家，如法国、德国、美国等，虽然因国情的

① 王亚南：《关于中国经济学建立之可能与必要的问题》，引自《王亚南文集》（第一卷），福建教育出版社1987年版，第126页。

② 王亚南：《中国经济原论》，引自《王亚南文集》（第三卷），福建教育出版社1987年版，第61页。

不同，其经济发展有一定特殊性，也有在理论上总结的必要，“但从整个经济学的世界性一般性上讲，它们却格外显得破碎支离，从而，把它们在对英国经济理论的对立意义上，冠以国别的，或有‘德国的’，‘奥国的’，‘美国的’形容词，那不但对其现实的一般妥当性，无何等益助，且反而表现那都不过是资本制经济在它各发展阶段，在个别国家特殊条件下的有局限性的意见而已”[①]。因而，这些国家没有形成国别经济学的可能与必要。国外一些学者也持类似看法。[②]

但是中国则不同。王亚南之所以倡导建立中国经济学，写《中国经济原论》，是因为“资本制以前诸历史时代，既是愈向着过去，其个别民族国家，在同一社会史阶段所表现的差殊性愈大，而资本制以前诸社会阶段的经济事象，虽然愈来愈简单，但因为要就这些愈来愈会在各不同地理环境或自然条件下表现着极大差殊性的同一历史阶段的诸经济事象，研究出其一般的共同的规律，是不免愈来愈觉困难的。……如把中国这种封建制的原型，及其在现代掺杂进的混合物，加以详尽的研究，那对于广义经济学的贡献和充实，是有极大的意义的”[③]。也即，在王亚南先生看来，之所以中国经济问题研究可以成为中国经济学，是因为：（1）各国的前资本主义经济形态与资本主义经济形态相比，有更大的差异性，只研究一般的共同的规律，难以深入地把握前资本主义经济形态的全部实质；（2）当时中国的半封建半殖民地经济形态以及这种经济形态的过渡性，不仅具有特殊性，而且在其特殊性中蕴含了某种一般性，对它加以详尽的研究，“对于广义经济学的贡献和充实，是有极大的意义的”。

显然，王亚南先生的这个意见对今天的中国经济学建设仍有重要的借鉴意义。今天之所以仍有建立中国经济学之必要，是因为：

（1）中国经济仍处在前市场经济阶段。尽管市场取向的改革已经进行了20余年，把建立市场经济作为改革目标也已经10年，但是，中国经济的市场化程度还是相当低的。[④] 而且，与一般发展中国家的市场化程度低相比，有其特

---

① 王亚南：《关于中国经济学建立之可能与必要的问题》，引自《王亚南文集》（第一卷），福建教育出版社1987年版，第128页。

② 作者曾就这个问题请教过日本经济学家馆龙一郎与小宫隆太郎先生，他们均认为尽管日本经济学研究有其特色，但是，不足以形成独立的日本经济学。

③ 王亚南：《关于中国经济学建立之可能与必要的问题》，引自《王亚南文集》（第一卷），福建教育出版社1987年版，第131~132页。

④ 关于中国经济的市场化程度，国内的研究情况请参见王耀东：《市场化程度与发展趋势》，引自程恩富主编《当代中国经济理论探索》，上海财经大学出版社2000年版。国外的比较研究，可以参考Kim R Holmes，Bryan T Johnson，Melanie Kirkpatrick，1997 Index of Economic Freedom，The Heritage Foundation and Dow Jones and Company，Inc. 1997. James D Gwartney，Robert A Lawson. Economic Freedom of The World：1997 Annual Report ，The Fraser Institute.

殊性。

（2）这个前市场经济阶段无疑是一种过渡经济形态——从计划经济向市场经济过渡的经济形态。这种过渡是迄今为止世界经济史上未曾出现过的，因此它为经济学研究提供了许多一般市场经济国家、发展中市场经济国家，以及从自然经济或简单商品经济向市场经济过渡时所不曾提供的经济现象，而且，中国向市场经济过渡的方式迄今为止在世界上也是比较独特的。因此，对这一阶段的中国经济问题进行研究，在经济学理论发展上有其一般意义。

基于上述原因，可以认为，对这个历史阶段的中国经济问题进行研究有可能形成中国经济学。这个中国经济学的研究对象，是向市场经济过渡时期的中国经济问题。但是，研究中国经济问题的方法，却不必也不可能抛弃迄今为止人类文明发展的已有成果，在白纸上自创一套理论范畴、方法体系，而是要在科学分析批判的基础上，充分尊重并大胆运用迄今为止世界范围经济学研究的全部科学成果——世界性一般性的经济学法则，来研究发生在当今中国大地上的各类经济问题的来因和去向，以及隐含其中的客观规律。

四、发展中国经济学应当提倡研究纲领的竞争

在《中国经济原论》中，王亚南先生还指出了由于研究对象的特殊性，必须有相应的研究方法创新。王亚南先生是《资本论》的译者，但是，对中国半封建半殖民地经济的研究却不为《资本论》的研究体系所限。王亚南认为，“对于资本主义经济，已经有马克思的《资本论》提供我们一个完整而科学的研究体系，但这个体系是不适用于封建社会经济形态的，因为在封建社会，有关地租或租佃的生产关系，是说明全部经济活动的出发点和基础，正如利润在资本主义社会，是说明全部经济活动的出发点或基础一样。可是，到现在为止，以地租或租佃的生产关系为出发点为中心的有关封建社会经济的经济学体系，还没有建立起来，并且，就是建立起来了，也不能机械地应用它来说明中国现代的封建生产关系，因为我们现代的封建生产关系，毕竟已在解体过程中……对于这样一种经济构成，该当怎样安排它的各种经济范畴的叙述次第呢？我觉得，透过各种带有资本主义外观的表象去把握它的本质，既是，大体按照资本主义的那个体系来分别论证它的那些经济范畴规律的非资本主义性质，由它的不是什么而确定其是什么。……采用这样的体系，就需要借助于比较的、全面的和发展的研究方法，才能把我们这种经济形态的特质及其特殊规

律揭露出来"[①]。服从于把中国半封建半殖民地经济视为世界资本主义经济的附庸，并揭示在该经济中各种带有资本主义外观的经济现象的非资本主义性质，解释这些性质形成的研究目的，王亚南先生大胆地采取了与《资本论》不同的研究体系。

王亚南先生这种比较的、全面的和发展的研究方法，对今天的中国经济学研究，仍然有借鉴意义。他实事求是地根据研究的目的，大胆进行研究方法创新的理论勇气和精神则更值得今天的研究者学习。

科学研究是对未知世界的探索，因此，应当倡导百家争鸣。百家争鸣，可以是各种不同问题上的不同观点之争，也可以是不同研究纲领之争。从科学史的角度看，科学革命时期，不同研究纲领之间的自由竞争具有更根本的意义。如果说，不同问题上的不同观点之争在科学发展上的作用，主要体现为在科学常规发展时期形成知识的量变和积累，那么，研究纲领之间的竞争，则是新的更科学从而更有解释力的研究纲领取代旧的研究纲领，从而实现科学发展从量变到质变的关键。目前经济学界关于中国经济学问题的讨论，说明中国经济学的发展正在进入科学革命时期。正因为如此，研究纲领之间的自由竞争，对目前中国经济学的发展，尤其具有特殊的意义。因为，研究纲领的好坏在相当程度上决定了整个科学研究的质量及其对现实的解释预测能力。研究纲领的优劣无法先验地判定，因此，发展中国经济学，必须大力提倡运用不同研究纲领进行探索。实践检验真理的说法，本身就隐含了对不同研究纲领相互竞争的肯定。而对研究纲领的教条主义限制，只能导致经院哲学的盛行和研究的枯萎。这已经多次为历史所验证了。

① 王亚南：《中国经济原论》，引自《王亚南文集》（第三卷），福建教育出版社 1988 年版，第 73 页。

理性经济人假定的制度规范性分析*

市场化改革的深入发展，使中国经济学的理论重建成为经济学界关注的焦点。在探索分析中国社会主义市场经济运行的理论框架时，新的理论分析基点的建立至关重要。抛弃了传统社会主义政治经济学的理论分析基点——集体主义之后，用什么取代它呢？有些论者主张以新古典经济学的分析基点取而代之，有些研究虽未明示，但从其分析中可以看出，基本上是以理性经济人为分析前提的。本文的目的在于论证：理性经济人不是一个实证命题，而是隐含制度规范意义的行为假设。

一

理性经济人是新古典经济学的分析前提。其理论内涵主要包括三个方面：个人占有主义、最大化假定、完全理性假定。

个人占有主义在理性经济人假定中居核心地位。但是，长期以来，我国经济学界只把它简单地归结为个人主义。个人主义是西方主流经济学尤其是新古典学派的指导思想和方法论基础。这没有疑义。但是，需要进一步指出：个人主义（individualism）作为社会理论、意识形态或方法论，具有多种含义。S. 卢克斯曾指出：对于个人主义这个词可以有不少于 11 种的解释，从尊重人的尊严、独立自主、私人活动和自我发展，一直到认识论的和方法论的个人主义，等等。然而，对于个人主义所包含的种种差别，甚至本质性的差别，在相当长一段时期里，并未被清楚地认识。因此，早期的经济学理论并不区分个人

* 本文原载于《厦门大学学报（哲学社会科学版）》1999 年第 1 期。

主义的种种差别,[1] 长期以来，包括绝大多数的西方经济学家在内的东西方经济学界都只说西方经济学尤其是新古典经济学的方法论基础是个人主义，并不区分是个人什么主义，相应地，把马克思经济学的出发点称为集体主义（collectivism）的方法论。在我国经济学界，相当多学者至今仍然如此认为。[2]

必须严格地区分不同的个人主义。从个人与社会的关系来看，有两种截然不同的个人主义。一种是个人占有主义或者说个人经济主义，另一种是个人发展主义或者说个人自由主义。对于个人占有主义和个人发展主义，A. 哈耶克作了明确的区分，认为“真正的个人主义的现代发展始于约翰·洛克，尤其始于伯纳德·孟德维尔和大卫·休谟；而在乔赛亚·塔克尔、亚当·弗格森和亚当·斯密，以及他们伟大的同代人埃德蒙·伯克的著作中，这种真正的个人主义首次形成了完整的体系”。此外，托克维尔和阿克顿勋爵也属于真正的个人主义者。而19世纪的边沁主义者和哲学激进主义者，以及在欧洲大陆上受笛卡尔哲学的理性主义影响的如法国的《百科全书》派、卢梭和重农主义者却是虚假的个人主义者。[3] 在哈耶克看来，真正的个人主义（即个人占有主义），指的是“一种社会理论或意识形态，它赋予个人比赋予团体或社会以更高的道德价值，因而它提倡让个人随心所欲地去做他们认为最有益于他们自身利益的事”[4]。它在经济学上的主要特征是：“（1）资本的私有财产，对之都几乎附加有遗赠和继承的权利的必要性，由此允许可以无限地转让和积累。（2）竞争，一种个人之间在获取财富方面的对抗，一种为求得最好地生存而进行的斗争。”[5] J. S. 穆勒就曾把个人（占有）主义原则形容成“竞争，人人都为他自己，而反对其他一切人”。即个人主义等同于争夺物质利益。这就是新古典经济学的个人主义的真正含义，就其本质而言，是个人占有主义。这样严格定义的个人占有主义概念是推导完全竞争市场模型的理想行为假定。[6]

---

① 据C. B. 麦克弗森的看法，J. S. 穆勒是第一个察觉个人占有主义与个人发展主义之间差别的经济学家，但是，他的认识还是比较混乱的。而马克思是第一个清楚地区分了这两种个人主义的经济学家，虽然他自己并未用个人占有主义和个人发展主义来概括它。参见约翰·依特韦尔等：《新帕尔格雷夫经济学大辞典》（第2卷），经济科学出版社1992年版，第853~856页。

② 这是误解。有关分析请参见李文溥：《中国特色现代经济学的分析前提》，载《中国经济问题》1998年第2期。也许某种程度上如此，因此，近年来，我国一些经济学家在否定集体主义方法论的同时，对新古典学派的个人主义方法论持认同态度。

③ A. 哈耶克：《个人主义与经济秩序》（第1章），经济学院出版社1989年版，第6页。

④⑤ C. B. 麦克弗森：《个人主义》，引自约翰·依特韦尔等：《新帕尔格雷夫经济学大辞典》（第2卷），经济科学出版社1992年版，第853页。

⑥ 但是它难以解释现实经济生活中的许多现象，因此，后来新古典学派将它拓展为个人效用最大化，这一拓展却造成了更严重的问题。有关分析，请参见李文溥：《中国特色现代经济学的分析前提》，载《中国经济问题》1998年第2期。

个人占有主义方法论的另一个特点是拒绝考察个人目的、偏好、利益的形成过程中社会制度环境、人文历史背景或其他力量的作用，认为外部世界对个人行为的影响仅限于在给定个人偏好条件下，个人通过感知外部世界的变化，对实现其目标函数的约束和机会作出理性反应。S. 卢克斯甚至认为：如果承认了制度和其他因素可以用来说明人类行为，那么他就不是一个真正的个人（占有）主义方法论者。

至于理性经济人假定的另外两个方面：最大化和完全理性假定，限于篇幅，本文不展开论述。

二

以理性经济人假定为分析基点，新古典经济学从中推出市场经济是社会经济运行最优的组织形式，而市场经济的产权制度基础是彻底的私有制。

既然作为社会经济生活主体的个人是完全自利的，同时又有实现其利益最大化的愿望及能力，个人当然是自身福利状况的最佳判断者，能够独自决定自己的目标函数并实现它。在个人具有生产自己消费的全部产品的能力，产品的消费具有可分割性，并且这种生产方式具有经济性的前提下，任何社会化的生产形式都是不需要的。因为，个人生产自己消费的产品并消费它们，是最佳的社会经济运行方式。显然，与这种社会经济运行方式相适应的产权制度是个人拥有自己生产、生活所需的全部生产、生活资料，即完全的个人所有制。在个人不具备生产自己所需的全部产品的能力，社会成员具有不同的生产技能，或者个人具有生产自己消费所需的全部产品的能力，但个人生产自己消费所需的全部产品是不经济的条件下，自利的个人在追求自身福利最大化的过程中，必然会逐渐地扩大自己具有比较生产优势产品的生产，同时，通过交换获取他所需而不自产的产品。因此，在专业化生产比全能式生产具有更高效率条件下，作为自利的个人，社会成员的理性选择必然是生产的社会分工与市场交换相结合。著名的“埃奇沃思盒子”（the Edgeworth box）用几何图形描述了两个自利的个人如何在既定的收入分配格局下，通过彼此交换各自所拥有产品来实现各人的福利最大化（见图1）。

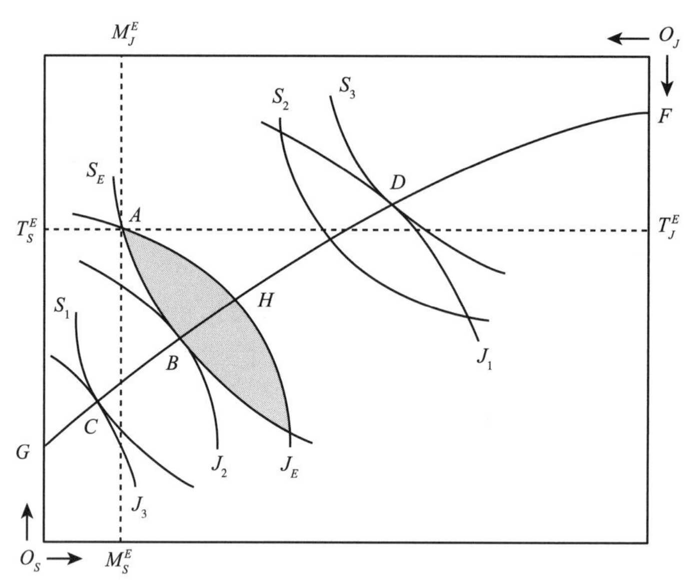

图1　埃奇沃思交易盒形图

资料来源：Lee S，*Friedman*，*Microeconomic Policy Analysis*，McGraw-Hill Book Company，1984，p. 32.

图1说明了在既定分配格局下，消费者 S、J 如何通过交换实现各自的福利最大化。图中，左下角 O_s 代表消费者 S，右上角 O_j 代表消费者 J，横轴 M 及纵轴 T 分别代表他们两人所拥有的商品 M、T 的总量，因此，盒形图内的任何一点均代表了消费者 S、J 对商品 M、T 的拥有状况。假定点 A 代表 S 与 J 在交换开始之前对商品 M 及 T 的拥有状况，即 O_sM_s、O_sT_s 为 S 所拥有的商品 M、T 的数量，O_jM_m、O_jT_j 为 J 所拥有的商品 M、T 的数量。无差异曲线 S_i、J_i 表示 S、J 在不同分配格局中所具有的福利水平，对于 S，$S_3>S_2>S_e>S_1$，对于 J，$J_3>J_2>J_e>J_1$，其中，过点 A 的 S_e、J_e 是 S、J 在初始分配状态下福利水平的无差异曲线。由无差异曲线 S_i、J_i 相切的点 C、B、H、D……构成了契约曲线（contract curve）CF。根据无差异曲线的定义，在同一无差异曲线 S_i、J_i 上的不同点表示商品 M、T 的不同组合给消费者 O_s、O_j 所带来的效用即福利水平是无差异的。例如，点 A_s（M_e，T_e）与点 B_s（M_e，T_e）的商品 M，T 的数量组合虽然不同，但是，对 S 来说，它们所提供的效用水平是相同的，相应地，点 A_i 与点 H_i 对 J 提供的效用水平也是相同的。注意到初始分配点 A 并不位于契约曲线上，即在既定分配格局下，消费者 S、J 各自所拥有的商品 M、T 的比例与他们的偏好不相吻合，因而既定的商品分配格局并不能使他们享有该分配格局下的最大福利水平，如果 S、J 通过相互交换各自所拥有的商品 M、T，使其拥有的商品比例与其偏好相适应，例如，通过交换，使 S 所拥有的商品从点 A_s 沿着

S_e 移到点 B_s，S 的福利水平不变，而 J 的福利水平却能从 J_e 提高到 J_2；反之，使 J 所拥有的商品从点 A_j 沿着 J_e 移到点 H，则会使 S 的福利水平在 J 的福利水平不变前提下得以提高。过点 A 的无差异曲线 S_e、J_e 围成的阴影部分，构成了在既定收入分配格局下，S、J 通过交换改善双方福利状况的可行域，即从点 A 移至阴影内的任意一点，S、J 的福利都将得到改善。因此，作为理性经济人的 S、J 必定会通过交换，将各自所拥有的商品比例从点 A 调整至 BH 间的某一点上。

进一步地，当生产具有不可分性时，也就是说，一种产品的生产必须有两个以上的社会成员合作进行时，团队生产（team production）就成为必要。但是，从理性经济人假定出发，引入团队生产方式并不改变已有分析对社会经济运行机制及产权制度基础的结论。阿尔奇安和德姆塞茨分析认为：在团队生产的条件下，个人对总产出的贡献是很难准确地确定的。因为团队生产是一种协作的过程，它至少包括两种投入：X_i 和 X_j，$\partial^2 z/\partial x_i \partial x_j \neq 0$，[①] 即团队生产函数 Z 不能分解为仅仅包括投入 X_i 或 X_j 的两个生产函数，而且，团队生产的产出一般要大于其队员独自进行生产的产出之和（如果个人独立的生产是可能的话），因此，不能将 Z 的两个分函数之和作为团队生产函数 Z。在这种情况下，如何在队员中分配收入才能促使他们有效地工作呢？显然，在理性经济人的行为假定下，必须把队员的收入和他的投入相联系。其他投入在生产过程开始前就可以确定和计量，而劳动投入及生产过程中的物质消耗（如果它是可以分开落实到个人头上的话）则是可变的，因此，需要对每个队员的劳动投入及物质消耗进行计量和监督。如果这种监督和计量是无成本的，就没有人会产生偷懒的激励，因为，谁也无法将其偷懒的费用强加给别人（如果队员们的合作是自愿达成的），而在监督和计量是有成本的条件下，由于存在着转嫁部分个人休息成本给团队中其他成员，从而使其休息的个人成本低于团队的真实成本的可能，作为自利的个人，每个队员必然都会有偷懒的动机。此时，团队生产效率的下降将超过协作可能带来的效率提高。因此，必须有某人专门作为监督者来检查队员的投入绩效。但是，监督者本身也需要监督，由谁来监督监督者呢？阿尔奇安和德姆塞茨指出：除了外部的市场竞争之外，更根本的约束是“对监督者施加影响，授予他对于团队的净收入及向其他投入支付报酬的权力。如果合作投入的所有者同意监督者可以获取规定的数额以上的任何残余产品（可望是其他投入的边际价值产品），这样监

① 如果截面偏导数为零，即 $\partial^2 z/\partial x_i \partial x_j = 0$，函数就可以分成相加的函数。

督者就获得了一种作为监督者不再偷懒的追加的激励”①。“这就是整个权利束：(1) 是一个享有残余权利的人；(2) 观察投入行为；(3) 这个集权的团体对于所有投入合约是共同的；(4) 改变队的成员资格；(5) 出售这些用来定义古典企业（即资本主义的自由企业）的所有制（或雇主）的权利。”② 显然，享有这个权利束的人已经不是团队生产中平等的一员，而是雇主，而其他成员是雇员。因此可以得出结论：在理性经济人假定下，有效率的团队生产也必须建立在私有产权制度基础上。

由于监督的难度从而成本是随着团队生产的规模的扩大而非线性地上升的，当团队生产的组织成本（监督成本只是其中的一部分）大于团队生产所带来的协作收益时，企业的边界就出现了。企业之间的关系，仍然是交换即市场关系。团队生产方式的引入，并没有改变新古典学派理论对社会经济运行机制及其产权制度基础的已有结论。

三

产品消费的可分性是产品消费排他性的基础。而二者是产品成为私人产品的前提。与私人产品相对应的是公共产品，公共产品的特征与私人产品正相反，它具有消费上的不可分性及排他性。即个人消费等于集体消费。或者按照萨缪尔森的话来说，就是“每个人对该产品的消费不会造成其他人消费的减少”。

对于公共产品，从斯密、穆勒到庇古、萨缪尔森都把它作为市场失灵而必须由政府配置的对象。但是，奈特、张五常等却提出了相反的看法。张五常指出：“假若不付钱就会得到政府的供应，而政府的供应是由一般税收所支持，那么还有甚么人会在任何市场付价呢？免费的午餐又能吃得了多久？”③ 张五常曾以“科斯的灯塔”为例说明一向认为必须由政府经营的公共产品也是可以由私人经营的。④ 米申指出：由于公共产品的产权非私有化，会产生“拥挤”，造成公共产品使用上的无效率。布坎南提出了“俱乐部理论”，从传统的公共产品中划分出俱乐部产品。俱乐部产品既和私人产品相区别，又不完全等同于公

①② A. A. 阿尔奇安、H. 德姆塞茨：《生产、信息费用与经济组织》，引自《财产权利与制度变迁》，上海三联书店 1991 年版，第 67、68 ~ 69 页。

③ 张五常：《卖桔者言》，四川人民出版社 1988 年版，第 39 页。

④ 科斯于 1974 年发表了调查英国早期灯塔产权制度的论文《经济学上的灯塔》(The Lighthouse in Economics. *The Journal of Law and Economics*, Vol. 17, No. 2, 1974)，第一个以事实为根据反驳了一般经济学者普遍接受的认为私营灯塔是无从收费或无利可图的观点。

共产品。它具有如下特征：(1) 排他性。即它是由一批具有某种资格，并遵守俱乐部规则的社会成员所组成的群体共同消费的。(2) 非对抗性。即某一俱乐部成员对俱乐部产品的消费不会影响或排除其他俱乐部成员对同一产品的消费。布坎南认为，可以用俱乐部产权制度来解决某些具有俱乐部产品性质的公共产品的拥挤问题，而且，通过一定的产权制度安排，相当多的公共产品是可以变成俱乐部产品的，真正的或者说纯粹的公共产品是很少的。可以看出，从逻辑上看，无论是私人产品还是公共产品，都可以视为某种意义上的俱乐部产品：私人产品，是一种俱乐部成员人数为 1 的俱乐部产品；布坎南的俱乐部产品，是一种容纳俱乐部成员人数为 N（$1<N<M$，M 为该产品的共同消费产生拥挤的临界人数）的俱乐部产品；公共产品是一种以全社会成员为俱乐部成员的俱乐部产品。从理论上说，公共产品作为一种以全社会成员为俱乐部成员的俱乐部产品，它应当具有允许俱乐部成员人数 $N<\infty$ 的消费性质。然而，可以发现，在现实中，这类产品如果不是没有也是极少的。在存在国家条件下，大部分即使是布坎南等认为是“纯粹”的公共产品，如国防、治安等，也只归本国居民消费。另一方面，在理性经济人的行为假定下，正如布坎南等所推论的那样，产品的“公共性”是与个人收入水平密切相关的，即人们之所以消费俱乐部产品，根本原因不是该产品消费性质上的非对抗性——这只是可以实行俱乐部式消费的必要而非充分条件——而是因为单个人消费该产品的成本大于个人对它的效用评价（而后者与个人的收入水平密切相关），此时，该产品消费性质上的非对抗性才使人们可以——但是，从理性经济人的行为假定出发，可以推论人们对此并非意愿——采取俱乐部消费方式，从而使个人消费该产品的成本小于对它的效用评价（见图 2）。

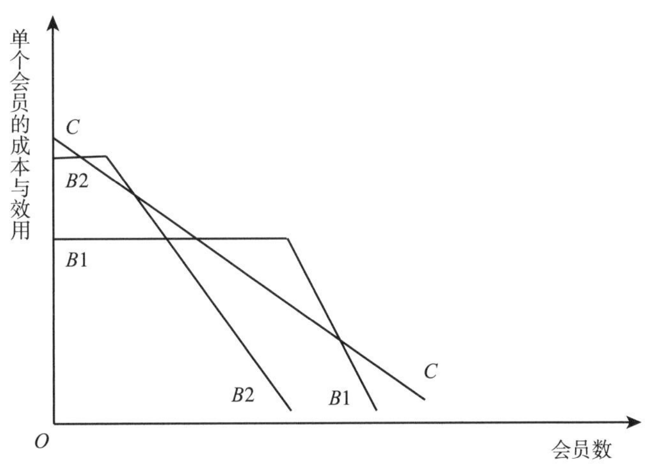

图 2　俱乐部产品的个人消费成本、消费效用与会员数的关系

图2给出了俱乐部产品的个人消费成本、个人消费效用与俱乐部成员数之间的关系。成本曲线 C 表明：随着俱乐部成员的增加，每个成员所负担的成本在下降，而效用曲线 $B1$ 意味着在一定的成员数内，个人对俱乐部产品的消费效用评价是不变或基本不变的，而当俱乐部的成员增加到一定点以后，就发生拥挤使成员的消费效用急剧下降，超过个人成本的下降。而个人的效用评价曲线是与收入相关的，当个人收入水平提高时，效用曲线的水平线段部分会急剧地缩短，如图2中的 $B2$ 所示。正因为此，当俱乐部产品的数量即规模已定时，俱乐部成员的实际收入水平提高会产生使俱乐部变小的趋向，即人们希望与更少的人一起分享俱乐部产品。也就是说，原来在较低收入水平上呈现出较强的“公共性”的产品，在收入水平提高时，会趋向于“私人化”。布坎南指出：在美国，数十年前，许多大型农业机械设备是由许多农场共享的，而今，每个农场大都自己配备，尽管这会导致设备利用效率下降，可是人们宁愿如此。因此，从理性经济人的假定出发，新古典经济学的结论是：不断地创造条件，使公共产品私人化，是最理想的制度安排。①

四

从理性经济人的行为假定出发，必然的逻辑结论是：无论生产是否社会化、产品的消费是否具有可分性、排他性，建立在彻底的私有产权制度基础上的市场经济是最理想的社会经济制度。显然，这是一个具有明确制度规范意义的分析假定。这一点，新古典经济学从不讳言。哈耶克就曾明确指出：“真正个人主义的本质特征是什么呢？首先，它主要是一种旨在理解那些决定人类社会生活的力量的社会理论；其次，它是一套源于这种社会观的政治行为规范。”② 相反，近年来，倒是我国一些经济学家在证明某些经济范畴的中性或者说非价值取向性方面有着极大的热情。可以理解其所以如此，但是，不能不看到它在理论发展上的局限及由此潜伏的隐患。

---

① 以上所分析的论点从严格的学派划分角度看，并不都属于新古典学派，如哈耶克、张五常、布坎南等，但是，他们在坚持理性经济人假定方面，与新古典学派是完全一致的，甚至有过而无不及，因而把他们的观点放在一起分析。相比之下，马歇尔等似乎较少涉及理性经济人假定与产权制度安排的关系，大概是因为他们视其为必然而无须探讨，而哈耶克、张五常、布坎南等为了恢复新古典主义的传统，面对包括马克思主义经济学在内的其他学派的批评，必须对这些问题作出符合新古典主义理论逻辑的解释。

② 有关分析，请参见李文溥：《论经济分析中的效率评价标准与价值评价标准》，载《经济研究》1996年第12期。

经济学研究的特征决定了，实证分析与价值分析之间并不存在截然的界限。科学的理论研究并不建立在排除分析的价值取向基础上，而在于客观地正视其存在，实事求是地分析其是否是一个合理的理论抽象，正确地反映了事物的内在本质。对于理性经济人假定所隐含的制度规范意义，刻意回避无济于事。因为，这只能使理论建立在流沙之上。同样，因为某种理论内含的价值取向而先验地拒绝它，也不是科学的态度。我认为：建立在个人占有主义基础上的理性经济人假定的根本问题是，它不是一个合理的理论抽象，难以说明人的需求的形成及其发展，其与社会历史环境之间的互动关系，它的基本缺陷导致了新古典经济学成为一个十分精致但却严重封闭的体系，甚至在解释西方市场经济运行时也遇到了难以克服的内在逻辑矛盾，更何况用于分析社会主义市场经济运行。因此，我认为：建立中国特色的现代经济学，是理论的创新而非引进——当然，借鉴与吸收是非常必要的，但是它无论如何也代替不了前者。大千世界，存在着广阔的理论创新空间，因而，完全不必要在两种理论体系之间非此即彼。中国特色的现代经济学必须建立在自己的科学的理论分析基点上，尽管它需要我国经济学界漫长的不懈努力。①

① 对该问题的初步探索，请参见李文溥：《中国特色现代经济学的分析前提》，载《中国经济问题》1998 年第 2 期。

建立中国特色的现代经济学需要新的分析假定*

一

首先，作为一门科学，从学理角度看，经济学必须是一个从若干基本的分析假定出发，按照一定逻辑规则进行分析、论证、演绎的理论体系；其次，作为一门科学，它还必须是对现实社会经济运行及其内在规律的客观反映，也就是说作为理论逻辑体系，经济学是对现实社会经济生活现象的科学抽象，因此它还必须接受实践的检验。它对客观经济现象的解释及预测能力，在相当程度上是其科学性的证明。

从这一角度看，传统社会主义政治经济学的危机问题，近年来逐渐为我国经济学界所重视，成为热点，但是，它实际上早已存在。可以说，它的显露，在我国，至少是20年之前。以分权让利为起点的经济体制改革实际上昭示着传统社会主义政治经济学体系革命的来临。20年来我国市场取向的经济体制改革的巨大成功，建立社会主义市场经济体制目标模式的提出，实践与传统理论之间的巨大差异，都说明了对传统的社会主义政治经济学理论必须进行系统的反思。

尽管存在诸多不完善之处，但是，还必须承认，传统的社会主义政治经济学从学理上看，内在逻辑基本上还是完整的。因此，它与现实经济生活之间的巨大反差，相当程度上来自基本分析假定上的问题。

现代西方经济学理论分析的基本假定是比较清楚的。现代西方经济学尤其

---

* 本文原载于《江海学刊》1998年第1期。

是其主流学派——新古典经济学在学科发展上相当强调它的实证科学性，科学哲学中的“证伪主义”（或称波普主义）对它的方法论产生了重大影响，广泛地运用数学方法促进了理论逻辑的严密性，这一切都使现代西方经济学更加注意方法论的研究，形成了一整套从行为假设到理论假说到理论（或逻辑）证明到经验验证的方法体系。行为假设是现代西方经济学中得到较多研究、相对明确的部分（当然并非没有争议）。一般地说，个人（占有）主义、最大化假定、完全理性假定是西方现代经济学尤其是新古典经济学的基本分析前提。[①]

二

与之相比较，传统的社会主义政治经济学在方法论的特征上则似乎不太明显。基本分析假定问题，在传统社会主义政治经济学教科书以及有关的论著中，很少见到明确的阐述，显然，它不可能没有。因此，探求传统社会主义政治经济学理论中的基本分析假定，必须顺其理论的逻辑思路予以归纳总结。

尽管马克思、恩格斯等有关社会主义、共产主义社会的论述对社会主义政治经济学的形成有重大的影响，但是，在相当长时期内成为社会主义政治经济学理论正宗、体系蓝本的是在斯大林主持下由苏联科学院经济研究所编写的《政治经济学教科书》（下册）（以下简称《教科书》）。直至70年代末，苏联、东欧以及我国的大部分社会主义政治经济学教科书的体系仍然基本不脱离《教科书》规范。[②] 80年代以来，我国的社会主义政治经济学教科书版本林立，体系各异，内容上有了不少变动，但是，大部分教科书从分析的基本前提及体系框架看，仍未走出《教科书》的规范。因此，对传统社会主义政治经济学理论基本分析前提的探讨，还必须追溯到《教科书》。

以《教科书》为代表的传统社会主义政治经济学理论是从生产资料的社会

---

① 存在着两种不同的个人主义：个人占有主义与个人发展主义。但是，长期以来，我国经济学界未予以足够的重视。因此，对于新古典学派的方法论，一般只归纳为个人主义。这是很不准确的。新古典学派的个人主义是个人占有主义。关于两者之间的区别，参见约翰·伊特韦尔等《新帕尔格雷夫经济学大辞典》（第2卷），经济科学出版社1992年版，第853~856页。据麦克弗森的看法，穆勒是第一个察觉个人占有主义与个人发展主义之间差别的经济学家，但是，他的认识还是比较混乱的。而马克思是第一个清楚地区分了这两种个人主义的经济学家，虽然他自己并未用个人占有主义和个人发展主义来概括它。

② 可以列举几本70年代出版的、不同国家的社会主义政治经济学教科书为佐证。例如，鲁米扬采夫等：《社会主义政治经济学》，莫斯科经济出版社1971年版；乔西奇：《社会主义政治经济学》，南斯拉夫萨格勒布情报出版社1979年版；贝莱伊·安道尔：《社会主义政治经济学教科书》，匈牙利科苏特出版社1979年版；等等。

主义公有制尤其是全民所有制的形成开始其对社会主义经济运行过程的分析的。根据公有制的制度规定推导出社会主义经济的一系列“规律”：基本经济规律、有计划按比例发展规律、劳动生产率提高规律、价值规律、按劳分配规律，等等。而后论述工业、农业、商业、财政、信贷、再生产和国民收入、对外经济、社会主义向共产主义过渡，等等。①

把社会主义公有制作为理论分析的起点，《教科书》推导出了传统的社会主义政治经济学理论分析的第一个基本分析假定：集体主义的行为假定。在《教科书》中，多是如下的论断：

“生产资料公有制则把人们联合起来，保证他们利益的真正一致和同志式的合作。

工人、农民和知识分子都是共产主义的积极建设者。他们都关心作为他们物质福利源泉的公共财产的巩固和增加。

社会主义社会的工人和集体农民这两个阶级的相互关系，是以两种社会主义所有制形式——国家所有制和合作社集体农庄所有制为基础的友好联盟。

社会主义企业生产者之间的社会关系，是同志式的合作和社会主义的互助关系。

社会主义制度下，企业之间的相互关系，则建立在有计划的合作、社会分工、生产的合理专业化和协作的基础上。”②

以后的各种传统的社会主义政治经济学教科书虽然在一些具体问题的提法上与《教科书》不同，但是，在总的分析思路和基本观点上并没有本质的不同。

因此，从《教科书》以及传统社会主义政治经济学的有关论述中，可以清楚地看出：在方法论上，传统的社会主义经济学的分析表现为一种与西方经济学相对立的集体主义行为假定。它以生产资料的公有制为分析起点，认为在公有制基础上，社会全体成员的根本利益是一致的，既然每个社会成员的利益是同一的、无差异的，因而也就共同地表现为社会的整体利益。从全体社会成员作为一个整体来看，当然，他们实现自身利益的途径是“公共财产的巩固和增加”，既然如此，社会成员之间从而企业之间的关系也就表现为同志式的互助和相互合作关系，表现为有计划的合作、社会分工、生产的合理化和协作，等等。因此，对这样一种社会主义经济关系，运用个体主义的方法论，从个人的

---

① 参见苏联科学院经济研究所：《政治经济学教科书》（下册），人民出版社1959年版。而后来苏联、东欧各国以及我国出版的各种社会主义政治经济学教科书虽有所不同，但大体框架如此。

② 苏联科学院经济研究所：《政治经济学教科书》（下册），人民出版社1959年版，第441~442页。

行为动机、经济行为、个人利益的实现角度出发进行分析，当然是不合适的。取而代之的是运用集体主义的分析角度，分析社会、国家、集体（企业）的经济运动过程，以及在这些过程中，社会整体利益的形成、实现、增长以及它们对社会成员物质文化生活需求满足的意义。“大河有水小河满，大河无水小河干。”“公社是棵常青藤，社员都是藤上的花。”这些在一段时期内常被传统教科书引为形象地说明国家与集体、集体与个人利益关系的话，生动地说明了传统社会主义政治经济学的集体主义的行为假定。

以《教科书》为代表的传统社会主义政治经济学的第二个基本假定是国家的完全理性假定。无独有偶，传统社会主义经济学的分析也是建立在完全理性假定基础上的。与西方经济学不同的是，这个完全理性的假设并不是赋予每一个社会成员或全体社会成员，而是赋予了由部分社会成员组成的社会管理中心——国家。

“由于生产资料公有制（全民所有制和合作社集体农庄所有制）的绝对统治，国家有可能依据社会主义的经济规律，自觉地把这些规律运用于自己的活动中，对国民经济实行计划领导，执行经济组织的职能……

社会主义国家的活动是为了尽力改善劳动者的生活，提高人民的物质文化水平，在生产力迅速发展的基础上，最充分地满足人民日益增长的需要。这是社会主义国家，即工人阶级领导的全体劳动人民的国家的性质所决定的，也是社会主义基本经济规律所决定的。

国家领导经济和文化，组织社会生产。

社会主义国家及其地方机关照顾到社会多方面的需要，并根据这些日益增长的需要，制定发展和改进生产的计划，采取措施，把先进技术应用到国民经济的一切部门中去，以便不断提高社会劳动生产率，增加社会主义积累，领导基本建设和生产配置……

国家根据国内国际的现实条件，在每个阶段上，规定经济建设的具体任务，定出国民经济发展的方向和速度，改善经营方法。它不仅估计到过去的成果，而且估计到未来发展的趋势，在科学预见的基础上，实现自己经济组织的职能……

社会主义国家及其地方机关的经济组织工作和文化教育工作，包括社会生活的各个方面。

社会主义国家对一切经济部门的国营企业实行有计划的领导和管理。国家及其机关任命国营企业、联合企业和各个部门的领导者，并监督他们的工作。国家计划全国的国民经济：有计划地规定生产和国内外贸易额的规模、构成和发展速度，规定商品价格和产品的计划成本、工人和职员的工资水平，分配物力、人力和财力等。社会主义国家通过地方国家机关和农业劳动组合选出的机关，指导集体农庄的经济生活……

社会主义国家保证公民能够真正行使自己的基本权利，如劳动和休息的权利、受教育的权利、丧失劳动能力和年老时获得物质保证的权利。

社会主义国家对劳动者进行全面教育，包括遵守新的劳动纪律和培养共产主义的劳动态度。社会主义国家领导国民教育，培养熟练干部，促进先进科学和艺术的发展以及科学技术成就的实际应用。"①

从上面所开列的清单可以看出，传统的社会主义政治经济学赋予国家机关的决策与管理权限几乎囊括了这个社会一切领域和过程，从国民经济全局到个人生活，无所不至。暂且抛开对此的价值判断，仅从实证角度看，赋予国家机关如此庞大、详尽的决策及管理权限必然存在这样的隐含判断：在社会主义公有制条件下，国家具有相应的完备知识。

需要指出的是，虽然传统社会主义政治经济学与新古典经济学都以完全理性为行为假定，但是，二者有所不同。新古典经济学假定每一个社会成员都是理性行为者，因此，推崇个人自由选择、社会契约及最小的政府；而传统社会主义政治经济学尽管并不明确否认普通社会成员的理性能力，甚至相当强调人民群众的思想觉悟对计划经济正常运行的意义，但是，从传统社会主义经济学对国家组织管理社会经济活动能力的推崇，国家计划的指令性质的强调，② 以及对各级计划执行者的各种地方主义、本位主义、自发倾向的批评中可以看出，它事实上把社会成员划分为两类当事人：一类是计划决策者，尤其是中央经济管理机关的领导人员，他们是理性行为者；另一类是普通社会成员，他们不具备理性行为能力。因为，如果认为普通社会成员也具备与中央经济管理机关领导人员同样的理性行为能力，那么，即使是基于对社会整体利益以及决策效率的考虑，需要由一个社会中心集中行使权力的话，计划的指令性质也是不需要的。因为，它的存在，或是意味着计划执行者不能正确认识执行计划的必要性，或是意味着计划执行者会基于本单位或个人的利益损害包括他们自己在内的社会全体成员的根本利益，而这二者都意味着他们是非理性行为者。因

---

① 苏联科学院经济研究所：《政治经济学教科书》（下册），人民出版社 1959 年版，第 449 ~ 450 页。

② 例如，斯大林就曾说过："我们的计划不是臆测的计划，不是想当然的计划，而是指令性的计划，这种计划各级领导机关必须执行，这种计划能决定我国经济在全国范围内将来的发展方向。"参见《联共（布）第十五次代表大会》，引自中共中央马恩列斯著作编译局译《斯大林全集》（第十卷），人民出版社 1954 年版，第 280 页。"计划由国家机关批准，此后，不仅对企业而且对上级机关，就具有法律效力。"参见鲁米扬采夫等：《社会主义政治经济学》，上海人民出版社 1973 年版，第 136 页。

为，如果确实存在着公有制基础上的全体社会成员的根本利益一致性，每一个社会成员作为理性行为者，都应当充分自觉地执行中央计划当局的计划，无须任何外在的强制。

以《教科书》为代表的传统社会主义政治经济学的第三个基本假定是国家的最大化动机假定。传统社会主义政治经济学也充分肯定最大化倾向。“用在高度技术基础上使社会主义生产不断增长和不断完善的办法，来保证最大限度地满足整个社会经常增长的物质和文化的需要。”① 斯大林对社会主义基本经济规律的这一表述充分表现了传统社会主义政治经济学对最大化行为的肯定。与新古典经济学不同的是，它更强调国家的最大化能力。传统社会主义政治经济学在分析社会主义制度的优越性时，曾不止一次地指出：社会主义公有制使国家能够最大限度地调动广大人民群众的劳动积极性和创造精神，不断提高社会劳动生产率；能够通过实行计划经济制度，在全社会范围合理地布局生产力，实现资源的优化配置，最大限度地利用全社会的物质资源和劳动资源；能够有效地避免资本主义那种由于生产无政府状态所造成的社会性巨大浪费；能够自觉地保持国民经济主要比例关系的协调，从而使社会再生产能够按比例地持续地高速度发展；等等。

从传统社会主义经济学的整个理论体系设计、理论结论及其表述中，我们可以看出，这三个假定不但确实存在，而且贯穿整个理论分析的始终。如果抽掉了这三个基本假定，传统社会主义政治经济学理论的主要结论大多必须改写。因此，可以把它们称为传统社会主义政治经济学的基本行为假定。

传统社会主义政治经济学中的基本分析前提与新古典经济学相比，区别何在呢？无疑，就行为假定的具体内容看，传统的社会主义政治经济学与新古典经济学或截然相反（集体主义与个人占有主义的分析基点）或有所不同（个人与国家的完全理性、最大化动机假定），但是，如果从思维的方法或者说方法论基础看，二者则十分相近，具有浓厚的形而上学气息。新古典经济学把建立经济学分析的基本前提——人的基本行为假设的任务推给了自然科学。例如，哈耶克把人的目的的形成问题推给了心理学，他认为社会科学是不能解释有意识的行为的。“假如有意识的行为可以被‘解释’，那么，它也是心理学的而不是经济学或其他任何社会科学的任务。”② 哈耶克把对人的目的形成问题的解释划归心理学范围，实际上是试图用人的生物性而不是人的社会性来解释人的目

① 斯大林：《苏联社会主义经济问题》，人民出版社 1952 年版，第 30 页。

② 转引自 G. M. 霍奇逊：《现代制度主义经济学宣言》，北京大学出版社 1993 年版，第 71 页。

的形成问题，从而推出了恒定不变的人的基本行为假定。而传统的社会主义政治经济学虽然没有这么做，但是，作为其全部理论分析前提的基本行为假定不是从现实的社会主义经济实践出发，对生活在特定物质生活条件下的社会成员必然的行为方式进行科学抽象，而是先验地来自理论上对社会主义公有制性质的规定，从社会主义公有制推出了一系列恒定不变的基本行为假定。这样，它们都走向了极端，杜绝了理论发展的可能，从而极大地限制了它们对社会发展的解释及预测能力。①

三

从个人占有主义、个人的完全理性及最大化动机假定出发，新古典经济学得出建立在完全的私有产权制度基础上的市场经济制度是最理想的社会经济制度的结论。相反，从集体主义、国家的完全理性、最大化能力假定出发，传统的社会主义政治经济学得出了建立在单一全民所有制基础上的计划经济制度是最理想的社会经济制度的结论。

社会主义的经济实践尤其是我国近20年来市场取向的经济体制改革的成功实践已经证实，传统社会主义政治经济学的主要结论基本上是不正确的。由此可以得出这样的结论：作为推导这些结论的基本行为假定是不能成立的。关于这一点，其实并不需要复杂的理论推导，只要客观地对照一下现实经济生活中各类主体的行为方式，便不难得出结论。

建立以中国特色社会主义市场经济实践为背景的现代经济学，必须从建立新的基本行为分析假定出发。在近年来的经济理论研究中，传统社会主义政治经济学的上述三个基本行为假定已经逐渐受到怀疑，许多研究虽然没有明确其基本分析假定，但是，我们可以从其分析中看出其赖以进行分析的基本行为假定已经悄然变化。

传统社会主义政治经济学的三个基本行为假定中，国家的完全理性假定及国家的最大化动机假定已经基本上被否定。我国在经济体制改革初期，在农村实行联产承包责任制，在城市及国有企业中实行分权让利，在全社会范围发展多种经济成分及商品交换关系，扩大市场调节范围，实际上已经隐含着在理论

① 新古典经济学与传统的社会主义政治经济学的分析假定与理论框架都只能容纳一种经济制度（私有或公有）、一种经济运行方式（市场经济或计划经济）的分析。而社会经济制度的变迁与发展，却难以在其理论框架中得到说明。

上对国家的完全理性假定及国家的最大化动机假定的否定，以及对个人理性及最大化行为动机的某种肯定。

然而，对于建立社会主义市场经济体制来说，只有对国家的完全理性假定及国家的最大化动机假定的否定显然是不够的。因为，这种理论进步至多只能推导出实行“计划经济为主、市场调节为辅”的必要性。在全体社会成员的利益具有齐一性的假定之下，赋予每一个社会成员经济自主决策权显然是不经济的，通过市场配置社会经济资源的主要部分是不合理的。[①] 也就是说，建立社会主义市场经济体制要求在理论上否定传统的集体主义行为假定。

对理论革命来说，立比破具有更为重要的意义。用什么样的行为假定取代传统的集体主义行为假定，对于建立中国特色的现代经济学至关重要。近年来，我国一些学者主张引用新古典经济学的个人（占有）主义的行为假定作为新的分析起点。引用新古典经济学个人（占有）主义假定，实际上意味着取消建立和发展有中国特色的现代经济学。当然，这并不是最重要的。如果新古典学派的基本假定及分析框架是科学的，这么做也无妨。但是，众所周知，对于新古典学派的基本分析前提以及由此得出的结论的科学性问题，至今西方经济学界仍不乏争论。[②] 对于个人（占有）主义的行为假定，如果我们注意一下它在不同时期西方经济理论中的规定，可以发现，它是一个不断退化的拉卡托斯“科学研究纲领硬核”[③]。17、18 世纪的孟德维尔、斯密到 19 世纪后半期的穆勒、帕尔格雷夫，对个人（占有）主义的定义都限制在个人对自身物质利益的追求范围内。穆勒直截了当地把个人（占有）主义等同于争夺物质利益。这样严格定义的个人（占有）主义概念是推导完全竞争市场模型的理想行为假定。但是，这种行为假定无法解释现实社会生活中的人的大量行为。因此，自 20 世纪 50 年代以来，西方经济学用个人效用最大化代替了传统理论分析中的个人物质利益最大化假定。[④] 效用作为对人们愿望和欲望满足程度的衡量，它的来源可以是市场上的商品和劳务，也可以是声望、尊严等其他一些非货币因素。运用个人效用最大化行为假定，几乎可以解释个人的任何行为，因为，作

---

① 有关这一问题的进一步论证，参见李文溥：《社会主义市场经济宏观调控理论》，中国计划出版社 1995 年版，第一章。

② 参见 G. M. 霍奇逊：《现代制度主义经济学宣言》，北京大学出版社 1993 年版；马克·布劳格：《经济学方法论》，北京大学出版社 1990 年版；阿·S. 艾克纳：《经济学为什么还不是一门科学》，北京大学出版社 1990 年版；查·K. 威尔伯、肯·P. 詹姆森：《经济学的贫困》，北京经济学院出版社 1993 年版。

③ 关于拉卡托斯的“科学研究纲领硬核”，参见江天骥：《当代西方科学哲学》，中国社会科学出版社 1984 年版，第 5 章。

④ G. S. Becker, *The Approach to Human Behavior*. Chicago: University of Chicago Press, 1976.

为对主观感觉的衡量，从抢劫到无偿捐赠，都可以是出于同样的个人效用最大化。因此，用个人效用最大化取代个人物质利益最大化，一方面使许多过去在个人物质利益最大化假定下难以解释的行为——例如，自我牺牲行为、见义勇为行为、慈善行为等——得到较好的解释，但是，另一方面，它却造成了理论的退化。因为，在个人（占有）主义表现为追求个人效用最大化的条件下，完全可以从中推导出全然否定它的结论。

显然，无论是从假定的科学性本身还是从建立有中国特色的现代经济学角度看，新古典经济学的个人（占有）主义都不是我们建立新的现代经济学理论体系可以引进的基本行为假定。建立以中国社会主义市场经济运行为实践背景的现代经济学，需要一个新的基本行为假定。本文认为，它就是个人发展主义的利益结构论。①

① 详细阐述个人发展主义的利益结构论显然不是本文所能完成的。有兴趣的读者可以参阅本人参与撰写的《现代经济学导论》一书（山东人民出版社1997年版的第4章）。

中国特色现代经济学的分析前提*

我国经济学研究正在进入一个新的阶段——建立以社会主义市场经济为实践背景的现代经济学。因为，传统的社会主义政治经济学理论尽管不乏合理的成分，但是，其全部逻辑结构是建立在论证计划经济是社会主义经济的最佳模式基础上的。它对解释社会主义市场经济运行机制的无能为力，近年来已为经济学界明显感觉到了。

建立有中国特色的现代经济学，不仅要立足于社会主义市场经济的实践，而且必须在坚持马克思经济学基本立场、观点、方法基础上，充分吸取世界范围现代经济学研究的全部积极成果。本文拟从理论建设的角度，对新古典经济学的基本假定进行分析，在此基础上就建立中国特色现代经济学的分析前提问题进行探讨。

一

在借鉴吸收国外现代经济学有益成果的问题上，一个不容回避的问题是如何看待西方经济学尤其是新古典经济学的基本前提假设——经济人假设。

新古典经济学关于经济主体的行为假定从总体可以概括为：理性经济人。具体而言，可以分解为以下几个方面的内容。

（一）个人占有主义（又称个人经济主义）的分析基点

个人主义是西方主流经济学尤其是新古典学派的指导思想和方法论基础。

---

* 本文原载于《中国经济问题》1998 年第 2 期。

这是没有疑义的。但是，需要指出的是，个人主义作为社会理论、意识形态或方法论，具有多种含义。然而，这一点在我国长期未被人们清楚地认识到。个人主义从个人与社会的关系来看，包括了两种截然不同的认识。一种是个人占有主义或者说个人经济主义，另一种是个人发展主义或者说个人自由主义。对此，哈耶克作了明确的区分，称前者为真正的个人主义，[①] 认为它指的是“一种社会理论或意识形态，它赋予个人比赋予团体或社会以更高的道德价值，因而它提倡让个人随心所欲地去做他们认为最有益于他们自身利益的事”[②]。其在经济学上的主要特征是：“(1) 资本的私有财产，对之都几乎附加有遗赠和继承的权利的必要性，由此允许可以无限地转让和积累。(2) 竞争，一种个人之间在获取财富方面的对抗，一种为求得最好地生存而进行的斗争。”[③] 新古典经济学的哲学基础就本质而言，是个人占有主义。它作为方法论，指的是对一切有关社会现象的解释，都必须从个体的角度来分析阐发。[④] 从一切社会经济现象必须由个人有目的性的行为予以解释出发，新古典经济学进一步认定个人的有目的行为是追求个人利益最大化行为。因此，作为社会经济运动过程分析起点的人，只是单独的个人。在某种意义上说，是机器人，遵循一个设计好的追求最优化的模式对社会经济环境作出反应。一旦偏好得以确定，选择便是唯一的了。个人为什么是有目的的？个人的目的性为什么是追求个人的利益最大化？对于这些关系到基本行为假设是否成立的问题，新古典学派的经济学家们一般认为这是不言自明的。米塞斯认为个人的意识及目的性的形成，个人目的性是个人利益最大化等问题，是不可证实的。而且，这并不是经济学的失败。因为，所有科学在它们的内核部分都包含着一些既不可证实也不可证伪的概念，而这些概念却有助于确定该科学的特性。哈耶克把人的目的的形成问题推给了心理学，他认为社会科学是不能解释有意识的行为的。“假如有意识的行为可以被‘解释’，那么，它也是心理学的而不是经济学或其他任何社会科学的任务。”[⑤] 这实际上是试图用人的生物性而不是人的社会性来解释人的目的形成问题。从生物性来解释人的目的的形成，可以说是把个人（占有）主义的方法论发挥到了极致，因为，在作为生物学上的人的目标集合中，确实很难找出

---

① F. A. 哈耶克：《个人主义与经济秩序》，北京经济学院出版社 1989 年版，第 1 章。

②③ C. B. 麦克弗森：《个人主义》，引自约翰·伊特韦尔等编《新帕尔格雷夫经济学大辞典》（第 2 卷），经济科学出版社 1992 年版，第 853 页。

④ 对于个人主义作为方法论，有的经济学家给予了更大的关注。例如，哈耶克就认为，个人主义首先是方法论而后才是一种社会价值观念。参见 F. A. 哈耶克：《个人主义与经济秩序》，北京经济学院出版社 1989 年版，第 1 章。

⑤ 转引自 G. M. 霍奇逊：《现代制度主义经济学宣言》，北京大学出版社 1993 年版，第 71 页。

属于社会、集体的目标。

（二）个人利益最大化假定

对新古典经济学来说，作为经济学分析起点的人，不仅是个人占有主义者，一个只以个人利益构建其目标函数的人，而且是一个力图实现个人利益或个人效用最大化的人。社会成员的最大化行为，即面对既定的被择序列，社会成员总能确定一个连续的偏好序列，并在自己的有限预算约束范围内实现个人效用最大化。这是现代西方主流经济学理论分析的基本前提之一。齐普曼、索南斯切因等在 1971 年证明了：市场经济中竞争均衡的存在性、最优性、无偏性的证明，依赖于消费者是最优化的假定。然而，社会成员为什么会有追求自身利益最大化行为，新古典学派却基本上不作探讨。米塞斯认为这是“人类行为的基本逻辑”，不言自明；罗宾逊则认为是对普遍经验事实的概括；萨缪尔森认为这可以通过观察消费者的选择得出；另外一些经济学家则从相反的角度阐明最大化假设的合理性，如阿尔奇安和弗里德曼则认为，最大化行为对企业在社会中生存的意义如同对动物在自然界生存的意义，即只有那些有意无意地按照最大化原则行事的企业才能在竞争中得以生存和繁荣，而其余的则会在竞争中衰落甚至破产，因此，通过这样一个“自然过程”，在社会上留下来的都是按最大化原则办事的企业。也就是说，在经济中，能够得以长期生存和发展的企业，都是实际上按照最大化原则行为的。近年来，我国有些赞成最大化假设的经济学家也试图对它进行解释，认为经济活动中的最大化行为可以被看作人们在自己的社会联系中，为了有效利用稀缺资源，以达到生存和发展的稳定条件而作出的反应。[①] 可以看出，这一解释与米塞斯以及阿尔奇安、弗里德曼的解释是基本一致的。如果说，阿尔奇安和弗里德曼的解释还只局限于企业，那么，后者则把它推广到每个个人了。

（三）个人完全理性假定

最大化行为假定仅仅要求作为分析起点的个人具有最大化愿望是不够的，还必须具备实现最大化行为的能力。这就需要进一步假定个人具有完全的理性及预期能力。按照西蒙的定义：“理性指一种行为方式，它（1）适合实现指定

---

① 刘世锦：《经济体制效率分析导论》，上海三联书店 1993 年版，第 27 页。

目标，(2) 而且在给定条件和约束的限度之内。"[①] 达尔和林德布洛姆认为："一项行动是理性的，就是说，对于指定目标及其真实处境来说，该行动被'正确地'设计成为一种能谋求最大成功的行动。"里奇特用数学化的语言进一步精确地表达了"理性化能力"的含义：在可供选择的全部子集中选找一种二元关系 $\mathscr{R}$（通常被解释为"偏好"，例如，$x\mathscr{R}y$ 指 x 比 y 较受偏好或 x 和 y 无差异）的能力，从而使得对于全部子集中任何特定的子集的选择，恰好由那个子集的 $\mathscr{R}$ 最大元素组成。理性假设不仅强调人的内在一致性能力，而且认为这是人类不懈地追求他们各自的私利的结果。"一致的选择"和"自身利益最大化"是完全理性假定的两大构成要素。[②] 阿罗指出，自从经济理论被系统化以来，形形色色的理性假定一直是它的基础，个人理性和新古典主义理论的其他基本概念——均衡、竞争和市场的完全性的结合，是证明微观经济学的许多重要经济定理，如竞争均衡的帕累托最优性和帕累托最优时的竞争均衡等的基础。

以理性经济人假定为分析基点，新古典主义经济学从中推出市场制度是社会经济运行最优的组织形式，而作为市场经济制度运行的产权制度基础是私有制。

二

较之现代西方主流经济学这种鲜明的实证主义方法论特征，传统的社会主义政治经济学在方法论上的特征似乎不太明显。相对于西方经济学的个人占有主义方法论，近年来，我国有些学者把传统的社会主义政治经济学的方法论概括为集体主义的方法论。[③] 然而，在传统社会主义政治经济学教科书以及有关的论著中，很少见到明确的阐述。在社会主义经济理论分析中，假设条件起什么作用？是否需要对人的行为作出一定的假设？如果存在行为假设，那么，什么是社会主义经济学分析的人的行为假设？等等，都是不明确的。因此，在分析传统社会主义政治经济学理论中的行为假设与运行机制、产权制度的关系时，只能从其理论的逻辑思路中去寻找线索。

---

① H. 西蒙：《现代决策理论的基石》，北京经济学院出版社 1989 年版，第 3～4 页。

② 阿马泰亚·森：《理性行为》，引自约翰·伊特韦尔等编《新帕尔格雷夫经济学大辞典》（第 4 卷），经济科学出版社 1992 年版，第 73～79 页。

③ 张曙光：《中国的制度分析：三个理论框架的比较》，载《经济研究》1994 年第 12 期。

尽管马克思、恩格斯等有关社会主义、共产主义社会的论述对社会主义政治经济学的形成有巨大的影响，但是，在相当长时期内成为社会主义政治经济学理论正宗体系蓝本的是在斯大林主持下由苏联科学院经济研究所编写的《政治经济学教科书》（下册）（以下简称《教科书》）。直至70年代末，苏联、东欧以及我国的大部分社会主义政治经济学教科书的体系仍然基本不脱离《教科书》体系。作为社会主义经济分析起点的是生产资料公有制，根据公有制的制度规定推导出社会主义经济的一系列规律：基本经济规律、有计划按比例发展规律、劳动生产率提高规律、价值规律、按劳分配规律，等等。而后论述工业、农业、商业、财政、信贷，再生产和国民收入、对外经济、社会主义向共产主义过渡，等等。①

把社会主义公有制作为理论分析的起点，《教科书》推导出了一系列有关社会主义经济中人的行为的观点。

（一）集体主义的分析基点和行为观

从方法论角度看，传统的社会主义经济学表现为与西方经济学相对立的集体主义的分析基点。传统的社会主义经济学以生产资料的公有制为分析起点，在公有制基础上，社会全体成员的根本利益是一致的，既然每个社会成员的利益是同一的、无差异的，因而也就共同地表现为社会的整体利益。从全体社会成员作为一个整体来看，当然，他们实现自身利益的途径是“公共财产的巩固和增加”，既然如此，社会成员之间从而企业之间的关系也就表现为同志式的互助和相互合作关系，表现为有计划的合作、社会分工、生产的合理化和协作，等等。因此，对这样一种社会主义经济关系，运用个体主义的方法论，从个人的行为动机、经济行为、个人利益的实现角度出发进行分析，当然是不合适的。取而代之的是运用集体主义的分析角度，分析社会、国家、集体（企业）的经济运动过程，以及在这些过程中，社会整体利益的形成、实现、增长以及它们对社会成员物质文化生活需求满足的意义。②

---

① 苏联科学院经济研究所：《政治经济学教科书》（下册），人民出版社1959年版。此后包括苏联、东欧各国以及我国出版的各种社会主义政治经济学教科书虽有所不同，但大体框架如此。

② 同上，第441～442页。

（二）国家的完全理性假定

无独有偶，传统社会主义经济学分析也是建立在完全理性假定基础上的。所不同的是完全理性假设并不是赋予每一个社会成员或全体社会成员而是赋予了由部分社会成员组成的社会管理中心——国家。[①] 传统的社会主义政治经济学赋予国家机关的决策与管理权限几乎囊括了社会一切领域和过程，从国民经济全局到个人生活，无所不至。暂且抛开对此的价值判断，仅从实证角度看，赋予国家机关如此庞大、详尽的决策及管理权限必然存在这样的隐含判断：在公有制条件下，国家具有相应的完备知识。

需要指出的是，虽然传统社会主义政治经济学与西方经济学都以完全理性为行为假定，但是，二者有所不同。西方经济学尤其是新古典学派假定每一个社会成员都是理性行为者，因此，推崇个人自由选择、社会契约及最小的政府；而传统社会主义政治经济学尽管并不明确否认普通社会成员的理性能力，甚至相当强调人民群众的思想觉悟对计划经济正常运行的意义，但是，从传统社会主义经济学对国家组织管理社会经济活动能力的推崇，国家计划的指令性质的强调，以及对各级计划执行者的各种地方主义、本位主义、自发倾向的批评中可以看出，它事实上把社会成员划分为两类当事人：一类是计划决策者，尤其是中央经济管理机关的领导人员，他们是理性行为者；另一类是普通社会成员，他们不具备理性行为能力。因为，如果认为两类社会成员都具有相同的理性行为能力，那么，即使是基于对社会整体利益以及决策效率的考虑，需要由一个社会中心集中行使权力的话，那么，计划的指令性质也是不需要的。

（三）国家的最大化假定

传统社会主义政治经济学也充分肯定人的最大化倾向。斯大林对社会主义基本经济规律的表述充分表现了传统社会主义政治经济学对最大化行为的肯定。与西方经济学不同的是，它更强调国家的最大化能力。在传统社会主义政治经济学对计划经济制度优越性的分析中，对此作了大量论述。由于认为国家具有完全理性及最大化倾向，国家的任何经济政策措施必然是正确的。因此，

---

① 苏联科学院经济研究所编：《政治经济学教科书》（下册），人民出版社 1959 年版，第 449 ~ 450 页。此后包括苏联、东欧各国以及我国出版的各种社会主义政治经济学教科书虽有所不同，但大体框架如此。

在传统的社会主义政治经济学中，充满了大量的“政策规律化”的论述，即将政府的政策等同于社会经济运动规律。对此，薛暮桥同志曾一针见血地指出：过去的社会主义政治经济学实际上是政策经济学，是政策的解释。

因此，尽管行为假定在传统社会主义经济学中并没有得到明确的表述，但是，从其理论体系设计、理论结论及其表述中，我们可以看出，这三个假定不但确实存在，而且是贯穿始终，与其说是对已有社会主义经济实践的归纳，不如说先验地来自理论上对社会主义公有制性质的规定。这些都说明它们与西方经济学的基本行为假设在性质上的一致性。因此，可以把它们称为传统社会主义政治经济学的基本行为假定。

从这些基本的行为假定出发，传统社会主义政治经济学得出了计划经济是最优的社会经济生活组织方式与运行机制，而计划经济制度的不断完善与发展要求社会逐步地建立单一的社会主义公有制的结论。

三

对社会主义经济尤其是社会主义市场经济运行机制的客观分析，需要建立新的理论出发点，可以说这是我们前面对西方主流经济学及传统社会主义政治经济学理论体系的出发点分析必然得出的结论。

如何建立社会主义经济分析新的理论出发点，是一个值得研究的问题。近年来，我国一些经济学者把目光转向西方现代经济学。他们充分肯定西方经济学尤其是新古典经济学方法论的合理性，主张从新古典学派的基本行为假设出发分析社会主义经济过程。我认为，建立与社会主义市场经济相适应的现代经济学，确实需要重新检讨我们的理论出发点，但是，不能仅仅视为是基本行为假设上的反其道而行之。例如，传统社会主义政治经济学以集体主义为基点，新的社会主义经济分析就从新古典学派的个人占有主义角度出发；传统社会主义政治经济学强调国家的理性行为能力，贬低个人的理性行为能力，新的社会主义经济分析就强调个人的理性行为能力，否定国家的理性行为能力，等等，除此之外别无他途。虽然，新古典经济学与传统社会主义政治经济学在理论体系及结论上差别很大，但在方法论上却无本质区别，因此，对立的基本行为假设只会导致完全相反的理论结论。用新古典学派的行为假设代替传统社会主义政治经济学的行为假设，只不过是用对市场的空想主义取代对组织的空想主义，除了导致对社会主义经济的完全否定之外，并不能带来任何新的东西。用新古典经济学的行为假定取代传统社会主义政治经济学的行为假定之所以对社会主义经济理论分析来说是不可接受的，不能仅仅视为一个价值判断问题——事实上，从新古典经济学的行为假设演绎出的理论结论本身也不是实证，而是具有规范性的。因为，它的行为假设本身就是一定价值观的产物。① ——而在于它本身的不合理性。

正如米塞斯指出的那样，个人（占有）主义方法论的准则，包含着对如下论断的承认："所有行为都是人的行为；在个体成员的行为被排除在外后，就不会有社会团体的存在和现实性。"② 对于新古典学派来说，坚持个人（占有）主义方法论的关键并不在于承认个人是有目的的行为者，肯定个人偏好、个人利益的存在性，而在于只从个人目的、个人偏好、个人利益的角度来说明社会经济活动，用微观解释宏观，用个体推断整体，拒绝考察个人目的、个人偏好、个人利益的形成过程中社会制度环境、人文历史背景或其他力量的作用。对于个人（占有）主义方法论来说，外部世界对个人行为的影响仅限于在给定个人偏好条件下，个人通过感知外部世界的变化，对实现其目标函数的约束和机会作出理性反应。新古典学派排除社会因素对人的行为目的性的解释作用的目的在于把人的行为目的、偏好、利益的形成归诸于所谓人的永恒不变的本性即生物性，从而把人类历史上特定的社会制度形式上升为永恒。

把人类与动物区别开来的是人的社会性。人是制造工具的动物，同时也是社会的动物。因此，个人的目的性、个人偏好，以及人与人之间的利益关系是社会、历史的产物。为了生存，人应该维持自己的肌体，从周围的外界自然中摄取其所必需的物质。这种摄取需要人对这个外界自然的一定的作用。可是，在作用于外界自然的同时，人也改变了自己本身的天性。普列汉诺夫指出：在这一过程中，劳动工具具有极为重要的意义。劳动工具作为社会人的器官，它的任何重大的变化引起着社会制度的变化。③ 摩尔根指出，人并非生而自利的，在远古时代，蒙昧人的个人利益观念、财产欲望相当薄弱。在蒙昧社会和低级野蛮社会这两个至少包括迄今为止的人类全部历史 4/5 的社会发展阶段中，人类的观念始终如此。一直到了高级野蛮社会的末期，由于房屋、土地、牛羊群，以及可用于交易的商品大量增多，并且逐渐地归个人所有之后，人类头脑中才第一次形成了财富的概念。而对土地的耕种证明整个地球表面均可以产生归个人所有的财产时，财产才在人类的头脑中产生强烈的影响，导致了人类性

① F. A. 哈耶克：《个人主义与经济秩序》，北京经济学院出版社 1989 年版，第 6 页。
② 转引自 T. M. 霍奇逊著：《现代制度主义经济学宣言》，北京大学出版社 1993 年版，第 64 页。
③ 普列汉诺夫：《论一元论历史观之发展》，生活·读书·新知三联书店 1965 年版，第 108 页。

格上新因素的大觉醒，成为人类头脑中一种极有支配作用的力量。[①] 摩尔根的研究结果证明了个人私欲是历史，是特定生产方式的产物。个人利益观念的形成是与生产以及消费能够以个人或家庭为单位进行分不开的，是与不同于原始氏族部落时期的新的需要实现形式的产生相联系的。[②]

个人的目的性、个人偏好、个人利益观念是历史的产物，它们的形成必须从特定的社会历史条件予以解释，也即微观与宏观、个体与整体、个人与社会之间的联系不是单向而是双向的。退一步，个人利益最大化的行为假定即使不适应于人类社会的全部历史，那么，它是否是对跨入了文明社会之后的人类本性的恰当概括？对于个人利益最大化行为假定，如果我们注意一下它在不同时期西方经济理论中的规定，可以发现，它是一个不断退化的拉卡托斯“硬核”[③]。从17、18世纪的孟德维尔、斯密到19世纪后半期的穆勒、帕尔格雷夫，对个人（占有）主义的定义都限制在个人对自身物质利益的追求范围内。穆勒把个人（占有）主义原则形容成：“竞争，人人都为他自己，而反对其他一切人。”[④] 这是基于利益的冲突，而不是利益的协调一致，而且，在这种情况下，要求每个人通过斗争来找到他的位置，通过把他人向后推或被他人推向后。可以看出，穆勒直截了当地把个人主义等同于争夺物质利益。这样严格定义的个人（占有）主义概念是推导完全竞争市场模型的理想行为假定。但是，这种行为假定无法解释现实社会生活中的人的大量行为。因此，自20世纪50年代以来，西方经济学用个人效用最大化代替了传统理论分析中的个人物质利益最大化假定。[⑤] 效用作为对人们愿望和欲望满足程度的衡量，它的来源可以是市场上的商品和劳务，也可以是声望、尊严等其他一些非货币因素。运用个人效用最大化行为假定，几乎可以解释个人的任何行为，因为，作为对主观感觉的衡量，从抢劫到无偿捐赠，都可以是出于同样的个人效用最大化。因此，用个人效用最大化取代个人物质利益最大化，一方面使许多过去在个人物质利益最大化假定下难以解释的行为——例如，自我牺牲行为、见义勇为行为、慈善行为等——得到较好的解释，但是，另一方面，它却造成了理论的退化。因为，在个人（占有）主义表现为追求个人效用最大化的条件下，完全可以从中

① 摩尔根：《古代社会》（下），商务印书馆1977年版，第535页。

② 普列汉诺夫在《论一元论历史观之发展》一书引证的林克对爱摩斯基人的研究也说明了这一点。

③ 关于拉卡托斯的“硬核”，参见拉卡托斯：《科学研究纲领方法论》，上海译文出版社1986年版，第67页；江天骥：《当代西方科学哲学》，中国社会科学出版社1984年版，第5章。

④ C. B. 麦克弗森：《个人主义》，引自约翰·伊特韦尔等《新帕尔格雷夫经济学大辞典》（第2卷），经济科学出版社1992年版，第853页。

⑤ G. S. Becker, *The Approach to Human Behavior*. Chicago: University of Chicago Press, 1976.

推导出全然否定它的结论。

在个人（占有）主义表现为追求个人物质利益最大化条件下，个人的效用函数最大化表现为：

$$\max U_a = f(q_1, q_2, \cdots, q_j, \cdots, q_n)\ (j=1,2,\cdots,j,\cdots,n) \tag{1}$$

其中，q_j 是消费者 a 所消费的 n 种商品劳务的数量，$f=(q_1, q_2, \cdots, q_j, \cdots, q_n)$ 是连续的，具有连续的一阶和二阶偏导数，并且是一个严格的正则拟凹函数。而且，式（1）的偏导数是严格的正数，即不管对哪一种商品劳务，个人将总是希望得到更多的。[①] 而在将个人（占有）主义表现为追求个人效用（尤其是包括精神方面的效用时）最大化条件下，个人的效用函数最大化表现为：

$$\max U_a = f(q_{11}, q_{12}, \cdots, q_{1j}, \cdots, q_{1n}; q_{21}, \cdots, q_{2j}, \cdots, q_{2n}; \cdots; q_{i1}, \cdots, q_{ij}, \cdots, q_{in}; \cdots; q_{m1}, \cdots, q_{mj}, \cdots, q_{mn})\ (i=1,2,\cdots,i,\cdots,m; j=1,2,\cdots,j,\cdots,n) \tag{2}$$

其中，$f=(q_{11}, q_{12}, \cdots, q_{1j}, \cdots, q_{1n})$ 是消费者 a 所直接消费的商品劳务给他带来的效用；$f=(q_{21}, q_{22}, \cdots, q_{2j}, \cdots, q_{2n}; \cdots; q_{i1}, \cdots, q_{ij}, \cdots, q_{in}; \cdots; q_{m1}, \cdots, q_{mj}, \cdots, q_{mn})$ 是其他消费者 $i(i=2,3,\cdots,i,\cdots,m)$ 对商品 q_j 的消费给消费者 a 带来的精神效用。不难看出，在式（2）具有与式（1）相同的性质条件下，式（2）不是对式（1）的拓广，而是对式（1）的否定。因为，从式（2）可以得出这样的结论：在有限资源条件下，个人追求自身效用最大化并不导致竞争与利益冲突。个人（占有）主义不是利己主义，而是利他主义、集体主义。若以此为立论前提，那么，已有的西方经济学的全部理论结论都必须改写。因此，我们可以看出，将个人（占有）主义的定义从追求个人物质利益最大化“拓广”为追求个人效用最大化，是对原有行为假设的否定，是原有理论“硬核”的退化。因此，无论是从行为假定的本来含义还是从维持理论体系的逻辑严谨性角度看，都应该将个人（占有）主义行为假设严格地限制在追求个人物质利益最大化范围之内。

倘若上述分析成立，显然，个人（占有）主义的行为假定就是对西方国家的市场经济分析也是不合适的，这已从西方经济学将原有的追求个人物质利益最大化行为假定偷换为追求个人效用最大化行为假定得到证实。以它作为社会主义市场经济理论分析的前提假定，所能得出的结论可以想见。

否定个人（占有）主义的方法论，并不等于要用另一个极端的方法论即集体主义的分析方法取而代之。因为，二者在思维方式上都是形而上学的，都不

① 对此需要说明的是，效用函数是针对某一时期的消费而言的，时期的长度是有限制的，但是，并不限于即刻的消费。从一个较长时期看，效用 U 是 q_i 的单增函数是可以成立的。

考虑特定社会历史条件对人的行为方式形成的影响作用。经济学所研究的是社会化的人，是处于一定社会历史条件下的具体的人。一定的社会生产方式、与之相适应的政治经济结构、特定的社会文化传统对生活在其中的人的行为方式有着不可低估的影响。因此，在经济学的分析中，不能以高度抽象的只有单一行为假定的人——不论这个行为特征是如何重要——来作为全部理论演绎不变的前提，而是应当充分考虑具体社会历史条件对人的行为特征的多方面影响，考虑丰富多彩的人的行为特征及其结构对社会经济运行机制以及制度形成、变迁的影响。这么说，并非否定理论抽象在经济学分析中的意义，而是要将理论建立在一个更为客观真实的基础之上。

四

历史唯物主义认为，在现实社会生活中，只存在与特定社会生活条件相适应的从而各个不同的具体的人的需要及需要实现形式，它决定了不同时期人的利益关系从而利益观念及其结构。而利益观念及其结构的不同，制约着特定社会条件下人们的行为特征及其结构。探讨特定历史时期人们的利益观念，必须从该时期的社会经济条件所决定的需要及需要实现形式入手。

以马斯洛为代表的人类动机理论认为，个人是一个统一的、有组织的整体，人存在着各种不同的欲望，绝大多数欲望和冲动是互相关联的。人的一生实际都处在不断地追求之中，人不断有需求，人的各类需要是沿着从基本到高级的顺序逐次展开的。人类动机理论揭示了人的需要与动机的关系，需要的层次性，需要从基本向高级层次、从物质需要向精神需要过渡的有序性，等等。尽管马斯洛的分析主要是从心理学的角度进行的，因而较少涉及需要及动机形成的社会历史因素,[①] 但是，人类动机理论的提出，对经济学正确地认识经济生活中的人的行为特征显然是大有帮助的。[②]

丰富多彩的人生的需要是人类不断追求自我完善、社会进步的原动力。人

① 需要指出，马斯洛是承认社会环境对人的需要及动机形成的作用的。关于这一点，参见弗兰克·戈布尔:《第三思潮：马斯洛心理学》，上海译文出版社 1987 年版。

② 我国有些经济学家虽然赞成马斯洛的需要层次论，但是认为其理论不能满足经济学分析的要求。原因是经济学是研究需求而不是需要的（参见刘世锦:《经济体制效率分析导论》，上海三联书店 1993 年版，第 31 页）。我认为这种看法是不全面的。需要是需求的基础，需要是可以转变为需求的。经济学只有知道需要的走向，才可以清楚地了解和解释收入变化后的需求变动趋势。而从制度变迁的角度看，需要将起更大的作用。因而，在考虑人的行为特征时，否定需要因素的作用，是不合适的。

的需要的满足程度和实现形式是建立在一定社会生产力的发展基础之上的。人们在不同社会经济条件下各类需要的特定实现形式也就构成该社会的利益关系，而利益关系的不同则决定了人们在不同社会经济条件下的利益观念及行为机制特征。在生产力极为低下的条件下，就连最基本的需要的满足，都必须通过集体的合力，因此，对原始人来说，他们的利益观并不是个人主义的。而当社会生产力的发展使生存需要的实现可以以个人或家庭为单位进行时，人们的利益观从而其行为机制也就发生相应的变化。我们可以发现，尽管生产以协作的方式进行具有更高的效率，但是，当人们的需要能以个人或家庭为单位实现时，人们的利益观从而行为机制在相当程度上还是自我取向的。这是由于在利益观从而人们的行为机制的形成上，需要的实现形式是一个比产权制度更为直接的影响因素，人们是在生产力发展的基础上，出于寻求更好的需要实现形式的要求，进行包括产权制度在内的社会政治经济制度变革的。即事物发展的内在逻辑顺序是满足需要的欲望——促进社会生产力的提高——需要满足程度的扩大和满足层次的提高的可能产生——需要实现形式的发展——社会经济制度的变革——需要实现程度、层次的提高——产生满足更高层次需要的欲望……。财产的制度形式、需要实现形式、人们的利益观和行为机制之间的关系是，需要的实现形式决定利益观、行为机制，而利益观、行为机制的变化促使财产制度的变化。传统社会主义政治经济学理论在这一问题上看漏了需要实现形式的作用，把人的行为机制的形成与变更简单地直接归因为财产制度，即社会生产力——生产资料所有制——人的行为机制，然而，正如实践所证明的：在需要的实现形式没有发生根本变化的条件下，财产制度的变革并没有导致社会成员的利益观从而行为机制的根本转变。传统理论将之归罪于旧制度在思想文化、社会习惯方面的遗留，认为必须用不懈的政治思想工作来改造它。然而，在旧制度已经被新制度取代数十年，新制度下出生、成长的新一代人从未接触旧制度的（包括国外的资本主义）生活方式的情况下，传统理论所期待的新人的行为机制尚不能形成，依然需要用政治思想工作来扫除“旧制度的思想遗留”，这不能不说是典型的主观唯心主义了。

人的需要是多层次的，在每个层次中又有不同的各种需要，不同的需要要求不同的需要实现形式。在社会生产力的一定发展基础上，生存需要的大部分种类是可以以个人或家庭为单位进行消费予以满足的。它具体地表现为满足生存需要的大部分产品在消费上的可分割性与排他性。因此，在这一层次上，人们的利益观与行为特征是自我取向的。但是，与此同时，存在着要用不同的需要实现形式来满足的其他人生需要。在这些需要中，一种类型的需要是共享型的需要。安全的需要、归属的需要，在相当程度上就是这种类型的需要。社会秩序的安定、国家的安全，对于个人来说，都是不可缺少的。然而，这样的需要是无法通过个人消费的形式予以实现的。它必须通过社会、集体的形式予以实现。共存型需要的一个典型的例子是国家、民族的强盛、兴旺以及由此带来的国家、民族在国际社会中的地位高低对个人的影响。在民族、国家存在条件下，每个人都不可能不属于某一个民族或国家，因此，当他的民族、国家弱小、贫穷，国际地位低下甚至沦亡时，这个民族、国家的每一分子都无法免受其辱。国家强盛，民族兴旺，国际地位高，每一个成员都将因之受益。可以看出，这种需要、这种利益既属于每个人，但是，它又是不可分的，是属于全民族的，尤其是它的实现必须以全民族、整个国家为单位进行。正是由于这种需要、利益的存在，以及在特定时期它上升为个人最主要的需要，个人毁家纾难，甚至慷慨捐躯的行为才可以得到合理的解释。[①] 另一种类型的需要是依存型的需要，这一类的需要表现为个人需要的满足建立在他人需要的满足基础之上。在人的需要超出生存需要层次进入更高层次——例如，爱的需要、尊重需要、自我实现需要等——时，便会出现依存性需要。母爱是一种典型的依存性需要。母亲从孩子的消费、孩子的成长、孩子的成功中充分享受到自己的需要满足，她为孩子的成长、成功所做出的一切，并不是出于自身利益最大化的动机。[②] 在现实生活中，我们还可以看到许多依存性需要的例子：见义勇为的行动、出于爱心的捐赠（如捐助希望工程），等等。

从人的需要的多层次性出发，可以推论，人类的利益关系是多种多样的：在需要可以以个人或家庭为单位排他性地满足时，利益体现为个人利益；在需要必须要在群体或社会层次实现时，利益体现为群体或社会利益；在需要具有依存性时，利益就具有相关性。在不同的社会经济条件下，各个层次的人类需要的展开程度是不同的，不同层次需要可能满足的程度、范围、实现形式也是不同的。因此，无论是从需要层次还是从需要的不同实现形式即利益关系来看，人们的利益观都应当是多元的，形成某种结构状态。特定社会中的人们的行为机制是受该社会经济条件决定的利益结构制约的，因此，它不可能是单一的。只承认或者只以单一的个人利益或集体利益最大化观点来分析人们的行为机制，显然失之片面。

---

① 众所周知，以个人利益最大化为基本行为假定的新古典经济学从来就无法合理地解释这类行为，把它拒之于经济学分析的范围之外。

② 当然，我们并不否认存在着希望从抚养孩子得到物质回报的母亲，或者说，在母亲养育孩子的动机中包括得到物质回报动机，但是，绝大多数母亲或母亲的绝大多数行为是不能用这一动机解释的。

因此，我认为，利益结构论以及由结构利益支配下的多元行为机制，是建立以社会主义市场经济实践为背景的现代经济学理论的重要出发点之一。然而，对于这一观点，需要进一步探讨的是，它建立在什么样的基点上？众所周知，传统的社会主义政治经济学也承认不同的利益的存在。国家、集体、个人利益的并存，在某种程度上说，也是一种利益结构论。然而，它是建立在集体主义的方法论基础上的，以公有制为既定前提推导出国家利益优于集体利益，集体利益又高于个人利益的利益结构论。这与我们前面从人的需要层次、特定社会历史条件下的需要实现形式以及由此决定的利益结构论是完全不同的。从人类的需要层次论推导出来的利益结构论是以个人的需要及其实现形式为起点的，因此，也可以说是一种以个人主义为基点的利益结构论，然而，从上述分析可以看出，它不是以个人占有主义为基点的，从需要层次论出发的必然结论是以个人发展主义为基点的利益结构论。即特定社会经济条件所决定的社会成员的各种利益关系从而行为机制是以个人需要的满足为基础的，是围绕着个人的自我发展、自我实现、自我完善的需要而展开的。以个人发展主义基础上的利益结构论作为分析人的行为特征的基点，是马克思长期坚持的重要观点之一。麦克弗森指出：马克思是经济学说史上第一个逻辑一贯的个人发展主义者，“个人发展主义是他的政治经济学的核心的所在”①。马克思对资本主义制度、对资本主义商品货币关系毫不留情的批判，可以说是社会主义经济学界所熟知的，然而，遗憾的是，长期以来，马克思批判的出发点却被社会主义经济学界不恰当地忽略了。马克思的出发点是人，是如何使每一个社会成员都“成为自己的社会结合的主人，从而也就成为自然界的主人，成为自己本身的主人——自由的人”②。对马克思来说，使每个人都成为全面而自由发展的人是人类社会的最高价值，资本主义制度的最大不合理性，就在于它剥夺了绝大多数社会成员全面自由发展的权利，它把人仅仅作为手段，使人尤其是工人变成了“片面的人”“局部的人”“畸形的人”。因此，在他看来，共产主义社会之所以是人类社会发展的理想目标，是因为它是“以每个人的全面而自由的发展为基本原则的社会形式”③。“在那里，每个人的自由发展是一切人的自由发展的

---

① C. B. 麦克弗森：《个人主义》，引自约翰·伊特韦尔等编《新帕尔格雷夫经济学大辞典》（第2卷），经济科学出版社1992年版，第853~856页。关于马克思是个人（发展）主义者的观点，国内也有学者提出过。顾准先生指出：马克思所提出的共产主义的基本标志——每个人的自我实现，是一种个人主义（参见《顾准文集》，贵州人民出版社1994年版，第379页）。

② 《马克思恩格斯选集》（第3卷），人民出版社1972年版，第443页。

③ 马克思：《资本论》（第一卷下），人民出版社1975年版，第649页。

条件。"① 因此，对马克思来说，生产资料的社会所有、经济的集体控制只是一种必要的手段，一种实现每个社会成员全面自由发展的手段。马克思的这种观点贯穿了他最早期到他最晚期的经济著作。因此，可以说，个人发展主义是马克思主义经济学最重要的分析基点之一。遗憾的是，在相当长时期，社会主义政治经济学却抛弃了这个重要的分析基点，把生产资料公有制既当作分析的基点又当作目的。国际范围的长期实践证明：抛弃每个人的全面而自由的发展这一根本目标谈生产资料公有制的必要性，其结果只能是导致专制主义。

因此，建立以中国特色社会主义市场经济为实践背景的现代经济学，必须恢复马克思主义经济学的分析基点——个人发展主义的利益结构论，人的理性能力的有限性、社会性、历史性以及由此决定的行为机制多层次性。②

五

个人发展主义的利益结构论是一个既不同于新古典经济学的个人占有主义也不同于传统社会主义政治经济学的集体主义的理论分析基点。它在理论发展上的意义，也需要得到说明。这里仅从目前认识所及，对以下两个问题略作分析。

（一）关于建立社会主义市场经济体制

我国社会主义经济建设实践的正反两方面的经验教训证实：发展社会主义经济，必须建立市场经济体制。但是，这一结论，不仅在传统的社会主义政治经济学理论中找不到，而且，从其理论分析前提出发，也是无法推导出来的。从集体主义的行为观、国家的完全理性及最大化假定，可以推导出来的只能是单一公有制基础上的计划经济体制。我们看到，自 80 年代以来，不少政治经济学教科书为了解释我国现阶段存在商品经济的合理性，已经逐步抛弃了国家的完全理性及最大化假定。但是，对于集体主义，却基本上采取回避的态度。然而，这种理论上的不彻底，必然导致理论的苍白无力。仅仅抛弃了国家完全理性及最大化假定的政治经济学理论，至多可以证明“计划经济为主、市场调

① 《共产党宣言》，引自《马克思恩格斯选集》（第 1 卷），人民出版社 1972 年版，第 273 页。

② 关于完全理想及最大化假设，中外经济学文献已经作了大量分析，本文不再展开。

节为辅”的合理性，却无法证明建立社会主义市场经济的必要性。因为，在社会成员的利益具有齐一性的前提下，企业与个人分散的、独立自主的经济决策无疑是不经济的。因此，传统体制下，由政府对社会生产过程进行直接控制在本质上是完全正确的，改革所需要的只是在计划经济体制基础上适当扩大市场调节的范围，适当缩小政府直接控制经济的范围与程度（因为国家的认知及管理能力有限）；而不是建立市场经济体制，把市场定位为配置资源的基本方式。因为，市场经济的基本前提是承认个人是其自身利益的最好代表者，满足个人可分割性可排他性消费需要的资源必须归个人支配，由个人进行决策，通过市场进行配置。可以看出，从传统的政治经济学分析前提无法推出的结论，从个人发展主义的利益结构论出发，却是必然的逻辑结论。

（二）社会主义市场经济中的多元化的产权结构

个人发展主义的利益结构论不同于新古典经济学与传统的社会主义政治经济学，它在理论构架上是开放的。新古典经济学的基本假定使其理论只能容纳彻底的个人所有制，而传统的社会主义政治经济学的逻辑结论是社会必然向单一的公有制过渡，二者在理论上的封闭性极为明显，其对经济现实的解释力也因此大大下降。个人发展主义的利益结构论建立在对人的需求的多样性从而利益的结构性、人的全面自由的发展需要不同的实现条件、不同需要具有不同的实现形式的充分肯定基础上，因此，个人发展主义的利益结构论充分肯定了社会发展的无限性及开放性，充分肯定不同的产权制度形式及其发展对实现社会成员全面自由发展的积极意义。个人发展主义的利益结构论为建立与我国现阶段生产力发展水平相适应的多元经济结构及其发展提供了较好的理论说明。

论经济分析中的效率评价标准与价值评价标准*

效率评价与价值评价是经济学分析和经济政策制定中极为重要的两个方面。在我国的经济体制改革中，效率评价引起了经济学界的极大注意。相形之下，价值评价问题却没有引起足够的重视。然而，从计划经济向社会主义市场经济转轨绝不是一个无价值判断、价值取向的资源配置帕累托最优化过程。从运行机制到产权制度以致分配交换关系的根本性变革，不能不同时是一个对计划经济体制下形成的传统的价值规范、评价标准进行反思、梳理、扬弃，从而建立发展与社会主义市场经济体制相适应的马克思主义的价值规范及评价标准系统的过程。目前为止的改革实践及理论研究中所遇到的困难，说明这一问题已不容回避。

一、经济学分析与价值取向的关系

（一）经济学研究中的事实命题与价值命题

经济学作为分析社会经济运动过程，研究其内在本质联系的科学，从其目的在于揭示社会经济运动发展规律的目的角度看，尽可能地排除先入为主的主观成见，是保障经济学研究客观性、科学性的必要前提。但是，经济学的研究能否完全摆脱价值观念的影响，做到真正的“价值中立性”或“价值自由”，是一个问题。众所周知，经济学理论的产生是由于人们想了解和解释社会经济现象以达到预测进而控制社会经济运行过程的目的。首先，从了解和解释现象

---

* 本文原载于《经济研究》1996 年第 12 期。

来看，经验主义认为感性资料、“经验”，是一切知识的最终来源。然而，值得注意的是，从外部世界来到人的大脑成为人的“知识”的映象，已经不完全是客观世界中的那个本象了。因为，对于科学观察来说，外部世界的信息量是如此之大，任何观察者都必须对之进行选择：选择观察对象，筛选获得的信息，从大量杂乱无章、往往相互矛盾、不能全部由理论解释的信息中搜索及选择出资料。观察者对资料的接受和筛选是建立在他已有的知识结构基础上的，因此，没有什么观察可以独立于观察者的概念结构、语言和理论体系。在科学研究中，所有被描述的事实都是用某种形式的语言即某种理论的语言来表达的，而没有概念或没有理论的语言是不可想象的。观察者已有的概念结构、语言和理论体系来自自己或他人先前的观察和研究。从历史发展的角度看，科学活动是一种社会历史活动。科学家——无论是自然科学家还是社会科学家——都不可能摆脱特定社会历史环境对他的制约。在不同历史时期的各种科学理论中，我们都能够发现该时期的社会印记。① 因此，就科学能否完全摆脱特定历史发展阶段的社会意识以及该阶段的科学团体（或科学家群体）的偏见或成见这一意义而言，科学永远不可能是“价值中立”或“价值自由”的。在任何学科理论中，都不可能有不受观察者先入之见影响的“客观”事实或“纯客观的描述”。更何况，问题的提出，观察对象的择定，对观察对象的分析、解释，这些无一不打上研究者的先入之见、过去经验及其预期的印记。从科学发展的社会历史背景角度看，即使是对现象的描述和解释，要完全实现价值中立性也是不可能的。倘若我们不是从科学史而是从科学哲学的角度看来，结论也是一样。即经济学的实证分析也是难以实现价值中立性的。因此，从科学哲学的观点来看，任何科学理论不过是对客观事实及其成因的一种描述、解释，一种假说而已。而对于任何一组既定的事实，存在无限多的可能解释，对一种解释 E 和一组事实 D 来说，有无限多的其他潜在解释可以插在 E 与 D 之间。即当且只有当 $E=D$ 时——从科学哲学的角度看，这是不可能的——理论 E 才真正实现了价值中立性要求，而当 $E\neq D$ 时，E 是包含了价值判断的。而一种理论 E 中所包含的价值判断的成分大小，某种程度上可以用式$\frac{|E-D|}{D}$予以测定。$\frac{|E-D|}{D}$的值越大，说明理论 E 中价值判断的成分越大。

① 作为这一说法的佐证之一是达尔文的“物竞天择说”受启发于马尔萨斯的“人口论”。参见查尔斯·罗伯特·达尔文：《达尔文回忆录》，毕黎译，商务印书馆1982年版，第78页。

（二）价值判断与经济学的客观性与科学性

价值判断的存在，是否意味着经济学的非客观性与非科学性？新古典经济学的回答是肯定的。因此，为了构建一个客观、科学的经济学科，新古典学派将理论经济学一分为二：实证经济学与规范经济学（福利经济学），认为前者以对社会经济过程进行纯客观的描述与分析即以研究现象的“存在”为己任，后者的目的在于系统地阐明一些命题，使人们能够根据好和坏来排列社会中的不同经济状况；把经济学的分析方法分为实证分析方法和规范分析方法，分别研究“是什么”与“应该是什么”。这显然是过于形而上学了，而且，它非但没有实现所要求的价值中立性，相反，却使自己陷入了进退两难的境地：根据韦伯的观点，一种学科，只有当它是实证的，才是科学。因此，如果说经济学是科学，也就是说它是实证的。那么，福利经济学作为经济学的一部分，也应该是实证的，若如此，它与实证经济学的区别又何在呢？反之，如果说福利经济学是规范分析，那么，福利经济学就有被开除出经济学甚至科学领域的危险。近年来，制度经济学派也看出了以新古典学派为代表的西方经济学主流学派划分规范研究与实证研究给经济学发展带来的危机，因此宣言：现代制度主义经济学“并不想在经济研究的实证方面和规范方面之间筑起一道长城。新古典理论试图划出这样一道分界线，但正如我们已经看到的，它失败了，原因在于其理论的先决条件仍然深受古典自由主义思想意识的影响。功利主义者试图把手段和目的分开，并通过这精心策划的一着，把价值判断扔在一边，这也是令人不能接受的，原因在于它也没有考虑到经济过程中手段和目的的相互作用。它只是简单地把研究重点放在对一种固定的目标均衡而言所必需的手段上。在任何社会科学中，更富有现实性和开放性的研究方法是承认事实判断和价值判断的相互作用”①。

其实，作为真理的社会表现形式的科学内含着价值原则及价值判断，是由人类实践—认识活动的特征所决定的。那么，能否因此否认它的客观性和科学性？答案是否定的。因为，一个人，一个社会集团，其价值判断是否成立，不能不时时受到实践的检验。只有当主体的活动与客体的规律达到高度一致时，人们才能实现自己的利益，获得预期的价值。历史证明：实践不会允许任何违背真理的东西长久地保持其价值。实践是人们有价值目的的活动，实践的成

① G. M. 霍奇逊：《现代制度主义经济学宣言》，北京大学出版社 1993 年版。

功，取决于实践者的价值目标及其实现方式符合真理的程度。因此，我们看到，价值观的存在，并不否定科学研究的客观性和科学性。在科学研究中，价值原则与真理原则是可以达到统一的，统一的桥梁就是实践。在改造自然、社会以及人们自身的过程中，人们通过掌握实现价值的条件一步步地达到掌握真理。

二、价值评价标准与效率评价标准原则

（一）经济体制评价中的唯效率标准倾向

资源的有限性与人类需要发展之间的矛盾，使效率标准成为评价人类经济行为的重要标准之一。提高经济效率的重要性，从人与自然界的关系角度看，便可了然。现在的问题是：效率评价在经济评价中的地位，它与价值评价是什么关系，尤其是在经济制度评价中，效率评价是不是最高或最终的价值判断标准？

在西方经济学中，福利经济学作为规范经济学，以对经济行为的价值评价和价值判断为主要研究对象。在福利经济学中，帕累托最优性（Parto optimality）是最重要的概念。福利经济学的许多定理和最优条件都是参照帕累托最优性提出的。其所以如此，是认为帕累托法则是一种广泛为人接受的价值判断（黄有光，1991）。而帕累托最优是一个效率法则。近年来，国内外经济学界有些学者在分析不同经济体制尤其是不同产权制度的优劣时，往往有意无意地把效率作为评价的最高标准。例如，S. 库兹涅茨认为：各种不同经济制度的成就，可以根据经济增长速度、按人口平均的收入数量、消费和投资在国内生产总值中所占的比例，以及主要的、辅助的和第三位的经济活动中的就业人数和产量进行比较。刘世锦（1993）认为，应当用效率作为分析及评价经济体制的标准，效率标准就是价值判断。“应用效率标准分析经济体制有浓厚的价值判断色彩：效率高的体制是‘好’的、‘优’的体制，效率低的体制是‘不好’的、‘劣’的体制。”刘世锦还进一步指出：“帕累托最优标准为评价经济体制效率提供了一个单一而精确（至少以它自身的形式而言是如此）的尺度。”尽管刘世锦也承认“运用这一标准也要面临某些问题。一个问题是帕累托最优点不是一个，而是多个，与不同最优点对应的不同经济体制之间的优劣判断，似乎是该标准范围内无法解决的问题，而这些体制往往是大相径庭的”，但是，他仍然认为

“经济体制变革和创新的目的就是实现‘帕累托改进’”。

(二) 帕累托法则能否成为评价经济体制的最高价值标准

把对经济体制的价值评价归结为效率评价，把效率评价的标准归结为帕累托最优性。“最有效率的经济体制就是与帕累托最优境界相对应的经济体制”①是值得怀疑的。

首先，所谓价值，指的是在主客体相互关系中，客体是否按照主体的尺度满足主体需要，是否对主体的发展具有肯定的作用。从价值的功能特性角度进行分类，可以把价值分成目的性价值与工具性价值。有些需要的满足，是主体活动的目的本身，目的性价值指的是客体具有满足主体这种需要所形成的价值；而有的价值目标在局部看来它是目的，但是，它在手段—目的链条中只是作为中介目的存在的，对于更高级的目标而言，它是工具性的。因此，工具性价值指的是与其他价值目的实现和完善有关的价值。可以看出，效率标准涉及的是完成既定目标的资源消耗大小问题。它与实现目标的手段而非目标本身有关。因此，效率问题只是工具性价值问题中的一个子问题。需要指出的是，即使是在工具性价值的评价中，它也仍然不是首要标准。手段的效率原则是从属于手段的正义原则的。更何况它在整个价值评价中的地位！

其次，所谓帕累托最优原则，指的是对于某种经济的资源配置，如果不存在其他生产上可行的配置，使得该经济中的所有个人至少和他们在初始时情况一样良好，而且至少有一个人的情况比初始时严格地更好，那么这个资源配置就是最优的。狭义的帕累托最优概念分别应用于分配领域或生产资源的配置领域。广义的帕累托最优则同时包括分配与配置两个方面，即它是一种配置—分配帕累托最优状态，它既包括生产资源的一种特定的配置状态，又包括同时存在的消费品的一种分配。相对于其他一些效率评价指标，例如，生产效率、总体效率②等而言，广义的帕累托最优在评价一个社会经济体系的效率方面，具有较高的综合性。因为，它所使用的社会状态概念所具有的内涵，可以把生产

① 刘世锦：《经济体制效率分析导论——一个理论框架及其对中国国有企业体制改革问题的应用研究》，上海三联书店 1993 年版。

② 生产效率就是通常所说的生产率，即产出与投入之比，而总体效率指的是一种体系如果能够使用其所有可能的生产资源，那么，它在总体上就是有效率的，反之，则是总体无效率的。生产率、总体效率以及狭义帕累托最优作为对社会经济制度优劣价值判断标准的局限性，不少文献已经作了相当详尽的探讨。A. E. 布坎南（1991）对此进行了概括。

资源的配置方式、生产的组织方式以及消费品的分配等影响社会成员处境改善的因素都考虑进来。需要指出的是，尽管广义帕累托最优①原则具有上述优点，但是，它并不能作为评价一个经济体制优劣与否的终极价值判断标准。其所以如此，是因为：

（1）即使是对帕累托最优原则中所隐含的价值倾向存而不论，仅就该原则本身的合理性来说，也并非无可争议。帕累托最优原则中的一个重要概念是帕累托改善，它指的是，假如相对于状态 S^1，在状态 S^2 中至少有一个人的状况严格优于其在状态 S^1 中，而且其他人的状况不变，那么，从 S^1 到 S^2 的变动 M^1 是一个帕累托改善。从一般的社会道德判断来看，接受帕累托改善似乎无可争议。利天下而无损于己，何乐而不为呢？然而，实则不然，帕累托改善作为人人都应该或者说人人都可以接受的原则的合理性，只适应于一次性决策而不适应于连续性决策。R. 哈丁指出：从连续决策的角度出发，有理性的人不一定都会接受帕累托改善。因为，人们可以合理地相信，可能会有一系列的变动，在这些变动中，一个人后来的所得将依赖于其他人在先前的变动中的所得。假定在从状态 S^1 到 S^2 的变动 M^1 中，甲将有所得，而乙将既不得也不失。但是，如果乙能够从接下来的变动 M^2、M^3……中获取到的潜在所得将由于乙在 M^1 无所得而甲有所得而减少，那么，对乙来说，合理的策略应当是拒绝同意变动 M^1。从社会道德评价角度来看，作为一次性决策，乙的这一策略似乎颇有可谴责之处，但是，从连续性决策角度看，却是无可非议的。

（2）帕累托最优原则用于对社会经济制度安排的价值判断的另一问题是，由于它回避了人与人之间的效用可比性及可加总性问题，② 帕累托最优表现为与过去分配状况相比的一个分配改善可行集（见图 1）。

图 1 假定有一定数量的产品要在 x_1 与 x_2 两人中分配。曲线 AB 与 x、x_2 轴所围成的面积是产品的可行分配集，显然，在曲线 AB 上的各点至 x_1、x_2 轴的垂足分别代表 x_1 与 x_2 的相应最大可能所得，没有其他的分配方法可以使 x_1 和 x_2 的状况比曲线所指示的对应各点都更好。即，当 x_1 处在 a 的水平时，x_2 所能得到的最好水平只能是 b，因此，在曲线 AB 上的所有各点都是帕累托最优

① 广义帕累托最优包括资源配置方式、生产的组织方式以及消费品的分配等，然而，资源配置及生产组织的帕累托最优是建立在消费品分配的帕累托最优基础上的。为简便起见，我们只讨论作为社会帕累托最优的逻辑起点：消费品分配上的帕累托最优。

② 以 H. 西季维克为代表的古典功利主义主张效用的可比较性与效用的可加总性，由此得出结论：如果一个社会的主要制度被安排得能够达到总计所有属于它的个人而形成的满足的最大净余额，那么这个社会就是被正确地组织的，因而也是正义的。H. 西季维克从效用可加总性得出的结论是，只要能够给社会提供一个正的效用余额，个人是可以被当作手段而牺牲的。从效用可加总论可以推导出的社会结论的危险性，今天的人们是看得比较清楚了。

点，它所对应的 x_1 与 x_2 的所得都只有在降低对方所得的前提下方能提高。显然，构成曲线 AB 的所有的点都是帕累托最优点，然而，并不是所有的点的分配格局都符合每一个社会成员的价值取向或一定的社会价值观念的。举一个极端的例子，曲线 AB 与 x_1 轴（或 x_2 轴）的交点，虽然也是帕累托最优点，但肯定不为 x_1（或 x_2）之外的社会成员所接受。因此，可以看出，在帕累托最优点的集合中，进一步的择优是必要的，需要更高的判断原则，即我们前面所说的社会价值判断标准。

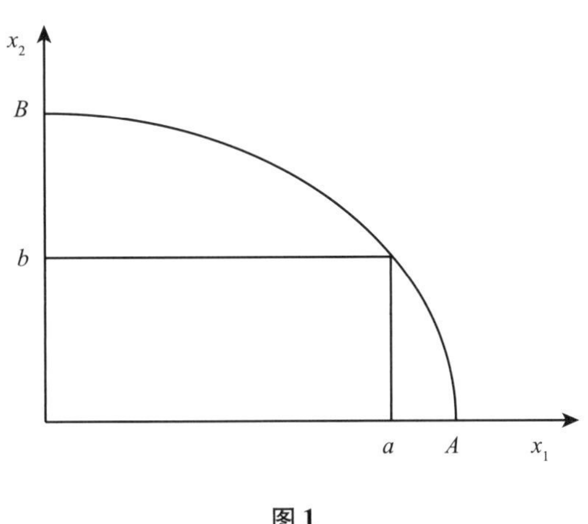

图 1

（3）帕累托最优原则尽管是一个效率原则，[①] 但是它并不是一个不含任何价值观念的纯技术原则。A. E. 布坎南指出：“应用帕累托原则作为评价社会体系的效率的标准的最有说服力的理由，既不是它们是替代功利比较的第二位的选择对象，也不是它们在道德上是中性的乃至没有争议的。由于缺乏一种一致同意的道德理论，关于帕累托原则所能说得最多的是：①这两种原则[②]都有些类似于以低耗而有效的手段去实现一个人的具体目的的常识效率概念；②帕累托原则近似于这样一个原则：社会安排在下述意义上，即在追求一种帕累托佳态和一种帕累托优态的努力都承认一些人的得利不应使其他人不利的意义上，应当是互利的。然而，帕累托原则只有当效率评价的重要性超过道德评价，因而它们被当作评价社会状况的自明原则时，才是在道德上无争议的。”[③] 因此，在运用帕累托原则对经济制度进行评价时，首先必须弄清楚它与评价者的基本

① 或许正因为此，不少西方学者已不再使用帕累托最优性（Pareto optimality）一词，改用帕累托效率（Pareto efficiency）。参见约翰·伊特韦尔等：《新帕尔格雷夫经济学大辞典》（第 3 卷），经济科学出版社 1992 年版，第 868 ~ 870 页。

② 指帕累托佳态（Pareto optimal）原则与帕累托优态（Pareto superior）原则。

③ A. E. 布坎南：《伦理学、效率与市场》，中国社会科学出版社 1991 年版。

价值取向是否相容。

三、建立、发展与社会主义市场经济体制相适应的价值评价标准

效率评价与价值评价的统一，是经济分析与政策评价的基本原则。经济活动必须有效率，没有效率，任何制度安排无论其在价值评价上是如何合理，都会因为它的无效率在竞争中落败，[①] 但是，效率标准毕竟不具有目的性意义，因而不是决定事物取舍的终极判断标准。在效率标准之后的终极标准是价值合理性。对此，东西方各国、各种不同的经济学派皆然。西方思想界轰动一时、影响深远的R. 诺齐克（1992）与J. 罗尔斯（1998）的国家经济职能之争，其争论的焦点都不在国家执行经济职能的效率方面，而在于从价值角度看，国家的经济职能是否是可证明的。

建立社会主义市场经济体制，是一场真正的体制革命。它不能不引起社会价值规范方面的革命。可以说，如果不对长期计划经济体制中形成的，许多习以为常但却与社会主义市场经济实践相矛盾的价值规范进行系统的检讨、反思，在梳理与扬弃的基础上发展马克思主义的社会主义市场经济价值评价规范，建立社会主义市场经济体制是不可能的。因为，社会主义市场经济体制是与旧的、与计划经济体制相适应的价值评价标准相矛盾的，这一点，已经为我国的经济体制改革实践所证实：如果不存在矛盾，就不会多次出现对各种改革措施的“性质”之争。虽然我国经济学研究在建立与社会主义市场经济体制相适应的马克思主义的价值规范及评价标准方面，目前是相对滞后的，但是，这方面的探索是存在的。例如，“三个有利于”的提出，就是在建立和发展马克思主义的社会主义市场经济价值规范方面的重大突破。有利于发展社会主义的生产力，打破了不问生产力的发展水平、性质，只以国有、非国有判断生产关系的社会主义或非社会主义性质的僵化观念；有利于增强社会主义国家的综合国力，指出了社会主义条件下，社会共同利益所在；有利于提高人民的生活水平，共同富裕指出了发展社会主义经济的根本目的所在以及社会主义的价值取向，显然，相对于这一根本的价值目标，一切次级的目标都只具有手段上的意

① 从社会发展的终极目标来看，价值评价与效率评价具有趋于一致的特征。因为，社会资源高效率的使用将为实现每一个社会成员的自由而全面发展创造更大的可能。

义。当然，应当承认，“三个有利于”的提出，固然为建立、发展马克思主义的社会主义市场经济价值规范及评价标准指出了方向，但毕竟是粗线条的、轮廓性的，相对于建立一个完整的社会主义市场经济的价值规范和评价标准系统来说，仅仅是破题而已，这方面的研究是一项工程量巨大的工作，它包括对传统社会主义政治经济学中价值规范的梳理，对马克思主义社会发展目标以及与之相联系的价值规范的重新认识，对社会主义市场经济体制下马克思主义社会发展目标的实现程度、形式、途径的研究，等等。对此，我国经济学界是责无旁贷的。

参考文献

［1］A. E. 布坎南:《伦理学、效率与市场》，中国社会科学出版社 1991 年版。

［2］G. M. 霍奇逊:《现代制度主义经济学宣言》，北京大学出版社 1993 年版。

［3］J. 罗尔斯:《正义论》，中国社会科学出版社 1998 年版。

［4］R. 诺齐克:《无政府、国家与乌托邦》，中国社会科学出版社 1992 年版。

［5］黄有光:《福利经济学》，中国友谊出版公司 1991 年版。

［6］刘世锦:《经济体制效率分析导论——一个理论框架及其对中国国有企业体制改革问题的应用研究》，上海三联书店 1993 年版。

论经济学分析的两种理论逻辑前提*

一

行为假定在经济学分析中的地位，对于熟悉西方经济学的人来说，不言而喻。传统的社会主义政治经济学虽然并未明示其行为假定，但实际上也存在。与新古典学派相反，它崇尚方法论上的集体主义。传统社会主义政治经济学的理论和方法在解释现实经济运动上越来越苍白无力，使我国经济学从对该体系的修正转向批判与新体系的重建。一些经济学者充分肯定西方主流经济学派方法论的合理性，主张从新古典学派的基本行为假设出发分析社会主义经济过程。

发展以社会主义市场经济为现实背景的现代经济学，需要新的理论逻辑前提。但是，如果它仅仅体现为反传统政治经济学之道而行之，例如，传统政治经济学以集体主义为基点，新的经济分析就从个人（占有）主义角度出发；传统政治经济学强调国家的理性行为能力，贬低个人的理性行为能力，新的经济分析就强调个人的理性行为能力，否定国家的理性行为能力，等等，这是难以实现理论创新的。其所以如此，不仅由于沿用新古典学派的行为假定所必然导致的结论及其所隐含的价值判断，更在于它本身的不合理性。因此，在西方经济学界，近年来有一种相反的趋势，即竭力摆脱理性经济人的行为假定，否定经济学是一门以生物学或心理学意义上的人的行为为研究对象的所谓“人类经济学”。我认为，这两种看似方向相反的理论变革努力说明了两个方面的问题：（1）行为假定的重要性，任何理论创新都无法完全回避它；（2）经济学作为一

---

* 本文原载于《经济学家》1998 年第 4 期。

门社会科学，由于研究者不同的价值观，形成了不同的甚至相互对立、竞争的理论体系。但是，人类科学知识的发展规律决定了，经济学家们在各自的理论发展过程中，随着知识的积累、方法的改进以及在实践中对未知世界认识的深化，会逐渐认识自己的片面性。不同理论体系间的借鉴、方法、补充及有机综合，有助于形成新的能够更好地说明社会经济运动规律、指导社会经济实践的理论体系。在理论发展中，不存在一种理论完全排斥、取代另一种理论的可能。

二

个人主义是新古典学派的理论逻辑前提。但是，个人主义作为社会理论、意识形态或方法论，具有多种含义。对于个人主义所包含的种种差别，尤其是本质性的差别，长期以来并未被我国经济学界清楚地认识到。严格地说，从个人与社会的关系来看，个人主义包括了两种截然不同的认识。一种是个人占有主义或者说个人经济主义，另一种是个人发展主义或者说个人自由主义。对此，F. A. 哈耶克作了明确的区分。在 F. A. 哈耶克看来，真正的个人主义指的是“一种社会理论或意识形态，它赋予个人比赋予团体或社会以更高的道德价值，因而它提倡让个人随心所欲地去做他们认为最有益于他们自身利益的事”。它在经济学上的主要特征是：“（1）资本的私有财产，对之都几乎附加有遗赠和继承的权利的必要性，由此允许可以无限地转让和积累。（2）竞争，一种个人之间在获取财富方面的对抗，一种为求得最好地生存而进行的斗争。”新古典经济学就其本质而言，不仅是个人主义，而是特指上述意义的个人主义，即个人占有主义。它作为新古典经济学的理论逻辑前提，[①] 指的是对一切有关社会现象的解释，都必须从个体的角度来分析阐发。即人类社会的“所有行为都是人的行为，在个体行为被排除在外后，就不会有社会团体的存在和现实性”。坚持个人（占有）主义方法论的关键并不在于承认个人是有目的的行为者，肯定个人偏好、个人利益的存在性，而在于只从个人目的、个人偏好、个人利益的角度来说明社会经济活动，用微观解释宏观，用个体推断整体，拒绝考察个人目的、个人偏好、个人利益的形成过程中，社会制度环境、人文历史背景或

① 对于个人主义作为方法论，有的经济学家给予了更大的关注，例如，F. A. 哈耶克就认为，个人主义首先是方法论而后才是一种社会价值观念。

其他力量的作用。S. 卢克斯甚至认为：如果承认了制度和其他因素可以用来说明人类行为，那么他就不是一个真正的个人（占有）主义方法论者。对于个人（占有）主义方法论来说，外部世界对个人行为的影响仅限于在给定个人偏好条件下，个人通过感知外部世界的变化，对实现其目标函数的约束和机会作出理性反应。新古典学派排除社会因素对人的行为目的性的解释作用，其目的在于把人的行为目的、偏好、利益的形成归诸于所谓人的永恒不变的本性即生物性，从而把人类历史上特定的社会制度形式上升为永恒。

把人类与动物区别开来的是人的社会性。人是制造工具的动物，同时也是社会的动物。因此，个人的目的性、个人偏好，以及人与人之间的利益关系是社会、历史的产物。为了生存，人应该维持自己的肌体，从周围的外界自然中摄取他所必需的物质。这种摄取需要人对外界自然产生一定作用。在作用于外界自然的同时，人改变了自己的天性。普列汉诺夫指出：在这一过程中，劳动工具具有极为重要的意义。劳动工具作为社会人的器官，它的任何重大的变化引起着社会制度的变化。L. H. 摩尔根在《古代社会》一书中，根据他对北美印第安人部落的实地考察与长期研究的结果，阐述了随着社会生产力的发展，人类赖以谋生的生产形式的变化，及其所拥有的财产增加、个人财产欲望的产生和发展。他指出，人并非生而自利的。在远古时代，蒙昧人的个人利益观念、财产欲望相当薄弱。在蒙昧社会和低级野蛮社会这两个至少包括迄今为止的人类全部历史 4/5 的社会发展阶段中，人类的观念始终如此。一直到了高级野蛮社会的末期，由于房屋、土地、牛羊以及可用以交易的商品大量增多，并且逐渐地归个人所有之后，人类头脑中才第一次形成了财富的概念。而对土地的耕种证明整个地球表面均可以产生归个人所有的财产时，财产才在人类的头脑中产生强烈的影响，导致了人类性格上新因素的大觉醒。这种欲望不断冲破各种古老的习俗，终于在文明社会发展成为生机勃勃的“贪欲”，成为人类头脑中一种极有支配作用的力量。

个人的目的性、个人偏好、个人利益观念是历史的产物，它们的形成必须从特定的社会历史条件予以解释，也即微观与宏观、个体与整体、个人与社会之间的联系不是单向而是双向的。退一步，个人利益最大化的行为假定即使不适应于人类社会的全部历史，那么，它是否是对跨入了文明社会之后的人类本性的恰当概括？对于个人利益最大化行为假定，如果我们注意一个它在不同时期西方经济理论中的规定，可以发现，它是一个不断退化的 I. 拉卡托斯科学研究纲领方法论中的“硬核”。J. S. 穆勒在《社会主义论》一书中把个人（占有）主义原则形容成：“竞争，人人都为他自己，而反对其他一切人”。这是基于利益的冲突，而不是利益的协调一致，而且，在这种情况下，要求每个人通过斗争来找到他的位置，通过把他人向后推或被他人推向后。在这部著作中，J. S. 穆勒直截了当地把个人主义等同于争夺物质利益。这样严格定义的个人（占有）主义概念是推导完全竞争市场模型的理想行为假定。但是，这种行为假定无法解释现实社会生活中的人的大量行为。因此，自20世纪50年代以来，西方经济学尤其是新古典学派用个人效用最大化代替了传统理论分析中的个人物质利益最大化假定。效用作为对人们愿望和欲望满足程度的衡量，它的来源可以是市场上的商品和劳务，也可以是声望、尊严等其他一些非货币因素。运用个人效用最大化行为假定，几乎可以解释个人的任何行为。因为，作为对主观感觉的衡量，从抢劫到无偿捐赠，都可以是出于同样的个人效用最大化。因此，用个人效用最大化取代个人物质利益最大化，使许多过去在个人物质利益最大化假定下难以解释的行为——例如，自我牺牲行为、见义勇为行为、慈善行为等——得到较好的解释，但是，与此同时，它却造成了理论的退化。因为，在个人（占有）主义表现为追求个人效用最大化的条件下，完全可以从中推导出全然否定个人利益最大化的结论：在有限资源条件下，个人追求自身效用最大化并不必然导致人与人之间的竞争与利益冲突。个人（占有）主义是利己主义的，但同时也是利他主义的。因为，个人的主观效用差异是如此之大，拦路抢劫与无偿捐赠都可以在效用最大化这一概念下得到统一。显然，若以此为立论前提，西方经济学已有的全部理论结论都必须改写。因此，可以看出，将个人（占有）主义的定义从追求个人物质利益最大化“拓广”为追求个人效用最大化，是对原有行为假设的否定，是原有理论“硬核”的退化。因此，无论是从行为假定的本来含义还是从维持理论体系的逻辑严谨性角度看，都应该将个人（占有）主义行为假设严格地限制在追求个人物质利益最大化范围之内。

倘若上述分析成立，显然，个人（占有）主义的行为假定就是用于对西方市场经济的分析也是不合适的。这已从西方经济学将原有的追求个人物质利益最大化行为假定偷换为追求个人效用最大化行为假定得到证实。以它作为分析社会主义市场经济的理论逻辑前提，所能得出的结论不难想见。

三

否定个人（占有）主义的方法论，并不等于要用另一个极端的方法论即集体主义的分析方法取而代之。因为，二者在思维方式上都是形而上学的，都不考虑特定社会历史条件对人的行为方式形成的影响作用。经济学所研究的是社会化的人，是处于一定社会历史条件下的具体的人。一定的社会生产方式、与之相适应的政治经济结构、特定的社会文化传统，对生活其中的人的行为方式有着不可低估的影响。因此，在经济学的分析中，不能以高度抽象的只有单一行为假定的人——不论这个行为特征是如何重要——来作为全部理论演绎不变的前提，而是应当充分考虑具体社会历史条件对人的行为特征的多方面影响，考虑丰富多彩的人的行为特征及其结构对社会经济运行机制以及制度形成、变迁的影响。这么说，并非否定理论抽象在经济学分析中的意义，而是要将理论建立在一个更为客观真实、具有更强的解释力的分析基础之上。

历史唯物主义认为：在现实社会生活中，只存在与特定社会生活条件相适应的不同的具体的人的需要及需要实现形式，它决定了不同时期人的利益关系从而利益观念及其结构。而利益观念及其结构的不同，制约着特定社会条件下人们的行为特征及其结构。探讨特定历史时期人们的利益观念，必须从该时期的社会经济条件所决定的需要及需要实现形式入手。

以 A. 马斯洛为代表的人类动机理论认为：个人是一个统一的、有组织的整体。人存在着各种不同的欲望。绝大多数欲望和冲动是互相关联的。跨种族及文化的人类动机研究认为驱使人类的是若干始终不变的、遗传的、本能的需要。这些需求是心理的，而不仅仅是生理的。它们是人类真正的内在本质，它们“不是丑恶的，而是中性的或者是良好的”。在 A. 马斯洛看来，人的一生都处在不断的追求之中，人不断有需求，“几乎很少达到完全满足的状态。一个欲望得到满足之后，另一个欲望就立刻产生了”。人的各类需要是沿着从基本到高级的顺序逐次展开的。A. 马斯洛的人类动机理论揭示了人的需要与动机的关系，需要的层次性，需要从基本向高级层次、从物质需要向精神需要过渡的有序性，等等。尽管 A. 马斯洛的分析主要是从心理学的角度进行的，因而较少涉及需要有动机形成的社会历史因素，但是，他承认社会历史因素对人类需要及动机形成的作用。人类动机理论的提出，对经济学正确地认识经济生活中的人的行为特征显然是大有帮助的。

丰富多彩的人生需要是人类不断追求自我完善、社会进步的原动力。人的需要的满足程度和实现形式建立在一定社会生产力的发展水平基础上。人们在不同社会经济条件下各类需要的特定实现形式也就构成该社会的利益关系，而利益关系的不同则决定了人们在不同社会经济条件下的利益观念及行为特征。在生产力极为低下的条件下，就连最基本需要的满足，都必须通过集体的合力，因此，对原始人来说，他们的利益观并不是个人主义的。而当生产力的发展使生存需要的实现可以以个人或家庭为单位进行时，人们的利益观从而其行为机制也就发生相应的变化。我们可以发现，尽管生产以协作的方式进行具有更高的效率，但是，当人们的需要能以个人或家庭为单位实现时，人们的利益观从而行为机制在相当程度上还是自我取向的。这是由于利益观从而人们行为机制的形成，需要的实现形式是一个比产权制度更为直接的影响因素。人们是在生产力发展的基础上，出于寻求更好的需要实现形式的要求，进行包括产权制度在内的社会政治经济制度变革的。财产的制度形式、需要实现形式、人们的利益观和行为机制之间的关系是，需要的实现形式决定利益观、行为机制，而利益观、行为机制的变化促使财产制度的变化。传统社会主义政治经济学理论在这一问题上看漏了需要实现形式的作用，把人的行为机制的形成与变更简单地直接归因于财产制度，即社会生产力——生产资料所有制——人的行为机制，然而，正如实践所证明的：在需要的实现形式没有发生根本变化的条件下，财产制度的变革并没有导致社会成员的利益观从而行为机制的根本转变。传统理论将之归罪于旧制度在思想文化、社会习惯方面的遗留，认为必须用不懈的政治思想工作来改造它。然而，在旧制度已经被新制度取代数十年，新制度下出生、成长的新一代人从未接触旧制度的（包括国外的资本主义）生活方式的情况下，传统理论所期待的新人的行为机制尚不能形成，依然需要用政治思想工作来扫除“旧制度的思想遗留”，这不能不说是典型的主观唯心主义了。

人的需要是多层次的，在每个层次中又有不同的各种需要，不同的需要要求不同的需要实现形式。在社会生产力的一定发展基础上，生存需要的大部分种类是可以以个人或家庭为单位的。因此，在这一层次上，人们的利益观与行为特征是自我取向的。但是，与此同时，存在着要用不同的需要实现形式来满足的其他人生需要。在这些需要中，一种类型的需要是共享型的需要。安全的需要、归属的需要，相当程度上是这种类型需要。社会秩序的安定、国家的安全，对于个人来说，都是不可缺少的。然而，这样的需要是无法通过个人消费的形式予以实现的。它必须通过社会、集体消费的形式予以实现。正是由于这种需要、利益的存在，以及在特定时期它上升为个人最主要的需要，个人毁家纾难，甚至慷慨捐躯的行为才可以得到合理的解释。[①] 另一种类型的需要是依存型的需要，这一类的需要表现为个人需要的满足建立在他人特定需要的满足

① 众所周知，以个人利益最大化为基本行为假定的新古典经济学从来就无法合理地解释这类行为，把它拒之于经济学分析的范围之外。

基础之上。依存性需要是人类需要多层次性的一种典型表现。在人的需要超出生存需要层次进入更高层次——例如，爱的需要、尊重需要、自我实现需要等——时，便会出现依存性需要。母爱是一种典型的依存性需要。母亲从孩子的消费、孩子的成长、孩子的成功中充分享受到自己的需要满足，她为孩子的成长、成功所做出的一切，显然并不是出于其自身利益最大化的动机。①

从人的需要的多层次性出发，我们发现，人类的利益关系是多种多样的：在需要具有分割性，从而可以以个人或家庭为单位排他性地满足时，利益体现为个人利益；在需要具有非排他性及可分割性，从而必须在群体或社会层次实现时，利益体现为群体或社会利益；在需要具有依存性时，利益就具有相关性。在不同的社会经济条件下，各个层次的人类需要的展开程度是不同的，不同层次需要可能满足的程度、范围、实现形式也是不同的。因此，无论是从需要层次还是从需要的不同实现形式即利益关系来看，人们的利益观都应当是多元的，形成某种结构状态。特定社会中的人们的行为机制是受该社会经济条件决定的利益结构制约的，因此，它不可能是单一的。只承认或者只以单一的个人利益或集体利益最大化观点来分析人们的行为机制，显然失之片面。

四

利益结构论以及由结构利益支配下的多元行为机制，是建立以社会主义市场经济为背景的现代经济学理论的重要出发点之一。然而，对此需要进一步探讨的是，它建立在什么样的基点上？众所周知，传统的社会主义政治经济学也承认不同的利益的存在，国家、集体、个人利益的并存，在某种程度上说，也是一种利益结构论。然而，它是建立在集体主义的方法论基础上的，以公有制为既定前提推导出国家利益优于集体利益、集体利益又高于个人利益的利益结构论。这与我们从人的需要层次、特定社会历史条件下的需要实现形式推导出的利益结构论是完全不同的。从人类的需要层次论推导出来的利益结构论是以个人的需要及其实现形式为起点的，因此，也可以说是一种以个人主义为基点的利益结构论，然而，从上述分析可以看出，它不是以个人占有主义而是以个人的全面、自由的发展也即个人发展主义为基点的。从需要层次论出发的利益

① 当然，我们并不否认存在着从抚养孩子得到物质回报希望的母亲，或者说，在母亲养育孩子的动机中包括得到物质回报动机。但是，绝大多数母亲或母亲的绝大多数行为是不能用这一动机解释的。

结构论是以个人发展主义为基点的利益结构论。即特定社会经济条件所决定的社会成员的各种利益关系从而行为机制是以个人需要的满足为基础的，是围绕着个人的自我发展、自我实现、自我完善的需要而展开的。以个人发展主义基础上的利益结构论作为分析人的行为特征的基点，是马克思长期坚持的重要观点之一。马克思对资本主义制度、对资本主义商品货币关系毫不留情的批判，可以说是社会主义经济学界所熟知的，然而，遗憾的是，长期以来，马克思、恩格斯批判的出发点却被社会主义经济学界不恰当地忽略了。马克思、恩格斯的出发点是人，是如何使高度发展的社会主义生产力为人的全面发展和自我完善服务，从而使每一个社会成员都“成为自己的社会结合的主人，从而也就成为自然界的主人，成为自己本身的主人——自由的人”。对马克思、恩格斯来说，使每个人都成为全面而自由发展的人是人类社会的最高价值。资本主义制度的最大不合理性，就在于它剥夺了绝大多数社会成员全面自由发展的权利，它把人仅仅作为手段，使人尤其是工人变成了“片面的人”“局部的人”“畸形的人”。因此，在他们看来，共产主义社会之所以是人类社会发展的理想目标，是因为它是“以每个人的全面而自由的发展为基本原则的社会形式”。“在那里，每个人的自由发展是一切人的自由发展的条件。”因此，对马克思、恩格斯来说，生产资料的社会所有、经济的集体控制只是一种必要的手段，一种实现每个社会成员全面自由发展的手段。因此，可以说，个人发展主义是马克思主义经济学最重要的分析基点之一。遗憾的是，在相当长的时期，社会主义政治经济学却抛弃了这个重要的分析基点，把生产资料公有制既当作分析的基点又当作目的。国际范围的长期实践证明：抛弃每个人的全面而自由的发展这一根本目标谈生产资料公有制的必要性，其结果只能是导致专制主义。因此，建立以社会主义市场经济为现实背景的现代经济学理论，必须恢复马克思主义经济学的理论逻辑前提——个人发展主义的利益结构论。

参考文献

[1] C. B. 麦克弗森：《个人主义》，引自约翰·伊特韦尔等：《新帕尔格雷夫经济学大辞典》（第2卷），经济科学出版社1992年版。

[2] F. A. 哈耶克：《个人主义与经济秩序》，北京经济学院出版社1989年版。

[3] F. 戈布尔：《第三思潮：马斯洛心理学》，上海译文出版社1987年版。

[4] G. M. 霍奇逊：《现代制度主义经济学宣言》，北京大学出版社1993年版。

[5] I. 拉卡托斯：《科学研究纲领方法论》，上海译文出版社1986年版。

［6］L. H. 摩尔根：《古代社会》，商务印书馆 1977 年版。
［7］《顾准文集》，贵州人民出版社 1994 年版。
［8］马克思：《资本论》（第一卷），人民出版社 1975 年版。
［9］《马克思恩格斯全集》（第 1 卷），人民出版社 1972 年版。
［10］《马克思恩格斯全集》（第 46 卷），人民出版社 1980 年版。
［11］《马克思恩格斯选集》（第三卷），人民出版社 1972 年版。
［12］普列汉诺夫：《论一元论历史观之发展》，生活·读书·新知三联书店 1965 年版。

国家经济调节理论*

当今世界各国的市场经济运行的特点大都是国家的宏观调节与市场机制结合；与此同时，也存在着一股反对国家干预经济的新自由主义思潮。那么，究竟如何看待国家经济调节，如何正确地确定和适当选择国家的经济职能与作用，如何把国家的经济调节与市场机制很好地结合，是现代经济中很重要、很值得研究的一个理论问题。

一、国家在社会经济发展中的作用：经济学说史角度的回顾

国家在社会经济发展中的作用，是经济学理论一直关注的重要领域之一。本节首先从经济学说史的角度，对经济学理论发展过程中对国家在社会经济发展中的作用问题的认识发展，作一个回顾。

（一）西方经济理论对国家经济作用认识的发展

在市场经济发展的初期阶段，国家政权对市场经济的形成起了重大的推动作用。在资本主义市场经济取代中世纪封建领主经济的过程中，资本主义国家充分发挥了政权对新社会经济制度形成及巩固的促进作用。马克思在分析现代资本主义产生的历史过程中，曾详细描述了国家在促进市场经济形成、发展中的重大作用：用暴力加速封建家臣的解散，用立法破坏中世纪的公地制度，使

---

* 本文原载于魏埙主编：《现代经济学论纲》，山东人民出版社 1997 年版，第 429 ~ 471 页，共同作者：胡培兆。

土地成为商品，使大量的小农成为无产者，创造劳动力市场；用法律规定城市和农村、计件劳动和日劳动的工资率；用保护关税制度促进工厂的形成和发展，剥夺独立劳动者，使国民的生产资料和生活资料变成资本，强行缩短从旧生产方式向现代生产方式的过渡；等等。[①] 与之相适应，当时的经济学的主流思想是重商主义，强调国家干预经济的作用。

随着市场经济取代自然经济，市场机制成为资源配置的主要手段，市场经济制度在欧洲各主要国家基本形成，政府对市场经济运行的作用开始下降。以魁奈为代表的重农主义学派把市场看作一种“自然秩序”，主张实行自由放任的经济政策。继之而起的亚当·斯密把自由和正义看成是天赋的，并把增加国民财富当成经济活动的目的。他虽然看到了私人利益与社会整体利益之间的矛盾，但却认为：在市场经济中，有一只“看不见的手”指引着自利的人们不自觉地去促进整体的利益。斯密激烈地反对国家干预社会经济，主张放任私人自由地开展经济上的竞争。他认为，国家的功能仅限于：①保护社会免受外敌侵犯；②保护社会成员免受另一个社会成员的侮辱与侵犯，实现社会公正；③从事私人不愿承担的某些公共工程及公共工作。因此，最小的政府就是最好的政府，国家财政有必要制定出最小的政府规模。与此同时，还应当抑制公共部门的扩张，尽量减少公共部门对民间部门的扰乱。斯密的观点为古典学派的重要人物如大卫·李嘉图、詹姆斯·穆勒以及新古典学派的创始者阿弗里德·马歇尔等所接受。“守夜人国家”“积极不干预政策”，可以说是自魁奈、斯密以至本世纪 30 年代为止，西方经济学对市场经济中国家经济作用的主流看法。

市场作为资源配置手段有其适当范围及前提条件。自由放任主义的经济政策在其实践过程中，逐步暴露出它的弊病。市场经济不是万能的。国家在经济运行中的作用不能仅限于充当守夜人。特别是主要市场经济国家出现的周期性经济危机，使一些经济学家开始重视国家干预经济的作用。西斯蒙第呼吁国家干预经济生活，以保证居民的物质福利，主张国家应采取措施发展生产并建立资本家和工人之间的宗法式的合作关系。德国的历史学派更强调国家对经济生活具有特殊作用，反对英国古典学派的国际分工和自由贸易理论，主张国家采取保护关税政策来扶植本国农工商业的发展。主张加强国家干预经济生产的经济思潮在本世纪 30 年代终于成为主流思潮，其代表是凯恩斯。凯恩斯主义认为：自发的市场经济运行必然产生有效需求不足，不可能达到充分就业，因此，必须放弃自由放任主义的不干预政策。必须加强国家对宏观经济的调节、

---

① 《马克思恩格斯全集》（第 23 卷），人民出版社 1972 年版，第 24 章。

干预职能。凯恩斯主义主张，在传统的国家经济职能之外，政府还必须对社会经济生活的下述六个方面负责：①充分就业；②物价稳定；③长期经济增长；④国际收支平衡；⑤收入均等化；⑥资源最优配置。

强调国家干预经济职能的经济学家详细分析了市场的各种失败，由此得出了必须加强政府对社会经济运行的调节和控制的结论。但是，这些经济学家在注意到市场不足的同时，忽略了问题的另一方面：政府也存在着局限性。他们的分析方法是片面的，他们强调国家对社会经济生活干预职能是建立在对人的行为特征等一系列问题的矛盾认识上的。他们一方面承认作为市场主体的人是自利的个人主义者，但同时却假定政府官员是以社会利益最大化为其行动的出发点，承认市场主体是信息不足的，却认为政府具有完全信息，在低估社会成员认知、行为能力的同时却过高估计政府的行为能力；等等。这样，他们在破除了对市场能力的盲目性的同时，又陷入了对政府能力的迷信。

如果说，古典经济学对市场作用的过分推崇，由此衍生出的自由放任的经济政策导致的市场失败，使凯恩斯主义加强政府干预的经济思潮成为本世纪30~40年代至60~70年代西方市场经济国家的主流经济思潮；那么，战后几十年来，各主要市场经济国家所推行的范围广泛的国家干预给经济带来的一系列问题，如政府规模不断扩大、连年巨额财政赤字、持续通货膨胀、国有企业大量亏损、经济活力丧失、效率下降，以至政治腐败等，则使人们逐渐认识到：政府也不是万能的，必须对政府干预经济的行为机制、能力及其后果作深入的分析研究。

对政府行为机制进行经济分析，指出在市场失败的同时也存在着政府失败的是以布坎南（James M. Brchanan）为代表的公共选择学派。布坎南继承了以维克塞尔（Johan Grstav Knrt Wicksell）为代表的经济思想，否定了传统理论把超利益的、能够实现真善美的共同目标的、至高无上的国家作为实行政府干预的出发点，把一般经济领域和公共经济领域的人们的经济行为纳入了一个一致的社会行为模式进行了分析，认为公共部门的决策过程是一个政治的、集体的选择过程，在公共部门决策过程中，参与者的行为动机与个人在一般经济领域中的行为动机是一样的。在公共经济领域，政府官僚、政府决策中的主要机构同样是追求自身利益最大化的，无数投票者、政治家与官僚的相互作用所产生的结果就形成了政府干预。公共选择理论对政治行政体系行为机制的分析，揭示了政府失败及其原因，使人们对市场经济中市场与政府的作用的认识得到进一步深化。把政府纳入费用和收益的框架分析，使人们获得了判别政府行为的标准：只有能够胜任社会总收益、总福利大于公共选择付出的总成本的政府干预才是合理有效的政府干预。

如果说，公共选择学派主要是从政府行为机制方面揭示了政府经济干预的局限性，那么，以米塞斯、哈耶克为代表的新自由主义经济学则从信息效率等方面，以卢卡斯、萨金特等为代表的理性预期学派则从政策博弈、社会公众对政策的预期及反映方式等方面，以拉斯韦尔（Harold D. Lasswell）、德诺尔（Yehezkel Dnor）、林德布洛姆（Charles Edward Lindblom）为代表的政策科学学派则从政策形成过程等方面，分析了政府的行为能力及其局限性。

进入90年代以来，随着国际经济的日益一体化，出现了国家作为相对独立的经济单位日渐融合、消融于统一的国际经济洪流之中，国际经济作为民族经济或者说国家经济的集合体的特征大大削弱，跨国公司日益摆脱其旧日的特征，成为无特定国家背景的全球经济网络的趋势。有经济学家指出，在这种趋势下，那种将一国经济资源视为定量，政府过多地支配国民经济资源将导致市场或私人部门所能支配的资源减少，从而危害一国经济增长的看法正在过时。在新的世界经济格局中，越来越多的经济资源已经脱离国界的限制，流向最有经济竞争力的地区。因此，使一个国家在日益激烈的国际竞争中保持自己的竞争力的最好方法是提高本国不可替代资源的质量，从而能够有效地吸引国际范围的流动资源向本国集聚，加快本国的经济发展。一国不可替代资源主要表现为国民的素质及本国的经济基础设施和环境条件。因此。在未来国际经济竞争形势下，国家必须对本国的经济发展承担起更多的责任。① 显然，这种看法与回到古典自由主义的公共选择学派的观点是大相径庭的。毫无疑问，这些研究都大大丰富、深化了人们对市场经济条件下政府经济功能的认识。

纵观西方经济学界对国家在社会经济发展中的作用的观点，可以看出，基本上是主张国家干预与自由主义两种思潮的相互交替。如果我们再看一下战后西方市场经济国家的政策实践，则可以发现，无论这些政府是信奉何种经济流派的理论，其对社会经济生活的干预程度都远远超过斯密、李嘉图以及马歇尔生活的时代，这显然不是政治家们的理论偏好而是他们所生活的时代的社会条件所决定的。社会生产力发展水平对应当赋予国家以多大的经济职能的决定作用，是我们在研究这一问题时必须予以充分注意的。

（二）社会主义经济理论对国家经济作用认识的发展

就一般而言，社会主义经济理论对国有（或社会中心）的经济职能基本上

① 罗伯特·赖克：《国家的作用——21世纪的资本主义前景》，上海译文出版社1994年版。

是持肯定态度的。但是，随着社会主义经济实践的发展，其变化也是十分显著的。

社会主义经济理论对国家经济作用的思想渊源可以追溯到空想社会主义者的有关认识。针对千百年来私有制经济所造成的两极分化、阶级对立以及由此产生的各种社会弊病，建立一个在财产公有基础上的有组织的理想社会，可以说一直是人类最优秀分子的崇高理想。文艺复兴时期，托·莫尔（Thomas More）、托·康帕内拉（Tommaso Campanella）、弗·培根（Francis Bacon）就分别在《乌托邦》《太阳城》《新大西岛》等著作中阐述过这样的理想社会。在这些著作中，我们无例外地看到了对私有财产制度以及在此基础上人类利己行为的强烈抨击和对建立在公有制度基础上的具有一致社会目标的人们高度组织化的社会生产的推崇。

诞生于19世纪初的以罗·欧文（Robert Owen）、圣西门（Claude-Henri de Rouvroy，Comte de Saint-Simon）和傅立叶（Francois Marie Charles Fourier）为代表的空想社会主义者们在构想社会时，都否认了任何自发的社会秩序可以实现他们的理想而选择了组织经济并把财产的社会公有作为它必备的基础。在圣西门构想的“工业社会”中，所有的社会成员都是真正的合作者和伙伴，他们结成一种具有完全新型人际关系的组织——联合体。联合体成员建立在对组织目标高度认同基础上的合作自由、自由生产，使该社会成为一个以生产货物为中心的有组织的大工场。很显然，空想社会主义所设想的理想社会中，社会中心承担了组织社会生产与生活全过程的任务。

马克思、恩格斯把他们的主要精力用于揭示资本主义生产方式产生、生存、发展和死亡以及为另一更高机体所代替的历史规律。对于未来共产（或社会）主义社会仅限于一些粗线条的设想和推论。从散见的有关论述中，我们可以看出，他们对未来社会的设想基本上是接受了空想社会主义者的观点，认为在生产高度社会化的基础上，国家（或社会中心）将承担起组织全部社会生产的任务。

不仅在理论上，更为重要的是在实践上将国家的经济管理职能极大地强化了的是列宁与斯大林。列宁曾经指出，“建成社会主义就是建成集中的经济，由中央统一领导的经济”[①]，“没有建筑在现代科学最新成就上的大资本主义技术，没有一个使千百万人的产品的生产和分配中最严格遵守统一标准的有计划

① 《列宁全集》（第28卷），人民出版社1956年版，第378页。

的国家组织，社会主义就无从设想”[①]。列宁不仅从理论上阐述了在社会主义条件下，国家经济职能的极端重要性，而且着手建立高度集权的社会主义经济。战时共产主义经济是列宁经济思想的一次重要实践。[②] 而斯大林在20年代末建立的高度集中统一的计划经济体制则在长达半个世纪之中成为各个社会主义国家经济体制的楷模。

尽管对国家经济职能的肯定甚至崇拜是社会主义经济理论在相当长时期内的主流思想，但是，高度集中统一的计划经济体制在运行中逐渐暴露出来的严重弊病，使那些能够正视现实、有勇气打破教条主义条条框框的社会主义经济学家们开始反思。以30年代兰格（Oskar Lange）提出的社会主义条件下中央计划和竞争市场相结合改革设想为发端，以兰格、基得里奇（Bori Kidvic）、卡德尔（Edvard Kardeli）、霍瓦特（Branko Horhat）、锡克（Ota Sik）、布鲁斯（Wlodzimierz Brus）、利匹尼斯基（Edward Lipiniski）、瓦卡尔（A. Wakar）、泽林斯基（Janusz G. Zielinski）、卡莱茨基（Michat Kaleckil）等集中于社会主义经济中国有制经济改革以及计划与市场关系等的广泛研究，都在不同程度上批判了对社会主义国家经济管理能力过分肯定的教条主义思想，促进了各个社会主义国家市场取向的经济体制改革。

应当承认，我国经济学界对高度集中统一的计划经济体制也即过度推崇社会主义国家经济管理能力思想的批判是相对较迟展开的，但是，值得欣慰的是，随着我国经济体制改革的深化，我国经济学界对这一问题的认识进展是相当快的。[③] 经过多年的探索，我国政府于1992年正式确立了社会主义市场经济体制作为我国经济体制改革的目标模式，充分说明了我国经济学界对这一问题的研究以及社会对该问题的认识所达到的深度。当然，它并没有终结而是为问题的进一步深化研究提供了新的前提。

二、社会价值取向与国家的经济职能

第一节从经济学说史角度对国家经济职能的探讨基本上是从工具论意义上

---

① 《列宁选集》（第3卷），人民出版社1972年版，第545页。

② 由于这一实践的失败，列宁的思想有所转变，但是，过早的逝世，使他未能进一步总结发展其思想。

③ 中共十一届三中全会以来，我国经济学者的有关论著甚多，其中，比较深入地批判了高度集权发展的计划经济体制及其理论渊源的有胡汝银的《低效率经济学：集权体制理论的重新思考》（上海三联书店1992年版）、周冰的《不可企及的目标——经典计划理论剖析》（长春出版社1996年版）等。

进行的，对国家经济职能是否应当存在，其适当范围的评价基本上是从效率角度进行的。效率评价尽管重要，但是，与价值评价相比，只能是第二位的。在国家的经济职能问题上，比工具论更为深入、更为本质的价值论意义上的探讨，即国家的经济职能是否能在价值论意义上得到证明。它在多大范围内是实现特定社会的基本价值目标所需，超出了这一范围则将危害该社会的基本价值目标，因而，即使可能是有效率的，但也是不可行的。应当说，这一问题久已为思想界所关心，在人类思想史上，对于这一问题提出过种种见解的思想家的名单可以列出长长的一列，显然，全面地回顾人类思想史在这一问题上的发展不是本节所能完成的。在这里，我们只想以距今较近且又具有较大代表性的两家观点略作些评价，并将他们与马克思主义在这一问题上的观点作些比较。

（一）否定的价值判断：诺齐克的权利正义论

本世纪 70 年代，围绕着这一问题，西方政治哲学界以诺齐克（Robert Nozick）和罗尔斯（John Rawls）为代表展开了一场著名的争论。争论的焦点就在于：超过"最弱意义的国家"是否必要，或者说，国家是否应当具有一定的经济职能？

诺齐克与罗尔斯在这一问题上的分歧源于其价值观念的不同。

诺齐克从古典自由主义的立场出发，坚持个人主义的权利正义观。在《无政府、国家与乌托邦》一书中，诺齐克一开始便开宗明义地写道："个人拥有权利。有些事情是任何他人或团体都不能对他们做的，做了就要侵犯他们的权利。这些权利如此强有力和广泛，以致引出国家及其官员能够做些什么事情的问题（如果能够做些事情的话）。"① 对诺齐克来说，是个人拥有初始权利，因而，关于国家职能的问题是这样提出的：个人权利为国家留下了多大活动余地。国家的性质，它的合法功能都必须在个人权利面前得到证明。个人权利是国家行为的一种根本的道德标准和道德约束。即，如果国家的产生及其活动没有侵犯个人的权利，那么，它的产生和活动就是正当和可允许的；反之，哪怕就是为了扩大个人权利的目的，则也是不正当和不允许的。

① 罗伯特·诺齐克：《无政府、国家与乌托邦》，姚大志译，中国社会科学出版社 1991 年版，第 1 页。

诺齐克对国家职能的证明是从自然状态、从无政府状态开始的。[①] 自然状态中的人，在自然法的界限内，按照他们认为合适的办法，决定他们的行动和处理他们的财产和人身，而无须得到任何人的许可或听命于任何人的意志。自然法的约束要求任何人都不应侵犯另一个人的生命、健康、自由或财产。当有人越过了这些界限，侵犯了他人的权利，对他人造成了伤害时，人们可以起而捍卫，受害者及其代理人可以从侵害者那里得到与他遭受的损害相称的赔偿；每个人都有权惩罚违反自然法的人。它以违反自然法为度，尽量起到纠正和禁止的作用。在自然状态下，个人所理解的自然法各不相同，因此，人们在强行他的权利、保卫自己、索要赔偿和进行惩罚时必然产生权利纠纷或者缺乏必要的力量，他们往往诉诸于他人的帮助，从而，渐渐地形成了某种保护性社团。保护性社团既对外维护受其保护的成员的利益，又在受保护成员之间发生纠纷时，充当他们之间的裁决者。起初，在一个地区可能有几个不同的保护性社团同时提供他们的服务，他们之间的竞争、实力较量，最终导致保护性社团的合并。此时，“几乎所有居于一个地区的人们，都处在某种判断他们的冲突要求和强行他们的权利的共同体制之下。在自发团体、相互保护的社团、劳动分工、市场压力、尺度经济[②]和合理自利的压迫下，从无政府状态中，就产生了某种很类似于一个最弱意义国家的实体，或者某些地理上明确划分的最弱意义国家”[③]。但是，这种“最弱意义国家的实体”或者说“支配性保护性机构”还不是真正意义上的国家，只能说是“超弱意义的国家”（ultraminimal state）。诺齐克认为，一个国家的存在必须满足两个关键的条件：拥有在一个地区使用强力的独占权；对该地区的所有人提供保护。前者意味着国家要禁止个人去对侵犯自己权益的行为进行报复和惩罚；后者意味着国家要通过某种再分配政策来征集经费用于维持其全面的保护性活动。诺齐克对国家的产生的论证可以归纳如下：

---

① 诺齐克认为，即使没有任何现实的国家确曾以这种方式产生，但是，这种解释或证明还是有意义的。他引用了亨佩尔的潜在解释（a poteneial explanation）的概念，指出存在着各种解释，如正确的解释，有规则缺陷（law-defective）的潜在解释，有事实缺陷（fact defective）的潜在解释，有过程缺陷（process-defctive）的潜在解释，等等。“有事实缺陷的基本的潜在解释，假如它的错误前提‘本章可以真实的’，它们也将给我们带来巨大的启发，甚至任意专断的错误前提也将带来启发，有时还是很大的启发。有规则缺陷的基本的潜在解释有可能几乎像正确的解释一样阐明一个领域的性质，尤其是当‘诸规则’一起组合为一个有意义的和完整的理论的时候。而那种既无规则缺陷又无事实缺陷而仅有过程缺陷的基本的潜在解释，几乎完美地适合于我们的解释性计划的目的。”（参见《无政府、国家与乌托邦》，第 1 章）。

② 尺度经济原文为 economies of scale，按照经济学上的规范译法，似应译为“规模经济”。

③ 罗伯特·诺齐克：《无政府、国家与乌托邦》，姚大志译，中国社会科学出版社 1991 年版，第 25 页。

自然状态→一般性保护社团→支配性保护机构↗ 1. 超弱意义国家（出现独占因素）↘ 2. 最弱意义国家（出现再分配因素）

诺齐克认为从自然状态出发，能够且仅能论证最弱意义的国家的存在是正当的。诺齐克的论证是根据他的价值观——个人主义的权利正义观立论的。他从著名的康德式原则——个人是目的而不是手段；他们若非自愿，不能够牺牲或被用来达到其他的目的；个人是神圣不可侵犯——的角度出发，认为个人拥有初始权利。国家的权利来自个人，国家并不拥有大于个人所拥有的权利，也不拥有个人所不拥有的权利。政府的产生是由彼此平等的人们之间达成的一种契约，统治者的唯一合法性来自被统治者的承认和同意，公民只是为了保护自己的利益，才将自己天赋人权中的一部分交给了政府。在人与人的相互关系中，他人侵犯个人权利的守夜人式的国家功能仅限于保护它所有的公民免遭暴力、偷窃、欺骗之害，并强行契约等。因此，虽然这种国家具有一定的再分配职能，但是，它没有侵犯个人的权利，而是保护个人权利，是作为正义的执行者在行事的。因而，这种的国家权利是可以用个人所拥有的权利予以证明的。而当国家越出了这一范围，要干预人们的经济生活和利益分配时，它就越出其可以证明行动合理性的范围而侵犯个人的权利，因而是不正义的了。

由于坚持持有正义的历史权利观点，诺齐克坚决反对国家按照某种模式化的分配原则干预市场分配的结果。“模式化的分配正义原则使再分配的活动成为必需。任何自由达到的实际持有适合一种既定模式的概率是很小的，而当人们交换和给予时，实际事态将继续适合这一模式的概率就等于是零。从一种权利理论的观点来看，再分配的确是一件涉及到侵犯人们权利的严重事情。（那种属于矫正不正义原则的再分配是一例外。）”① 在诺齐克看来，劳动所得税与强制劳动是等价的。“如果一种税收制度通过强迫劳动而拿走一个人的某些闲暇来为匮乏者服务是不合法的，一种为此目的拿走一个人的某些物品的税收制度怎么又能够是合法的呢？”② 他认为，承认超过最弱意义的国家职能的存在合理性，必然导致对个人所有权的否定。“模式化的分配正义原则都涉及对他人行动的擅自利用。拿走某人的劳动果实就等于是从他那里拿走时间，指示他进行各种活动，如果人们强迫你在某段时间内做某种工作，或做无报酬的工作，

① 罗伯特·诺齐克：《无政府、国家与乌托邦》，姚大志译，中国社会科学出版社1991年版，第173页。
② 同上，第174～175页。

那么他们就是在决定你要做什么、决定你的工作要服务于什么目的了。他们据此对你做出这种决定的过程使他们成为你的部分所有者，给了他们对你的一种所有权，这正像对一个动物或无生命物体所拥有的一种正当的部分控制权和决策权，将成为对它的一种所有权一样。”①

很显然，从诺齐克的价值观——个人主义的权利正义观出发，得出的结论只有一个：最弱意义国家 + 彻底的私有制 + 完全的市场经济是最符合社会正义原则的社会经济制度安排。在诺齐克的理论中，任何形式的国家的经济职能在道德哲学上都是不可证明的，从而也没有存在的合理性，无论其有效率与否。

概括起来，我们认为：

（1）诺齐克从自然状态出发，对最弱意义国家必要性的推导，是建立在他对人与人关系的特定看法基础上的。诺齐克显然更加注重人与人之间的利益冲突关系而忽视其同时存在的社会合作、利益共享及分享关系。因此，在他对国家职能的论证中，只论证其裁决纠纷、排解利益矛盾、维护正常社会秩序职能的必要性。他虽然不否认社会合作的存在，却认为社会合作及其利益分配，通过市场根据权利的原则就可以解决。他忽视了：市场固然是实行社会合作的最重要的方式之一，但却不能解决所有的社会合作问题。而某些不可分割分享的社会利益的存在，更使超过最弱意义国家的职能尤其经济职能是可以得到证明的。

（2）诺齐克的理论是一种以权利为中心的社会正义论，强调权利有一定的合理性。众所周知，马克思在批判资本主义制度时，也曾多次谈到在这一制度下工人阶级被剥夺的应有权利。然而，作为判断事物是非的最高标准的价值观，只承认权利原则显然是远远不够的，更进一步地说，只承认现存社会条件下的各个社会成员的既有权利则更是不合理的。正当优先于善，权利优先于功利，固然不错，但是，道义论与目的论并非截然对立，不可统一。一定的价值观，总是包含了对价值目标与手段合理性的统一认识。正义的目的原则毕竟是不同价值观中最重要的组成部分之一。我们可以看出，也许尽管诺齐克自己并未自觉地意识到这一点，但是，当他把权利原则推向极致，尤其是当他特别强调对物品和利益的所有权的不可侵犯时，实际上已经实现了其价值观上的手段与目的的统一，即通过对持有权利的肯定，把他所置身其中的现存社会结构作为理想的社会目标予以肯定，从而实际上杜绝了社会

① 罗伯特·诺齐克：《无政府、国家与乌托邦》，姚大志译，中国社会科学出版社 1991 年版，第 177 页。

改革之路。①

（3）诺齐克的权利正义论及最弱意义国家论实际上是不可实施的。其不现实性，首先表现在当今世界上没有一个市场经济国家是按照诺齐克的最弱意义国家模式来建立的。各国的国家功能，大小各不相同，但是，即使是其中功能最小的，其作用也大大超过诺齐克所说的保护其公民免遭暴力、偷窃、欺骗之害，强制实行契约等。现实中的国家不仅都从缩小公民间收入差距角度实行一定的再分配，而且都拥有大小不等的国有经济。其不现实性，其次表现为其理论的不可实施性。诺齐克的权利正义论具体表现为持有正义的三个原则。原则之三是矫正原则："过去的不正义的存在（对前两个持有正义原则的先前侵犯），提出了持有正义的第三个主要论点：对持有中的不正义的矫正。"② 诺齐克提出这一原则之后，自己也觉得心中无数："如果过去的不正义以各种方式塑造着今天的持有，有些可以辩明，有些不能辩明，那么，如果可以，现在应当采取一些什么措施来矫正这些不正义呢？对于那些因不正义的发生其状况变得比本来可以有的状况或立即给予赔偿的状况要坏的人们，不正义的实行者负有什么义务呢？如果得益者和受损者并不是不正义行为中的直接一方，而比方说是他们的后裔，整个事情又会怎样改变呢？可以对其持有本身是基于一种未矫正的不正义的人施以不正义吗？人们必须回溯多远才能扫清这一历史上的不正义的遗迹？不正义的受害者可以被允许做些什么以矫正对他们做出的不正义（包括别人通过政府对他们做出的大量不正义）？我不知道对这些问题的一种彻底的或理论上精致的回答是什么。"③ 事实上，诺齐克的矫正原则由于历史上的非正义持有（假定权利正义观是可以成立的）相当部分已难以推究明白，因此，或是根本无法实行，或是导致他极力反对的罗尔斯的差别原则。矫正原则成了诺齐克理论致命的阿喀琉斯（Achilles）之踵。

（二）肯定的价值判断：罗尔斯的自由公正正义论

与诺齐克不同，罗尔斯的理论出发点是社会是一个分工合作体系，并且认为"……每个人的幸福都依赖于一种合作体系，没有这种合作，所有人都不会有一种满意的生活"④。社会正义论之所以必须成为指导社会制度安排的价值

---

① 固然，诺齐克也谈到了对过去持有不公正的矫正，然而，它没有可实施性。

②③ 罗伯特·诺齐克：《无政府、国家与乌托邦》，姚大志译，中国社会科学出版社 1991 年版，第 158 页。

④ 约翰·罗尔斯：《正义论》，何怀宏等译，中国社会科学出版社 1988 年版，第 13 页。

观，是由于“一个社会是一种对于相互利益的合作的冒险形式，它却不仅具有一种利益一致的典型特征，而且也具有一种利益冲突的典型特征。由于社会合作，存在着一种利益的一致，它使所有人有可能过一种比仅靠自己的努力独自生存所过的生活更好的生活；另一方面，由于这些人对由他们协力产生的较大利益怎样分配并不是无动于衷的（因为为了追求他们的目的，他们每个人都更喜欢较大的份额而非较小的份额）。这样就产生了一种利益的冲突，就需要一系列原则来指导在各种不同的决定利益分配的社会安排之间进行选择，达到一种有关恰当的分配份额的契约。这些所需要的原则就是社会正义的原则，它们提供了一种在社会的基本制度中分配权利和义务的办法，确定了社会合作的利益和负担的适当分配”①。由于充分认识到社会合作的重要性，罗尔斯致力于寻求一个用于指导“合作体系中的主要的社会制度安排”的社会正义原则。在它的指导之下，“一个正义的社会体系确定了一个范围，个人必须在这一范围内确定他们的目标。它还提供了一个权利、机会和满足手段的结构，人们可以在这一结构中利用所提供的东西来公平地追求他们的目标”②。

罗尔斯对其正义原则的论证与诺齐克不同。在罗尔斯看来，社会正义原则实际上是社会成员为了达成社会合作而选定的处理他们之间各种关系的一般准则，因而，也属于社会契约范畴。在订立契约时，契约各方所处的地位非常关键。为了使所提出的社会正义原则对每个处在不同社会地位上的社会成员（从纵向看，还包括处于各历史时代的社会成员）都是公平的、都能被接受，罗尔斯提出了论证其社会主义原则的“原初状态”。

罗尔斯指出要产生一个正义的契约，各方必须是地位公平的，必须被作为道德的人同等地对待。应用无知之幕，限制各方对特殊知识尤其是关于自己地位和天赋的信息，这样，就取消了各方讨价还价的基础，没有人可以从个人利益角度修改原则以适应自己的需要。每个人都不能不为所有人选择。我们假定了每个人都是同等理智和境况相似的，因此，每个人都是可以被同样的论证所说服的。可以预见：在原初状态中，如果有一个人在经过深思熟虑之后，选择了某种正义观，那么，其他人也都会同意这一选择，也即“无知之幕使一种对某一正义观的全体一致的选择成为可能”③。

---

① 约翰·罗尔斯：《正义论》，何怀宏等译，中国社会科学出版社 1988 年版，第 13 页。

② 同上，第 28 页。

③ 同上，第 134 页。

在此假定之下，罗尔斯提出了他的社会正义观：

“一般的观念

所有的社会基本善——自由和机会、收入和财富及自尊的基础——都应被平等地分配，除非对一些或所有社会基本善的一种不平等分配有利于最不利者。”①

作为对其正义观的进一步阐述，罗尔斯提出了两个正义原则：

“第一个原则

每个人对与所有人所拥有的最广泛平等的基本自由体系相容的类似自由体系都应有一种平等的权利。

第二个原则

社会和经济的不平等应这样安排，使它们：

（1）在与正义的储存原则一致的情况下，适合于最少受惠者的最大利益；并且，

（2）依系于在机会公平平等的条件下职务和地位向所有人开放。”②

这两个正义原则暗示着社会基本结构的两大部分，第一个原则用于确定和保障公民的平等自由，也即其政治权利，要求在一个正义社会中的公民拥有同样的基本权利；第二个原则大致适用于收入和财富的分配，以及对那些利用权力、责任方面的不相等或权力链条上的差距的组织机构的设计。罗尔斯承认：在现存社会条件下，财富和收入的分配无法做到平等，但是，它必须合乎每个人的利益，同时，权力地位和领导性职务也必须是开放的，是所有人都能进入的。在坚持地位开放的条件下运用第二个原则，同时又在这一条件的约束下，来安排社会的和经济的不平等，以便使每一个人都能从中得到利益。

在两个原则中，第一原则优先于第二原则。第二原则中公平机会又优先于差别原则。即它们之间存在着两个优先规则：

“第一优先规则（自由的优先性）

两个正义原则应以词典式次序排列，因此，自由只能为了自由的缘故而被限制。这有两种情况：

（1）一种不够广泛的自由必须加强由所有人分享的完整自由体系；

（2）一种不够平等的自由必须可以为那些拥有较少自由的公民所接受。

---

①② 约翰·罗尔斯：《正义论》，何怀宏等译，中国社会科学出版社 1988 年版，第 292 页。

第二优先规则（正义对效率和福利的优先）：

第二个正义原则以一种词典式次序优先于效率原则和最大限度追求利益总额的原则；公平的机会优先于差别原则。这有两种情况：

（1）一种机会的不平等必须扩展那些机会较少者的机会；

（2）一种过高的储存率必须最终减轻承受这一重负的人们的负担。”①

作为这两个规则的核心思想是正当（right）对善的优先。

对于罗尔斯的社会价值观中的第一个社会正义原则，诺齐克等并无太多异议，争论的焦点集中在第二社会正义原则上。尤其是集中在差别原则上。诺齐克坚持权利原则。权利原则与差别原则的对立，实际上也就是在经济领域中强调自由与注重平等之间的对立。诺齐克对罗尔斯的第一社会正义原则并无太大异议，是因为在政治、思想领域自由与平等可以统一，而在经济领域，自由和平等之间是有矛盾的，在二者发生冲突时，何者优先，两种不同的价值偏好必然答案不同。诺齐克毫不含糊地坚持自由优先、权利至上的原则，而罗尔斯则选择了通过一定的收入再分配使处境最差者得以改善的差别原则。

罗尔斯的基本出发点是人类社会是一个合作体系，因此他的正义论集中于建立一个基本的社会制度结构，在这一制度结构下，社会合作能够有效地持续进行下去。对罗尔斯来说，之所以差别原则是必须的，是因为：

（1）差别原则即使是从理性经济人的角度看，也是一种理性选择。由于对每一个社会成员来说，资源的最初分配总是受到自然和社会偶然因素的强烈影响，一个人能出生于何种家庭，从而生而伊始便具有什么样的社会地位、生活环境、财产以至受教育的条件，他所具有的自然素质如天赋等，具有相当的或然性。因此，当处在原初状态下的人们在决定其生活其中的社会的基本制度结构时，由于他们无法得知自己在现实社会中出身、地位、财产、天赋和才能等各种信息，即使是作为一个理性经济人的理性的选择，也必然是不但选择形式平等原则而且选择事实平等原则，也就是说，不但在公民的基本政治权利问题上选择自由公平原则，而且在经济利益的分配问题上选择差别原理，作为构建他将置身其中的社会基本制度的原则。因为，作为原初状态下的人，采取这种选择将使决策者即使在所属的社会中不幸成为最不利者时，其社会处境也将比他选择其他社会正义原则时的最坏结果要好些。这一结论的正确性，已由对策

① 约翰·罗尔斯：《正义论》，何怀宏等译，中国社会科学出版社1988年版，第292页。

论中的零和二人对策的最大最小策略得以证明。①

（2）差别原则是实现公民自由平等权利的一种必要措施，罗尔斯承认，市场经济从价值观的角度看，亦有其不容忽视的优点，“即在必要的背景制度下，它是和平等的自由及机会的公正平等相协调的”②。但是，对财富和资源的不平等占有，将导致不合理的市场权力对公民基本自由平等权利的侵犯。“当财富的不平等超过某一限度时，这些制度就处于危险之中；政治自由也倾向于失去它的价值，代议制政府就要流于形式。”③ 因此，只有第一正义原则而无第二正义原则的社会正义观，必然导致只有形式上的正义而无实质性的正义。无论是从社会正义作为一个整体来看，还是从两个正义原则之间的词典式优先次序角度来看，都有必要实行差别原则，调整市场经济的背景制度，“逐渐地、持续地纠正财富分配中的错误并避免有害于政治自由的公平价值和机会平等的权力集中”④。

---

① 在对策论中，这是一个零和2人对策即矩阵对策问题。设局中人为 P_1、P_2。P_1 的赢得表如下章所示：

	1	2	…	j	…	n
1	a_{11}	a_{12}	…	a_{1j}	…	a_{1n}
2	a_{21}	a_{22}	…	a_{2j}	…	a_{2n}
|	|	|	…	|	…	|
i	a_{i1}	a_{i2}	…	a_{ij}	…	a_{in}
|	|	|		|		|
m	a_{m1}	a_{m2}	…	a_{mj}	…	a_{mn}

表左边的数字是 P_1 的策略的序号，上端的数字是 P_2 的策略的序号。a_{ij} 是当 P_1 选取策略 i、P_2 选取策略 j 时 P_1 的赢得，此时 P_2 的赢得为 $-a_{ij}$。具有上表所述的赢得矩阵的对策也称为 $m \times n$ 型矩阵对策。对局中人而言，应该如何求得一个标准来判断一个策略优于或劣于其他策略？不言而喻，各局中人都想采用使得自己赢得尽可能大的策略。但是，各人的赢得也取决于对手的策略。因此，在对策论中假定各局中人都要使得自己确实能够得到的赢得尽可能地大。即任何一个局中人都要注意到对手会采取措施使自己处于最不利的情况。因此，当选择自己的策略时，要注意到产生的可能性中最坏的事态，采取在其中使得自己最有利的策略。

P_1 选取策略 i 时，他至少可以确实地取得表中第 i 行的最小值：

$$\overline{a}_i = \min_j a_{ij} \tag{1}$$

这个 $\overline{a}_i$ 称为策略 i 的安全水准。因此，P_1 首先选取使得 $\overline{a}_i$（$i=1, 2, \cdots, m$）最大的 i。设当 $i=i$ 时，$\overline{a}_i$ 取到最大值，令

$$V_1 = \max_i \overline{a}_i = \max_i \min_j a_{ij} = \overline{a}_{i0} = \min_j a_{ioj} \tag{2}$$

这个 V_1 称为最大最小值，i_0 称为最大最小策略。P_1 如果用策略 i_0，则不管对手采用什么策略，他至少可以确实赢得 V_1（即 $\overline{a}_{i0}$）。但是，他如果采用 i_0 以外的策略，则随着对手所采用的策略，可能只能取得比 V_1 小的赢得。这一结论的证明，请参见冈本哲治等：《经济数学》，辽宁人民出版社1985年版，第7章。

② 约翰·罗尔斯：《正义论》，何怀宏等译，中国社会科学出版社1988年版，第263页。

③ 同上，第269页。

④ 同上，第268页。

(3)实行差别原则是实现人类较高层次欲望的需要。罗尔斯认为，人的欲望和需要具有广泛的特征，它具有由心理和其他环境条件影响的发展周期等。人的需求表现为多种需要的有序变化。因此，一方面，人们所欲求的“善”(Good)是一个具有丰富内涵的概念，它不仅仅包含可以排它占有和消费的商品和财产“商品和财产(独有的善)主要对于那些占有它们并运用它们的人们来说是善，而对他人来说则仅仅间接地是善。另一方面，想象与机智、美丽与优雅，以及人们的其他天赋与能力则对于他人来说也是善：当它们恰当地表现出来并被正当地运用时，他人就从与我们的联系中，从我们本身中得到快乐。它们构成了人类获得全面活动的手段，通过这些手段，人们联合起来并从他们自己和彼此本性的实现中得到快乐。这类善构成美德：它们是所有的人(包括我们自己)合理地要求我们具有的人的特性和能力。按照我们的观点，由于美德能使我们实现一个提高我们的主宰感的更满意的生活计划，美德也就是善。”① 这种善具有与可排他性消费的产品不同的性质。它是一种互补的善。它们不仅对享受他们的人说来是善，而且可能提高他人的善。它的实现是建立在社会成员之间的相互理解、支持与合作基础之上的。

从社会交往、社会合作、社会共同生活对社会成员的重大意义出发，罗尔斯高度评价集体活动、社会共同利益的价值“集体活动是人类繁荣兴旺的突出形式。因为，在条件有利时，人们正是依靠维护这些公共的安排，才能最好地表现他们的本性，才能获得他们所能获得的最广泛的起调节作用的美德”②。罗尔斯对人的本性是追求个人利益最大化的说法提出质疑，指出：“如果人们仅仅追求他们自己的利益是一条心理学的法则，他们就不可能具有一种有效的(按照功利原则规定的)正义感。理想的立法者最多是能设计出种种社会安排，使那些从个人的或集团的利益出发的公民被说服得以能最大限度地扩大幸福总量的方式行为。在这个观念中，利益的最终统一完全是人为的，它取决于理智的机巧，而人们照着制度体系去做仅仅是由于他们把这样做看作是实现他们各自利益的一个手段。”③ 毫无疑问，这样的社会将具有极高的运行成本。

因此，如果说诺齐克的正义观是权利正义观的话，那么，罗尔斯的正义观则可以说是一种自由公正正义观。从诺齐克对物的占有权利的高度强调、对收入再分配的激烈批评中，可以看出，财产占有在诺齐克的需求谱系中占据了压倒性优势，因此，诺齐克的个人主义是典型的个人占有主义。而罗尔斯的自由

---

① 约翰·罗尔斯：《正义论》，何怀宏等译，中国社会科学出版社1988年版，第430～431页。
② 同上，第516页。
③ 同上，第442页。

公平正义观虽然也是个人主义的，但却是一种个人发展主义，[①] 因而，对罗尔斯来说，公民基本政治权利的自由平等原则、社会和经济权利上的公平机会原则及利益分配上的差别原则，本身并不是目的，目的在于创造一个正义的社会基本制度环境，使全体社会成员都能够全面地发展自己，满足自己各个层次的需求。差别原则正是从实现人类的这一高层次的欲望和需求的角度提出的。

很显然，从罗尔斯的价值观——自由公平正义观，尤其是其社会正义的第二原则出发，必须要求国家具有超越最弱意义国家的职能，尤其是其经济职能。这里需要提出的是，与诺齐克相似，罗尔斯的证明也不是从效率角度而是从价值角度立论的。罗尔斯指出，仅仅效率原则本身不可能成为一种正义观。对机会的公正平等的侵犯是不能由一部分人或整个社会所享有的较大利益总额来得到证明的。在多种有效率的社会基本结构安排中，每一种安排都标志着一种有效率的同时也是正义的社会基本制度结构。如果做到了这一点，也就实现了一种以相容的方式对单纯的效率考虑的超越。

（三）肯定的价值判断：马克思主义的每一个人的自由而全面的发展观

马克思主义经济学关于国家经济职能的观点，可以从马克思主义的社会发展价值观得到说明。

马克思主义把人的彻底解放、每一个社会成员的自由而全面的发展视为社会发展的终极目标。在马克思看来，共产主义社会是全面地实现这一价值观的理想社会形式。在马克思的许多重要著作中，[②] 他曾不止一次地明确指出：共产主义是一个“以每个人的全面而自由的发展为基本原则的社会形式”[③]。共产主义社会“将是这样一个联合体，在那里，每个人的自由发展是一切人的自由发展的条件”[④]。发展社会生产力，进行社会制度变革，其根本目的都在于“去

① 伊特韦尔等:《新帕尔格雷夫经济学大辞典》(第2卷)，经济科学出版社1992年版，第853~856页。

② 研究者指出，这些著作包括了马克思的最早期至最晚期的著作。“像某些评论员所惯常做的那样，任何试图在年轻的‘人道主义的’马克思和‘成年的’政治经济学家之间打进楔子的做法都是没有理由的。而且，当然，马克思在他的早期著作，1844年的《经济学哲学手稿》中就已经有着强烈的发展派看法。从他最早期的到他最晚期的经济著作中，都一直持有这种发展派看法。个人发展主义是他的政治经济学的核心所在。”参见约翰·伊特韦尔等:《新帕尔格雷夫经济大辞典》(第2卷)，经济科学出版社1992年版，第853~856页。

③ 《马克思恩格斯全集》(第23卷)，人民出版社1972年版，第649页。

④ 《马克思恩格斯选集》(第1卷)，人民出版社1995年版，第94页。

实现这样一种社会状态：在这里不再有任何阶级差别，不再有任何对个人生活资料的忧虑，并且第一次能够谈到真正的人的自由，谈到那种同已被认识的自然规律和谐一致的生活，"① 等等。

可以看出：

（1）作为马克思主义价值观的核心内容是每一个社会成员的全面而自由的发展。因此，可以把马克思主义的价值观称为人的全面自由发展观。

（2）马克思主义的价值观就其本质而言，是属于个人发展主义的。对马克思而言，集体主义是实现个人全面而自由的发展的一种必要的手段而不是根本目的。显然，这一观点对正确认识社会主义市场经济中的国家经济职能以及国有经济的地位、性质及其在国民经济结构中的比重等都有重大的理论指导意义。近年来，在我国国有经济改革中曾经引起重大争论的"国有制经济是目的还是手段"问题，从中也不难得出结论。

（3）以"每个人的全面而自由的发展"为价值目标，这就使马克思主义的价值观具有目的论的意义，——当然，既然是把每个人作为出发点，我们也可以看出：马克思主义的价值观是反对把人作为手段的。每个人的全面而自由的发展，这句话准确地概括了马克思主义价值观中的目的与手段的辩证统一关系——从这一价值目标出发，马克思、恩格斯对私有产权制度、资本主义生产方式所导致的劳动异化，对人的个性发展的严重限制，把人变成了"片面的人""局部的人""畸型的人"，给予了严厉的批判，提出了生产资料的社会占有作为消除人与人之间在经济上的不平等，实现每个社会成员的全面而自由的发展的必要的社会条件。"一旦社会占有了生产资料，商品生产就将被消除，而产品对生产者的统治也将随之消除。社会生产内部的无政府状态将为有计划的自觉的组织所代替。个体生存斗争停止了。于是，人在一定意义上才最终地脱离了动物界，从动物的生存条件进入真正人的生存条件。人们周围的、至今统治着人们的生活条件，现在受到人们的支配和控制，人们第一次成为自然界的自觉的和真正的主人，因为他们已经成为自己的社会结合的主人了。人们自己的社会行动的规律，这些一直作为异己的、支配着人们的自然规律而同人们相对立的规律，那时就将被人们熟练地运用，因而将听从人们的支配。人们自己的社会结合一直是作为自然界和历史强加于他们的东西而同他们相对立的，现在则变成他们自己的自由行动了。至今一直统治着历史的客观的异己的力量，现在处于人们自己的控制之下了。只是从这时起，人们才完全自觉地自己

① 《马克思恩格斯选集》（第三卷），人民出版社 1995 年版，第 456 页。

创造自己的历史；只是从这时起，由人们使之起作用的社会原因才大部分并且越来越多地达到他们所预期的结果。这是人类从必然王国进入自由王国的飞跃。”①

（4）每个人的全面而自由的发展作为马克思主义的价值目标，它的提出是对人类的历史发展科学分析和预见的结论。“个人的全面性不是想象的或设想的全面性，而是他的现实关系和观念关系的全面性。由此而来的是把他自己的历史作为过程来理解，把对自然界的认识（这也表现为支配自然界的实际力量）当作对他自己的现实体的认识。”② 因此，马克思在谈到生产资料的社会占有时，多次强调它是以社会生产力的高度发展为前提的。尽管马克思在价值判断上认为私有制和资本主义制度是不公正的，但是，要消除这种不公正，并不在于从政治上铲除私有制和资本主义，而在于从经济上铲除它。它只有在资本主义耗尽了自己创造潜力以后才能实现；企图过早地消灭在历史上尚未丧失发展潜力的私有制而实行非商品关系，只能产生“粗陋的、兵营式的共产主义”。而真正的、规范意义上的社会主义是在社会进步的各个方面都应当像资本主义超过封建主义那样超过资本主义（甚至还要超过更多!）的社会制度。

从这些观点出发，我们可以得出关于社会主义市场经济中的国家经济职能的若干看法。

（1）每一个社会成员的自由而全面的发展是社会主义市场经济的社会发展价值观。人的自由而全面的发展，以发展社会生产力，按照自然界的规律来支配自然界从而提高人类的物质文明；社会制度的进步和改造；人类自身按照自然界和社会发展的客观规律全面地改造自己，丰富自己的需要，提高自己的能力为前提。从人类全面发展自己的需要的丰富内涵的充分展开的需要，从实现由此产生的社会共同利益的需要看，国家的经济职能以及根据社会生产力的发展水平，社会占有一定的生产资料以实现社会成员的共同需要——在现阶段，它采取了国有经济的形式——的必要性在道德上是可以证明的，同时，它也是符合社会发展的要求的。在一定的社会生产力水平之下，社会成员的需要是多层次的，满足社会成员各种不同层次的需要，有不同的实现形式。需要的多层次以及在不同社会条件下实现需要的不同形式，就决定了它们的不同社会实现形式。这些社会的实现形式决定了社会中心（在国家存在的条件下，国家是社会中心的当然形式）的经济职能以及社会

① 恩格斯：《反杜林论》，引自《马克思恩格斯选集》（第三卷），人民出版社 1995 年版，第 633 ~ 634 页。

② 《马克思恩格斯全集》（第 46 卷），人民出版社 1979 年版，第 36 页。

占有一定量的生产资料的价值合理性。

（2）国家的经济职能以及社会对生产资料的占有在社会主义市场经济中的存在必要性，来自人的自由而全面的发展的需要，同时也服务于这一价值目标。从这一角度看，国家的经济职能以及国有经济确实只是手段而非目标。确定国家的经济职能、国有经济在国民经济中的地位、比重，某一具体领域中的国有经济是否必要，以及国有企业的具体制度安排，首要的判断标准是社会主义市场经济的价值目标。效率当然是重要标准，但是，它不能超越价值标准，即在具有若干个同样实现上述价值目标的选择且它们在实现手段上都与价值目标是相容的条件下，效率才是取舍的标准。

（3）尽管从历史发展趋势看，是实现人的自由而全面发展要求社会逐步扩大对生产资料的社会占有，以消除不平等的财产占有对实现每个人自由而全面的发展的障碍。但是，人的自由与全面发展是一个随着不同社会历史时期所提供的条件的不断发展而发展的历史过程。每一个历史时期的社会经济发展都为人的自由和全面发展提供了比它之前的社会形态更多的可能。在一种经济制度尚未耗尽它为人类的自由和全面发展所提供的可能之前，人为强制地用其他的制度形式——即使从历史发展的角度看是更先进的——取而代之，必将适得其反。生产资料的社会占有，即使是在社会主义市场经济条件下，也仍然如恩格斯所言：只有到了它“已经发展到除了适于社会管理之外不适于任何其他管理的生产力”时，[①] 才是可能而且必需的。

三、国家在市场经济中的经济职能

国家在不同社会经济条件下的经济职能是不同的。市场经济的特征则在于企图通过市场体系来涵盖社会尽可能大的部分，用市场交换原则来处理社会成员之间的各种关系。市场经济体制在现阶段社会生产力水平下的价值合理性与运行的效率已经为世界范围的经济实践所证明。但是，作为社会经济资源的基础配置方式，它的存在及正常运转，需要相应的政治行政体系及社会文化体系为它提供必要的制度保障、外部环境和基础条件。

为市场经济运行提供必要的制度保障、外部环境及基础条件，通过各种政策工具调整、改变或维持一定的市场经济运行环境，实现对经济运行的调控，

① 《马克思恩格斯选集》（第三卷），人民出版社 1995 年版，第 629 页。

是市场经济体制下国家或者说政府的经济职能。具体说来，它包括以下几个方面。

第一，建立、维护市场经济运行的制度基础。市场经济是一个以经济主体之间互利交换为媒介实现社会分工协作的经济体系，即市场经济是经济主体在目的非共有前提下为实现相互有利化而建立的“交换——协作”体系。然而，交换行为的成立，都是以进入市场的各个主体之间达成某种共识、共同遵守某种制度规范为前提的。简而言之，它要求经济主体彼此承认对方对交换对象的所有权，承认对交换对象的认定、测定规则及交易的一般规范。否则，交换便无法进行。这也就是说，市场经济的运行需要相应的产权制度基础，需要一系列的制度规范保障市场秩序。建立、维护、适时调整和变革这些制度规范虽然是市场经济发展的内生要求，但是，按照利益最大化原则行事的各个市场主体的行为方式以及由其构成的互利协作体系——市场本身的分散化权力结构决定了：依靠市场机制不可能产生这些制度规范，它必须依靠共同的目的为前提的“认同作用”体系——政治行政体系，以政权的力量来建立、实施。因此，建立、维护保障市场经济运行的制度规范，是市场经济国家政府最早而且至今仍然是最重要的经济职能。

第二，调节货币供给，保障总量经济平衡。市场经济的运转轴心是货币，货币作为一般等价物从商品界中分离出来，使交换从物物交换这种原始形态的偶然的商品交换发展为以货币为交换媒介的经常的商品交换。它促使真正意义上的商品生产得以产生。当市场中流通的货币是商品货币时，货币供应量是由市场机制调节的。随着市场交易需求的扩大，更多的商品货币流入市场，市场交易需求缩小，市场上多余的货币商品便自动退出流通领域，成为储藏手段。此时，调节货币供给、保障经济总量平衡不是政府的经济职能。然而，随着市场上流通的货币从商品货币转换为表征货币，货币供应量便无法随着市场交易需求的变化由市场机制自行调节。众所周知，实现社会总供需的平衡是市场经济正常运行的基本前提条件之一，总供需的长期大幅度失衡，必然使各个商品市场、要素市场的供求失衡，使市场竞争的各方力量对比失衡，导致非帕累托最佳状况；必然破坏价格机制，使价格这一市场经济中最有效的信息渠道、激励机制丧失作用。总而言之，倘若不能有效地控制货币供应量，超过一定限度的通货膨胀和通货紧缩必然会导致市场经济的崩溃。然而，在表征货币时代，货币虽然存在于市场之中，却又是超越市场的存在，货币供给在市场体系中不能自动决定，其供给只能由市场体系之外的政治行政体系来掌握。因此，调节货币供给、保障总量经济平衡也就成为表征货币时代市场经济国家政府的重要经济职能之一。

第三，克服市场失败。市场经济能够实现资源的优化配置，是建立在市场成功，也即经济中具有一整套能够取得理想的资源均衡配置能力的竞争市场的基础上。福利经济学的第一基本原理证明：只有在下述条件下，通过市场配置资源才是有效率的：①拥有充分的市场；②存在着市场均衡。而当这些假设不成立时，将产生资源配置的无效率，即市场失败。[①]

市场失败是市场经济中政府干预经济的重要原因。如上所述，造成市场失败的原因是多方面的，因而，基于市场失败而产生的政府干预经济的职能也是多方面的。

（1）市场不充分。市场成功的首要条件是充分的市场。尽管对于“充分的市场”难以给予确切的定义，但是充分的市场一般可以理解为经济中具有完整而且完善的市场体系，从而使经济主体能够获得与自己经济行为相关的价格信息。在经济生活中常常可以见到下列情况：由于相关或互补产品的市场残缺，导致资源配置的无效率。例如，在拥有丰富的发展水产养殖业的自然资源的沿海地区，倘若没有水产加工、冷藏保鲜以及运输业的相应发展，与厂商是否了解该地区水产养殖业的投资情况密切相关。相类似地，钢铁厂与铁路业的关系。当某钢铁公司在做出是否在某地区兴建一个钢铁厂的投资决定时，可能会碰到这样的问题：只有相关地区铁路在 5 年内开始运营的情况下，它才能盈利；而铁路公司则只有在钢铁公司已经在该地区投资兴建钢铁厂的情况下，在该地区修筑铁路才是有利可图的。很显然，双方都关心对方的行为，而且当双方都进行投资时，各自的投资才是有效率的。但是，如果只有现货而无期货市场，铁路公司便不能轻易地将自己的利益信息通过市场传递给钢铁公司。这种由于市场体系残缺所造成的市场失败，一般应当依靠发展完善市场体系、改善市场结构予以解决，从长远看，尤其是如此。但是，市场的发育成熟、市场体系的发展完善是一个长期渐进的过程。因而，尤其是在发展中国家，在需要大规模协作的情况下，政府的干预与计划协调将有助于弥补因市场不充分而造成的市场失败；即使是在一个市场经济较发达、市场体系较健全的经济中，也可能产生由于市场不充分而造成的市场失败。这种情况往往产生于经济的外部性造成的某些产品（外部性产品）供应不足。例如，即使是在发达市场经济国家，也常常出现单纯依靠市场机制而保险市场及资本市场上某些项目供给不

---

① 福利经济学第一定理的严格证明，参见约翰·伊特韦尔等：《新帕尔格雷夫经济学大辞典》（第 4 卷），经济科学出版社 1992 年版，第 961 ~967 页。

足，因而需要政府参与，以及对社会经济正常运行所需的公共基础设施的建设必须主要依靠政府的公共投资等情况。

（2）市场垄断。市场成功的第二个条件是市场中所有参与者的行为都是竞争性的。这意味着，经济主体的供给与需求在市场供求总量中所占份额都是足够小的，每个主体的行为都不能影响价格。在价格既定条件下，他们按最优化行为规则办事：消费者根据收入预算，最大限度地实现边际支出效用最大化；生产者采取利润最大化行为。供求双方之间以及双方内部之间展开竞争，达成竞争均衡，实现帕累托最优。但是，上述条件倘若被破坏，例如，当市场参与者能够影响价格并以此牟利时，竞争均衡便不复存在，从而产生市场失败。垄断是这种市场失败的典型表现。

优胜劣汰是市场竞争的必然结果，因而市场竞争在促进市场优化配置、经济效率提高的同时，也必然导致市场中的集中与垄断趋势。当个别市场主体获得支配市场、控制价格的能力之后，往往转而依靠维持垄断价格而不是像以前那样靠提高经济效率实现自己的利润目标，从而造成资源配置的无效率及全社会的福利损失。进行必要的政策干预，维护竞争市场秩序，是市场经济中政府的又一经济职能。

在市场经济可能产生的诸种垄断中，由于特定产品的生产函数性质所造成的自然垄断，以及由于政府自身行为所创造出来的垄断，是政府干预的重点。

（3）外部效应。市场成功的第三个假定是存在着市场均势，在均势下的资源配置将具有帕累托效率。然而，外部经济的存在，意味着竞争均衡的不存在，因为，外部经济意味着，市场价格不反映生产的边际社会成本，具有外部不经济的经济活动把部分成本强加给其他经济主体或社会，反之，从事外部经济活动的经济主体将无法从自己的生产经营中回收全部成本支出，因此，一个对其他生产者有外部经济（积极的外部效果）的商品生产者只在市场机制作用下，不可能把他的生产量扩大到使生产的边际成本等于生产的边际社会效益这一点上，亦即达到其边际产品的市场价格与对其他生产者所产生的积极的副效果的市场价格之和；反之，一个对其他生产者有外部不经济（消极的外部效果）的商品生产者则会使他的生产量超过生产的边际成本等于生产的边际社会收益这一点。也就是说，如果政府不进行适当的干预，那么，市场主体将过度地从事具有负外部经济效应的经济活动，而尽可能少地从事具有正外部经济效应的经济活动。

在市场经济条件下，政府可以通过法律手段，明确产权界定，使产生外部效应的权利可交易化；或者，应用必要的经济政策手段（如罚款、征税等）对负外部效应进行限制，而对正外部效应予以鼓励（如减免税、财政补贴等）；或者，运用组织的手段，实现最大限度的外部效应内部化。

（4）信息不足。市场均衡的被破坏，在一定程度上是由于市场供需双方的信息非均衡造成的。市场竞争均衡的一个重要假定是“信息是完全的”，比如说买者清楚地知道市场上各个角落各种商品的价格和质量，雇主清楚地知道被雇者的行为特征，等等。但在现实中，情况往往不是这样。信息一般是不完全的，而且获得信息是要付出成本的。“信息的不完全性”和相应发生的“信息成本”会影响市场机制运行的结果，影响到市场均衡状态和经济效率。

在市场经济中，信息不对称的典型表现是，相对于生产者，消费者从总体上说，处于信息劣势状态。这首先是因为信息的搜寻、鉴别不是无成本的。相对于大批量专业化地生产有限产品品种的生产者而言，需要消费众多品种但其消费数量较少的消费者必然存在着信息搜寻、鉴别上的规模不经济。而且，消费者的信息判别能力必然是相对低的。这种信息劣势，随着技术进步，产品的技术含量提高而加剧。其次，生产者在利润最大化动机的驱使之下，总是企图通过设置信息障碍、分割市场，维持差别价格以至垄断价格。这就更加剧了消费者与生产者之间的信息不对称状况。

信息在某种程度上属于公共产品。一定的信息提供给某个人并不会减损其他人得到的数量。经济效率要求尽可能降低信息成本，使信息自由地被传播，或者，更精确地说，要求只对传送信息的真实成本收费。正如市场只能提供不充分的其他公共产品一样，私人信息市场只提供不充分的信息，因而，在改进信息不足、提高竞争市场效率方面，政府应当有所作为，它比单纯依靠单个消费者单独地搜寻信息、各自保护自己来得经济。

第四，合理地组织非市场经济活动，提供公共产品。公共产品，指的是一类特殊的具有外部效应的物品，它们：①提供“正外部性效应”；②原则上能使社会全体成员享受到这种正外部性效应。

对于私人商品（private goods）间的资源配置来说，根据帕累托边际条件，社会福利最大化的条件为：

$$MRS_1 = MRS_2 = \cdots = MRS_n = MRT(i = 1, 2, \cdots, n) \qquad (1)$$

也就是说，要求：①每个人的边际替代率都等于各种商品之间的边际技术转换率（即每种商品对于每个人的边际效用等于它的边际生产成本）；②由于每个人都面对相同的边际技术转换率，在实现最优配置的条件下，每种商品对于每个人的边际替代率都相等（即每个人的边际转换率都相等）。

而对于公共产品来说，可以证明，帕累托最优条件为：

$$MRS_1 + MRS_2 + MRS_3 + \cdots + MRS_n = MRT(i = 1, 2, 3, \cdots, n) \qquad (2)$$

即不是每一个人的边际替代率等于边际转换率，而所有人的边际替代率之和等于公共产品与私人产品的边际转换率，换句话说，如果给定了其他物品的价格成本，则福利最大化要求公共产品的边际生产成本，等于它为每一个人所提供的边际效用的总和。

个人边际替代率 MRS_1 在这里可以理解为公共产品的“私人价格”，即一个个人为多消费一单位公共产品所愿付出的最高代价。公共产品不是一个人消费的，因此应该由全体社会成员付费，而当每人所愿付出的费用之和等于公共产品的边际生产成本时，就实现了资源的最优配置。

公共产品资源最优配置的条件表现为社会成员付费之和等于其边际生产成本。但是，由于公共产品在消费上具有非排他性，只要它出现之后，每个人都可以从中受益，而生产者却无法利用市场机制从中收回生产成本，从而产生了“搭便车”问题。市场主体基于个人利益最大化的动机导致在公共产品供给上的“搭便车”倾向，使市场不提供公共产品，或者只提供极少量的公共产品。然而，一定数量的公共产品的存在又是市场经济正常运行的基础条件，因而，要求政府出面，合理地组织非市场经济领域的活动，提供公共产品。

市场经济条件下，政府组织提供的产品除公共产品外，还包括那些就消费性质而言是私人产品，但具有较大的正外部性效应的产品，这些产品由于具有正外部性效应，仅仅依靠私人市场必然供给不足。对于这些产品，既可以运用财政补贴的手段刺激供给，也可以由政府出面组织生产。

第五，调整收入分配，健全社会保障体系，实现社会公正。社会公正与经济效率对于社会经济发展具有同等重要的意义，二者不可分离地联系在一起。因为，从长远看，没有经济的高效率发展就不可能实现社会公正；反之，没有社会公正，经济效率也不可能长久维持。社会公正，从经济角度上看，主要表现为收入分配公正及必要的社会保障。但是，市场交换过程只能实现既定收入分配格局下的帕累托最优，却不能改变原有的收入分配格局。从长远看，由于社会经济体制的限制、影响，由于人们出生即有的不同社会地位和自然禀赋的深刻而持久的影响，社会成员在进入市场时便是不平等的。而在市场经济竞争机制的优胜劣汰作用下，竞争市场可能会带来很不公平的收入分配，因而通过政府干预，提供平等的竞争机会，进行收入再分配，建立健全必要的社会保障体系，使社会财富能够按照公正的原则分配、使用，排除社会及自然的偶然因素对社会成员生活前景、发展前途的不利影响，实现每个社会成员的全面发展，显然是十分必要的。

第六，促进技术进步与经济增长。技术进步历来被认为是市场竞争条件下企业创新活动的结果，而经济增长在市场经济条件下也曾被视为无数微观经济活动结果的事后总计，无须政府置身其中。然而，现代经济发展已经使科技进步进入这样一个阶段：许多新技术的开发、新产品的研制，无论从其规模、费用及所需要的人才来看，都不是个别企业所能够独立承担的。技术开发的大型化、社会化，使投资于技术开发的风险大大增加。而科技进步速度加快，消费水平提高所引起的社会需求结构日趋复杂，社会生产链条不断延长，更使企业难以有效地根据现有市场需求预测未来的经济走势。固然，在这方面，期货市场等能够发挥一定的引导作用，但是，完全依靠市场导向也难以实现最佳决策，尤其是那些对整个国民经济发展具有重要影响，其宏观战略意义又大于微观经营效果的重大科技研究开发项目、主导产业及重大投资决策等。重大科技研究开发及投资的宏观影响，以及它所具有的风险，要求政府运用其掌握国民经济全局信息的优势，分析、预测市场远景，规划经济发展方向，引导企业的资金投向。另一方面，出面组织、协调有关各方进行大型科技开发项目的研究与推广，通过建立科技进步风险基金等，分散科研及技术开发投资的风险，促进技术进步与经济增长。

第七，协调对外经济关系，调节外部冲击导致的经济失衡。现代市场经济是开放经济，一国经济只是世界经济的一部分。国家之间的经济竞争合作关系，需要通过各国政府之间的协商予以调整、维持。国家之间的经济往来频繁，资金、技术、劳动力以及商品在各国之间的流动，必然使经济周期波动随之传递，成为导致国内经济失衡的重要原因之一。它也需要政府运用一系列的国际经济政策予以调节。

第八，从社会成员的根本利益出发，干预特定的生产、消费行为。竞争市场能够实现资源配置的帕累托最优，是建立在经济主体能够基于自己的利益进行理性选择，个人是自己福利状况的权威判别者的假定前提上。一般地说，这一假定是成立的，但是，由于社会成员的个人禀赋、文化素质、知识水平各不相同，因而，不排除这种可能：个人有时不是根据自己的最佳利益行动。每个人根据自己的感觉估计福利，再加上帕累托最优的标准，只为做出福利判断提供了不恰当、不充足的准则。可能出现这样的情况：尽管获得了充分的信息，消费者还是作出了低劣的决策。因此，政府必须进行比提供信息更强烈的干预行为，制止人们消费和不消费某些产品，例如，强制实行义务教育、禁止吸毒等；相应地，对有关的生产和销售行为也予以禁止或必要的限制。

肯定政府对社会成员特定生产、消费行为的干预职能，是建立在肯定政府比社会成员本人更知道他们的最佳利益的认识基础上。这一认识是否成立，必须对政府行为机制作进一步分析方能得出结论。但是，即使我们肯定政府已有的部分此类行为是合理、必要的，也并不意味着无限制地认可政府比社会成员更知道他们的最佳利益所在，因为，其潜在的危险足以摧毁整个市场经济运行机制。

四、国家实现经济调控职能的方式

（一）经济政策是市场经济中国家实现经济调控职能的基本方式

在不同的社会经济体制下，国家实现其经济调控职能的方式是大不相同的。计划经济体制下，国家掌握了全社会的绝大部分资源，因此，国家经济职能的实现表现为运用指令性计划控制整个国民经济的运行。而在市场经济条件下，计划即使存在，也不可能是实现国家经济调控职能的主要工具。因为，计划作为调节社会经济运行的实现手段，其表现形式只能是指令性计划，而它与市场经济（严格地说，是市场经济体制中的市场经济领域）的运行机制是相矛盾的。[①] 因此，在市场经济条件下，政府即使制订经济发展计划，也只是作为政府对一定时期内的社会经济发展目标进行系统化和数量化，从而形成进行宏观经济调控的主要依据，协调、整合各项经济政策，使之形成系统的政策调节的手段而已。而政府实现计划或者说实际调节经济运行的手段是经济政策。这是因为，在市场经济中，政府不是整个社会经济资源的所有者及分配者，主要的经济资源属于各种市场主体所有。市场经济主体基于实现自身利益最大化而进行的自主决策是市场经济正常运行的基本前提条件。政府的经济调控管理职能仅限于造就一个市场机制正常运行的社会经济环境，实现运用市场机制无法实现的社会需求。而实现这一职能的基本方式是经济政策。计划与经济政策的关系，是政策目标与政策手段之间的关系。经济发展计划所规定的社会经济总

① 有关这方面的论证，参见罗季荣、李文溥：《社会主义市场经济宏观调控理论》，中国计划出版社 1995 年版，第 5 章。

体发展目标、各级子目标和实现目标的各种经济政策手段的有序整合，就构成了市场经济条件下的政府经济调控体系。

（二）市场经济中国家经济调节的基本特征

确认市场经济中政府经济调节的实现手段是经济政策系统，将导致对政府经济调节特征的新的认识——政府的经济政策调节是作用于市场经济领域外部而非作用于市场经济领域内部的。

这一认识是建立在区分市场经济的两层含义的基础之上的。市场经济的第一层含义，是将市场经济理解为一种经济体制。一个社会经济倘若是以市场作为资源配置的基本手段，那么，我们称该社会经济是市场经济。在市场经济国家存在着市场与政府两种资源配置手段，二者配合使用是实现资源优化配置的前提条件。但是，不能由此推论，市场经济国家只存在市场经济领域，政府的经济调节只能调节市场，计划调节与市场调节覆盖的范围是完全重合的。如果认为在同一市场内，两种资源配置手段也即两种经济运行机制同时在发生作用，无异等于说，在一条街道上，可以同时行使两种交通规则。事实是，当一种经济运行机制发生作用时，另一种运行机制必然不发生作用。产生上述理论误区的原因之一是，忽略了市场经济的第二层含义，即在市场经济国家中，社会经济中受市场机制支配的领域。在任何一个“完全”的市场经济国家中，整个社会经济也并非完全都是受市场机制支配的。它至少分为两个领域：一个是市场经济领域，在该领域，市场机制起支配作用；另一个是政府及社会公共部门，它是市场经济中的“非市场经济”领域。在该领域，市场机制不起或至少是不应起作用的——市场机制进入非市场经济领域，尤其是政府机构，是导致权力与金钱交易、滋生腐败的重要原因之一。因此，在市场经济国家中，存在着市场经济领域与非市场经济领域。分析政府经济调节与市场机制的关系，应当在市场经济领域而非在市场经济体制的概念上进行。

由此可以发现，在市场经济体制下，政府的经济调控管理与市场机制调节的关系恰恰不是内在统一、内在结合的，更不是相互重合、覆盖全社会的，而是有所分工、各有司职的。它们各自作用的领域分野、任务、目的是相当清楚、不容混淆的。市场机制只在市场经济领域发生作用，调节市场经济内部的资源配置。它并不在（至少它不能在）政府及社会公共部门等非市场经济领域发生作用。与此同时，政府对资源的行政性配置只适用于非市场经济领域，政府的经济调控管理不是作用于市场经济领域的内部而是作用于市场经济领域的外部。它的作用不是取代市场机制，而是解决市场机制自身无法解决的问题，为市场经济的运行创造良好的外部环境。

政府的经济调控只作用于市场经济领域而不作用于市场经济领域内部，是市场经济体制与计划经济体制的重大区别之一。之所以这么说，是因为市场经济体制隐含着以下认识：凡是属于市场经济领域的问题，健全的市场机制是能够妥善解决的，无须其他机制越俎代庖。市场经济体制之所以需要政府的经济调控管理体系，是因为前者的正常运转需要后者为它提供一个必要的外部环境。因此，国家的经济调控管理只需要解决它内在机制无法解决的外部环境问题就可以了。相反，计划经济之所以企图用行政指令控制社会经济的一切活动，是因为它否认市场机制是可以解决好市场经济领域内的问题的。

（三）经济政策与经济政策系统

长期以来，在市场经济国家的实践中，经济政策一向是政府进行经济调控管理的基本手段和方式。因此，对于经济政策，西方市场经济国家的有关著作，大多是从这一角度进行定义和研究的。例如，沃特森（D. S. Watson）在《经济政策：企业与政策》一书中将经济政策定义为："政府采取的以影响经济生活为目的的行动。"而正村公宏则定义为："一般地说，所谓经济政策是公共团体有关经济问题的选择行为，这里所说的经济问题，如果抽象地说，是有关经济财货（economic goods）的配置和分配的社会性问题，有关配置及分配的社会性问题，不仅产生于通常的财货及服务，广义地说，亦发生在人才、时间、情报、权力、社会地位等方面。因此，经济政策，狭义地说，是公共团体所选择的，意在给予经济财货的配置与分配以影响的行动，但是，它常常也使广义的分配及配置问题受到很大影响。"① 守谷基明更进一步明确地指出了经济政策包括范围的广泛性："所谓经济政策，是政策制定者为了解决面临的国内外经济社会矛盾、混乱、威胁及新的需要所进行的，对其政策客体、政策对象具有正实效的经济的、法律的、制度的系统考虑及行动等。"②

一个国家的经济政策的数量、涉及的领域，是随着社会经济发展水平的提高，国家介入经济生活，实行干预、协调、指导的深度和广度的不断增加而从

① 正村公宏：《经济政策》，东洋经济新报社 1992 年版，第 1 ~2 页。

② 守谷基明：《现代的经济政策论》，中央经济社 1983 年版，第 14 页。

少到多、由约而广的。时至今日，可以说，现代市场经济中的各项经济活动无不在经济政策的指导或直接间接影响之下进行。早期的经济政策调节，往往是由政府有关部门分别针对经济生活的个别领域、个别问题实施的。在相当长一段时间内，虽然国家对经济生活的政策干预已经扩展到相当多的领域之中，但仍限于分散的、“头痛医头、脚痛医脚”式的干预。各种经济政策、各个政府部门之间缺乏必要的联系与协调，这当然不能不极大地限制了各项经济政策效能的发挥。经济政策的实践使人们逐步认识到，要使经济政策充分发挥其调节功能，使之成为调节国民经济运行的控制系统，就必须通过制订政策性计划，明确国民经济的战略发展方向，以此为中心，将各项经济政策整合为经济政策系统。

作为政府调节国民经济运行的控制系统，经济政策系统是一个由终极政策目标、中介政策目标及政策手段（或称政策工具、政策变量）所组成的一个多阶递进的目标——手段系统。在这一系统中，各种经济政策沿着一定的目标——手段关系有序地连接在一起，形成了一个类似金字塔形状的体系结构（见图1）。

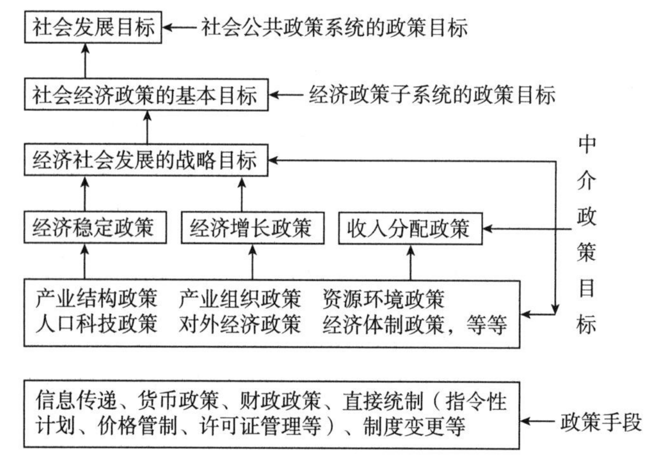

图1　经济政策系统的结构关系

孤立地就每一项经济政策而言，它们都有自己的政策目标与政策手段。例如，经济稳定政策，其政策目标在于实现物价稳定，其政策手段有紧缩银根、控制财政支出以至价格管制等。然而，从整个经济政策系统来看，经济稳定政策的政策目标并不是最终目的而是手段，它是作为实现经济正常发展、社会安定、人民安居乐业的前提条件而存在的。它服从、服务于更高层次的政策目标；而经济稳定政策的政策手段，事实上也是另外一些经济政策，例如，货币政策、财政政策的应用而已。由此可见，从经济政策系统角度看，经济稳定政策实际上不过是个中介政策，它把实现社会发展终极目标的某些条件——在经济稳定政策中，是稳定——与特定时期的经济发展状况相结合，量化为具体的目标变量，如物价总水平及失业率的一定波动范围，并借助具有实际可操作性的政策工具的运作得以实现。有些更为复杂的经济政策目标，如经济增长，甚至要通过更多的中介政策目标转换，方能成为财政、货币政策工具的操作对象。

由此可见，在经济政策系统这一多阶递进的目的—手段系统中，各项具体经济政策的地位是相对的。对于上一层次的经济政策而言——例如，产业结构政策相对经济增长政策而言——它是政策手段，而对于下一层次的经济政策而言，它又成为政策目标。因而，研究作为政府经济调控管理手段的经济政策系统，既要从个别经济政策的角度进行，又要从整个经济政策系统的角度进行，而后者，则更为重要。

参考文献

［1］陈东琪：《东欧经济学概论》，陕西人民出版社 1988 年版。

［2］陈璋等：《西方经济理论与实证方法论》，北京大学出版社 1993 年版。

［3］冈本哲治等：《经济数学》，辽宁人民出版社 1985 年版。

［4］《顾准文集》，贵州人民出版社 1994 年版。

［5］胡汝银：《低效率经济学：集权体制理论的重新思考》，上海三联书店 1992 年版。

［6］《列宁选集》（第 1 ~4 卷），人民出版社 1972 年版。

［7］刘世锦：《经济体制效率分析导论》，上海三联书店 1993 年版。

［8］罗伯特·赖克：《国家的作用——21 世纪的资本主义前景》，上海译文出版社 1994 年版。

［9］罗伯特·诺齐克：《无政府、国家与乌托邦》，姚大志译，中国社会科学出版社 1991 年版。

［10］罗季荣、李文溥：《社会主义市场经济宏观调控理论》，中国计划出版社 1995 年版。

［11］守谷基明：《现代的经济政策论》，中央经济社 1983 年版。

［12］西蒙：《管理行为》，北京经济学院出版社 1988 年版。

［13］约翰·罗尔斯：《正义论》，何怀宏等译，中国社会科学出版社 1988 年版。

［14］正村公宏：《经济政策》，东洋经济新报社 1982 年版。

［15］周冰：《不可企及的目标——经典计划经济理论剖析》，长春出版社 1996 年版。

第五篇

发展繁荣哲学社会科学事业，推进我省全面建设小康社会进程*

——福建省哲学社会科学事业发展情况调研报告

自2001年8月起，江泽民同志在不到一年的时间里，专门发表了三次关于发展哲学社会科学的讲话，一再强调哲学社会科学的重要地位和作用，并且对主管部门、对哲学社会科学工作者提出了明确的要求和期望。社会发展的需要，党和政府的关心，无疑将极大地促进我国哲学社会科学事业的发展。在这一背景下，如何进一步发展繁荣我省的哲学社会科学事业，推进我省全面建设小康社会进程，成为我省人民、省委、省政府、各级党委、政府以及广大哲学社会科学工作者关心的一件大事。根据《关于印发〈关于全省宣传思想文化系统调研工作方案〉的通知》精神，省社科联组织了“繁荣发展福建省哲学社会科学事业”的课题调研活动。经过各子课题组历时数月的调研活动，形成了《福建省高校哲学社会科学情况调研报告》《福建省社科院（所）系统研究现状调研报告》《全省党校系统哲学社会科学研究情况调研报告》《进一步发挥讲师团在繁荣发展我省哲学社会科学中的作用》《全省社科联系统调研情况报告》《积极扶持学会建设发展　全面繁荣我省哲学社会科学——省级哲学社会科学类学会调查报告》《关于进一步提高我省社会科学季谈会质量的调研报告》七份调查报告。本研究报告在上述七份报告的基础上，对我省哲学社会科学事业发展的现状进行综合分析，并提出相应政策建议。

---

* 本文系2003年受福建省社会科学界联合会委托撰写的研究报告。

一、我省哲学社会科学研究现状概述

（一）哲学社会科学研究队伍现状

我省的哲学社会科学研究队伍，经过多年发展，已经基本形成了高等院校文科、社科院（所）系统、党校系统、各级讲师团以及党政部门研究机构为主体的研究队伍。目前，四系统共有社科教学研究人员 4638 人。其中，具有正高职称的 507 人，副高职称的 1535 人，中级职称的 1724 人；博士生导师 101 人，其中，45 岁以上的 74 人，44 岁以下的 27 人；获博士学位的有 401 人，其中，50 岁以上的 40 人，49 岁以下的 361 人；获国务院政府特殊津贴的专家 323 人，省优秀专家 14 人，国务院学位委员会学科评议组成员 6 人，国家社科基金项目学科组成员 4 人，教育部教学指导委员会委员 7 人，7 人入选教育部跨世纪人才培养计划，9 人获国家级有突出贡献的中青年专家称号，4 人获教育部高校青年教师奖。

从四系统的人员统计可以看出（见表 1），我省哲学社会科学的研究力量主要集中在高等院校。82.15% 的研究人员、87.25% 的正高职称者、77.81% 的副高职称者、97.03% 的博士生导师、97.01% 的博士都集中在高等院校。

表 1　我省高校、社科院、党校、讲师团四系统社科研究人员结构　单位：%

项目	全部研究人员	正高职称	副高职称	中级职称	博导	获博士学位
高等院校	82.15	87.25	77.81	80.28	97.03	97.01
社科院（所）	7.68	7.17	7.42	7.58	2.97	1.75
党校	8.47	5.58	13.47	9.80	0	1.25
讲师团	1.70	0	1.30	2.33	0	0
总计	100.00	100.00	100.00	100.00	100.00	100.00

（二）学科发展及研究现状

我省的哲学社会科学事业起步很早。中国近现代社会科学的发展大致起源于严复先生等对欧洲近现代社科著作的译介。“五四运动”以来，以鲁迅为代表的一批新文化学者在福建从事教学与著译活动，传播新文化知识与现代社会科学研究方法，为福建哲学社会科学事业的发展奠定了基础。但是，“文化大革命”之前，我省的哲学社会科学研究从研究人员数量、地域分布、学科覆盖范围、研究水平看，都处于较低水平。以我省社科研究主体的大学为例，“文化大革命”前，只有厦门大学、福建师范学院（现为福建师范大学）等少数大学有较强的文科教学研究队伍，在全国哲学社会科学研究的部分学科中有一定影响，其他大学的文科教师主要从事政治、外语等公共课教学，哲学社会科学研究比较弱。许多院校的哲学社会科学研究基本上是到了20世纪80年代方才起步的；我省虽然在1962年就成立了省社科联，但是，直到80年代之前，下属的学会一直只有6个。

党的十一届三中全会之后，尤其是近10年来，我省哲学社会科学事业得到迅速发展。哲学社会科学教学研究人员数量有了较大增长。现在，所有高等院校都有一支文科教学研究队伍，社科院（所）、党校、党政部门的政策研究机构、讲师团等的教学研究力量也得到长足发展，社科研究队伍不仅在福州、厦门等沿海主要城市集聚，而且延伸到各个设区市甚至县区。继1978年省社科联恢复以来，9个各设区市以及部分县区也成立了社科联，各类学会蓬勃发展，目前全省共有省级社科类学会、研究会、协会136个，其中130个是党的十一届三中全会之后成立的，涵盖了文、史、哲、经、社会学等全部一级学科以及众多的二级学科、子学科和新兴边缘交叉学科、特殊研究领域，基本上形成了学科较为齐全、人才队伍庞大、学术活动活跃、发展积极健康的社科研究群体，参加学会活动的会员人数多达10万之众，分布在我省高校、党校、科研部门、党政群机关、企事业单位等，此外，设区市社科联有所属学会373个，会员近9万人。初步形成了高等院校以教学与科研并重，基础理论与应用研究并重，社科院（所）、党政群政策研究机构以应用研究、政策研究为主，党校及讲师团以干部培训教育为主，兼及研究，各有特色，相互呼应的社科教学研究力量配置格局。

学科分布方面，我省广大哲学社会科学工作者在马克思列宁主义、毛泽东思想、邓小平理论的指导下，坚持哲学社会科学研究的正确方向，初步形成了门类比较齐全、特色与优势较为明显的哲学社会科学研究体系。到2003年5月为止，福建省高校已有文科博士后科研流动站5个，一级学科博士、硕士点9个，二级学科博士点75个，二级学科硕士点172个；国家级重点学科8个，省级重点建设学科75个，教育部百所文科重点研究基地5个；国家级“211”工程“九五”重点建设学科4个，省级“211”工程“九五”重点建设学科4个。在校文科博士生1033人，硕士生5859人。政治经济学、财政学、金融学、会计学、统计学、工商管理、专门史（经济史）、高等教育学、国际经济法、中国文学、华侨华人与东南亚问题研究、中国台湾问题研究等学科（领域）在全国具有一定优势，拥有一批在全国有较高知名度、重要学术影响的专家学者。

在承担国家级研究任务及研究成果方面，自“六五”规划以来，我省社科工作者承担了国家社科基金项目共217项，资助金额累计达800多万元，其中，“九五”期间89项，资助金额287万元，此外，尚有相当数量的国家自然科学基金管理类项目、国家软科学项目以及国际合作研究项目、教育部等国家部委研究项目。有6项成果获得首届国家哲学社会科学基金项目优秀成果奖。1998~2002年，高校系统出版文科专著1185部、教材624部，在国家级权威刊物上发表研究论文2259篇，在这些成果中，获国家级奖励10项、省部级奖励561项；全省社科院（所）系统出版专著123部、教材37部，在国家级权威刊物上发表论文126篇，有两篇理论文章获全国“五个一工程”奖，有18项成果获省社科优秀成果奖、13项成果获首届邓小平理论研究基地优秀成果奖和荣誉奖；党校系统出版著作87部，在省级以上报刊发表论文2061篇，成果获全国图书奖1项、省部级社科优秀成果奖44项；讲师团在省级报刊上发表论文209篇。

在学术期刊方面，全省公开出版的学术刊物共有38种。这些刊物作为我省社科工作者发表学术成果、交流研究心得的重要园地，对促进我省哲学社会科学研究起了重要作用。这些杂志少数创刊于新中国成立初期、“文化大革命”前，但大多数是20世纪80年代以来新办的，经过不懈努力，目前已有相当部分在全国有一定影响。《厦门大学学报（哲学社会科学版）》是新中国成立后，全国第一个公开出版的大学文科学报，《中国经济问题》是全国大学公开出版的第一份经济学专业期刊，自创刊以来，在经济学界一直具有重要影响。它们以及《东南学术》《福建论坛·人文哲学社会科学版》《福建论坛·经济社会版》《亚太经济》《海交史研究》《教育评论》等刊物都入选全国核心期刊。《东南学术》作为省社科联主办的综合性学术理论刊物，1998年改刊以来所发表的文章中有180篇被《新华文摘》、人大报刊复印资料等多家报刊转载，1999年转载率名列全省学术理论刊物首位，2000年被《新华文摘》转载的文章数量居全国第三位。《东南学术》已被选入“中国人文社会科学核心期刊”，入选“中文哲学社会科学引文索引（CSSCI）来源期刊”，被认定为“《中国人文社会科学引文数据库》来源期刊”和“《中国学术期刊综合评价数据库》来源期刊”，加入了《中国期刊网》和《中国学术期刊（光盘版）》，进入了中国期刊方阵。

（三）社会服务

哲学社会科学研究不仅具有认识功能，而且具有社会服务功能。近年来，随着我省社会经济的发展，社会经济文化生活现象日趋多样化、复杂化，哲学社会科学在解决各种复杂社会问题中的作用逐步显现，社会各界对哲学社会科学的社会服务需求日趋扩大。我省广大哲学社会科学工作者在从事哲学社会科学理论研究的同时，积极开展各项社会服务工作。

1. 提供决策咨询

全省广大哲学社会科学工作者围绕党委和政府的中心工作，大力发扬理论联系实际的优良学风，注重研究社会实践提出的重大课题，为各级党委、政府提供决策咨询。厦门大学等高校、社科院的经济学者，南洋问题、台湾问题专家就东南亚金融风波、国企改革、扩大内需政策、“入世”谈判以及“十五”经济增长等宏观经济政策、南海疆域问题、台湾问题等，向中央有关部门提供了多份政策研究报告，受到中央有关部门领导的高度重视。省社科联主办了“福建‘十五’经济发展目标”“推进福建小城镇建设”“建设生态省”“实施人才强省战略”“构建三条战略通道”“加快发展福建县域经济”“建设诚信福建”“改善公共管理与提高为人民服务质量”等36场哲学社会科学季谈会，组织全省相关领域学有专长的专家学者，就当前社会经济发展中的重大政策课题进行调研、专题研究，向省委、省政府领导提供有重要决策参考价值的意见，为推进我省三个文明建设作出了社科界应有的贡献。例如，社科专家对福建省“十五”期间国内生产总值增长速度的建议，在省委、省政府制定我省第十个五年计划纲要时被采纳；《福建生态省建设规划纲要》《福建省实施人才强省战略规划》等，也都吸收了社科专家在季谈会上的决策建议。社科研究成果转化机制不完善、渠道不畅通是社会科学研究工作中存在的突出问题，致使大批社科成果束之高阁，社会科学成果的社会价值难以体现，不利于推动社会科学面向实际，研究实际。而社会科学季谈会这一制度的建立，为社科专家的研究成果直接进入省委、省政府的决策创设了最便捷、最直接的通道，大大促进了社科研究成果从理论向实践的转化，充分发挥社科研究在解决社会经济重大问题中的智力支持作用，使社会科学的价值和作用进一步显现出来；社科季谈会的议题大多是我省经济建设和社会发展提出的重大课题，为了圆满地完成省委、省政府提出的课题，省社科联组织社科专家深入实践第一线。积极开展全面细致的调查研究，促进社科专家更加关注现实，理论联系实际。社科季谈会不仅为省委、省政府决策提供了有重要决策参考价值的意见，而且也产生了一批有重要理论和实践价值的研究成果，其中，不少成果在高级别学术理论期刊上发表并被权威报刊转载，不少还获得了国家级和省部级奖，产生了较大的社会效益和广泛的社会影响；通过社科季谈会，还发现、培养了一批中青年社科人才，他们的学识、研究能力和成果得到省领导和社会各界的赏识和承认，成为各自研究领域卓有建树的学者和学科带头人。此外，社科院（所）的研究人员与社会经济紧密结合，积极参与党委和政府的政策研究工作。近年来，省委、省政府下达的重点调研课题相当部分是依靠社科院系统完成的，中央、国家机关下达的指令性研究任务也有不少由该系统完成，研究报告、调研报告、对策建议构成该系统科研成果的重要组成部分。厦门市社科联组织的社科季谈会、泉州市社科联举办的“刺桐论坛”、漳州市社科联创办的“工业立市”论坛等，都为当地经济和社会发展起了积极的促进作用。

为了更好地发挥哲学社会科学在重大社会经济问题中的决策咨询作用，2000 年底，省政府正式聘请厦门大学、省社科院等单位的一批社科学者为省政府专家咨询组成员，之后，又有一批政法专家被聘为省政府法律顾问，经常性地参与省政府的决策咨询工作。此外，还有一大批社科专家积极参与了各级党政部门的决策咨询活动，为提高政府决策科学水平，促进社科研究成果从理论向实践转化，作出了应有的贡献。

2. 面向社会大众，采用丰富多彩的形式，广泛开展哲学社会科学知识宣传普及活动，用先进的理论武装人，提高人民群众的哲学社会科学素质

省社科联先后举办了 100 多场科普报告和讲座，出席听讲的各界群众近 4 万人次；组织 100 多个学会、400 多人次的专家学者，开展了 4 次“社会科学在你身边”咨询活动，面对面地解答群众咨询万余人次；2001 年，在省委宣传部的领导下，省社科联和各设区市社科联成功地组织了“百名社科专家老区行”活动，全省高校、党校、社科院系统的一百多名哲学社会科学工作者深入我省 7 个市、26 个县区、56 个乡镇、80 多个村，走访农户、乡镇企业，调查研究，了解老区经济、社会发展情况，为基层干部群众举办社科专题讲座，通过调研，形成了 102 篇政策建言、24 篇专题调研报告，这些建言和报告在报刊上发表后，引起有关部门的重视，有些政策建言省领导还作了批示。2002 年，省委宣传部和省社科联共同主办了“百场社会科学专题报告会”，组织省内有较高学术造诣的社科专家深入基层，深入群众，着重就邓小平理论、“三个代表”重要思想、改革开放和社会主义现代化建设中的重大理论与实践问题，以及干部群众普遍关心的热点、难点问题作了100多场专题演讲，较大范围地宣传了邓小平理论和“三个代表”重要思想，普及社会科学知识，收到了良好的社会效果。此外，近年来，还配合有关单位主办“光大杯”世界贸易组织知识竞赛，全省13000多人参加了这一活动。隆重举办“福建省社会科学20年成就展”。在《福建日报》、福建人民广播电台、福建电视台等共开办了30多个专题、专栏和专版，宣传哲学社会科学知识。各设区市社科联还组织各学会、研究会的专家学者深入企业、农村、学校、社区第一线，共举办讲座300多场，积极宣传普及哲学社会科学知识，受到各界群众的欢迎。

在理论教育宣传方面，讲师团发挥了重要作用。讲师团自1998年以来，共为各级中心组辅导596场，举办各类理论骨干培训班1100多场，培训理论骨干6万多名，同时还积极开展专题辅导和宣讲。1998年以来，全省讲师团共开展专题辅导和宣讲近1万场，听众达118万多人次，其中，党的十六大精神辅导报告788场，听众10万多人次，“三个代表”重要思想辅导报告1000多场，听众15万多人次，推动了广大干部群众的学习，使科学的理论特别是邓小平理论和“三个代表”重要思想深入人心。

（四）对外学术交流

对外学术交流是促进科学研究水平提高的一个重要方面。近年来，我省社科研究的对外学术交流正在不断扩大之中。高校是对外学术交流的主体，每年都派出多名文科教师参加各种形式的国际学术交流，聘请国外学者来我国讲学，接受国外留学生，在境内举办国际性学术会议，1998年以来，我省高校举办的人文哲学社会科学方面国际学术研讨会共17场次，包括诺贝尔奖获得者在内的许多国外著名学者参加了这些国际学术研讨会。与此同时，各级社科联和学会也组织了大量的对外学术交流活动。省社科联与台湾地区财团法人中华饮食文化基金会共同主办了“第六届中国饮食文化国际学术研讨会”，与中国民族学会汉民族分会共同主办了“2000年汉民族研究国际学术研讨会”，与香港国际客家学会、北京大学客家历史与文化研究所等单位共同主办了“第六届客家学国际学术研讨会”，与南平市政府等单位共同主办了“朱子学与21世纪国际学术研讨会”等十几次国际学术会议。福州市社科联、厦门市社科联、泉州市社科联还参与主办了“福州—台湾文化渊源暨经贸交往学术研讨会”“厦门海洋社会经济文化发展国际学术研讨会”“21世纪人类生存与发展国际学术研讨会”“泉州港与海上丝绸之路国际学术研讨会”，这些国际学术会议，拓展了我省社科研究的对外学术交流空间，扩大了我省社科研究的国际影响，为我省社科研究的国际合作创造了条件。

我省哲学社会科学工作者还注意利用闽台之间的特殊亲缘关系，通过各种渠道，采取学术研讨、人员互访、课题合作研究等多种方式，加强我省哲学社会科学界与台湾地区的学术交流，促进两岸社科界的相互了解与往来，推动祖国的和平统一大业。

（五）课题经费资助与成果奖励

制订社科规划、组织规划课题评审并进行经费资助，是党和政府对社科研究进行指导的重要方式。近年来，社科规划部门通过发挥社科规划的导向作用，改革和完善社科规划管理体制，整合社科研究资源，不断提高我省哲学社会科学研究水平，获得国家社科基金资助的课题数不断增加。“六五”期间，我省获国家社科基金资助项目仅为4项，“七五”期间为64项，“八五”期间为60项，“九五”期间为89项，而“十五”的头两年，即2001年和2002年，我省就有68个课题获准立项为国家社科基金项目，获资助课题研究经费363万元。省社科规划课题资助的项目数和金额也逐期增长。“六五”期间，省社科基金资助课题为86项，“七五”期间为130项，“八五”期间为143项，“九五”期间为284项，而“十五”规划仅第一期就立项266个课题，此外，课题的资助金额也有所增加。通过课题立项，资助了一批有重要学术价值、现实意义的学术研究。我省获全国性重要学术奖——如孙冶方经济学奖、中国图书奖——的著作大多是课题成果，在首届国家社科基金优秀成果评奖中，我省有6项成果获奖，其中，《国民经济核算通论》《中国近代海关史（晚清部分）》获二等奖，《外商投资的经济社会效益评价——理论与方法》《市场经济下会计基本理论与方法研究》《国家学说史》《戏剧思维》获三等奖，获奖数居全国各省（区、市）第二位。在中宣部组织的全国精神文明建设“五个一工程”理论文章评选中，社科规划项目阶段性成果《十五大报告对邓小平经济理论的运用和发展》《积极探索效益优良的公有制实现形式》《江泽民对邓小平特区理论的新贡献》《在社会主义市场经济条件下应当而且能够实践为人民服务的基本原则》四篇文章获奖，此外，国家社科规划课题《中国南海疆域研究》提出的重要观点和对策建议，受到外交部有关领导的高度肯定；《投资体制改革研究——中外投资理论与政策比较研究》课题成果受到国家经贸委领导的重视。通过课题立项，我省还资助了一批对我省社会经济发展中重大决策问题的研究，这些课题研究成果通过社科季谈会等形式，直接向省委、省政府领导提供决策咨询，对提高我省重大社会经济问题的科学决策水平提供了必要的智力支持，显现了哲学社会科学研究解决复杂社会经济问题的能力和作用，使社会各界增进了对哲学社会科学研究的科学价值与应用意义的了解。

坚持科学、客观、公正的原则，精心组织哲学社会科学优秀成果评奖和评优评先进活动，是激发和调动广大哲学社会科学工作者的积极性、主动性和创造性的一个重要方面。自 1988 年以来，省社科联受省政府委托，组织了四届全省哲学社会科学优秀成果评奖活动，共受理申报成果 4814 项，获奖成果 1152 项。其中，一等奖 68 项、二等奖 279 项、三等奖 793 项、“青年佳作奖”和“基层佳作奖”12 项。目前，第五届省社科优秀成果评奖工作正在进行中，共受理成果 1297 项。经过多年努力，1998 年 7 月，省政府颁发了《福建省哲学社会科学优秀成果奖励办法》，使我省哲学社会科学优秀成果评奖工作逐步走上了科学化、规范化、制度化的轨道，对促进我省哲学社会科学事业的发展产生了重要的作用。此外，1999 年和 2002 年，省社科联还与省委宣传部、省人事厅联合开展了两届“福建省优秀青年社会科学工作者评选活动”，评出了 20 名福建省优秀青年社会科学工作者、23 名福建省优秀青年社会科学工作者提名奖，这对扶持和培养我省社科界的新生力量起到了积极的作用。根据有关工作条例，省社科联从 1998 年起，每两年开展一次评选表彰学会、研究会、设区市和高校社科联、社科规划管理先进集体和先进工作者活动。设区市社科联也从各自的实际出发，积极组织开展哲学社会科学优秀成果评奖活动，评出市级优秀成果，并以市政府的名义进行表彰。目前，福州、厦门、泉州、三明、宁德五个市都颁布了哲学社会科学优秀成果奖励办法，泉州市政府还设立了“市长社会科学特别奖”，用于奖励重大社科成果。

二、我省哲学社会科学发展中存在的若干问题

党的十一届三中全会以来，尤其是“九五”以来，我省哲学社会科学事业取得了令人瞩目的成绩，是新中国成立以来发展最快的时期，但是，与我省社会经济的发展以及社会对哲学社会科学的需要相比，仍然是相对滞后的，不能

满足社会发展的需要，存在着一些亟待解决的问题。

（一）对哲学社会科学基本功能的认识存在偏差

哲学社会科学首先是一门科学。邓小平同志早就明确指出："科学当然包括社会科学。"① 社会科学作为科学，具有真理性，在人类认识与实践活动中发挥着独特的认识功能。其次，社会科学作为指导人们社会实践的知识体系，又属于社会的思想意识和上层建筑，是社会经济基础和政治制度的直接反映，因此，又具有自然科学所不具有的价值性。但是，长期以来，由于历史的原因，我国对哲学社会科学的真理性与价值性关系的认识存在偏差，过多地重视其价值性特征，忽视其真理性特征。新中国成立以来，我国的哲学社会科学发展呈现强烈的意识形态色彩，表现出服务于社会政治斗争，随政治运动的发展而变化的特点。新中国成立初期，哲学社会科学研究中出现了盲目向苏联一边倒的做法。在苏联长期形成的以政治批判代替学术讨论、以政治定性代替学术结论的学术制度影响下，我国的哲学社会科学发展出现了过于意识形态化的不良倾向。20 世纪 50 年代中期，政治大批判取代了学术争鸣，政治斗争取代了学术讨论，政治定性取代了学术结论。结果使哲学社会科学或者成为领导人意志和现行政策的宣传品，或者限于讲解、注释经典著作，学者畏惧进行创造性研究，学术研究难以深化。当时的主流意识形态把知识分子置于工农群众的对立面，归入资产阶级或小资产阶级行列，使之处于被改造、监督和利用的地位。在这种情况下，哲学社会科学工作者比自然科学工作者受到更多的歧视。哲学社会科学的认识主体丧失了独立精神与人格，哲学社会科学的发展必然是扭曲、缓慢的，甚至是停滞不前的。要求哲学社会科学研究服从政治意志的荒唐做法，一定程度上使政治经济中的决策失误无法及时纠正，国民经济和社会发展为此付出了沉重的代价。

在社会科学真理性与价值性、认识功能与社会功能的问题上的认识偏差，对我省哲学社会科学事业发展所造成的问题主要表现为以下两个方面。

（1）过分强调哲学社会科学的意识形态性质、价值取向性，忽视哲学社会科学的首要属性是真理性；过分强调哲学社会科学研究为政治为党政中心工作服务，忽视哲学社会科学研究发展的相对独立性要求；强调宣传口径的统一

① 转引自孙承斌等：《为民族复兴提供精神动力——党的三代领导集体关心、支持哲学社会科学事业纪实》，载《江南论坛》2002 年第 11 期。

多，对发展哲学社会科学本身所需的学术自由、学术争鸣环境认识不足。在发挥哲学社会科学社会服务功能的相关活动中，有些部门、领导长官意志浓厚，忽视哲学社会科学首先是科学，哲学社会科学研究有其自身特点与发展规律，片面地要求哲学社会科学研究服从领导人的意志和现行政策，存在着权大真理多的话语霸权倾向；在有关决策咨询及政策研究中，有些部门、领导实际上并不需要社会科学家运用其专业知识答疑解难，而是要其为自己的观点制造理论根据，存在着违背科学研究原则，领导先下结论，要求社科工作者违心论证的现象。

（2）部分社科研究人员在研究中不能坚持科学态度，畏惧进行创造性研究，在研究中唯上、唯书，不唯实。以领导意志为意志，满足于注释经典、演绎政策，甚至以哲学社会科学应当为政治为党政中心工作服务为借口，不顾事实、逻辑，揣摩领导意图，曲意迎合，制造所谓理论根据；有些社科工作者囿于个人利益，在学术讨论中，害怕学术自由、学术争鸣，不能平等讨论、以理服人，存在着以所谓政治标准取代学术标准、以政治批判代替学术讨论、以政治定性代替学术结论的不良倾向。

（二）对哲学社会科学研究在社会发展中的重要性认识不足，投入不足

社会科学作为与自然科学并列的知识体系，研究目的是探索社会现象的内在规律，指导人们的社会实践，肩负着“认识世界，传承文明，创新理论，咨政育人，服务社会”的重要职责。随着经济和社会的发展，社会科学的重要性日益显现。但是，目前为止，对社会科学是与自然科学并列的知识体系以及它在社会发展中的重要性还缺乏足够的认识。主要体现在处理自然科学与社会科学的关系上，尚未完全落实江泽民同志“四个同等重要”的指示。[①] 无论是在管理机构设置、人员配备、研究经费投入、研究成果奖励、研究人员表彰等各个方面，都存在着重自然科学轻哲学社会科学的倾向。

---

① 江泽民同志指出：哲学社会科学是人们认识世界、改造世界的重要工具，是推动历史发展和社会进步的重要力量。哲学社会科学的研究能力和成果，也是综合国力的重要组成部分。在认识和改造世界的过程中，哲学社会科学与自然科学同样重要；培养高水平的哲学社会科学家，与培养高水平的自然科学家同样重要；提高全民族的哲学社会科学素质，与提高全民族的自然科学素质同样重要，任用好哲学社会科学人才并充分发挥他们的作用，与任用好自然科学人才并发挥他们的作用同样重要。我们实施科教兴国战略，包括自然科学和社会科学两个方面。参见江泽民：《在北戴河会见部分国防科技和社会科学专家的讲话》，载《人民日报》2001 年 8 月 8 日。

在管理机构设置与人员配备上，我省的哲学社会科学工作至今不设政府主管部门，实际承担我省社科工作管理的机构省社科联至今仍是群众团体，而自然科学方面，则设有省科技厅和科协。省社科联的工作人员目前仅24名，其中，公务员编制18人、事业编制6人，是我省工、青、妇、科协、文联、侨联、台联等各人民群众团体中，内设机构和人员编制最少的，在全国30个成立社科联的省份中，则名列第26位。显然，这与党和国家对哲学社会科学事业发展的要求，与我省经济社会发展的现实需要，与我省社科事业在全国的地位和影响是严重不适应的。设区市的社科工作管理部门也存在着同样问题。

社科研究经费投入严重不足。尽管近年来我省哲学社会科学研究经费逐年有所增加，广大哲学社会科学工作者也积极通过国家社科基金等各种渠道申请研究经费，但是，由于历史基数低，哲学社会科学事业发展快，研究队伍不断扩大，研究经费投入相对于庞大的研究队伍、繁重的研究任务而言，严重不足。1998年以来，我省16所高校由财政拨款的事业研究经费共为6244.19万元，人均每年仅0.327万元，尚不足参加一次国内学术会议的旅费，而实际上，许多院校的文科教学科研人员多年来除了个人自行争取来的课题经费之外，没有任何研究经费可供支配。全省讲师团系统1998年以来的科研经费总额不到11万元。由于缺乏经费，必要的报刊、图书资料难以购买，更缺少现代办公设备，有的讲师团至今还没有电脑。

目前我省社科研究者研究经费的主要来源——社科规划经费无论从总量还是从个别项目经费上看，都是过低的。

我省目前每年用于社科规划的专项经费不过100万~120万元，仅为华东六省一市平均水平的50.9%（见表2），甚至不及我省自然科学基金一个重点项目资助额度的25%。[①] 即使仅按高校、社科院、党校和讲师团四系统研究人员计算，[②] 我省社科研究人员2003年的人均省社科规划课题经费也不过为258.7元，大约相当于发表一篇论文的稿费收入。单个项目的课题经费，近年来有了较大增加，但是，一般的省级课题研究经费也仅0.8万元，重点课题不过1.5万元。而相同的课题，如果申请我省软科学基金课题，则最少可以获得5万元的课题费。课题类型相同，研究方式相同，研究工作量相同，最终成果相同，但只是因为申请的渠道不同，资助力度为1∶6.25，差距之大，显然难以解释。同样是省级社科基金项目，我省的资助力度也是比较低的，广东、

① 据了解，我省科技厅2003年资助的三个重点自然科学基金项目的总金额为1500万元。

② 实际上，党政群部门研究所的研究人员也是省社科基金项目的重要申请者。

上海、江苏等省份的省社科基金项目，无论是重点还是一般项目的资助力度，都比我省高出数倍。显然，无论是从全省社科规划课题经费总额还是个别项目经费，从省际比较还是省内自然科学基金与哲学社会科学基金的同类课题不同渠道的资助力度看，我省社科研究投入都是严重不足的。社科研究投入不足，在社科研究方式日趋自然科学化，也需要大量要素投入的今天，对提高社科研究水平的危害是致命的。由于研究投入不足，势必造成研究人员责任心缺失、犬儒主义的研究态度，在研究中只注重成本投入而忽视产出质量，倾向于选择因陋就简、投入最低的研究方式。研究投入不足，是目前社科研究成果二手资料引用多、实地调查研究少，定性分析多、计量研究少，低水平重复多、创造性研究少的重要原因之一。

表 2　　华东各省市社科规划专项经费情况　　单位：万元

年份	上海	江苏	山东	浙江	福建	安徽	江西	华东六省一市平均
2001	286	200	120	110	100	—	—	—
2002	386	200	160	250	100	—	—	—
2003	550	300	250	250	120	100	80	235.71

在研究成果奖励、研究人员表彰方面，哲学社会科学研究成果的奖励、研究人员的表彰力度也大大低于自然科学。从全国看，哲学社会科学至今尚未有像国家自然科学奖、科技进步奖这样的国家级社科成果奖，不进行哲学社会科学领域的院士遴选；从省级奖励看，对哲学社会科学优秀成果的奖励力度明显低于对自然科学研究成果的奖励，省社科优秀成果的奖励只有数百元，仅具象征意义；对研究人员的表彰也存在类似情况，以评选国务院政府特殊津贴专家为例，目前我省自然科学家与社会科学家之间的名额分配比例是10∶1。

（三）研究资源配置不合理，研究方法和手段落后，学术环境有待净化，人才建设亟待加强

党的十一届三中全会以来，我省哲学社会科学事业有了很大发展，社科研究队伍迅速扩大，但是，就社科研究队伍本身而言，目前也存在着一些制约进一步发展的问题。

1. 研究资源配置不合理

全省80%以上的社科教学研究人员集中在高校，而高校社科教学研究人员

的65%集中在厦门大学、福建师范大学、漳州师范学院和集美大学4所大学，其余的12所本科高校仅拥有35%的社科教学研究人员。其中，具有研究能力，实际从事社科研究的人员的集中程度则更高。

我省的社科教学研究人员总数近5000人，但是长期经常性从事社科研究的人员所占比例较低。相当部分高校文科教师忙于教学，只在晋升职称时才考虑撰写论文。据了解，甚至在国家重点学科所在的系，也只有10%左右的教师每年都从事一定数量的研究工作，经常发表论文。因此，尽管从平均数看，我省社科教学研究人员人均发表论著数并不高，但是，这些论著主要集中在少数人身上。因此，一方面是相当部分教学研究人员不从事著述，另一方面是少数教学研究人员承担了大部分论著的著述工作，工作量过大，导致了我省社科研究低水平重复劳动多、一般水平成果多、创造性研究少、精品少，成果总体水平不高。

在我国，即使是在哲学社会科学工作者中，也有相当部分人怀疑自己是否真正是在从事科学研究工作，因此对所从事的职业抱犬儒主义态度，往往屈从于政治权力、领导意识，不敢坚持实事求是、独立自主的科学研究，近年来，随着市场经济的发展，功利主义思想流行，急功近利、追求短平快的不良风气抬头，短期行为增加，因此，在研究中，出现了力量配置失衡：盲目跟风，追逐所谓“热点”问题者多，深入跟踪研究者少；热衷短平快的“前沿研究”者多，长期从事艰苦的基础科学研究者少；脱离实际的“纯理论研究”多，从实际出发切实回答现实问题的理论创新少；应用对策研究多，而其中真能实用者少；低水平重复性研究成果多，理论精品与群众真正喜闻乐见的科普作品少。

2. 研究方法和手段落后

近20年来，是新中国成立以来哲学社会科学理论与研究方法、手段进步最快的20年，新的理论、新的研究方法和手段不断被引入，知识更新换代速度之快，令人炫目。不断学习，更新知识结构，是保持研究能力，立足学科前沿的基本前提条件。但是，有部分社科研究人员不重视学习，及时更新知识，知识结构老化，研究手段落后，信息闭塞。相当部分研究人员对国外本学科研究前沿知之甚少，外语、数学水平较差，缺乏研究技能，只有少数研究人员能利用网络资源收集资料为科研服务，极少数研究人员能利用网络开展学术交流，提高成果质量，有的研究人员至今还不会最简单的电脑操作，仍然停留在笔纸时代。一些博士生导师、硕士生导师名不副实，既开不出合格的研究生课程，也无法指导学生进行研究。

3. 学术环境有待净化

从计划经济向市场经济转轨，必然出现一个价值观念、管理制度与行为规范调整转换期。新旧交替之际，某种失范状态似乎难以避免。作为这种失范状态的表现之一，是社科研究领域学术腐败现象增加。

政治经济权力介入学术领域，一些党政领导、企业领导运用种种不正当手法谋取学位、学历、学术职称和学术奖励。

有些学者利用其担任学术机构行政领导职务之便，管理监督制度不健全之机，对内垄断公共资源，压制本单位学术同行，搞不正当竞争、恶性竞争，对外利用行政权力，寻租谋私，权钱交易。

有些学者剽窃他人学术成果、学术观点，无偿占有助手及学生劳动成果，一稿多投，弄虚作假，搞“泡沫学术”。

在职称、学术奖励评定、课题立项评审中，有些学者违背学术道德、学者良心，公正原则，徇私营利，有的学者投机钻营，骗取职称、学术奖励和课题资助。

凡此种种，尽管是少数人行为，但是因为相当部分行为者或是掌握一定政治、经济、学术权力者，或是有一定学术地位的社科研究者，其能量与影响也就大大超过了行为人数与行为数量，其对我省社科研究领域学术环境的污染和危害也就不可低估。因此，从各方面采取措施，净化我省的学术环境，就成为进一步发展我省哲学社会科学事业亟待解决的重要问题之一。

4. 人才建设亟待加强

拥有一支高素质的科学研究队伍和合理的科研梯队是促进我省哲学社会科学进一步发展繁荣的前提条件。我省近 20 年来社科研究队伍发展得很快，但是，无论是从现有社科研究人才的年龄、知识、学科结构，还是从我省社科事业发展的需要来看，都存在一定问题。

从人才年龄结构上看，我省老一辈的社科专家已经步入高龄阶段，但是在博士生导师这一最高层次的社科专家队伍中仍占有相当比重；50 岁左右的中年专家已经成为我省社科研究的中坚力量，但是，由于历史的原因，不同程度上存在着知识结构不合理、知识老化等问题；由于商品经济大潮的冲击，40 岁左右的社科研究者则在一定程度上出现了断层；新的更年轻的社科研究者尚需一定时间锻炼成长。

从知识结构上看，我省各年龄层的社科研究者都存在不同程度的知识结构不合理、知识老化问题，它在一定程度上与专家的年龄相关。值得注意的是：中老年专家目前大多是博士生、硕士生导师，承担着培养年轻社科研究人员的重任，其知识结构的老化，将在一定程度上产生滞后影响。

从学科结构上看，由于哲学社会科学各学科在市场经济条件下能够实现其知识价值的能力不同，因此，一定程度上影响了人才在各个学科之间的流动，一些冷门学科人才短缺，后继无人。

（四）哲学社会科学研究管理体制不完善

我国经济体制改革已经多年，向市场经济转轨，大大解放了社会生产力，促进我国经济持续高速发展。经济体制改革的实践揭示了体制改革与解放社会生产力之间的因果关系。与经济领域一样，哲学社会科学领域也同样存在着体制改革解放生产力的问题。

1. 社科研究管理体制至今仍不离计划经济窠臼，严重限制学术发展

计划经济的一个特征是用统一的行政制度管理全社会各个领域的不同活动。改革开放以来，我国的社科研究单位的管理体制仍基本延续计划经济体制下的管理制度，与政府部门一样实行行政首长负责制，近年来原有的监督机制又大幅度削弱，出现了行政首长大权独揽的趋势。这一管理制度的最大弊病是违反了学术单位应当实行专家群体治理，学术民主，资源共享、共同发展的基本管理原则，资源与权力过分集中于单位行政首长，导致了学术发展资源被少数人垄断，不平等竞争、恶性竞争等一系列问题，使担任行政职务的少数研究人员与大多数不担任行政职务的研究人员之间产生严重的利益矛盾与对立情绪，严重限制了广大普通研究人员的工作积极性。在这样的制度环境下，不少学术研究人员为了获得必要的学术发展空间而被迫竞争行政职务，它不仅恶化了所在单位的学术环境，严重限制学术发展，因此而导致的人才流失已经成为不容忽视的问题。

2. 忽视科学发展规律，运用计划经济的数量管理手段管理和评价社科研究

科学研究是高度复杂的脑力劳动，其效率主要取决于形成正确的激励机制，使研究者能够最大限度地发挥其积极主动性，进行创造性研究工作。重大的研究成果需要长期投入，研究者往往需要承担极大的投入风险。

但是，现有的社科研究单位管理和评价体系却忽视科学发展规律，采用政府行政部门管理模式，以公务员年度考核制度考核哲学社会科学工作者的研究工作。管理方式、考核方法基本上是计划经济下的数量指标管理。评价体系数量指标化，重数量（发表了多少篇、字），轻质量；重形式（是否发表，发表在什么级别的刊物，在何级别出版社出版），轻内容；重“立竿见影”研究效应（如是否得到领导重视、批示），轻长远学科建设意义。管理者实际上是站在与社科工作者对立的立场上，希望通过运用管理简单劳动的泰罗制管理方式提高社科研究效率，其结果是南辕北辙。在这种考核制度下，从表面上看，似乎促进更多人从事科学研究，提高了科研效率和产出，但实际上是在促进低水平成果大量生产的同时，摧残了可能产生的真正学术精品。

3. 社科研究的课题管理和成果验收、优秀成果评审制度不健全

社科基金是社科工作者目前获得研究资助的主要渠道，成果验收和优秀成果评审是对社科工作者的工作认定与评价。目前的社科研究的课题管理和成果验收、优秀成果评审制度存在着一些缺陷，例如，有限的资金资助项目过多，实际上资助金额无法满足课题研究最低需要，一定程度上影响了课题研究成果质量；课题选题指南限制了研究者的选题空间，[①] 选题指南年年根据政府的中心任务大幅度调整，使研究者无法对有关学术问题进行持续深入的研究；课题的立项缺乏合理的评审制度，有的评审专家乘机以权谋私；课题成果验收以及优秀成果评审至今仍未实行匿名评审、评审专家资格审核制度，等等。制度不完善，是学术腐败的重要温床，它败坏了哲学社会科学研究领域的学术风气，严重影响了哲学社会科学工作者的研究积极性，不利于我省哲学社会科学事业的进一步发展繁荣。

4. 社科管理机构不适应哲学社会科学事业发展需要

长期以来，我省的社科管理工作是由省社科联具体进行的。社科联作为党和政府联系、领导、管理哲学社会科学工作的主要组织者和桥梁，为我省的哲学社会科学事业发展繁荣做了大量工作。但是，社科联至今仍是社会团体而不是政府职能部门，这与哲学社会科学本身的地位、在社会发展中的重要性，以及社会进步对发展哲学社会科学的需要，对于加强党和政府对哲学社会科学事业的领导的要求，是很不适应的。

① 自然科学基金项目（包括管理类课题），除了极少数指定课题之外，基本上是自由选题。

三、发展繁荣福建省哲学社会科学事业的若干政策建议

进一步发展繁荣哲学社会科学事业是实现党的十六大提出的全面建设小康社会目标的重要组成部分，是时代赋予哲学社会科学工作者的伟大任务，也是广大哲学社会科学工作者的心愿。

进一步发展繁荣哲学社会科学事业，需要党政部门与广大哲学社会科学工作者的共同努力。

（一）进一步加强党对哲学社会科学事业的领导

党的十一届三中全会以来，我国哲学社会科学事业的迅速发展，是与以邓小平、江泽民为核心的党中央的高度重视、正确领导分不开的。历届省委省政府领导的高度重视、关心与正确领导对我省哲学社会科学事业发展的重要作用，也是有目共睹的。早在1985年，项南同志就首倡举办社科季谈会，与有关省领导面对面座谈交流看法，开辟了社科专家参与决策的渠道；1986年、1998年省委、省政府办公厅先后两次发出关于重视和办好科技月谈会、社科季谈会的通知，使社科季谈会进入制度化的运行轨道；为了加强对哲学社会科学工作的领导，省委成立了社科规划领导小组，指导全省的社科事业发展，为鼓励社科工作者进行创造性的研究，1998年，省政府专门发布了《福建省哲学社会科学优秀成果奖励办法》的省长令，近年来，省委省政府的主要领导还多次到省社科联调研、现场办公，解决社科事业发展中的有关问题。

江泽民同志在关于哲学社会科学的三次重要讲话中指出："哲学社会科学，是人们认识世界、改造世界的重要工具，是推动历史发展和社会进步的重要力量。哲学社会科学的研究能力和成果，也是综合国力的重要组成部分。在认识和改造世界的过程中，哲学社会科学与自然科学同样重要；培养高水平的哲学社会科学家，与培养高水平的自然科学家同样重要；提高全民族的哲学社会科学素质，与提高全民族的自然科学素质同样重要，任用好哲学社会科学人才并充分发挥他们的作用，与任用好自然科学人才并发挥他们的作用同样重要。我们实施科教兴国战略，包括自然科学和哲学社会科学两个方面。""在认识和改造世界的过程中，哲学社会科学工作者是一支不可替代的

重要力量。”①因此，“我们要始终高度重视哲学社会科学在治党治国和建设有中国特色社会主义事业中的巨大作用，高度重视哲学社会科学领域高等教育的改革和发展，高度重视改善哲学社会科学研究和人才培养的条件，高度重视哲学社会科学研究领域重大课题的攻关，高度重视为哲学社会科学发展做出杰出贡献的学者的成就和作用。”②

进一步发展繁荣我省的哲学社会科学事业，必须深刻理解江泽民同志关于哲学社会科学三次重要讲话的精神实质，切实转变观念，从实施科教兴国战略和全面建设小康社会的高度来认识发展哲学社会科学事业的重要性。进一步加强党对哲学社会科学事业的领导，各级党政部门都要把繁荣发展哲学社会科学作为实现科教兴国和全面建设小康社会战略目标，增强综合国力的重要组成部分来抓，要经常关心哲学社会科学事业发展的状况，指导发展方向，及时解决哲学社会科学发展中需要党政部门解决的重大问题，逐步增加发展哲学社会科学事业的投入，为哲学社会科学发展创造良好的物质条件、学术环境，重视哲学社会科学成果的应用，为哲学社会科学成果的应用创造条件，真正发挥社会科学研究在社会发展中的作用，运用社会科学研究成果提高决策科学化程度、政府行政管理水平，同时，加强哲学社会科学知识的普及教育和培训体系的建设。在全社会普及哲学社会科学知识，用科学的理论武装人，提高全体人民的哲学社会科学素质、精神文明水平。通过宣传教育，在全社会形成尊重哲学社会科学的意识和文化氛围，形成哲学社会科学是与自然科学并列的知识体系的认识。

（二）尊重哲学社会科学的发展规律，创造宽松、良好的哲学社会科学发展环境

哲学社会科学作为科学，其首要特征是真理性，哲学社会科学唯其揭示了社会发展的内在规律，才能真正成为服务于代表先进社会生产力、先进社会文化前进方向、最广大人民的根本利益的社会力量，因此，把哲学社会科学的价值取向性建立在哲学社会科学的真理性基础上，把哲学社会科学的社会服务功能建立在哲学社会科学的认识功能基础上，是符合党的十六大提出的“三个代表”重要思想的。

---

① 江泽民：《在北戴河会见部分国防科技和社会科学专家的讲话》，载《人民日报》2001 年 8 月 8 日。

② 江泽民：《高度重视、大力发展我国社会科学事业》，载《人民日报》2002 年 5 月 9 日。

要充分发挥哲学社会科学认识社会的功能，必须鼓励创新的理论思维。江泽民同志指出："一个民族要兴旺发达，要屹立于世界民族之林，不能没有创新的理论思维。"① "与时俱进是马克思主义的理论品质，也是我国哲学社会科学保持蓬勃活力的重要保证。哲学社会科学工作者应适应变化着的时代条件，积极进行创造性的理论探索，努力为推进理论和实践的发展做出自己的贡献。"②

创新的理论思维只能在生动、活泼、民主、团结的学术气氛中形成。因此，各级党政部门对于创新的理论思维过程出现的不同认识，应当坚持马克思主义的认识论，认识到"成功的探索可以取得接近真理的认识，失败的探索可以成为接近真理的过程。形成鼓励创新、鼓励探索的良好环境，减少人才创新、探索的后顾之忧，是成功创新的重要条件。信任是人才发挥作用，极力创新能力的重要条件。信任是最大的尊重和爱护"③。自觉遵循哲学社会科学的发展规律，为哲学社会科学的发展创造一个良好、宽松的学术环境，鼓励广大哲学社会科学工作者按照"三个代表"的要求，自由思考，创新思维，平等讨论，百家争鸣。

在社会科学应用尤其是决策咨询中，应放手让社会科学工作者进行独立自主的研究，充分尊重社会科学工作者的研究结论，尤其要重视社会科学工作者提出的不同意见，尊重敢于提出不同意见的专家学者。采取有效措施，包括必要的制度建设，坚决杜绝领导先下结论、专家而后论证的伪科学行为。

（三）改革哲学社会科学管理体制，解放哲学社会科学生产力

不合理的管理体制是阻碍生产力发展的最大障碍。发展繁荣我省的哲学社会科学事业，必须对不适应哲学社会科学生产力发展的哲学社会科学管理体制进行改革。

必须改革哲学社会科学的宏观管理体制，加强党和政府对哲学社会科学事业的宏观指导，强化哲学社会科学管理机构的政府职能，增加管理力量，充实管理机构，调整完善社科研究的课题管理和成果验收、优秀成果评审制度，通过制度建设，建立公平、公正、公开的课题管理和成果验收、优秀成果评审制度，鼓励公平竞争，促进优秀成果、杰出人才脱颖而出。

---

①③ 江泽民：《在北戴河会见部分国防科技和社会科学专家的讲话》，载《人民日报》2001年8月8日。

② 江泽民：《高度重视、大力发展我国社会科学事业》，载《人民日报》2002年5月9日。

必须改革哲学社会科学研究单位的微观管理体制，学术单位应当在党的领导下，实行有利于最大限度地调动广大研究人员科研积极性，有利于发挥科研生产力的专家治系（所），民主管理，分权制衡，群众监督的管理制度，实现资源共享、学术民主、学术自由、共同发展。

必须改革现有的科研管理与考核评价体系，形成促使研究者最大限度地发挥其积极主动性，进行创造性研究工作的正向激励机制。形成严谨治学、实事求是、民主求实的学术环境，造就注重学术积累、潜心钻研、厚积薄发的学术空间，鼓励创造性研究、出真正学术精品的学术氛围。

必须建立健全学术单位的学术道德监察机制，加强职业道德、学术道德建设，清除学术腐败，反对伪科学。在学术界形成老老实实做人、踏踏实实做事、扎扎实实做学问的良好风气。

（四）增加哲学社会科学事业投入

哲学社会科学事业投入偏低，是制约我省哲学社会科学事业发展的重要原因，因此，应当坚决贯彻江泽民同志关于哲学社会科学与自然科学“四个同等重要”的指示精神，像重视自然科学一样地重视哲学社会科学的发展。应参照我省现行的自然科学研究经费拨款制度，把哲学社会科学研究经费纳入省财政预算体系，形成统一的科学研究经费预算科目，根据自然学科与社会学科的不同需要和社会发展的需要，确定哲学社会科学研究与自然科学研究之间合理的拨款比例。规定科学研究经费预算占 GDP、财政收入的一定比例，并与 GDP、财政收入增长速度挂钩，保证科学研究经费随着经济增长而增长。

在政府增加哲学社会科学事业投入的同时，鼓励广开资金渠道筹集哲学社会科学研究经费，逐步实现哲学社会科学事业投入渠道多元化。为了鼓励社会资金投入哲学社会科学研究，应参照国际惯例，制定哲学社会科学基金管理办法，并制定相应的税收减免与奖励措施。

（五）调整学科布局，整合学科研究力量，加强人才队伍建设，形成科学的人才竞争机制

改革开放以来，我国的社会经济体制发生了巨大变化，人们的价值观念、思维方式、生活方式等也都发生了重大变化。社会的发展变化必然要求哲学社会科学的研究领域、重点发生相应的变化，因此，必须根据社会发展的需要，调整我

省的哲学社会科学学科布局，下大气力巩固社会主义政治经济学、财政学、金融学、会计学、统计学、工商管理、专门史（经济史）、高等教育学、国际经济法、中国文学、华侨华人与东南亚问题研究、台湾问题研究等我省原有重点、优势、特色学科（领域）的学科优势，提高它们在全国乃至国际学术界中的地位与影响，重点扶持和建设汉语言文字学、新闻传播学、科学哲学、体育心理学、林业经济管理、数量经济学、客家学、朱子学等一批有一定优势或发展潜力的学科（领域），使之迅速成长为我省新的优势学科，发展我省社会经济发展急需的而目前短缺的相关学科，以及随着社会发展出现的新兴交叉学科、边缘学科，对于那些由于体制改革、社会转型而不适应时代发展需要的学科进行调整，对于少数被时代发展证明是没有科学价值的学科，要予以淘汰。

在学科发展中，要加强哲学社会科学的战略发展规划，制订我省哲学社会科学发展的中长期计划，根据我省社会经济发展的需要和学科发展优势，组织若干体现我省哲学社会科学发展水平的重大科研项目，通过重大项目研究，整合学科研究力量，做到出成果、出人才、出队伍，切实提高我省哲学社会科学领域研究重大问题的能力与水平。

人才队伍建设是提高我省哲学社会科学研究水平的基础，今后一个时期里，我省老一代哲学社会科学专家将逐渐退出学术舞台，一批中青年学术骨干将成为我省哲学社会科学各学科的学术带头人，因此，要加强我省高校哲学社会科学学科尤其是哲学社会科学国家重点学科、国家文科重点研究基地、一二级学科博士点等的建设，吸引全国乃至海外留学的优秀社科人才来我省工作，下大气力培养我省新一代的学术带头人，鼓励他们严谨治学、实事求是、民主求实，甘于寂寞、淡泊名利，力戒浮躁、潜心钻研，认真读书、多思慎思、关注现实世界，注重学术积累、厚积薄发，出精品、出上品。

在人才队伍建设上，要通过建立开放竞争的人才体制，形成激励中青年哲学社会科学人才健康成长的机制和环境，在工作环境、学习机会和生活待遇等各方面为中青年哲学社会科学研究骨干和高层次人才脱颖而出创造必要的条件。

（六）拓展哲学社会科学成果应用的空间，充分发挥哲学社会科学的社会服务功能

哲学社会科学研究的认识功能必须通过它的社会服务功能得到价值体现，哲学社会科学研究对社会发展的认识正确与否，也必须通过将哲学社会科学成果付诸实践才能得到检验。因此，哲学社会科学成果的应用，不仅服务社会，

体现其社会价值，而且也对学科发展本身具有极为重要的意义。发展繁荣哲学社会科学，必须拓展哲学社会科学成果应用的空间，充分发挥哲学社会科学的社会服务功能。

要鼓励哲学社会科学家深入实际，调查研究，参与决策咨询。为了提高我省社会经济重大问题决策的科学化、民主化水平，要继续办好社科季谈会，并提高其质量，为此，要积极宣传社科季谈会的重要地位和作用，加强社科季谈会的组织机构建设，建立健全社科季谈会的工作运行机制，进一步健全和完善社科季谈会的激励机制。此外，还应进一步开辟社会科学家参与政府社会经济重大问题决策咨询的新方式、新途径，建立健全社会科学家参与政府社会经济重大问题决策咨询的有关制度，为社会科学家参与决策咨询创造必要的条件，鼓励社会科学工作者深入实际、调查研究，把理论研究建立在实践的基础上，通过实践实现理论创新，验证理论创新，运用创新的理论解决我国改革开放和现代化建设中的实际问题，充分发挥社会科学在解决复杂社会问题中的作用。

要经常性地组织各种哲学社会科学宣传普及以及咨询活动，社会科学普及工作要紧紧围绕普及科学知识，提倡科学思想和科学方法，弘扬科学精神的总要求，鼓励哲学社会科学工作者创作各种群众喜闻乐见、通俗易懂的哲学社会科学普及作品，运用各种大众传播媒体，对社会大众进行哲学社会科学知识的宣传与普及教育，帮助人民群众运用社会科学的知识和方法解决生产和生活中的实际问题，逐步树立崇尚科学文明、反对迷信愚昧的良好社会风气，发挥社会科学在“以科学的理论武装人”，全面提高我省人民的思想道德素质和科学文化素质，推进全面建设小康社会进程中的重要作用。

保护原始森林与营造人工林*

很高兴来参加今天的座谈会。中共福建省委《关于加强新形势下哲学社会科学工作的意见》和今天的座谈会说明了各级党组织对繁荣和发展哲学社会科学的重视。这为我国哲学社会科学的发展和繁荣创造了重要条件。

纵观历史，任何科学的发展，都是社会实践和需要推动的结果。繁荣和发展我国的哲学社会科学是建设中国特色社会主义实践的需要。自 1978 年以来，中国逐步摆脱传统模式，走出了建设中国特色社会主义的新路。新的社会经济实践，需要新的理论予以解释；新的社会经济发展模式，需要新的理论予以指导。30 年建设中国特色社会主义的实践，尽管对于新的理论体系的形成，仍然非常有限，但毕竟为科学研究提供了一些起码和必要的实践素材，使理论探索成为可能。

当此之时，各级党委重视，提出了加强新形势下哲学社会科学工作的指导方针和基本原则、任务，注意到需要推进哲学社会科学管理体制和运行机制的改革，为发展和繁荣我国的哲学社会科学创造机制前提。我们相信，只要方法得当，这一愿望一定能够实现。

我希望通过哲学社会科学管理体制和运行机制的改革，解放广大哲学社会科学家的生产力，使他们为建设中国特色社会主义的理论体系，贡献全部的聪明才智。就我个人看来，一个繁荣和发展我国哲学和社会科学的管理体制和运行机制，需要有利于以下几个方面。

（1）鼓励哲学社会科学家从事自由探索。如果承认哲学社会科学与自然科学一样是科学，哲学社会科学研究与自然科学研究一样，是一种知识创新工作，是对未知世界的探索，那么，促进哲学社会科学繁荣和发展的首要机制，

* 本文系 1997 年 12 月 24 日在“厦门市社科界学习贯彻十七大精神和省委 7 号文件精神座谈会”上的发言。

就是鼓励创新思维、自由探索。当然，这一创新思维和自由探索建立在尊重客观实践基础上。实践证明：哲学社会科学研究与自然科学研究一样，不允许有任何的研究禁区、长官意志和预设结论，否则就不可能有任何知识增进。马克思主义的哲学社会科学发展历史更是证明了：没有建立在尊重客观实践基础上的创新思维、自由探索，就没有马克思的《资本论》、列宁的《帝国主义论》，也没有邓小平同志的社会主义市场经济理论。

（2）鼓励哲学社会科学家数十年如一日的潜心研究。毋庸讳言，时至今日，就世界范围而言，社会科学的发展水平——以研究方法为参照系——仍然落后于自然科学。社会科学的研究方法，至今仍主要依靠逻辑思辨和以统计分析为主要手段的实证研究以及案例分析等，自然科学中广泛采用的受控实验方法至今仍难以引入社会科学研究中。这说明，社会科学研究对象的复杂性大大超过自然科学。研究对象的复杂性、研究方法的落后，决定了社会科学问题的研究周期就一般而言，可能长于自然科学。《资本论》的写作周期长达 40 年，马克思终其一生，只整理出版了第一卷，恩格斯为整理出版《资本论》第二、第三卷，耗费了多年精力，剩余价值学说史方面的手稿，恩格斯生前来不及整理，最后是由伯恩斯坦和考茨基接手整理才得以出版的。可是，《资本论》至今仍然闪烁着思想的光芒。实践证明，凡是长期潜心研究的社会科学成果，无论是在深度、广度以及生命力方面，都要大大高于急就之作。因此，要真正繁荣和发展哲学社会科学，就必须创造能够鼓励哲学社会科学家数十年如一日从事潜心研究的机制。只有如此，才能真正深刻地思考和回答当代社会经济发展的重大问题，真正推进中国特色社会主义理论体系的发展，写出无愧于这个时代的传世之作。

（3）鼓励哲学社会科学家研究当代社会实践的重大问题。从历史看，任何具有长远生命力的哲学社会科学著作，无一不是哲学社会科学家们对其所处时代的重大问题的思考和回答。他们的研究既是面向当代的，但也因其深刻地思考了所处时代的重大问题而获得了久远的学术生命力。因此，要繁荣哲学社会科学，就必须创造有利于鼓励哲学社会科学家敢于、勇于、乐于对当代社会实践提出的重大问题进行研究，有利于鼓励哲学社会科学家深入实际、研究社会实践的机制。在这个问题上，首先，必须澄清这样的误解：哲学社会科学家深入实际、研究社会实践，目的是提供决策咨询服务。应当认识到，深入实际、研究社会实践其实是哲学社会科学家从事研究必要而且最重要的前提之一。社会实践是形成社会科学理论的基础。哲学社会科学家深入实际、研究社会实践，犹如自然科学家要做研究就不能不进实验室做实验，进行田野考察。社会就是哲学社会科学家的实验室和田野考察对象。因此，必须形成这样的共识：哲学社会科学家深入实际、研究现实问题，根本目的是发展社会科学理论自身，而不是服务于某个特定政策。尽管基于发展社会科学理论而进行的研究也能够得出有意义的政策结论。当然，直接服务于决策的咨询研究也是必需的，但只能是哲学社会科学研究社会实践问题中很小而且比较不重要的一部分。哲学社会科学研究就本义而言，绝大部分是面向当代社会实践的，但大部分却不是应用研究或对策研究。我们鼓励哲学社会科学家走出书斋，深入社会实际，是出于唯物辩证法对理论与实践之间关系的认识：实践是理论创新的沃土，不研究社会实践就不可能实现理论创新，而不是基于功利主义的急功近利思想产生的对决策的加工订货要求。其次，鼓励哲学社会科学家对当代社会经济实践提出的重大问题进行研究，必须注意防止长官意志、行政干预对科学研究的干扰。要坚决摒弃书记出思想、学者忙论证这种严重危害哲学社会科学发展的伪科学研究方式。

在我看来，形成鼓励哲学社会科学家面向实践，自由探索，潜心研究的机制，比起增加研究拨款、盖大楼、增设研究机构——尽管这些也都是必要的——之类的扶持鼓励措施，对于繁荣与发展我国哲学社会科学来说，具有更为根本的意义。哲学社会科学是人类社会生活不可或缺的一个组成部分，正如原始森林是自然生态系统的一个必要组成部分一样。因此，繁荣与发展哲学社会科学，首先是形成鼓励哲学社会科学家面向实践、自由探索、潜心研究的机制，而后才是相关的扶持鼓励措施。相比较而言，前者是对原始森林的保护，后者则更类似于速生丰产用材林的营造。从短期看，似乎后者的效益更为明显，但是，实践证明，对于人类赖以生存的自然生态环境而言，前者是任何人工速生丰产林永远也无法替代的。

图书在版编目（CIP）数据

中国经济学探索丛稿. 第一卷，政治经济学 / 李文溥著. -- 北京：经济科学出版社，2024. 12

ISBN 978-7-5218-4706-2

Ⅰ. ①中… Ⅱ. ①李… Ⅲ. ①中国经济-文集②政治经济学-文集 Ⅳ. ①F12-53

中国国家版本馆 CIP 数据核字(2023)第 067870 号

责任编辑：初少磊　赵　蕾　赵　芳　尹雪晶　王珞琪
责任校对：杨　海
责任印制：范　艳

中国经济学探索丛稿
ZHONGGUO JINGJIXUE TANSUO CONGGAO
第一卷
政治经济学
李文溥　著
经济科学出版社出版、发行　新华书店经销
社址：北京市海淀区阜成路甲 28 号　邮编：100142
总编部电话：010-88191217　发行部电话：010-88191522
网址：www. esp. com. cn
电子邮箱：esp@ esp. com. cn
天猫网店：经济科学出版社旗舰店
网址：http：//jjkxcbs. tmall. com
北京联兴盛业印刷股份有限公司印装
787×1092　16 开　204. 5 印张　3660000 字
2024 年 12 月第 1 版　2024 年 12 月第 1 次印刷
ISBN 978-7-5218-4706-2　定价：828. 00 元（全六卷）
（图书出现印装问题，本社负责调换。电话：010-88191545）